Adrian Loretan

Der demokratische Rechtsstaat – eine Ideengeschichte

TVZ

Religionsrechtliche Studien
Band 7
Herausgegeben von Peter G. Kirchschläger und Adrian Loretan

Adrian Loretan

Der demokratische Rechtsstaat – eine Ideengeschichte

Zur Rechtskultur des Westens und der Westkirche

EDITION **NZN**
BEI **TVZ**
Theologischer Verlag Zürich

Der Theologische Verlag Zürich wird vom Bundesamt für Kultur
für die Jahre 2021–2025 unterstützt.

Die Deutsche Bibliothek verzeichnet diese Publikation in der Deutschen Nationalbibliografie; detaillierte bibliografische Daten sind im Internet über http://dnb.d-nb.de abrufbar.

Umschlag: Simone Ackermann, Zürich
Satz: Claudia Wild, Konstanz
Druck: gapp print, Wangen im Allgäu

ISBN (Print) 978-3-290-20259-1
ISBN (eBook) 978-3-290-20260-6

www.edition-nzn.ch

All jenen gewidmet, die an die Rechtsstaatlichkeit (rule of law) glauben
und zu den Rechtsinstitutionen Sorge tragen.

Inhaltsverzeichnis

«What ‹just is›, isn't always justice.»[1]

«Dieses ‹Selig sind, die da hungern und dürsten nach Gerechtigkeit, denn sie sollen satt werden› – das mag ja exotisch oder komisch klingen, aber in Wirklichkeit ist es aktuell die bedeutendste politische Idee in Russland.»[2]

«Reason is the Soul of all Law.»[3]

---

1 Gorman, Amanda, *The Hill We Climb – Den Hügel Hinauf*: Zweisprachige Ausgabe, Hamburg 2021. Die Spannung zwischen positivem Recht (*what «just is»*) und Naturrecht (*justice*) formulierte die junge Poetin Gorman in ihrem Gedicht, das sie anlässlich der Vereidigung von Joe Biden und Kamala Harris als Präsident bzw. Vizepräsidentin der USA am 20.1.2021 vortrug.

2 Nawalny, Alexej, *Schweigt Nicht! Reden vor Gericht*, deutsch–russisch, München 2021, 30–38, 34. Alexej Nawalny (1976–2024) war ein führender russischer Oppositioneller. Der Umgang der russischen Machthaber mit ihm und vielen weiteren Vertretern der Opposition hat System. «Allen, die sich auf einen ähnlichen Weg begeben wollen wie er, wird bedeutet: Wir können Dich der absurdesten Vergehen beschuldigen, das Gericht wird dich schuldig sprechen, und du kannst nichts dagegen unternehmen [...] Naval'nyj [...] sprach auch darüber, warum der Einschüchterungsversuch bei ihm nicht wirkt. In seiner Rede macht er die Quelle dessen deutlich, was man heute gerne Resilienz nennt: seinen christlichen Glauben, durch den er sich gerechtfertigt sieht, wenn er den Machtmissbrauch und die Korruption in seinem Land anprangert. Er zitiert die vierte Seligpreisung aus der Bergpredigt [Mt 5,6].» Franz, Norbert, Der Tod Aleksej Naval'nyjs. Das Gesagte und das Ungesagte, in: *StZ* 4 (2024), 244.

3 «Vernunft ist die Seele allen Rechts», und es darf nicht mit «Vernunft ist die Seele aller Gesetze» übersetzt werden, wie in der deutschen Fassung des biografischen Films *Die Berufung – Ihr Kampf für Gerechtigkeit* v. 2018 über die amerikanische Richterin am Supreme Court Ruth Bader Ginsburg: Die noch nicht gerichtserfahrene Ruth Bader Ginsburg kämpft 1970 vor einem Berufungsgericht in einem Steuerfall gegen die Diskriminierung eines ledigen Mannes, der seine Mutter zu Hause pflegt und diese Pflegekosten von der Steuer abzieht. Anschliessend wird sie in vielen Fällen, in denen Frauen durch Gesetze diskriminiert werden, vor Gericht gehen.

Vorwort

«Mehr Demokratie wagen»[1] wird in der Kirche mit «mehr Synodalität» übersetzt. Das Ziel ist die Beteiligung aller, die kraft ihrer Taufe an dem Auftrag der Kirche Anteil haben. Synode heisst vom Wortsinn her «gemeinsamer Weg». Synodalität heisst: Das Volk (griech. *demos*) hat Teil an der beratenden, beschliessenden und gesetzgebenden Versammlung von Bischöfen, also am Herrschen (*kratein*) der Kirche. Die Beteiligung umfasst zuerst das Mitreden, aber auch das Mitentscheiden. Beide Beteiligungsformen müssen rechtlich geregelt werden, denn nicht über alles lässt sich demokratisch entscheiden. Eine Mehrheit kann z. B. nicht die Grundrechte der Menschen (z. B. der Frauen) willkürlich einschränken. Eine mittelalterliche päpstliche Rechtsregel bietet für die hier nötige Differenzierung ein Kriterium: «Was alle angeht, muss von allen behandelt und entschieden werden.» (*«Quod omnes tangit ab omnibus tractari et approbari debet.»*)[2] Diese Rechtsregel des kanonischen Rechts umschreibt sehr präzise, was Demokratie sein soll.

Demokratie ohne Rechtsstaat ist die Herrschaft der Menge, die die Philosophen (z. B. Platon, Aristoteles und Thomas) zu Recht ablehnten. Wenn die Amtsträgerinnen (LG 33; c. 228 CIC/1983) und Amtsträger der Kirche die Rechtstradition der Kirche kennen würden, müssten sie sich vor mehr Demokratie nicht fürchten. Denn viele Elemente der demokratischen Rechtsstaatlichkeit wurden in der Rechtswissenschaft der Westkirche vor der Französischen Revolution entwickelt. Die Auseinandersetzung mit der demokratischen Rechtstradition des Westens ist das Anliegen dieser Publikation.

Ein gemischtes Team aus Forschenden von mindestens zwei Fakultäten arbeitet am interfakultären Zentrum für Religionsverfassungsrecht an der Universität Luzern. Es ist für mich ein Privileg, in dieser universitären Forschungsgemein-

1 Der Ausdruck geht zurück auf die Regierungserklärung des dritten Bundeskanzlers der Bundesrepublik Deutschland, Willy Brand (1913–1992, amt. 1969–1974) vom 28. Oktober 1969.

2 Vgl. Innozenz III., in: *CICan X* 1, 23, 7 (*Friedberg*, Bd. 2, 152): «Quum juxta imperialis sanctionis auctoritatem ab omnibus quod omnes tangit approbari debeat, et quum commune eorum decanus officium exerceat, communiter est eligendus, vel etiam amovendus.»

schaft meine eigenen Untersuchungen zum Rechtsstaat konstruktiv und kritisch begutachtet zu sehen. Dankbar schaue ich auf den wissenschaftlichen Dialog und den Weg zurück, den die Forschungsmitarbeitenden und ich am Zentrum gemeinsam gegangen sind. Zwei Personen dieses Teams haben im Herbstsemester 2024 eine Professur erhalten, auch die anderen beiden werden der Forschung erhalten bleiben:

1) Prof. Dr. iur. et Dr. phil. Zalman Rotschild an der Cardozo Law School in New York,
2) JProf. Dr. theol. et lic. iur. can. Martina Tollkühn an der Katholisch-Theologischen Fakultät der Ruhr-Universität Bochum,
3) Dr. theol. Severin Schnurrenberger hat die Sozial- und Rechtsphilosophie für sich entdeckt.
4) Mike Bacher, Rechtshistoriker und Talammann von Engelberg, verbindet Politik und Wissenschaft.

Ihnen danke ich vor allem für ihre menschliche Begleitung und den wissenschaftlichen Support, den sie mir und meiner Forschungsarbeit haben zukommen lassen. Jede und jeder auf ganz eigene Weise und entsprechend den eigenen Forschungsschwerpunkten. Zum weiteren Umfeld zählt auch der langjährige Korrektor Titus Benz.

Zu danken habe ich zudem dem Verlagslektor Dr. Markus Zimmer (Edition NZN bei TVZ), der diese Publikation mit geschichtsdidaktischem Gespür und viel Engagement betreut hat.

Mein philosophisches Interesse am Rechtsstaat hat unter anderem Jürgen Habermas geweckt, der 2000/01 als Gastprofessor an der Universität Luzern wirkte. Damals spürte ich, dass ich vieles nochmals neu durchdenken muss, wenn ich dann wieder aus meiner damaligen Funktion als Dekan der Theologischen Fakultät entlassen werde. Die über 20 Studierenden, die im zweisemestrigen Lektürekurs mit ihren Referaten die beiden Habermas-Bände *Auch eine Geschichte der Philosophie* (Berlin 2019) vorstellten, haben mich ebenfalls inspiriert. Für die Philosophiedidaktik habe ich von Francesco Papagni gelernt.

Bereichert und herausgefordert haben mich immer wieder konkrete Begegnungen, so z. B. mit Kurt Seelmann (Juristische Fakultät der Universität Basel), mit dem ich auf Frauenchiemsee gemeinsame Blockseminare in Rechtsphilosophie leiten durfte. Die während fast eines Vierteljahrhunderts durchgeführten Engelberger Blockseminare, geleitet von Felix Hafner (Juristische Fakultät Basel), Albrecht Grözinger (Theologische Fakultät Basel) und anderen sowie mir, institutionalisierten das fakultäts- und disziplinenübergreifende Gespräch. Mitglieder anderer Fakultäten, so z. B. der Soziologe Rainer Diaz-Bone, haben dazu beigetragen, dass ich mein eigenes Fach erst im Kontext weiterer Rechts-, Kultur- und Geisteswissenschaften zu verstehen begonnen habe.

Für die Aufnahme in die *Religionsrechtlichen Studien* und für die inspiriende Zusammenarbeit danke ich dem Co-Herausgeber Peter Kirchschläger.

Dem Souverän des Kantons Luzern möchte ich danken, der die über 400-jährige Theologische Fakultät durch die Annahme des Universitätsgesetzes in eine Universität integrierte. Die Universitätsgründung hat meine Forschung und Lehre enorm bereichert. Ebenfalls danke ich dem Schweizerischen Nationalfonds (SNF), dessen Unterstützung es möglich macht, dieses Buch auch open-access zu publizieren, sowie den Peer Reviewern, die dafür ein gutes Wort eingelegt haben. Der SNF hat zudem zusammen mit dem Forschungsprojekt «Swiss Learning Health System» (SLHS) die Forschungsmitarbeitenden am interfakultären Zentrum wesentlich mitfinanziert. Das Glück des voneinander Lernens und das Wecken der intellektuellen Neugier (*curiosity*) im interdisziplinären Gespräch haben diese Arbeit zum Rechtsstaat erst möglich gemacht.

Am stärksten motiviert hat mich die Erfahrung von Unrecht und Ungerechtigkeit. Sie verbindet mich mit Frauen und Männern, die Jahrhunderte vor mir gelebt und Ungerechtigkeit im Volk Gottes erlitten haben. Haben sie deshalb eine so starke eschatologische Dimension entwickelt?

Jesaja lässt den Ewigen über einen solchen Streiter für das Recht bekennen:

> «Seht, das ist mein Knecht, den ich stütze;
> das ist mein Erwählter, an ihm finde ich Gefallen.
> Ich habe meinen Geist auf ihn gelegt,
> Er bringt den Völkern das Recht. […]
> Das geknickte Rohr zerbricht er nicht,
> und den glimmenden Docht löscht er nicht aus;
> ja, er bringt wirklich das Recht.
> Er wird nicht müde und bricht nicht zusammen,
> bis er auf der Erde das Recht begründet hat. […]
> Ich habe dich geschaffen und dazu bestimmt,
> der Bund für mein Volk
> und das Licht für die Völker (lumen gentium) zu sein:
> blinde Augen zu öffnen,
> Gefangene aus dem Kerker zu holen

und alle, die im Dunkel sitzen,
aus ihrer Haft zu befreien.» (Jes 42,1–9)

Auf den Propheten Jesaja hat sich bei seiner «Antrittsrede» der jüdische Jesus gestützt (Lk 4,16–30). Auch seiner Mutter war die prophetische Argumentation geläufig. Unrecht und Ungerechtigkeit, Machtmissbrauch und sexuelle Gewalt haben nicht das letzte Wort. Denn am Jüngsten Tag schafft ein Richter (oder wird es eine Richterin sein?) Recht und Gerechtigkeit, wie die Gottesknechtslieder (Jes 42 und 49–53) und das Magnifikat Marias (Lk 1,46–55) bezeugen: «Er stürzt die Mächtigen vom Thron und erhöht die Niedrigen.» (Lk 1,52)

Säkular formuliert das der US-Amerikaner Harold Berman auf der letzten Seite seiner Rechtsgeschichte wie folgt: «Ohne die Hoffnung auf das Jüngste Gericht hätte die westliche Rechtstradition nicht entstehen können.» (Recht und Revolution)

Adrian Loretan
Co-Direktor des interfakultären Zentrums für Religionsverfassungsrecht

P. S. Ich danke jener Studentin Franziska, die vor über 40 Jahren trotz des unsicheren akademischen Weges an den Schreibenden glaubte. Der gemeinsame Rhythmus des Arbeitens und die Gespräche beim Kaffeetrinken haben mir bei meiner Forschungstätigkeit Halt und Zuversicht gegeben.

Abkürzungen

a. D.	ausser Dienst
AA	Kant, Immanuel: Kant's gesammelte Schriften, hg. v. der königlich preussischen Akademie der Wissenschaften (Akademie-Ausgabe), URL: http://www.korpora.org/kant/verzeichnisse-gesamt.html
AAS	Acta Apostolicae Sedis, Vatikanstadt 1909 ff.
Abs.	Absatz
AfkKR	Archiv für katholisches Kirchenrecht, Paderborn 1857 ff.
Anm.	Anmerkung / Anmerkungen
Art.	Artikel
AS	Nachweis für die Schweizer Bundesverfassung
atl.	alttestamentlich
Az.	Aktenzeichen
BBKL	Biographisch-Bibliographisches Kirchenlexikon, Hamm 1990 (Bde. I+II) / Herzberg 1992–2001 (Bde. III–XVIII) / Nordhausen 2001 ff. (Bde. XIX ff.)
Bd. / Bde.	Band / Bände
bearb.	bearbeitet
bes.	besonders
BGBl.	Bundesgesetzblatt (Deutschland)
BKV	Bibliothek der Kirchenväter
BV	Schweizer Bundesverfassung
BVerfGE	Entscheidungen des deutschen Bundesverfassungsgerichts
BVerwGE	Entscheidungen des Bundesverwaltungsgerichts
BvR	Aktenzeichen einer Verfassungsbeschwerde zum Bundesverfassungsgericht
bzw.	beziehungsweise
C.	Causae
c., cc.	Canon, Canones
cap.	capitula
CCSL	Corpus Christianorum, Series Latina, Turnhout 1953 ff.
CIC/1917	Codex Iuris Canonici von 1917
CIC/1983	Codex Iuris Canonici von 1983

CICan	Corpus Iuris Canonici
CICan D. / C.	Decretum Gratiani, Distincio / Causa
CICan De pen.	De penitentia
CICan VI	Liber Sextus Decretalium
CICan X	Liber Extra Decretum / Dekretalen Gregors IX.
CICiv	Corpus Iuris Civilis
CICiv C	Codex Iustinianus
CICiv D	Digesten (Pandekten)
CICiv N	Novellen
col.	collatio
Corpus Iuris Civilis (Krueger)	Corpus Iuris Civilis recensuit Paulus Krueger, Berlin 1954–1970, 3 Bde.
CSEL	Corpus Scriptorum Ecclesiasticorum Latinorum, Bde. I–CVII, Wien/Berlin 1866–2022
CTh	Codex Theodosianus
D.	Digestum
d. h.	das heisst
DenzH	Denzinger, Heinrich / Hünermann, Peter (Hg.), Kompendium der Glaubensbekenntnisse und kirchlichen Lehrentscheidungen, Freiburg i. Br. ^{45}2017
ders.	derselbe
DH	Zweites Vatikanisches Konzil, Erklärung über die Religionsfreiheit *Dignitatis humanae [personae]* vom 7. Dezember 1965, in: *AAS* 58 (1966) 929–946; dt. in: *Kleines Konzilskompendium*, 661–675
DHA	Heine, Heinrich, Historisch-kritische Gesamtausgabe der Werke, hg. v. Windfuhr, Manfred, Düsseldorfer Heine-Ausgabe, Hamburg 1975, URL: http://hhp.uni-trier.de/Projekte/HHP/werke.
dies.	dieselbe(n)
DKP	Ziegler, Konrat; Sontheimer, Walther; Gärtner, Hans (Hg.), Der Kleine Pauly. Lexikon der Antike, München 1979, 5 Bde.
dt.	deutsche(r, s)
ebd.	ebenda
eingel. / Einl.	eingeleitet / Einleitung
EG	Franziskus, Apostolisches Schreiben *Evangelii gaudium* vom 24.11.2013

EMRK	Konvention zum Schutze der Menschenrechte und Grundfreiheiten (Europäische Grundrechtskonvention)
engl.	englisch(-e, -r, -s)
ep. / epp.	epistula, epistulae
Erg.-Lfg.	Ergänzungslieferung
erkl.	erklärt
FAZ	Frankfurter Allgemeine Zeitung
FS	Festschrift
Friedberg	Friedberg, Emil (Hg.), Corpus Iuris Canonici ed. Lipsiensis secunda post Aemilii Ludouici Richteri curas ad librorum manu sciptorum et editionis romanae fidem recognouit et adnotatione critica instruxit Aemilius Friedberg, Teil I–II, Leipzig 1879; ND Graz 1955–1995, 2 Bde.
FVRR	Freiburger Veröffentlichungen zum Religionsrecht, Freiburg (Schweiz) 1998–2003; Zürich 2004 ff.
GG	Grundgesetz der Bundesrepublik Deutschland
GMS	Kant, Immanuel, Grundlegung zur Metaphysik der Sitten
GS	Zweites Vatikanisches Konzil, Pastorale Konstitution über die Kirche in der Welt von heute *Gaudium et spes* vom 7. Dezember 1965, in: *AAS* 58 (1966) 1025–1120; dt. in: *Kleines Konzilskompendium*, 449–552.
hg. / Hg.	herausgegeben / Herausgeberin / Herausgeber
HLS	Historisches Lexikon der Schweiz, URL: https://hls-dhs-dss.ch/de/
HStR^2	Listl, Joseph / Pirson, Dietrich (Hg.), Handbuch des Staatskirchenrechts der Bundesrepublik Deutschland, Berlin ^{2}1994
IKD	Islamkolleg Deutschland
JCSW	Jahrbuch für Christliche Sozialwissenschaften, Münster 1960 ff.
Jg.	Jahrgang
Jh.	Jahrhundert
Kap.	Kapitel
Kleines Konzilskompendium	Rahner, Karl / Vorgrimler, Herbert (Hg.), Kleines Konzilskompendium. Alle Konstitutionen, Dekrete und Erklärungen des Zweiten Vaticanums in der bischöflich beauftragten Übersetzung, Freiburg i. Br. 1966 u. ö.
komm.	kommentiert

lat.	lateinisch
lect.	lectio, lectionis
Lfg.	Lieferung
LG	Zweites Vatikanisches Konzil, Dogmatische Konstitution über die Kirche *Lumen Gentium* vom 21. November 1964, in: *AAS* 57 (1965) 5–75; dt. in: *Kleines Konzilskompendium*, 123–197
lib.	liber
LThK^2	Lexikon für Theologie und Kirche, Freiburg i. Br. ^{2}1957–1968
LThK^3	Lexikon für Theologie und Kirche, Freiburg i. Br. ^{3}1993–2001 (Sonderausgabe 2009)
m.	mit
MG	Schweizer Eidgenossenschaft, Bundesgesetz vom 3. Februar 1995 über die Armee und die Militärverwaltung – Militärgesetz, in: *AS* 1995 4093
MGH Epp. Sel.	Monumenta Germaniae Historica, Epistolae Selectae
MGH SS rer. Germ.	Monumenta Germaniae Historica. Scriptores rerum Germanicarum in usum scholarum separatim editi
n. Chr.	nach Christus
N. F.	Neue Folge
NA	Zweites Vatikanisches Konzil, Erklärung über die Haltung der Kirche zu den nichtchristlichen Religionen *Nostra aetate* vom 28. Oktober 1965, in: *AAS* 58 (1966) 740–744; dt. in: *Kleines Konzilskompendium*, 355–359
ND	Nachdruck
Nr.	Nummer, Nummern
ntl.	neutestamentlich
NZZ	Neue Zürcher Zeitung
O.-T.	Originaltext
PL	Patrologia latina, Jacques-Paul Migne (Hg.), 221 Bde., Paris 1844–1864
Pont.	Pontifikat
q.	quaestio
RB	Regula Benedicti (Benediktsregel)
Red.	Redaktion
resp.	respektive
RGBl.	Reichsgesetzblatt (Österreich)

Rn.	Randnummer
S.	Seite(n)
SKZ	Schweizerische Kirchenzeitung, Luzern 1832 ff.
Sp.	Spalte(n)
StZ	Stimmen der Zeit, Freiburg i. Br. 1915 ff.
STh	Thomas von Aquin, Summa theologiae (theologica)
ThQ	Theologische Quartalschrift, Tübingen 1819 ff.
TRE	Müller, Gerhard / Döhnert, Albrecht / Speikermann, Hermann u. a. (Hg.): Theologische Realenzyklopädie. 36 Bände und zwei Register-Bände, Berlin / New York (1976–)1977–2007
u.	und
u. a.	unter anderem / und andere
übers. / Übers.	übersetzt / Übersetzung
v.	von
v. Chr.	vor Christus
vers.	versehen
vgl.	vergleiche
z. B.	zum Beispiel
ZevKR	Zeitschrift für evangelisches Kirchenrecht, Tübingen 1951 ff.
ZGB	Schweizerisches Zivilgesetzbuch
Ziff.	Ziffer(n)
ZRG. Germ. Abt.	Zeitschrift der Savigny-Stiftung für Rechtsgeschichte: Germanistische Abteilung
ZRG. Kan. Abt.	Zeitschrift der Savigny-Stiftung für Rechtsgeschichte: Kanonistische Abteilung
ZRG. Rom. Abt.	Zeitschrift der Savigny-Stiftung für Rechtsgeschichte: Romanistische Abteilung
ZSR	Zeitschrift für Schweizerisches Recht, Basel 1852 ff.

Einleitung

1 Religiöse Vielfalt – eine Herausforderung

Von den muslimischen Gemeinschaften in der Schweiz wurde das Luzerner Zentrum für Religionsverfassungsrecht 2013 gebeten, ein Rechtsgutachten für ihre öffentlich-rechtliche Anerkennung zu verfassen.[1] Einen ähnlichen Auftrag erhielten 2011 die kanadischen Philosophieprofessoren Jocelyn Maclure und Charles Taylor. In ihrem Gutachten für die rechtliche Anerkennung weiterer Religionsgemeinschaften schrieben sie: «Der Umgang mit moralischer und religiöser Vielfalt ist eine der grössten Herausforderungen, mit denen unsere Gesellschaften gegenwärtig konfrontiert sind.»[2] Die Frage der weltanschaulichen Pluralisierung der westlichen Gesellschaften hat sich seit den späten 1990er-Jahren in den öffentlichen Debatten des Westens stark verändert. Die enge Bindung des Staates an die Kirche als *der* Religionsgemeinschaft

> «würde aus den Anhängern anderer Religionen und aus Menschen ohne Religion Bürger zweiter Klasse machen. Daher hat der demokratische Staat in seinem Verhältnis zu den verschiedenen Religionen neutral oder unparteilich zu sein. Zudem muss er alle Bürger gleich behandeln, ob sie auf der Basis religiöser Überzeugungen handeln oder nicht.»[3]

Die Neutralität des freiheitlichen Rechtsstaates kann jedoch nicht absolut sein. Der Staat ist einerseits gegenüber den Glaubens- und Wertesystemen der Bürgerinnen und Bürger neutral. Zugleich verteidigt er aber andererseits die Gleichheit und Freiheit der Individuen, «ihre eigenen Ziele zu verfolgen. Der Staat ergreift demnach Partei für die Gleichheit und Autonomie der Bürger.»[4] Diese klare Parteinahme des Staates für die Freiheitsrechte jedes Menschen macht das

---

1 Das Gutachten wurde als Monografie veröffentlicht, vgl. Loretan, Adrian / Weber, Quirin / Morawa, Alexander H. E., *Freiheit und Religion. Die Anerkennung weiterer Religionsgemeinschaften in der Schweiz* (ReligionsRecht im Dialog 17), Münster 2014.

2 Maclure, Jocelyn / Taylor, Charles, *Laizität und Gewissensfreiheit*, Berlin 2011, 9.

3 Ebd. 17.

4 Ebd. 26.

Luzerner Gutachten bereits im Titel «Freiheit und Religion» deutlich.[5] Den Freiheitsrechten des Individuums kommt dabei das erste Wort zu. In westlichen liberalen Rechtsstaaten sind religiöse oder atheistische «Wahrheitsansprüche im Kontext der Freiheitsrechte»[6] der anderen zu denken und zu artikulieren. Damit tritt die individuelle Religionsfreiheit an die Stelle der Staatskirche bzw. des *cuius regio, eius religio*[7], wie es schon der Aufklärer Moses Mendelssohn[8] gefordert hatte.

2 Säkularer Rechtsstaat – ein Lernprozess

Aus der Organisation der Pluralität der Religionsgemeinschaften ergibt sich die Frage, die John Rawls in die Diskussion eingeführt hat:

> «Wie kann eine stabile und gerechte Gesellschaft freier und gleicher Bürger [und Bürgerinnen], die durch vernünftige und gleichwohl einander ausschliessende religiöse, philosophische und moralische Lehren einschneidend voneinander getrennt sind, dauerhaft bestehen?»[9]

Diese religiöse und weltanschauliche Vielfalt wird die westlichen Gesellschaften in den nächsten Jahrzehnten noch öfter beschäftigen. Die Rechtsstrukturen des Verhältnisses von Staat und Religionen wurden in Westeuropa vom Verhältnis Kirche und Staat im letzten Jahrtausend geprägt. Kirche und Staat bzw. Reich wurden als getrennte Rechtsinstitutionen seit Gregor VII. (ca. 1025–1085) ver-

---

5 Vgl. Loretan / Weber / Morawa, *Freiheit und Religion*, 147: «Denn das Konzept des Dialogs gemeinsam mit der ‹Unterwerfung› unter die Prinzipien der Menschenrechte eröffnet auch ungeahnte Möglichkeiten zur Mitwirkung aller Religionen am – unvollendeten – Menschenrechtsdiskurs.»

6 Vgl. Loretan, Adrian, *Wahrheitsansprüche im Kontext der Freiheitsrechte* (Religionsrechtliche Studien 3), Zürich 2017.

7 Vgl. Gaertner, Joachim / Godel, Erika (Hg.), *Religionsfreiheit und Frieden. Vom Augsburger Religionsfrieden zum europäischen Verfassungsvertrag* (Schriften zum Staatskirchenrecht 33), Frankfurt a. M. 2007.

8 Vgl. Loretan, Adrian, Religion und Recht in der Rechtsphilosophie von Moses Mendelssohn – Moses Mendelssohns «Jerusalem oder über religiöse Macht und Judentum», in: Kühler, Anne / Hafner, Felix / Mohn, Jürgen (Hg.), *Interdependenzen von Recht und Religion* (Diskurs Religion. Beiträge zur Religionsgeschichte und religiösen Zeitgeschichte 5), Würzburg 2014.

9 Rawls, John, *Politischer Liberalismus*, Frankfurt a. M. 2003, 14.

standen. Diese Kulturgeschichte des Rechts erzählt u. a. auch von meinem eigenen Lernprozess. Über die Formulierung «Kirche und Staat» in Art. 72 Abs. 1 der *Schweizer Bundesverfassung*[10] habe ich früher nur geschmunzelt. Hier müsste doch von Staat und den Religionsgemeinschaften im Plural die Rede sein, nicht von Kirche, die dem Staat noch vorangestellt wird. Diese Meinung schlägt sich auch in meinem Titel zum Kirche-Staat-Verhältnis der *Kantonsverfassung des Kantons Luzern* nieder, in deren vorbereitenden Kommission ich mitgearbeitet habe: Es ist nicht mehr von Kirche und Staat, sondern von «Religionsgemeinschaften»[11] die Rede, deren öffentlich-rechtliche Anerkennung vom Staat geregelt wird. Erst beim Verfassen des Gutachtens für die muslimischen Gemeinschaften wurde mir bewusst, wie stark das Verhältnis Staat-Religionsgemeinschaften vom Verhältnis Kirche-Staat geprägt ist. Die Formulierung «Kirche und Staat» (Art. 72 Abs. 1 *BV*) habe ich erst verstanden, als ich mich intensiver mit der Rechtsgeschichte des Verhältnisses der Rechtsinstitutionen Kirche und Staat auseinandersetzen konnte.

Die Entstehung des säkularen Rechtsstaates wird mit den sogenannten Religionskriegen begründet,[12] obwohl der Dreissigjährige Krieg (1618–1648) ein Staatenbildungskrieg war, für deren Zwecke die neuen Konfessionen instrumentalisiert wurden. Die «kriegerische Gewalt [folgte] damals eher eigenen [...] Gesetzen [...] als einer religiösen Lagerbildung».[13] Es ist aber «daraus eine geschichtspolitische ‹Erzählung› hervorgegangen, die die Gewalterfahrungen mit der Entstehung von Menschenrechten und Toleranz in modernen Staaten (normativ erfolgreich) verknüpfen konnte».[14] Die neue Autorität der säkularen Rechtsstaaten wird mit ihrer Friedensfunktion in den Religionskriegen begründet, was auch eine Form des Mythos ist. Wer im säkularen Rechtsstaat religiöse Themen ansprechen will, der begeht einen Tabubruch. Gehört die Gretchenfrage in Goethes

---

10 Vgl. Bundesverfassung der Schweizerischen Eidgenossenschaft vom 18. April 1999 (Stand vom 3.3.2024), Art. 72, in: *AS* 1999 2556, URL: https://www.fedlex.admin.ch/eli/cc/1999/404/de#art_72.

11 Vgl. Loretan, Adrian, VIII. Religionsgemeinschaften, in: Richli, Paul / Wicki, Franz (Hg.), *Kommentar der Kantonsverfassung Luzern*, Bern 2010.

12 Vgl. Böckenförde, Ernst-Wolfgang, Die Entstehung des Staates als Vorgang der Säkularisation, in: ders., *Kirche und christlicher Glaube in den Herausforderungen der Zeit. Beiträge zur politisch-theologischen Verfassungsgeschichte 1957–2002* (Religion, Geschichte, Gesellschaft 36), Münster 2004.

13 Wenzel, Uwe Justus, Tötet Religion? Gottesglaube und Gewalt werden häufig reflexhaft miteinander assoziiert. Das ist nicht erkenntnisfördernd, in: *NZZ* vom 3.9.2016, 14.

14 Ebd.

Faust[15] ins Feuilleton, in die Religions- oder Weltanschauungsgemeinschaften oder ins private Leben?[16] Jedenfalls gehört sie für viele nicht in eine wissenschaftliche Argumentation.

> «Setzt der säkulare Rechtsstaat voraus, dass innerhalb der wissenschaftlichen Argumentation […] ausschliesslich [… säkular] argumentiert werden darf, hat dies [z. B.] auch Auswirkungen auf die Theologischen Fakultäten an den staatlichen Universitäten.»[17]

So stellte Lorenz Engi die Existenz von konfessionellen Theologischen Fakultäten an staatlichen Universitäten im Rahmen seiner rechtswissenschaftlichen Habilitation zur religiösen und ethischen Neutralität des Staates in Frage:

> «Die eindeutig konfessionelle Ausrichtung der bestehenden Theologischen Fakultäten ist zu hinterfragen. Statt evangelischer und katholischer Fakultäten sind – in langer Perspektive – eher allgemeine Theologische Fakultäten anzustreben, an denen evangelische oder katholische Theologie in Entsprechung zu deren gesellschaftlicher Bedeutung einen vorrangigen Platz einnehmen, aber auch andere religiöse Richtungen verstärkt Raum bekommen.»[18]

---

15 Goethes Faust wurde im 20. Jahrhundert in einer Zeit grösster Not wieder aufgegriffen: Thomas Manns Doktor Faustus entstand zwischen 1943 und 1947. Dessen Autor war einen weiten Weg gegangen. «Aus dem Verteidiger des Deutschen Obrigkeitsstaates, als der er im Ersten Weltkrieg zur Feder gegriffen hatte, war nach 1918 ein Fürsprecher der deutschen Republik geworden. Im ‹Führer› des Deutschen Reiches hatte er 1939 den ‹Bruder Hitler› erkannt, einen gescheiterten Künstler, der die mythische Welt Richard Wagners nachbilden wollte und dabei verhunzte. […] Der Held des Romans, der Tonsetzer Adrian Leverkühn, der sich um der Kunst willen dem Teufel verschrieb und schliesslich von diesem geholt wurde […] stand für jenes Deutschland, das sich der Welt an ‹Tiefe› überlegen wähnte und ‹dem sein Bestes durch Teufelslist zum Bösen ausschlug›.» Winkler, Heinrich August, *Der lange Weg nach Westen. Deutsche Geschichte vom «Dritten Reich» bis zur Wiedervereinigung*, Bd. 2, München [5]2010, 114.

16 Loretan, Adrian / Tollkühn, Martina, «Führer auf dem Weg zur Rationalität». Philosophische Beiträge der Theologie und der kirchlichen Rechtswissenschaft für die Entwicklung der Rechtswissenschaften, in: Pahud de Mortanges, René (Hg.), *Staat und Religion in der Schweiz des 21. Jahrhunderts. Beiträge zum Jubiläum des Instituts für Religionsrecht* (FVRR 40), Zürich 2020, 31 f.

17 Ebd. 32.

18 Engi, Lorenz, *Die religiöse und ethische Neutralität des Staates. Theoretischer Hintergrund, dogmatischer Gehalt und praktische Bedeutung eines Grundsatzes des schweizerischen Staatsrechts*, Zürich 2017, 315. «Die Auswahl der Professorinnen und Professoren soll keiner direkten Einwirkung kirchlicher Stellen ausgesetzt sein.» Ebd. 316. Als Entgegnung darauf vgl. Loretan / Tollkühn, *«Führer auf dem Weg zur Rationalität»*.

Soll damit vor allem eine säkulare oder religionsübergreifende Thematisierung der Religionen auf den Universitäten denkmöglich sein? Wird damit die Zukunft langweilig sein? Das fragten im Jahre 1970 die *Spiegel*-Redakteure den Philosophen Max Horkheimer. Er antwortete:

> «Man wird das Theologische abschaffen. Damit verschwindet das, was wir ‹Sinn› nennen, aus der Welt. Zwar wird Geschäftigkeit herrschen, aber eigentlich sinnlose. Eines Tages wird man auch Philosophie als eine Kinderangelegenheit der Menschheit betrachten. Man wird mit dem Positivismus sagen, es sei läppisch, über die Beziehungen von Relativem und Transzendentem zu spekulieren.»[19]

Dann wird der Staat geprägt durch jene Führungsriege, die eben gerade durch Zufall die Mehrheit errungen bzw. die Macht an sich gerissen hat. Das Nachrichtenmagazin *Spiegel* erinnert an die absolute Tyrannei Hitlers und Stalins, deren Wahrheitsverständnis (Nationalsozialismus und Kommunismus) absolut gesetzt wurde. Was bleibt? Die Sehnsucht. «Sehnsucht danach, dass es bei dem Unrecht, durch das die Welt gekennzeichnet ist, nicht bleiben soll. Dass das Unrecht nicht das letzte Wort sein möge. Diese Sehnsucht gehört zum wirklich denkenden Menschen»[20], die auch diese Rechtskulturgeschichte prägt.

In einem weltanschaulich neutralen Rechtsstaat

> «haben verschiedene, konkurrierende Geltungsbegründungen des Rechts nebeneinander Platz. Unverzichtbar ist jedoch der prinzipielle Gehorsam aller gegenüber den verfassungsgemäss erlassenen und gegebenenfalls vom Bundesverfassungsgericht geprüften Gesetzen. Demokratie bedeutet in erster Linie Herrschaft der verfassungsgemässen Gesetze»[21],

---

19 Horkheimer, Max, Was wir «Sinn» nennen, wird verschwinden, in: *Der Spiegel* Nr. 1–2, 1970, 84. Vgl. Horkheimer, Max, Theismus – Atheismus, in: ders. (Hg.), *Zeugnisse. Theodor W. Adorno zum sechzigsten Geburtstag*, Frankfurt a. M. 1963, 18: «Einen unbedingten Sinn zu retten ohne Gott, ist eitel.»

20 Horkheimer, *Was wir «Sinn» nennen*, 81. Vgl. Habermas, Jürgen, *Zwischen Naturalismus und Religion. Philosophische Aufsätze*, Frankfurt a. M. 2005. Im Wintersemester 2000/2001 diskutierte Habermas die Thesen dieses Buches an der Universität Luzern. Das war inspirierend, da man über die Grundlagen der Normativität in Staat und Gesellschaft nachdachte.

21 Rüthers, Bernd / Fischer, Christian / Birk, Axel, *Rechtstheorie mit juristischer Methodenlehre* (Grundrisse des Rechts), München [6]2011, 381 f.

an die alle gebunden sind, auch diejenigen, die sich dabei noch nicht ganz verstanden fühlen.[22] Demokratie bleibt ein Lernprozess. Dabei spielt die Erziehung zur Demokratie in einer pluralistischen Gesellschaft eine wesentliche Rolle. Alle westlichen Staaten, die die Religionsfreiheit gewähren, müssen sich folgenden Fragen stellen:

> «Wie können auch diejenigen, die eine auf einer religiösen Autorität, wie zum Beispiel der Kirche oder der Bibel [oder der Umma oder dem Koran] beruhende religiöse Lehre bejahen, eine vernünftige politische Konzeption haben, die eine gerechte demokratische Ordnung stützt? [...] Genügt es nicht, dass diese Lehren eine demokratische Ordnung im Sinne eines blossen modus vivendi akzeptieren? [...] Wie können gläubige Bürger [und Bürgerinnen] überzeugte Mitglieder einer demokratischen Gesellschaft sein, [...] wenn sie sich nicht einfach nur angesichts des bestehenden Gleichgewichts politischer und sozialer Kräfte mit ihr abfinden?»[23]

Der katholische Religionssoziologe Franz-Xaver Kaufmann (1932–2024) beurteilt die Fähigkeit der Religionsgemeinschaften zur Zusammenarbeit mit dem liberalen Rechtsstaat unterschiedlich. Er stellte die These auf,

> «dass eine wesentliche Errungenschaft der Moderne, die Rechtsstaatlichkeit, umso besser funktioniert, je höher der Bevölkerungsanteil der Protestanten ist. Die Leistungsüberlegenheit des Rechtsstaates gegenüber der kirchlichen Administration [der katholischen Kirche], manifestiert aktuell am Beispiel der Strafverfolgung sexuellen Missbrauchs, bildet einen wichtigen Kontext der Kirchenkritik. Es sind also unterschiedliche kulturelle Räume, die die Wahrnehmung von und Kommunikation über Kirche und ihren Glauben mitbestimmen. In vielen korrupten Staaten, vor allem der dritten und vierten Welt, stellen die Einrichtungen der christlichen Kirchen Orte der Sicherheit und Verlässlichkeit dar, und dem entsprechend ist

---

22 «Können Sie verstehen, dass es Muslime gibt, die unseren Rechtsstaat nicht explizit anerkennen wollen? [...] Wenn wir Muslimen das Gefühl geben, sie seien schlecht, wenn sie sich von uns nicht respektiert fühlen, ist es vielleicht auch schwierig, von ihnen die Anerkennung unserer Werte einzufordern.» Schoenenberger, Michael / Gmür, Heidi, «Wir hatten das gleiche Problem wie die Muslime heute: Kann dies das Wort Gottes sein?» Bischof Charles Morerod spricht sich klar für die Religionsfreiheit aus – und gegen ein absolutes Burkaverbot, in: *Sommergespräche der NZZ* vom 5.8.2017, 14 f., 14.

23 Rawls, *Politischer Liberalismus*, 35 f.

auch die Autorität der Kirchen ungebrochen, insbesondere die der katholischen Kirche. Da gibt es keine Kirchenkrise!»[24]

3 Kirchenkrise

Ein Beleg, dass es eine Kirchenkrise gibt, ist der Friedensnobelpreisträger von 1996 aus Osttimor, Bischof Carlos Felipe Ximenes Belo, der wegen Missbrauchsvorwürfen demissionierte und auf andere Kontinente versetzt wurde.[25] Bischof Belo war ein Nationalheld, «der mutig gegen die indonesische Besatzung (1975–1999) aufstand und die Einhaltung der Menschenrechte sowie die Selbstbestimmung für die rund 1.3 Millionen Osttimoresen forderte, die zu gut 97 % katholisch sind.»[26] Trotz diesem vorbildlichen Einsatz für die Menschenrechte lebte der zölibatäre Bischof seine Sexualität mit jungen Buben aus.

> «‹In der Nacht hat mich der Bischof vergewaltigt und missbraucht›, berichtet Roberto. ‹Am frühen Morgen gab er mir Geld und schickte mich fort› [...] Später, als Roberto nach Dili zog, sei er ‹nur noch des Geldes wegen, dass wir so dringend brauchten›, zu Bischof Belo gegangen. Roberto und Paulo berichteten übereinstimmend, dass andere Jungen aus Dili, unter ihnen Waisenkinder, mit dem Wagen des Bischofs abgeholt und zur Residenz gebracht wurden.»[27]

Im Gespräch mit rund 20 Personen (Missbrauchsopfern, Kirchenverantwortlichen, Politikern und Vertretern von Hilfsorganisationen) verfestigte sich das Bild,

---

24 Kaufmann, Franz-Xaver, *Katholische Kirchenkritik. «... man muss diese versteinerten Verhältnisse dadurch zum Tanzen zwingen, dass man ihnen ihre eigene Melodie vorsingt!»*, Luzern 2022, 14 f. «Beispielhaft seien die Ergebnisse des ‹Korruptionswahrnehmungsindex› (CPI) von Transparency International erwähnt: Auf den fünf Spitzenplätzen stehen (2020) drei skandinavische Staaten sowie Neuseeland und Singapur. Es folgen die Schweiz, Norwegen, die Niederlande und Deutschland, dann Länder des ehemaligen britischen Commonwealth.» Ebd. Anm. 4.

25 «Der Casus Belo kam jetzt dank der Recherchierleistung der niederländischen Wochenzeitung ‹De Groene Amsterdamer› ans Licht. Die Reporterin des Blattes konnte zwei mutmassliche Opfer Belos davon überzeugen, ihre Geschichte zu erzählen – unter den Pseudonymen Paulo und Roberto. Beide Männer, heute 42 und 45 Jahre alt, haben ihre Heimat Osttimor vor Jahren verlassen.» Rüb, Matthias, Friedensnobelpreisträger unter Verdacht. Missbrauch in der Weltkirche, in: *FAZ* vom 4.10.2022, URL: https://www.faz.net/aktuell/politik/ausland/neue-enthuellungen-ueber-missbrauch-in-der-weltkirche-18359705.html.

26 Ebd.

27 Ebd.

wonach der Nationalheld und Bischof «Belo während rund zwei Jahrzehnten seine Machtposition zum seriellen Missbrauch von Jungen aus ärmsten Verhältnissen ausgenutzt habe».[28] Im Alter von nur 54 Jahren bot Bischof Belo wegen «körperlicher und geistiger Erschöpfung, wie es damals hiess»,[29] überraschend seinen Rücktritt an. Opferverbände fordern nun zu Recht eine umfassende Aufklärung des indonesischen Falls Belo, der stark an den Fall des einstigen Erzbischofs von Washington und Kardinals Theodore McCarrick erinnert, der ebenfalls über Jahrzehnte Ministranten und Seminaristen missbrauchte. In beiden Fällen gilt:

> «Die Raubzüge eines gefeierten Kirchenmannes seien jahrzehntelang von den Kirchenoberen vertuscht worden. Beim Nobel[preis]komitee in Oslo sollte man sich fragen, ob ein mutmasslicher Serienmissbrauchstäter ein würdiger Träger des vielleicht wichtigsten Nobelpreises ist.»[30]

Kinder werden im Kirchenrecht weniger als Handelnde denn als Adressaten von Schutzrechten betrachtet. Anweisungen, wie die Einhaltung ihrer Rechte überprüft werden soll, existieren kaum.[31] Dass in den vergangenen Jahrzehnten selbst die elementarsten Schutzrechte der Kinder und anderer vulnerablen Personen

> «weder garantiert noch die schwersten Menschenrechtsverletzungen durch katholische Priester geahndet wurden, ist ein Skandal, der die gesamte rechtliche – und ethische – Architektur der katholischen Kirche […] ins Wanken bringt».[32]

Die «Folge des sexuellen Missbrauch-Skandals, der Irlands Gesellschaft bis in den Kern erschütterte», war für die ehemalige Strafrechtsprofessorin und ehemalige Staatspräsidentin Irlands, Prof. Dr. iur., Dr. iur. can. et Dr. theol. h.c. Mary McAleese, die Motivation, eine Dissertation im Kirchenrecht zu schreiben.[33] Sie stellte konsterniert fest:

---

28 Ebd.

29 Ebd.

30 Ebd.

31 Siehe Haker, Hille, Laudatio aus Anlass des Alfons Auer-Ethik-Preises 2019 für Mary McAleese, in: *ThQ* 201 (2021) 101. Eine der wenigen Ausnahmen in der neuesten Forschungslandschaft bildet Wijlens, Myriam / Umaña Caldéron / Yeshica Marianne (Hg.), *Wellbeing of the Child. Promotion – Protection – Rights* (Law and Religion / ReligionsRecht im Dialog), Wien / Zürich i. V.

32 Haker, *Laudatio.*

33 Vgl. McAleese, Mary, *Children's Rights and Obligations in Canon Law. The Christening Contract*, Leiden / Boston, 2019.

«In keinem einzigen Fall des sexuellen Missbrauchs war das Kirchenrecht in der Lage, etwas für die Opfer zu tun, nichts, was ihnen genützt oder geholfen hätte.»[34]

Die Kirchenkrise ist vor allem in den funktionierenden Rechtsstaaten des Westens zu beobachten. In diesen offenen Zivilgesellschaften haben die weltweiten Skandale der sexuellen Gewalt von Priestern und Bischöfen «der letzten Jahre gezeigt, dass dieses System [der rein klerikalen Macht, c. 274 CIC/1983] bis in die Spitzen der Hierarchie[35] hinein von Korruption befallen»[36] ist. Sogar die Päpstliche Kinderschutzkommission hat das Vertrauen in kirchliche Gerichte verloren, die nur aus Priestern bestehen, und forderte die Schaffung eines *priesterunabhängigen kirchlichen Gerichts*, vor dem auch Bischöfe angeklagt werden können, die sich der Vertuschung sexueller Gewalt von Priestern schuldig gemacht haben.[37] Die schamlose Ausnutzung der religiösen Machtpositionen für die eigene sexuelle Befriedigung und die entsprechende Vertuschung durch das zölibatäre Klerikersystem,[38] das sich um seine Machtpositionen in der Kirche sorgt, stellt bis heute ein strukturelles Problem der Katholischen Kirche dar.

---

34 Haker, *Laudatio*, 100 f.

35 So wurde zum Schutz der Täter (Priester) vor Strafverfolgung die damalige irische Staatspräsidentin Mary McAleese gebeten, dass die Diözesanunterlagen und -archive Rechtsschutz vom irischen Staat erhalten sollten. «Four months earlier, the RTÉ current affairs programme *Prime Time* had broadcast a special investigative report entitled *Cardinal Secrets*, which had revealed a shocking and hitherto hidden world of victims of clerical abuse in the Archdiocese of Dublin. The abuse had been covered up by both Church and state authorities. Since the RTÉ report had caused public outrage, I reckoned that there was consternation in the Holy See. I asked [Cardinal Secretary of State] Sodano if he was referring to getting legal protection from the Irish state for diocesan records and archives. He seemed pleased that I had hit the nail on the head. Yes, he said, that was precisely what he intended. […] The Church in Ireland was on the back foot as a result of the abuse scandals now in the public domain. It was set to get worse. If he pursued the idea of hiding relevant records from perfectly justifiable public scrutiny, he would leave the Church flat on its back with a self-administrated knock-out punch.» Mary McAleese, *Here's the Story. A memoir of family, war, peace and politics*, Dublin 2021, 232.

36 Kiechle, Stefan, Synodaler Weg – aber geistlich, in: *StZ* 190 (2019) 321 f.

37 Vgl. «Investigative procedures should be robust and transparent. Experience suggests that these should include suitably experienced and skilled *lay people* to ensure independence.» Pontifical Commission for the Protection of Minors, *Guidelines Template*, Version 2016.12, Nr. 9, URL: https://www.bishop-accountability.org/news2016/11_12/2016_12_06_Minors_Guidelines_Guidelines.htm.

38 Vgl. Drewermann, Eugen, *Kleriker. Psychogramm eines Ideals*, Olten / Freiburg i. Br. [3]1989.

Dieses Beispiel von strukturellem Machtmissbrauch der zölibatären Kirchenmänner hat die Grenzen des heutigen Kirchenrechts aufgezeigt und stellt die Frage nach dem Umgang mit der Macht in der Rechtsgeschichte.

> «Der ‹point of no return›, der Wendepunkt der Entwicklung, von dem an es kein Zurück mehr zu den alten Verhältnissen gab, war Anfang 2002 die mittlerweile legendäre Enthüllung eines Systems von Vertuschung und Versetzung von Tätern im Erzbistum Boston durch ein Journalistenteam des Boston Globe»[39],

so der Kirchenhistoriker Wilhelm Damberg über den Anfang des internationalen Missbrauchsskandals in der katholischen Kirche. Der Chefredaktor des *Boston Globe* erkannte damals schon, dass hinter der sexuellen Gewalt in der Kirche ein strukturelles Problem liegt, das bis heute kaum von den Ortskirchen oder der Weltkirche angegangen wurde (Ausnahmen: z. B. der Synodale Weg in Deutschland[40], das Arbeitsinstrument [Instrumentum Laboris] der Bischofssynode 2024[41].)

Die staatlichen Berichte im anglo-amerikanischen Bereich (Irland, USA, Australien) haben das Thema der Menschenrechte bzw. Kinderrechte der Opfer aufgegriffen. Der Heilige Stuhl hat die UN-Kinderrechtskonvention 1990 unterschrieben, sie aber eher als Soziallehre nach aussen eingesetzt. Eine Umkehr zu den Grundrechten der Kinder, die auch im Kirchenrecht zu finden sind, hat nie stattgefunden. Die Diskrepanz zwischen der Soziallehre und dem Kirchenrecht (c. 747 § 2 CIC/1983) ist offensichtlich geworden durch das Aufdecken des sexuellen Missbrauchs von Kindern durch Geistliche. Die Opferverbände der Überlebenden des sexuellen Missbrauchs fordern ihre Kinder-

---

39 Damberg, Wilhelm, Missbrauch. Die Geschichte eines Internationalen Skandals, in: Aschmann, Birgit (Hg.), *Katholische Dunkelräume. Die Kirche und der sexuelle Missbrauch*, Paderborn 2022, 6. Vgl. dazu den Film *Spotlight. Break the Story. Break the silence* v. 2015 über die Geschichte der Aufdeckung der Verbrechenskultur des sexuellen Missbrauchs.

40 Synodalforen:
1 – «Macht und Gewaltenteilung in der Kirche – Gemeinsame Teilnahme und Teilhabe am Sendungsauftrag
2 – «Priesterliche Existenz heute»
3 – «Frauen in Diensten und Ämtern in der Kirche»
4 – «Leben in gelingenden Beziehungen – Liebe leben in Sexualität und Partnerschaft».

41 Vgl. Ring-Eifel, Ludwig, «Instrumentum laboris» birgt Ideen für umfassende Kirchenreform, in: *kath.ch* vom 12.7.2024, URL: https://www.kath.ch/newsd/instrumentum-laboris-birgt-ideen-fuer-eine-umfassende-kirchenreform/.

rechte, ihre Menschenrechte ein und lassen sich nicht mehr vertrösten durch die Hirten, die wissen, was für die Herde gut ist. Die heutige Einforderung der subjektiven Rechte in der Kirche lässt uns zurückblicken in die Geschichte der Rechtswissenschaft der Kirche, die diese subjektiven Rechte entwickelt hat, wie wir noch sehen werden.

4 Rechtsinstitutionen im Dialog

Vor dem Hintergrund dieser strukturellen heutigen Probleme erstaunt es umso mehr, dass die Rechtswissenschaft der Rechtskirche ab dem Mittelalter entscheidend war bei der Entwicklung vieler Instrumente der modernen Rechtsstaatlichkeit. Die Geschichte der Rechtsinstitutionen Kirche und Staat soll hier nach dem Vorbild des Tacitus – *sine ira et studio*[42] – untersucht werden, um die Frage klären zu können, wie die Idee der Rechtsstaatlichkeit institutionell entstehen konnte. Denn sie ist Voraussetzung, um subjektive Rechte einklagen zu können.

Im Mittelalter war die geistliche Gewalt besser geordnet als die neu entstehenden weltlichen. Die Westkirche führte in Westeuropa nicht nur einen gemeinsamen Glauben, sondern auch einheitliche rechtliche und moralische Grundsätze ein, welche die später entstehenden Rechtsstaaten prägten.[43] Auch der Kirchenkritiker Franz-Xaver Kaufmann verweist neben den offensichtlichen Schwächen der heutigen Kirche auf die Stärken der mittelalterlichen Kirche.

> «Die bald darauf folgende Wiederbelebung des römischen Rechtsdenkens durch Gratian führte auf dem III. und IV. Laterankonzil zu einer Systematisierung der kirchlichen Ordnung. Durch die Einführung des Pflichtzölibats für alle Kleriker [1139 ...] wurde eine Weiche zur Entflechtung von kirchlicher Organisation und Laienwelt gestellt. [...] Ein weiterer Aspekt des religiösen Sonderwegs muss wenigstens erwähnt werden: die Entstehung und institutionelle Verselbstständigung einer an den Prinzipien menschlicher Vernunft orientierten Theologie. [...] Die Scholastik [an den Universitäten des Westens] drängte in mehreren Reflexionsschüben zu einer Verwissenschaftlichung des Glaubens und zu gemeinsamen Wahrheitskriterien für alle Wissensformen. Sie wurde so zur Vorläuferin des modernen Wissen-

[42] Tacitus, Annales, 1, 1, in: Borzsák, Stefan, *Cornelii Taciti libri qui supersunt. Tomus I: Ab Excessu Divi Augusti (Annales).* Pars 1: Annales libri I–VI, Berlin / Boston 1992.

[43] Vgl. Grzymala-Busse, Anna, *Sacred Foundations. The Religious and Medieval Roots of the European State*, Princeton 2023.

> schaftsverständnisses und nicht zuletzt des modernen Freiheits- und Personverständnisses.»[44]

Die Neuscholastik des 19. und frühen 20. Jahrhunderts, die sich dem Antimodernismus der Päpste unterordnete, «hat den zentralen Beitrag der mittelalterlichen Scholastik zur Entstehung des wissenschaftlichen Denkens und damit der neuzeitlichen Vernunft verdunkelt.»[45] Mit dem Zweiten Vatikanischen Konzil (1962–1965) wurden die geschlossenen Fenster der Neuscholastik wieder geöffnet und die freiheitliche Rechtsordnung wurde zum Thema der Konzilserklärung über die Religionsfreiheit *Dignitatis humanae [personae]*[46], d. h. die Würde der menschlichen Person.[47]

Das Verhältnis von Staat und Religionen und vor allem der europäische Sonderweg von Kirche und Staat sollten daher auch in Zukunft Forschungsobjekt von unabhängigen wissenschaftlichen Institutionen sein. Verhärtete theologische und säkulare

> «Orthodoxien gibt es im Westen ebenso wie im Nahen und Fernen Osten, unter Christen und Juden ebenso wie unter Moslems. Wer einen Krieg der Kulturen vermeiden will, muss sich die unabgeschlossene Dialektik des eigenen abendländischen Säkularisierungsprozesses in Erinnerung rufen. Der ‹Krieg gegen den Terrorismus› ist kein Krieg. […] Denn jener Riss der Sprachlosigkeit entzweit auch das eigene Haus. Den Risiken einer anderorts entgleisenden Säkularisierung werden wir nur mit Augenmass begegnen, wenn wir uns darüber klar werden, was Säkularisierung in unseren postsäkularen Gesellschaften bedeutet.»[48]

---

44 Kaufmann, *Kirchenkritik*, 28. Vgl. Walther, Hartmut G., Die Konstruktion der juristischen Person durch die Kanonistik im 13. Jahrhundert, in: Mensching, Günther (Hg.), *Selbstbewusstsein und Person im Mittelalter. Symposium des Philosophischen Seminars der Universität Hannover vom 24.–26. Februar 2004*, Würzburg 2005; Kobusch, Theo, *Die Entdeckung der Person. Metaphysik der Freiheit und modernes Menschenbild*, Darmstadt ^{2}1977; Schmidinger, Heinrich, *Der Mensch ist Person. Ein christliches Prinzip in theologischer und philosophischer Sicht*, Innsbruck 1994.

45 Kaufmann, *Kirchenkritik*, 28.

46 Vgl. Zweites Vatikanisches Konzil, Erklärung über die Religionsfreiheit *Dignitatis humanae [personae]*, 7.12.1965 = DH.

47 Vgl. Loretan, Adrian (Hg.), *Die Würde der menschlichen Person. Zur Konzilserklärung über die Religionsfreiheit «Dignitatis humanae»* (ReligionsRecht im Dialog 21), Wien / Zürich 2017.

48 Habermas, Jürgen, Glauben und Wissen, in: ders., *Glauben und Wissen. Friedenspreis des Deutschen Buchhandels 2001*, Frankfurt a. M. 2001, 7–31, 11 f. Vgl. ders., *Auch eine Geschichte der Philosophie*, Berlin ^{2}2019, 2 Bde.

In diesem Bestreben ist mit den Philosophen Habermas und Thomas von Aquin das alte Thema *Glauben und Wissen* wieder aufzugreifen, das Ausprägungen u. a. in der Philosophie- und in der Institutionengeschichte (Kirche – Staat) zur Folge hatte.[49]

5 Gemeinsame wissenschaftliche Grundlagen

Religion wird heute in Europa häufig mit Emotionalität und Irrationalität geradezu gleichgesetzt. Dabei wird die Wissenschaftsgeschichte der Philosophie und der Theologie übersehen, die sich gegen den Fundamentalismus behaupten konnte und entscheidend zur Ausbildung der Rationalität beitrug. Das folgende Beispiel aus der Antike möchte dies belegen:

> «Was hat also Athen mit Jerusalem zu schaffen, was die Akademie mit der Kirche, was die Häretiker mit den Christen? […] Mögen sie […] ein stoisches, ein platonisches, ein dialektisches Christentum aufbringen! Wir indes bedürfen seit Jesus Christus des Forschens nicht mehr, auch nicht des Untersuchens, seitdem das Evangelium verkündet worden.»[50]

Mit dieser fundamentalistischen Ansicht hat sich der lateinische Theologe Tertullian (160–220) nicht durchsetzen können. Schon im 2. Jahrhundert entscheidet sich die Theologie dazu, sich mit der Philosophie auseinanderzusetzen. Durchgesetzt haben sich nicht die lateinischen, sondern die griechischen Theologen, die das Christentum mit der damaligen hellenistischen philosophischen Bildung in Verbindung bringen wollten.[51]

---

49 Vgl. Loretan, Adrian, Interaktion von Philosophie und Recht, in: *Freiburger Zeitschrift für Philosophie und Theologie* 67 (2020) 482–489 = Rezension: Jürgen Habermas, *Auch eine Geschichte der Philosophie*, Berlin ²2019, Bd. 1: Die okzidentale Konstellation von Glauben und Wissen, Bd. 2: Vernünftige Freiheit. Spuren des Diskurses über Glauben und Wissen.

50 Tertullian, *Die Prozesseinreden gegen die Häretiker (De praescriptione haereticorum)*, Kap. 7. Vgl. Fögen, Marie Theres, «sacrificium intellectus», in: Krieg, Matthias / Rose, Martin (Hg.), *Universitas in theologia – theologia in universitate*, FS Hans Heinrich Schmid, Zürich 1997.

51 Vgl. z. B. Studer, Basil, *Schola christiana. Die Theologie zwischen Nizäa (325) und Chalzedon (451)*, Paderborn 1998; ders., *Augustinus, De Trinitate. Eine Einführung*, Paderborn 2005; ders., *Mysterium Caritatis. Studien zur Exegese und zur Trinitätslehre in der Alten Kirche*, Rom 1999; ders., *Dominus Salvator. Studien zur Christologie und Exegese der Kirchenväter*, Rom 1992.

> «Seit der Spätantike lässt sich die griechische Philosophie auf eine enge Symbiose mit dem kirchlichen Christentum ein[,] wird zum wissenschaftlichen Organ der Theologie und büsst ihre eigenständige Heilsbedeutung ein [...], während die Religion der Philosophie die Aufgaben des Trostes wie auch der moralischen Erziehung abnimmt. Die Kirche hilft bei der Bewältigung von existentieller Not, von Armut, Krankheit und Tod und gibt religiöse Unterweisungen im gottesfürchtigen Leben. Unterdessen zieht sich die Philosophie, als der Statthalter der weltlichen Vernunft, immer mehr auf ihre kognitiven Aufgaben zurück und versteht, gut aristotelisch, die Theorie als Weg zur Erkenntnis, nicht zum Heil.»[52]

An der Wende des 11. zum 12. Jahrhundert beginnen sich Philosophie und Theologie zu unterscheiden. Am Anfang dieses Ausdifferenzierungsprozesses steht die Theologie, deren scholastische Methode[53] zur Entstehung der europäischen Wissenschaften geführt hat. Die theologischen Fakultäten sind nicht zufällig die ersten Fakultäten an vielen europäischen Universitäten,[54] was die europäische Geistesgeschichte widerspiegelt. Denn die christliche Lehre ist im Westen mit

> «den begrifflichen Mitteln und in den scholastischen Formen der Philosophie zur wissenschaftlichen Theologie ausgebildet worden. Diese interne Rationalisierung hat hier einen kognitiven Gestaltwandel erleichtert, der – trotz aller Ambivalenzen bei Luther selbst – in der Folge der reformatorischen Bewegung zum reflexiven Glaubensmodus geführt hat.»[55]

So schreibt der Philosoph Habermas über die theologische Argumentation des Thomas von Aquin:

---

52 Habermas, Jürgen, Noch einmal: Zum Verhältnis von Theorie und Praxis, in: ders., *Wahrheit und Rechtfertigung. Philosophische Aufsätze*, Frankfurt a. M. 1999, 320. Vgl. ausführlich Habermas, *Auch eine Geschichte der Philosophie*, Bd. 1, 479 f.; 481–918.

53 An den neu gegründeten Universitäten galt die scholastische Methode als wissenschaftlich akzeptierte Vorgehensweise. Sie entwickelte die antike Dialektik, die Lehre vom wissenschaftlich korrekten Diskutieren, weiter. Dabei war der Einfluss des eben erst wiederentdeckten Aristoteles sehr gross. Im Prinzip konnte ein scholastischer Wissenschaftler jede Position vertreten, wenn er sie nur methodisch korrekt begründete. Dennoch wurde erwartet, dass man auf die kirchliche Doktrin Rücksicht nahm, worum sich die meisten Scholastiker auch bemühten.

54 Vgl. Loretan, Adrian, Theologia in universitate – Einleitung, in: ders. (Hg.), *Theologische Fakultäten an europäischen Universitäten. Rechtliche Situation und theologische Perspektiven* (Theologie Ost–West. Europäische Perspektiven, Bd. 1), Münster 2004

55 Habermas, Jürgen, Jerusalem, Athen und Rom, in: ders., *Zeit der Übergänge. Kleine Politische Schriften IX*, Frankfurt a. M. 2001, 176.

> «Wenn ich in die ‹Summa Contra Gentiles› des Thomas von Aquin hineinschaue, bin ich von der Komplexität, dem Grad der Differenzierung, dem Ernst und der Stringenz der dialogisch aufgebauten Argumentation hingerissen. Ich bin ein Bewunderer von Thomas. Er repräsentiert eine Gestalt des Geistes, die ihre Authentizität aus sich selbst heraus verbürgen konnte.»[56]

Nach dem Dreissigjährigen Krieg (1618–1648) müssen religiöse Argumentationen der verschiedenen Lager mit den von ihnen abweichenden säkularen und religiösen Wahrheitsansprüchen zurechtkommen. Sie müssen lernen, die in ihnen zum Ausdruck gekommene Gewalttätigkeit gegen Andersdenkende, bisher Häresie genannt, zu überwinden. In diesem Kontext versteht Kant die Auseinandersetzung von kritischer Vernunft und kirchlichem Christentum im *Streit der Fakultäten* als einen Konflikt zwischen philosophischer und biblischer Theologie oder als einen Streit zwischen philosophischer und theologischer Fakultät. Dieser Streit muss gemäss Kant als Prozess gedacht werden, der vor dem Richterstuhl der Vernunft geführt wird. Das Rechtsverfahren ist öffentlich.

> «Kant grenzt den Streit der Fakultäten nachdrücklich vom Krieg ab, da er ein ‹Streit zweier miteinander zu einem gemeinschaftlichen Endzweck vereinigten Parteien› (9, 300 [= AA VII, 35]) ist. […] Auch die kritische Vernunft ist bereit, ‹ein ihr fremdes Angebot, das nicht auf ihrem Boden erwachsen, aber doch hinreichend beglaubigt ist, anzunehmen› (6, 251 [= AA V, 121]). Als philosophischer Theologe will er aber der kritischen Vernunft im ‹Feld der Wissenschaften› die volle Freiheit sichern, um ‹das Fortschreiten der Cultur wider alle neuen Eingriffe der Obskuranten› (9, 274 [= AA VII, 11]) zu unterstützen. […] Die ‹Kritik der reinen Vernunft› und ‹Der Streit der Fakultäten› sind von einem gemeinsamen Grundanliegen getragen. Beide Male sollen Verhältnisse der Gewalt [im Namen der Wahrheit] abgebaut und Bedingungen des Rechts konstituiert werden.»[57]

---

56 Ebd. 178. Habermas weiter: «Dass es einen solchen Fels in der Brandung zerfliessender Religiositäten heute nicht mehr gibt, ist eben auch eine Tatsache. In der einebnenden Mediengesellschaft verliert alles seinen Ernst, vielleicht auch das institutionalisierte Christentum selber?»

57 Noti, Odilo, Religion und Gewalt. Eine theologisch interessierte Erinnerung an Immanuel Kant, in: Mieth, Dietmar / Pahud de Mortanges, René (Hg.), *Recht – Ethik – Religion. Der Spannungsbogen für aktuelle Fragen, historische Vorgaben und bleibende Probleme*, FS Giusep Nay, Luzern 2002, 141 (Hervorhebung getilgt). Die Zitate im Zitat stammen aus Kant, Immanuel. *Werke in zehn Bänden*, Darmstadt 1968, die eckigen Klammern verweisen auf die *Akademie-Ausgabe*. Die erste Ziffer in Klammern bezeichnet den Band, die zweite die Seitenzahl.

Denn auf jeder religiösen Institution lastet gemäss Kant «‹eine Art von Erbschuld›, nämlich der Hang zur eigenen Verabsolutierung»[58], wenn der Wahrheitsanspruch nicht im Kontext der von der Verfassung garantierten Freiheitsrechte[59] gedacht wird.[60]

5.1 Philosophisch-theologische Grundlagen der säkularen Moderne

Was bedeutet Säkularisierung in den postsäkularen Gesellschaften? Und wie können die aus der religiösen Überzeugung abgeleiteten normativen Verpflichtungen als Rechtsnorm aufgenommen werden? Wie können «doppelte Normativitäten zwischen staatlichen und religiösen Geltungsansprüchen»[61] zusammen gedacht werden? Kants Religionsphilosophie habe Massstäbe gesetzt, so Habermas:

> «Aber erst im Zusammenhang mit ihrer Wirkungsgeschichte wirft sie Licht auf die Konstellation von Glauben und Wissen in unseren gegenwärtigen, postsäkularen Gesellschaften.»[62]

In der Lesart von Habermas entwickelt Hegel die Erzählungen der grossen Weltreligionen als Geschichte des Geistes. Kant und Hegel lassen den Stachel des religiösen Erbes im säkularen Bewusstsein noch erleben. Schleiermacher und Kierkegaard haben dann von der Philosophie eingefordert, theologisches Denken als ein Gegenüber auf gleicher Augenhöhe anzuerkennen.

> «Sie lösen das Christentum aus der Verbindung mit der griechischen Metaphysik und verteidigen oder kritisieren es auf dem Kantischen Niveau nachmetaphysi-

58 Noti, *Religion und Gewalt*, 143.

59 Vgl. Loretan, *Wahrheitsansprüche im Kontext der Freiheitsrechte*.

60 Vgl. Loretan, Adrian, Wissenschaftsfreiheit und Wahrheitsanspruch am Beispiel der Theologischen Fakultäten der Schweiz, in: Hense, Ansgar / Pulte, Matthias (Hg.), *Kirchliche Hochschulen und konfessionelle akademische Institutionen im Lichte staatlicher und kirchlicher Wissenschaftsfreiheit* (Mainzer Beiträge zu Kirchen- und Religionsrecht 4), Würzburg 2018.

61 Vgl. Jäggi, Christian, *Doppelte Normativitäten zwischen staatlichen und religiösen Geltungsansprüchen. Am Beispiel der katholischen Kirche, der muslimischen Gemeinschaften und der Bahá'í-Gemeinde in der Schweiz*, Berlin 2016.

62 Habermas, Jürgen, Die Grenze zwischen Glauben und Wissen. Zur Wirkungsgeschichte und aktuellen Bedeutung von Kants Rechtsphilosophie, in: ders., *Zwischen Naturalismus und Religion*, 249.

schen Denkens gegenüber den Gebildeten und den Indifferenten unter seinen Verächtern.»[63]

Nach dem Zivilisationsbruch der Shoah hat der Philosoph Walter Benjamin den Begriff der «anamnetischen Solidarität» gegenüber vergangenem Unrecht eingeführt,

> «ein Begriff, der unverkennbar in die Lücke der verlorenen Hoffnung auf ein Jüngstes Gericht einspringt – an eine kollektive Haftung jenseits moralischer Verpflichtung erinnert».[64]

Auch im Zweiten Vatikanischen Konzil wird im Kontext der Shoah jeder Theorie und Praxis das Fundament entzogen, die

> «zwischen Mensch und Mensch [...] bezüglich der Menschenwürde und der daraus fliessenden Rechte einen Unterschied macht. Deshalb verwirft die Kirche jede Diskriminierung eines Menschen oder jeden Gewaltakt gegen ihn um seiner Rasse oder Farbe, seines Standes oder seiner Religion willen, weil dies dem Geist Christi widerspricht.» (NA 5)

Biblisch formuliert: «Wer nicht liebt, kennt Gott nicht» (1 Joh 4,8). Auch die Katholische Theologie hatte sich auf das Bewusstsein einer postsäkularen Gesellschaft eingestellt, in der das säkulare Recht mit der Religionsfreiheit einen weltanschaulichen Pluralismus garantiert. Es wächst

> «das Bewusstsein der erhabenen Würde, die der menschlichen Person zukommt [DH 1], da sie [...] Träger allgemeingültiger sowie unverletzlicher Rechte und Pflichten ist. [...] Die gesellschaftliche Ordnung und ihre Entwicklung mussen sich dauernd am Wohl der Personen orientieren.» (GS 26)

Diese Versöhnung zwischen Moderne und Religion, d. h. zwischen Wissen und Glauben, hat Folgen für das Individuum und die religiösen Gemeinschaften.[65] Theologische Ansätze verschiedener Religionsgemeinschaften müssen sich nicht als Feinde der offenen Gesellschaft verstehen, sondern könnten diese freiheitli-

---

63 Ebd. 251.

64 Ebd. 250.

65 Vgl. Loretan, *Die Würde der menschlichen Person.*

chen Verfassungsstaaten durchaus unterstützen, nachdem sie den Wert der verantworteten Freiheit zu bejahen lernten. Dies setzt allerdings einen geklärten Freiheitsbegriff voraus.[66]

Es soll schon an dieser Stelle daran erinnert werden, dass das Recht der Kirche zur modernen Rechtsentwicklung Westeuropas Wesentliches beigetragen hat. Der evangelische Rechtssoziologe Max Weber sprach vom kanonischen Recht (d. h. vom Recht der römisch-katholischen Kirche) als einem «Führer auf dem Wege zur Rationalität»[67] des staatlichen Rechts im Verlaufe der Rechtsgeschichte. Am Gesprächskreis «Grundlagen des Öffentlichen Rechts», der sich 2011 als Sektion der Tagung der Vereinigung der Deutschen Staatsrechtslehrer konstituiert hatte, vertrat Horst Dreier folgende These:

> «Insgesamt findet sich in den theologischen Lehren des Hochmittelalters ‹der nahezu komplett bestückte Baukasten eines allgemeinen Teils der Strafrechtslehre, der um die Vorstellung der handlungs- und zurechnungsfähigen Person kreist›.»[68]

Für das öffentliche Recht kann dies mit der Habermas'schen These ergänzt werden:

> «Das neue Kirchenorganisationsrecht [des beginnenden 2. Jahrtausends] war im Kern bereits modernes öffentliches Recht und insoweit gegenüber dem römischen Zivilrecht eine echte Innovation.»[69]

Denn die Kirche als Korporation wurde zum Modell für die Selbstorganisation der Städte, der Handwerkerzünfte, der Universitäten und Berufsgenossenschaften, die vom traditionellen Muster des Lehenswesens und der Grundherrschaft abweichen. Wie die Kirche verstanden sich diese neuen Institutionen als eine Korporation, die allein von ihren Mitgliedern getragen wird. Auch im ländlichen Raum der Alpen begannen ab dem Hochmittelalter Kommunalisierungspro

---

[66] Vgl. Berlin, Isaiah, Zwei Freiheitsbegriffe, in: ders., *Freiheit. Vier Versuche.* Aus dem Englischen von Reinhard Kaiser, Frankfurt a. M. 2006.

[67] Weber, *Wirtschaft und Gesellschaft*, 481.

[68] Dreier, Horst, *Säkularisierung und Sakralität. Zum Selbstverständnis des modernen Verfassungsstaates*, mit Kommentaren von Christian Hillgruber und Uwe Volkmann (Fundamenta Juris Publici 2), Tübingen 2013, 52.

[69] Habermas, *Auch eine Geschichte der Philosophie*, Bd. 1, 667.

zesse, die sich auf dieses Rechtsverständnis stützten.[70] Mitten im mittelalterlichen Lehenswesen entstanden Inseln der Vereinigungsfreiheit, also Institutionen der Moderne, die sich auf die juristische Person im kanonischen Recht stützten. Am deutlichsten wird dies bei der Neugründung der Denkfabrik «Universität». Diese übernimmt aus der Definition der kanonischen juristischen Person den ersten Begriff: *universitas*. «Erst die Kanonistik des 13. Jahrhunderts gestand einer Gesamtheit (universitas) von Personen Rechtspersönlichkeit zu, die unabhängig von ihren Mitgliedern bestand.»[71] Erst in dieser neuen Institution *Universität* konnte sich das Denken unabhängig von Kirche und Reich allmählich entfalten. Die Theologie ist neben der Philosophie eine selbständige Wissenschaft.[72]

Das kirchliche Recht löste autonome Entwicklungen im Bildungsbereich (Universität), im Wirtschaftsbereich (Zünfte), im Staatsrecht (öffentliches Recht) etc. aus, die die funktionale Ausdifferenzierung der Moderne einläuteten. Der verfassunggebende demokratische Prozess ist «die letzte Legitimationsquelle einer sich selbst autorisierenden Rechtsordnung politischer Herrschaft»[73]. Die «theologisch gebildete innerkirchliche Opposition gegen die ‹Macht des Papstes›»[74], z. B. Marsilius von Padua (1285/1290–1342/1343) oder Wilhelm von Ockham (1288–1347), bereitet diese moderne Antwort des späten 18. Jahrhundert schon im 13. Jahrhundert vor, «also zu einer Zeit, als sich die Frage nach einer säkularen Legitimation von Herrschaft noch gar nicht stellen konnte»[75]. Kurz: Um den Entstehungsprozess der Idee des modernen Rechtsstaats zu verstehen, können theologisch-philosophische und kanonistische Fragen des Mittelalters nicht ausgeklammert werden.

> «Würden wir die Frage nach Gott in unserem Nachdenken über die Grundlagen des politischen Zusammenlebens von vornherein nicht zulassen, dann wäre nicht

---

[70] Vgl. Bacher, Mike, *Die Korporationen von Obwalden und Nidwalden. Ein Beitrag zur Rechtskulturgeschichte* (Dissertation in Bearbeitung). Inwiefern diese kirchenrechtlich geprägten Korporationen die direkte Demokratie der Innerschweizer Kantone inspirierten, wird weiter zu untersuchen sein.

[71] Loretan, Adrian, Juristische Personen im CIC/1983, in: Fink, Urban / Zihlmann, René (Hg.), *Kirche – Kultur – Kommunikation. Peter Henrici zum 70. Geburtstag*, Zürich 1998, 582.

[72] Vgl. auch Loretan, *Theologia in Universitate*, 8.

[73] Habermas, *Auch eine Geschichte der Philosophie*, Bd. 1, 864.

[74] Ebd. 864.

[75] Ebd.

bloss der Dialog zwischen Glauben und Wissen verweigert. Es könnte auch sein, dass das Menschsein des Menschen auf dem Spiel stünde.»[76]

Denn das Leitbild des Menschen als frei, gleich und mit einer unverfügbaren Würde versehen, das für den demokratischen Verfassungsstaat konstitutiv ist, wird geprägt von biblischen Erzählungen, wie Tine Stein (*1965) in ihrer politikwissenschaftlichen Habilitationsschrift nachzeichnet.[77] Die heutige Wissenschaft, englisch Science,

> «kann lediglich berichten, dass wir [Menschen] eine Ansammlung von Zellen sind [...] Das Sein, die Person, die Menschenwürde – all das sind Konzepte, die ihren Ursprung in der religiösen Vorstellungswelt haben. [...] Die jüdisch-christliche Tradition hält die Unverletzlichkeit der Person hoch, weil jeder Mensch Abbild Gottes»[78]

ist und nicht ausschliesslich als eine Ansammlung von Zellen gedacht werden darf.

5.2 Kritik des Verhältnisses von Metaphysik und Rechtsphilosophie

Den Glauben formuliert das Zweite Vatikanische Konzil auf für säkulare Denkweise nachvollziehbare Weise:

> «Die Würde der menschlichen Person kommt den Menschen unserer Zeit immer mehr zum Bewusstsein, und es wächst die Zahl derer, die den Anspruch erheben, dass die Menschen bei ihrem Tun ihr eigenes Urteil und eine verantwortliche Freiheit besitzen und davon Gebrauch machen sollen. [...] In gleicher Weise fordern sie eine rechtliche Einschränkung der öffentlichen Gewalt, damit die Grenzen einer ehrenhaften Freiheit der Person und auch der Gesellschaftsformen nicht zu eng umschrieben werden.»[79]

---

76 Stein, Tine, *Himmlische Quellen und irdisches Recht. Religiöse Voraussetzungen des freiheitlichen Verfassungsstaates*, Frankfurt a. M. 2007, 8.

77 Vgl. ebd.

78 Gardels, Nathan, Wir brauchen eine neue Ethik für die Zukunft, in: *NZZ* vom 11. Juli 2020, 32 f.

79 DH 1.

Das Wissen auf der anderen Seite entwickelt ein dialektisches Verhältnis zum Bereich der religiösen Erfahrung des Glaubens. Denn der Kern dieser Erfahrung verbietet den säkularisierenden Zugriff der philosophischen Analyse auf ähnliche Weise, wie auch die ästhetische Erfahrung dem rationalisierenden Zugriff widersteht.

> «Mit Begriffen des Schönen, Hässlichen und Erhabenen leistet ja die Philosophie kaum mehr als ein vorsichtiges Einkreisen jener sprachlos-sinnlichen Erregung [...] Die Quelle der Sinnlichkeit entweicht dem Verstand. Mit einer in die Welt von aussen einbrechenden ‹Transzendenz› verhält es sich ähnlich. Mit diesem Begriff umkreist nämlich die Philosophie das Abgründige und Abkünftige jener utopischen Energie zur ‹Beförderung des höchsten Guts›, über deren Quelle eine detranszendentalisierte Vernunft keine Gewalt mehr beansprucht.»[80]

Kants Selbstkritik der Vernunft könnte als Fundament dienen, wenn im Verhältnis von Glauben und Wissen ein – auch philosophisch akzeptabler – Weg gesucht wird. Die Philosophie gewinnt durch die Methode der Abgrenzung nur so lange auf vernünftige Weise vom religiösen Erbe Erkenntnis, wie die Offenbarungsquelle für sie eine kognitiv unannehmbare Zumutung darstellt.

> «Sobald diese Grenze zwischen Glauben und Wissen porös wird und sobald religiöse Motive unter falschem Namen in die Philosophie eindringen, verliert die Vernunft ihren Halt und gerät ins Schwärmen. Kants Selbstkritik der Vernunft sollte [...] einerseits von der Überschwänglichkeit metaphysischer Erkenntnisansprüche, andererseits von der Übersinnlichkeit religiöser Glaubensgewissheiten abgrenzen. Diese Bestimmungen der Grenzen des nachmetaphysischen (und nachchristlichen) Denkens können uns heute immer noch als Massstab dienen, wenn wir uns in der gegenwärtigen philosophischen Landschaft über das Verhältnis von Glauben und Wissen orientieren wollen.»[81]

---

80 Habermas, *Grenze zwischen Glauben und Wissen*, 251 f.

81 Ebd. 252 (Hervorhebungen getilgt).

5.3 Von der Staatskirche zur menschenrechtlichen Begründung

Wenig Sympathie für die Aufklärung entwickelte das Lehramt der katholischen Kirche. Dabei verstand Rom unter Aufklärung vor allem die in der Tat antireligiöse und antiklerikale französische Aufklärung. Die Aufklärung in den USA, in Grossbritannien und Deutschland, die nicht dominant antireligiös geprägt war, wurde weit weniger in den Blick genommen, obwohl sie christliche Ideen aus den Kirchen aufnahmen, die als Christentum ausserhalb der Kirchen bis heute nachwirken.[82]

Das bisherige metaphysische Normenbewusstsein, das durch Monarchie und Staatsreligion geschützt war, sah Kant durch die Verfassungsentwicklung seit der Amerikanischen und der Französischen Revolution erschüttert, die u. a. Menschenrechte wie die Religionsfreiheit garantierte. Was Kant mit dem Modus des vernünftigen Glaubens beabsichtigt hatte,

> «trifft eher auf das reflektierte Selbstverständnis von Mitgliedern religiöser Gemeinden […] zu […] Nun gibt es aber verschiedene, gleichermaßen authentische Lebensweisen, sodass in dieser Hinsicht Gewissheit und Wahrheitsgeltung interessanterweise auseinander klaffen.»[83]

Der religiöse und ethische Pluralismus ist eine Folge der religiösen und ethischen Neutralität des säkularen Rechtsstaates. Wegen dieses Neutralitätsgebots bleibt der Rechtsstaat auf Distanz zu jeder bestimmten Religion oder Weltanschauung. Dies muss auch gegenüber einer säkularen Weltanschauung gelten. Die heutige Rückkehr zur Tradition der Metaphysik auf philosophischer Ebene ist daher kritisch zu befragen, worauf sie abzielt. Stützt sie sich auf die griechische Antike oder auch auf die Theologie des Mittelalters bzw. des 19. Jahrhunderts, die in Unkenntnis bzw. in bewusster Abkehr von der modernen Verfassungsdiskussion entstanden ist?

> «Dann geht es vielmehr, wie einst im Neothomismus oder heute in der islamischen Philosophie, um die metaphysische Rechtfertigung von Grundaussagen monotheistischer Lehren. […] Kant hat [aber] eine Differenzierung von Glauben und Wissen

---

[82] Rendtorff, Trutz, *Christentum ausserhalb der Kirchen. Konkretion in der Aufklärung*, Hamburg 1969.

[83] Habermas, *Grenze zwischen Glauben und Wissen*, 248.

vorgenommen, die den Bruch mit dem totalisierenden Erkenntnisanspruch der Metaphysik voraussetzt»[84],

um damit verantwortet einen modernen Verfassungsstaat auch aus religiöser Perspektive denken zu lernen. Im Rahmen einer Theologie, die den freiheitlichen Rechtsstaat anerkennt, kann diese Differenzierung nicht einfach rückgängig gemacht werden.

Das Verhältnis von Kirche und Staat (später Staat und Religionen) stand als Verhältnis der Institutionen auch noch im Westfälischen Frieden (1648) im Zentrum. Erst die Aufklärung hat die Interdependenz zwischen Recht und Religion individualrechtlich und damit menschenrechtlich zu denken begonnen. Ein Zeitgenosse Kants, Moses Mendelssohn (1729–1786), dem Lessing in seinem Drama *Nathan der Weise*[85] die Hauptrolle zuweist, ist einer der Vordenker des individuellen Rechtsverhältnisses von Religion und Recht.[86] Er schuf erst die denkerischen Voraussetzungen für die individuelle Religionsfreiheit.[87] Die rechtlich garantierte Gewissensfreiheit veränderte aber auch die Religionen, was Mendelssohn am Beispiel seiner eigenen Religion, dem Judentum, durchdenkt. Dass Religion so freiheitlich gedacht werden kann, überraschte selbst Immanuel Kant.[88] Moses Mendelssohn zeigt mit seiner Interpretation des Judentums, dass Religion als «Institution der Freiheit»[89] verstanden werden kann, nicht nur als «klerikale [bzw. rabbinische] Theokratie»[90], von der er sich auch im Judentum sehr deutlich abgrenzt.

---

84 Ebd. 253.

85 Feiner, Shmuel, *Moses Mendelssohn. Ein jüdischer Denker in der Zeit der Aufklärung*. Aus dem Hebräischen von Inge Yassur. Mit 20 Abbildungen, Göttingen 2009, 119.

86 «Mendelssohn opens *Jerusalem* with the problem Hobbes set out in *Leviathan*: the correct balance of civil and ecclesiastical power in the state.» Jones, Meirav, Moses Mendelssohn and the Jewish Question of Modern Natural Law, in: *Journal of Law and Religion* 39/1 (2024), 21. «What Grotius found in the Jewish sources he incorporated into his later work was the authoritative theoretical grounding for the natural law theory he had developed in his early work, and particularly for its break from scholasticism. Whereas for Aquinas and later scholastics, divine law and natural law were separate and distinct parts of God's eternal law, in Grotius's post-Reformation account, the different branches of law – nature, divine and eternal – were understood as the same law revealed in different ways.» (Ebd. 19).

87 Vgl. Loretan, *Religion und Recht*.

88 Vgl. Kant, Immanuel, Briefwechsel (1747–1788), *AA* X, 347.

89 Loretan, Adrian, *Religionen im Kontext der Menschenrechte* (Religionsrechtliche Studien 1), Zürich 2010, 15.

90 Ebd.

Seine Religionsgemeinschaft als «Institution der Freiheit» zu denken, verlangt allerdings auch heute noch viel «theologische Zivilcourage».[91] Mendelssohn stellt die Frage: «[W]em sollen wir die Sorge für das Ewige antrauen?»[92] Den Religionsgemeinschaften, dem Staat oder dem Individuum? Sobald der Staat die Sorge für das Ewige ganz aus den Händen gibt wie bei John Locke (1632–1704), ist es in der Praxis ein kleiner Schritt zu Vorstellungen des Kardinals Robert Bellarmin (1542–1621) und seinen damals berühmten Ansichten einer Suprematie der Kirche über den Staat[93]. Der Mendelssohn'sche Staat ist entscheidend auf die Mitarbeit aller Bürger, d. h. auch der religiösen Bürger, angewiesen.[94]

> «Der Staat gebietet und zwinget; die Religion belehrt und überredet; der Staat erteilt Gesetze, die Religion Gebote. Der Staat hat physische Gewalt und bedienet sich derselben, wo es nötig ist; die Macht der Religion ist die Liebe und Wohltun. [...] [D]ie bürgerliche Gesellschaft kann, als moralische Person, Zwangsrechte haben. [...] Die religiöse Gesellschaft macht keinen Anspruch auf Zwangsrecht [...] Der Staat besitzet [daher] vollkommene, die Kirche bloss unvollkommene Rechte.»[95]

Im Unterschied zum Staat komme also der Kirche bzw. der Religion gemäss Mendelssohn kein Zwangsrecht gegenüber ihren Mitgliedern zu. Der Staat hat Zwangsrechte gegenüber seinen Bürgern. Es gibt für Mendelssohn aber kein Recht, im Innersten des Menschen «so zu wühlen, und sie zu Geständnissen zu zwingen»[96]. Denn «das Recht auf unsere eigene Gesinnung ist unveräusserlich»[97]. Dies gelte auch gegenüber der Kirche bzw. den Religionen. Denn Gott verlange

> «keine Aufopferung unserer Rechte zu seinem Besten, keine[n] Verzicht auf unsere Unabhängigkeit zu seinem Vorteil. Seine Rechte können mit den Unseri-

---

[91] Klingen, Henning, Wer steht für die unschuldigen Opfer ein? Ein Gespräch mit Johann Baptist Metz, in: *Orientierung* 72 (2008), 150.

[92] Mendelssohn, Moses, *Jerusalem oder über religiöse Macht und Judentum.* Mit dem Vorwort zu Manasse ben Israels *Rettung der Juden* und dem Entwurf zu *Jerusalem* sowie einer Einl., Anm. u. Register (Philosophische Bibliothek 565), Hamburg 2005, 38.

[93] Vgl. ebd. 38 f.

[94] Vgl. ebd. 44 f.

[95] Ebd. 45 (Hervorhebungen getilgt).

[96] Ebd. 65.

[97] Ebd. 62.

gen nie in Streit und Irrung kommen. Er will nur unser Bestes, eines jeden Einzelnen Bestes, und dieses muss ja mit sich selbst bestehen, kann sich ja selbst nicht widersprechen.»[98]

Damit ist schon 1783 theologisch die Grundlage dafür geschaffen worden, Menschenrechte innerhalb der Religionsgemeinschaften denken zu können. Denn Menschenrechte betreffen das Machtverhältnis der Amtsträger zu den Menschen, nicht das Verhältnis zu Gott.[99] Mendelssohn stellt das individuelle Gewissen des Einzelnen in den Mittelpunkt seiner religionsverfassungsrechtlichen Überlegungen. Er will der Gewissensfreiheit gegenüber dem Staat und der Religion zu ihrem Recht verhelfen.[100]

Eine besondere Geltung des hier mit Moses Mendelssohn herausgearbeiteten Grundrechts der Gewissensfreiheit liegt in dessen kommunikativer Bedeutung. Martin Hilti betont die Wichtigkeit dieses Grundrechts für die Demokratie. Er verbindet die im kantischen Gewissensverständnis ermittelte Prozesshaftigkeit des Gewissens mit der Interpretation der Gewissensfreiheit als Grundlage des Prozesses demokratischer Entscheidungsfindung.[101] Damit gibt es im Rechtstaat ein religiöses und ein weltanschauliches Gewissen, die beide im Rahmen der Rechtsordnung Gewissensfreiheit beanspruchen können. Letzteres hat die Konsequenz, dass nicht nur aus religiösen Gründen Militärdienstverweigerung breit akzeptiert ist, wie z. B. bei den geweihten Geistlichen[102], sondern auch aus anderen weltanschaulichen Gewissensgründen.

---

98 Ebd. 60.

99 Vgl. Loretan, Adrian, Menschenrechte in den Religionen. Ein einleitender Essay, in: ders., *Religionen im Kontext der Menschenrechte.*

100 Vgl. Mendelssohn, *Jerusalem*, 58–65, 62: Daher ist «das mindeste Vorrecht, das ihr euren Religions- und Gesinnungsverwandten öffentlich einräumet, eine *indirekte Bestechung*». Ebd.
Vgl. Grote, Rainer / Marauhn, Thilo (Hg.), *Religionsfreiheit zwischen individueller Selbstbestimmung, Minderheitenschutz und Staatskirchenrecht. Völker- und verfassungsrechtliche Perspektiven* (Beiträge zum ausländischen öffentlichen Recht und Völkerrecht 146), Berlin / Heidelberg / New York 2001.

101 Vgl. Hilti, Martin, *Die Gewissensfreiheit in der Schweiz*, Zürich 2008, 147–167.

102 Geistliche Amtsträger der katholischen Kirche ohne Weihe (Zweites Vatikanisches Konzil, Dogmatische Konstitution über die Kirche *Lumen gentium* (21.11.1964) (= LG) 33; cc. 145, 228 CIC/1983), die inzwischen die Mehrheit der Seelsorge in der Deutschschweiz leisten, scheinen für die Kirche ein anderes Gewissen zu haben, denn die männlichen, nichtgeweihten Amtsträger werden nicht wie die geweihten Amtsträger automatisch vom Militärdienst befreit.

5.4 Rechts- und politikwissenschaftliche Suche nach theologischen Wurzeln

Die modernen Verfassungen haben das Menschenbild neu geprägt. Seit der Amerikanischen Revolution wurden die Verfassungssubjekte zunehmend als freie und gleiche Menschen und Bürger[103] verstanden. Die konstitutionelle Demokratie setzt das freie und gleiche Individuum voraus, das sich u. a. in Auseinandersetzung mit den biblischen Erzählungen und einer philosophischen Naturrechtsdiskussion entwickeln konnte. Aber auch in den Präambeln der Verfassungen wird nicht selten eine Brücke zur Transzendenz geschlagen.

In den USA wurde von Anfang an ein anderer Weg zur Verfassungsbegründung beschritten als in Frankreich. Religiöse und säkulare Begründungen wurden in den USA gemeinsam zugelassen. Oder um es mit dem Franzosen Alexis de Tocqueville (1805–1859) zu sagen, in den USA wurden der «esprit de religion» und der «esprit de liberté» miteinander kombiniert.[104] Der Verfassungshistoriker Georg Jellinek (1851–1911) strich den chronologischen Vorrang der amerikanischen Menschenrechtserklärung und ihre Beeinflussung der französischen Menschenrechtserklärung hervor. Die eigentliche dynamische Energie, die zu einer Erkenntnis von Menschenrechten geführt hat, erkennt der Verfassungsjurist Jellinek

> «in den Kämpfen nordamerikanischer Protestanten um religiöse Freiheit. Mit diesen Thesen verlagerte Jellinek die Urheberschaft an den frühesten Menschenrechtserklärungen von der für eher religionsskeptisch oder religionsfeindlich gehaltenen französischen Aufklärung auf christliche Wurzeln.»[105]

Jellinek inspirierte damit die viel berühmtere Schrift über *Die protestantische Ethik und den Geist des Kapitalismus* (1904/1905) von Max Weber,

> «der sich tief beeindruckt zeigte von Jellineks ‹Nachweis religiöser Einschläge in der Genesis der Menschenrechte für die Untersuchung der Tragweite des Religiösen überhaupt auf Gebieten, wo man sie zunächst nicht sucht›»[106].

---

[103] Hier bewusst ausschliesslich männlich formuliert. Denn die Menschenrechte z. B. der Frauen, Sklaven und Kinder mussten und teilweise müssen noch erkämpft werden.

[104] Vgl. de Tocqueville, Alexis, *De la démocratie en Amérique (1835)*, Bd. 1, Paris 1988, 1, 39.

[105] Joas, Hans, *Die Sakralität der Person. Eine neue Genealogie der Menschenrechte*, Berlin 2011, 41.

[106] Ebd.

Die amerikanische Verfassungsgeschichte verdankte sich religiösen und säkularen Bewegungen. Hans Joas (*1948) spricht von einer «quasipietistischen Massenbewegung und einer rationalistisch-aufklärerischen Elite»[107]. Daher ergibt sich die Entstehung des modernen Rechtsstaates als Vorgang der Säkularisation sowohl aus religiösen als auch aus säkularen Quellen,[108] was in Europa aufgrund der französischen Tradition lange verdrängt wurde.

In der zeitgenössischen Politikwissenschaft und Rechtswissenschaft Europas wird die konstitutionelle Demokratie ideengeschichtlich meistens ohne religiöse Beiträge entwickelt. Dabei waren die Gründerväter des neuen Europas, Konrad Adenauer (1876–1967) in Westdeutschland, Alcide De Gasperi (1881–1954) in Italien und Robert Schuman (1886–1963) in Frankreich, die die Versöhnung nach der Katastrophe des Nationalsozialismus einleiteten, dezidierte Katholiken, was amerikanischen Rechtswissenschaftlern nicht entgeht.[109] Die Erfindung des Politischen bzw. der demokratischen Legitimationsverfahren wird in Athen, die Bindung der Politik an das Recht in Rom verortet. Die Ausarbeitung der Menschenrechtserklärungen wird in der Amerikanischen bzw. Französischen Revolution gefunden, die beide als Folge der säkularen Aufklärung verstanden werden. Wären die Religionen als bedeutende Institutionen der Wertebildung und Wertevermittlung

> «stärker im Bewusstsein des politikwissenschaftlichen Nachdenkens verankert, dann wäre diese Disziplin nicht so in weiten Teilen sprachlos gewesen, die Ungeheuerlichkeit der Anschläge des 11. Septembers vor dem Hintergrund der existentiellen Kräfte zu erkennen, die da wirkten und die sich ganz wesentlich aus einem religiösen Antrieb speisten»[110].

Neuere politikwissenschaftliche Arbeiten aus Berlin beziehen daher sehr bewusst die religiöse Dimension bei der Entstehung des religiös neutralen, pluralistischen

---

107 Ebd. 52.

108 Anders sieht dies Thomas Fritsche: «Wenn man die Entstehung des Staates als Vorgang der Säkularisation beschreiben will, ergibt sich keine Alternative zu religiösen Entstehungsbedingungen.» Fritsche, Thomas, *Der Kulturbegriff im Religionsverfassungsrecht* (Schriften zum öffentlichen Recht 1293), Berlin 2015, 29.

109 Vgl. Weiler, Joseph H. H. [Professor für Internationales Recht und Europarecht], *Ein christliches Europa. Erkundungsgänge (Transformation)*, Salzburg 2004, 95; Moyn, Samuel, *Christian Human Rights*, Philadelphia 2015, 18.

110 Stein, *Himmlische Quellen*, 54.

Staates mit ein. Das gilt z. B. für die Politikwissenschaftlerin Tine Stein[111], die nach den religiösen Voraussetzungen des freiheitlichen Verfassungsstaates fragt, oder Ahmet Cavuldak[112] (*1977), der die Legitimität der Trennung von Religion und Politik in der Demokratie politikwissenschaftlich und philosophisch einer kritischen Überprüfung unterzieht. Er fragt, inwiefern die religionspolitischen Lernprozesse des europäischen, lateinisch-christlich geprägten Westens auf andere Regionen und Religionen anwendbar sind. Aber auch in den englisch-sprachigen[113] und deutschen[114] Rechtswissenschaften ist diese Frage nach den theologischen Wurzeln des Rechts keineswegs fremd. Stein differenziert deshalb:

> «Nun kann in einer geistes- und sozialwissenschaftlichen Untersuchung [der Politikwissenschaften oder der Rechtswissenschaft] nicht der göttliche Offenbarungsgehalt als Wahrheit vorausgesetzt werden. Jedoch ist es umgekehrt auch problematisch, jene Elemente, die für Gläubige als wahr gelten und die den Erklärungshorizont einer profanen wissenschaftlichen Herangehensweise übersteigen, einfach auszublenden.»[115]

---

[111] Vgl. ebd. 13.

[112] Vgl. Cavuldak, Ahmet, *Gemeinwohl und Seelenheil. Die Legitimität der Trennung von Religion und Politik in der Demokratie* (Edition Politik 22), Bielefeld 2015.

[113] Vgl. Domingo, Rafael / Witte, John Jr. (Hg.), *Christianity and Global Law. Produced by the Center for the Study of Law and Religion* (Law and Religion), London / New York 2020; Witte, John Jr. / Alexander, Frank S., *Christianity and Human Rights. An Introduction*, Cambridge 2010; Helmholz, Richard, *Kanonisches Recht und europäische Rechtskultur*, Tübingen 2013; Berman, Harold Joseph, *Recht und Revolution. Die Bildung der westlichen Rechtstradition*, Frankfurt a. M. 1991. Kritisch dazu: Thier, Andreas, Harold Berman's «Law and Revolution». A Necessary Challenge for Legal History Research, in: *Rechtsgeschichte / Legal History* Rg 21 (2013) 173–175. Duve, Thomas, Law and Revolution – revisited, in: ebd. 156–159. «Although there had been strong criticism by scholars, especially medievalists, on some aspects of Berman's work, it has become a standard reference in scholarly writings, not least outside of Europe. Since its appearance in 1983, *Law and Revolution* has been translated into German, French, Chinese, Japanese, Russian, Polish, Portuguese, Spanish, Italian, and Lithuanian. Twenty years later, in 2003, with his project entitled *Law and Revolution II: The Impact of the Protestant Reformations on the Western Legal Tradition*, Berman presented the second volume of what was thought to be a trilogy. Twenty years had gone by, the political world order had changed, but Berman's main point, the importance of analyzing the role of Religion and Law, and the specific constellation of these two modes of normative thought, had gained new currency.» (Ebd.)

[114] Vgl. Dreier, *Säkularisierung und Sakralität*; Landau, Peter, *Europäische Rechtsgeschichte und kanonisches Recht im Mittelalter. Ausgewählte Aufsätze aus den Jahren 1967 bis 2006*, Badenweiler 2013.

[115] Stein, *Himmlische Quellen*, 25. «Ohne die Kreuzigung Jesu, die politische Deutung als Opfertod für menschliche Sünden und die Erzählung der Auferstehung und die damit verbundene Erlö-

Ulrich Preuss[116] (*1939) hat auf die Lücken einer politikwissenschaftlichen Betrachtung hingewiesen, die die Indienstnahme religiöser Motive ausblendet. Eine politische Theorie, die die existenziellen Kräfte nicht systematisch einbezieht und auf die Frage verzichtet, was der Glaube für das politische Zusammenleben bedeutet – worauf insbesondere Ernst-Wolfgang Böckenförde[117] (1930–2019) hinwies –, hat einen blinden Fleck. Dies ist spätestens mit den Anschlägen auf die Twin Towers 2001 deutlich geworden. Denn die religiöse Legitimierung der Terroranschläge auf das World Trade Center und aller weiteren religiös motivierten Terrorakte verlangt nach einer vertieften Auseinandersetzung zwischen Rechtsstaat und Religion und damit zwischen Rechtswissenschaft bzw. Politikwissenschaft und den politischen Philosophien und Theologien der Religionsgemeinschaften.

5.5 Anerkennung weiterer Religionsgemeinschaften

Welche Bedeutung kommt den philosophischen Grundlagen der Moderne zu? Diese Frage stellt sich bei der öffentlich-rechtlichen Anerkennung weiterer Religionsgemeinschaften, die sich bisher nicht im Kontext des säkularen Verfassungsstaates zu behaupten hatten. Bei der Erarbeitung eines religionsrechtlichen Status islamischer Gemeinschaften wird die Frage nach der politischen Philosophie bzw. Theologie bzw. der gemeinsamen Basis zwischen Verfassungsstaat und Religionsgemeinschaften gestellt.[118]

Auch in der Entwicklungszusammenarbeit im Süden kommt man um die Frage nicht herum, wie es der Rechtsstaat mit religiösen Institutionen hält. Die Bundesämter für Entwicklungszusammenarbeit (insbesondere in Deutschland, Schweiz, Niederlande und Grossbritannien) haben den Faktor Religion als «Potenzial und Gefahr»[119] für eine nachhaltige und menschliche Entwicklung

---

sungshoffnung durch den neuen Bund sich gegenwärtig zu machen, ist das Christentum und seine Wirkungsgeschichte auch in politischer Hinsicht nicht zu begreifen.» Ebd. 25 f.

116 Vgl. Preuss, Ulrich Klaus, *Krieg, Verbrechen, Blasphemie. Zum Wandel bewaffneter Gewalt*, Berlin 2002.

117 Vgl. Böckenförde, Ernst-Wolfgang, Vorwort, in: Weiler, Joseph H. H. (Hg.), *Ein christliches Europa. Erkundungsgänge*, München 2004.

118 Vgl. Loretan / Weber / Morawa, *Freiheit und Religion.*

119 Holenstein, Anne-Marie (Hg.) *Religionen – Potenzial oder Gefahr? Religion und Spiritualität in Theorie und Praxis der Entwicklungszusammenarbeit* (ReligionsRecht im Dialog 9), Münster 2010.

wiederentdeckt. Dabei hat Anne-Marie Holenstein (*1937) rechtsstaatliche Kriterien für die staatliche Entwicklungszusammenarbeit mit religiösen Institutionen herausgearbeitet, die auf breite Zustimmung gestossen sind. Aber auch die Anstaltsseelsorge verschiedener Religionsgemeinschaften in Spitälern,[120] Gefängnissen, Armee, Polizei, Feuerwehr, Zivildienst etc.[121] ruft nach interdisziplinärer Zusammenarbeit zwischen Rechtswissenschaften und den Theologien der Religionsgemeinschaften in den westlichen Rechtsstaaten.

Selbst in einem Land wie Österreich mit einem über hundertjährigen Islamgesetz[122] scheint die Anerkennungsfrage keineswegs an Brisanz verloren zu haben. Wer wird anerkannt? Die Juristin Barbara Gartner hat zum religionsrechtlichen Status islamischer und islamistischer Gemeinschaften in Österreich herausgearbeitet, dass die Gemeinsamkeiten zwischen den neofundamentalistischen Bewegungen und den terroristischen Bewegungen es rechtsstaatlichen Institutionen sehr schwer machen zu unterscheiden, wo die Ablehnung des westlichen Rechtsstaates nur ideell ist und wo diese Ablehnung sich in Akten äussert, die eindeutig strafbar sind.

> «Teil dieser Diversität können sowohl islamische, islamistische als auch neofundamentalistisch-islamische Gemeinschaften sein. All diese Gruppierungen stellen den religiös und weltanschaulich neutralen Rechtsstaat vor eine grosse Herausforderung. Neben sicherheitsrechtlichen und integrationspolitischen Aspekten spielt für den Umgang mit islamischen, neofundamentalistischen und islamistischen Organisationen auch deren religionsrechtliche Qualifikation eine bedeutende Rolle. Der religiös-weltanschaulich neutrale Staat weiss allerdings zwischen den verschiedenen Erscheinungsformen des Islams oftmals nicht hinreichend zu unterscheiden bzw. nur unzureichend mit diesen umzugehen.»[123]

---

120 Vgl. Pahud de Mortanges, René / Schmid, Hansjörg / Becci, Irene (Hg.), *Spitalseelsorge in einer vielfältigen Schweiz. Interreligiöse, rechtliche und praktische Herausforderungen* (FVRR 35), Genf 2018.

121 Vgl. Tretera, Jiří Rajmund / Horák, Záboj (Hg.), *Spiritual Care in Public Institutions in Europe* (Kirche & Recht. Beihefte 3), Berlin 2019.

122 Vgl. *Gesetz vom 15. Juli 1912 betreffend die Anerkennung der Anhänger des Islams nach hanafitischem Ritus als Religionsgemeinschaft*, in: *RGBl.* Nr. 159/1912, 875 f., URL: https://alex.onb.ac.at/cgi-content/alex?aid=rgb&datum=1912&page=913&size=45.

123 Gartner, Barbara, *Der religionsrechtliche Status islamischer und islamistischer Gemeinschaften* (Forschungen aus Staat und Recht 165), Wien 2011, 1.

Die Institutionalisierung des Islams in den westlichen Rechtsstaaten wird mit den strukturellen Eigenheiten des Islams konfrontiert, die dem schweizerischen[124],

> «österreichischen und deutschen Religionsrecht aufgrund ihrer historischen Genese vielfach fremd sind, da diese zumeist den anhand der christlichen Grosskirchen entwickelten Organisationsmodellen verhaftet sind. Der Islam ist demgegenüber durch eine geringere Organisationsdichte und das Fehlen eines Systems der Mitgliedschaft im traditionell christlichen Sinn gekennzeichnet.»[125]

Im Jahr 2015 verabschiedete Österreich das *Islamgesetz*.[126] Es garantiert den Muslimen die Religionsfreiheit, verlangt aber zugleich Transparenz und ein Ende der ausländischen Moscheenfinanzierung.

> «Dazu stellt es die wissenschaftliche Ausbildung junger Theologiestudenten an einem Institut der Universität Wien sicher. Anerkannte muslimische Gemeinschaften müssen bestimmte Bedingungen akzeptieren, etwa die Anerkennung der Normen und Werte der österreichischen Verfassung. [...] Vergessen wir nicht, dass das österreichische Gesetz nicht zu einer besseren Überwachung des Religionsunterrichts geführt hat, der in muslimischen Gesellschaften praktiziert wird. Erst nach der eindringlichen Warnung, die das Resultat der Forschungsarbeit eines Professors muslimischen Glaubens – Ednan Aslan – war, wurde schliesslich ein neues Gesetz über konfessionelle Kindergärten erlassen.»[127]

Die Frage, wer analog zu Kirchenvertretern als islamischer religionsrechtlicher Ansprechpartner für den Staat dienen kann, erweist sich auch in Deutschland als äusserst schwierig zu beantworten. Die Trennung von Staat und Kirche ab dem Mittelalter wurde nur in der Westkirche vollzogen und bewirkte im Lauf der Zeit die Schaffung zweier Mitgliedschafts- und Repräsentationsstrukturen, deren Verhältnis heute in staatskirchenrechtlichen Gesetzen geregelt wird. Die Ostkirche, die eher als das religionsrechtliche Vorbild des Islams galt, kannte diese

124 Vgl. das Gutachten für die Islamischen Gemeinschaften der Schweiz: Loretan / Weber / Morawa, *Freiheit und Religion*.

125 Gartner, *Der religionsrechtliche Status*, 1.

126 Vgl. *Bundesgesetz über die äußeren Rechtsverhältnisse islamischer Religionsgesellschaften – Islamgesetz* 2015, StF, in: *BGBl*. I Nr. 39/2015 (NR: GP XXV RV 446 AB 469, 61. BR: 9324 AB 9326, 839. URL: https://www.ris.bka.gv.at/GeltendeFassung.wxe?Abfrage=Bundesnormen&Gesetzesnummer =20009124.

127 Manea, Elham, *Der alltägliche Islamismus. Terror beginnt, wo wir ihn zulassen*, München 2018, 251.

Trennung zwischen Staat und Religion dagegen nicht. «Oft ist unklar, wie viele Mitglieder einer islamischen Gemeinde angehören. Für Verbände massgebend ist die Zahl der Moscheegemeinden.»[128] *Imame made in Germany*[129] ist der Versuch, Prediger für deutsche Moscheen in Deutschland auszubilden. In Osnabrück wurde 2021 im Islamkolleg Deutschland (IKD) mit der Ausbildung von Imamen begonnen.

> «Predigtlehre, Koranrezitation, Seelsorge und Gemeindearbeit sind Kern des Programms. Die 35 Teilnehmerinnen und Teilnehmer lernen hier in zwei Jahren das, was Studenten der islamischen Theologie im Hörsaal nicht lernen können: Praxis. Es ist das Pendant zu einem Priesterseminar oder Vikariat der Kirchen. Unterrichtet wird ausschliesslich auf Deutsch, von Uni-Dozenten wie Praktikern aus den Gemeinden.»[130]

Vorsitzender des Kuratoriums ist Bundespräsident a. D. Christian Wulff (* 1959; Bundespräsident 2010–2012). «Er hatte 2010 mit dem Satz ‹Der Islam gehört inzwischen auch zu Deutschland› für Furore gesorgt.»[131] Der Ruf nach einer Imam-Ausbildung in Deutschland hat sich inzwischen in Berlin parteiübergreifend durchgesetzt. So forderte im Jahr 2019 z. B. die damalige Fraktionsvorsitzende der Grünen, Katrin Göring-Eckart (* 1966),

> «eine schwarz-rot-goldene Imam-Ausbildung, deren Absolventen Werte vermitteln, die ins 21. Jahrhundert passen. [...] Der Sinneswandel hat weniger mit Religion zu tun, sondern mehr mit handfester Politik. In Deutschland gibt es etwa 2500 Moscheegemeinden. Die meisten ihrer Imame, fast 90 %, kommen aus den islamischen Herkunftsländern, sie werden von dort finanziert – und auch beeinflusst. Das Einwirken ausländischer Staaten, allen voran der Türkei, soll zurückgedrängt werden durch Imame ‹made in Germany›. [...] Als 2010 an [sieben] deutschen Universitäten die islamische Theologie eingeführt wurde, erhoffte man sich eine Lehre, die es schafft, Religion in die Gegenwart zu übersetzen. [...] Als Imame arbeiten werden die wenigsten Absolventen. Zum einen sind die meisten Studierenden

---

128 Schenk, Arnfrid, Imame made in Germany. Endlich werden Prediger für deutsche Moscheen in Deutschland ausgebildet. Doch der Streit darüber, wer in den islamischen Gemeinden das Sagen hat, ist damit noch nicht vorbei, in: *Die Zeit* Nr. 24 vom 10. Juni 2021, 38 f.

129 Ebd. 38.

130 Ebd.

131 Ebd.

> Frauen, die nicht Imam werden können, zum anderen fehlt den meisten muslimischen Gemeinden schlicht das Geld, um einen Imam mit akademischem Abschluss angemessen bezahlen zu können. […] Diese Finanzsorgen kennt die Ditib[132] nicht. Ihre Imame sind Beamte des türkischen Staates und werden von Ankara bezahlt. Nicht wenige Gemeinden in Deutschland schliessen sich der Ditib aus rein finanziellen Gründen an.»[133]

Aber auch der Bund und einige Länder waren dankbar, mit Ditib überhaupt einen Ansprechpartner zu haben, vor allem für den islamischen Religionsunterricht.[134]

> «Auch galt der türkische Staats-Islam als moderat, als eine Stütze gegen Radikalisierung. Das änderte sich mit der Machtübernahme Erdoğans. Mit ihm begann eine ausgeprägte Islamisierung der Politik; Diyanet und Ditib waren Werkzeuge dafür. […] Nach dem Putschversuch in der Türkei im Sommer 2016 sollen Ditib-Imame Gülen-Anhänger in ihren [deutschen und schweizerischen] Gemeinden bespitzelt haben.»[135]

Der religiös neutrale deutsche Staat kann Imame aus verfassungsrechtlichen Gründen nicht besolden. Eine Moscheesteuer, vergleichbar der Kirchensteuer, ist auch nicht umsetzbar, weil dazu die islamischen Verbände

> «nicht nur als Religionsgemeinschaften, sondern auch als Körperschaften des öffentlichen Rechts anerkannt sein müssten. Und das sind nur die wenigsten.

---

132 Ebd. «Ditib, dieses Kürzel steht für Türkisch-Islamische Union der Anstalt für Religion; sie wurde 1984 in Köln gegründet nach deutschem Vereinsrecht, dennoch als Ableger der Diyanet, der türkischen Religionsbehörde in Ankara. Über die Imame sollte Einfluss auf die türkischen Muslime in Deutschland genommen, ihre Bindung an ihr Heimatland gestärkt werden.» (Ebd. 39). Auch soll die Integration in die deutsche Kultur, zu der auch die Grundrechte gehören, verhindert werden.

133 Ebd.

134 Vgl. Yavuzcan, Ismail H., Muslimische Erwartungen an einen Religionsunterricht in Deutschland und ihre religionspädagogische Umsetzung, in: Kämper, Burkhard / Pfeffer, Klaus (Hg.), *Religionsunterricht in der religiös pluralen Gesellschaft* (Essener Gespräche zum Thema Staat und Kirche 49), Münster 2016.
Vgl. Oebbecke, Janbernd, Die rechtliche Ordnung des islamischen Religionsunterrichts in Deutschland – Stand und Perspektiven, in: Kämper, Burkhard / Pfeffer, Klaus (Hg.), *Religionsunterricht in der religiös pluralen Gesellschaft*.

135 Schenk, *Imame made in Germany*, 39.

Bülent Uçar [*1977[136]] hätte aber einen Lösungsvorschlag: Querfinanzierung. So wie Bund und Länder Einrichtungen der Kirchen bezuschussen, Kindergärten und Schulen etwa, so könnte entsprechendes Geld in die Jugendarbeit der Moscheegemeinden fliessen, in Integrationsarbeit oder Sprachkurse. Mit dem Geld, das dann dort gespart würde, könnten die Gemeinden ihre Imame finanzieren.»[137]

Die Religionsbehörde des türkischen Staates, Diyanet, die sehr viele türkische Imame in Europa bezahlt, auswählt und nach wenigen Jahren auswechselt, ist jedenfalls keine Religionsgemeinschaft, die als wirklicher Ansprechpartner wie eine Kirche gelten könnte. Die muslimische Politikwissenschaftlerin Elham Manea (*1966) stellt daher fest:

> «Politische Fehler in Grossbritannien, Belgien und Schweden sollten uns als Leitlinie dafür dienen, was wir nicht tun sollten. [...] Mit Islamisten zusammenzuarbeiten, ist mit Sicherheit nicht das Richtige. Denn das kommt der Zusammenarbeit mit Gruppierungen gleich, die unter dem Deckmantel der Religion einer totalitären Ideologie anhängen. [...] Bekämpfen wir sie so, wie wir andere fundamentalistische, faschistische oder rassistische Gruppierungen bekämpfen.»[138]

Gleichzeitig sind aber lokale Moscheen und Religionsunterricht zu fördern, die einen mit dem Verfassungsstaat kompatiblen Islam predigen. Elham Manea hält fest, «dass der Kampf um eine theologische Reform des Islams eine Aufgabe ist, die die Muslime selbst bewältigen sollten»[139]. Der Schweizer Schriftsteller Thomas Hürlimann (*1950), der lange in Berlin gelebt hat, hat die anstehende Herausforderung wie folgt beschrieben:

> «Vor einiger Zeit suchte ich wegen eines Bandscheibenvorfalls einige Male die Praxis eines türkischen Arztes in Berlin Kreuzberg auf. Der Arzt bot mir jeweils Tee an, wir kamen ins Gespräch, ich erfuhr, dass er seine beiden Kinder in die Heimat geschickt hatte, zur Grossmutter. Sie sollten das Gymnasium in Istanbul besuchen – in Kreuzberg sei ihm das Klima zu fundamentalistisch, zu fanatisch. Dass ich

136 Seit 2012 ist Uçar Direktor des Instituts für Islamische Theologie (IIT) an der Universität Osnabrück, dem deutschlandweit grössten islamtheologischen Zentrum.

137 Schenk, *Imame made in Germany*, 39.

138 Manea, *Der alltägliche Islamismus*, 246 f.

139 Ebd. 248.

den Namen des Arztes verschweigen muss, um ihn nicht zu gefährden, mag zeigen, wo wir angekommen sind.»[140]

Die *Schweizerische Bundesverfassung* von 1999 fasst die Frage des religiösen Ansprechpartners prägnant zusammen, indem sie über das Verhältnis des Rechtsstaates zu den Religionsgemeinschaften schreibt: «Für die Regelung des Verhältnisses zwischen Kirche[141] und Staat sind die Kantone zuständig.» (Art. 72 Abs. 1 *BV*) Diese Formulierung ist eigentlich nur rechtshistorisch erklärbar. Der erst später entstehende Rechtsstaat hat von der früher entwickelten Rechtskirche verschiedene Rechtsvorstellungen übernommen, daher die Voranstellung der Kirche im Singular. Beide Rechtsinstitutionen sind über denselben Rechtsbegriff[142] miteinander verbunden. Ich meinte einst, man könne den Begriff Kirche in der Verfassung mit dem Begriff Religionsgemeinschaft ersetzen. Diese Illusion hat mir spätestens das Schreiben am Gutachten für die öffentlich-rechtliche Anerkennung der islamischen Religionsgemeinschaften in der Schweiz genommen.[143]

6 Methodologische Differenz zwischen Rechtsstaat und Rechtskirche

Die Geschichte des Verhältnisses von Kirche und Staat hat Europas Rechtskultur geprägt. Dies wird den postchristlichen Gesellschaften spätestens bei der öffentlich-rechtlichen Anerkennung nicht-christlicher Religionsgemeinschaften bewusst. Die Moderne trägt ideelle biblische Motive für den demokratischen Verfassungsstaat in sich, wie Tine Stein herausgearbeitet hat. Sie ist «von der Inthronisation des autonomen Individuums geprägt»[144] und hat daraus eigene Legitimationsvorstellungen entwickelt. Es könne «noch nicht einmal von einer Säkularisierung vormals theologischer Konzepte [wie z. B. die Mitgliedschaft am

140 Hürlimann, Thomas, Wir vom Club der Atheisten, in: ders., *Abendspaziergang mit dem Kater*, Frankfurt a. M. 2020, 177.

141 Man beachte den Singular «Kirche» und die Voranstellung des Begriffs Kirche vor dem Begriff Staat. Siehe dazu in der Einleitung: «2. Säkularer Rechtsstaat – ein Lernprozess».

142 Vgl. Loretan, Adrian, Klärung des Rechtsbegriffs, in: Baumeister, Martin u. a. (Hg.), *Menschenrechte in der katholischen Kirche*. Historische, systematische und praktische Perspektiven (Gesellschaft – Ethik – Religion 12), Paderborn 2018.

143 Vgl. Loretan / Weber / Morawa, *Freiheit und Religion*, 1–7.

144 Stein, *Himmlische Quellen*, 13.

Corpus Christi] gesprochen werden.»[145] Inwiefern stand das kirchliche Recht Pate, als «der neue Souverän [Staat] sich für die Unterordnung auch demokratischer Herrschaft unter das Recht entscheidet?»[146] Welche Rolle spielte das Recht der theologisch sich verstehenden Rechtskirche für das Entstehen der säkularen Rechtsstaaten?[147]

Der freiheitliche Verfassungsstaat will keine Gewissheitsaussagen im Bereich des Glaubens für die Bürgerinnen und Bürger festlegen. Er sieht von einer weltanschaulichen oder religiösen Totalbestimmung des Menschen ab und spricht dieses Recht auf freie Sinnsuche dem Individuum zu. «Der freiheitliche Verfassungsstaat ist nicht [mehr] der ‹Hüter eines Heilsplanes›.»[148] Es kann daher keine Überhöhung der Verfassungsaussagen zu einem weltanschaulichen Wahrheitsanspruch geben. Denn der freiheitliche Verfassungsstaat

> «organisiert die demokratische Legitimation und rechtsstaatliche Limitation der Ausübung von Staatsgewalt und sucht die politische wie private Freiheit aller Bürger zu garantieren. Wenn ihm diese höchst anspruchsvolle Aufgabe gelingt, sind die fundamentalen Sinnfragen noch gar nicht angesprochen, für die die grossen Religionen und Weltanschauungen ihre unterschiedlichen Antworten bereithalten.»[149]

Der religiös und weltanschaulich neutrale Verfassungsstaat steht über den Sinndeutungsangeboten der Religionen und Weltanschauungen. Er «lässt die religiöse Wahrheitsfrage offen und überlässt ihre Lösung den Individuen und ihren Religionsgemeinschaften»[150] und Weltanschauungsgemeinschaften. Es entsteht eine Glaubensvielfalt bei gleichzeitiger staatlicher Distanzierung zu den Wahrheitsangeboten. Der säkulare Staat spricht den Religionen oder Weltanschauungen ihr Wahrheitspotential nicht ab. Der weltanschaulich neutrale Staat entscheidet sich aber für keine bestimmte Religion.

> «Seine Normen erheben keine Wahrheitsansprüche, sondern Geltungs- und Befolgungsansprüche. Deswegen ist ihm jedweder Gesinnungszwang zutiefst

---

145 Ebd. 13.

146 Ebd. 13 f.

147 Diese Frage wird weiter unten ausführlich beantwortet.

148 Dreier, *Säkularisierung und Sakralität*, 32.

149 Ebd. 32 f.

150 Heckel, Martin, Zur Zukunftsfähigkeit des deutschen «Staatskirchenrechts» oder «Religionsverfassungsrechts»? in: *Archiv des öffentlichen Rechts* 134, 3 (2009), 364.

fremd. Mehr als Gesetzesgehorsam wird nicht verlangt. Legalität, nicht Moralität ist der ihm allein gemässe Befolgungsmodus. Der säkulare Staat versteht sich nicht als Wahrheits- oder Tugendstaat, sondern als Freiheits- und Friedensordnung. Recht dient ‹dem politischen Frieden, der weltlichen Freiheit aller und der Koexistenz der gegensätzlichen Religionen unter Ausklammerung der religiösen Wahrheitsfrage›.»[151]

Die damit verbundene Privatisierung der Religion darf nicht missverstanden werden als Verbannung der Religion aus der öffentlichen Sphäre im Geiste eines Laizismus oder kämpferischen Säkularismus. Privat[152] wird hier nicht als Gegensatz zu öffentlich verstanden, sondern im Sinne von individuell und somit als Gegensatz zu staatlich. Dies

> «betont also den subjektivrechtlichen Charakter der Religionsfreiheit im Unterschied zu allen Formen einer Identifikation des Staates mit einer bestimmten Kirche. Dass die insofern als privat zu charakterisierende Religion auch öffentlich ausgeübt werden konnte, gehört seit jeher zum Inbegriff eines liberalen Freiheitsverständnisses.»[153]

Bereits die Paulskirchenverfassung (1849) hatte festgehalten, dass jeder Deutsche in der gemeinsamen privaten und öffentlichen Übung seiner Religion unbeschränkt sei. Diese Verortung der Religionsfreiheit in den individuellen Grundrechten hat Konsequenzen für das Religionsverfassungsrecht.[154]

Es kann z. B. nicht die Rückkehr des islamischen oder des christlichen Staates angepeilt werden. Denn eine Bedingung des modernen Verfassungsstaates ist die

---

151 Dreier, *Säkularisierung und Sakralität*, 34 f.

152 Vgl. Loretan, Adrian, Die Konzilserklärung über die Religionsfreiheit – oder ist der Kirchenaustritt Privatsache?, in: Schweizerisches Pastoralsoziologisches Institut (Hg.), *Jenseits der Kirchen. Analyse und Auseinandersetzung mit einem neuen Phänomen in unserer Gesellschaft* (SPI-Publikationsreihe 5), Zürich 1998.

153 Dreier, *Säkularisierung und Sakralität*, 35 f.; vgl. Herzog, Roman, Kommentar zu Art. 4 GG, in: Maunz, Theodor u. a. (Hg.), *Grundgesetz. Kommentar*, Bd. 7, München 1962 ff., 1–82, 24 f., Rn. 60 (27. Lfg.): Denn «[d]ie Versuche, aus der negativen Religions- bzw. Religionsausübungsfreiheit ein Recht darauf herzuleiten, daß andere auf eine von ihnen gewünschte positive Religionsausübung verzichten müssen, geht im Ansatz fehl.» (Hervorhebung getilgt).

154 «Beschrieben werden die Möglichkeiten und Leistungen nicht-juristischer Argumente im Recht und wie sie methodisch eingebunden werden können. Daraus leitet sich ein grundsätzlicher Umgang mit den Regelungen des Religionsverfassungsrechts ab.» Fritsche, *Der Kulturbegriff*, 27.

Verselbständigung bzw. Ausdifferenzierung von Recht und Religion. Diese Abkoppelung der Religion vom staatlichen Recht kann nicht rückgängig gemacht werden, ohne die individuelle Religionsfreiheit abzuschaffen. Wenn Religionsgemeinschaften theologische Probleme mit der Religionsfreiheit und dem damit verbundenen religiösen Pluralismus haben, ist dies eine Infragestellung des freiheitlichen Verfassungsstaates, was nicht übergangen werden darf, wie die über 100-jährige Präsenz des Islam in Österreich zeigt.[155]

> «Der freiheitliche Verfassungsstaat kann und will die unbedingte Loyalität seiner Bürger mit den ihm zugrundeliegenden materiellen Prinzipien gerade nicht rechtlich erzwingen, fordert also nicht, diese auch persönlich zu teilen.»[156]

Identitätsstiftende Faktoren sind damit nicht geleugnet. Es darf aber nicht mit Identitätszumutungen gearbeitet werden. Denn bei den verfassungsrechtlichen Prinzipien handelt es sich nicht um bestimmte Formen der Weltdeutung und Letzterklärung. Diese Formen des Glaubens kennzeichnen die Religionen oder Weltanschauungen. Das deutsche Bundesverwaltungsgericht sieht darin «eine mit der Person des Menschen verbundene Gewissheit über bestimmte Aussagen zum Weltganzen sowie zur Herkunft und zum Ziel des menschlichen Lebens»[157]. Auffallend ist die eschatologische Dimension, die in dieser Formulierung mitschwingt.

Die Präsenz des Religiösen im öffentlichen Raum ist daher nicht reduziert. Privatisierung der Religion heisst Individualisierung der Religion und darf keineswegs als Unsichtbarmachen der Religion im öffentlichen Bereich verstanden werden. Vielmehr ist damit die religiöse und ethische Neutralität des Staates angesprochen, der zu den verschiedenen Glaubensverständnissen Distanz pflegt. Mit dem religiös neutralen Staat, der auch als säkularer Staat bezeichnet wird, ist keineswegs der erste Schritt in Richtung Religionslosigkeit der Gesellschaft getan. Denn dabei ist zu bedenken,

---

155 Vgl. Gartner, *Der religionsrechtliche Status*, 19–41.

156 Dreier, *Säkularisierung und Sakralität*, 31. Vgl. Bundesverfassungsgericht, Urteil vom 4.11.2009 – Az. 1 BvR 2150/08: *BVerfGE* 124, 300 (320). Vgl. Dreier, Horst, Der freiheitliche Verfassungsstaat als riskante Ordnung, in: *Rechtswissenschaft. Zeitschrift für rechtswissenschaftliche Forschung* 1/2010, bes. 21–23 und 28–32.

157 Bundesverwaltungsgericht, Urteil des 7. Senats vom 27.3.1992: *BVerwGE* 90, 112 (115).

> «dass die weltanschauliche und religiöse Neutralität des Verfassungsstaates nicht anti-religiös motiviert ist, sondern ihr Zweck vielmehr die religiöse und weltanschauliche Freiheit der Bürger in Anerkennung ihrer individuellen Gewissensfreiheit ist. Auf keine Religion und Weltanschauung darf der Staat, der unter modernen Prämissen legitimer Staat sein soll, seine Herrschaft stützen.»[158]

Dies gilt auch für den Säkularismus als Weltanschauung.

6.1 Säkularisierung des Rechtsstaates[159]

Säkularisierung meint in einem engen staatskirchenrechtlichen Sinne die Überführung materiellen Eigentums aus der geistlichen in die weltliche Hand (Enteignungsdimension). In kulturtheoretischer Hinsicht bezeichnet sie den «Umwandlungsprozess [...] religiöser Sinngehalte, Deutungsmuster, Vorstellungswelten und/oder deren Institutionalisierung [...] aus einem religiösen Bereich in einen weltlichen».[160] Die religiöse Neutralität kann im säkularen Rechtsstaat, nicht aber in der postsäkularen Gesellschaft eingefordert werden. Sonst würde die religiöse und weltanschauliche Neutralität des Staates verlangen, dass Menschen in ihrem wissenschaftlichen Nachdenken die spezifisch weltanschaulichen Anteile herausfiltern müssten oder aber dem Anspruch moderner Wissenschaftlichkeit nicht entsprechen könnten. Damit wäre die wissenschaftliche Auseinandersetzung an staatlichen pluralistischen Universitäten nicht mehr ein neutrales Feld der Auseinandersetzung, sondern eine Parteinahme für den Säkularismus.[161]

---

158 Stein, *Himmlische Quellen*, 11.

159 Davon zu unterscheiden ist die Säkularisierung der Religion. «Die verbreitetste Bezeichnung für das Schicksal von Religion im Zuge der Modernisierung lautet ‹Säkularisierung›. Allerdings wird dieser Begriff seit einiger Zeit zunehmend kritisiert. [...] Von Seiten der [französischen] Aufklärung wurde ‹Religion› alsbald kritisch unter die Lupe genommen und ihre auf eine ausserweltliche Transzendenz bezogenen Prämissen in Frage gestellt.» Kaufmann, *Kirchenkritik*, 22 f.

160 Heinig, Hans Michael, Art. Säkularisierung, Säkularisation, in: Honecker, Martin u. a. (Hg.), *Evangelisches Soziallexikon*. Neuausgabe, Stuttgart 2001, 1364 (Hervorhebung getilgt). Vgl. Lübbe, Hermann, *Säkularisierung. Geschichte eines ideenpolitischen Begriffs*. Um ein Nachwort erweiterte Ausgabe, Freiburg i. Br. / München ³2003.

161 «[V]or der Jahrhundertwende sprach man von ‹Säkularismus›, wenn man im Unterschied zu der noch eindeutig als historisch-rechtlichen Begriff verstandenen ‹Säkularisierung› das kulturgeschichtliche Phänomen der ‹säkular› gewordenen Kultur bezeichnen wollte.» Lübbe, *Säkularisierung*, 119. «Bereits Robespierre sei ein ‹klassisches Beispiel dafür, wie die Säkularisierung in

Umgekehrt stellt sich die Frage: Warum widersetzten sich kirchliche Institutionen so lange jener neuzeitlichen Säkularisierung des Rechtsstaates? War es die lang andauernde Herrschaft des antiken Selbstverständnisses?

> «‹Noch vom klassischen Mittelalter› müsse gesagt werden, ‹dass sein Weltverständnis im Allgemeinen antik überfremdet war›. ‹Dieses ungeläuterte mittelalterliche Weltverständnis› sei aber bis heute ‹heimlich immer wieder› zum ‹Leitbild› des ‹christlichen Wertbegriffes überhaupt› gemacht worden. [...] ‹Die Welt verchristlichen› heisst in einem ursprünglichen Sinn sie ‹verweltlichen›.»[162]

Daher war es kein Zufall, dass die erste säkulare Trennungsidee zwischen der Kirche und dem Heiligen Römischen Reich schliesslich von Papst Gregor VII. ausging.[163] Gibt es aber einen Mangel an Einsicht, dass Kirchen und Religionsgemeinschaften «gegen die Gewalt- und Rechthaberei totalitärer Mächte heute einzig bei den säkular definierten Freiheitsrechten, die der säkularisierte Staat garantiert, geschützt sind?»[164] Eine Überprüfung des religiösen Verhältnisses zum säkularen Rechtsstaat ist unvermeidlich.[165] Denn die Antike hat die Welt nicht als jenen Freiheitsraum individueller Kräfte und Fähigkeiten gedacht, die die modernen westlichen Verfassungen erst ermöglichen.[166] So betrachtet Habermas z. B. «das späte Werk Augustins als eine Summe aus der römischen

---

die Sakralisierung umschlägt›. Der Marxismus, Faschismus und Nationalsozialismus – sie alle sind Resultate solchen Umschlags der Säkularisierung in ihr Gegenteil.» Ebd. 124.

162 Ebd. 127 (mit Bezug auf das christliche Weltverständnis von Johann Baptist Metz).

163 Vgl. Siedentop, Larry, *Die Erfindung des Individuums. Der Liberalismus und die westliche Welt*, Stuttgart ²2016, 246–249, 254–256.

164 Lübbe, *Säkularisierung*, 130.

165 Vgl. z. B. die Erklärung des Zweiten Vatikanischen Konzils über die Religionsfreiheit *Dignitatis humanae [personae]*.

166 Vgl. Siedentop, *Die Erfindung des Individuums*, 33, 35, 42, 47. Aus programmatischer Sicht ist an dieser Stelle anzumerken, dass das vorliegende Werk sich insbesondere für den Bereich der Antike u. a. auf dieses Werk Siedentops abstützt, das sich – neben Habermas [*Auch eine Geschichte der Philosophie*, Bde. 1 und 2] – wie kaum eine andere Publikation aus jüngster Zeit der vorliegenden Frage widmet. Die neuartigen Ansichten Siedentops werden noch breiter diskutiert werden müssen. Dessen methodische Mängel, etwa die durchgängige Verwendung von Sekundärliteratur anstatt von Primärquellen, wurden dabei im vorliegenden Werk ebenso berücksichtigt wie anderweitige Kritik daran. Für eine fundierte Übersicht über die Vorzüge und Nachteile dieses Werks vgl. Heutger, Viola, Die Erfindung des Individuums, in: *Theologisches Feuilleton feinschwarz* vom 2.2.2017, URL: https://www.feinschwarz.net/die-erfindung-des-individuums/.

Verbindung von Christentum und Platonismus»[167]. Er charakterisiert den Autor folgendermassen:

> «Augustin hatte zwar begriffen, was das Recht als Organisationsmittel für die Ausübung staatlicher Herrschaft [...] leistet, aber fremd geblieben ist ihm das Freiheitspotential, das mit der Rechtsform im egalitären Eigensinn dieses Mediums auch beschlossen ist. [...] Er billigt ausdrücklich [...] den Einsatz staatlicher Gewalt gegen ‹Idolatrie›.»[168]

Diesen Schritt vom antiken Rechtsstaat zum liberalen Rechtsstaat mussten die Kirchen dann sehr viel später, im 20. Jahrhundert, nachvollziehen, wie im Folgenden anhand des Zweiten Vatikanischen Konzils in Bezug auf die Wissenschaftsfreiheit ausgeführt wird.

> «Wenn wir unter Autonomie der irdischen Wirklichkeiten verstehen, dass die geschaffenen Dinge und auch die Gesellschaften ihre eigenen Gesetze und Werte haben, die der Mensch schrittweise erkennen, gebrauchen und gestalten muss, dann ist es durchaus berechtigt, diese Autonomie zu fordern. Das ist nicht nur eine Forderung der Menschen unserer Zeit, sondern entspricht auch dem Willen des Schöpfers. [...] Deshalb sind gewisse Geisteshaltungen, die einst auch unter Christen wegen eines unzulänglichen Verständnisses für die legitime Autonomie der Wissenschaften vorkamen, zu bedauern. Durch die dadurch entfachten Streitigkeiten und Auseinandersetzungen schufen sie in der Mentalität vieler die Überzeugung von einem Widerspruch zwischen Glauben und Wissenschaft.» (GS 36)[169]

6.2 Gerechtigkeit – ein «ziemlich abgedrehter» Begriff

Das Kapitel «Gemeinsame wissenschaftliche Grundlagen» (5.) trägt dazu bei, die Institutionen Kirche und Staat sowie ihr Verhältnis zueinander besser zu verstehen. Der säkulare Rechtsstaat und die nicht-säkulare Rechtskirche haben sich als Rechtsinstitutionen nach unterschiedlichen ideologischen Voraussetzungen organisiert.

---

[167] Habermas, *Auch eine Geschichte der Philosophie*, Bd. 1, 601.

[168] Ebd. 614 f.

[169] Zweites Vatikanisches Konzil, Pastorale Konstitution über die Kirche in der Welt von heute *Gaudium et spes* (= GS), Nr. 36.

> «In der politischen Theorie wird die Gottesfrage zumeist eingeklammert und der Agnostizismus, mitunter sogar der Atheismus als implizite methodologische Grundlage des wissenschaftlichen Nachdenkens vorausgesetzt. Dann jedoch droht Wissenschaft exklusiv und reduktiv zu werden. [...] Damit wird den Gläubigen angesonnen, entweder in ihrem wissenschaftlichen Nachdenken die spezifisch religiösen Anteile herauszufiltern [...] oder aber den Anspruch moderner Wissenschaftlichkeit bewusst abzulegen. [...] Entsprechend reduziert fällt oftmals die Sichtweise auf die politische Ordnung aus: der Staat wird rekonstruiert als ein die Menschenwölfe domestizierender und befriedigender Käfig, als Erfüllungsgarant einer auf Lustmaximierung und Unlustvermeidung ausgerichteten Lebensweise oder schlicht als Interessenmakler derer, die sich in ihm jeweils machtvoll artikulieren und durchsetzen können.»[170]

Die Rechtsphilosophie, die Dichtung und andere Dissidenten sprechen dennoch von Gerechtigkeit. Für den Schriftsteller Friedrich Dürrenmatt (1921–1990) ist Gerechtigkeit

> «zweifellos etwas Grandioses, Niezuerreichendes, doch dann handkehrum eine selbstverständliche Kleinarbeit. Das ist natürlich kein Trost. Aber die Hoffnung bleibt, dass die Entwicklung der Menschheit und die [ökologische] Notlage, in die sie dabei gerät, den Menschen zur Vernunft zwingt. Das Verfluchte dabei ist nur, dass uns vielleicht verdammt wenig Zeit dazu übrig bleibt.»[171]

Den über die Jahrhunderte verwendeten Begriff der Gerechtigkeit müssen viele Jus-Studierende häufig am Anfang des Studiums vor der Tür stehen lassen:

> «Die Kernmaterie der Rechtsphilosophie – Warum gilt Recht? Gibt es unveränderliche Rechtsgrundwerte? – ist über Jahrzehnte hin aus dem Rechtsunterricht fast verschwunden.»[172]

170 Stein, *Himmlische Quellen*, 7 f.

171 Dürrenmatt, Friedrich, *Monstervortrag über Gerechtigkeit und Recht nebst einem helvetischen Zwischenspiel* (eine kleine Dramaturgie der Politik), Zürich 1969, 122.

172 Rüthers, Bernd, *Die unbegrenzte Auslegung. Zum Wandel der Privatrechtsordnung im Nationalsozialismus*, Tübingen [7]2012, 525.

Von dieser Gerechtigkeit reden jene Dissidenten, die in die Mühlen eines Un-Rechtsstaates geraten sind. Davon sprach auch der russische Oppositionelle Alexej Nawalny in einem seiner Schlussvoten vor russischen Gerichten:

> «Ich spreche so oft Schlussworte! So endet auch unsere Sitzung hier und dann kommt mein nächster Prozess. […] Ich weiss gar nicht mehr, was ich noch sagen soll, Euer Ehren. Soll ich mit Ihnen über Gott und Erlösung reden. Den Pathos-Hebel auf Maximum stellen? Die Sache ist nämlich die: Ich bin ein gläubiger Mensch. Bei der Anti-Korruption-Stiftung und in meinem Umfeld werde ich eher damit aufgezogen, die Leute sind da meist Atheisten, und ich war auch mal einer, sogar ein ziemlich militanter. Aber jetzt bin ich ein gläubiger Mensch, und das hilft mir sehr bei dem, was ich tue. […] Kürzlich hat mir jemand geschrieben: ‹Du, Nawalny, warum sagen dir eigentlich ständig alle: Halt durch, gibt nicht auf. […] Du hast doch in einem Interview gesagt, du glaubst an Gott. Und es steht ja geschrieben: Selig sind, die da hungern und dürsten nach Gerechtigkeit, denn sie sollen satt werden.› [Mt 5,6] […] Und ich dachte mir: da versteht mich jemand richtig gut! Nicht, dass es mir gerade bestens ginge, aber dieses Gebot habe ich immer als Handlungsanweisung verstanden. […] Für den modernen Menschen [für die moderne Rechtswissenschaft] klingt dieses Gebot natürlich viel zu pathetisch: […] Ja, es klingt ziemlich abgedreht. Ganz ehrlich: Menschen, die sowas sagen, wirken schlichtweg verrückt. […] Dieses ‹Selig sind, die da hungern und dürsten nach Gerechtigkeit, denn sie sollen satt werden› – das mag ja exotisch oder komisch klingen, aber in Wirklichkeit ist es aktuell die bedeutendste politische Idee in Russland.»[173]

Mit Fragen von Recht und Gerechtigkeit haben Menschen schon vor 2500 Jahren, seit Platon (427–347 v. Chr.), unter dem Stichwort Naturrecht (bzw. seit der Aufklärung unter dem Begriff Rechtsphilosophie), nicht nur in Europa gerungen. Ohne die jüdisch-prophetische Vision vom eschatologischen Zion (Jerusalem), ohne die griechische Idee der Gerechtigkeit (Athen) und die republikanische Tradition (Rom) werden der moderne Rechtsstaat in seinem und die *vor*moderne

---

[173] Nawalny, Alexej, «Russland wird glücklich sein», in: *Die Zeit* vom 22.7.2021, Nr. 30, 10. Vgl. Nawalny, Schweigt nicht! Reden vor Gericht, 31–34. In seinen letzten Lebensjahren war der Jurist Alexej Nawalny ein führender Oppositionspolitiker. Die russische Gefängnisverwaltung aus dem Strafgefangenenlager in Charp meldete am 16.2.2024 seinen Tod. Russische Oppositionelle, westliche Politiker und Medien halten der russischen Regierung die Ermordung Nawalnys vor.

Rechtskirche in ihrem Rechtspositivismus der Machthaber ihre Legimitation verlieren. Auch in der juristischen Literatur

> «war das Naturrecht in den ersten zehn Jahren der Bundesrepublik ein zentrales Thema. Die Phase endete mit der Stabilisierung des liberalen und demokratischen Verfassungsstaates und seiner Institutionen unter dem Grundgesetz etwa ab 1955. [...] Es erwies sich erneut die historische Erfahrung: Der praktizierte Rechtspositivismus ist die Rechtstheorie der staatsrechtlichen Normallage, das Naturrecht die der Ausnahmesituation. Die verfassungsrechtlichen Grundrechte werden bisweilen als ‹positiviertes Naturrecht› angesehen und bilden somit einen Ausweg aus dem bezeichneten Spannungsverhältnis zwischen dem gesetzlichen und dem ‹übergesetzlichen› Recht.»[174]

Eine Rechtswissenschaft, eine Rechtsordnung und eine Justiz, die «sich ihrer unlösbaren Verankerung in einer auf Dauer angelegten materialen Wertordnung nicht bewusst sind, werden zum beliebigen Manipulationsinstrument im Dienste der jeweiligen Machthaber»[175]. Deutschland hat in sieben Jahrzehnten (1919–1989) sieben Umbrüche des Staats- und Rechtsverständnisses erlebt: Kaiserreich (1870–1918),[176] Weimarer Republik (1919–1933), NS-Staat (1933–1945), Besatzungsregime (4 Mächte, 1945–1949), Bundesrepublik (10 westdeutsche Bundesländer und West-Berlin, 1949–1990), DDR (früheres Mitteldeutschland, 14 Bezirke und Ost-Berlin, 1949–1990), Bundesrepublik (16 Bundesländer, seit 1990). Dabei hat dieses Land sich ein grosses Wissen

> «in den juristischen Techniken angesammelt, die bei Systemwechseln gefragt sind. Der Begriff ‹Wende-Experten› schliesst also keine moralische Verurteilung ein. Es handelt sich um eine Tatsachenfeststellung.»[177]

---

174 Rüthers, *Die unbegrenzte Auslegung*, 524. Vgl. Loretan, Adrian, Überpositive Gerechtigkeitskriterien sind unentbehrlich! Rechtsphilosophische Überlegungen, in: Richli, Paul (Hg.), *Wo bleibt die Gerechtigkeit? Antworten aus Theologie, Philosophie und Rechtswissenschaft* (Luzerner Beiträge zur Rechtswissenschaft 5), Zürich / Basel / Genf 2005.

175 Rüthers, *Die unbegrenzte Auslegung*, 529.

176 Zwischen der Ausrufung einer Republik am 9.11.1918 – noch 3 Wochen vor der formellen Abdankung Kaiser Wilhelms II. – kann die Zeit bis zum Inkrafttreten der Weimarer Reichsverfassung als Phase mehrerer politischer Umbrüche hinzugerechnet werden (revolutionäre Umstürze, z. B. Spartakusaufstand im Frühjahr 1919; parallel zum Nationalstaat existierende Räterepubliken, die ab März 1919 von der Zentralgewalt teilweise gewaltsam aufgelöst wurden).

177 Rüthers, *Die unbegrenzte Auslegung*, 514.

Für Rechtswissenschaft und Rechtspraxis ist damit die Frage unabweisbar, wo und wie sie

> «eine verlässliche Verankerung der Rechtsinhalte und Massstäbe für die Kontrolle ihrer Entwicklung finden können. Für jeden Juristen stellt sich daher neben allen persönlichen Motiven (‹Selbstverwirklichung›, ‹Familienunterhalt›) die Frage nach dem ideellen Sinn juristischen Tuns überhaupt.»[178]

Religion oder Weltanschauung sind in dem Sinn Privatsache, dass der moderne Rechtsstaat die Inhalte der Glaubens- und Gewissensfreiheit nie auf qualitative Gesichtspunkte wie Richtigkeit oder Kohärenz untersuchen und bewerten darf. Denn die mit Religion oder Weltanschauung als Privatsache konnotierte Beliebigkeit

> «verfehlt eine Sache existenzieller, persönlicher Ernsthaftigkeit, die das Recht spezifisch schützt. Auch in befriedeten rechtsstaatlichen Demokratien bleibt bei vielen Menschen das Empfinden erhalten, dass auch nach wissenschaftlicher und politischer Aufklärung über letzte Fragen des Lebensverständnisses noch einiger Klärungsbedarf besteht. Es geht um eine Sache freier Wahl der Lebens- und Sinnorientierung. […] In diesem Sinne begegnet Transzendenz der Jurisprudenz nicht als ‹ein abstraktes Jenseits im Himmel›, sondern als ein kreativer Prozess der unendlich komplexen und differenzierten Wirklichkeit»[179],

so die Schweizer Bundesrichterin Julia Hänni. Auch das heutige Recht behandelt nicht nur eine Welt von empirisch verifizier- oder falsifizierbaren Tatsachen. Sondern es muss sich auch in einer komplexen und differenzierten Wirklichkeit mit Geltungs- und Wahrheitsansprüchen auseinandersetzen.[180] Die Idee des Rechtsstaates ist im jahrhundertelangen Dialog der Rechtswissenschaften von Kirche und Staat, im Ringen von zwei Rechtswissenschaften um Recht (*ius*) und Gerechtigkeit (*iustitia*) entstanden.

---

178 Ebd. 526.

179 Hänni, Julia, Glaubens- und Gewissensfreiheit: Überblick über die aktuelle Auslegung von Art. 15 BV, in: dies. / Heselhaus, Sebastian / Loretan, Adrian (Hg.), *Religionsfreiheit im säkularen Staat. Aktuelle Auslegungsfragen in der Schweiz, in Deutschland und weltweit*, Zürich / St. Gallen / Baden-Baden 2019, 2.

180 Ebd.

«Aus soziologischer Sicht hätten sich die modernen Bewusstseinsformen des abstrakten Rechts, der modernen Wissenschaft, der autonomen Kunst – mit dem profanen verselbstständigten Tafelbild im Zentrum – nicht ohne die Organisationsformen des hellenisierten Christentums und der römischen Kirche, nicht ohne Universitäten, Klöster und Kathedralen entfalten können. Das gilt erst recht für die mentalen Strukturen. [...] Die Religionen des Ostens setzen nicht, wie die monotheistischen Weltbilder, bei der handelnden Person, sondern beim unpersönlichen Bewusstsein von Etwas an.»[181]

Der Westen ist das Ergebnis des Mit- und Gegeneinanders zweier Rechtsinstitutionen: Kirche und Staat bzw. zweier Rechtswissenschaften: Kanonistik[182] und Legistik[183], die später Jura genannt wurde. Der Plural Rechtswissenschaften (Jura) erinnert noch an dieses intensive über 500-jährige Gespräch der beiden Rechtswissenschaften.[184]

Der Westen als Rechtsgemeinschaft ist nicht zu verstehen ohne die Verzahnung von Ideen- und Institutionengeschichte. Jerusalem, Athen und Rom: «Das ist die charakteristische Spannung zwischen Monotheismus, Wissenschaft und republikanischer Tradition, die der Westen aushalten muss.»[185] Der Philosoph Jürgen Habermas entfaltet eine Geschichte der Philosophie, die er als Soziologe eng an die Rechtsgeschichte der Institutionen bindet. Aus dieser einzigartigen Interaktion von Ideengeschichte (Philosophie) und Institutionengeschichte (Recht) entwickelte sich im Westen die Idee des liberalen, d. h. freiheitlichen Rechtsstaates.

---

181 Habermas, *Jerusalem, Athen und Rom*, 173 f.

182 Hahn, Judith / Loretan, Adrian, *Kanonistik – Rechtswissenschaft oder Theologie?* (QD 336), Freiburg i. Br. 2024.

183 Die Legistik ist die Lehre vom weltlichen römischen Recht (im Gegensatz zur Kanonistik).

184 Im Rahmen eines interdisziplinären Seminars erklärten die Studierenden der Rechtswissenschaftlichen Fakultät jeweils bei der Vorstellungsrunde, dass sie «Rechtswissenschaften» studieren. Ich fragte regelmässig nach, warum Rechtswissenschaften im Plural. Grosses Schweigen. Nach der Lektüre dieses Buches sollte klar geworden sein, warum es im Westen berechtigt ist, von Rechtswissenschaften (*iura*) im Plural zu sprechen.

185 Habermas, *Jerusalem, Athen und Rom*, 181.

I. Anfänge modernen Denkens in der Antike

Inwiefern hat das Gespräch der Rechtswissenschaften der beiden Rechtsinstitutionen Kirche und Staat Früchte getragen? Im Folgenden werden Beiträge der Rechtskirche zum modernen säkularen Rechtsstaat analysiert. Dabei soll das Verhältnis von Verfassung und Individuum untersucht werden. Die Anregung meiner Forschungsfragen verdanke ich nicht zuletzt dem interdisziplinären Dialog mit Kolleginnen und Kollegen verschiedener Fakultäten, z. B. aus der Geschichtswissenschaft, den Rechtswissenschaften, der Soziologie, der Politikwissenschaft und der Philosophie, die mich mit der Idee vertraut machten, dass der Westen als Rechtsgemeinschaft in der Westkirche wurzelt.[1] Freiheitliche Verfassungen konnten sich im christlichen Umfeld etablieren [so auch Kant und Hegel].

> «Dabei darf aber nicht übersehen werden, dass sich die Verfassungen nach der Französischen Revolution häufig gegen die Kirchen durchsetzen mussten. Dies betrifft die Grundrechte und die Demokratie; beides sind Verfassungsprinzipien, zu denen die christlichen Kirchen erst nach dem Zweiten Weltkrieg einen positiven Zugang gefunden haben. Die Tragik neuzeitlicher Freiheitsgeschichte liegt für die Kirchen darin, dass wesentliche humane Impulse des Christentums gegen die etablierte Christenheit zur Geltung gebracht werden mussten. Daraus entstand ein sehr konfliktreiches Verhältnis zwischen Freiheitsrechten und Wahrheitsansprüchen der Kirchen.»[2]

---

1 Vgl. Loretan, Adrian, Der Westen wurzelt in der Westkirche, in: *Theologisches Feuilleton feinschwarz* vom 6.2.2018, URL: https://www.feinschwarz.net/der-westen-wurzelt-in-der-westkirche/. Explizit möchte ich mein Forschungskolloquium nennen, die Forschungsmitarbeiter und die Oberassistentin, die Doktorandinnen und Doktoranden und Habilitandinnen und Habilitanden, von deren Forschungen ich immer wieder angeregt werde.

2 Loretan, Adrian, Zwischen Wahrheit und Freiheit. Religiöse Gewalt und liberaler Rechtsstaat in: *Theologisches Feuilleton feinschwarz* vom 12.10.2017, URL: https://www.feinschwarz.net/zwischen-wahrheit-und-freiheit-religioese-gewalt-und-liberaler-rechtsstaat/.

1 Das individuelle Verfassungssubjekt

In der Einleitung wurde herausgearbeitet, dass die Denkgeschichte von Glauben und Wissen (5.) auch die Institutionengeschichte Westeuropas (Kirche und Staat; Universität) verändert hat. Praktisch hiess dies: Der religiös neutrale Rechtsstaat wurde nach dem Westfälischen Frieden (1648) von Menschen gedacht und entwickelt, weil sie den Frieden suchten und nicht die konfessionelle Wahrheit. Diese säkularen Juristen bezogen dabei die Denk- und Rechtsgeschichte der Rechtsinstitution Kirche mit ein.

Im Folgenden sollen einige theologisch-kanonistische Beiträge zum liberalen Rechtsstaat näher untersucht werden. Mit der *individuellen* Religionsfreiheit garantiert der Rechtsstaat einen individuellen Glaubens- und Gewissensentscheid. Dieser erlaubt es einem individuellen Verfassungssubjekt, eine eigene Wahl der Religion oder Weltanschauung zu treffen. Dieses Freiheitsrecht (z. B. Art. 15 *BV*) entwickelt ein Instrument, den absoluten Wahrheitsanspruch einer Religion bzw. Weltanschauung zu begrenzen, da dieser in Verbindung mit einem Staat totalitäre Züge annehmen kann.[3] Aus der individuellen Religionsfreiheit ergeben sich eine Reihe von grundlegenden Fragen: Wie wurde die Individualität, eine Voraussetzung der individuellen Religionsfreiheit, im Verlaufe der Jahrhunderte entwickelt? Hat es u. a. auch religiöse Beiträge dazu gegeben bzw. sind theologische Wurzeln des Begriffs der Individualität auszumachen? Das berühmte Böckenförde-Diktum betont gerade die individuelle Freiheit:

> «Der freiheitliche, säkularisierte Staat lebt von Voraussetzungen, die er selbst nicht garantieren kann. Das ist das grosse Wagnis, das er, um der Freiheit willen, eingegangen ist. Als freiheitlicher Staat kann er einerseits nur bestehen, wenn sich die Freiheit, die er seinen Bürgern gewährt, von innen her, aus der moralischen Substanz des einzelnen und der Homogenität der Gesellschaft, reguliert. Andererseits kann er diese inneren Regulierungskräfte nicht von sich aus, das heisst mit den Mitteln des Rechtszwanges und autoritativen Gebots [vgl. Hobbes-Kritik], zu garantieren suchen, ohne seine Freiheitlichkeit aufzugeben und – auf säkularisier-

[3] Vgl. Loretan, Adrian, Wahrheit und Freiheit im Verhältnis von Staat und Religion. Von der Wahrheit mit Herrschaftsgewalt (Staatsreligion) zur Freiheit mit Weltanschauungspluralismus (Liberaler Rechtsstaat), in: Jeggle-Merz, Birgit / Durst, Michael (Hg.), *Gewalt – Herrschaft – Religion. Beiträge zur Hermeneutik von Gewalttexten* (Theologische Berichte 38), Einsiedeln 2018.

ter Ebene – in jenen Totalitätsanspruch zurückzufallen, aus dem er in den konfessionellen Bürgerkriegen herausgeführt hat.»[4]

Im Geiste der Vertragstheorien verstehen Menschen im Westen unter «Gesellschaft» einen Zusammenschluss von Individuen. Die Menschenrechte bzw. Grundrechte jeder Person sind heute die rechtliche Legitimierungsbasis dieses egalitären Denkmodells. Wie aber hat sich dieses individuelle, gleichberechtigte Verfassungssubjekt entwickeln können, das typisch für die westlichen Rechtsstaaten ist?

1.1 Hierarchische Gesellschaften der Antike

Rom war kein Zusammenschluss von gleichgestellten Individuen, sondern geprägt vom sozialen Status.[5] Peter Brown versucht die Oberschichtsgesellschaft des lateinischen Westens im 4. Jahrhundert n. Chr. nachzuzeichnen.[6] Das äussere Erkennungszeichen der Senatoren Roms war z. B. ein breiter Purpurstreifen an der Toga. Dazu wurden ein goldener Fingerring und spezielle rote Schuhe getragen.[7] Der Senat bestand hauptsächlich aus aristokratischen Grossgrundbesitzern. Die Sklaven dagegen hatten keine Bürgerrechte. Larry Siedentop bezeichnet in seiner Aristotelesinterpretation Sklaven als «beseeltes Werkzeug»[8]. Ihnen wurde damit das volle Menschsein abgesprochen. Diese Aristotelesinterpretation ist jedoch nicht unumstritten.[9] Aristoteles hatte zudem angenommen, dass «Frauen

4 Böckenförde, Ernst-Wolfgang, Die Entstehung des Staates als Vorgang der Säkularisation, in: ders., *Recht, Staat, Freiheit. Studien zur Rechtsphilosophie, Staatstheorie und Verfassungsgeschichte*, Frankfurt a. M. 2006, 112 (Hervorhebung getilgt).

5 Vgl. Siedentop, *Die Erfindung des Individuums*, 33.

6 Vgl. Brown, Peter, *Der Schatz im Himmel. Der Aufstieg des Christentums und der Untergang des römischen Reiches*, Stuttgart 2017.

7 Z. B. der Goldene Ring wurde später von den Bischöfen der römisch-katholischen Kirche übernommen.

8 Siedentop, *Die Erfindung des Individuums*, 18. Dabei darf nicht ausser Acht gelassen werden, dass die Kontextualisierung der entsprechenden Passage bei Aristoteles Teil der philosophischen Debatte ist.

9 Die unterschiedlichen Aristotelesinterpretationen zur Sklaverei werden bis zur Aufhebung der Sklaverei zentral bleiben: «There is the myth that slaves were considered objects because they were revindicated and res = object. But what is a human object? The similarities between slaves and people in mancipio are significant, the only difference being that slaves did not have any rights to freedom. […] Roman slavery cannot have been all that bad, because it was the civil status that was awarded to Romans who were taken prisoners of war.» Waelkens, Laurent, *Amne Adverso. Roman Legal Heritage in European Culture*, Leuven 2015, 210.

[...] nicht zu vernünftigem Handeln in der Lage»[10] seien, was die Frauenrechte bis ins 20. Jahrhundert beeinflussen sollte.

1.2 Aristokratische Antike: Familie als Rechtsrahmen

In der Rechtsgemeinschaft der modernen westlichen Verfassungen sehen wir Menschen vorrangig als Individuen mit Rechten. Das war in der Antike anders. Die antike römische Familie, d. h. ein Kollektiv, ist ursprünglich Mittelpunkt und Medium der rechtlichen, religiösen und sozialen Überzeugung. Religion stiftete einen Kreislauf, der vor allem familiär ausgestaltet wurde. «Da jede Familie ihre eigenen Götter hatte, [...] bedeutete die Trennung vom Familienkult den Verlust der persönlichen Identität»[11], wie Vergils Aeneis sehr gut veranschaulicht.[12]

> «Die Ehefrau zählte nur als Teil ihres Mannes, denn allein durch ihn hatte sie Ahnen und Nachkommen. Die Autorität des Vaters [pater familias] als Priester und Richter umfasste [nach Mommsen] ursprünglich sogar das Recht, Frau und Kinder zu verstossen oder zu töten.[13] Ehelosigkeit[14] und Ehebruch gal-

---

10 Siedentop, *Die Erfindung des Individuums*, 18.

11 Ebd. 25.

12 In der Villa Borghese in Rom hat Gian Lorenzo Bernini, einer der bedeutendsten italienischen Bildhauer und Architekten des Barocks, eine Skulptur geschaffen: Äneas, Anchises und Ascanius auf der Flucht aus Troja. Die Skulptur zeigt Äneas, den Helden des grossen Epos der Äneis, das Vergil verfasst hat. «Äneas [schleppt] nach dem Fall Trojas seinen Vater und die Hausgötter davon [...], während sein Sohn Ascanius das heilige Feuer trägt. Vater und Sohn nehmen [nach dem Fall Trojas] mit, was ihnen am wichtigsten» erscheint (ebd. 27 f.). Weil Äneas nach dem Untergang Trojas das heilige Feuer rettet, «bewahrt er die moralische Grundlage ihres Zusammenhalts – das heisst, ihrer Götter» (ebd. 39). Mit diesem Epos erinnert Vergil an die Ursprünge, in einer Zeit, «als aus der Republik das Römische Reich wurde» (ebd. 27). Die Betonung der Stellung des *pater familias* – im Gegensatz zur späteren Entwicklung hin zum Individuum – stellt den zentralen Ausgangspunkt für Siedentops Untersuchung dar.

13 Laurent Waelkens widmet der Frage «Could a paterfamilias kill the members of his familia?» ein eigenes Unterkapitel. Darin weist er nach, dass der Ausdruck «potestas vitae necisque» von Mommsen missverstanden und seitdem als Fakt behandelt wurde. Der «Paterfamilias» hatte nicht die Macht, über Leben und Tod der Mitglieder seiner Familia zu richten. Familienrecht war Teil des *Civil Law*, das keine Todesstrafe beinhaltete; diese wurde von den Aedilen ausgesprochen. Freie Bürger konnten gegen eine Verurteilung Berufung einlegen («provocatio ad populum»). Vgl. Waelkens, *Amne Adverso*, 196 f.

14 Gegenbeispiele sind z. B. die römischen Vestalinnen, die zur Keuschheit verpflichtet waren, vgl. Radke, Gerard, Art. Vesta, in: *DKP* 5, 1228 f.: vgl. auch die breite Literatur zum Ideal der christ-

ten als schwere Verbrechen, weil sie auf je eigene Weise den Familienkult bedrohten.»[15]

Aber auch der Verkauf von Eigentum war praktisch verboten im frühesten griechischen und römischen Recht, denn das «Familieneigentum war ein untrennbarer Bestandteil des Familienkults», so Siedentop.[16] Eigentum diente primär als Mittel zur Weiterführung des Familienkults. Töchter waren nicht erbberechtigt.[17] Sowohl in den griechischen als auch in den römischen Gesetzen war eine Frau dem Mann untergeordnet:[18]

> «Als Mädchen ist sie dem Vater unterworfen, nach dem Tod des Vaters ihren Brüdern [...]; in der Ehe steht sie unter der Vormundschaft des Gatten; nach dem Tod des Gatten kehrt sie nicht in ihre eigene Familie zurück,[19] denn darauf hat sie bei der Heirat verzichtet; die Witwe steht unter der Vormundschaft der Agnaten ihres Gatten, das heisst ihrer eigenen Söhne, sofern sie welche hat, oder, falls keine Söhne vorhanden sind, der nächsten Verwandten.»[20]

Individuelle Gewissensakte und Entscheidungen hatten in den religiösen Kulten keinen Platz. Die entsprechenden Regeln griffen in alle Lebensbereiche ein. Sie betrafen Kleidung, Sport, Betragen, Erziehung, Gespräche und Zielsetzungen.

---

lichen Jungfrauenweihe und des christlichen Mönchtums, die Zölibatsgesetzgebung und die Märtyrerlegenden (z. B. Agatha in Sizilien, die getötet wurde, weil sie sich geweigert hatte, zu heiraten.); Foucault, Michel, *Die Geständnisse des Fleisches*, Sexualität und Wahrheit, Bd. 4, Berlin 2019, 203–331. Vgl. Dunn, Marilyn, *The Emergence of Monasticism. From the Desert Fathers to the Early Middle Ages*, Malden (Mass.) 2003.

15 Siedentop, *Die Erfindung des Individuums*, 27.

16 Ebd. 28. Siedentops Annahme eines faktischen Verbots des Verkaufs von Eigentum könnte mit Blick auf die Rechtsgeschichte allerdings auch widersprochen werden. Exemplarisch ist hier auf die «mancipatio» zu verweisen, die im Rahmen der Römischen Gesetzgebung bereits sehr früh auftaucht (*Zwölftafel-Gesetze*) und die Eigentumsübertragung gewährleistete.

17 Auch dem widerspricht Waelkens. Nach seiner Argumentation war die Zugehörigkeit zur «familia» entscheidend. Die Verteilung des Erbes änderte sich im Lauf der Zeit, vgl. Waelkens, *Amne Adverso*, 259–265.

18 Vgl. Siedentop, *Die Erfindung des Individuums*, 28 f.

19 Je nach der Form der Eheschliessung hat sie die «familia» ihres Vaters nie verlassen. Die späte Republik kennt auch die Möglichkeit, dass die Frau ihre eigene «familia» hat. Vgl. Waelkens, *Amne Adverso*, 195 f.

20 Fustel de Coulanges, Numa Denis, *Der antike Staat. Kult, Recht und Institutionen Griechenlands und Roms*, Stuttgart 1981, 120. Vgl. Siedentop, *Die Erfindung des Individuums*, 29.

Bürger war nur, wer «der Religion der Stadt angehört».[21] Ursprünglich wurde nicht unterschieden zwischen Magistraten der Stadt und ihren Priestern. Die Priesterschaft einer Stadt pflegte daher keinen Kontakt zur Priesterschaft einer anderen Stadt. Gemeinsame religiöse Lehren gab es nicht. Die höchste Priesterschaft war das Königtum, da der König dem Kult vorstand. Daher hatten die Gesetze, die er verteidigte, ihren Ursprung in einer Religion. Als das Königtum von der republikanischen Regierungsform abgelöst wurde, blieb die Rolle des höchsten Magistraten eine priesterliche. Gesetze wurden als «notwendige [...] Konsequenzen der religiösen Überzeugungen»[22] verstanden. «Gesetze konnten nur eine Beziehung zwischen Männern herstellen, die am Staatskult teilhatten.»[23] Nur die «Patres»[24], die Väter, konnten Bürger sein.[25] Die Senatoren wurden später ebenfalls Patres genannt[26]. Die völlige Vermischung von Politik und Religion prägte sowohl die Monarchie, die Aristokratie und die Demokratie.[27] «Es gab nichts, was dem modernen Souveränitätsbegriff entsprochen hätte, dieser rein menschlichen Handlungsmacht mit der Befugnis, neue Gesetze zu erlassen.»[28] Deshalb war es völlig aussichtslos, dass ein Individuum irgendwelche individuellen Rechte «gegen die Ansprüche der Stadt und ihre Götter geltend machen konnte»[29]. Auch Thukydides[30], der methodisch klare und scharfsinnige Historiker der griechischen Antike, nimmt die sozial-religiöse Struktur der Stadt (*Polis*) als vorausgesetzt hin.[31] Seinem Bericht über den Peloponnesischen Krieg zwi-

21 Fustel de Coulanges, *Der antike Staat*, 261.

22 Siedentop, *Die Erfindung des Individuums*, 36.

23 Ebd. 37.

24 Ebd. 40.

25 Vgl. ebd. 35–37, 40. Mit Waelkens ist zu ergänzen: Nur Soldaten besassen den «Status libertatis» und konnten eine eigene Familie haben. «The legionaries were given privileges as a motivation. The entirely of these privileges was called the *status libertatis* [...]; Under the name *libertas* we find all of the original institutions of Roman law: [...] the right to set up an enterprise (*familia*)» (Waelkens, *Amne Adverso*, 129). Später fiel die Voraussetzung weg, und auch Kleriker und Frauen konnten den «Status liber» erlangen, vgl. ebd. 132.

26 Die Konzilsväter werden ebenfalls Patres genannt in jener Selbstverständlichkeit, als hätte es seit der römischen Antike kaum eine Rechtsentwicklung gegeben.

27 Vgl. Siedentop, *Die Erfindung des Individuums*, 41.

28 Ebd. 36.

29 Ebd. 42.

30 Der Historiker Thukydides lebte von 454 bis 399/396 v. Chr.

31 Vgl. Siedentop, *Die Erfindung des Individuums*, 44.

schen Athen und Sparta 431–404 v. Chr. zufolge verkörperten die Helden Selbstbeherrschung und maskuline Härte für das Kollektiv.[32]

1.3 Demokratische Antike

Schon in den griechischen Stadtstaaten herrschte vom 6. Jahrhundert v. Chr. an ein Klassenkonflikt, «in dem es um die Frage ging, wer in den Bürgerstand aufgenommen werden sollte»[33]. Der Schritt von der aristokratischen zur demokratischen Regierungsform veränderte die Anforderungen an die Bürger. Andere Fähigkeiten waren gefragt. Die erfolgreichen Redner können argumentieren und überzeugen. Sie müssen ihr Anliegen schlüssig vortragen und «vor einer Zuhörerschaft von Gleichen»[34] verteidigen. Auf diese Weise entstehen die Disziplinen der Logik und Rhetorik. Diese Entwicklung führt im 5. Jahrhundert v. Chr. dazu, dass sich das abstrakte, philosophische Denken getrennt von Dichtung und Religion entfalten kann. Die Macht des Wortes und die Rationalität «wurden eng mit der öffentlichen Sphäre»[35] verbunden. Vernunft wird zur charakteristischen Eigenschaft des herrschenden Standes.[36] Für Aristoteles stellt der Mensch ein *animal rationale* dar. Dieser lateinische Fachbegriff ist eine Übersetzung des griechischen *zoon logikon* bzw. *zoon logon echon*. Aristoteles hebt mit diesem Begriff die Fähigkeit zu denken als die wesentliche, ihn vom Tier unterscheidende Eigenschaft des Menschen hervor. Später wird die Würde des Menschen mit der Vernunft begründet.

> «Ciceros Überlegung ist folgende: Die Vernunft erlaubt es dem Menschen, sich von seinen Wünschen und Begierden zu distanzieren. Er muss ihnen nicht folgen. Genau das ist es, was nach Cicero dem Menschen Grösse verleiht. Und daran knüpft die ‹dignitas› des Menschen an: Der Mensch hat Würde als Wesen, das nicht durch seine Natur bestimmt wird.»[37]

---

32 Vgl. die Schilderungen des Peloponnesischen Krieges bei: Thukydides, *Der Peloponnesische Krieg*, Stuttgart 2000. Vgl. Siedentop, Die Erfindung des Individuums, 53. Die charakterlichen Eigenschaften fanden ihren Ausdruck auch in den plastischen Darstellungen junger römischer Männer aus dieser Zeit, wie sie beispielsweise in der Berliner Antikensammlung zu sehen sind.

33 Siedentop, *Die Erfindung des Individuums*, 43.

34 Ebd. 49.

35 Ebd.

36 Vgl. ebd. 48 f.

37 Schaber, Peter, *Menschenwürde (Grundwissen Philosophie)*, Stuttgart 2012, 22. Allerdings ist hier zu bedenken, dass Cicero in seiner Konzeption nicht von einem umfassenden Würdebegriff ausging,

Die Demokratie lebt vom mündigen Bürger wie die Bühne des Theaters vom Protagonisten. Der Schriftsteller und Dramaturg Thomas Hürlimann stellte die These auf,

> «dass Theater und Demokratie ursächlich miteinander verbunden sind. Denn der Einzelne [das Individuum] muss sich seine Meinung ja bilden können, und wo wäre das besser möglich als im Theater, das ihn nicht beeinflussen, sondern durch die Darstellung unversöhnlicher Positionen zum Denken anregen möchte?»[38]

Er weist dabei auf ein berühmtes Beispiel von Sophokles[39] hin, die *Antigone*:[40] Aus Gründen der Staatsräson ordnet König Kreon an, dass die Leiche von Antigones Bruder den Tieren vorgeworfen werde, weil er das Vaterland verraten habe. Antigone widersetzt sich dem Befehl des Königs Kreon und besorgt ihrem Bruder ein Begräbnis. Damit erfüllt sie die Gebote der Götter, bricht jedoch die irdischen Gesetze.

> «Hegel feiert diese Tragödie als eines ‹der vortrefflichsten Kunstwerke aller Zeiten›. Warum? Weil beide, Antigone und Kreon, auf ihre Weise im Recht sind. [...] Nicht das Drama entscheidet über seine Aussage. Das Drama führt in erschütternden Szenen vor, wie Sittlichkeit, die sich aus dem Göttlichen ableitet, mit dem staatlichen Gesetz kollidiert. Gesinnungsethik und Verantwortungsethik lassen sich nicht vereinbaren, zeigt dieses Stück; mündiger Zuschauer, entscheide du!»[41]

Der einzelne Zuschauer muss entscheiden, ob die naturrechtliche (Antigone) oder die positivrechtliche (Kreon) Antwort hier die richtige ist. Die Antworten auf diese Grundlagenfrage in den Rechtswissenschaften und der Rechtsphilosophie (Naturrecht) der folgenden Jahrhunderte wird noch zu erörtern sein. Rationalität wird aber schon in der griechischen Antike mit sozialer Überlegenheit

---

sondern wesentlich einen – je nach Person – «abgestuften» Würdebegriff zugrunde legte. Vgl. Becchi, Paolo, Human Dignity in Europe: Introduction, in: Becchi, Paolo / Mathis, Klaus (Hg.), *Handbook of Human Dignity in Europe*, Zürich 2019.

38 Hürlimann, Thomas, Demokratie jenseits der Mehrzahl, in: ders., *Abendspaziergang mit dem Kater*, Frankfurt a. M. 2020, 97.

39 Sophokles lebte von 497/496–406/405 v. Chr.

40 Hürlimann, Thomas, *Demokratie jenseits der Mehrzahl*, 95. Vgl. Geisenhanslüke, Achim, *Sophokles, Antigone: Interpretation*, München 1999.

41 Hürlimann, Thomas, *Demokratie jenseits der Mehrzahl*, 95 f.

gleichgesetzt. So fragt Platon im *Staat*[42], wie eine gerechte Gesellschaft auszusehen hat. Er vergleicht die gerechte Gesellschaft mit dem gerechten Menschen und fragt:

> «Und was kennzeichnet einen gerechten Menschen? Ein gerechter Mensch wird von der Vernunft geleitet, der höchsten Fähigkeit. Die Vernunft leitet das Handeln, wobei sie die Begierden beherrscht […] Was folgt daraus für die Gesellschaft? Da die Vernunft nur die Eigenschaft weniger ist – tatsächlich nur der Philosophen –, müssen folglich die Philosophen herrschen.»[43]

Recht und Gerechtigkeit waren für fast alle Bürger der griechischen Städte gleichbedeutend. Denn das direkt demokratische Eingebundensein in den Gesetzgebungsprozess verlieh ihnen das Gefühl, die Gesetze einzuhalten, gehöre bedingungslos zur Bürgerpflicht. Die Sophisten fragten dagegen kritisch, «ob Recht und Gerechtigkeit mehr seien als […] die Regeln des Stärkeren»[44]. Sie zweifeln an der teleologischen, zweckbestimmten Deutung der menschlichen Lebensentwürfe. Gegen diese Sophisterei begründeten Platon und Aristoteles ihre gesellschaftlichen und politischen Argumente erneut zugunsten einer Weltordnung, die vom Zweck (*telos*) bestimmt war. Dieses Verteidigen der Teleologie, der zweckbestimmten politischen Rollen der Arbeiter und Händler, gab den Philosophen die Gelegenheit, sich als ein überlegener Stand der Bürger zu verstehen.[45] Damit war für Platon und Aristoteles eine natürliche Ungleichheit vorgegeben.[46] Auch die Wächter bzw. die Beamten hatten eine von den Philosophen vorgegebene Rolle im Beamtenstaat. Ihre Häuser sind nicht verschliessbar. Ihnen ist der Geldbesitz, das Privateigentum überhaupt, das Ehe- und Familienleben unter-

---

[42] Platon, *Der Staat / Politeia.* Griechisch – Deutsch, Berlin / Boston 2011. Platon lebte von 428/427–348/347 v. Chr.

[43] Siedentop, *Die Erfindung des Individuums*, 51. Der Handel wird negativ bewertet, weil damit die Kapitulation vor den Begierden verbunden wird. Er gilt als Synonym für Dekadenz, vgl. ebd. 53. «Denn der Bürger musste bereit sein, in den Krieg zu ziehen. Er musste nicht nur das Territorium und die Götter seiner Stadt verteidigen, sondern auch gewillt sein, an jeder von der Bürgerversammlung beschlossenen Militärexpedition teilzunehmen. Der spartanische Krieger war immer in Bereitschaft.» Ebd. 54.

[44] Ebd. 57.

[45] Vgl. ebd. 61.

[46] Vgl. ebd. 67. Die Kirche wird viele Elemente der platonischen Staatstheorie für ihre Kirchentheorie übernehmen, so auch die Herrschaft der Philosophen, die in der Kirche Theologen heissen. Das Theologiestudium war bis zum Zweiten Vatikanischen Konzil (GS 62) praktisch den Priesteramtskandidaten vorbehalten.

sagt. So wird eine Dynastiebildung verhindert.[47] In Platons Idealstaat gibt es nichts, was den inneren Frieden gefährden könnte: keinen Kampf um Ämter und Programme, keinen Zwist zwischen Armen und Reichen, keine Umstürze, keine Verbannungen, eigentlich auch keine Politik, wenn wir darunter den Gruppenegoismus von Interessenverbänden verstehen. Die Wächter leben zusammen und erörtern die Tagesfragen beim Mahl. Aus ihnen rekrutieren sich die Beamten,[48] die 50 Jahre alt sein und alle Prüfungen bestanden haben müssen; sie regieren abwechselnd und befassen sich nur damit, Geometrie zu studieren, das Gute zu erkennen und Gerechtigkeit zu üben. Um diesen Idealstaat vor Zersetzung zu schützen, die sich aus dem Mehr-haben-Wollen ergibt, reglementiert Platon die Erziehung und das Kulturleben in einem von den Kirchenvätern hochgepriesenen, aber für eine heutige freiheitliche Rechtsordnung unerträglichen Ausmass: Auslandreisen sind untersagt. Strenge Überwachung soll das Eindringen staatsgefährdender Gedanken und Gefühle[49] verhindern.[50]

Die natürliche Ungleichheit steht im Zentrum des platonischen Staates, da nicht alle Menschen gleich viel Verstand erhalten haben. In Platons *Staat* sind nur die ausgewählten Wächter fähig, «die unzuverlässige Welt der Sinneserfahrungen»[51] – die Welt der reinen Empirie – zurückzulassen, um zur Erkenntnis der normativen Ideen aufzustreben.

---

47 Die Enthaltsamkeit (c. 77 § 1 CIC/1983) und ein «einfaches Leben» (c. 282 § 1 CIC/1983) sind bis heute in der katholischen Kirche Voraussetzungen für die Wächter, d. h. die Kleriker. Bei der Einführung des universal geltenden Zölibatsgesetzes um 1139 war die Verhinderung der Dynastiebildung ein wichtiges Element, damit der Kirchenbesitz nicht vererbt wurde. Es lässt sich beim Vergleich zwischen dem idealen Staatsaufbau nach Platon und dem hierarchischen Aufbau der Kirche feststellen, dass Letztere den Klerikern gleichzeitig die Funktion als Philosophen und Wächter überträgt. Es wäre zu diskutieren, inwiefern sich in der Kirchengeschichte daraus Folgeprobleme ergaben.

48 Die Mönche leben beisammen; aus ihnen wird ein Teil der Beamten der neuen Kirche, der Klerus, rekrutiert, so jedenfalls nach der cluniazensischen Reform. Die anderen übernehmen ebenfalls deren Lebensform (Zölibat, Einfachheit, Gehorsam). Das englische *clerk* oder das französische *clerc* leiten sich vom lateinischen *clericus* ab und bezeichnen einen Beamten oder Schreiber.

49 Auch «falsche» Gefühle (z. B. sexueller Art in monastischen Gesellschaften), vgl. Foucault, *Die Geständnisse des Fleisches*, 203–331.

50 Diese totalitären Züge werden alle Staaten mehr oder weniger annehmen, die für sich eine Wahrheit gepachtet haben. Dafür sind die Stasiakten in der DDR ein perfektes Lernbeispiel, wie ein nichtfreiheitliches totalitäres Überwachungssystem sich entwickeln kann, so Wolf Biermann in: *Wolf Biermann. Ein deutsches Leben.* NZZ Standpunkte vom 11.2.2017, SRF 1, URL: https://www.youtube.com/watch?v=acy_2-lWLgE, ab Minute 37.

51 Siedentop, *Die Erfindung des Individuums*, 68.

Auch Anhänger des Aristoteles, der die physische Welt in sein Denken stärker einbezieht, vertreten eine hierarchische Gesellschaft. Ihre Funktion in einer Hierarchie bzw. ihr *telos* bewirken, «dass einige Menschen ‹von Natur aus› Sklaven»[52] sind,[53] andere als Kopf (*caput*) den ganzen Gesellschaftskörper vertreten können.[54] Selbst die Götter waren an die Vernunft gebunden. Seneca schreibt:

> «Es irrt, wer annimmt, die Götter wollten keinen Schaden stiften; sie können es nicht.»[55]

D. h. sie werden durch die rationale Struktur der Realität eingeschränkt. Sie müssen sich an eine verständliche natürliche Ordnung halten.

> «So waren Vernunft oder Logos und eine hierarchische Ordnung der Dinge – alles ‹an seinem Platz› – praktisch unzertrennlich. Aus moderner Sicht beruhten beide auf einer Annahme, die unverkennbar aristokratisch war.»[56]

Anders als Siedentop beurteilt Otto H. Linderborg die griechische Antike. Er verortet individuelle gleiche Rechte für die männlichen Bürger schon in der demokratischen Antike: Diese Gleichheit von Bürgern lasse sich, so Linderborg,

---

52 Ebd. 68.

53 Vgl. ebd. 67 f. Sepulveda wird diese Aristoteles-Interpretation im 16. Jahrhundert dankend aufgreifen, um die Versklavung der Indios zu legitimieren. Las Casas wird mit einer anderen Aristotelesinterpretation kontern. Vgl. der Disput von Valladolid: Huser, Patrick, *Vernunft und Herrschaft. Die kanonischen Rechtsquellen als Grundlage natur- und völkerrechtlicher Argumentation im zweiten Prinzip des Traktates «Principia quaedam» des Bartolomé de Las Casas* (ReligionsRecht im Dialog 11), Wien 2011, 53–61.

54 Nach dieser antiken Theorie vertreten die Bischöfe noch heute die Bistümer bei Konzilien und Bischofssynoden. Denn die wahre Gleichheit der Gläubigen (LG 32) unterscheidet sich «je nach der eigenen Stellung» (c. 228 CIC/1983) in der Kirche.

55 Dihle, Albrecht, *Die Vorstellung vom Willen in der Antike*, Göttingen 1985, 10. Vgl. Siedentop, *Die Erfindung des Individuums*, 72.

56 Siedentop, *Die Erfindung des Individuums*, 68. Diese Feststellungen werden im Grundsatz zwar im Bereich der Philosophiegeschichte grundsätzlich geteilt, allerdings wird die Argumentation Siedentops etwas differenzierter betrachtet. Vgl. hierzu exemplarisch Linderborg, Otto H., *Herodotus and the Origins of Political Philosophy. The Beginnings of Western Thought from the Viewpoint of its Impending End*, Uppsala 2018, 61, URL: http://urn.kb.se/resolve?urn=urn:nbn:se:uu:diva-350646.

«im antiken Griechenland in der ersten Hälfte des 5. Jahrhunderts v. Chr. ansiedeln. Hier können wir die Geburt dessen festmachen, was auf eine ursprüngliche Abkehr von der Idee hinausläuft, dass einige – von Natur aus oder durch göttliche Absicht – berechtigt sind, über andere zu herrschen. Der Moment, in dem der Demos die meisten oder alle sozial bedingten politischen Exklusivitäten innerhalb der Gruppe der männlichen Bürger aufhebt, ist auch der Zeitpunkt, an dem wir Zeugen der Entdeckung des Ideals der egalitären Herrschaftsmacht [griechisch: krátos] werden können. In diesem Moment – dem Moment der ursprünglichen Verwirklichung der (bedingten/vormenschenrechtlichen) politischen Gleichheit – wurde die Überzeugung des konservativen Geistes, dass die ‹zivilisierte Gesellschaft Ordnungen und Klassen› benötigt, zum ersten Mal in den Status eines unrealisierten Ideals zurückgestuft. Es sollte mehr als 2000 Jahre dauern, bis dies wieder der Fall sein würde.»[57]

Im 1. Jahrhundert v. Chr. wurde dieses Modell auf die Probe gestellt. Der aristokratische Bürgerstand zerfiel, was die «Zunahme der Mysterienkulte, die Suche nach dem persönlichen ‹Seelenheil› und eine […] Aufgeschlossenheit für fremde Glaubensvorstellungen»[58] nach sich zog. Hier ist allerdings zu beachten, dass das Verhältnis von Ursache und Wirkung sowie die Frage, welche Faktoren in diese Entwicklung hineinspielten, in der Forschung umstritten sind. Das Aufkommen von Mysterienkulten dürfte generell mit einer Krise der Staatsreligion im 1. Jahrhundert zusammenhängen. Die hierarchische Gesellschaftsordnung verlor an Stabilität und mit ihr die «ganze Struktur des antiken aristokratischen Rationalismus»[59], den die lateinische Kirche für sich übernehmen wird.[60] Die Philoso-

---

57 Linderborg, Otto H., *Herodotus and the Origins of Political Philosophy*, 61 f.; engl. Original: «We may place it in Ancient Greece, in the first half of the 5th century B. C. Here, *we may affix* the birth of what amounts to *an aboriginal departure from the idea that some are – by nature or through divine intent – entitled to rule over others*. The moment at which the demos erases most or all socially determined political exclusiveness within the in-group of male citizens is also the juncture at which *we can witness the discovery of the ideal of egalitarian* κράτος. It was at this very moment – the moment of the original actualization of (conditional/pre-human-rights) political equality – that the conviction of the conservative mind, namely that ‹civilized society requires orders and classes›, came to be relegated to the status of an unrealized ideal for the first time. It would take more than 2000 years before that would ever happen again.» (dt.: A. Loretan).

58 Siedentop, *Die Erfindung des Individuums*, 69.

59 Ebd.

60 Vgl. ebd. 68 f. Peter Hünermann stellt die These auf, dass in der zweitausendjährigen Geschichte der Kirche ihre Amtsstruktur unter Einbeziehung der ersten europäischen Gesellschaftskonzep-

phen begannen nun, über den Ursprung allen Seins nachzudenken: über das Absolute, die allem zugrunde liegende, erste Ursache. War nicht die *Vernunft*, sondern der *Wille* der Zugang zu allen Dingen?[61] Die spätere theologische und juristische Kontroverse zwischen Voluntarismus und Rationalismus war in nuce hier schon zu greifen.

Mit einem radikalen Monotheismus konfrontierte eine bedeutende jüdische Diaspora viele griechisch- und lateinsprechende Stadtbewohner rund um das Mittelmeer. Das jüdische Gesetz stand für Gebot, nicht für Logos oder für Vernunft. Das richtige Verständnis zugrunde gelegt, war das Gesetz der Wille Jahwes. Der Niedergang der Polis bewirkte die Infragestellung der rationalen Begründung in der Bürgerversammlung. Das Gesetz war nicht mehr gleichgesetzt mit dem aristokratischen Logos der Bürgerschicht. Der jüdische Glaube ging von einem Schöpfer aus, der mit seinem unbeschränkten Willen alles Existierende hervorbringt (*creatio ex nihilo*). Demgegenüber stand Platons und Aristoteles' Vorstellung von einem Schöpfer, «dessen Werk durch die Gesetze der Logik eingeschränkt wird»[62]. Für sie stand fest: «Auch die Gottheit vermag die Grenzen der Weltordnung nicht hinauszuschieben oder sich gegen die Gesetze der Natur aufzulehnen.»[63]

Mit anderen Worten: Athen (griechische Philosophie), Rom (römisches Recht) und Jerusalem (jüdisch-christliche Bibel) kommen in der Antike miteinander ins Gespräch.

2 Egalitäre Ansätze

Im damaligen antiken Kontext muss ein egalitäres Verständnis, das nicht zwischen Barbaren und Römern, Sklaven und Freien und zwischen Frauen und Männern unterschied, für die römischen Eliten völlig deplatziert gewirkt haben: Eine der frühen Taufformeln der Christen bringt genau diese Unmöglichkeit zum Ausdruck:

---

tion entfaltet wurde, wie man sie bei Aristoteles in der Politik findet. Vgl. Hünermann, Peter, Dienst im Namen Jesu Christi. Glaube und Ideologie im theologischen Streit um das Amt in der Kirche, in: Hoping, Helmut / Münk, Hans J. (Hg.), *Dienst im Namen Jesu Christi. Impulse für Pastoral, Katechese und Liturgie* (Theologische Berichte 24), Freiburg (Schweiz) 2001, 24.

61 Vgl. Siedentop, *Die Erfindung des Individuums*, 69.

62 Ebd. 73.

63 Ebd. Dihle, *Die Vorstellung vom Willen*, 10.

> «Denn ihr alle, die ihr auf Christus getauft seid, habt Christus (als Gewand) angelegt. Es gibt nicht mehr Juden und Griechen, nicht Sklaven und Freie, nicht Mann und Frau; denn ihr alle seid ‹einer› in Christus Jesus» (Gal 3,27 f.).

Diese Tauffomel, die Paulus verwendet, passte nicht in die spätantike römische Welt. Sie eröffnet den neuen egalitären Horizont der christlichen Spätantike und des frühen Mittelalters. Zuerst wird diese Taufformel aber auch Kompromisse mit der Welt der Antike eingehen müssen.

Siedentops grosse Leistung ist es, das egalitäre, individuelle Moment des Christentums, das oft unterschätzt wurde, minutiös zurückzuverfolgen. Einschränkend ist festzuhalten: «Die Antwort auf die Frage nach der Erfindung des Individuums ist allerdings noch nicht abschliessend geklärt.»[64] Daneben sollte auch die Bedeutung der gleichen Rechte der männlichen Bürger in der demokratischen Antike nicht übergangen werden.[65] Es stellt sich mit Blick auf die «Geschichte des Westens» und seiner Werte die Frage einer Rehabilitation der Frühkirche und des Mittelalters, die in polemischen Auseinandersetzungen auch schon als das «dunkle Mittelalter» zwischen der entmystifizierten Antike und der Renaissance verstanden wurde. Nach Habermas ist das Christentum aber

> «für das normative Selbstverständnis der Moderne nicht nur eine Vorläufergestalt oder ein Katalysator gewesen. Der egalitäre Universalismus, aus dem die Ideen von Freiheit und solidarischem Zusammenleben, von autonomer Lebensführung und Emanzipation, von individueller Gewissensmoral, Menschenrechten und Demokratie entsprungen sind, ist unmittelbar ein Erbe der jüdischen Gerechtigkeits- und der christlichen Liebesethik. In der Substanz unverändert, ist dieses Erbe

---

64 Heutger hält in ihrer Rezension fest, dass «[d]iese Auslegung Siedentops und die Hinwendung zu Paulus überraschen und […] nicht ganz nachvollziehbar seien.» (Heutger, *Die Erfindung des Individuums*). Noch weiter geht Stephan Speiche, der angesichts des griechischen Gleichheitsideals – exemplarisch verweisend auf «Herodots Darstellung der Perserkriege mit der Entgegensetzung der persischen und griechischen Gesellschaft» – Siedentop eine «Unkenntnis der doch selbst gewählten Materie» unterstellt. Immerhin hält Speiche selbst fest, dass «das egalitäre, freiheitliche Moment des Christentums oft unterschätzt» werde. (Vgl. Speiche, Stephan, Stolz auf die goldene Regel. Larry Siedentop und die Herkunft des Liberalismus, Besprechung in der *Süddeutschen Zeitung* vom 13.12.2015.

65 Vgl. Siedentop, *Die Erfindung des Individuums*, 77 f. Diese starke Betonung des egalitären Aspekts bei Paulus und dessen Nachwirkung hin zur Schaffung des Individualismus ist nicht unwidersprochen geblieben.

immer wieder kritisch angeeignet und neu interpretiert worden. Dazu gibt es bis heute keine Alternative.»[66]

Die Texte der antiken Schriftsteller sind historisch-kritisch zu lesen und nicht mit der Brille der späteren christlichen Kirchenväter. So kann die Frage beantwortet werden, welchen spezifischen Beitrag das jüdisch-christliche «Menschenbild und Weltverhältnis für die Herausbildung und Legitimitätsbehauptung des demokratischen Verfassungsstaates liefern»[67] kann. Welchen Beitrag wird das neu entstehende Menschenbild für das *individuelle Verfassungssubjekt* liefern? Es sind die ideengeschichtlichen und institutionellen Voraussetzungen zu rekonstruieren, die den demokratischen Verfassungsstaat haben entstehen lassen (Genesis-Hypothese). Davon ist zu unterscheiden, «ob und inwiefern diesen Voraussetzungen ein fortdauernder Geltungsanspruch zukommt (Geltungs-Hypothese)»[68].

2.1 Die Kulturen Athens, Roms und Jerusalems treffen in der Spätantike aufeinander

In der Spätantike kommt es ab 380 in der reichskirchlichen Theologie zu Begegnungen zwischen dem Denken Athens (griechische Philosophie), Roms (römisches Recht) und Jerusalems (Bibel). Die Gerechtigkeits- und Gottesvorstellungen der Bibel[69] grenzen sich deutlich von den hellenistischen und römischen ab. Dennoch verbindet die Alte Kirche diese beiden Kulturtraditionen von Athen und Jerusalem in der reichskirchlichen Theologie.[70] Schon der Philosoph Justin der Märtyrer (um 100–165) dachte im 2. Jahrhundert aus christlicher Perspektive die biblische Schöpfungserzählung in Gen 1 mit Platons *Timaios-Dialog* zusammen.[71]

---

66 Habermas, *Jerusalem, Athen und Rom*, 174 f.

67 Stein, *Himmlische Quellen*, 28.

68 Ebd. 31.

69 «Meine Gedanken sind nicht eure Gedanken und eure Wege sind nicht meine Wege – Spruch des Herrn. So hoch der Himmel über der Erde ist, so hoch erhaben sind meine Wege über eure Wege und meine Gedanken über eure Gedanken.» (Jes 55,8 f.). Die biblischen Schriftsteller erwähnen oft, dass Gott gerecht ist (vgl. exemplarisch Sir 18,2; Jer 11,20; Ps 11,7; 119,137; 145,17; Esr 9,15; 2 Chr 12,6; im Neuen Testament: Offb 16,7).

70 Vgl. Studer, *Schola christiana*, 35–194.

71 Vgl. Heid, Stefan, Art. Justinos, Martyrer, in: *LThK*[3] 5, 1113.

Das Ende der Christenverfolgungen im ersten Drittel des 4. Jahrhunderts führte zu einer gewissen politischen Identifikation mit Rom. Dies trug dazu bei, die kulturellen Werte der griechisch-römischen Umwelt in neuem Licht zu sehen. Seit der hellenistischen Zeit wird in stoischen Kreisen der Ausdruck *theologia tripartita* verwendet. Diese dreiteilige Theologie setzt sich zusammen aus der politischen, der poetischen und der philosophischen Theologie. Politik, Dichtung und Philosophie sind in der Antike noch eingebettet in religiöse Phänomene. Die christlichen Autoren zögern nicht, dieses Schema der *theologia tripartita* zu übernehmen. Gemäss diesem religionsgeschichtlichen Schema werden drei Bereiche unterschieden, die von der griechischen Theologie im oströmischen Teil des Reiches genauso verwendet wird wie von der lateinischen Theologie Westroms und von paganen Denkern.

1. Die *theologia politica* oder *civilis* richtet sich auf die Religion, auf der das römische Staatswohl ruht. Gemäss dem *ius sacrum* sind die Magistraten der *res publica* und die Priester[72] dafür zuständig. Eine Trennung von *civitas* bzw. *polis* und Religion ist undenkbar. Es besteht ein enger Zusammenhang zwischen dem Staatskult und der Gesetzesüberlieferung. Wer die Verantwortung für den öffentlichen Kult trägt, ist auch für die Wahrung der *salus populi* zuständig.
2. Die *theologia mythica* oder *poetica* lehrt die von den Dichtern erzählten Mythen.
3. Die *theologia naturalis* oder *allegorica* beschäftigt sich mit jenem Religionsverständnis, das sich aus «der philosophischen, aus der Natur gewonnenen Erkenntnis Gottes sowie [aus] der allegorischen Deutung der Mythen»[73] ableitet.

Politische Theologie ist nicht erst eine spätrömisch-christliche Erfindung aus der Zeit nach der Konstantinischen Wende, sondern sie ist bereits in einer Phase vor der Divinisierung der Kaiser, in der römischen Republik angelegt. Mit dem Begriff der *theologia politica* meinte der antike Autor Marcus Terentius Varro (116–27 v. Chr.) jenen Bereich von Religion, der sich mit der politischen Grösse beschäftigt in einer Zeit, als eine Trennungsvorstellung von Religion und Politik undenkbar erschien. Varro sucht einen Zusammenhang zwischen der traditionellen Religion und der Republik aufzuzeigen. In der Zeit der Reichskirche orientierte sich auch die christliche Theologie politisch.

---

72 Vgl. Studer, *Schola christiana*, 71.

73 Ebd. 33.

> «Weil die Religion, auf der das römische Staatswohl beruhte, immer eine Religion der Väter war, kann es [...] nicht überraschen, dass in der Theologie des nunmehr christlich gewordenen Reiches das Prinzip der Überlieferung [Tradition] noch tiefer verankert wurde. [...] Ebenso lag es in einer solch konservativen Umwelt nahe, die sozialen Gegebenheiten, die hierarchische Gesellschaftsordnung, die Stellung der Frau und die Sklaverei hinzunehmen oder höchstens eine Entwicklung in kleinen Schritten zu erstreben. [...] Die Weitergabe der Religion der Väter war ferner immer im Rahmen der Rechtsüberlieferung im allgemeinen geschehen. Dabei hatte sich ein wachsender Übergang zu einer Vereinheitlichung des Rechts vollzogen. Kaiser Hadrian [76–138] hatte den übereinstimmenden Meinungen der Rechtsgelehrten quasi Gesetzeskraft gegeben. [...] Theodosius [347–395] liess die seit Konstantin [270/288–337] erlassenen kaiserlichen Gesetze kodifizieren. [...] Diese für die römische Gesellschaft so wichtige Tendenz, das Recht schriftlich und genau festzulegen, musste auch im kirchlichen Leben spürbar werden, und das umso mehr, als die kirchliche Gesetzgebung von der kaiserlichen Autorität getragen wurde (Dogmen = Edikte).»[74]

Seit der Konstantinischen Wende im 4. Jahrhundert übernahm die christliche Theologie der Reichskirche die Stelle der *theologia politica*, denn sie stellte sich in den Dienst der religiösen Einheit des Römerreiches. Die *salus populi Romani* ist nun anders als in der Märtyrerkirche ein Anliegen der Reichskirche. Allerdings sind die Unterschiede der christlichen Gottesrede und der antiken *theologia politica* nicht zu übersehen. Die stark eschatologische Ausrichtung der christlichen Gottesrede erfordert eine *theologia politica*, die sich mehr für die *civitas Dei* als für die *civitas terrena* interessierte. Augustinus (354–430) unterschied daher zwischen dem Schicksal des Römerreiches und der Kirche, wobei die *civitas Dei* bei Augustinus nicht mit der Kirche identisch ist.

> «Er macht sich keine Illusionen über die weltlichen Verstrickungen der Kirche. [...] Zu Beginn des elften Buches [von De civitate Dei] entwirft Augustin sein Programm in dem Bewusstsein, dass sich Machthungrige und Lüstlinge auf allen Rängen der katholischen Kirche befinden. [...] Erst am Ende der Welt werden sich die beiden Bürgerschaften [civitates] durch das Urteil des Jüngsten Gerichtes endgültig voneinander scheiden.»[75]

---

[74] Ebd. 80 f.

[75] Habermas, *Auch eine Geschichte der Philosophie*, Bd. 1, 600. Anders dagegen identifiziert Papst Gregor I. der Grosse den Gottesstaat mit der Kirche, vgl. ebd. 601.

Die *theologia politica* der Christen war zudem nicht auf die äussere Götterverehrung ausgerichtet, «sondern auf dem Glauben an den einen Gott begründet, der in Jesus Christus seine Liebe zum *genus humanum* im vollen Sinn geoffenbart hatte»[76]. Neben der politischen Dimension dieser Theologie entstand ein universalistischer Anspruch, der eine Totalidentifikation mit dem Römerreich deshalb für Augustinus ausschloss. Dennoch suchte Augustinus in *De civitate Dei* das Gespräch mit den besseren römischen Kreisen. «Er setzt bei seinen Gesprächspartnern die *theologia tripartita* voraus.»[77]

Augustinus greift in *De civitate Dei* so oft auf Varros Werk *Antiquitates rerum humanarum et divinarum* zurück, dass dieses verloren gegangene Werk von der modernen Philologie aus den Zitaten teilweise rekonstruiert werden konnte.[78] In diesen Zitaten aus Varros Werk findet sich der möglicherweise älteste überlieferte Beleg für den Begriff *theologia naturalis.*[79] Die Theologen schätzten sie als *theologia philosophica.* Augustinus anerkennt in *De civitate Dei* ihre Bedeutung. Über die *theologia politica* und die *theologia poetica* äussert er sich zwar kritischer, ist aber gewillt, sich mit der *theologia naturalis* ausführlicher zu befassen, vorausgesetzt, dass damit nicht die stoische Philosophie, sondern die platonische gemeint ist.[80]

Die *theologia naturalis* bildet die Brücke im Gespräch zwischen Theologie und Philosophie bis zur Französischen Revolution. Auffallend ist die Ansicht Rousseaus, der das Christentum gerade in Kontinuität zur antiken *theologia naturalis* sah.[81]

In der antiken *theologia poetica* lesen, memorieren und diskutieren die Lehrer mit ihren Schülern die poetischen Schriften Ovids, Vergils etc.

---

76 Studer, *Schola christiana*, 315.

77 Ebd. 62.

78 Zur Besprechung von Varros Werk in Augustinus' *De Civitate Dei* vgl. Fiorenza, Francis, Religion und Politik, in: Böckle, Franz u. a. (Hg.), *Christlicher Glaube in moderner Gesellschaft*, Bd. 27, Freiburg i. Br. 1982, 65–69.

79 Ob er tatsächlich der Erste war, der diesen Begriff verwendet hat, ist umstritten. Aber dieser Begriff des Naturrechts ist dank der Tradition durch Augustinus geschichtsmächtig geworden.

80 Vgl. Studer, Schola christiana., 316. Augustinus, De civitate Dei VIII, 1, in: Horn, Christoph / Scarano, Nico (Hg.), *Philosophie der Gerechtigkeit. Texte von der Antike bis zur Gegenwart*, Frankfurt a. M. 2002.

81 Vgl. dazu Spaemann, Robert, Natürliche Existenz und politische Existenz bei Rousseau, in: Böckenförde, Ernst-Wolfgang u. a. (Hg.), *Collegium Philosophicum. Studien*, FS Joachim Ritter, Basel 1965, 379.

> «In der schola Christi ging man in ähnlicher Weise vor. Die Lesung der Bibel hatte zum Ziel, die Gläubigen in die wunderbaren Geheimnisse Gottes und in die Nachfolge Jesu einzuführen. Dabei machte es keinen Unterschied, ob man die Worte der Heiligen Schrift in der liturgischen Gemeinde anhörte oder sie in kleinerem Kreise miteinander meditierte. Allerdings waren sich die christlichen Prediger und Theologen über die grundlegenden Unterschiede zwischen der theologia poetica und ihrer eigenen Theologie voll im Klaren.»[82]

Dieser Unterschied zwischen antiker und biblischer Geschichtserzählung gab Augustinus die Gelegenheit, «den Wert des Glaubens gegenüber der rein rationalen Erkenntnis herauszustellen»[83]. Das hier aufscheinende Verhältnis von Glauben und Wissen sollte die Philosophiegeschichte des Okzidents über mehr als ein Jahrtausend prägen,[84] wie noch ausführlich zu zeigen sein wird.

Wie diese Beispiele belegen, verwenden in der Spätantike die christlichen Autoren römische, griechische und biblische Argumente, um in der nichtchristlichen Welt ihre Sicht der Geschichte verständlich zu machen. Die Christen bauen ihre Texte wie ihre römischen Kirchen aus Säulen der antiken Tempel und der antiken Geisteswelt. Diese Begegnung von Antike (Athen/Rom) und Christentum (Jerusalem) zeigte sich auch auf der literarischen Ebene.[85] Die Christen wurden sich bewusst, zugleich Gläubige der Kirche und Bürger des Römischen Reiches zu sein.

2.2 Die individuelle Gewissensfreiheit des Paulus

Das Neue Testament belegt, dass diese interkulturellen Begegnungen zwischen jüdischem, hellenistischem und römischem Gedankengut schon früher begannen. Die Texte des *Neuen Testamentes* sind in griechischer Sprache geschrieben, obwohl sie von den Erzählungen und Gleichnissen eines jüdischen Rabbis berichten, der selbst wohl aramäisch sprach und mit seiner jüdischen Anhängerschaft predigend von Galiläa nach Jerusalem zog.

Bei Paulus zeigt sich deutlich, wie alle drei Geisteswelten von Jerusalem, Athen und Rom im Alltag der ersten Christen präsent waren: Ausgestattet ist er

82 Studer, *Schola christiana*, 315.

83 Ebd. 316.

84 Vgl. Habermas, *Auch eine Geschichte der Philosophie*, Bd. 1, 481–918. Vgl. auch Bd. 2.

85 Studer, *Schola christiana*, 86.

mit einem römischen Bürgerrecht, aufgewachsen im griechischsprachigen Teil des Imperium Romanum und als Jude bewandert im Studium der Tora. Die Aufzeichnungen des Saulus von Tarsus, der sich später Paulus nannte, sind die frühesten erhalten gebliebenen Schriften des Neuen Testamentes über Jesus.[86] Er übersetzte den jüdischen Begriff Messias (der Gesalbte) ins Griechische (Christos) und erzählte zuerst einer jüdischen, später einer nichtjüdischen Welt von Jesus dem Christus.[87] Paulus begründete damit die Kirche als eine Sondergesellschaft im Römischen Reich, in der eine neue Art des Zusammenlebens eingeübt wird. Er grenzt den Leib Christi, die Kirche, von der in der aristokratischen und demokratischen Antike vorherrschenden Prämisse der natürlichen Ungleichheit ab. Die Gleichheit der Getauften wird dadurch zum Ausdruck gebracht, dass die Mitglieder des Auferstehungsleibes Christi, der Kirche, sich als Brüder und Schwestern ansprechen. Diese Phase der Gleichheit der Brüder und Schwestern dauert bis zur Reichskirche (380). Auf diese Tradition bezieht sich auch das Zweite Vatikanische Konzil:

> «Gemeinsam [ist] die Würde der Glieder aus ihrer Wiedergeburt in Christus [...] Es ist also in Christus und in der Kirche keine Ungleichheit aufgrund von Rasse und Volkszugehörigkeit, sozialer Stellung oder Geschlecht; denn ‹es gibt nicht mehr Jude und Grieche, nicht Sklave und Freier, nicht Mann und Frau; denn alle seid ihr einer in Christus Jesus› (Gal 3,28 griech.; vgl. Kol 3,11)» (LG 32).

Der Brudertitel wird in diesem letzten Abschnitt von LG noch deutlicher hervorgehoben:

> «Wie die Laien [...] Christus zum Bruder haben, [...] so haben sie auch die geweihten Amtsträger zu Brüdern.»[88]

---

86 Von diesem Jesus wusste man in der antiken Welt, dass er gekreuzigt worden war. Dies bedeutete eine Katastrophe für seine Anhänger. Diese, die bald «Christen» genannt wurden, glaubten, sein «Leben und Sterben sei eine tiefe historische Zäsur, eine neue Offenbarung des göttlichen Willens», so die Sicht von aussen. Vgl. Siedentop, *Die Erfindung des Individuums*, 74 f., Zitat: ebd. 75.

87 Vgl. ebd. 75. Christus, der von Gott Gesalbte, starb für alle Menschen und seine Auferweckung ist die geglaubte Hoffnung auf das ewige Leben aller, die zum Leib Christi gehören. Christus steht so auch für Gottes Anwesenheit in der Welt, vgl. ebd.

88 In der Zeit vor der Reichskirche war diese rechtliche Gleichheit, die im Brudertitel zum Ausdruck kam, auch im Umgang miteinander umgesetzt worden. Wer nennt heute gemäss dem Konzil einen Papst oder einen Bischof «Bruder Bischof», um die Gleichheit in der Taufe zum Ausdruck zu bringen, die höher steht als alle späteren Aufgaben und Ämter?

Der göttliche Wille und die menschliche Handlungsmacht weisen nach Paulus eine innere Verknüpfung auf und können in einer Person miteinander verschmelzen. Dieser Prozess einer individuellen Willensbildung gipfelt in der Entstehung des Gewissens. Mit dieser neuen Annahme beschränkt sich die individuelle Identität der Person nicht mehr auf die soziale Rolle. Menschliches Handeln wird also nicht mehr ausschliesslich durch soziale Kategorien wie Status oder gesellschaftliche Rolle bestimmt. Die Vorstellung der menschlichen Gleichheit ändert das radikal. Es entsteht eine Lücke zwischen dem Individuum und seiner Rolle innerhalb der Gesellschaft. Diese Lücke ist das Zeichen einer neuen Freiheit, die als Gewissensfreiheit,[89] als *forum internum*[90] Rechtsgeschichte schreiben wird.

Paulus griff auf das Abstraktionsvermögen der späthellenistischen Philosophie zurück, auf ihre Spekulationen über die universelle «menschliche Natur». Er verband es mit dem Bestreben des Judentums, sich einem göttlichen Willen zu unterwerfen. Paulus stellt sich diesen Willen nicht als äussere, auf Zwang bauende Instanz vor. Im Brief an die Gemeinde von Rom erklärt Paulus (vgl. Röm 8,6; 8,12): Der Tod Christi ist für ihn das Symbol einer «inneren Kreuzigung», eines Verzichts auf das Leben «des Fleisches» (*sarx*) für das Leben «des Geistes» (*pneuma*). Er geht mit anderen Worten davon aus, dass der Mensch, das *animal rationale*, mit rationalem Entschluss alle Neigungen und Begierden hinter sich lassen kann. «Sterben in Christus» (Röm 14,8) heisst für ihn, einen Willen zu erwerben, der seinen Namen zu Recht trägt. Dies beschreibt er als Befreiung von der Sünde, als Erlösung bzw. als den Beginn «einer neuen Kreatur». Der dazu notwendige Glaubensakt ist ein individueller Akt, ein inneres Ereignis, wie er es selbst erlebt hatte.

Paulus verfolgte zunächst die jüdische Jesusbewegung bis zu seiner Vision vor Damaskus (Apg 9). Die Begegnung mit dem von ihm verfolgten Christus veränderte die Identität des Saulus.[91] Die antike Überzeugung, dass der Mensch einer unveränderlichen Ordnung unterworfen ist, wurde durch diese Begegnung infrage gestellt. In ihr hat Paulus eine Erfahrung der freien Entscheidung (Gal

89 Vgl. Siedentop, *Die Erfindung des Individuums*, 77–80.

90 Vgl. Prodi, Paolo, *Eine Geschichte der Gerechtigkeit. Vom Recht Gottes zum modernen Rechtsstaat*, München 2003, 115–346. Vgl. Waelkens, Laurent, The *forum internum* and its external Features in the legal history of Early Modern Times, in: Germann, Michael / Decock, Wim (Hg.), *Das Gewissen in den Rechtslehren der protestantischen und katholischen Reformationen*, Leipzig 2017.

91 Apg 9,3–5: «Unterwegs aber, als er sich bereits Damaskus näherte, geschah es, dass ihn plötzlich ein Licht vom Himmel umstrahlte. Er stürzte zu Boden und hörte, wie eine Stimme zu ihm sagte: Saul, Saul, warum verfolgst du mich? Er antwortete: Wer bist du, Herr? Dieser sagte: Ich bin Jesus, den du verfolgst.»

5,1) gemacht. Sie kann als menschliche Freiheitserfahrung gedeutet werden. Es war eine moralische Entscheidung, die grundsätzlich jedem Individuum möglich ist. «Diese ‹universelle› Freiheit mit ihren moralischen Konsequenzen unterschied sich grundlegend von der Freiheit, die die privilegierte Bürgerschicht in der Polis genoss.»[92] Paulus sieht in der

> «Gegenüberstellung von Rationalität einerseits und Wille andererseits eine falsche Alternative. […] Jesus ist der Christus, weil sein Tod und seine Auferstehung den Menschen, als Individuen, den Weg zum Geist und zum Willen Gottes eröffnen. Gott verliert seinen tribalen Charakter.»[93]

Das Individuum ist zur Entscheidung, zur Bekehrung herausgefordert. In diesen Kontext ist es einzuordnen, dass der christliche Karthager Tertullian[94] als vielleicht erster Autor Glaubens- und Gewissensfreiheit einfordert:

> «Jedoch es ist ein Menschenrecht und eine Sache natürlicher Freiheit für jeden, das zu verehren, was er für gut hält, und die Gottesverehrung des einen bringt dem andern weder Schaden noch Nutzen.[95] Nicht einmal Sache der Gottesverehrung

---

92 Siedentop, *Die Erfindung des Individuums*, 78.

93 Ebd. 82 f.

94 Tertullian wurde um 160 geboren. Er wirkte vermutlich als Anwalt oder Jurist in Rom. 195 oder 196 kehrte er als Christ nach Karthago zurück. Er gilt als der erste der Kirchenväter, der nicht mehr griechisch, sondern lateinisch seine Werke schreibt. Vgl. Bögle, Benedikt, *Tertullian: Der lateinische Kirchenlehrer* (katholisch.de vom 26.4.2021, Serie: Grosse Theologen der Kirchengeschichte, Teil 4), URL: https://www.katholisch.de/artikel/29583-tertullian-der-lateinische-kirchenlehrer.

95 Vgl. die Argumentation von James Madison und Thomas Jefferson in: Loretan, Adrian, Säkulare und religiöse Vernunft begründen eine pluralistische Friedensordnung gemeinsam. Kritische Überlegungen zum späten Habermas, in: Kirchschläger, Peter (Hg.), *Die Verantwortung von nichtstaatlichen Akteuren gegenüber den Menschenrechten* (Religionsrechtliche Studien 4), Zürich 2017, 135 f.:
«*1. Das pragmatische Friedensargument* […] erinnert an die Angst vor der politischen Brisanz religiöser Wahrheitsansprüche, die schon Jean-Jacques Rousseau, John Locke oder Thomas Hobbes betonen. Wenn der Staat die ‹Heimstatt aller Bürger› […] sein soll, die Bürger aber die Freiheitsrechte geniessen, dann kann der Staat sich nicht Positionen einer besonderen Religion, einer besonderen Weltanschauung, einer besonderen Partei auf die Fahnen schreiben, ohne damit totalitär zu werden. Daher trifft die Formulierung der ‹Nicht-Identifikation› des Staates die Sache sehr genau.
2. Das religiöse Argument […] möchte die Religionen von den Notwendigkeiten und Niederungen der Politik fernhalten. Alexis de Tocqueville begründete [dieses Argument] mit dem Selbstinter-

ist es, zur Gottesverehrung zu zwingen, da sie von freien Stücken unternommen werden muss und nicht aus Zwang.»[96]

Hier findet sich die vielleicht früheste Forderung nach der positiven und negativen Religionsfreiheit des Individuums. Wie ernst dieser individuelle Wille war, zeigten die Märtyrer und Märtyrerinnen. Diese christlichen Individuen aus allen Schichten der Gesellschaft verliehen dem neuen Glauben Qualität und Nachdruck. Frauen und Männer, Sklaven und Patrizier, Römer und Griechen (vgl. Gal 3,28) starben den grausamen Märtyrertod, weil sie zu ihrer individuellen Glaubensüberzeugung standen. Heute wird häufig der Begriff *Credo* mit Glaubensbekenntnis übersetzt.[97] Dabei wird das *Ich* übersehen, das im «Ich glaube» (Credo) ganz zentral ist. Christlicher Glaube gibt es nicht ohne *Ich* zu sagen, ohne Individualität.

2.3 Die willentliche Zustimmung zur individuellen Glaubensfreiheit

Der Mensch hat sich rational zu verantworten. Deshalb entspringt gemäss Origenes (185–253/254) der Grund der Ungleichheit unter den vernünftigen Geschöpfen nicht dem Willen des Schöpfers, sondern einzig der Freiheit des Willens der Geschöpfe.[98] Damit kommt das Problem der menschlichen Handlungsfreiheit ins Spiel. Der menschliche Wille wird

esse der Religion [...] Für das Christentum, das Judentum und den Islam wäre dieses Argument spezifisch zu entfalten. Madison lässt diese [...] beiden Argumente als anonyme Petition zirkulieren und trägt [...] so entscheidend zum Scheitern einer Gesetzesvorlage von 1784 bei, die die Finanzierung der anglikanischen Kirche als Staatsaufgabe [im Staate Virginia] erklären will. [...] Die Relativierung des Staatskirchenrechts in den USA entspringt nicht der Religionsbekämpfung wie in Frankreich, sondern gilt dem Schutz der religiösen Selbstbestimmung aller Religionsgemeinschaften und der Freiheit der religiösen Menschen.» Vgl. Cavuldak, *Gemeinwohl und Seelenheil*, 462–482, 500–568.

96 Tertullian, *An Scapula (Ad Scapulam)*, Kap. 2, 2; lat. Original: «Tamen humani iuris et naturalis potestatis est unicuique quod putauerit colere; nec alii obest aut prodest alterius religio. Sed nec religionis est cogere religionem, quae sponte suscipi debeat, non ui».

97 Z. B. *Katholisches Gesangbuch. Gesang- und Gebetbuch der deutschsprachigen Schweiz*, Zug 1998, Nr. 31.3: «Glaubensbekenntnis (Credo)».

98 Vgl. Origenes, *Über die Grundlehren der Glaubenswissenschaft (De principiis)*, 2, 9, 6 in: BKV, URL: https://bkv.unifr.ch/de/works/cpg-1482/versions/uber-die-grundlehren-der-glaubenswissenschaft-bkv/divisions/118: «Als er am Anfang aller Wesen die vernünftigen schuf, hatte er seinen Grund des Schaffens außer sich, seine Vollkommenheit. Ist nun in ihm, dem Grund des

«nicht als die Fähigkeit zur freiwilligen Handlung definiert, sondern viel mehr als die Fähigkeit zur absichtlichen Handlung. Tieren fehlt die Fähigkeit zur absichtlichen Handlung, weil eine absichtliche Handlung eine Handlung aus einem bestimmten Grund ist.»[99]

Das einzelne Individuum ist zur Verantwortung gerufen, die das vernünftige Geschöpf vernünftig zu leisten hat. Die Bekehrung zum Glauben ist ein individueller Schritt und ein individuelles Wagnis der Vernunft und des Willens. Der Glaubensbegriff ist durch die Jahrhunderte verschieden geprägt worden.

«Glaubwürdigkeit ist ein vielschichtiges Konstrukt. Da jedes Vertrauen ein Wechsel auf die Zukunft ist, müssen wir glauben, obwohl – oder weil! – wir nicht wissen (können). Also brauchen wir Anhaltspunkte. Wir finden sie in der Regel in unseren Zuschreibungen und Erfahrungen mit der betreffenden Person: Glaubwürdig ist für uns jemand dann, wenn wir davon ausgehen, dass er meint, was er sagt.»[100]

Der Begriff Glaube wird in der Politik, in der Wirtschaft (Bankenwesen) und in der Religion häufig im individuellen Bereich angewendet. Dies spiegelt sich in der Begrifflichkeit der Verfassungsnorm wider, die in Art. 15 *BV* nicht von Religionsfreiheit, sondern von individueller «Glaubens- und Gewissensfreiheit» spricht.

Die Frage nach der Differenz von Glauben und Wissen stellte sich schon die Antike. Der Vernunft bleibt

---

Geschaffenen, keine Verschiedenheit, kein Wechsel, keine Unmacht; so schuf er auch alle, die er schuf, gleich und ähnlich; denn es ist sonst kein Grund zur Ungleichheit denkbar. Weil aber die vernünftigen Geschöpfe, wie wir schon öfters gezeigt haben, und weiter zeigen werden, mit Willensfreiheit begabt sind: so hat die eigene Freiheit den Einen zur Nachahmung Gottes, den andern zum Abfall bestimmt. [...] hierin liegt (wie gesagt) der Grund der Ungleichheit unter den vernünftigen Geschöpfen; nicht in dem Willen und Rathschluß des Schöpfers, sondern einzig in der Freiheit des Willens.»

99 Kenny, Anthony, Determinismus und Freiheit. Eine lebenslange Auseinandersetzung, in: ders., *His last public lecture abroad. Determinism and Freedom. A Lifelong Discussion*, Luzerner Universitätsreden Nr. 28, Luzern 2017, 23.

100 Paris, Rainer, Wenn die Glaubwürdigkeit erst einmal zerrüttet ist. Das Vertrauen in die etablierte Politik schwindet. Doch ist die Demokratie wirklich so schlecht, wie ihr ramponierter Ruf suggeriert?, in: *NZZ* vom 2.8.2017, 32.

«die intuitive Erkenntnis Gottes – ‹von Angesicht zu Angesicht› – verwehrt. Durch den Glauben allein wissen wir von Gott [und den menschlichen Begegnungen, von denen die Bibel erzählt]. Daher entwickeln bereits die alexandrinischen Kirchenväter eine interessante [Begriffs-]Bestimmung des Glaubens, die sich in der theologischen Tradition durchsetzen wird: ‹Glauben› heisst demnach allgemein, ‹der Behauptung eines ‹Sachverhalts› zuzustimmen›. Das Für-wahr-Halten eines ‹gewussten› Sachverhaltes drängt sich von der Sache selbst her auf [...] Hingegen verändert sich der Modus des Für-wahr-Haltens vom ‹Wissen› zum ‹Glauben› in einem spezifischen Sinne, wenn die Überzeugung von der Wahrheit einer Aussage eines zusätzlichen Aktes der willentlichen Zustimmung bedarf, um eine praktische, für die Lebensführung der zustimmenden und damit gläubigen Person tragende Wirkung zu erlangen.»[101]

Dahinter sieht Habermas die für die Denkgeschichte

«klassische Unterscheidung zwischen der fides quae, dem Für-wahr-Halten von Aussageinhalten, und der fides qua, der performativen, in Leben und Handeln orientierenden Kraft von Glaubenswahrheiten. Diese Phänomenologie des Glaubensmodus ist auch über den Bereich religiöser Überzeugungen hinaus einleuchtend, sobald wir [...] zwischen theoretischem und einem handlungswirksamen praktischen Wissen schärfer unterscheiden. [...] Mit dieser [...] Interpretation von Glauben und Wissen als verschiedener Modi des Für-wahr-Haltens möchte ich [Habermas] erklären, warum die Polemik gegen den ‹blinden Glauben› aus meiner Sicht ein einseitiges, ja verständnisloses Bild vom christlichen Glauben entwirft»[102],

denn zum Glauben gehört das willentliche Moment der Zustimmung, das den Glauben nach patristischer Auffassung vom Wissen unterscheidet.[103]

---

[101] Habermas, *Auch eine Geschichte der Philosophie*, Bd. 1, 624. Vgl. auch den zweiten Band dieser Philosophiegeschichte, in der auch die Thematik von «Glauben und Wissen» zentral ist.

[102] Ebd. 624 f.

[103] Die Unterscheidung von Glauben und Wissen, diese Trennung des «philosophischen Wissens von der christlichen Glaubenslehre [... wird] an den neu gegründeten Universitäten des 13. Jahrhunderts» vertieft. Ebd. 639.

2.4 Die Gleichheit der Individuen

Die universelle Inklusion der anderen Menschen als Gleiche (Gen 1,27), unabhängig von Volkszugehörigkeit, Familienzugehörigkeit, Standeszugehörigkeit und Geschlecht (Gal 3,28), wird im neutestamentlichen Liebesideal thematisiert.

> *«Die Verwandtschaft durch die gemeinsame Gottkindschaft, in der Menschwerdung Gottes in Jesus Christus erneuert, verbindet alle Menschen zu Geschwistern, die einander nicht bloss die funktional begründete Hilfe des Gruppenverbandes schulden oder die republikanische Solidarität unter Bürgern. Das alttestamentliche Gerechtigkeitsideal und das neutestamentliche Liebesideal sind damit kategorial verschieden von den auf Nützlichkeitserwägungen und funktionalem Denken basierenden aristotelischen Gerechtigkeitsvorstellungen […]»*[104]

Dies kann an verschiedenen Beispielen gezeigt werden, die nicht rein spirituell gelesen werden dürfen: «Euch aber muss es zuerst um sein Reich und um seine Gerechtigkeit gehen.» (Mt 6,33) Gerechtigkeit in Christus ist keine aristotelische Gerechtigkeit, sondern «eine Sache des festen Willens und nicht die Beschreibung einer Situation, in der alles am ‹rechten› oder vom Schicksal bestimmten Platz ist»[105]. Liebe bewirkt die mystische Vereinigung mit dem «Leib Christi», so Paulus. Es entsteht ein unsichtbares Band zwischen den durch das Gewissen geeinten Willen. Die Taufe wird dabei zur Eingangspforte in den Leib Christi, die Kirche.[106] In Christus sind die Gläubigen fortan frei. Zur Veranschaulichung verwendet Paulus die Metapher von der Freiheit des Sklaven von der Sünde.[107] Dies ist ein wirksames Bild in einer Welt, in der die Sklaverei eine fest verankerte Institution war. Damit entsteht eine universelle Hoffnung für die Sklaven, für die Frauen und für alle, die die Ungerechtigkeit der antiken Welt in ihrem Leben täglich mit Händen greifen können.

---

104 Stein, *Himmlische Quellen*, 123 f.

105 Siedentop, *Die Erfindung des Individuums*, 85. Siedentop spitzt eine Aussage zu, die es kritisch in den wissenschaftlichen Dialog einzubeziehen gilt.

106 Der Getaufte erhält in der Taufe die Heilige Geistkraft (hebräisch: *ruach*), Paulus schreibt griechisch und verwendet den Begriff *pneuma* dafür: Röm 15,16; 1 Kor 6,19; 2 Kor 1,22; vgl. Tit 3,5.

107 «Wir wissen doch: Unser alter Mensch wurde mitgekreuzigt, damit der von der Sünde beherrschte Leib vernichtet werde und wir nicht Sklaven der Sünde bleiben. Denn wer gestorben ist, der ist frei geworden von der Sünde. Sind wir nun mit Christus gestorben, so glauben wir, dass wir auch mit ihm leben werden.» (Röm 6,6–8).

Christliche Freiheit lässt sich unabhängig von einer neuen Vision der menschlichen Gemeinschaft der Kirche nicht realisieren.

> «Ihr seid zur Freiheit berufen, Brüder. Nur nehmt die Freiheit nicht zum Vorwand für das Fleisch, sondern dient einander in Liebe! Denn das ganze Gesetz ist in dem einen Wort zusammengefasst: Du sollst deinen Nächsten lieben wie dich selbst! [...] Wenn ihr euch aber vom Geist führen lasst, dann steht ihr nicht unter dem Gesetz.» (Gal 5,13 f.18)

Die Freiheitserfahrung des Paulus mit den entsprechenden Handlungskonsequenzen ist eine andere Freiheit als jene, in deren Genuss in der Polis die privilegierte Bürgerschicht kam. Im *Brief an die Galater* um das Jahr 50, also noch nicht 20 Jahre nach der Kreuzigung Jesu, entfaltet er die neue Gemeindeordnung. Die von Jesus verkündete Vaterschaft Gottes inspiriert Paulus, von der Bruderschaft der Menschen zu reden. «Ihr seid alle durch den Glauben Söhne [und Töchter] Gottes in Christus Jesus.» (Gal 3,26) Diese Christusbegegnung hat die Koordinaten der antiken Welt verschoben. Paulus spricht von einer universellen Gleichheit, die in der christlichen Gemeinde jetzt schon angelegt wird, wie die Taufformel des Galaterbriefs zeigt. Die Christen verstehen ihre Gemeinschaft als «einen freien Zusammenschluss moralisch gleichgestellter Akteure»[108], was sie mit dem Titel Bruder und Schwester unterstreichen. Wer durch Taufe Glied am Leib Christi ist, der wird mit Christus sterben und mit ihm wieder auferstehen (Röm 6,3–6). «Der Tod hat keine Macht mehr über ihn» (Röm 6,9). Jeder einzelne kann sich dazu entscheiden, wie das Beispiel Paulus zeigt. Er erachtet es als seinen Auftrag, Individuen Christus zu zeigen und sie Christus begegnen zu lassen durch die Verkündigung des Gekreuzigten und Auferstandenen.[109]

Im Wissen um die ständische Gesellschaft der Antike glauben und hoffen die Christen, vor allem jene aus dem Sklavenstand, aus der Unterschicht und viele Frauen, auf die universelle Gleichheit. Ansätze dazu erleben sie schon jetzt in der Kirche, wo die Sklaven neben ihren Herrn Platz nehmen dürfen. «Innerhalb der Kirche galten Herren und Sklaven unterschiedslos als Brüder. Etliche Sklaven brachten es sogar zu Bischöfen.»[110] Ihnen entspricht dieser Glaubenssprung, der eine Wette auf die Zukunft der Gleichheit der Menschen beinhaltet, die im Jetzt

108 Siedentop, *Die Erfindung des Individuums*, 78.

109 Vgl. ebd.

110 Ebd. 149.

schon Auswirkungen hat. «Christusglaube setzt voraus, dass wir uns in anderen und andere in uns sehen – ein Blickwinkel, der den Menschen wahrhaft zum moralischen Akteur macht.»[111] Das paulinische Christusbild liefert das Fundament für eine Gesellschaft neuer Art, die Kirche. Die neue Kreatur ist bereits im Entstehen.[112]

Die Kirche des 20. Jahrhunderts hat diese universelle Gleichheit, die sie über viele Jahrhunderte verdrängte, theologisch wiederentdeckt. In Christus Jesus, d. h. in der Kirche, gibt es keine Unterschiede von Volkszugehörigkeit, Stand oder Geschlecht, wie Gal 3,28 betont. Diese egalitäre Tradition wird auch vom Zweiten Vatikanischen Konzil wieder betont. Es erinnert die Funktionsträger in LG 32, wie es später auch in c. 208 CIC/1983 rechtlich rezipiert wird, an diese fundamentale Gleichheit:

> «Wenn auch einige nach Gottes Willen als Lehrer, Ausspender der Geheimnisse und Hirten für die anderen bestellt sind, so waltet doch unter allen eine wahre Gleichheit in der allen Gläubigen gemeinsamen Würde und Tätigkeit zum Aufbau des Leibes Christi. [...] Wie die Laien aus Gottes Herablassung Christus zum Bruder haben, [...] so haben sie auch die geweihten Amtsträger zu Brüdern.» (LG 32)

Bei Paulus entsteht ein neues Gerechtigkeitsverständnis mit neuen Rechtskategorien, das nicht mehr von der angeblich natürlichen Ungleichheit ausgeht, sondern die tauftheologische[113] Gleichheit in Christus postuliert. Der Wille bestimmt nun, was Gerechtigkeit ist, nicht mehr die Annahme, alles sei vom Schicksal vorherbestimmt. In seiner Christusvision erkannte Paulus eine Wirklichkeit moralischer Art, die die Basis für ein neues, universelles und soziales Rollenverständnis des Individuums entwickelte. Er nahm mit seinem Christusverständnis eine Gleichheit aller Menschen an, um sich damit von der sogenannten natürlichen Ungleichheit der Antike zu unterscheiden.[114] Denn eine Gleichheit von Griechen

---

111 Ebd. 84.

112 Paulus umschreibt dies im Galaterbrief wie folgt: «Ihr seid zur Freiheit berufen, Brüder. Nur nehmt die Freiheit nicht zum Vorwand für das Fleisch, sondern dient einander in Liebe! Denn das ganze Gesetz ist in dem einen Wort zusammengefasst: Du sollst deinen Nächsten lieben wie dich selbst!» (Gal 5,13 f.).

113 Die tauftheologische Gleichheit in Gal 3,28 verweist auch sprachlich auf die schöpfungstheologische Gleichheit in Gen 1,27.

114 Vgl. Siedentop, *Die Erfindung des Individuums*, 85.

und anderen Völkern, die man häufig Barbaren nannte, war in der demokratischen Antike undenkbar. Eine Gleichheit von freien Bürgern und Sklaven war für viele unerreichbar und auch kein Unrecht. Auch der Gedanke, es existiere eine Gleichheit von Mann und Frau, war geradezu lächerlich. Diese Gleichheit von Griechen und Juden, Sklaven und Freien, Frauen und Männern forderte Paulus aber für den Leib Christi, den Rechtsraum der Kirche gemäss der von ihm zitierten Taufformel von Gal 3,28.

«Einer in Christus» zu werden bedeutete, an Gottes Gerechtigkeit Anteil zu haben. Diese Gerechtigkeit Gottes bewirkte, dass Christen die Gemeinschaft als freien Zusammenschluss Gleichgestellter betrachteten. In der Metapher vom Leib Christi brachte Paulus dies zum Ausdruck.[115] Der egalitäre Leib Christi, die Kirche, hat jedenfalls die politischen Vorstellungen der Antike, auch die antiken Demokratietheorien, auf den Kopf gestellt bzw. revolutioniert. «Was geschieht, wenn beim Kommuniongang des Volkes alle in einer Reihe stehen [...]: Wohlsituierte und Bettler, Kranke und Behinderte, Gesunde und Fitte, Eifrige und Faule, Alte und Junge, Erfolgreiche und Versager?»[116] Die Metapher vom «Leib Christi» behauptet eine mystische Vereinigung mit Christus. In der Liturgie, im Akt des Erinnerns (*re-membering*) von Tod und Auferstehung Christi, finden «die verstreuten Glieder – *membra disiecta* – zusammen [...] und bilden, was sie empfangen: corpus Christi»[117], die Kirche. Diese

> «Ekklesia – die Bezeichnung für Kirche im Neuen Testament – ist weniger ein religiöses als ein politisches Konzept. Ekklesia ist die Zusammenkunft freier BürgerInnen, die sich versammeln, um ihre spirituell-politischen Angelegenheiten selbst zu bestimmen. [...] Die Taufe ist das Sakrament, das uns in die Nachfolgegemeinschaft von Gleichgestellten ruft.»[118]

---

115 Vgl. ebd. 78.

116 Tück, Jan-Heiner, «Wandlung – die Urform der Wirklichkeit». Spuren einer eucharistischen Poetik im Werk Peter Handkes, in: ders. / Bieringer, Andreas (Hg.), *«Verwandeln allein durch Erzählen». Peter Handke im Spannungsfeld von Theologie und Literaturwissenschaft*, Freiburg i. Br. 2014, 51. «Wenn jemand nur sagt, er sei religiös, geht mir das auf die Nerven. Wenn ihr nicht erzählt, was das ist. Das Erzählen ist das Entscheidende.» Ebd.

117 Ebd.

118 Schüssler Fiorenza, Elisabeth, *Zu Ihrem Gedächtnis ... Eine feministisch-theologische Rekonstruktion der christlichen Ursprünge*, München 1988, 409.

2.5 Die Brüderlichkeit oder Solidarität der jüdisch-christlichen Gerechtigkeitsvision

In der deutschen Denktradition sind im Unterschied zur englischen, französischen und amerikanischen Philosophie

> «relativ wenig politisch denkende Geister. [...] Die Erfahrung der Französischen Revolution hat hingegen die Tübinger Stiftler Hegel, Schelling und Hölderlin dazu angeregt, Athen mit Jerusalem und beide mit einer Moderne zu versöhnen, die ihr normatives Selbstverständnis wesentlich aus dem egalitär-universalistischen Geist der jüdischen und christlichen Überlieferung schöpft.»[119]

Der Begriff «Brüderlichkeit» hat durch die zentralen Forderungen nach *égalité, liberté, fraternité* in der Französischen Revolution (1789) Weltgeschichte geschrieben und wurde schlussendlich auch in den Art. 1 der *Allgemeinen Erklärung der Menschenrechte* aufgenommen.[120] Für Paulus ist der Glaube «eine Wette auf die moralische Gleichheit»[121] der Brüder und Schwestern in der Gemeinde. Die rechtssprachliche Dimension der Geschwisterlichkeit bzw. Solidarität aller Menschen wird sich erst in der zweiten Hälfte des 20. Jahrhunderts durchsetzen.

Das Sein in Christus heisst für Paulus, eine neue Kreatur bzw. eine neue Schöpfung zu sein. «Wenn also jemand in Christus ist, dann ist er eine neue Schöpfung: Das Alte ist vergangen, Neues ist geworden.» (2 Kor 5,18)

Am Ende des 1. Jahrhunderts wurde davon abgesehen, das unmittelbar bevorstehende Wiederkommen Christi noch zu den eigenen Lebzeiten zu verkünden. Doch die paulinische Vision einer verwandelten Welt, besonders sein Bild von Christus, lieferte die Grundlage für eine neuartige Gesellschaft in der Ekklesia.

---

119 Habermas, *Jerusalem, Athen und Rom*, 183. «Unter dieser Fragestellung war es das zentrale Anliegen Hegels, die metaphysischen Grundbegriffe im Medium des heilsgeschichtlichen Denkens dialektisch zum Tanzen zu bringen.» Ebd.

120 Die Begriffe Freiheit, Gleichheit und Brüderlichkeit wurden vom französischen Erzbischof, Theologen, Philosophen und Staatstheoretiker François de Salignac de La Mothe-Fénelon (1651–1715) Ende des 17. Jahrhunderts miteinander in Verbindung gebracht. Vgl. Ministère de l'Europe et des affaires étrangères, Freiheit, Gleichheit, Brüderlichkeit, URL: https://www.diplomatie.gouv.fr/de/gastland-frankreich/article/freiheit-gleichheit-bruderlichkeit. «Der christliche Beigeschmack der Brüderlichkeit» (Ebd.) wirkt bis heute nach: Die Parole «Freiheit, Gleichheit, Brüderlichkeit» ist der Wahlspruch der heutigen Fünften Französischen Republik, die sich als laizistisch, demokratisch, präsidial-demokratisch und sozial versteht.

121 Siedentop, *Die Erfindung des Individuums*, 84.

Das Einswerden mit Christus in der Taufe hat das Einswerden der Christen untereinander und damit die Aufhebung der trennenden geschichtlichen Grenzen zur Folge. «Ihr aber sollt euch nicht Rabbi nennen lassen; denn nur einer ist euer Meister, ihr alle aber seid Brüder.» (Mt 23,8) Über alle ständisch-hierarchischen Ordnungen hinweg weht nun die Fahne des christlichen Bruderbegriffs, der in der Zeit vor der Reichskirche auch tatsächlich gelebt wird. «Die Gestalt dieser Welt vergeht» (1 Kor 7,31), aber nach Paulus war die neue Kreatur schon im Begriff zu entstehen. Das Sein in Christus (oder nüchterner: Mitglied der Kirche) fordert menschliche Beziehungen, in denen die Caritas, der Respekt vor dem Anderen, ganz im Vordergrund steht.

Die Erzählgemeinschaft der Kirche verwirklicht «[d]as Postulat einer Erinnerungssolidarität mit den Geschlagenen der Geschichte [und mit dem Gekreuzigten der Geschichte], das seit Walter Benjamin in den philosophischen Diskurs der Moderne eingegangen ist»[122]. Gerechtigkeit ist in der jüdisch-christlichen Tradition eine Frage des Willens, nicht eine Beschreibung der aristokratischen Natur. In der Beschreibung des Weltgerichts nach dem Evangelisten Matthäus wird dies sehr deutlich:

> «Denn ich war hungrig und ihr habt mir zu essen gegeben; ich war durstig und ihr habt mir zu trinken gegeben; ich war fremd und obdachlos und ihr habt mich aufgenommen; ich war nackt und ihr habt mir Kleidung gegeben; ich war krank und ihr habt mich besucht; ich war im Gefängnis und ihr seid zu mir gekommen. Dann werden ihm die Gerechten antworten: Herr, wann haben wir dich hungrig gesehen und dir zu essen gegeben, oder durstig und dir zu trinken gegeben? Und wann haben wir dich fremd und obdachlos gesehen und aufgenommen, oder nackt und dir Kleidung gegeben? Und wann haben wir dich krank oder im Gefängnis gesehen und sind zu dir gekommen? Darauf wird der König ihnen antworten: Amen, ich sage euch: Was ihr für einen meiner geringsten Brüder [und Schwestern] getan habt, das habt ihr mir getan.» (Mt 25,35–40)

Die kritische Solidarität mit den Geschlagenen der Geschichte wird lange teilweise ausgeblendet. Deshalb wird der Beitrag der jüdisch-christlichen Gerechtigkeitsvision in der politischen Diskussion z. B. um die Menschenrechte lange übersehen. Dabei unterscheidet sich das jüdisch-christliche Gerechtigkeitsverständnis deutlich von jenem des hellenistischen Denkens. An Beispielen soll dies verdeutlicht werden.

---

122 Tück, *Wandlung*, 48.

Die Sklaverei als Rechtsinstitution wird in der jüdischen Tradition nicht mehr als Hinzunehmendes, für den Betroffenen unglückliches Übel verstanden, sondern als Unrecht, das an die Exoduserzählung erinnert. Die Abschaffung ist zwar politisch noch nicht durchsetzbar. Aber die Texte des *Alten Testaments* zeigen, dass eine Verrechtlichung der Sklaverei zugunsten des geschundenen Menschen erfolgt. So soll im siebten Jahr ein Sklave ohne Entschädigung in die Freiheit entlassen werden (Ex 21,2), was allerdings explizit nur für männliche hebräische Sklaven gilt.[123] Verschiedene Widersprüche zu dem egalitären Fundament, das sich mit der Ebenbildlichkeit Gottes jedes Menschen (Gen 1,27) nicht verträgt, werden in der Kritik der Propheten zur Sprache gebracht. Im deuteronomischen Gesetz wird dann eine Verrechtlichung der Sklaverei zugunsten der Rechtsposition aller Sklaven entwickelt, die nicht bloss auf hebräische Sklaven zielt. Dazu zählt z. B. die Schutzpflicht für entlaufene Sklaven. Dieses faktische Asylrecht mit anschliessender Niederlassungsfreiheit für geflohene Sklaven (Dtn 23,16 f.) interpretiert Frank Crüsemann als bedeutenden Schritt zur Überwindung der Sklaverei.[124]

Das jüdisch-christliche Denken, das dem paulinischen Christentum zugrunde lag, hatte im griechisch-demokratischen Denken verschiedene Vorläufer. Schon die Rede von Bürgerrechten der Polis hatte eine erste Distanzierung zur bloss familiären oder tribalen Identität bewirkt. Die hellenistische Philosophie führte eine globale Sichtweise ein. Die Universalität verstärkte sich, als grosse Gebiete des Mittelmeerraumes Teil des Römischen Imperiums wurden. Im *Brief an die Gemeinde von Philippi*, der ersten greifbaren christlichen Gemeinde auf europäischem Boden, schreibt Paulus vom Bürger einer neuen Welt.[125]

> «Wir dagegen sind Bürger des Himmels, und vom Himmel her erwarten wir auch unseren Retter – Jesus Christus, den Herrn.» (Phil 3,20)[126]

Die Kritik der Ungerechtigkeit im Volk Gottes hat bei den Propheten der hebräischen Bibel eine lange Tradition. So kann z. B. der Prophet Jesaja darauf hinweisen, dass das Gesetz

[123] Vgl. Crüsemann, Frank, *Die Tora. Die Theologie und Sozialgeschichte des alttestamentlichen Gesetzes*, Gütersloh ³2005, 186 f.

[124] Vgl. ebd. 271 f.

[125] Bei seiner zweiten Missionsreise, um das Jahr 50, gründet Paulus die Gemeinde von Philippi (Ostmazedonien) als erste christliche Gemeinde auf europäischem Boden, die bezeugt ist.

[126] Fassung: *Neues Testament mit Psalmen. Neue Genfer Übersetzung*, Stuttgart ²2012.

«nicht die Prinzipien des gerechten Rechts positiviert hat, sondern vielmehr die Interessensphären der bei den relevanten gesellschaftlichen Konflikten Beteiligten voneinander abgegrenzt, dabei aber durchaus zugunsten der Stärkeren optiert»,[127]

wenn er warnt:

«Weh denen, die unheilvolle Gesetze erlassen und unerträgliche Vorschriften machen, um die Schwachen vom Gericht fernzuhalten und den Armen meines Volkes ihr Recht zu rauben, um die Witwen auszubeuten und die Waisen auszuplündern.» (Jes 10,1 f.)

In dieser prophetischen Tradition lässt der Evangelist Lukas die Prophetin Maria sagen:

«[E]r stürzt die Mächtigen vom Thron und erhöht die Niedrigen. Die Hungernden beschenkt er mit seinen Gaben und lässt die Reichen leer ausgehen.» (Lk 1,52 f.)[128]

Diese prophetische Tradition wird von ihrem Sohn Jesus schon bei der ersten öffentlichen Rede aufgegriffen, bei der er in der Synagoge von Nazareth einen Entwurf seines Lebensprogramms gibt, das sogenannte «Nazaret-Manifest». Jesus liest aus dem Buch *Jesaja:*

«Der Geist des Herrn ruht auf mir, denn der Herr hat mich gesalbt. Er hat mich gesandt, damit ich den Armen eine gute Nachricht bringe; damit ich den Gefangenen die Entlassung verkünde und den Blinden das Augenlicht; damit ich die Zerschlagenen in Freiheit setze und ein Gnadenjahr des Herrn ausrufe.» (Lk 4,18 f.)

Gegen Ende seines öffentlichen Auftretens erzählt Jesus in Mt 25,35 f. eine Parabel über das Jüngste Gericht. Was will diese Gerichtsszene verdeutlichen? «Da geht es um die Einlasskriterien ins Himmelreich. Und alle Kriterien sind Tätigkeitswörter!»[129]

---

127 Stein, *Himmlische Quellen*, 122.

128 Papst Franziskus (2013–2025) kommentiert dies wie folgt: «Der ganze Weg unserer Erlösung ist von den Armen geprägt. Dieses Heil ist zu uns gekommen durch das ‹Ja› eines demütigen Mädchens aus einem kleinen, abgelegenen Dorf am Rande eines grossen Imperiums.» *EG*, 197.

129 Riedener, Sepp, Wesenselement Diakonie, in: ders. u. a. (Hg.), *Kirchliche Gassenarbeit Luzern. Eine 30-jährige Zusammenarbeit von Kirchen und staatlichen Institutionen zugunsten von suchtbetroffenen*

Johann Baptist Metz (1928–2019) spricht von der *Compassion*. Aus der Leidenschaft Gottes für den Menschen in Not, entspringt auch eine Leidenschaft der Menschen für ihre Mitmenschen. Und daher ist nicht von Mitleid, sondern von *Compassion* die Rede. *Compassion* versteht Metz als Mit-Leidenschaftlichkeit, als teilnehmende Wahrnehmung fremden Leids.[130]

2.6 Neue Aufbrüche im Rechtsraum Kirche

Seine eigene individuelle Erfahrung nimmt Paulus so ernst, dass er diese höher einschätzt als die Autoritäten der christlichen Gemeinde von Jerusalem, was zum Konflikt führt. Über seine Verkündigung des Auferstandenen bei den Nichtjuden entstand «ein heftiger Streit» (Apg 15,7) in der Kirche. Paulus «entdeckt in seiner Jesusvision [auch] eine moralische Wirklichkeit, die die Voraussetzung für eine neue und universelle soziale Rolle schuf»[131]. Die sozialen Rollen definieren die Seele des Einzelnen nicht mehr abschliessend.[132] Aber entscheidend ist: Paulus bringt ein neues, freiwilliges Fundament hervor, aufgrund dessen Menschen sich zusammenschliessen. Die Liebe[133] ist seiner Ansicht nach die Antriebskraft, eine Sehnsucht in die Seele jedes Menschen zu legen, die die andere und den anderen miteinschliesst. Dieser Caritas (Liebe) ist auch das Vermögen eigen, zu einem Handeln und Denken zu motivieren, das konform ist mit der Norm und der Moral, wie sie aus der christlichen Reflexion postuliert werden. So verändern

---

Personen (ReligionsRecht im Dialog 22), Zürich 2016, 8. «Übrigens gibt es keine weitere Stelle im Zweiten Testament, wo der Inhalt gleich viermal wiederholt wird! Die Wichtigkeit dieses Textes ist dadurch unmissverständlich gegeben.» Ebd.

130 Vgl. Metz, Johann Baptist, Compassion. Zu einem Weltprogramm des Christentums im Zeitalter des Pluralismus der Religionen und Kulturen, in: ders. / Kuld, Lothar / Weisbrod, Adolf (Hg.), *Compassion. Weltprogramm des Christentums. Soziale Verantwortung lernen*, Freiburg i. Br. 2000, 13.

131 Siedentop, Die Erfindung des Individuums, 85.

132 Aus dem Glauben an Christus entsteht für Paulus «eine Gleichheit der Seelen vor Gott» (ebd. 80). Die bisherigen sozialen Rollen werden zweitrangig: *pater familias*, «Tochter, Magistratsmitglied, Priester oder Sklave» (ebd.). Auch Frauen stehen den Gemeinden von Brüdern und Schwestern vor. Daran erinnert Paulus im letzten Kapitel des Römerbriefes (Röm 16).

133 «Wenn ich in den Sprachen der Menschen und Engel redete, hätte aber die Liebe nicht, wäre ich [...] eine lärmende Pauke. Und wenn ich prophetisch reden könnte und alle Geheimnisse wüsste und alle Erkenntnis hätte; wenn ich alle Glaubenskraft besässe und Berge damit versetzen könnte, hätte aber die Liebe nicht, wäre ich nichts. Und wenn ich meine ganze Habe verschenkte und wenn ich meinen Leib dem Feuer übergäbe, hätte aber die Liebe nicht, nützte es mir nichts.» (1 Kor 13,1–3).

sich auch gegenüber der Gesellschaft die Rollen in der christlichen Gemeinde. Wie oben ausgeführt, war die heidnische Antike üblicherweise (mit Ausnahme von Platon und den Stoikern u. a.) der Meinung:

1. Frauen können keine vollständig rationalen Geschöpfe sein.
2. Sklaven sind nach römischem Recht keine Personen mit vollen bürgerlichen Rechten.

2.6.1 Die neue Rolle der Frau

Die Gleichheit und charismatische Begabung von Frauen und Männern in der christlichen Gemeinde belegt das Taufbekenntnis von Gal 3,28 in der paulinischen Interpretation und Anwendung, vor allem in seinen Briefen an die Gemeinde von Korinth.

> *«Frauen sind genauso wie Männer ProphetInnen und GottesdienstleiterInnen in der Gemeinde. [...] Frauen haben genauso wie Männer in den sexuellen Beziehungen der Ehe gegenseitige Rechte und Pflichten. [...] So ist die Wirkung, die Paulus auf die Leitungsfunktion von Frauen in der christlichen Missionsbewegung hat, zweischneidig. Einerseits bejaht er christliche Gleichheit und Freiheit. Er eröffnet Frauen einen neuen unabhängigen Lebensstil, indem er sie ermutigt, ehefrei zu bleiben. Andererseits unterwirft er das Verhalten von Frauen in Ehe und Gottesdienst den Interessen der christlichen Mission und schränkt ihre Rechte nicht nur als Pneumatikerinnen, sondern auch als Frauen ein, da er keine expliziten Einschränkungen für Männer qua* Männer im Gottesdienst fordert.»[134]

Das von Schüssler Fiorenza aufgestellte Paradigma der Nachfolgegemeinschaft von Gleichgestellten ist im *Markusevangelium* umstritten.[135] Auffällig ist aber, dass Markus

> *«das Zeugnis der drei Galiläerinnen über die Hinrichtung Jesu am Kreuz, über sein Begräbnis und das leere Grab als Zeichen seiner Auferweckung vom Tod ungewöhnlich stark gewichtete. Er liess auch keinen* Zweifel darüber aufkommen, dass für ihn das Gewicht dieses Zeugnisses auf der Tatsache der Zeugnisfähigkeit dieser Frauen als dauernde Nachfolgerinnen des irdischen Jesus während seiner Galiläischen Wirksamkeit und

---

[134] Schüssler Fiorenza, *Zu Ihrem Gedächtnis*, 294 f.

[135] Vgl. Fander, Monika, Das Evangelium nach Markus. Frauen als wahre Nachfolgerinnen Jesu, in: Schottroff, Luise / Wacker, Marie-Theres (Hg.), *Feministische Bibelauslegung*, Gütersloh ^{2}1999, 499.

als Teilnehmerinnen an seiner letzten Pilgerfahrt nach Jerusalem aufruht. [...] Voraussetzung ihres Zeugnisses und seiner Tragweite war aber auch die Flucht der Jünger Jesu anlässlich seiner Gefangennahme und ihre Abwesenheit, als er am Kreuz hingerichtet wurde; sie hatte auch zur Folge, dass sie sich nicht um sein Grab kümmern konnten. Der Auferstandene aber war es, der die unerschütterliche Treue der drei Galiläerinnen und ihren Mut auszeichnete, indem er sich ihnen am leeren Grab als Lebender offenbarte, während Petrus und sein Kreis den Auferstandenen erst in Galiläa sah.»[136]

In einer römischen Rechtswelt, in der Frauen keine staatstragenden Ämter übernehmen können, ist es bemerkenswert, dass ausgerechnet Frauen die herausragenden Zeuginnen in der frühen Jesusbewegung waren.

> «Wer legt denn Zeugnis ab für die Hinrichtung Jesu am Kreuz, wer hat seinen Tod mit angesehen, wer sass da, als sein Leichnam in ein ordentliches Grab gelegt wurde, wer hat sein leeres Grab entdeckt, wer den Auferstandenen zuerst gesehen und in ihm den zuvor Gekreuzigten wieder erkannt?»[137]

Frauen waren die Zeuginnen der Kreuzigung und die ersten Verkünderinnen der Auferstehung Jesu Christi. Frauen haben ein derartiges Gewicht in der Jesusbewegung und in der frühen Kirche, dass man doch erstaunt auf die heutige Kirche blickt, wo Frauen keine Weiheämter erhalten dürfen.

> «Eine Fülle von Belegen bezeichnet Frauen als Apostelinnen, Gelehrte, presbytera oder Prophetin. In Röm 16,7 lässt Paulus jemandem Grüsse bestellen. [...] Man hat den Namen meist als Männernamen ‹Junias› gedeutet, gebräuchlich war jedoch in der Zeit nur der Frauenname ‹Junia›. So wird heute nicht mehr bestritten, dass es sich hier um den weiblichen Apostel Junia handelt.»[138]

Aber auch in Schriften, die nicht in den Kanon des Neuen Testamentes aufgenommen wurden, wird die besondere Rolle der Frauen in der christlichen

---

[136] Ruckstuhl, Eugen, *Jesus. Freund und Anwalt der Frauen, Frauenpräsenz und Frauenabwesenheit in der Geschichte Jesu*, Stuttgart 1996, 196.

[137] Ebd. 197.

[138] Schmoeckel, Mathias, *Kanonisches Recht. Geschichte und Inhalt des Corpus iuris canonici. Ein Studienbuch*, München 2020, 57 (Hervorhebungen getilgt).

Gemeinde herausgestrichen. So geht das *Thomasevangelium* in der Betonung der Bedeutung der Frauen für die Gemeinden noch weiter als Paulus und Markus. Es ist jünger als die kanonischen Evangelien, weshalb gegenüber Aussagen, die nur hier stehen, eine gewisse formale Skepsis angebracht ist. Diese Quelle wird trotzdem aufgenommen, um zu belegen, dass die neuen Frauenrollen in den christlichen Gemeinden ein Thema waren. Das *Thomasevangelium* verlangt: Frauen sollen «eins» werden. Sie sollen also die Möglichkeit erhalten, rationale Akteurinnen zu werden. Sie haben die gleichen rationalen und moralischen Fähigkeiten in der Kirche wie Männer.

> «Jesus sah kleine Kinder, die gestillt wurden. Er sagte zu seinen Jüngern: ‹Diese Kleinen, die gestillt werden, kann man mit denen vergleichen, die in die Herrschaft Gottes eingehen.› Die Jünger fragten: ‹Werden wir dann als Säuglinge in Gottes Herrschaft eingehen?› Jesus antwortete: ‹Wenn ihr die zwei zu einem macht [und versöhnt], wenn ihr das Innere wie das Äussere macht [so dass kein Graben zwischen Sagen und Handeln ist] und das Äussere wie das Innere und das Obere wie das Untere [so dass keine Unterschiede in Wert und Rang bestehen], nämlich, dass ihr das Männliche und das Weibliche zu einem einzigen macht, so dass das Männliche nicht weiterhin männlich und das Weibliche nicht weiterhin weiblich ist, wenn es neue Augen gibt anstelle der alten, eine neue Hand anstelle der alten, neue Füsse anstelle der alten, eine ganz neue Gestalt anstelle der alten [wenn also der ganze Leib verwandelt ist dank eurer Art zu leben], dann werdet ihr eingehen in Gottes Herrschaft.›»[139]

Der Unterordnung der Frauen, einem Pfeiler der antiken Ordnung, standen Jesu Worte gemäss dem *Thomasevangelium* entgegen. Sogar die Familienbande sollten zerrissen werden, wenn es der Dienst an Gott erfordere. Solche Auffassungen bewerteten individuelle Handlungsmacht höher als kollektive, das Gewissen höher als traditionelle gesellschaftliche Frauenrollen in der antiken Gesellschaft. Es ist daher kein Zufall, dass eine der ersten europäischen Personen, die die paulinische Botschaft verstehen, eine Frau ist: Lydia, eine Purpurhändlerin (Apg 16,14).

---

139 Thomasevangelium, Logion 22, dt.: *Das Neue Testament und Frühchristliche Schriften*, Leipzig 1999, 651.

2.6.2 Abgrenzung vom Judentum und Verbindung mit der griechischen und römischen Antike

Das Judentum und die Einbettung in die hellenisierte Antike prägen das Christentum entscheidend, bevor es dann als Reichskirche imperiale Funktionen der Legitimation übernimmt.

> «Jesus und seine ersten Nachfolger waren Juden – eine Glaubensgemeinschaft abseits des Judentums hatten sie nie intendiert. Das Parting of the Ways, die Trennung von Juden und Christen, war ein langer keineswegs monolinearer Prozess, der erst durch die christologischen Fixierungen des vierten Jahrhunderts seinen Abschluss fand.»[140]

In der theologischen Forschung waren viele der Ansicht, dass der österliche Glaube an Jesus Christus als den Gottmenschen, den das Konzil von Nizäa (325) zur Sprache brachte, die Trennung zwischen jüdischer Synagoge und christlicher Gemeinde provozierte. Der jüdische Gelehrte Daniel Boyarin (* 1946) hat neben anderen mit seinem bahnbrechenden Werk «Die jüdischen Evangelien: die Geschichte des jüdischen Christus» (Würzburg 2015)[141] diese Forschungsthese umgestossen. Er argumentiert, dass die Kernlehren Jesu keinen Bruch mit dem jüdischen Glauben darstellten und dass viele Juden ihn auf der Grundlage alter jüdischer Texte als Messias betrachteten. Hier sei nur einer der vielen gewichtigen Belege, die Boyarin aufführt, wiedergegeben. Der Brief des Kirchenlehrers Hieronymus (347–420)[142] an den Kirchenlehrer Augustinus:

> «Bis in unsere eigenen Tage gibt es eine Sekte (heresis) unter den Juden über alle Synagogen des Ostens hinweg, die die Sekte der Minaei genannt und auch (bis) jetzt durch die Pharisäer verdammt wird; sie nennen die Anhänger dieser Sekte gewöhnlich Nazaraei, sie glauben an Christus, den Sohn Gottes, geboren von der Jungfrau Maria; und sie sagen, dass er, der unter Pontius Pilatus sowohl gelitten hat

---

140 Tiwald, Markus, *Frühjudentum und beginnendes Christentum. Gemeinsame Wurzeln und das Parting of the ways* (Kohlhammer Studienbücher Theologie 5), Stuttgart 2022, Rückentext.

141 Boyarin, Daniel, *The Jewish Gospels. The story of the Jewish Christ*, New York 2012.

142 Hieronymus gilt als einer der vier Kirchenlehrer der Westkirche. Er übersetzte die Bibel aus dem Hebräischen und Griechischen in die lateinische Umgangssprache (Vulgata). Diese Übersetzung wurde die offizielle lateinische Bibel der katholischen Kirche. Zudem war er Übersetzer bedeutender griechisch-christlicher Autoren ins Lateinische, z. B. die Werke des Origenes.

als auch wiederauferstanden ist, derselbe ist wie der, an den wir glauben. Aber da sie sowohl Juden als auch Christen zu sein wünschen, sind sie weder das eine [Iudaei] noch das andere [Christiani].»[143]

Boyarin legt den Text ausführlich aus. Hieronymus

«bestreitet ihnen ihren Anspruch, Juden zu sein, weil sie beanspruchen, Christen zu sein. Und er bestreitet ihnen natürlich die Möglichkeit, beides zu sein, weil dies in Hieronymus' Weltsicht eine Unmöglichkeit wäre. [...] Für jene Juden hingegen, die das nizänische Glaubensbekenntnis ablegten, gab es keinen Widerspruch. Genau wie heute gibt es Juden, die chassidisch sind – einige von ihnen glauben, dass der Messias gekommen ist, starb und wieder erweckt werden wird –, und Juden, die die chassidische Bewegung gänzlich ablehnen, doch alle werden als Juden angesehen; so gab es in der Antike Juden, die an Christus glaubten, und Juden die es nicht taten; doch waren alle Juden.»[144]

Für Boyarin kommt es daher erst in der zweiten Hälfte des 4. Jahrhunderts zu einer klaren Trennung von Frühjudentum und beginnendem Christentum. Denn erst als das Christentum die Funktionen der Staatsreligion (380) übernimmt, werden damit auch die imperialen Interessen der christlichen Theologie stärker. Gegenseitige Prozesse der Abstossung zwischen der Reichskirche und dem rabbinischen Judentum tragen dazu bei, dass es zu gegenseitigen Verboten kommt. Das rabbinische Judentum gelangt zur Überzeugung, dass es jetzt jüdisch nicht mehr möglich ist, Jesus als den Christus zu akzeptieren. Umgekehrt verbietet auch die Reichskirche den Judenchristen, die Tora einzuhalten. Dieses «Parting of the ways» führt zur Zwillingsgeburt von Frühjudentum und beginnendem Christentum.[145]

«Der Buchtitel ‹Jüdische Evangelien› enthält bereits die These, dass das Neue Testament nicht neu ist. [...] Boyarin [behauptet], dass die zentralen Vorstellungen des Neuen Testamentes vorchristlich waren. Nicht nur die Vorstellung eines Messias komme aus dem Judentum, sondern auch die Botschaft vom Gottessohn, der von Ewigkeit her göttlich war, der Mensch wurde, der leiden musste, der erhöht wurde und am Ende der Tage alle Völker richten wird. Das ist eine ziemliche Zumutung

143 Hieronymus, Epistulae 112, 13, in: *Epistulae Pars 1: Epistulae I–LXX* (CSEL 54), Wien ²1996, 381 f.

144 Boyarin, *The Jewish Gospels*, 36.

145 Vgl. Tiwald, *Frühjudentum und beginnendes Christentum.*

für Christen: Die Zentralbotschaft vom Erlöser, die als Proprium des Christentums gesehen wird und im Credo kondensiert ist (‹Ich glaube an ... Christus, seinen eingeborenen Sohn, ... gelitten ..., gekreuzigt, gestorben und begraben, ... am dritten Tage auferstanden ..., aufgefahren in den Himmel; er sitzt zur Rechten Gottes ... von dort wird er kommen, zu richten ...›), stammt aus dem breiten Strom jüdischer Glaubensvorstellungen um die Zeitenwende.»[146]

Zweifellos haben die christlichen Theologen und Konzilien die Zwei-Naturen-Lehre fünf Jahrhunderte lang entfaltet,

«aber die Idee eines Gott-Menschen war zur Zeit Jesu in der israelitischen Religion bereits vorbereitet. Und dies mit vielen Details: Präexistenz vor Erschaffung der Welt, Leben als Mensch, Erwartung als Messias, Erhöhung durch Gott, endzeitliche Richterfunktion. Die Hohe Christologie ist also keine späte Erfindung des Christentums, sie lag geradezu in der Luft des 1. Jahrhunderts. Und nur weil diese Figur als Motiv bekannt war, kann Jesus sie zitieren und auf sich beziehen, ohne sie auch nur einmal zu erklären.»[147]

Sollte die Interpretation der historischen Quellen, wie sie Daniel Boyarin vorlegt, zutreffen,

«dann ist das Neue Testament sehr viel tiefer in das jüdische Leben und Denken während des Zweiten Tempels[148] eingebettet, als viele gedacht hätten, selbst – und dieses betone ich abermals – in genau den Details, die wir als am charakteristischsten christlich – im Gegensatz zu jüdisch – angesehen haben: die Vorstellung einer zweifachen, dualen Gottheit mit einem Vater und einem Sohn, die Vorstellung eines Erlösers, der selbst sowohl Gott als auch Mensch sein wird, und die Vorstellung, dass dieser Erlöser im Zuge des Erlösungsprozesses leiden und sterben würde. Wenigstens einige dieser Ideen, die Vater/Sohn-Gottheit und der leidende Erlöser,

---

146 Hafner, Johann Ev., Geleitwort, in: Boyarin, Daniel, *Die jüdischen Evangelien. Die Geschichte des jüdischen Christus*, Würzburg 2015, 13.

147 Ebd. 16.

148 Der Zweite Tempel in Jerusalem wurde 70 n. Chr. durch die römischen Truppen des militärischen Oberbefehlshabers Titus (39–81 n. Chr.) zerstört. Der Wiederaufbau wurde von der römischen Besatzungsmacht verboten. Titus beendete als militärischer Oberbefehlshaber den Jüdischen Krieg. Dabei wurden Jerusalem und sein Tempel zerstört. Für diesen «Sieg» wurde er in Rom mit einem Triumphzug bejubelt sowie mit dem Titusbogen an der Via Sacra und einem zweiten Bogen am Circus Maximus geehrt.

haben ebenfalls tiefe Wurzeln in der hebräischen Bibel und dürften sich unter einigen der ältesten Vorstellungen über Gott und die Welt befinden, die das israelitische Volk jemals vertrat.»[149]

Nachdem die Auseinandersetzungen über die Jesusbewegung in den jüdischen Synagogen und christlichen Kirchen allmählich zu einer eigenen Identität des Frühjudentums und des frühen Christentums führen, wird die christliche Kirche auch von aussen nicht mehr als jüdische Gruppierung angesehen. Damit tritt sie selbständig in der hellenisierten Welt auf.

Infolge des Verblassens der apokalyptischen Erwartungen muss sich die Kirche zusätzlich ab Mitte des 2. Jahrhunderts selbst erklären. Justin der Märtyrer und Irenäus von Lyon (135–200) schreiben erste bedeutende Apologetiken, die die Kirche gegen Angriffe von aussen verteidigen. Irenäus schreibt unter Bezugnahme auf Paulus: «Nicht die Opfer machen den Menschen heilig, denn keines Opfers bedarf Gott, sondern das Gewissen des Opfernden heiligt das Opfer [...]»[150]

Mitglieder der Kirche von Alexandrien waren auch Intellektuelle aus den Schulen der griechischen Philosophie, insbesondere jener des Spätplatonismus. Sie versuchen daher, die griechischen Philosophiekategorien auf ihren neuen Ein-Gott-Glauben anzuwenden. Gott hat sich in Jesus, «‹dem Christus› des Paulus»[151] offenbart. Mit dieser Verbindung mit der griechischen Philosophie, deren Rationalismus «gespickt mit Annahmen über natürliche Ungleichheit, Hierarchie und Schicksal»[152] ist, verändert sich auch die Kirche hin zu einer stärker hierarchisch organisierten Institution. Die dabei entstehenden theologischen Auseinandersetzungen zeigen aber auch deutlich, welche Schwierigkeiten griechisch denkende Menschen mit dem neuen Glauben haben, da sie vom antiken Denken der Ungleichheit geprägt waren. Origenes, ein Schüler des Clemens von Alexandrien, sieht den Ursprung des Grundes der Ungleichheit «nicht in dem Willen [...] des Schöpfers, sondern einzig in der Freiheit des Willens»[153] des Menschen. Larry

149 Boyarin, Daniel, *Die jüdischen Evangelien. Die Geschichte des jüdischen Christus*, Würzburg 2015, 147.

150 Irenäus, *Gegen die Häresien (Contra Haereses)*, in: Des heiligen Irenäus fünf Bücher gegen die Häresien. Aus dem Griechischen übers. v. E. Klebba. (Bibliothek der Kirchenväter, 1. Reihe 3) München 1912, 4, 18, 3, URL: https://bkv.unifr.ch/de/works/cpg-1306/versions/gegen-die-haresien-bkv/divisions/648.

151 Siedentop, *Die Erfindung des Individuums*, 87.

152 Ebd.

153 Ebd. 89. Vgl. auch Origenes, *De principiis*, II, 9, 6.

Siedentop ist der Meinung, dass in diesen frühen Texten der Theologie eine gemässigte Vorstellung von der Rolle der Vernunft zum Vorschein komme, sozusagen ein demokratischer, weniger aristokratischer Vernunftbegriff.[154]

Auch die Basiliken brachten die unterschiedliche Auffassung des Heidentums und des christlichen Glaubens architektonisch zum Ausdruck. Dies zeigt sich vor allem in Rom nach 312, nachdem sich Kaiser Konstantin[155] den Christen angenähert hatte. Der antike Tempel war an den Aussenseiten mit prächtigen Säulen und Verzierungen geschmückt. Die christliche Basilika dagegen zeigte nach aussen hin einfache, schmucklose Ziegelwände. Die Schmuckelemente und Säulen, von denen viele den römischen Tempeln entstammten,[156] waren dem Inneren vorbehalten. Dieser Wandel war symptomatisch.

- Beim Heidentum ging es vor allem um äussere Verhaltenskonformität: Die Christen hätten in der Verfolgungszeit nur äusserlich den Kaiserkult mitmachen müssen.
- Beim Christentum stand die innere, individuelle Überzeugung (Willensfreiheit, Gewissen) im Zentrum: Darum war der religiöse, nur äusserliche Kaiserkult nicht möglich.

2.6.3 Verändertes Klassenbewusstsein in Kirche und Staat

Eine besonders scharfe Verfolgung der Christen gab es unter Diokletian und Galerius zwischen 303 und 311. Ihre Versammlungsräume wurden zerstört und Bücher verbrannt. «Christliche Sklaven sollten nicht mehr freigelassen werden, Christen seien aus den öffentlichen Ämtern zu entlassen. Für die Verweigerung, vor dem Bild der Götter oder des Kaisers zu opfern, sollte die Todesstrafe verhängt werden.»[157]

Diese Christenverfolgung beendete Kaiser Galerius 311 mit einem Edikt (Toleranzedikt). Den Christen wurden die Zusammenkünfte in ihren Kirchen sowie die Pflege ihrer Kirchen erlaubt. Zudem wurden sie von der Pflicht befreit, dem Kaiser bzw. den römischen Staatsgöttern zu opfern. Kaiser Konstantin dehnte als eine der ersten Amtshandlungen das Toleranzedikt des Galerius auf das ganze Reich aus.

[154] Vgl. Siedentop, *Die Erfindung des Individuums*, 92.

[155] Er war ab 306 römischer Kaiser und regierte nach 324 bis zu seinem Tod als alleiniger Augustus. Er starb im Jahr 337. Geboren wurde er zwischen 270 und 288.

[156] Ein Beispiel dafür ist die Kirche Santa Sabina auf dem Aventin in Rom.

[157] Schmoeckel, *Kanonisches Recht*, 24.

> «In geradezu irreführender Weise wird dies meist als ‹Mailänder Toleranzedikt› bezeichnet, was in Wahrheit tatsächlich ein Übereinkommen mit dem Kaiser Licinius, also dem Kaiser der östlichen Reichshälfte darstellte, um die Religionsfreiheit und Gleichberechtigung des Christentums auf das ganze Reichsgebiet auszudehnen.»[158]

Die Kirche wurde damit 313 von beiden Kaisern als *religio licita* im ganzen Reichsgebiet anerkannt und 380 von Kaiser Theodosius (347–395) zur Staatsreligion des Römischen Reiches erklärt.

Das Christentum wird im 4. Jahrhundert damit zu einer wichtigen Grösse im Römischen Reich. Die ehemals verfolgte Märtyrerkirche muss sich neu organisieren. Eine Reihe von neuen Rollen und Ämtern entsteht. Die noch eher informellen Kirchenfunktionen des 1. Jahrhunderts weichen zunehmend einer klaren Hierarchie: In jeder Stadt gibt es einen Bischof; Unterstützung erhält er von Ältesten und Diakonen.[159]

> «Die Vielzahl der Städte im römischen Reich stellte dann aber die Frage, wie eine Koordination dieser Vielzahl von Autoritäten möglich sein könnte. Schon Kanon 4 des Konzils von Nicaea legte 325 fest, dass Bischöfe durch alle Bischöfe der Provinz geweiht werden sollten und danach die Bestätigung dieser Weihe durch einen Metropoliten erfolgen sollte, dem gemäß can. 6 sogar ein Vetorecht zukam.»[160]

Die Verbindung der Reichskirche mit dem Römischen Reich wird besonders in der territorialen Aufteilung sichtbar. Charakteristisch für den Osten ist das Herausbilden der *Patriarchatsverfassung.*[161] Patriarchen standen über den Bischöfen und Metropoliten. Sie führten ihre hervorgehobene Position auf die Gründung ihres Bistums durch Apostel zurück. Dies traf neben Jerusalem, Alexandria und Antiochia auch auf Konstantinopel zu. Im Westen dagegen wurde nur dem Bischof von Rom die Stellung eines Patriarchen zugemessen.

Es wurden hierarchische Strukturen geschaffen, um strittige Fragen der Lehre und der Disziplin für die Reichskirche verbindlich für alle klären zu können: zum Beispiel den abschliessenden Kanon für die heiligen Texte des Neuen Testamentes.

---

[158] Ebd. 27.

[159] Vgl. Siedentop, *Die Erfindung des Individuums*, 103.

[160] Schmoeckel, *Kanonisches Recht*, 40 (Hervorhebung getilgt).

[161] Ebd. 42.

> «Glich die Urgemeinde in vielem noch einem Lesezirkel, bot gerade der Schulterschluss mit dem Recht die Möglichkeit, zu einem einheitlichen Glauben zu gelangen.»[162]

Die für die Rechtsgeschichte entscheidenden Kirchenversammlungen, die Entscheidungen durch eine Zusammenkunft aller betroffenen Bischöfe fällten, galt es ebenfalls rechtlich zu organisieren. Auf diesen Zusammenkünften (griech. *sýnodos*; lat. *concilium*) konnte sich das Mehrheitsprinzip durchsetzen.[163] Die Synoden waren ein entscheidendes Rechtsinstrument, mit dessen Hilfe es gelang, überregionale Strukturen aufzubauen.

> «Die genaue Geschichte dieses in zwei Generationen vollzogenen Übergangs von Aposteln, Propheten und Lehrern zu Bischöfen, Ältesten und Diakonen bleibt im Dunkeln, wenn uns unsere Quellen auch hin und wieder einen flüchtigen Blick auf diesen Vorgang gestatten.»[164]

Schon ab Ende des 3. Jahrhunderts übernehmen Christen auch wichtige Ämter in der römischen Verwaltung. Sogar in der Armee scheinen es Christen auf Leitungspositionen geschafft zu haben,[165] wie z. B. die Legende des hl. Mauritius in der Thebäischen Legion berichtet.[166] Über die im Lauf der Zeit daraus erwachsenden Pflichten eines Bischofs – z. B. bezüglich seiner bischöflichen Gerichtsbarkeit, seiner Rolle vor weltlichen Instanzen, der kirchlichen Finanzverwaltung, aber auch seinem Umgang mit Frauen, Notleidenden und Kranken – berichtet Possidius in der *Vita des Bischofs Augustinus*.[167] Für Augustinus war klar, dass die

---

162 Ebd. 31.

163 Vgl. Glomb, Alexander, *Sententia plurimorum. Das Mehrheitsprinzip in den Quellen des kanonischen Rechts und im Schrifttum der klassischen Kanonistik*, Köln 2008.

164 Chadwick, Henry, *The Early Church*, Pelican history of the Church, Bd. 1, Harmondsworth 1967, 40: «The exact history of this transition within two generations from apostles, prophets and teachers to bishops, presbyters and deacons is shrouded in obscurity, though our sources give occasional glimpses of the process.»

165 Vgl. Siedentop, *Die Erfindung des Individuums*, 103.

166 Vgl. das Zeugnis dieses Martyriums, das Kloster St. Maurice: Die über 1500 Jahre alte institutionelle Präsenz der katholischen Kirche im Gebiet der heutigen Schweiz hat, wie selbst die neue Bundesverfassung es sprachlich zum Ausdruck bringt, die «Regelung des Verhältnisses zwischen Kirche und Staat» (Art. 72 Abs. 1 *BV*) entscheidend mitgeprägt.

167 Vgl. Possidius, *Augustins Leben (Vita Augustini)*, in: Abhandlungen der Preussischen Akademie der Wissenschaften, Jahrgang 1930 Philosophisch-Historische Klasse Nr. l: Possidius, Augustins Leben, eingel. u. übers. v. Adolf v. Harnack, Berlin 1930:

Gnade aus der Taufe, die Gefahr aus dem Bischofsamt kommt. «Wo mich erschreckt, was ich für euch bin, da tröstet mich, was ich mit euch bin. Für euch bin ich Bischof, mit euch bin ich Christ. Jenes bezeichnet das Amt, dieses die Gnade, jenes die Gefahr, dieses das Heil.»[168]

Die gegenseitige Beeinflussung von römischem Staat und der Kirche hat Rechtsfolgen für beide Parteien.

> «In den ersten zwei Jahrhunderten der christlichen Geschichte nannten Christen aller Ordnungen sich gegenseitig Brüder und Schwestern im Anschluss an das Wort des Herrn: ‹Lasst euch nicht Rabbi nennen, denn einer ist euer Meister, ihr alle aber seid Brüder. Ruft auch niemanden ‹Vater› auf Erden, denn euer Vater ist im Himmel› (Mt 23,8 f.) […] Im 3. Jahrhundert lässt sich eine mehrfache Reduktion dieses Sprachgebrauchs feststellen, die ihren deutlichsten Ausdruck vielleicht in den Briefen des heiligen Cyprian findet. Er bezeichnet zwar seine Gemeinden immer noch als ‹Geliebte Brüder›, verwendet aber als Einzelanrede das Wort ‹Bruder› nur noch für Bischöfe und Kleriker.»[169]

Das egalitäre Grundgefühl der Gemeinschaft der Christinnen und Christen ist in Gefahr. Diese Brüderlichkeit bzw. Geschwisterlichkeit war in der Kirche, als sie noch eine verfolgte Minderheit war, ein wichtiges Identitätsmerkmal. Zwischen der verfolgten Minderheit der Christen und der Oberschicht gab es nur wenige Berührungspunkte.[170]

Mit der öffentlichen Anerkennung als Staatsreligion durch Kaiser Theodosius I. (380) gestaltete sich dieses distanzierte Verhältnis um. Darauf veränderten

---

Kap. 19 (Wie sich Augustin als Richter benommen hat.)
Kap. 20 (Wie er für Schuldige eingetreten ist.)
Kap. 21 (Mit welchen Absichten er Synoden beizuwohnen pflegte.)
Kap. 22 (Wie sich Augustin in Bezug auf Kleidung und Wohnung verhalten hat.)
Kap. 23 (Wie er mit den kirchlichen Einkünften verfuhr.)
Kap. 24 (Wie er es mit den kirchlichen Finanzen hielt.)
Kap. 25 (Disziplin im Hause.)
Kap. 26 (Über den Umgang mit Frauen.)
Kap. 27 (Der Dienst an Notleidenden und Kranken und drei Anweisungen des Ambrosius.)
Possidus kommt eine gewisse Authentizität zu, denn er schrieb zwischen 431 und 437, also unmittelbar nach Augustins Tod, wo noch nicht von allzu grosser frömmigkeitsgeschuldeter Überhöhung ausgegangen werden muss.

168 Augustinus, Aurelius, Sermones 340, 1, in: *PL* 38, 1483 (dt. LG 32).

169 Ratzinger, Joseph, *Das neue Volk Gottes. Entwürfe zur Ekklesiologie*, Düsseldorf 1989, 209.

170 Es führte dazu, dass die Kirche die Welt und ihre «Versuchungen» (Theater, Kolosseum) ablehnte.

die herrschenden römischen Oberschichten ihr Verhalten und ihre Rhetorik. Peter Brown hat diese Veränderungsprozesse sorgfältig analysiert. Wer dem Patriziat angehörte, hatte keine körperliche Züchtigung als Strafe zu befürchten. «Von Ehefrauen und Sklaven bis zu den unterwürfigen Höflingen tyrannischer Herrscher schien das Leben vieler Menschen in vielen Situationen von den Launen ihres Herrn abzuhängen.»[171] Der Zorn der Höherstehenden bedeutete eine ausserordentliche Gefahr. Der kaiserlichen Regierung wurde durch die Oberschicht stets in Erinnerung gerufen, dass diese wegen ihres Verhaltens und ihrer rhetorischen Fähigkeiten unentbehrlich sei, um die Städte zu kontrollieren. Infolgedessen legten die Angehörenden der Oberschicht ihr Augenmerk zunehmend auf die äussere Etikette.[172]

Ende des 4. Jahrhunderts erfolgte ein Kurswechsel. Unter Berufung auf den christlichen Glauben machte «sich ein Teil der städtischen Eliten [...] zu Sprechern der unteren Schichten»[173]. Die Liebe zu den Armen steht im Zentrum ihrer Rhetorik. Zwischen christlichen Patriziern und den Bischöfen der Städte – oft Männer von Kultur wie z. B. Augustinus und Ambrosius (339–397) – entsteht eine Verbindung, teilweise werden gerade Patrizier wegen ihres Vermögens und Einflusses zu Bischöfen gewählt. Die Haltung, die die Bischöfe den Armen entgegenbringen, geht weit über ihre Gemeinden hinaus und umfasst die gesamte Stadtbevölkerung. Sie erlangen Macht in den Städten. «Im Namen einer Religion, die die Werte der [antiken] Elite zu bekämpfen vorgab, erlangten die Christen der Oberschicht [weiterhin] die Kontrolle über die unteren Schichten der Städte.»[174] Die neue Art zu reden ruft von Grund auf eine Veränderung in der öffentlichen Diskussion hervor. Die bis anhin diesen Diskurs prägenden aristokratischen Werte werden

> «durch Werte ersetzt, die man mit Fug und Recht demokratisch nennen darf. Die Rhetorik der Liebe zu den Armen trug den Keim einer neuen Gesellschaft in sich [...] Die bischöfliche ‹Liebe zu den Armen› schloss auch die Sklaven, Bedürftigen und Fremdgeborenen ein».[175]

---

[171] Brown, Peter, *Macht und Rhetorik in der Spätantike. Der Weg zu einem christlichen Imperium*, München 1995, 50.

[172] Vgl. Siedentop, *Die Erfindung des Individuums*, 104.

[173] Ebd. 105.

[174] Brown, *Macht und Rhetorik*, 102.

[175] Siedentop, *Die Erfindung des Individuums*, 106.

So entwickelt die christliche Kirche, lange bevor sie die Mehrheit in den Städten hat, einen inklusiven Integrationsanspruch, eine Universalität. Der theologische Status der Gleichheit der Seelen verwandelt die sozialen Rollen der spätantiken Stadt.[176] Die Kirche selbst wird dabei ein Experimentierfeld für die neue Gerechtigkeit, um die es den Christen zuerst geht, wie aus der Bergpredigt geschlossen wurde. «Euch aber muss es zuerst um sein Reich und um seine Gerechtigkeit gehen» (Mt 6,33). Das zeigte sich schon beim Kircheneintritt: Durch die Taufe wird man Christ nicht als Mitglied eines bestimmten Standes, sondern als Individuum. Dieser egalitäre Einfluss der Kirche hat die spätantike Gesellschaft erheblich verändert. Dabei spielte auch das regelbasierte Leben der Mönche eine entscheidende Rolle, wie unter 2.7. zu zeigen sein wird.

2.6.4 Die Konzilien und ihr Recht («canones»)

Eine Besonderheit in der kirchlichen Rechtsgeschichte bestand darin, Entscheidungen durch eine Zusammenkunft aller Betroffenen zu fällen, wie schon die Urkirche im Apostelkonzil (Apg 15) belegt: «Der Heilige Geist und wir haben beschlossen [...]» (Apg 15,28) hält die Abschlussformulierung fest. Ab dem 2. Jahrhundert können vor allem im Osten Synoden (griech. *sýnodos*) stattgefunden haben, die aber nicht überliefert sind. Bezeugt sind Synoden im 3. Jahrhundert in Antiochien (264 und 268/269). Im spanischen Elvira gab es möglicherweise im Jahre 306 ein Konzil [lat. *concilium*[177]]. Die erste sicher dokumentierte Synode im Westen ist die Synode von Rom (313).

> «Man kann in den Synoden einen der entscheidenden Faktoren finden, mit Hilfe dessen es der Christenheit gelang, im Gegensatz zu allen anderen östlichen Erweckungsreligionen eine überregionale Struktur aufzubauen. Sobald die Kirche vom Reich anerkannt wurde, wurden so regionale und überregionale Grundsatzentscheidungen von der christlichen Gemeinschaft selbst und autonom entschieden.

176 Vgl. ebd.

177 Für die Antike haben wir eine begriffliche Unschärfe, weil die Unterscheidung von *Concilium* (lat.) und *Synodos* (griech.) eine spätere Begriffszuschreibung ist, und zwar dergestalt, dass später Synode oft als teilkirchlich, Konzil als gesamtkirchlich verstanden wurde. Seit dem Konzil von Konstanz (1414–1418) hat sich eine neue Differenzierung angeboten: Das Konzil ist ein Rechtssubjekt sui generis. Der Synode fehlt ein solches Potenzial. Dies führt zur heutigen Debatte: Was ist eine Synode in der synodalen Kirche? Oder anders – methodisch – gefragt: Auf welche historische Schicht der Bedeutung des Begriffs Synode greift eine Antwort zurück?

Sicherlich stand hinter der Einberufung der Synode von Rom 313 und des Konzils von Nicaea 325 bereits die Autorität Kaiser Konstantins, der auf die Beilegung der Streitigkeiten drängte. [...] Die Verbreitung von Konzilsbeschlüssen als ‹Corpus Canonum› vermehrte das Prestige der Versammlungen [...] Im Osten verfasste man eine Sammlung der Konzilsbeschlüsse, welche die vier grossen Konzilien auf den Rang der vier Evangelien hob. So sollte das Prestige der grossen Konzilien gesteigert werden.»[178]

Die Beschlüsse von sieben ökumenischen Konzilien hatten Autorität für die gesamte Kirche des Ostens und des Westens:

1. Das Erste Konzil von Nizäa (325)[179]
2. Das Erste Konzil von Konstantinopel (381)[180]
3. Das Konzil von Ephesus (431)
4. Das Konzil von Chalcedon (451)
5. Das Zweite Konzil von Konstantinopel (554)
6. Das Dritte Konzil von Konstantinopel (680/81)
7. Das Zweite Konzil von Nizäa (781).

Dabei entfalteten die christlichen Versammlungen der Bischöfe das Mehrheitsprinzip, wie die Quellen des kanonischen Rechts und das Schrifttum der klassischen Kanonistik belegen.[181] Denn in den Versammlungen der Bischöfe wurde über die christliche Orthodoxie heftig gestritten. Die Konzilien standen unter der Schirmherrschaft des christlichen Kaisers. Für das Verhältnis von Kirche und Reich entwickelte sich hier ein neues Zusammenarbeitsmodell heraus. Kaiser Konstantin berief das Konzil ein und behauptete, damit eine Autorität in der Kirche zu sein, auch wenn er nicht selbst die Glaubenslehren anordnete.

---

178 Schmoeckel, *Kanonisches Recht*, 32 (Hervorhebung getilgt).

179 Das Konzil wurde von Kaiser Konstantin einberufen. Hier wurde u. a. die christologische Streitfrage nach der theologischen Natur von Jesus Christus und seiner Stellung gegenüber Gott dem Vater und dem Heiligen Geist geklärt. Die Entscheidung erhielt durch die kaiserliche Bekräftigung Gesetzeskraft im Reich.

180 Das Konzil wurde von Kaiser Theodosius einberufen. Im Jahr 380 hat er das Christentum zur Staatsreligion erklärt. Sein Konzil wollte Differenzen bereinigen zwischen Anhängern des Bekenntnisses von Nizäa und den «Anti-Nizäern» bzw. Arianern. In den Konzilsakten wird das Glaubensbekenntnis von Nizäa festgehalten (Nizäno-Konstantinopolitanum).

181 Vgl. Glomb, *Sententia plurimorum*.

> «Mehrfach bezeichnete sich Konstantin als Bischof der Bischöfe oder als Bischof der Aussenstehenden, vielleicht der ausserhalb der Kirche Stehenden. Auch reklamierte er für sich weiterhin den aus dem alten Rom stammenden Titel des ‹pontifex maximus›. Als oberster Priester regierte Konstantin damit mit der Kirche und in der Kirche. Eusebius von Caesarea bezeichnete Konstantin bereits ‹quasi› als Bischof und als Bischof aller [...] und stellte ihn sogar den Aposteln gleich.[182] Schon in einem Brief der römischen Gemeinde aus den Jahren zwischen 96 und 98 n. Chr. an die Gemeinde von Korinth, der meist ‹erster Clemensbrief› genannt wird, wurde erklärt, der Kaiser habe seine Macht von Gott erhalten, um sie in seinem Sinne auszuüben. [...] Konstantin war zugleich oberster weltlicher und geistlicher Herrscher.»[183]

Diese Herrschaftsform wird auch Cäsaropapismus genannt. Als Häresie wurde auf den Konzilien z. B. der Arianismus[184] verurteilt. Fragen der Trinität und der Christologie standen im Zentrum. Die Beziehung zwischen dem Menschlichen und dem Göttlichen in Christus bzw. das Verhältnis dieser beiden Naturen zueinander musste geklärt werden. Hinter den unterschiedlichen theologischen Positionen, die auf den Konzilien diskutiert wurden, steckte auch die Frage: Welche Bedeutung hat die Menschwerdung Gottes (Inkarnation, vgl. Joh 1,14) für die Natur des Menschen?

Ausgelöst durch diese theologischen Debatten auf den Konzilien kamen Fragen von grosser anthropologischer Tragweite ins Blickfeld. Nur so ist es auch verständlich, dass das Volk diese trinitätstheologischen und christologischen Fragestellungen auf den Strassen und Plätzen von Alexandria und Konstantinopel diskutierte. Gregor von Nyssa (um 335/340–394) erzählt uns von diesen öffentlichen Diskussionen des 4. Jahrhunderts in Konstantinopel in einer Predigt:

---

182 Vgl. Dagron, Gilbert, *Empereur et prêtre. Etude sur le «césaropapisme» byzantin*, Paris 1996, 146, 150.

183 Schmoeckel, *Kanonisches Recht*, 29 f.

184 Der Arianismus ist eine nichttrinitarische christliche Lehre, die nach einem ihrer frühen Vertreter, Arius (ca. 260–336), benannt ist. Sie weist das spätere Dogma der Dreifaltigkeit Gottes als Irrlehre zurück. Von den christlichen Kirchen und Glaubensgemeinschaften, die die ersten beiden ökumenischen Konzilien (325 und 381) anerkennen, wird sie als Häresie verurteilt. Vgl. Eder, Manfred, *Kirchengeschichte. 2000 Jahre im Überblick*, Ostfildern ^{3}2022, 53, 55, 64. Auch Augustinus fragt nach der Berechtigung des kirchlichen Trinitätsglaubens, der in der Taufe bezeugt wird. Er «müht sich um den christlichen Glauben an die *Trinitas quae est unus Deus*. Er stellt sich die Frage im Zusammenhang mit der sogenannten arianischen Kontroverse, welche um 380 gewissermassen abgeschlossen war und dennoch, besonders im Westen, weiterhin nachwirkte.» Studer, *Augustinus. De Trinitate. Eine Einführung*, Paderborn 2005, 57 f.

> «Wenn du jemanden nach dem Preise einer Ware fragst, hält er dir einen Vortrag über gezeugt und ungezeugt. Wenn du Brot kaufen willst, hörst du, der Vater sei grösser als der Sohn und der Sohn sei dem Vater untergeordnet. Fragst du, ob das Bad fertig sei, so antwortet der Bademeister: Der Sohn Gottes ist aus Nichts geschaffen.»[185]

Warum haben die Menschen christologische und trinitätstheologische Probleme auf der Strasse diskutiert? Sie beschäftigte die Frage nach dem Gesellschaftsbild. In theologischen Themen werden damals auch anthropologische und politische Fragen des Reiches indirekt angesprochen. Die Gleichheitsidee, jene einer gemeinsamen Menschennatur, hatte sich nämlich im Christentum schon ausgebreitet. Die privilegierte Oberschicht diente offenbar dem Volk nicht mehr ausschliesslich als Orientierung.

2.6.5 Sklaven- und Frauenrechte in der Kirche

Sklaven bildeten sich nach dem Hören einer Predigt in der Kirche eine eigene theologische Meinung.[186] Nach römischem Recht waren sie Rechtspersonen mit stark eingeschränkten Rechten. Vielleicht hatten Sklaven und Frauen, die beide rechtlich abhängig waren von ihrem Herrn, geahnt, was die Diskussionen um den Personenbegriff der Trinitätstheologie bedeuten könnten. Wenn jeder Mensch Ebenbild Gottes ist (Gen 1,26 f.) und Gott in der Inkarnation sogar Mensch geworden ist, dann hat dies Rückwirkungen auf den Menschen und seine Rechte. Dann müssten auch Sklaven und Frauen – noch ganz im Rahmen des damals positiven Rechts gedacht – in ihren eingeschränkten Personenrechten[187] geachtet werden. Im Rechtsraum der Kirche werden alle Getauften Rechtspersonen, was auch die Rechte der Frauen und Sklaven unterstreicht. Diese Differenz zwischen römischem und kanonischem Recht hatte Folgen von der Antike bis ins 18. Jahrhundert. An einem Beispiel soll hier gezeigt werden, wie die rechtlichen Folgen der Taufe in einem zivilrechtlichen Kontext relevant werden.

---

185 Demandt, Alexander, *Die Spätantike. Römische Geschichte von Diocletian bis Justinian, 284–565 n. Chr.*, München ²2007, 565.

186 Vgl. Siedentop, *Die Erfindung des Individuums*, 115 f.

187 Gemäss den Vorstellungen der römischen Rechtsentwicklung waren sowohl Sklaven als auch Frauen Rechtspersonen. Sklaven (Frauen und Männer gleichermassen) hatten aber keine Bürgerrechte; Frauen hatten gewisse Bürgerrechte, aber nicht im selben Umfang wie Männer.

Auf Curaçao, einer niederländischen Kolonie, gilt im 18. Jahrhundert nicht niederländisches, sondern römisches Recht, um Sklavenhaltung zu ermöglichen.[188] Die Sklaven werden katholisch getauft, aber es ist ihnen vom römischen Recht her verboten zu heiraten, da sie gemäss römischem Recht in ihren Rechten sehr eingeschränkt sind. Das kanonische Recht dagegen besteht darauf, dass jede getaufte Person als Rechtsperson verstanden wird (vgl. Gal 3,28). Damit werden die getauften Sklaven innerhalb der katholischen Kirche als Rechtspersonen mit Rechten und Pflichten verstanden, während ihnen genau das vom holländischen Staat abgesprochen wird. Bei der Frage der Heirat von Sklavinnen und Sklaven kommt es zum Konflikt zwischen römischem und kanonischem Recht. Die holländische Kolonialmacht legt eine exorbitante Strafe für den Seelsorger fest, der bei einer Verheiratung von zwei Sklaven assistiert, um katholische Eheschliessungen zwischen Sklaven zu verhindern. Da sich die beiden Ehepartner das Ehesakrament gegenseitig vor Zeugen spenden, kann der Seelsorger fernbleiben, um der Geldstrafe zu entgehen. Das vor Zeugen gespendete Sakrament der Ehe des Sklavenpaares nimmt der Seelsorger in die Pfarreibücher auf. Diese Lösung einer lebendigen Seelsorge steht bis heute im kanonischen Recht (c. 1116 §§ 1 und 2 CIC/1983). Damals war es ein Kampf um die Rechte der Sklaven. Die Kirche verteidigte hier das Recht auf Ehe aller Rechtspersonen, auch der Sklaven, die nicht durch rechtlich definierte Ehehindernisse gehindert wurden. Auch diese Rechtsvorstellung eines Rechts auf Ehe übernahmen die westlichen Rechtsstaaten von der Rechtskirche des Westens, ebenfalls das beiderseitige Ja-Wort. Beide zukünftigen Ehepartner mussten zum Ehevertrag zustimmen. Dies gab z. B. der Frau auch das subjektive Recht, dem Willen der Männer (Vater, Ehemann) und dem Gemeinschaftsdruck nicht zu entsprechen und im Notfall erst vor dem Priester Nein zu sagen.[189]

---

188 Heutger, Viola / van der Velden, Bastiaan D., Rechtspluralisme op Curaçao: Joodse en roomskatholieke huwelijken, in: *Ius Romanum – Ius Commune – Ius Hodiernum, Studies in honour of Eltjo J. H. Schrage on the occasion of his 65th birthday*, Amsterdam, Aalen 2010, 187–202, mit englischem Summary.

189 In Ländern, deren Gesetzgebung vom Islam geprägt ist, wird im Zusammenhang der Eheschliessung der Unterschied zu den christlich geprägten westlichen Rechtssystemen deutlich. Auch literarisch wird das verarbeitet, etwa im Roman von Usama Al Shahmani, *Im Fallen lernt die Feder fliegen* (Zürich ^{4}2021): Aida ist zusammen mit ihrer Schwester und ihren Eltern aus dem von Saddam Husein regierten Irak in die Schweiz geflohen. Als die Familie in den Irak zurückkehrt, wo die ältere Schwester verheiratet werden soll, fliehen beide Schwestern und gelangen als unbegleitete Minderjährige in die Schweiz. «Vater hatte uns angelogen. Das war nicht die Heimat

2.6.6 Die gegenseitige Beeinflussung von Reich und Reichskirche

Das neue theologische Selbstbewusstsein der Konzilien schlägt sich auch in einem neuen Verhältnis zwischen Römischem Reich und Reichskirche nieder. In der Spätantike wird die imperiale Macht der Kaiser in eine christusartige Autorität umgedeutet. Eusebius von Cäsarea (260/64–339 oder 340) verteidigte in seinen Werken den Vergleich zwischen göttlicher und imperialer Herrschaft. Er war Zeitgenosse Kaiser Konstantins, gehörte zu den ersten christlichen Historikern und war geprägt von den christologischen Debatten auf den Konzilien. Er beschreibt, wie die politische Theologie direkten Einfluss auf das damalige politische Denken hatte. Die wunderbare Herablassung Gottes, die Menschwerdung Christi, vergleicht er mit dem Kaiser.

> «War Gott der Herrscher des Himmels, so war der Kaiser ‹weitgehend Gott auf Erden›. Im Prinzip verlangte dieser eine unmittelbare Verbindung zu jedem seiner Untertanen und trug für jeden gleichermassen Sorge.»[190]

Die Tendenzen im spätrömischen Recht, die das Individuum betonen[191], versteht Siedentop als Konsequenz der neuen egalitären Einstellungen des Christentums, was noch ausführlicher zu diskutieren wäre.[192] Die Idee der moralischen Gleichheit in der Kirche wies aber eine Diskrepanz auf.

[Irak], von der er uns in der Schweiz erzählt hatte. Alles hatte eine männliche Farbe, eine männliche Stimme und einen männlichen Geschmack.» (Ebd. Rückentext).

[190] Siedentop, *Die Erfindung des Individuums*, 117. Die neue Reichskirche beginnt eine lange Tradition. An die Stelle der Idee des Kaisers bzw. des Königs tritt in der Französischen Revolution der moderne Souveränitätsbegriff, dem die Kirche bis zum Zweiten Vatikanischen Konzil (DH) ablehnend gegenüberstand.

[191] Z. B. Rolle des *pater familias* geschwächt, Stellung der Frau aufgewertet und daher Erbschaftsrecht geändert.

[192] Vgl. Siedentop, *Die Erfindung des Individuums*, 117. Diese zentrale These Siedentops ist im Rahmen ihrer Argumentation im Einzelnen in der Forschung nicht unumstritten geblieben. Im Nachgang zur Veröffentlichung seines Werks wurde insbesondere im Rahmen von Rezensionen auch darauf hingewiesen, dass gerade in der antiken (paganen) Tradition Gleichheitsdiskurse ihren Platz haben (vgl. etwa Speiche in der Süddeutschen Zeitung vom 13.12.2015 und diejenige von Bethke, Hannah in: *FAZ* vom 10.10.2015). Es kann allerdings nicht Aufgabe des vorliegenden Werks sein, gleichsam die Entscheidung in dieser Fachdiskussion zu treffen. Vielmehr folgt der Verfasser Siedentops «rotem Faden», der von diesem plausibel in die Diskussion eingebracht wurde. Hierin folgt er den Feststellungen Viola Heutgers, wonach es gerade Siedentop gelang, «die Schnittstellen zu benennen, an denen gravierende Änderungen in der Geschichte eintraten»

- Einerseits kam in der Alten Kirche die Wahl der Ältesten und Bischöfe durch die allgemeine Zustimmung der Gläubigen zustande.
- Andererseits wurden bereits seit der Wende vom 1. zum 2. Jahrhundert durch Handauflegung aus dieser Gruppe der Ältesten allmählich die Bischöfe ausgesondert, da ihnen besonderes Ansehen zukam.

Die gegen Ende des 1. Jahrhundert einsetzende Verschmelzung verschiedener Amtstypen des Neuen Testaments und der frühen Kirche

> «ergibt dann die feste Amtsgestalt der frühkatholischen Kirche. Die Ordination [die Weihe] tritt nunmehr deutlich hervor; das allgemeine pneumatische Mass ‹nur zur Auferbauung› wird konkretisiert in bestimmten Gemeindeordnungen, die zu einer deutlichen Umgrenzung des dem Amt zukommenden Sonderauftrages führen»[193],

so der Theologe Joseph Ratzinger (1927–2022).

> «Aus der Gemeinschaft gleichrangiger Bischöfe entwickelte sich unter dem Eindruck der Hierarchie des Kaisers zunächst eine Hierarchie der Bischöfe [Patriarchate, Metropoliten], dann die Frage einer Monarchie der Kirche. [...] Unter der Bezeichnung römischer Primat wird damit die Frage gestellt, inwieweit dem Bischof von Rom eine Überordnung über die anderen Bischöfe der Kirche zukommt.»[194]

Die Bischofswahl war ein Garant für die Autonomie der Bischöfe. So wurde es Rechtstradition, dass die Bischöfe durch eine Wahl innerhalb einer Diözese gewählt wurden.[195] Die Ordination erfolgte dann

> «durch mindestens drei Nachbarbischöfe, die die Pflicht hatten, an der Ordination nicht mitzuwirken, wenn ein unwürdiger gewählt wurde. Hierin kann man eine Bestätigung des Wahlakts erblicken, eine eigene Bestätigung wurde allerdings auch

(Heutger, *Die Erfindung des Individuums*). Fragestellungen oder Korrekturen an Siedentop werden allerdings ebenfalls erwähnt, soweit sie für die konkreten Ausführungen von Relevanz sind.

193 Ratzinger, *Das neue Volk Gottes*, 112.

194 Schmoeckel, *Kanonisches Recht*, 63. Vgl. Schatz, Klaus, *Der päpstliche Primat. Seine Geschichte von den Ursprüngen bis zur Gegenwart*, Würzburg 1990. Herbers, Klaus, *Geschichte der Päpste im Mittelalter und Renaissance*, Stuttgart 2014.

195 Vgl. Thier, Andreas, *Hierarchie und Autonomie. Regelungstraditionen der Bischofsbestellung in der Geschichte des Wahlrechts bis 1140* (Studien zur europäischen Rechtsgeschichte 257 / Recht im ersten Jahrtausend 1), Frankfurt a. M. 2011.

durch den Metropoliten vorgenommen, der damit als letzter der von der Wahl Betroffenen sein Plazet geben musste.»[196]

Das Bischofsamt wurde also vergeben mit dem Konsens des Klerus,

> «‹cum consensu clerici› und durch den Willen des Volkes. Hierin kommt die Diözese als Solidargemeinschaft zum Ausdruck. […] Erst im 2. Jahrtausend entstand das päpstliche Ernennungsrecht. Schon der Dictatus papae (um 1075) forderte es; endlich wurde dieses Recht in den Codex iuris canonici von 1918 aufgenommen. Noch heute ist es jedoch durch verschiedene Konkordate eingeschränkt.»[197]

Es entwickelte sich ein Zusammenwirken zwischen der Patriziatstradition (*ordinatio* wie beim Senat) und einer egalitären Kultur (*electio*). Die Wahl der *Oberen* (*superiores*) durch die *Unteren* (*inferiores*) wird zur Norm. Einer, der allen vorsteht, muss von allen gewählt werden. Diese römischrechtliche Norm des Privatrechts wird erst im Rahmen des kanonischen Rechts im öffentlichen Recht verwendet, so Yves Congar (1904–1995).[198]

In den Verhandlungen der Bischöfe mit dem Kaiser übernehmen die Bischöfe als Stadtsprecher eine Rolle mit aristokratischem Charakter – dies schon vor der Konstantinischen Wende. Zudem erlauben die neuen Reichsprivilegien dem Klerus die Konstituierung einer autonomen Gruppe, die sich selbst erneuert. Somit entstand eine bestimmte Ähnlichkeit mit jener aristokratischen Schicht, die sich in den antiken Städten für die Senatsversammlung zur Verfügung gestellt hatte. Bisher war die Ausübung der höchsten Ämter der Stadt nur als persönliches Recht (Erbe oder Geburtsrecht) möglich.[199] Der Bischof hatte Residenzpflicht in seiner Stadt, denn der Kaiser

> «stützte sich vielfach auf den regionalen Einfluss der Bischöfe. Bildung war Voraussetzung für die Position eines Bischofs, damit war das Amt Ausdruck einer gelun-

196 Schmoeckel, *Kanonisches Recht*, 61.

197 Ebd. (Hervorhebungen getilgt).

198 Vgl. Congar, Yves, Quod omnes tangit, ab omnibus tractari et approbari debet, in: *Revue historique de droit français et étranger (4e série)* 35 (1958) 210–259.

199 Vgl. Siedentop, *Die Erfindung des Individuums*, 118. Vgl. Hofmann, Hasso, *Repräsentation. Studien zur Wort- und Begriffsgeschichte von der Antike bis ins 19. Jahrhundert*, Berlin 42003.

genen Karriere. Oft bekamen höherrangige Verwaltungsbeamte unmittelbar nach der Taufe ein solches Bischofsamt»[200],

wie die beiden Kirchenväter der Westkirche Ambrosius und Augustinus belegen. Da der Bischofssitz Hippos besetzt ist, glaubt sich der neu getaufte Augustinus (Taufe 387)

«sicher vor einer unerwünschten Akklamationswahl zum Bischof [...] Aber der von Bischof Valerius [von Hippo] öffentlich geäusserte Wunsch nach einem Presbyter wird ihm zum Schicksal: Das Volk wünscht und propagiert ihn einstimmig zur Priesterweihe; Augustin gibt widerstrebend, d. h. unter Tränen, nach. Die Quellen für den Vorgang nennen als Motiv des Widerstrebens die ‹Gefährlichkeit› des Bischofsamtes.»[201]

In seiner Bischofswahl wird Augustinus nochmals überrascht. Denn

«Bischof Valerius wünscht sich Augustin zum Mitbischof und benützt die Anwesenheit des numidischen Primas [...], um diesen ebenso wie Klerus und Kirchenvolk von Hippo, aber auch Augustinus selbst, mit seinem Vorschlag zu überraschen. Wie bei der Presbyterwahl gibt Augustin unter dem Drängen von Volk und Klerus schliesslich nach.»[202]

Die Bischöfe näherten ihr Rollenverständnis in den Städten der aristokratischen, antiken Welt an, vor allem wenn sie aus der obersten politischen Führungsschicht stammten, wie Ambrosius und Augustinus.

«Wenn Ambrosius über das Mass eines vornehmen Kirchenfürsten, ‹der in neuer Lebensform die politische Befähigung der stoischen Senatoren ciceronianischer Zeit hat auferstehen lassen› [...], als Bischof hinausgewachsen ist, brauchte er nichts an Herkunft und Erziehung in seinem neuen Amt zu verleugnen, das seinerseits in

200 Schmoeckel, *Kanonisches Recht*, 59.

201 Schindler Alfred, Art. Augustinus/Augustinismus I, in: *TRE* 4, 651. Das Zweite Vatikanische Konzil wird die Gefährlichkeit des Amtes von Augustinus aufnehmen (LG 32), um damit die Gleichheit der Gläubigen zu betonen, ohne diese später kirchenrechtlich zu übersetzen (vgl. c. 208 CIC/1983).

202 Ebd. 652. Augustinus' Bischofsweihe ist zwischen 395 und August 397 erfolgt.

der kaiserlichen Residenzstadt Mailand dem Posten eines Provinzstatthalters an Einfluss und Ansehen nicht nachstand.»[203]

So diente ihm in seinem moraltheologischen Handbuch (*De officiis*) u. a. Cicero als Vorlage.[204] Gegen diese Anpassung an das römische Bildungsideal der Bischöfe hielten die Mönche, die in die Wüste gezogen waren, an den ursprünglich egalitären Normen der frühen Kirche fest (vgl. 2.7). Trotz des bischöflichen Amtes gibt Augustinus seine monastische Lebensform nicht auf. «Bischof Valerius stellt ihm ein Grundstück zur Verfügung, auf dem ein Kloster (monasterium) erbaut wird.»[205] Auch Ambrosius wurde gemäss seinem Biografen Paulinus durch Akklamation vom Volk zum Bischof gewählt.[206]

2.6.7 Papst und Bischöfe grenzen die Kirche vom Kaiser ab

Die Reichskirche verstand sich als eigener Rechtsraum. Dieser kommt in der Abgrenzung ihrer Bischöfe und Päpste gegenüber dem Kaiser zum Ausdruck: im Asylrecht, im Armenrecht, im *forum internum* der Seelsorge oder im Privileg des Gerichtsstands (*privilegium fori*), in der Steuerbefreiung, in der bischöflichen Gerichtsbarkeit, also auch in der Einbindung der Bischöfe in die Reichsaufgaben.

Ambrosius, Bischof von Mailand, setzt die christlichen Massstäbe selbst gegenüber dem Kaiser Theodosius I. durch und beweist damit eine grosse Selbständigkeit als Bischof gegenüber der staatlichen Autorität. Er ist der Wegbereiter der westlichen Kirchenfreiheit (*libertas Ecclesiae*), indem er sich weigert dem Herrscher die Oberhoheit über den religiösen Bereich zu überlassen. Dennoch hielt er an der spätantiken Verknüpfung von religiösem Kult und Staatswohl fest, was der Streit um das Standbild der römischen Viktoria in der römischen Kurie zeigte. Denn er war von der Überzeugung geprägt,

203 Dassmann Ernst, Art. Ambrosius von Mailand (339–397), in: *TRE* 2, 364.

204 Ebd. 374.

205 Schindler, *Augustinus/Augustinismus*, 652.

206 Nach dem Tod des arianischen Bischofs Auxentius versammeln sich die zerstrittenen Parteien in der Basilika. In seiner Eigenschaft als Konsular bemüht sich Ambrosius um die Beruhigung. «Die verfeindeten Arianer und Nicäner werden erkannt haben, dass die Wahl des allseits geachteten, zwar nicäisch gesonnenen, aber kirchenpolitisch nicht festgelegten Konsulars die beste Gewähr für friedliche Zusammenarbeit bieten mochte.» Dassmann, Ernst, Art. Ambrosius von Mailand (339–397), in: *TRE* 2, 363.

«dass der Irrtum nicht dasselbe Lebensrecht hat wie die Wahrheit. Zwar lehnte er die Anwendung von Gewalt zur Durchsetzung des orthodoxen Glaubens ab, [...] das hinderte ihn jedoch nicht daran, im Bewusstsein des absoluten Wahrheitsbesitzes die politischen Kräfte allein für die Förderung der einen, wahren Kirche zu beanspruchen.»[207]

Aus der Amtslegitimation durch eine Wahl durch das Volk und der grundsätzlichen Unabsetzbarkeit ergibt sich für die Bischöfe eine grosse Unabhängigkeit. Im Jahr 388 griff Ambrosius

«das erste Mal den Kaiser Theodosius I. an, weil dieser strafrechtlich gegen Menschen vorgehen wollte, die Synagogen geplündert und gebrandschatzt hatten. Ambrosius ging es dabei darum, das Christentum als allein richtige Religion durchzusetzen, und er verlangte daher vom Kaiser, dass das Recht nicht für jene genutzt werden sollte, die nicht Christen seien.»[208]

Die Bischöfe von Rom nahmen schon früh eine besondere Autorität gegenüber dem Kaiser für sich in Anspruch. So schreibt der dritte afrikanische Papst Gelasius (492–496) einen Brief an den Kaiser[209] in Konstantinopel, den man in zweierlei Weise interpretieren kann:

«Zum einen als Bestätigung der Gleichförmigkeit der Macht von Kaiser und Papst, was für die Verhältnisse des späten 5. Jahrhunderts durchaus auch als Anmassung betrachtet werden kann, jedenfalls als Ablehnung der von den Kaisern beanspruchten Hoheit über die Kirche.

[207] Ebd. 368.

[208] Schmoeckel, *Kanonisches Recht*, 62. Diese abwertende Haltung gegenüber den Juden wird offiziell erst das Zweite Vatikanische Konzil in der Konzilserklärung über das Verhältnis der Kirche zu den nichtchristlichen Religionen *Nostra aetate* (= NA) (28.10.1965) hinter sich lassen. Auch die von Ambrosius geforderte Verbindung der Staatsbürgerschaft mit der katholischen Religion wird erst in DH (7.12.1965) überwunden.

[209] Vgl. Gelasius, ep. 12. *Gelasii papae ad Anastasium Augustum*, in: Epistolae romanorum pontificum genuinae et quae ad eos scriptae sunt a s. Hilaro usque ad Pelagium II. Ex schedis clar. Petri Coustantii aliisque editis, adhibitis praestantissimis codicibus Italiae et Germaniae, Brunsberg 1867, n. 2, 350–352.

Daneben kann der Text auch verstanden werden als Überordnung der päpstlichen Macht über die weltliche, insoweit sie alleine die inhaltlichen Massstäbe definiert, mit denen die Rechtsakte bemessen werden können. Daraus entstand ein Vorrecht des Papstes in Glaubensfragen, den rechten Glauben [...] zu definieren. [...] Die Jurisdiktionsgewalt wurde damit nicht nur über die gesamte Kirche beansprucht, sondern eventuell auch gegenüber der weltlichen Macht.»[210]

Papst Gregor der Grosse (590–604) war mutmasslich der erste Mönch auf dem Stuhl Petri. Er betonte, dass die Menschwerdung Gottes die Würde aller Menschen vergöttlicht habe. Deshalb sah er es als eine soziale Pflicht der Kirche an, für die Armen[211] einzustehen. Auch in der Seelsorge ging er neue Wege. Nicht nur die Mönche, sondern die gesamte Kirche als Ganze sollte die Kunst der Seelenführung lernen.

«Nach dem Vorbild der ‹Regula Sancti Benedicti› sollten die Vertreter der Kirche als Institution, die Bischöfe, versuchen, das Innere der Menschen zu beeinflussen und eine Neuausrichtung des Lebens [aller, nicht bloss der Mönche] auf das Christentum zu bewirken. Insgesamt übertrug er damit auch den Vertretern der Institution Kirche die Aufgabe, durch eine seelsorgerische Begleitung der einzelnen Menschen eine stärkere Ausrichtung des Lebens nach den Grundsätzen des Glaubens in der ganzen Gesellschaft zu bewirken.»[212]

Die Bischöfe als Vertreter der Institution Kirche treten für die Interessen der Kirche nach aussen ein. Seit Kaiser Konstantin konnten sie immer mehr Vorrechte für sich und die Gemeinden gewinnen, z. B. die Befreiung von Abgaben.[213] «Das beinhaltete eine immer weitergehende Befreiung von den Grundsteuern, wie sie seit dem 4. Jahrhundert von dem Kaiser verliehen wurde.»[214] Bischöfe konnten Personen Asyl gewähren, die sich vor Verfolgung in eine Kirche flüchteten. Dieses kirchliche Asylrecht wurde über die Jahrhunderte weiterentwickelt[215]

---

[210] Schmoeckel, *Kanonisches Recht*, 68 (Hervorhebungen getilgt).

[211] Daraus entwickelte sich ein eigenes Armenrecht. Vgl. die wegweisende Studie von Tierney, Brian, *Medieval Poor Law. A Sketch of Canonical Theory and Its Application in England*, Berkley/Los Angeles 1959.

[212] Schmoeckel, *Kanonisches Recht*, 81 (Hervorhebung getilgt).

[213] Für den Begriff Abgabe wird im Lateinischen das Wort *munus* verwendet; daher hiess die Befreiung von Abgaben Immunität.

[214] Ebd. 60.

[215] Vgl. Landau, Peter, Asylrecht III: Alte Kirche und Mittelalter, in: *TRE* 4, 319–327.

und führte zum allgemeinen Recht, dass in heilige Stätten der Staat nicht hineinwirken darf.

> «Für Bischöfe und Priester galt ab dem 4. Jahrhundert vor allen Dingen in Kriminalsachen eine besondere Befreiung von den allgemeinen Gerichten. Sie sollten nur dem kirchlichen Gericht unterstellt werden dürfen, um so von ihresgleichen beurteilt zu werden. Dieses ‹privilegium fori› (Gerichtsstandsprivileg) war ein verfahrensmässiger Ausdruck der Sonderstellung des Klerus innerhalb des Reiches und gegenüber den anderen Mitgliedern der Diözese. Vor allen Dingen die bischöfliche Gerichtsbarkeit (episcopalis audientia) […], die schon seit dem Jahr 318 durch ein kaiserliches Reskript Anerkennung gefunden hatte und im Jahr 333 näher geregelt wurde, bestätigt die besondere Aufgabe der Bischöfe gegenüber der Rechtspflege.»[216]

Von dieser Einbindung der Bischöfe in die Reichsaufgaben, die auch eine entsprechende antike Bildung voraussetzte, distanzierten sich die Mönche und zogen sich in die Wüsten zurück. Sie entwickelten auch nach dem 6. Jahrhundert die demokratischen und egalitären Elemente weiter. Das antike Recht des Römischen Reiches wurde über fast ein halbes Jahrtausend in den Bibliotheken weniger beachtet. Das Mönchtum dagegen trägt die Fackel der demokratisch-partizipativen Tradition der Alten Kirche bis in die Neuzeit, wo der Funke der demokratischen Legitimation der Amtsträger von der Kirche auf den Staat überspringt.

2.7 Das regelbasierte Leben der Mönche

Die Distanz zwischen den Bischofskirchen und den Mönchsgemeinschaften war von Anfang an nicht zu übersehen. Das Mönchtum kann sogar als eine kritische Reaktion auf die Reichskirche verstanden werden, die die ehemalige Märtyrerkirche an das Reich theologisch und institutionell angepasst hatte.

> «Die Weltflucht der Mönche stand in krassem Gegensatz zu den Bischöfen, die eine neue Herrscherkaste unterhalb des Kaisers im Dienst des Reiches bildeten. […] Mönche flohen die Welt und brauchten keine Bildung, Bischöfe halfen dagegen, das Reich zu verwalten, und zeichneten sich durch ihre überdurchschnittlichen Kennt-

---

216 Schmoeckel, *Kanonisches Recht*, 60 (Hervorhebung getilgt).

nisse aus. Die einfachen Mönche erregten allerdings vielfach mehr Bewunderung im Volk. Ganz allgemein konnte man von diesen Mönchen erwarten, dass sie sich Zeit nahmen, um den Einzelnen zuzuhören und ihnen seelsorgerische Ratschläge zu geben. Insgesamt bildete sich hier eine echte Seelsorge durch die Mönche als die neuen Repräsentanten des Christentums aus.»[217]

Dabei erweisen sich die Mönche gemäss Simone Weil (1909–1943) als die eigentlichen Christen. Denn «die Fülle der Nächstenliebe besteht einfach in der Fähigkeit, den Nächsten fragen zu können, welches Leiden quält dich».[218]

2.7.1 Anachoreten – Nachfolge als Einzelne

Im Inneren der Kirche entwickelte sich schon vor 380 eine Strömung, die sich sorgsam vor der neuen Öffnung zur Welt verschloss. Sich vom städtischen Leben abwendend, zogen sich ihre Mitglieder Ende des 3. Jahrhundert als Einzelne in die Wildnis Ägyptens und Syriens zurück. Sie bezeichneten sich als Anachoreten oder Mönche. Ihre Weltflucht organisierten sie nicht in Gruppen, sondern als Individuen. Unter diesen Wüstenvätern[219] waren sozial Randständige, ehemalige Soldaten, jedenfalls definitiv keine Karrieristen[220].

«Asketen suchten Einsamkeit und waren daher einsam (griech. Monos, daher lat. monachus). In der Zeit der Christenverfolgungen waren die Eremiten dadurch auch vor Repressionen geschützt. [...] Besonders berühmt wurde der Ägypter Antonius (251–356 n. Chr.) ‹der Grosse›, der als Vater der Mönche[221] in die Geschichte eingegangen ist. [...] Um 285 verkaufte er das Gut [...] und zog in die ägyptische

217 Ebd. 76 (Hervorhebung getilgt).

218 Zitiert als Grundlagensatz des Romans von Nunez, Sigrid, *Was fehlt dir?* Berlin 2021, 5.

219 Vgl. zur Geschichte der Wüstenväter: Zander, Hans Conrad, *Als die Religion noch nicht langweilig war. Die Geschichte der Wüstenväter*, Gütersloh 2011.

220 Ein vier Meter hohes Ehrendenkmal steht vor dem Städtchen Philippi. Dort ist die Karriere des ehrgeizigen Gaius Vibius in Stein verewigt. Noch heute kann man die in Stein gemeisselte Karriereleiter bewundern. «Paulus mag an diese Ehrenlaufbahn gedacht haben, als er im Philipperbrief auf die ‹Laufbahn der Schande› des Gottessohns zu sprechen kommt. Dieser war ‹doch von göttlichem Wesen [...] gab es Preis und nahm auf sich das Dasein eines Sklaven [...] demütigte sich und wurde gehorsam bis zum Tod, bis zum Tod am Kreuz› (Phil 2,6–8).» Schliesser, Benjamin, Ehrgeiz – gegen den Strich gebürstet, in: *Magazin Bildungskirche* 01/2024, 8–10.

221 Vgl. Gemeinhardt, Peter, *Antonius, der erste Mönch. Leben, Lehre, Legende*, München 2013.

Wüste, um nur mit Gebet und der Handarbeit, also mit Demut und Askese die Annäherung zu Gott zu finden.»[222]

Nach 313 endete die Zeitepoche der staatlichen Christenverfolgung durch die römische Obrigkeit im Römischen Reich. Damit war aber nicht das Anliegen vieler Christinnen und Christen zu Ende, eine volle Willensentscheidung für Christus zu tätigen. Das Bedürfnis, die Tiefe ihrer aus dem Glauben entspringenden Motivation auch nach aussen hin zu leben, blieb. Da die häusliche Praxis der Askese sich nur begrenzt verwirklichen liess, verliessen die Wüstenväter ihre Dörfer und Städte, liessen sich in Höhlen und an verlassenen Orten nieder und errichteten später noch tiefer in der Wüste Lehmziegelbehausungen oder fanden in nicht mehr benutzten militärischen Aussenposten Unterschlupf. Armut, Zölibat und Selbstverleugnung prägten das Leben der Mönche weitab von der Betriebsamkeit des Forums, weitab auch von den kirchlichen Gottesdiensten. Durch unmittelbare Kommunikation mit Gott übten sie sich in der Standhaftigkeit gegenüber den Verführungen der Welt und ihrer Dämonen. Gebet, Bibellektüre und Meditation sollten den Körper der Mönche unterwerfen und ihren Willen festigen. Diese Konzentration auf das Ich ging einher mit dem Bestreben, moralische Egalität zu realisieren. Die Brüder verstanden sich als Gleiche, ob reich oder arm.[223] Die um 540 verfasste *Regel des hl. Benedikt*[224], die die Reichskirche besonders in karolingischer Zeit[225] prägte, verlangt vom Abt:

«Er mache im Kloster keinen Unterschied der Person. […] Wer frei geboren ist, darf nicht über den gestellt werden, der aus dem Sklavenstand ins Kloster tritt. […] Denn ob Sklave oder freier Mann in Christus sind wir alle eins [Gal 3,28], und

222 Schmoeckel, *Kanonisches Recht*, 75 (Hervorhebung getilgt).

223 Vgl. Harmless, William, *Desert Christians. An Introduction of the Literature of early Monasticism*, Oxford 2004, 158.

224 Vgl. Benedikt von Nursia, Die Regel des heiligen Benedikt (Regula Benedicti), in: *BKV*, URL: https://bkv.unifr.ch/works/cpl-1852/versions/die-regel-des-hl-benedikt-bkv/divisions/2.

225 In der Reichskirche trat an Stelle der vielen verschiedenen Mönchsregeln in den Klöstern die Regula Benedicti. Die Aachener Reichssynoden und Reichstage (816–819) legten die Benediktsregel und eine von Benedikt verfasste Consuetudo, das Capitulare monasticum, als alleinverbindliche Mönchsregel fest. Benedikt von Aniane OSB (750–821) beriet an der Aachener Königspfalz Ludwig den Frommen, den Kaiser des Fränkischen Reiches. Gemeinsam führten sie das von Karl dem Grossen begonnene Werk weiter: die Konzentration auf eine Mönchsregel; siehe dazu Jenal, Georg, Von Montecassino zu den Grossklöstern des Karolingerreiches (von Benedikt von Nursia […] zu Benedikt von Aniane […]), in: ders., *Sub Regula S. Benedicti. Eine Geschichte der Söhne und Töchter Benedikts von den Anfängen bis zur Gegenwart*, Köln 2018, 66.

unter dem gleichen Herrn tragen wir die Last der gleichen Dienstpflichten; bei Gott gibt es kein Ansehen der Person.»[226]

Die Vergrösserung ihrer Willensmacht war das Bestreben der Mönche. Antonius der Grosse, der die Mönchsbewegung prägte, erwarb sich durch seine strenge Askese grossen Respekt. Die Legenden und Biografien (Vita) über das Vollkommenheitsideal der Aszeten und Wüstenväter sind aus heutiger Sicht wohl als Werbetexte zu verstehen, die eine grosse Wirkung zeigten. Einer solchen Legende gemäss zog sich Antonius

> «für 40 Tage in eine Höhle zurück und hatte sich vorher nur ein Brot und einen Krug Wasser geben lassen. Als nach 40 Tagen die vermauerte Höhle wieder geöffnet wurde, kam er lebend heraus und hatte damit in besonderer Weise die Stärke seines Glaubens bewiesen. Solche Leistungen zogen Fans und Jünger an.»[227]

Die *Vita des Antonius* durch den Alexandriner Patriarchen Athanasios (300–373) sowie die *Martinsvita* durch Sulpicius Severus (um 363–420/ 425) sind Vorbilder für Papst Gregor den Grossen, der 595 eine *Vita Benedikts* schreibt. Auch diese Textgattung unterstreicht die individuelle Seite, die die Bekehrungserzählungen betonen. Antonius stammte aus einer reichen Bauernfamilie. Er verschenkte sein Erbe an die Armen und zog sich aufs Land zurück, um mittels körperlicher Arbeit, Gebet und Bibel den Dämonen Widerstand zu leisten. Sexuelle Versuchungen in Frauen- wie Knabengestalt[228] musste er andauernd bekämpfen, was ihm oft schlaflose Nächte bescherte, wie sein Biograf Athanasius erzählt:

> «Antonius aber, der aus der Heiligen Schrift gelernt hatte, dass die Ränke des bösen Feindes vielfach seien, übte sich mit aller Kraft in der Askese; denn er bedachte bei sich, dass der Teufel, wenn er auch nicht imstande gewesen sei, sein Herz durch die Lust des Fleisches zu verführen, jedenfalls eine andere List versuchen werde, ihm nachzustellen; denn der Dämon liebt die Sünde überaus. Mehr und immer mehr bezwang er seinen Körper und machte ihn untertänig, um nicht,

---

[226] *RB* Kap. 2,16–20. Deutsch: Holzherr, Georg, *Die Benediktsregel. Eine Anleitung zum christlichen Leben*, Freiburg (Schweiz) ^{6}2005, 79.

[227] Schmoeckel, *Kanonisches Recht*, 75.

[228] Was heute als sexueller Missbrauch eines Geistlichen bezeichnet wird, wurde traditionell oft «nur» als Schwäche eines Geistlichen (Mönch, Priester) angesehen, der der Versuchung erlegen ist.

hier siegreich, dort zu unterliegen. Daher ging er mit sich zu Rate, wie er sich an eine noch härtere Lebensführung gewöhnen könne.»[229]

Seine Mahlzeiten – Brot, Salz und Wasser – nahm er sporadisch ein: täglich nach Sonnenuntergang, manchmal aber auch nur alle zwei oder alle vier Tage.[230] Trotzdem wurde Antonius angeblich 105 Jahre alt. Auf die Frage eines Philosophen, der zu Besuch weilte, warum in seiner Gebirgseinsiedelei keine Bücher seien, antwortete Antonius, er benötige für die religiöse Versenkung nur die Schöpfung Gottes. «Mein Buch ist [...] die von Gott geschaffene Natur; sie ist stets zur Hand.»[231]

Christinnen und Christen in den Städten, die sich nicht für dieses «verrückte» Leben als Anachoreten entscheiden konnten, unterwarfen sich in ihrem Alltag strengen Aszese-Übungen. Gottgeweihte Jungfrauen, von denen es nicht wenige gab, stimmten mit der Ansicht der Mönche überein, dass das asketische Leben «das ganze Joch des Herrn» sei. Dadurch, dass diese Ansicht weitherum verbreitet war, genossen die Mönche grosses Ansehen, weil sie dadurch im Ruf moralischer Vollkommenheit standen.[232]

Da die Behausungen der Mönche oft nur ein Spaziergang von den Städten entfernt waren, erhielten sie viele Besuche von Gläubigen. Der Mönch Simeon (389–459) versuchte daher im Jahr 455

> «durch den Rückzug auf einen Berg dem Pilgerstrom zu entgehen. Als die Strategie nicht aufging, entwickelte er die Idee der Säule. In der Mitte eines Platzes konnte er von den Jüngern und Ratsuchenden umgeben werden, stand jedoch in seiner Höhe ganz alleine und fand endlich die Freiheit, durch regelmässige Gebete am Tag und Busspraktiken seinen Glauben zu leben. Dazwischen nahm er sich jedoch die Zeit für jene Menschen, die sich Seelsorge und Zuspruch von ihm erwarteten.

---

229 Athanasius, *Leben des heiligen Antonius (Vita Antonii)*, Kap. 7. Die Einrichtung seiner Lebensführung, in: BKV, URL: https://bkv.unifr.ch/de/works/cpg-2101/versions/leben-des-heiligen-antonius-bkv/divisions/9.

230 Ebd.

231 Brown, *Macht und Rhetorik*, 95.

232 Vgl. dazu die *Lehre der zwölf Apostel (Didache)*, 6, 2: «Denn wenn du das ganze Joch des Herrn tragen kannst, wirst du vollkommen sein; vermagst du das aber nicht, so tue, was du kannst.» Zit. aus: BKV, URL: https://bkv.unifr.ch/de/works/cpg-1753/versions/didache-lehre-der-zwolf-apostel-bkv/divisions/7.

> Selbst der Kaiser besuchte ihn, um einen Ratschlag von ihm in politischer Hinsicht zu erhalten. Simeon wurde Vorbild der ‹Säulenheiligen› (Styliten).»[233]

Auch ein Schüler Simeons soll gemäss der Legende 36 Jahre auf einer Säule am Stadtrand Konstantinopels verbracht haben. Andere wiederum trugen Eisenketten oder ernährten sich ausschliesslich von Gras.[234] Damals wie heute waren es Menschen, die die Gesellschaft herausfordern wollten. Sie bezeichneten sich oft mit dem Wort des Paulus: «Wir sind Narren um Christi willen.» (1 Kor 4,10)

Von den Auswüchsen dieser anachoretischen Bewegung wird sich später auch der Ordensgründer Benedikt distanzieren. Diese Mönche zeigen aber eine Eigenschaft des Christentums sehr deutlich: den Egalitarismus und das Potenzial zur Innerlichkeit. Sie grenzten sich vom städtischen Christentum ab, das für sie die Welt darstellte. Die traditionelle städtische Kirche mit den Bischöfen an der Spitze war für die Mönche viel zu eng mit der antiken Welt des Römischen Reiches verflochten. Die monastische, herausfordernde Interpretation des gelebten Evangeliums dagegen wurde wie ein Stachel im Fleisch erlebt, der an die Anfänge des Urchristentums erinnern wollte. Die monastische Tradition gab sich nicht zufrieden mit diesem «angepassten» Christentum «light» der Städte.

Die Wüstenväter und Wüstenmütter forderten die gebildeten Bischöfe heraus und waren auch die Psychotherapeuten der damaligen Zeit.[235] Einer der grossen Intellektuellen seiner Zeit, der eine der ersten Autobiografien schrieb, geriet auf dem Höhepunkt einer wissenschaftlichen und politischen Karriere in Mailand in eine grosse persönliche Krise. Heute würde man von Midlife crisis sprechen. Der nach römischen Massstäben Erfolgreiche hiess Augustinus, der eine sehr gute philosophische und rhetorische Ausbildung erhalten hatte und schliesslich zum Professor in Mailand berufen worden war. Er war in der Provinz in Thagaste (Nordafrika) aufgewachsen. Seine Mutter Monika (um 332–387) und die ganze Hausgemeinschaft, mit Ausnahme seines Vaters Patricius, hatten sich taufen lassen. Augustinus war Katechumene, seine Taufe wurde aber wegen einer schweren Krankheit verschoben.[236] Der naive christliche Glaube seiner Mutter

---

[233] Schmoeckel, *Kanonisches Recht*, 76 (Hervorhebung getilgt).

[234] Vgl. Siedentop, *Die Erfindung des Individuums*, 109.

[235] Vgl. Hell, Daniel, *Die Sprache der Seele verstehen. Die Wüstenväter als Therapeuten*, Freiburg i. Br. 2007 (Daniel Hell war Professor für klinische Psychiatrie und Klinikdirektor der psychiatrischen Universitätsklinik Zürich).

[236] Vgl. Augustinus, Aurelius, *Bekenntnisse (Confessiones)*, 1, 11, in: BKV, URL: https://bkv.unifr.ch/de/works/cpl-251/versions/aug-conf-bkv/divisions/13.

konnte den bestens ausgebildeten Rhetor und Universitätsprofessor Augustinus[237] nicht überzeugen. Als er in diese Krise geriet, gab Augustinus seinen bisherigen Beruf als Professor auf.[238] Das Ende seiner Suche erlebte er am 15. August 386 in einem Bekehrungserlebnis. Aufgrund dieser religiösen Erfahrung entschied er sich für ein kontemplatives Leben. Diese religiöse Grunderfahrung hat Augustinus mehrfach dargestellt. Am bekanntesten wurde die Beschreibung am Ende des achten Buches der *Confessiones*,[239] seiner Autobiografie. In grosser Unruhe und Unsicherheit verliess er das Haus in Mailand, ging in den Garten. Dort wurde ihm seine erbärmliche Situation bewusst, er brach in Tränen aus. Er distanzierte sich von Alypius und sprach weinend unter einen Feigenbaum zu Gott. Plötzlich hörte er eine Kinderstimme, die ihn immer wieder aufforderte: «Nimm, lies!» (lateinisch: Tolle, lege!). Da er Entsprechendes über Antonius, den Einsiedler aus der Wüste, in dessen Biografie gelesen hatte, deutete er: Gott befiehlt ihm, ein Buch aufzuschlagen und die Stelle auszulegen. Das erste Buch, das ihm in die Hand fiel, war die Bibel. Er schlug die Seiten mit den Paulusbriefen auf und las: «Nicht in Fressen und Saufen, nicht in Wollust und Unzucht, nicht in Hader und Neid, sondern ziehet den Herrn Jesus Christus an und pflegt das Fleisch nicht zur Erregung eurer Lüste» (Röm 13,13 f.).[240] Da erlangte er Sicherheit. Der Freund Alypius entzifferte den darauffolgenden Vers: «Des Schwachen im Glauben aber nehmt euch an» (Röm 14,1). Dies auf sich beziehend, schloss er sich Augustinus an. Sie gingen zur Mutter von Augustinus, Monika, um ihr zu erzählen, was sich ereignet hatte. Dieses Erzählen in seiner Autobiografie ist, entsprechend den literarischen Gewohnheiten der Zeit, stark gestaltet. So hat der Rhetorikprofessor Augustinus die Lebensbeschreibung des Mönchsvaters Antonius und den Feigenbaum des Jüngers Natanael (Joh 1,48) entsprechend eingeflochten.

Die monastische Bewegung in Ägypten und Syrien hatte also in der *Biografie des Heiligen Antonius*, geschrieben vom Bischof Athanasius, den Weg vom Osten des Römischen Reiches in den Westen gefunden. Augustinus formulierte die

---

[237] Augustinus von Hippo, * 354 in Thagaste (Numidien, heute Souk Ahras, Algerien); † 430 in Hippo Regius (heute Annaba, Algerien) ist neben Hieronymus, Ambrosius und Gregor dem Grossen einer der vier lateinischen Kirchenlehrer der Alten Kirche. Er war auch ein wichtiger Philosoph an der Schwelle zwischen Antike und Frühmittelalter.

[238] Vgl. Augustinus, *Bekenntnisse (Confessiones)*, VIII 2, 2, 2–4.

[239] Vgl. ebd. VIII 12, 29. Die Bekehrungsszene hat in der Malerei, der Literatur und im biographischen Schrifttum ein starkes Echo gefunden, vgl. URL: https://dewiki.de/Lexikon/Hl._Augustinus#Bekehrungserlebnis.

[240] Vgl. Siedentop, *Die Erfindung des Individuums*, 126.

Herausforderung des Bekehrungserlebnisses wie folgt: Konnte er als Gelehrter auf die Erfahrung der Ungebildeten hören?

> «Ungelehrte stehen auf und reissen das Himmelreich an sich, und siehe da, wir mit unserer Gelehrsamkeit, wir wälzen uns in Fleisch und Blut herum! Oder schämen wir uns, ihnen nachzufolgen, weil sie vorangegangen sind? Sollen wir uns nicht lieber schämen, wenn wir ihnen nicht wenigstens nachfolgen?»[241]

Durch ihr Leben in der Wildnis wandten sich die Mönche von den hergebrachten Gemeinschaftsformen, besonders von der Stadt, ab. Die Bewegung der Mönche und Eremiten beginnt durch die Lebensweise als Einzelner. Daher auch die Bezeichnung als *Monachos*. In der Einsamkeit, dem Gebet und dem Lesen der Heiligen Schrift suchten die Mönche Gott. Der Mönch war ein Askese-Athlet neuerer Art: Sein Streben galt nicht der Vervollkommnung des Körpers oder dem Erfolg im Wettkampf, sondern dem Sieg über seinen eigenen Willen. Der Ort des Geschehens war nicht das Amphitheater, sondern die Wüste; Zuschauer ist nicht die Menge, sondern Gott; der Preis des Erfolgs ist nicht der tosende Beifall des Publikums, sondern die geistliche Verbindung mit Gott. Die Anziehung dieses neuen Lebensentwurfs war enorm: Am Ende des 3. Jahrhundert herrschte in einigen ländlichen Gebieten Ägyptens und Syriens eine Überbevölkerung durch Mönche.[242] Das machte es erforderlich, die grössere Nähe der bisher einsam lebenden Mönche durch Abmachungen und gemeinsame Elemente besser zu strukturieren. Die Mönche versammelten sich nun ein- bis zweimal die Woche zum gemeinsamen Gottesdienst. Dies brachte zumindest eine gewisse Struktur in die bisherige monastische Anarchie.

2.7.2 Koinobiten – Nachfolge in der Gemeinschaft mit Regel

Das Problem der grossen Anzahl von Mönchen wurde durch ein organisiertes Zusammenleben gelöst:

> «Der ehemalige Ziegelbäcker und Soldat Pachomios [um 292/298–346] wurde zum Begründer des Klosters. Zunächst wurde er Christ, als er die karitativen Dienste von Christen an seinen Soldatenbrüdern bemerkte. Er [...] schuf eine Form des Zusammenlebens (conobium) der Wüstenväter. [...] So verfasste Pachomios für sein

[241] Augustinus, *Bekenntnisse (Confessiones)*, VIII, 8.

[242] Vgl. Siedentop, *Die Erfindung des Individuums*, 110 f.

am rechten Nilufer um ca. 320 errichtetes erstes Kloster von Anfang an eine Mönchsregel, die die Gemeinschaft betonte, eine einheitliche Lebensform schuf und dabei die straffe Organisation des Lebens sowie eine asketische Lebensform gewährleistete, indem alle Mönche Gehorsam sowohl der Regel als auch dem Leiter des Klosters, dem Abt (Abbas), schwören mussten. Diese Regel wurde vom Heiligen Hieronimos für den Westen in das Lateinische übersetzt.»[243]

Schenute von Atripe (um 348–466) etablierte die Probezeit (Postulat, Noviziat) und die Mönchsgelübde. Entscheidenden Einfluss übte allerdings Basilius der Grosse (330–379) aus. Für ihn sollten die Klöster nicht sehr gross sein. Sie konnten sich auch in Städten befinden. Die Integration des Mönchtums in die Gemeinschaft der Stadt vollzog Basilius der Grosse. Er stammte aus einer christlichen Familie, trat in ein Kloster ein und wurde später Erzbischof von Caesarea.

> «Der ehemalige Mönch musste nun in einer Grossstadt leben und war einer der ersten, der das ländliche Mönchtum mit der Stadt verband. Auch als Bischof lebte er asketisch und gab sein Geld für soziale Zwecke aus. [...] Doch könnten Klöster auch in der Stadt geführt werden, um den Stadtmenschen den Weg der Busse und der Bildung vor Augen zu halten. Vor allen Dingen aber sei es wichtig, den Wert der Arbeit zu erkennen. [...] Basilius verfasste so eine Regel über das Zusammenleben der Mönche in Klöstern»[244],

die zur Grundlage der Klöster in der Ostkirche wurde. Die höchste Autorität über die Klöster kam dem Ortsbischof zu, was von Basilius akzeptiert wurde. Diese Autorität sollte nach Basilius jedoch nur periodisch ausgeübt werden, da die Mönche nach ihrem eigenen Regime leben sollten, unter der Leitung bewährter Männer (*seniores*) und eines Abtes. Hier wurde die Idee der Selbstverwaltung über Jahrhunderte gelebt, die später sogar die aufgehobenen Klöster, die Universitäten, übernehmen.[245]

In der Westkirche entstanden ebenfalls Regeln für das Zusammenleben der Mönche: So schätzte Augustinus das Mönchstum in seinen Schriften hoch und verfasste selbst eine Regel, die *Augustinusregel*, die Anwendung in verschiedenen Ordensgemeinschaften und Priestergemeinschaften fand. Cassiodor (485–580) gründete auf Sizilien bei Messina das Kloster Vivarium, das als «Schatzkammer

---

243 Schmoeckel, *Kanonisches Recht*, 76 f.

244 Ebd. 77 (Hervorhebung getilgt).

245 Vgl. Siedentop, *Die Erfindung des Individuums*, 124.

der Gelehrsamkeit konzipiert [wurde], um die antike Bildung zu pflegen und zu tradieren. Dafür sollten sich die Mönche auf Gebet und Wissenschaft konzentrieren.»[246]

Über das im Osten entstandene koinobitische Mönchtum berichtet im Westen um 420 auch der griechisch und lateinisch schreibende Johannes Cassianus (360–435) in *Buch V Über die Grundsätze der Koinobiten und die acht Hauptlaster*[247] seines Werkes *Von den Einrichtungen der Klöster*. Darin stellt er das ägyptische Klosterleben dar und richtet seine Achtlasterlehre an der Lehre des Evagrios Pontikos (345–399) aus. Er postuliert die acht Hauptlaster Unmässigkeit, Unkeuschheit, Habsucht, Zorn, Traurigkeit, Überdruss, Ruhmsucht und Hochmut, die sich später in der kirchlichen Lehre als Kapitalsünden wiederfinden. Zwischen 426 und 428 verfasste Johannes Cassianus die *Collationes Patrum*, die *Unterredungen mit den Vätern*, in denen er seine Erfahrungen mit den Mönchen in der ägyptischen Wüste in Form von Gesprächen wiedergab. Mit den *Collationes* machte er die Lebens- und Glaubensweisheiten der ägyptischen Mönche im lateinischen Westen des Römischen Reiches einem breiteren Kreis bekannt.[248] Auf Drängen des späteren Papstes Leo I. (400–461) verfasste er um 430 *De incarnatione Domini contra Nestorium* (*Über die Menschwerdung Christi, gegen Nestorius*)[249]. Mit diesem Werk wurde ihm Augustinus zum Feind, der ihn des Semipelagianismus bezichtigte. Cassianus war neben Martin von Tours (316/317–397), Honoratus von Arles (ca. 350–430), den Juravätern und weiteren einer der ersten Klostergründer im Westen des Römischen Reiches. Cassianus pflegte das Ruhegebet[250], eine frühchristliche Form der Meditation, die er bei den Wüstenvätern kennen gelernt

---

246 Schmoeckel, *Kanonisches Recht*, 78.

247 Vgl. Cassianus, Johannes, *Von den Einrichtungen der Klöster (De institutis coenobiorum et de octo principalium vitiorum remediis)*, 5, 1, in: BKV, URL: https://bkv.unifr.ch/de/works/cpl-513/versions/von-den-einrichtungen-der-kloster-bkv/divisions/90.

248 Vgl. Cassianus, Johannes *Vierundzwanzig Unterredungen mit den Vätern (Collationes Patrum)*, Einleitung, in: BKV, URL: https://bkv.unifr.ch/de/works/cpl-512/versions/vierundzwanzig-unterredungen-mit-den-vatern-bkv/divisions/3. Die Einleitung weist darauf hin, wer dieses Werk aus dem Osten im Westen im Verlauf der Jahrhunderte kannte und zitierte: z. B. Benedikt von Nursia (480–547), Dominikus (1170–1221), Thomas von Aquin (1225–1274), Ignatius von Loyola (1491–1556).

249 Vgl. Cassianus, Johannes, Sieben Bücher über die Menschwerdung Christi (De incarnatione Domini contra Nestorium), in: *Sämtliche Schriften des ehrwürdigen Johannes Cassianus*: zweiter Band (Bibliothek der Kirchenväter, 1. Serie 68), Kempten 1879.

250 Seit den Wüstenvätern ist z. B. das folgende Ruhegebet bekannt: «O, Gott, komm mir zu Hilfe» (Ps 70,2). Dieser Eröffnungsvers des Stundengebets der Kirche wird immer wiederholt. Abschweifende Gedanken lässt der Betende ziehen.

hatte. Benedikt von Nursia berief sich in seiner Regel mehrmals auf Johannes Cassianus[251], weil er ihn als geistlichen Lehrer sehr schätzte, indem er seine Werke aufführte (*RB* Kap. 73,5).[252]

Die Mönchsgemeinschaften mit ihrer durch eine Regel strukturierten Lebensweise werden im Westen des Reiches zu Friedensinseln in den von den Völkerwanderungen zerstörten öffentlichen Strukturen. Die *rule of law* (Herrschaft des Rechts; Rechtsstaatlichkeit) hat nicht nur im Begriff *rule* (Regel) viel mit den Mönchsregeln gemeinsam. In den Gemeinschaften von Mönchen oder Nonnen stellen sich Gruppen von Männern oder Frauen freiwillig unter eine Regel, die ihr Leben bestimmt.

Der Westen als Rechtsgemeinschaft entsteht durch den neuen Umgang mit der Autorität, die gewählt wird und die an eine Regel (*rule*) bzw. an Gesetze gebunden ist, die für alle gelten, auch für den Vorsteher, bzw. die Vorsteherin. Dies hat Vorbildcharakter, denn der Kaiser und später die Päpste sahen sich nicht an ihre Gesetze gebunden, die sie als Gesetzgeber dem Volk gaben. Das Mönchtum bewahrte diese Gemeinschaftsordnung der Gleichheit, begrenzte den Zwang und ehrte die Handarbeit; es bewahrte so das Prinzip einer regelgeleiteten Gesellschaft. Der Begriff der *rule of law* (Rechtsstaatlichkeit) erinnert im Englischen noch daran, dass Ordensregeln und Rechtsstaatlichkeit eine gemeinsame Wurzel haben.

Ein Mitglied entscheidet sich für ein Leben unter Regel und Abt bzw. Äbtissin. Die ursprünglich für die Rechtsinstitution Kloster entwickelten Regeln werden

---

251 Vgl. Baumgarten, Mark-Oliver, *Der Einfluss von Johannes Cassian auf die Benediktsregel – ex oriente lux. Eine Untersuchung im Bereich der Institutionenlehre*, Lausanne 2024.

252 Benedikt erwähnt Cassianus nicht namentlich (*RB* Kap. 73, 5), weil dieser von Augustinus als Semipelagianer verurteilt wurde. Der Mönch Pelagius (ca. 350/360 – ca. 418/420) stritt mit Augustinus über die Rolle des Bösen und die Gnade in der christlichen Lehre. Er warf Augustinus vor, dem Bösen den gleichen Rang wie Gott zu geben und heidnischen Fatalismus zu predigen. Der Disput verselbständigte sich und dem Pelagianismus wurden Aspekte zugerechnet, die der Mönch Pelagius nicht vertreten hatte. Augustinus' Version von Pelagius' Lehre über die Sünde und die Sühne wurde u. a. 418 auf der Synode von Karthago als Häresie verurteilt. Pelagius soll, anders als Augustinus, ein positives Menschenbild postuliert haben: Der Mensch sei wesenhaft gut und der menschliche Wille folglich imstande, nur aufgrund seines natürlichen Vermögens Gottes Geboten zu gehorchen: «Du kannst, weil du willst.» Pelagius betonte – im Gegensatz zum moralischen Determinismus – die Freiheit des Willens, der als ein Geschenk Gottes niemals von der Sünde korrumpiert werden könne. Vgl. die Ausführung zum Disput zwischen Augustinus und Pelagius bei Greshake, Gisbert, *Gnade als konkrete Freiheit. Eine Untersuchung zur Gnadenlehre des Pelagius*, Mainz 1972, 193–274.

dort seit über 1700 Jahren mehr oder weniger umgesetzt.[253] Schliesslich übernehmen der moderne Rechtsstaat (und teilweise das kanonische Recht) wichtige Prinzipien der Rechtsinstitution Kloster wie Gleichheit, Gleichbehandlung oder Willkürverbot in die eigene Gesetzgebung und verschaffen diesen über ihre Rechtsprechung für alle Menschen Geltung.

> «Angesichts der Autorität, die den Mönchen in der Bevölkerung gezollt wurde, entstand eine Rivalität zwischen Bischöfen und Äbten, zwischen dem Klerus und den Mönchen. Während die Reichskirche die Hierarchie und eine geradezu monarchische Herrschaft verkörperte, stand die monastische Bewegung für den Vorrang des Glaubens und eine jedenfalls graduell stärker demokratische Leitung von ‹Brüdern› (fratres).»[254]

2.7.3 Die rule of law der Mönche fördert eine neue Rechtskultur

Der englische Begriff *rule of law* wird heute im Deutschen meist mit «Rechtsstaatlichkeit» übersetzt. Damit ist im Englischen schon sprachlich eine Nähe zwischen der Rechtskultur der Mönche, den Regeln der Mönche (*rule*) und der Rechtsstaatlichkeit (*rule of law*) geschaffen, die in der deutschen Begrifflichkeit leider nicht vorhanden ist. Die neue Lebensform des Klosters entwickelte gegenüber der Antike neue Rechtsstandards, die auch die Rechtsentwicklung von Kirche und Staat mitprägen. Wie im Kloster wird auch im Rechtsstaat politische Herrschaft nur aufgrund und im Rahmen des Rechts (*rule of law*) ausgeübt.[255]

---

[253] Vgl. Jacobs, Uwe Kai, *Die Regula Benedicti als Rechtsbuch. Eine rechtshistorische und rechtstheologische Untersuchung* (Forschungen zur kirchlichen Rechtsgeschichte und zum Kirchenrecht 16), Köln / Wien 1987.

[254] Schmoeckel, *Kanonisches Recht*, 79 (Hervorhebung getilgt).

[255] Vgl. Yuen, Marvin, *Benediktinisches Ordensrecht in Entwicklung und Gegenwart. Darstellung und Vergleich mit dem Kommunalrecht*, Baden Baden 2010 (Münsterische Beiträge zur Rechtswissenschaft, N. F. 3). Vgl. Jacobs, *Regula Benedicti als Rechtsbuch*; Condorelli, Orazio u. a. (Hg.), *Der Einfluss des kanonischen Rechts auf die europäische Rechtskultur*, 6 Bde., Köln / Weimar / Wien 2009–2020. Das französisch-italienisch-deutsche Verbundprojekt will grundlegende Aspekte des klassischen kanonischen Rechts beleuchten, die für unsere heutige Rechtsordnung noch relevant sind:
Bd. 1: Zivil- und Zivilprozessrecht, 2009.
Bd. 2: Öffentliches Recht, 2011.
Bd. 3: Straf- und Strafprozessrecht, 2012.
Bd. 4: Prozessrecht, 2014.
Bd. 5: Das Recht der Wirtschaft, 2016.
Bd. 6: Völkerrecht, 2020.

Ein gemeinschaftliches Klosterleben anzustreben und dabei gleichzeitig dem individuellen Heil der Seele[256] nachzugehen, sei dem Evangelium besser angemessen als ein anachoretisches Leben. Auf der Basis der Gleichheit fördere Arbeiten und Teilen «eine vollkommene Koinonia, eine Gemeinschaft der Gläubigen, von der es in der Apostelgeschichte heisst [...] ‹sie war ein Herz und eine Seele›»[257]. Man folgerte, dass ein derartiges Leben der Bildung der Seelen diene.

Die individuelle Führung des Mönchs strich Cassianus hervor. Wie alle Autoren seiner Zeit vertritt er «das Prinzip, dass eine jede Seele der Führung bedarf; dass es selbst nach langen Übungen und wenn man bereits in dem guten Ruf der Heiligkeit steht, vorkommt, dass man wieder fällt»[258]. Für Cassian gilt daher:

> «Der Heilige ist nicht der, der sich selbst ‹führt›: sondern der, der sich von Gott führen lässt. [...] Auch wenn es eine Phase der Initiation in das Klosterleben gibt, in der die Führung eine engmaschige, institutionelle Form annimmt, die Regeln folgt, die für alle Novizen gelten, bildet der Wille, die Führung zu akzeptieren, die Bereitschaft, sich führen zu lassen, eine Konstante, die die gesamte klösterliche Existenz kennzeichnen muss.»[259]

Benedikt bringt dieses Verständnis im fünften Kapitel seiner Regel über den Gehorsam mit der Formulierung «*ambulantes alieno iudicio et imperio*» («gehen ihren Weg unter der Führung und dem Befehl eines anderen») auf den Punkt. Die individuelle Führung, geistliches Gespräch, Supervision oder Therapie spielen also eine zentrale Rolle. Der Ansatz, bei dieser Führung die Sprache der Seele zu verstehen, schreibt den Wüstenvätern auch eine therapeutische Rolle zu.[260] Die individuelle Dimension ist schon seit der Urkirche von zentraler Bedeutung, da die Bekehrung genau wie die Bereitschaft, als Märtyrerin zu sterben, oder der Eintritt in ein Kloster Entscheidungen des Individuums verlangen. Die Mönche waren eine Laienbewegung. Trotzdem war diese charismatische Laienbewegung geistlich stärker prägend als die hierarchische Bischofskirche des Römischen Reiches.

---

256 Vgl. den Grundsatz «salus animarum suprema lex» in c. 1752 CIC/1983, der heute für die ganze Kirche postuliert wird.

257 Dunn, The Emergence of Monasticism, 27: «[...] a perfect koinonia like that of the believers which Acts describes: ‹They were one heart and one soul›.» (dt.: A. Loretan).

258 Foucault, *Die Geständnisse des Fleisches*, 166.

259 Ebd. 168.

260 Vgl. Hell, *Sprache der Seele verstehen*, 17–24.

«Nach der Wahl hatte der zuständige Ortsbischof nur ein Vetorecht und sollte den Abt feierlich in sein Amt einführen. Im Übrigen aber funktionierte das Kloster ohne eine bischöfliche Autorisierung. Insoweit entwickelte sich eine echte Parallelstruktur der Herrschaft. Der Abt war gehalten, den Rat (consilium) seiner Brüder in allen wichtigen Dingen einzuholen [...], war an diesen Rat allerdings nicht gebunden.»[261]

Somit wurde durch den christlichen Glauben der Mönche die neue Gemeinschaftsform des Klosters entwickelt. Zum Beispiel lebten auf dem Berg Nitria in Ägypten im 4. Jahrhundert etwa 5000 Mönche. So berichtet Palladios von Helenopolis (364–430) über das Leben der Mönche:

«In den Klöstern um Alexandrien blieb ich drei Jahre lang und verkehrte mit überaus edlen, eifrigen Männern, etwa zweitausend an Zahl. Von da ging ich in das Natrongebirge. [...] Es gibt da sieben Bäckereien, die jenen Männern das Brot liefern und auch den Einsiedlern in der großen Wüste, sechshundert an Zahl. Ich blieb ein Jahr und schöpfte großen Gewinn aus dem Umgange mit den seligen Vätern [...] Dann ging ich, durch die vielen Erzählungen der Väter angestachelt, mitten in die Wüste. [...] Neben der Kirche steht ein Hospiz; da findet jeder Fremdling Aufnahme, bis er freiwillig weiterzieht, auch wenn er zwei bis drei Jahre sich aufhält. Einen Tag der Woche lässt man ihn ohne Beschäftigung; während der übrigen wird er zur Arbeit verwendet in Garten, Bäckerei oder Küche. Wenn er des Lesens kundig ist, gibt man ihm ein Buch und gestattet ihm bis zur sechsten Stunde nicht, ein Gespräch mit jemand zu führen. Auf diesem Gebirge leben auch Ärzte und Kuchenbäcker. Auch trinkt man Wein und verkauft ihn. Eigenhändig webt ein jeder Leinwand und so leidet kein einziger Mangel. Um die neunte Stunde hört man aus allen Klöstern Psalmengesang erschallen, so dass man glaubt, in das Paradies entrückt zu sein. Zur Kirche kommen sie nur am Sabbat und Sonntag; acht Priester stehen ihr vor. Solange der erste Priester noch am Leben ist, opfert, predigt und richtet keiner aus den übrigen, sondern sie sitzen nur still an seiner Seite.»[262]

Diese Beschreibung zeigt, dass nur schon auf Grund der Anzahl eine klare Organisation erforderlich war. Händler verkauften die Produkte der Mönche und es entstanden auch Einrichtungen wie ein Gästehaus. Der Zusammenschluss auf

[261] Schmoeckel, *Kanonisches Recht*, 78 f.

[262] Palladios von Helenopolis, *Leben der Väter (Historia Lausiaca)*, Kap. 7, in: BKV, URL: https://bkv.unifr.ch/de/works/cpg-6036/versions/leben-der-vater-bkv/divisions/11.

freiwilliger Basis ist typisch für die Gruppenidentität des Mönchtums. Ihr geht ein individueller Willensakt jedes Einzelnen voraus. Das bedeutete eine starke Abwendung von den Gepflogenheiten der antiken Welt.[263] *Ich* (*Ego*) entscheide mich für ein Leben unter Regel und Abt, so die *Benediktsregel* im Prolog Nr. 16, nachdem der Novize oder die Novizin im Noviziat das Leben unter Regel und Abt bzw. Äbtissin kennengelernt hat. «Die Antwort auf die Einladung Christi besteht im Ich-Sagen des Menschen, wie es bereits als Antwort auf die Tauffragen ausgesprochen wurde. [...] Was willst du? Ich will Leben und gute Tage.»[264] Das letzte Wort der *Regula Benedicti* nimmt das Wegmotiv nochmal auf:

> «‹perveniens – du wirst ankommen› ist eine Zusage. [...] Die persönliche Anrede stellt jeden einzelnen mit seinem eigenen Weg unter diese Verheissung. [...] Benedikt ist durchdrungen von dem Vertrauen, dass der Mönch sein Ziel erreicht, weil Christus selber in seinem Leben gegenwärtig ist. [...] ‹Wir wollen [...] zum ewigen Leben gelangen› [...] Damit ist der eigentliche Sinn monastischer Existenz ausgedrückt. In Benedikt lebt diese Gewissheit, die bereits die frühchristliche Spiritualität geprägt hat, wenn der Märtyrerbischof Ignatius es bekennt: ‹Haltet mich nicht vom Leben ab. [...] Dort angekommen werde ich Mensch sein.›»[265]

Diese eschatologische Dimension des Frühchristentums und des Frühjudentums wird der säkulare Rechtsstaat nicht übernehmen. Sie ist aber entscheidend für die Ausprägung der Individualität, die von den Mönchsregeln verlangt wird. Physisch und psychisch nahmen die Mönche und Nonnen Abstand von der Polis und von der antiken Familie. Im Übergang vom einsamen Eremitentum (Anachoreten) zum Gemeinschaftsleben der Mönche und Nonnen (Koinobitentum) wurde eine neue Form des Zusammenlebens entwickelt. Diese gründete aber ebenfalls auf einem individuellen Gewissensentscheid. Dieser wurde bei den christlichen asketischen Gruppen auch den Frauen zugetraut, was in der antiken Welt eher nicht vorgesehen war. «Geweihte Jungfrauen» erlangten im 3. Jahrhundert in den Familien der oberen Schicht und in der christlichen Gemeinschaft überhaupt neue Beachtung. Diese Freiheit der Frau in dem neuen christlichen

[263] Auch die Mysterienkulte kannten einen individuellen Beitritt, es schien aber, als sei es ihnen nicht möglich, ihr Gesicht in einer Welt, die ganz anders organisiert ist, zu zeigen und sie daher verborgene, mysteriöse Gesellschaften bleiben mussten. Vgl. zum Ganzen Siedentop, *Die Erfindung des Individuums*, 120.

[264] Puzicha, Michaela, *Kommentar zur Benediktusregel*, St. Ottilien 2002, 55.

[265] Ebd. 618.

Zeitalter war gekennzeichnet durch sexuellen Verzicht, d. h. eine individuelle Willensäusserung. Die Jungfräulichkeit[266] wird als höchstes Ideal von vielen Kirchenvätern ausführlich auch für Frauen besprochen. Die platonische Philosophie spielt in monastischen Kreisen eine zentrale Rolle.

> «Im Zuge dieser Bewegung stellt sich die Ähnlichkeit mit Gott ein, die die von Platon beeinflusste Philosophie unaufhörlich den Seelen versprach, die sich von der Welt des Scheins befreien. Metodius sieht hier in der Jungfräulichkeit[[267]], indem er ihr die sehr weite Bedeutung einer gereinigten und ‹höchsten› Lebensart verleiht, eine Angleichung an Gott.»[268]

Die Errichtung von asketischen Frauengemeinschaften, woraus später die Frauenklöster entstanden, spiegelt das Ausbrechen der Frau aus ihrem angestammten Umfeld, der antiken Familie, wider. Viele Legenden weiblicher Märtyrerinnen beinhalten diesen Ausbruch aus der häuslichen Unterordnung und die Ablehnung einer Heirat, die sie – nach heutiger Konnotation – mit einem Femizid bezahlten. Für die Frauen konnte es lebensgefährlich werden, ihre freie Entscheidung zu einem Leben im Kloster oder als geweihte Jungfrau durchzusetzen. Die *Legende von der heiligen Agatha*, die auf Sizilien lebte, erzählt davon, dass ein römischer Mann, der Agatha heiraten wollte, diese Haltung der selbständigen Entscheidung zur Jungfrau nicht akzeptieren konnte. Agatha ging deshalb ins Exil nach Malta. Als sie nach Sizilien zurückkehrte, schnitt ihr der Mann die Brüste ab, da er nicht billigen konnte, dass eine Frau ihren Willen durchsetzt.[269]

Die Sozialarbeit und die körperliche Arbeit[270] wurden von den Mönchen neu bewertet. Sie befreiten die körperliche Arbeit von der negativen Konnotation

---

[266] Vgl. Foucault, *Die Geständnisse des Fleisches*, 223: «Auch wenn die Ehe weniger wertvoll ist als die Jungfräulichkeit, ist sie nützlich und muss noch praktiziert werden.» Noch abschätziger ist die folgende Haltung: «Wenn die Ehe darin einen Platz hat, so ist dies gleichsam ein Zugeständnis an die, die zu schwach sind.» (Ebd. 227) Vgl. Brown, Peter, *Die Keuschheit der Engel. Sexuelle Entsagung, Askese und Körperlichkeit am Anfang des Christentums*, München / Wien 1991, 98–117.

[267] Gemeint ist Methodios von Olympos († vermutlich 311 oder 312), *Gastmahl oder Die Jungfräulichkeit (Symposion seu convivium virginum)*, in: BKV, URL: https://bkv.unifr.ch/de/works/cpg-1810/versions/gastmahl-oder-die-jungfraulichkeit-bkv.

[268] Foucault, Die Geständnisse des Fleisches, 232.

[269] Vgl. 5. Februar: Die heilige Agatha von Catania, in: Melchers, Erna / Melchers, Hans, *Das große Buch der Heiligen. Geschichte und Legende im Jahreslauf*, München 1979.

[270] Benedikt schreibt ein eigenes Kapitel über die Handarbeit (*RB* Kap. 48): «Wenn es aber die örtliche Lage oder Armut verlangte, dass die Brüder selbst die Feldfrüchte einernteten, sollen sie

mit der Sklaverei der Antike. Der Arbeit wurde mehr Respekt gezollt; sie wurde geradezu zu einem Kriterium für die Selbstachtung. Basilius von Cäsarea (ca. 330–ca. 378), den Benedikt in seiner Regel (*RB* Kap. 73, 5) zitiert, warnte davor, das Frömmigkeitsideal als Entschuldigung für Müssiggang oder als Ausrede zur Umgehung von Mühsal zu missbrauchen. Denn Müssiggang lasse unerwünschte Ablenkungen – Begierden, Einbildungen und Dämonen – in den Geist eindringen, was der Ausformung eines moralisch aufrichtigen Willens abträglich sei. Einen solchen zu entwickeln war aber gerade die Absicht der Mönche. Unter dem persönlichen Heil wurde die mit Mühen beladene, das ganze Leben dauernde Suche begriffen, nicht eine Ekstase, die nur momentan bestand, oder eine Initiation, die plötzlich auftauchte. Basilius, der die Mönchsregel der Ostkirche schuf, sah die beiden Tätigkeiten beten und arbeiten (*ora et labora*) im Einklang. Denn «es [ist] Gottes Wille [...], die Hungrigen zu speisen, die Durstigen zu tränken, die Nackten zu kleiden»[271]. Das biblische Fundament des christlichen Lebens sieht Basilius im Doppelgebot der Gottes- und Nächstenliebe:

> «Höre Israel, der Herr, unser Gott, ist der einzige Herr. Darum sollst du den Herrn, deinen Gott, lieben mit ganzem Herzen und ganzer Seele, mit all deinen Gedanken und all deiner Kraft. Als zweites kommt hinzu: Du sollst deinen Nächsten lieben wie dich selbst.» (Mk 12,29–31)

---

darüber nicht ungehalten sein. Dann sind sie ja in Wahrheit Mönche, wenn sie, gleich unseren Vätern und den Aposteln, von der Arbeit ihrer Hände leben.»

271 Basilius von Cäsarea, *313 kurzgefasste Vorschriften (Regulae brevius tractatae)*, Frage 207, in: BKV, URL: https://bkv.unifr.ch/de/works/cpg-2875/versions/313-kurzgefasste-vorschriften-bkv/divisions/210: «*Frage 207:* Wenn wir also für die Lebensbedürfnisse nicht besorgt sein sollen und ein anderes Gebot des Herrn sagt: «Bemühet euch nicht um vergängliche Speise», so ist das Arbeiten überflüssig? – *Antwort:* Der Herr hat selbst an zwei Stellen sein Gebot erklärt. Denn dort, wo er verbietet, nach den Lebensbedürfnissen zu trachten, indem er sagte: ‹Seid nicht besorgt, was ihr essen oder trinken werdet; denn nach allem Diesem trachten die Heiden,› fügt er dann ein Gebot hinzu, indem er sagte: ‹Suchet aber das Reich Gottes und seine Gerechtigkeit!› Wie man diese suchen soll, offenbart er an Denjenigen, welche derselben gewürdigt werden. Dort aber, wo er verbietet, uns um vergängliche Speisen zu bemühen, lehrte er, dass wir uns bemühen sollten um die Speise, welche zum ewigen Leben bleibt, und die er wiederum an einem anderen Orte andeutete, indem er sagte: ‹Meine Speise ist, dass ich den Willen des Vaters thue, der mich gesandt hat.› Wenn es aber Gottes Wille ist, die Hungrigen zu speisen, die Durstigen zu tränken, die Nackten zu kleiden u. s. w., so müssen wir jeden Falls dem Apostel nachahmen, der sagt: ‹In Allem habe ich euch gezeigt, dass ihr so arbeiten und euch der Schwachen annehmen müsst.›»

Diese Verknüpfung von Gleichheit (*equalitas*) und Gegenseitigkeit (*alteritas*[272]) bildet für Basilius die Basis einer monastischen Gemeinschaft. Diese Grundsätze der Ordensregeln werden auch die formal-rechtliche Basis einer konstitutionellen Rechtsgemeinschaft[273] werden. Sie werden zur Grundlage der Rechtsstaatlichkeit oder Englisch zur *rule of law*. Eine neue Form von Autorität entsteht, die demokratisch legitimiert sein soll. Die Ordensleitung orientiert sich am Meister, der von sich sagt, dass er «sanftmütig und von Herzen demütig» (Mt 11,29) sei. Der Besitz von klösterlicher oder kirchlicher Autorität bedeutet Christus dem Meister zu folgen. Basilius schreibt dazu:

> «[W]enn der Herr sich nicht scheute, seine eigenen Diener zu bedienen, sondern sich herabliess, ein Diener der Erde und des Lehms zu sein, den er selbst gebildet und zu einem Menschen gestaltet hatte, […] wie müssen wir dann unsersgleichen begegnen, um zu glauben, seine Nachahmung vollkommen erreicht zu haben! Dies ist eins, was ein Vorsteher haben muss. Dann muss er barmherzig sein und geduldig gegen diejenigen, welche aus Unerfahrenheit irgendeine Pflicht versäumen, zu Sünden nicht stillschweigen, aber sich gegen Widerspenstige mit Sanftmut benehmen und ihnen mit aller Milde und Mässigung die Heilmittel beibringen.»[274]

Der Klostervorsteher muss auch

> «fähig sein, das für die Krankheit passende Heilmittel aufzufinden, […] fähig, den Starken beizustehen, die Schwachheiten der Unmächtigen tragen und im Stande, Alles zu thun und zu reden, was zur Vervollkommnung der Genossen dient. Er darf sich nicht selbst das Vorsteheramt nehmen, sondern muss von den Vorstehern der anderen Brüdergemeinden gewählt werden und in seinem früheren Leben einen hinlänglichen Beweis von seinem Charakter gegeben haben. ‹Denn auch diese›,

---

272 Die modernen Juristen übersetzen *alteritas* mit Reziprozität oder Gegenseitigkeit.

273 Z. B. Gleichheit vor dem Gesetz, das Verhältnismässigkeitsprinzip, das Gleichbehandlungsgebot, das Willkürverbot, das Differenzierungsprinzip, die Entscheidungsbegründungspflicht, das strafrechtliche Legalitätsprinzip, das strafrechtliche Verschuldensprinzip, das strafrechtliche Besserungsprinzip, institutionelle Selbstkontrolle, externe Institutsaufsicht, «Liberté, Egalité, Fraternité». Vgl. Baumgarten, *Der Einfluss von Johannes Cassian*, 306–314, und die Tabelle Rechtsprinzipien Regula Benedicti – Schweizer Recht, 359–362.

274 Basilius von Cäsarea, *55 ausführliche Regeln in Frage und Antworten (Regulae fusius tractate)*, 43,2, URL: https://www.pliniocorreadeoliveira.info/55%20ausf%C3%BChrliche%20Regeln%20in%20Frage%20und%20Antworten%20(Regulae%20fusius%20tractatae).pdf (sprachliche Korrekturen von A. Loretan).

heisst es, ‹müssen zuvor geprüft werden, dann mögen sie das Amt bekommen, wenn sie untadelhaft sind.› Ist nun auf diese Weise ein Solcher in das Vorsteheramt eingesetzt, so stelle er in der Brüderschaft eine gute Ordnung her und theile einem Jeden die Arbeit so aus, wie er dazu tauglich ist.»[275]

Das neue sanftmütige Autoritätsmodell mit demokratischer Beteiligung wird auch in der Westkirche, und später im Rechtsstaat des Westens, von Bedeutung sein. Es findet sich schon in der *Regula Benedicti*. Benedikt lässt die Lesenden seiner Regel wissen, dass die von Basilius aufgeführten Grundsätze für ihn entscheidend sind (*RB* Kap. 73, 5). Dieses Autoritätsverständnis wird später auch das westliche Mönchtum prägen. Der Autoritätsbegriff wurde durch die benediktinische Regel einem Demokratisierungsprozess unterzogen. Benedikt verlangt von den Mönchen, die die Gemeinschaft leiten, ihren Autoritätsanspruch zurückzunehmen. Dies sollte durch «eine Kultur des Zuhörens»[276] bewerkstelligt werden, indem die Vorgesetzten die unterschiedlichen Bedürfnisse und Fähigkeiten der einzelnen Mönche berücksichtigen. Angestrebt wird die gemeinschaftliche Bürgerschaft im Reich Gottes.[277] Um diese moralische Gleichheit zu fördern, kümmerte sich Benedikt um die Beseitigung der sozialen Unterschiede im Kloster. Für einen antiken Menschen fordert seine Regel das Undenkbare:

> «Einem Freigeborenen darf kein Vorrang eingeräumt werden vor dem, der aus unfreiem Stande ins Kloster kommt […]; denn ob unfrei oder frei, in Christus sind wir alle eins und leisten unter einem Herrn den gleichen Kriegsdienst. ‹Bei Gott gibt es ja kein Ansehen der Person.›»[278]

In einer christlichen Rechtskultur gilt es, in allen Konflikten des Alltags ein humanes, gerechtes, vernünftiges Mass zu finden. Für Benedikt von Nursia, den Begründer des westlichen bzw. abendländischen Mönchtums[279], gibt es kein

---

275 Ebd. (veraltete Schreibweise im Original).

276 Dies gilt nicht nur gegenüber dem einzelnen Mitbruder, sondern auch in der Gemeinschaft: «So oft im Kloster wichtige Angelegenheiten zu verhandeln sind, rufe der Abt die ganze Bruderschar zusammen und lege die Sache selber vor. Hat er den Rat der Brüder vernommen, dann überlege er bei sich […]» (*RB* Kap. 3, 1–2).

277 Vgl. *RB* Kap. 2, 35 nimmt hier Mt 6,33 auf: «Euch muss es zuerst um das Reich Gottes und seine Gerechtigkeit gehen; dann wird euch alles andere dazugegeben.»

278 *RB* Kap. 2.

279 Paul VI., *Apostolisches Schreiben Pacis nuntius* vom 24.10.1964, URL: https://www.vatican.va/content/paul-vi/la/apost_letters/documents/hf_p-vi_apl_19641024_pacis-nuntius.html.

schlimmeres Übel in Denken und Handeln des Menschen als Übertreibung. Er verbindet die Meditation der Heiligen Schrift (*lectio divina*) mit dem römischen Rechtsempfinden und hat ein feines Gespür für das Richtige an der alten lateinischen Kultur. Wenn er aus der Welt flieht, so tut er dies nicht mit finsterem und zornigem Blick auf das menschliche Elend oder aus Enttäuschung über diese Welt, um irgendwelche religiöse Verrenkungen zu vollziehen. Als in römischen Rechtsvorstellungen denkender Mensch und als Christ kann er kein humanes, gerechtes, vernünftiges Mass in seiner Welt finden. Das Imperium – und wohl insbesondere die «Nachfolgestaaten» im Westen nach dessen Untergang – hinterlässt eine Spur von Tod, Blut, Terror und Sklaverei. Der Rechtsphilosoph Augustinus verglich den Staat, der sich von Recht und Gerechtigkeit entfernt habe, sogar mit einer Räuberbande.[280]

Die Sklaverei und ihre alltägliche Brutalität und Unmenschlichkeit kann aus christlicher Sicht nicht mehr mitgetragen werden. Denn in den Gesichtern der an die Wagen der Sieger gefesselten Sklaven sehen die Christen das Antlitz ihres Herrn, der sich im Jüngsten Gericht mit diesen Geschlagenen der Geschichte identifizieren wird (Mt 25,31–46). Benedikt versagt sich Schmähreden gegenüber der Welt. Aber er entflieht aus ihr nach Subiaco und macht damit klar, dass er in dieser Rohheit nicht leben kann. Während der Völkerwanderung sucht Benedikt das monastische Leben und gründet die Gemeinschaft von Montecassino, aus deren Gemeinschaftserfahrung er dann seine Regel schreibt. Zusammen mit anderen Männern stellt er sich unter die sanfte Herrschaft einer objektiven, rationalen Norm, der Regel. Diese will jede persönliche Willkür vermeiden und ohne Übertreibung irgendwelcher Art auskommen. Die benediktinischen Gemeinschaften fördern also die alte Weisheit des Masshaltens in Bezug auf die Verwaltung und die Landwirtschaft.

Durch ihr Masshalten zähmen sie aber auch die Raserei der Macht, vor der sich alle Untergebenen in der Antike fürchten. Denn die Mönche glauben, dass die Macht nicht das letzte Wort hat. Sie glauben an die Auferstehung eines von den römischen Machthabern als Schwerverbrecher gekreuzigten Juden, Jesus von Nazaret. Damit plädieren sie für eine auf «Sehnsucht» begründete Theologie der Erfahrung – auf

280 Vgl. Augustinus, *De civitate Dei*, IV, 4.

> «Sehnsucht danach, dass es bei dem Unrecht, durch das die Welt gekennzeichnet ist, nicht bleiben soll. Dass das Unrecht nicht das letzte Wort sein möge. Diese Sehnsucht gehört zum wirklich denkenden Menschen»,[281]

wie es Max Horkheimer ausdrückt. Diesen Glauben an bzw. diese Sehnsucht nach einer gerechten Rechtsordnung konnte man an ihrer Klosterregel ablesen. Denn die Mönche bemühen sich um eine gerechtere Ordnung, einen neuen Umgang mit der Macht und Autorität schon im Heute ihrer benediktinischen Gemeinschaften, die sie vor dem ewigen Richter am Jüngsten Tag zu verantworten haben. Spuren dieser eschatologischen Sicht lassen sich bis heute in Verfassungen finden.[282] Der Rechtshistoriker Berman betont sogar die große Bedeutung dieser eschatologischen Verantwortung für die Entwicklung einer Rechtskultur im Westen:

> «Ohne die Furcht vor dem Fegefeuer und die Hoffnung auf das Jüngste Gericht hätte die westliche Rechtstradition nicht entstehen können.»[283]

Die Gleichheit der Mitglieder im Volk Gottes wird von der Antike bis heute auch äusserlich betont. Unter Pachomios erfolgte eine Standardisierung der Kleidung, um die Gleichheit der Mönche zu unterstreichen. Sie stammten aus unterschiedlichsten Ständen der antiken ständischen Gesellschaft. Der Besitz der Mönche sollte geteilt werden, und ihre Zeit sollten sie zwischen Arbeit und Gebet einteilen. Und der Mönchsvater Basilius schlug vor, dass sich die Mönche, statt sich überrissenen Askeseübungen zu unterwerfen, durch die Gründung von Schulen und Hospizen am Weltgeschehen beteiligen.[284]

Auf die individuelle Verantwortung wurde grossen Wert gelegt. Damit verbunden sind die Begriffe der «moralischen Gleichheit» und der «eingeschränkten Autorität», die beide neue Akzente gegenüber der antiken Familie und der Polis setzen. Denn dort war lediglich eine äussere Verhaltenskonformität gefordert.

---

[281] Horkheimer, *«Was wir ‹Sinn› nennen»*, 81.
Präzisierend fährt Horkheimer ebd. fort: «Wir können nicht behaupten, es gäbe einen guten und allmächtigen Gott»; «Adorno und ich – wer von uns beiden es zuerst formuliert hat, weiss ich heute nicht mehr – [haben] nicht mehr von Gott, sondern von der ‹Sehnsucht nach dem Anderen› gesprochen».

[282] Vgl. «In Verantwortung vor Gott und den Menschen ...» (*Präambel des deutschen Grundgesetzes*).

[283] So beendet Berman seine Rechtsgeschichte, vgl. ders., *Recht und Revolution*, 847.

[284] Vgl. Siedentop, *Die Erfindung des Individuums*, 123 f. Vgl. Dunn, *The Emergence of Monasticism*, 25–41.

Die Gemeinschaftsordnung (*constitutio*[285]) der Mönchsregel hingegen baute auf dem Gewissen auf. Im Zentrum standen mühevoll erarbeitete individuelle Intentionen, die in der Gesellschaft selbstverständlichen Standesunterschiede zu überwinden.[286] So nahmen die Mönche die Tauformel aus Gal 3,27 f. wörtlich und zogen daraus sogar rechtliche Konsequenzen für die Regel: «Denn ihr alle, die ihr auf Christus getauft seid, habt Christus (als Gewand) angelegt. Es gibt nicht mehr Juden und Griechen, nicht Sklaven und Freie, nicht Mann und Frau; denn ihr alle seid ‹einer› in Christus Jesus.» Folgerichtig legten sie ein Gewand an, das diese Gleichheit betonte. Damit vermittelt das Mönchtum den Eindruck einer anderen Gesellschaftsordnung gegenüber der Antike. Eine andere Weltordnung ohne Stände war denkbar geworden. Als man nach den Völkerwanderungen nach einer neuen Rechtsordnung Ausschau hielt, kam man an den Standards der Klosterregeln nicht mehr vorbei. Verschiedene Normen der Benediktsregel (*rule of Benedict*) standen Pate für die neu zu schaffende weltliche *rule of law*.

Der *Rechtsgehorsam* der Mönche unter Regel und Abt hat die europäische Rechtskultur geprägt. Es ist nicht zu übersehen, dass der Gehorsam eine entscheidende Grundlage der christlichen Theologie bzw. Spiritualität ist.

> «Der Gehorsam gehört mit dem Schweigen und der Demut zur Grundunterweisung des monastischen Lebens. […] Vor allem liegt ihnen eine deutliche christozentrische Dimension zugrunde. Sie sollen […] den Mönch hinweisen auf das Beispiel des gehorsamen, schweigenden und demütigen Christus»[287],

das der Philipperhymnus (Phil 2,5–11) hervorhebt. Die *Benediktsregel* beginnt genau damit. «Höre, mein Sohn, auf die Weisung des Meisters, neige das Ohr deines Herzens.»[288] Die Aufforderung zum Hören steht damit am Anfang und im Mittelpunkt des Prologs wie auch der gesamten Regel. Die Mönche zeichneten sich von Beginn an durch ein Bemühen um hohe individuelle Selbstbeherrschung aus. Dies mündete in eine selbst auferlegte Form von Gehorsam gegenüber Regel und Abt.

Klöster verwendeten bis zur Aachener Synode von 819 Mischregeln und wählten selbst aus, welche Regeln für sie verbindlich waren. Aber auch unter der gleichen Regel führten die Interpretationen der verschiedenen Klöster zu sehr

[285] Die Verfassung der Rechtsstaaten wird man Constitution (engl.) nennen.

[286] *RB* Kap. 2, 20.

[287] Puzicha, *Kommentar zur Benediktusregel*, 125.

[288] Prolog der Regula Benedicti: «Obsculta, o fili, praecepta magistri, et inclina aurem cordis tui.»

unterschiedlichen klösterlichen Gemeinschaften. Die Freiheit bestand in der Befolgung von sich selbstgesetzten Regeln. Immanuel Kant wird dies später Autonomie nennen.[289] Finden sich hier Ansätze einer Praxis der modernen Demokratie bzw. einer partizipativen Rechtskultur? Rechtsstaatlichkeit wird dies später genannt werden. Eine regelgeleitete Klostergemeinschaft stand unter der Herrschaft des Rechts. Diese Brüder- bzw. Schwesterngemeinschaft gründete auf der Gleichheit aller, was in der Antike ein neuer Akzent war.

Das Mönchtum verband das Prinzip von Gesetz und Rechtsgehorsam mit einem Akt des Individuums: Rechtsgehorsam wurde nicht aufgrund von bloss äusserlichem Druck oder unreflektierter Tradition erreicht, sondern durch die Einwilligung des Individuums und die Beteiligung seines Gewissens. Zudem war die Selbstverantwortung der Gemeinschaft gefordert, das heisst die Gesetze oder die Interpretationen sollten nach vernünftigem Mass geändert werden können.

In Bezug auf den Gehorsam Jesu geschieht aber oft ein ekklesiologischer Kurzschluss: Wie Jesus

> «folgsam den Willen des himmlischen Vaters ausführte, so hat demnach der Christ zu tun, was die kirchliche Obrigkeit anordnet. Wem das zu erfunden, zu grob klingt, lese bei Hans Urs von Balthasar: ‹Das konkrete Modell für das Verhältnis zwischen Führung und Geführtsein in der Kirche bleibt das Verhältnis des Menschen Jesus zum Vater im Heiligen Geist.›[290] Die kirchlichen Vorgänge wären in ihrer erlebbaren Gestalt ein abbildendes Nachspiel zum trinitarischen Leben. [...] Darum ist es in der Werbung für den kirchlichen Gehorsam nicht ungefährlich, ohne näheres Zusehen von der beispielhaften Folgsamkeit Jesu zu predigen. Der so genannte Sohnesgehorsam erlaubt keine lückenlose Gleichung: [...] Sein Verhalten zu Gott ist ursprünglich und unmittelbar, verbunden mit kritischer Distanz zu den Menschen und Ämtern, die für ihn Obrigkeit waren. Der Bruch mit dieser wird zum Medium seines anderen Gehorsams. Er unterscheidet die menschlichen Instanzen sehr deutlich von der göttlichen Autorität.»[291]

Diese Unterscheidung im Gehorsam zwischen Gott und den menschlichen Autoritäten kennt das Ordensrecht im Ordensgehorsam in c. 601 CIC/1983 bis heute

---

[289] Vgl. Loretan, Adrian, Freiheit setzt für Kant die Rechtsbindung der Leitungsorgane voraus, in: Janßen, Hans-Gerd / Prinz, Julia D. E. / Rainer, Michael J. (Hg.), *Theologie in gefährdeter Zeit. Stichworte von nahen und fernen Weggefährten*, FS Johann Baptist Metz, Berlin 2018.

[290] Von Balthasar, Hans-Urs, *Pneuma und Institution, Skizzen zur Theologie IV*, Einsiedeln 1974, 154.

[291] Bachl, Gottfried, *Der schwierige Jesus*, Innsbruck / Wien, 2005, 69.

kaum.[292] Das Potenzial von Machtmissbrauch im Ordensrecht und im Verfassungsrecht der Kirche ist damit sehr hoch.[293]

Ein Mittel gegen den Machtmissbrauch der Oberen entwickelten die Klöster. Eine Form *direkter Demokratie* hat sich im Kloster erst allmählich entwickelt. Die Benediktinerklöster haben einen Kapitelsaal, wo die grossen Entscheidungen der Gemeinschaft beraten und demokratisch gefunden werden, auch wenn der Abt sich als Hörender nur beraten lassen muss, ohne dass er an deren Entscheidungen gebunden war.[294]

In Zisterziensergemeinschaften[295] aber nannte man diesen Ort der offenen Rede «Parliamentum». Denn wenn der Abt gemäss *Regula Benedicti* ein Hörender[296] sein soll, so müssen die Brüder auf der anderen Seite ja reden, d. h. parlieren. Es war kein Zufall, dass das Wort «Parliamentum» bei den Zisterziensern gefunden wurde, das dann in England Geschichte geschrieben hat.

> «1115, hundert Jahre vor der ‹Magna Charta› in England, treten die Zisterzienser zur ersten internationalen parlamentarischen Versammlung zusammen: zum ‹par-

---

292 Vgl. Mitterer, Franziska, *Ordens-Gehorsam im Kontext von Menschenwürde und Menschenrechten. Ein kirchenrechtlicher Beitrag* (ReligionsRecht im Dialog 29), Münster 2021, 62–132.

293 Damit der Machtmissbrauch der Bischöfe und Oberen in der Kirche eingeschränkt werden kann, hatte die erste Bischofssynode 1967 die Menschenrechte in der Kirche eingefordert. Die von Papst Paul VI. eingesetzte Kommission hatte dieses Anliegen der Machtbegrenzung in einem Grundrechtskatalog des kirchlichen Grundgesetzes (*Lex Ecclesiae Fundamentalis)* aufgenommen, der aber von Johannes Paul II. nicht in Kraft gesetzt wurde. Rechtlich heisst dies, dass die Menschenrechtsdiskussion und die Grundrechtsdiskussion in der katholischen Kirche, die von «Papst Paul VI. und der Bischofssynode 1967 angestoßen wurde, wieder aufgegriffen werden muss», so Loretan, Adrian, Menschenrechte in der Kirche – ein Schutz vor Machtmissbrauch, in: Haering, Stephan u. a. (Hg.), *In mandatis meditari*, FS Hans Paarhammer (Kanonistische Studien und Texte 58), Berlin 2012, 283. Dies stärkt die Mitverantwortung aller Gläubigen gegenüber der Hierarchie, wie vom Vaticanum II in der Kirchenkonstitution *Lumen Gentium* lehramtlich gefordert, aber vom CIC/1983 nicht rechtlich umgesetzt.

294 *RB* Kap. 3,2–3: «Hat er dann den Rat der Brüder gehört, überlege er alles bei sich selbst und tue, was er für zuträglicher hält. Wir haben aber deshalb bestimmt, dass alle zur Beratung einberufen werden, weil der Herr oft einem Jüngeren offenbart, was das Beste ist.»

295 Die Zisterzienser und deren Reformzweige (Trappisten; Feuillanten) zählen trotz des gemeinsamen Bezugs auf die Benediktsregel nicht zu den *monachi nigri.* Ihre Reformgemeinschaften distanzieren sich «als ‹weisse Mönche› (*monachi bianchi*) scharf von jenen reformunwilligen, (alten) schwarzen monachi negri/altri durch Tragen eines, in Reformstrenge naturbelassenen, ungefärbten, grauweissen Habits.» Jenal, Georg, *Sub Regula S. Benedicti. Eine Geschichte der Söhne und Töchter Benedikts von den Anfängen bis zur Gegenwart*, Köln 2018, 22.

296 *RB* Kap. 3,2: «und indem er den Rat der Brüder anhört» («et audiens consilium fratrum»).

> liamentum›, das Normen erlässt, ändert und aufhebt, einen Generalabt wählt, ihn aber auch absetzen kann und seine Macht kontrolliert, damit er sie nicht ausserhalb oder in Missachtung der Regel oder der Mönche ausübt.»[297]

Der Einfluss der Zisterzienser-Interpretation der Benediktsregel auf das Englische Parlament lässt sich belegen.

> «In der Praxis des britischen Parlamentes findet sich einiges von den zisterziensischen Verfahrensweisen, so etwa das ‹pedibus ire in sententiam›, bei dem man abstimmt, in dem man den Sitzungssaal verlässt;[298] andererseits bringen noch keineswegs alle Demokratien sämtliche damals geübten Techniken einer gesicherten, freien Stimmabgabe zur Anwendung.»[299]

---

297 Jiménez Lozano, José, *Kastilien. Eine spirituelle Reise durch das Herz Spaniens*. Mit einem Nachwort von Mariano Delgado, Freiburg (Schweiz) 2005, 81.

298 Dieses Abstimmungsverfahren wird auch im Deutschen Bundestag angewendet und landläufig als «Hammelsprung» bezeichnet, vgl. Art. 51 Abs. 2 der *Geschäftsordnung des Deutschen Bundestages in der Fassung der Bekanntmachung vom 2. Juli 1980* (*BGBl.* I, 1237), zuletzt geändert laut Bekanntmachung vom 15. August 2022 (*BGBl.* I, 1383).

299 Jiménez Lozano, *Kastilien*, 82.

II. Entscheidende Entwicklungen im Mittelalter

Im Mittelalter entstehen neue Ideen und neue Rechtsinstitutionen, die für die Moderne grundlegend sind. Deshalb darf das Mittelalter nicht als zu vernachlässigende Zeit zwischen der Antike und der Renaissance missverstanden werden. Das Mittelalter wird die Institutionen- und Ideengeschichte grundlegend verändern. Grundlagen der heute geltenden Rechtsauffassungen haben ihre Wurzeln im Mittelalter. Zu denken ist dabei an das Verständnis von Rechtssubjekt, Rechtspflicht und Rechtsanspruch; an die Differenzierung der Gewalten sowie an die Unterscheidung von Institution und Individuum; an die Funktion des Rechts; an die rechtsphilosophische Begründung der Normen und der Rechtsstaatlichkeit (genauer: Rechtskirchlichkeit) als solcher; auch an das Verständnis von Strafe, Sünde und Vergeltung. Der moderne Rechtsstaat existiert noch nicht, die kirchliche Rechtssphäre tritt mit jener der nichtkirchlichen Institutionen in Konkurrenz und dominiert sie zeitweise dank ihrer institutionellen Beständigkeit.

Während der Völkerwanderung wollten die Germanenstämme[1] am Wohlstand des Römischen Imperiums teilhaben, dessen Strukturen und Kultur sie keinesfalls vernichten wollten. Einige bildeten sogar Herrschaftsgebiete nach dem Vorbild des westlichen Teilreiches, das sich jedoch ab dem Jahr 476 institutionell aufzulösen begann. Nach der Invasion der Germanenstämme und dem damit verbundenen Untergang des weströmischen Kaiserreichs

> «fällt dem reichsweit ausgebreiteten institutionellen Netz der Kirche, sogar in Zeiten des Machtverlustes des Bischofs von Rom, die historisch einzigartige Aufgabe zu, die Einheit des populus christianus zu sichern, ja, im keltisch-germanischen Westen und Norden ein ‹christliches Europa› erst zu schaffen. Die katholische Gemeinschaft der Christen stiftet in der Vielfalt der Ethnien, Sprachen und Kulturen des politisch zerfallenden Weströmischen Reiches nicht nur die kulturelle Einheit einer religiösen Glaubenspraxis, sondern die organisierte Einheit eines Kir-

[1] In der neueren Forschung wird der Begriff Germanen zunehmend kritisch aufgenommen, da die so bezeichneten Gruppen sich niemals als Einheit verstanden. Vgl. Friedrich, Matthias / Harland, James M. (Hg.), *Interrogating the «Germanic». A Category and its Use in Late Antiquity and the Early Middle Ages*, Berlin 2020.

chenregiments, das selber die charakteristischen Züge einer politischen [staatlichen] Herrschaft annahm.»[2]

Die Rechtskirche, die sich im Mittelalter ausbilden konnte, wurde zum Vorbild für den erst später entstehenden Rechtsstaat. Die Rechtsentwicklung der Kirche spielte auch eine entscheidende Rolle bei der Wiederherstellung des Reichskirchensystems, das Otto I. der Grosse (912–973) für fast ein Jahrtausend sichern konnte.[3] In diesem Reichskirchensystem war die Verzahnung von päpstlicher und kaiserlicher Macht schon seit der *Translatio imperii*[4] (800) entscheidend. Die *Translatio imperii* ist eine in der Folge des Investiturstreits im 12. Jahrhundert aufkommende begriffliche Zuschreibung eines Ereignisses vom Weihnachtstag des Jahres 800: Papst Leo III. setzte dem fränkischen König Karl I. – dem später der Beiname der Grosse zugesellt wurde – die Krone des Heiligen Römischen Reiches auf, die bis dahin der Kaiser des weiterhin existierenden *Oströmischen Reichsteils* besass. Da es allein dem Papst zustand, die christlich legitimierte weltliche Herrschergewalt zu übertragen, nahm Leo III. sich das Recht heraus, diese dem Frankenkönig zu geben und damit das Heilige Römische Reich im *Weströmischen Reichsteil* neu zu begründen – und zwar aus eigenem päpstlichem Interesse: Die Verleihung der Kaiserkrone an den karolingischen Herrscher machte die Franken zur Schutzmacht des Kirchenstaats, der einer ständigen Bedrohung durch die Langobarden ausgesetzt war.

Der Reformabt Benedikt von Aniane (750–821) unterstellte 817 alle Klöster des Fränkischen Reiches der Benediktinerregel. Die anschliessende Einbindung der Benediktinerklöster in die Reichsverwaltung des Reichskirchensystems war wegen ihrer grösseren Autonomie gegenüber den Bischöfen auch reichspolitisch interessant.

---

2 Habermas, *Auch eine Geschichte der Philosophie*, Bd. 1, 589.

3 In der neueren Forschung wird kontrovers darüber diskutiert, ob effektiv von einem «System» gesprochen werden kann. Exemplarisch für die Kritik zur traditionellen Auffassung eines Reichskirchensystems: Reuter, Timothy, The «Imperial Church System» of the Ottonian and Salian Rulers. A Reconsideration, in: *Journal of Ecclastiastical History* 33 (1982) 347–374.

4 Die theologisch begründete Geschichtsauffassung der *Translatio imperii* (deutsch «Übertragung des Reichs») beruht auf der Vier-Reiche-Lehre, die auf das Buch Daniel (Dan 2,21) zurückgeht. Gemäss dieser politischen Theorie der Antike, des Mittelalters und der frühen Neuzeit löst ein Weltreich das andere ab, da Geschichte gradlinig verlaufe und eine Fürstenherrschaft stets zu einer Folgeherrschaft eines anderen Fürsten oder Landes führe. Bei dieser Geschichtstheologie differenzieren mittelalterliche Geschichtsschreiber nicht zwischen göttlicher und weltlicher Geschichte, welche als untrennbare Einheit verstanden wurde.

Die kanonische Rechtswissenschaft hatte beim Rechtsstreit um die Vormachtstellung zwischen Papst und Kaiser, zwischen *sacerdotium* (geistlicher Macht) und *imperium* (weltlicher Macht), eine entscheidende Rolle inne. Veränderungen bewirkten die Durchsetzung des päpstlichen Primats gegenüber dem Kaisertum zur Zeit der Wende vom 11. zum 12. Jahrhundert. Papst Gregor VII. formulierte im *Dictatus Papae* (1075) eine Trennung der Kirche vom Reich. Dies führte zum Investiturstreit.

Die Phase des Investiturstreits erstreckte sich von der 2. Hälfte des 11. bis ins erste Viertel des 12. Jahrhunderts. Gestritten wurde über das Verhältnis von *sacerdotium* und *imperium*. Die grundsätzlichen Frage nach der *Laieninvestitur*, d. h. der Einsetzung von Äbten und Bischöfen in ihre geistlichen Ämter durch einen Laien, rückte im Laufe der Konfrontation ins Zentrum der Machtabgrenzung. Augenfällig ist dabei, dass die Bischöfe vielfach aufseiten des Königs respektive Kaisers standen und die meisten weltlichen Fürsten aufseiten des Papstes.

Die Befriedung des Verhältnisses von Kirche und Reich gelang erst im *Wormser Konkordat* (1122). Die dabei entstandene neue Rechtsinstitution Kirche konnte ihre Stärke weniger auf dem Schlachtfeld als in der rechtswissenschaftlichen Argumentation ausspielen. Für die neue Rechtskirche und die sie nachahmenden zivilen Rechtsinstitutionen gab es

> «einen erhöhten Bedarf an Verwaltungsfachleuten und an Verwaltungsmethoden, der ohne eine methodisch angeleitete juristische Schulung am römischen Recht und eine Sammlung und Neuordnung des Kirchenrechts nicht befriedigt werden konnte. Die in diesen Jahrzehnten in [der Universität von] Bologna zu beobachtende Renaissance des römischen Rechts und die fast gleichzeitig erfolgende Systematisierung des Kirchenrechts werden heute nicht selten in diesem Kontext gesehen. Sie führten innerhalb der Kirche zunächst einmal zu einer Trennung von Theologie und kirchlichem Recht.»[5]

Es soll im Folgenden gezeigt werden, wie sich im Mittelalter rechtsstaatliche Institutionen bildeten und in welchen Kontexten sogar subjektive Rechte erstmals artikuliert wurden. Deshalb kann Anna Grzymala-Busse, derzeit Professorin für Internationale Studien an der Stanford University, zu Recht feststellen:

---

5 Seelmann, Kurt, *Theologie und Jurisprudenz an der Schwelle zur Moderne. Die Geburt des neuzeitlichen Naturrechts in der iberischen Spätscholastik* (Würzburger Vorträge zur Rechtsphilosophie, Rechtstheorie und Rechtssoziologie 20), Baden-Baden 1997, 8. Vgl. Hahn / Loretan, *Kanonistik – Rechtswissenschaft oder Theologie?*

«Der europäische [Rechts-]Staat wurde im Mittelalter geboren. Er war nicht einfach ein Kind frühneuzeitlicher Kriegsführung und Steuern, sondern das Ergebnis mittelalterlicher Anfechtung und Nachahmung der Kirche. Die mittelalterliche Kirche war so einflussreich, weil sie über eine überlegene organisatorische Reichweite, Humankapital und geistliche Autorität verfügte. [...] Die mittelalterlichen Herrscher machten sich die institutionellen Vorlagen der Kirche zunutze und investierten in die Justiz, die Besteuerung und die Aufbewahrung von Aufzeichnungen. [...] Schließlich verdanken die repräsentativen Versammlungen der mittelalterlichen Kirche viel. [...] Begriffliche Neuerungen wie Rechtsstaatlichkeit, Zustimmung, verbindliche Vertretung und sogar Regeln für Mehrheitsentscheidungen haben ihren Ursprung in frühen Kirchenkonzilien und mittelalterlichen Rechtsauslegungen.»[6]

Die Kirche war also ein entscheidender Auslöser der mittelalterlichen rechtsstaatlichen Entwicklung. Sie lieferte das Motiv dazu: Zwischen Kirche und Reich bestand ein dauernder Konflikt um Autorität und Zuständigkeit. Sie stellte zudem das rechtswissenschaftlich gebildete Personal zur Verfügung, das für die Suche nach Verwaltungslösungen entscheidend war. So hält der Strafrechtsprofessor und Rechtsphilosoph Kurt Seelmann fest,

«dass die Entwicklung der europäischen Jurisprudenz ohne theologische Denkfiguren und die Entwicklung der christlichen Theologie ohne juristische Anleihen weder verständlich noch überhaupt [denk]möglich waren»[7].

Dieser rationale Austausch zwischen den zwei Wissenschaften (Theologie und Rechtswissenschaften) lässt neue Denkfiguren für die rechtsstaatliche Entwicklung entstehen. Die mittelalterlichen Gründungen der Universitäten fördern die-

6 «The European state was born in the Middle Ages. It was not simply a child of early modern warfare and taxes but the offspring of medieval contestation and emulation of the church. The medieval church was so influential because it was armed with superior organizational reach, human capital and spiritual authority. [...] Medieval rulers took advantage of church institutional templates, investing in justice, taxation, and record keeping. [...] Finally, representative assemblies owe a great deal to the medieval church. [...] Conceptual innovations such as the rule of law, consent, binding representation, and even majority decision rules originate in early church councils and medieval legal reinterpretations.» Grzymala-Busse, *Sacred Foundations*, 20 (dt.: A. Loretan).

7 Seelmann, *Theologie und Jurisprudenz*, 7.

sen europaweiten Austausch von Begriffen und Denkmodellen, von Studierenden und Professoren. Elemente der Rechtsstaatlichkeit entstehen im Dialog zwischen Theologie und kanonistischer Rechtswissenschaft. Die beiden Disziplinen haben sich eben erst durch ein unterschiedliches Wissenschaftsverständnis voneinander getrennt. Die Kanonistik als Rechtswissenschaft[8] kann den Dialog mit der Legistik, der Rechtswissenschaft vom römischen Recht, beginnen. Bei den zu diskutierenden Fragen (*quaestiones disputatae*) werden die in der Theologie geschärften Begriffe und die scholastische Methode von den Rechtswissenschaften übernommen und für den neuen Zweck (Reichskirche bzw. Reich) anders interpretiert. Kurz, eine Kultur des Lernens und des europaweiten Austauschens begann. Das Reflektieren der Ideen und der Institutionen wird in den neu gegründeten mittelalterlichen Universitäten vorangetrieben, um den vermehrten Verwaltungsaufwand der Rechtsinstitution Kirche und der von ihr mitinitiierten Rechtsinstitutionen bewältigen zu können.

1 Der Begriff Sünde

Am Beispiel des Begriffs Sünde soll im Folgenden der mittelalterliche Denkprozess in den theologischen und rechtswissenschaftlichen Fakultäten gezeigt werden, der sowohl für die Entwicklung der kirchlichen Beichte als auch für die staatliche Strafrechtsentwicklung entscheidend war. Sowohl die lateinische Kirche als auch die Universität pflegten die gleiche Sprache: das Latein. Dies erleichtert den Austausch und die Übernahme von Begriffen. Für die Lehre von der Sünde und der öffentlichen Busspraxis wird zum Beispiel Vokabular aus dem römischen Strafrecht übernommen

> «Die Begriffe crimen und delictum überschneiden sich allmählich [...] und beginnen den Begriff peccatum [Sünde] sowohl in der theologischen wie in der juristischen Sprache nach und nach aufzulösen, was [...] das gesamte Frühmittelalter charakterisieren wird. Schon in den ersten Jahrhunderten taucht der Begriff ‹Todsünde› auf, der den so genannten delicta capitalia oder capitalia crimina des römischen Rechts sehr ähnlich ist. Bei Augustinus finden wir dann die Unterscheidung, die im Verlauf des Mittelalters unzählige Male wieder aufgegriffen wird und in das Decretum des Gratian [ca. 1140] mündet. Danach wird zwischen der Sünde [...] und den

[8] Vgl. Hahn / Loretan, *Kanonistik – Rechtswissenschaft oder Theologie?*

> schweren Sünden oder Vergehen wie dem Mord, dem Diebstahl, dem Betrug, dem Sakrileg und anderen Taten unterschieden: ‹Crimen est grave peccatum›.»[9]

Seit dem späten Mittelalter unterschied die Kirchenrechtswissenschaft zwischen *forum externum* und *forum internum*. Diese Unterscheidung der beiden Foren entwickelten Kirchenjuristen, um den kirchlichen Rechtsanspruch auf die urteilende Gewalt sowohl im öffentlichen Bereich, z. B. beim öffentlichen Gericht (*forum externum*), als auch im Gewissensbereich[10] durchzusetzen. Ein grösserer Verwaltungsbedarf entstand auch im Letzteren, da das Vierte Laterankonzil (1215) die Pflicht zur jährlichen Beichte (*forum internum sacramentale*) einführte. Die Beichtväter benötigten systematische Darstellungen der möglichen Sünden. Deshalb wurden etwa ab 1250 die grossen Beichtsummen entwickelt. Die Kirchenrechtswissenschaft hatte «das notwendige fachlich-professionelle Verständnis für die Berücksichtigung der Umstände des einzelnen Falls, das erforderliche Wissen aber auch vom römischen und kanonischen Recht»[11]. Entscheidend aber ist, dass das Busswesen die Verbindung zwischen Rechtsnorm und Moral herstellte. Ab dem 12. Jahrhundert wurden die individuellen Sünden der individuellen Strafe zugeteilt. Diese Strafen konnten nach der neuen herrschenden Lehre in der Westkirche noch vor dem Jüngsten Gericht gleich nach dem Tod verhängt und im Fegefeuer abgebüsst werden.

> «Eine fundamentale Wende der hochmittelalterlichen Moraltheologie ergab sich daraus insofern, als die alte Vorstellung vom Weltgericht sich nun nicht mehr auf ein vom Menschen abgehobenes Entweder – Oder (Rettung oder Verdammnis) reduzieren liess, sondern zeitlich vorgelagert eine der Quantifizierung bedürftige individuelle Reinigungsstrafe angenommen wurde. Das Bedürfnis, diese im Fegefeuer drohende Strafe bereits ins zeitliche Leben vorwegzunehmen, könnte der theologische Hintergrund für die bereits angesprochene Bedeutungszunahme der Beichte sowie des Zurechnungs- und Sanktionensystems im forum internum gewesen sein.»[12]

Diese Entwicklung der Westkirche war für das Strafrecht, das Strafprozessrecht und das Recht insgesamt entscheidend. Denn

---

9 Prodi, *Eine Geschichte der Gerechtigkeit*, 29 f.

10 Zum *forum internum* sind das *forum internum sacramentale* (im Rechtsbereich des Sakraments der Beichte) und *non sacramentale* (ausserhalb der Beichte) sowie das *forum conscientiae* (Gewissensbereich) zu zählen.

11 Seelmann, *Theologie und Jurisprudenz*, 9 f.

12 Ebd. 11.

«zwischen dem Ende der Karolingerzeit [751–919] und dem Beginn des sogenannten klassischen Zeitalters des kanonischen Rechts (13./14. Jahrhundert) entstand [in der Kirche] ein allgemeines Prozessrecht, das es zuvor nie gegeben hatte. [...] Während sich das römisch-kanonische Verfahren ab dem 13. Jahrhundert entwickelte, indem es die Regeln des Zivilprozesses zu den Bestimmungen des allgemeinen Rechts machte, baute die Rechtsordnung vor dem Dekret Gratians auf dem Strafprozess auf, dessen Grundregeln die unverzichtbaren Normen jedes Prozesses darstellten.»[13]

2 Die Bussbücher und das Fegefeuer

Nach den Völkerwanderungen, die die erste Christianisierung[14] im Römischen Reich zurückdrängten, wanderten die iroschottischen Mönche in zwei Wellen (6. bis 8. und 11. Jahrhundert) durch den westlichen Teil des fränkischen Reichs und führten neue Formen des Busssakramentes auf dem Kontinent ein. Die Anfänge der Bussbücher, die die Mönche verwendeten, werden in die Mitte des 7. Jahrhunderts datiert. Sie sollten eine Hilfe für die Priester sein, um am Beichtstuhl[15] entsprechend der Sünden die angemessenen Bussen festlegen zu können. Diese Tarifbussen wollten in relativ homogener Weise «die Beziehung zwischen der Sünde und der jeweiligen Busse (Gebete, Fasten und andere körperliche Bussen, Pilgerfahrten, Werke der Barmherzigkeit) in den unterschiedlichen christlichen Territorien»[16] regeln.

---

13 Franz. Original: «Entre la fin de l'époque carolingienne et le début de l'âge dit classique du droit canonique (XIIIe–XIVe siècle) a ainsi émergé un droit commun du procès qui n'avait jamais existé auparavant. [...] Alors que la procédure romano-canonique allait se développer, à partir du XIIIe siècle, en faisant des règles du procès civil les dispositions de droit commun, l'ordre judicaire, avant le Décret de Gratien, s'est donc d'abord construit à partir du procès pénal, dont les règles de base ont constitué les normes indispensables de tout procès.» Roumy, Franck, L'origines pénales et canoniques de l'idée moderne d'ordre judiciaire, in: Condorelli u. a. (Hg.), *Der Einfluss der Kanonistik* 3, 348 (dt.: A. Loretan).

14 Die nach Westen und Südwesten ziehenden Goten waren zum grossen Teil ebenfalls christianisiert, allerdings in einer Form, die traditionell als arianisch bezeichnet wurde, dazu siehe Abschnitt 2.6.4 in diesem Kapitel. Die Gruppen der Franken waren dagegen nichtgetaufte «Heiden».

15 Vor seiner frühneuzeitlich halb- oder geschlossenen Form war der Beichtstuhl der Vorstehersitz für den Priester, der die Bussfeier leitete. Siehe Keplinger, Josef, *Der Vorstehersitz. Funktionalität und theologische Zeichenstruktur* (Pius-Parsch-Studien 11), Freiburg i. Br. 2015, 154–157.

16 Prodi, *Eine Geschichte der Gerechtigkeit*, 41.

Paolo Prodi erachtet das gesamte frühmittelalterliche Recht – weltliches wie kirchliches, nicht nur im Falle der Bussbücher – als ein Recht nach Tarif. Dabei wurde eine doppelte Buchhaltung auf zwei Ebenen geführt: die Buchhaltung Gott gegenüber und die Buchhaltung den Menschen gegenüber.

> «In den Bussbüchern versucht man daher, die Buchhaltung Gott gegenüber zu normieren: so und so viele Tage oder Jahre Fasten oder andere Bussübungen für jede Form der Sünde [...] sowie der Erarbeitung einer peinlich genauen Kasuistik.»[17]

Dabei sind nach dem *Bussbuch des heiligen Kolumban d. J.* († 615) die Straftaten oder Sünden, die auch vom säkularen Gesetz erfasst werden, zu unterscheiden von solchen, die im Gegensatz dazu lediglich der kanonischen Busse unterworfen sind. Vergehen wie Mord, Diebstahl, Brandstiftung, Schädigung von Personen, Tieren oder Gegenständen werden der säkularen Rechtsordnung zugewiesen. Die Kirche greift mit der den Bussbüchern übertragenen Autorität nur ein, wenn eine Sünde eine umfassende kirchliche Ordnung verletzt, sei sie nun persönlicher oder sozialer Natur.[18] Paolo Prodi unterscheidet diese Disziplinarmassnahmen folgendermassen vom späteren kanonischen Recht:

> «Der Versuch, das Bussrecht als ein System anzusehen [...] und damit nachzuweisen, dass es schon immer ein kanonisches Recht gegeben habe, scheint mir historisch ganz und gar irreführend zu sein, denn damit wird eine Wende vorweggenommen, die erst im 11. oder 12. Jahrhundert stattfindet. In den ersten Disziplinarsammlungen, zu denen auch die Bussbücher gehören, gibt es noch kein reines Recht, sondern lediglich ein Konzentrat von Verfügungen und Angaben, die das gesamte Leben der Kirche überziehen, von der Liturgie bis zu den Sakramenten, von der Organisation der Wohltätigkeit bis zu den Beispielen der Hagiographie. In dieser Zeit handelt es sich daher um zwei unterschiedliche, aber nicht konkurrierende Foren. [...] Die kirchliche Disziplin strebt nicht danach, die weltliche zu ersetzen.»[19]

Um das frühmittelalterliche Entstehen der Rechte zu verstehen, muss von zwei juristischen Sphären ausgegangen werden, die voneinander unterschieden blei-

---

[17] Ebd.

[18] Ebd. 42. Damit wurden die germanischen Stämme mit dem Kompositionen-Strafrecht vertraut, was für den langfristigen Erfolg der Tarifbussen der iroschottischen Mönche entscheidend gewesen sein dürfte.

[19] Ebd.

ben, obwohl sie sich in den Personen und sogar in den Institutionen vermischen. Aus dieser prinzipiellen Unterscheidung erwächst die neue Rechtswissenschaft der Kirche in den Gerichten und den Kathedralschulen. Dieses neue Rechtssystem der Kirche inspiriert in gewisser Weise auch die Buchhaltung der irdischen Gerechtigkeit. Denn am Tag des Jüngsten Gerichts muss sich die christliche Person vor Gott nicht gemäss den weltlichen Gesetzen verantworten, bspw. dem salischen, römischen oder langobardischen Recht, sondern gemäss den göttlichen und apostolischen Gesetzen. Dies führt im westlichen Abendland zu einer Trennung von weltlicher Justiz und der Sphäre der kirchlichen Justiz. Innerhalb der Kirche wird unterschieden zwischen der kirchlichen Justiz und der Vergebung der Sünden. Doch dabei besteht keine klare Differenzierung zwischen dem inneren Forum des Gewissens und dem äusseren Forum. Vor diesem kulturellen Hintergrund wird die grosse Bedeutung der Bussbücher verständlich, die für die Disziplin der Kirche im Frühmittelalter stehen und später auch das Strafrecht der europäischen Staaten beeinflussen.[20]

Das Zusammenspiel von geistlicher und weltlicher Herrschaft ist im Frühmittelalter nicht immer ganz geklärt,[21] und es ist beiden Herrschaftsformen gemeinsam, dass sowohl die kirchliche als auch die weltliche Hierarchie versuchen, «die Verwaltung der Gerechtigkeit in finanziellen Vorteil umzumünzen»[22]. Die Unterscheidung der Foren wird aber – jedenfalls theoretisch – wegen der dahinterstehenden sündentheologischen Argumentation eingehalten:

---

20 Vgl. Seelmann, *Theologie und Jurisprudenz*, 9 f.

21 Die schmale Quellenlage für das Frühmittelalter lässt für die Praxis nicht sicher sagen, ob diese theoretische Trennung zwischen Reichskirche und Reich immer eingehalten wurde. So ist daran zu erinnern, dass in Rätien vom 6. bis 8. Jahrhundert die Erbdynastie der Victoriden jeweils den Bischof von Chur und den Präses von Rätien «erblich» stellte.
Das *Historische Lexikon des Fürstentums Liechtentstein online* spricht von den Victoriden als einem «Familienverband, dessen Vertreter im 6. Jahrhundert und in der ersten Hälfte des 7. Jahrhunderts die weltliche Herrschaft als *praesides* oder *tribuni* in Churrätien ausübten. Mit Paschalis wird 660/70 auch das Churer Bischofsamt in die Familienherrschaft eingebunden und unter Bischof Tello (ca. 759–765) die geistliche und weltliche Herrschaft (*episcopus et praeses*) in einer Hand vereinigt; unter dessen (wohl nicht zum Familienverband der Victoriden gehörenden) Nachfolgern Constantius (um 773) und Remedius (um 800) beibehalten, wird die Churer Bischofsherrschaft spätestens 806/07 von Karl dem Grossen mit der *divisio inter episcopatum et comitatum* (Teilung von Kirchen- und Reichsgut) aufgelöst.» (Gurt, Claudius, Art. Victoriden (Zacconen), Version vom 31.12.2011, in: *Historisches Lexikon des Fürstentums Liechtenstein online*, URL: https://historisches-lexikon.li/Victoriden_(Zacconen).

22 Prodi, *Eine Geschichte der Gerechtigkeit*, 44.

«Die menschliche Justiz ist die Frucht der Sünde und besitzt nicht die Fähigkeit, die Realität zu verändern, sondern nur diejenige, Gewalt mit Gewalt zu vergelten, ein Gleichgewicht der Rechte von Einzelnen oder Gruppen mithilfe von Restitutions-, Kompensations- oder anderen Strafhandlungen wiederherzustellen. Die Ebene der Gottes-Justiz ist eine andere und hat substantiell nichts mit ersterer zu tun, will sie auch nicht ersetzen.»[23]

Die politische Organisation, die erst ab der Neuzeit Staat genannt wird, beschränkt sich damals darauf, das Verfahren der Sühne zu regeln und die Wiedergutmachung zu quantifizieren. Die Kirche dagegen regelt die Beziehung des Menschen zu Gott auf dieser Erde.

«Dabei setzt sie sich nicht an die Stelle des göttlichen Urteils, sondern interveniert beim sichtbaren Teil der Sünde so, dass der Mensch zum wahren und einzigen Urteil über eine andere, innere Buchhaltung gelangt, in welcher die Sünde durch die Busshandlungen bilanziert wird, durch das Beten, das Fasten, die Almosen oder andere Handlungen, die von der Kirche als gleichwertig angesehen und auferlegt worden sind.»[24]

Diese Bussleistung «löscht das Vergehen nicht aus, doch während das Geständnis vor dem Richter zur Strafe führt, führt das Geständnis vor Gott zur Vergebung»[25], so Beda Venerabilis († 735).

Die Westkirche entwickelt, anders als die Ostkirche, nicht nur eine Verrechtlichung der Sündenlehre, sondern auch eine Verrechtlichung der Soteriologie, der Lehre von der Erlösung, die von rechtlichen Denkfiguren jener Zeit stark geprägt ist. So antwortet Anselm von Canterbury (1033–1109) auf die Frage, warum Gott Mensch werden musste, mit seiner Soteriologie in juristischen Kategorien. Die Sünde, d. h. der Abfall des Menschen von Gott, ist eine Gott angetane Beleidigung, für die es einer Bussleistung als Sühne bedarf. Nur Gott selbst kann aber gemäss Anselm ein Sühneopfer erzielen, das gross genug ist. Deshalb musste Gott um des Menschen willen Mensch werden.[26] Christus ist aber unschuldig. Er

[23] Ebd. 37.

[24] Ebd. 38.

[25] Vgl. Beda, *Homiliae subdititiae*, lib. 3, 107 in: PL 94, 512A: «Cum apud saeculi Judicem confessus statim dirigitur ad poenam, apud Dominum confitens mox pergit ad veniam, cui honor, et gloria in saecula saeculorum. Amen.»

[26] Vgl. Anselm von Canterbury, *Cur deus homo. Warum Gott Mensch geworden ist*, Darmstadt ^{5}1993.

wird geopfert wie ein unschuldiges Lamm (Joh 1,29), wie es schon die Alte Kirche ausdrückte. Er bringt durch seine Sühneleistung Gottvater eine Gabe, die seinerseits belohnt werden muss. Diesen Lohn gibt Christus als Erlösungswerk an die Menschen weiter.[27] Anselm unterscheidet zwischen der Erbsünde und den zeitlichen, individuellen Sünden des Menschen. Christi Kreuzestod erlöse nur von der Erbsünde, so Anselm. Die individuellen Sünden des Menschen werden ab dem 12. Jahrhundert der individuellen Strafe überlassen, die «noch vor dem Jüngsten Gericht gleich nach dem Tode verhängt und im Fegefeuer abgebüsst wird»[28], so die neue Lehre in der lateinischen Kirche des Westens.

Anders als die Ostkirche entwickelte die Westkirche die Vorstellung vom Fegefeuer, wo die individuellen Sündenstrafen abgebüsst werden können.[29] Dies ist eine fundamentale Weiterentwicklung der Westkirche in der Vorstellung vom Jüngsten Gericht. Die Ostkirche kennt zwar Ansätze für eine «Reinigung» nach dem Tode, formulierte aber daraus keine eigentliche Lehre.[30]

Die Vorstellung vom Jüngsten Gericht enthielt bisher ein Entweder–Oder, d. h. entweder Rettung oder Verdammnis. Nun wurde dem Weltgericht zeitlich eine individuelle Reinigungsstrafe vorangestellt, die der Quantifizierung bedurfte. Um diese im Fegefeuer drohende Strafe schon im irdischen Leben «abzubüssen», musste eine genaue Sündenbuchhaltung geführt werden, was eine begriffliche Schärfung des Strafmasses verlangte.

Nicht unterschätzt werden darf dieser Aspekt vor dem Hintergrund der Frage, inwieweit das Mittelalter für die Entstehung des Begriffs des Individuums prägend war. Denn das Bewusstsein um die Bedeutung des Individuums und der daraus resultierenden Pflege des individuellen Seelenheils in Vorbereitung auf das Jüngste Gericht wird zunehmend stärker. Vor allem die Messstipendien[31] sind

---

27 Vgl. Anselm von Canterbury, *Cur deus homo*, lib. 2, cap. 19, 148–153.

28 Seelmann, *Theologie und Jurisprudenz*, 11.

29 Vgl. Le Goff, Jacques, *Die Geburt des Fegefeuers*, Stuttgart 1984.

30 Deshalb geht die Ostkirche auch davon aus, dass das Gebet für die Verstorbenen eine direkte Wirkung für sie im Jenseits hat. Papst Benedikt XVI. betonte gerade diesen Aspekt als bedeutendes Bindeglied zwischen Katholiken und Orthodoxen, die diese Auffassung teilen: «Das Gebet für die Verstorbenen ist die für die Lebenden wichtige Seite der Fegefeuerlehre. Dass die Beziehung zu den Verstorbenen nicht mit dem Tod einfach aufhört, sondern in tätiger Liebe (Fürbitte) fortgesetzt werden kann, ist die tröstliche Seite der eschatologischen Fragen. Dass in dem letzteren Punkt (Fürbitten) mit den Ostkirchen Übereinstimmung besteht, ist wichtiger als die Nichtübereinstimmung in den übrigen Aspekten der Lehre.» Benedikt XVI., *Schreiben an Mike Bacher vom 5.4.2018*).

31 «Gemäss bewährtem Brauch der Kirche ist es jedem Priester, der eine Messe zelebriert oder konzentriert, erlaubt, ein Messstipendium anzunehmen, damit er die Messe in einer bestimmten

ein wichtiges Indiz dafür, dass der (spät-)mittelalterliche Mensch sich durchaus als Individuum versteht.[32] Harold J. Berman beendet seine Rechtsgeschichte nach 847 Seiten mit der Bemerkung: «Ohne die Furcht vor dem Fegefeuer und die Hoffnung auf das Jüngste Gericht hätte die westliche Rechtstradition nicht entstehen können.»[33]

3 Autonome Ethik oder Beichte

Die Bussbücher liefern noch keine klare Unterscheidung zwischen der inneren Sphäre der Sünde und der Sphäre des sozialen Vergehens. Beides drängt aber auf die Konstituierung eines Rechts, das nicht nur parallel zum weltlichen Recht existiert, sondern mit diesem konkurriert. Es stärkt das Bewusstsein des Individuums, das die Loslösung der Gerechtigkeit Gottes von der des Menschen fördert. Es gilt, den Begriff der Straftat (*crimen*), d. h. den Ungehorsam den weltlichen Gesetzen gegenüber, vom Begriff der Sünde zu trennen.

Die Ursprünge der daraus entstehenden westlichen Rechtswissenschaften sind ohne die westliche Theologie kaum zu verstehen. So zeigt Marie-Dominique Chenu auf, dass der Universitätstheologe Peter Abaelard schon in den ersten Jahrzehnten des 12. Jahrhunderts streng unterschieden habe zwischen dem, was im Gefüge der Welt auf Gottes Schöpfertätigkeit hin zurückzuführen sei, und den natürlichen Ursachen, die für den Bau oder die Entwicklung der Dinge zuständig sind, die ohne Wunder entstehen.[34] Abaelard bleibt in der Tradition der abendländischen Kirchenväter und unterscheidet weiter zwischen der Gerechtigkeit Gottes und der Gerechtigkeit des Menschen. Absolut neu aber ist, dass der Mensch, ob er nun Inhaber weltlicher oder kirchlicher Macht ist, zu einem freien Urteil fähig ist. Abaelard appelliert

Meinung appliziert.» C. 945 § 1 CIC/1983. Seit dem Mittelalter entwickelte sich dieser Brauch. Gläubige liessen den Priestern Messstiftungen zukommen, damit sie Messen in ihren Anliegen (z. B. Verstorbene) lesen.

32 Die Zusammenstellung dieser Jahrzeitstiftungen wird in Jahrzeitbüchern festgehalten. Ausgehend von den monastischen Nekrologien geht das Totengedenken in Form von Jahrzeitstiftungen ab dem frühen 14. Jahrhundert auch zunehmend auf die Pfarrkirchen über. Auf die Bedeutung der Jahrzeitstiftungen verweisen Erhart, Peter / Kuratli Hüeblin, Jakob (Hg.), *Bücher des Lebens – lebendige Bücher*, St. Gallen 2010; Hugener, Rainer, *Buchführung für die Ewigkeit. Totengedenken, Verschriftlichung und Traditionsbildung im Spätmittelalter*, Zürich 2014.

33 Berman, *Recht und Revolution*.

34 Vgl. Chenu, Marie-Dominique, *La théologie au douzième siècle*, Paris 1957, 16 f.

> «an das freie Urteil des Menschen und entwickelt daraus seine Lehre der im Hinblick auf das im Universum des objektiven Rechts autonomen Ethik. Im Zentrum seines Interesses stehen daher die Theorie der Absicht und die Definition der Sünde als Einwilligung in das Böse und Beleidigung Gottes.»[35]

Deshalb führt Abaelard Differenzierungen ein, die in der Folge von grösster Wichtigkeit für die Bestimmung von drei Elementen der Versöhnung des Sünders mit Gott in der individuellen Beichte werden: die Busse, die Beichte und die *satisfactio* (Genugtuung) oder die heilende Wiedergutmachung.[36] Sie beinhaltet die Rückgabe von durch Wucher, Betrug und Ausnutzung von Armen erworbenem Gut bzw. die Wiedergutmachung eines Schadens, den man einem Menschen zugefügt hat. «Doch greift Abaelard vor allem auf den letzten Seiten seiner *Ethica* direkt die Macht der Kirche an, die darin besteht, auf dem inneren Forum zu richten.»[37] Für Abaelard können die Worte Jesu über die Vollmacht, zu binden und zu lösen (Mt 16,19), und die Vollmacht, die Sünden zu vergeben (Joh 20,23), nicht automatisch auf alle kirchlichen Würdenträger übertragen werden. Nur ein unbescholtener Bischof könne richten. Abaelard begründet mit seinem Denken eine christliche Ethik auf dem göttlich-natürlichen Gesetz (Naturrecht) und nicht allein auf dem positiven Recht der neuen päpstlichen Gesetzgebung, die den Gewissensentscheid eher zurückbindet. Die

> «päpstliche Kirche, die soeben aus der gregorianischen Reform und dem Investiturstreit hervorgegangen war, musste in der neuen Ethik des Abaelard zwangsläufig eine tödliche Gefahr sehen. Sein Vorschlag [aber] wird wie ein unterirdischer Strom im christlichen Denken bestehen bleiben, aber der Weg in die Doktrin und die offizielle kirchliche Praxis wird versperrt bleiben. [...] Abaelard lehnt in jedem Fall die Vereinigung der rechtsprechenden Macht mit der sakramentalen Macht der Ordnung in der Bussrealität ab, eine Vereinigung, die indes in der Folgezeit die Basis für die Institutionalisierung der Beichte als kirchliches Sakrament sein wird.»[38]

---

35 Prodi, *Eine Geschichte der Gerechtigkeit*, 45.

36 Ein Dreischritt *exhomologesis* (öffentliches Bekenntnis aus Reue, die als Bedingung für eine aufrichtige Busse gilt) – *excommunicatio* (Ausschluss vom Sakramentenempfang für die Busszeit) – *reconciliatio* (Versöhnung der Sünder und Wiederherstellung der vollen Gemeinschaft mit der Kirche) ist in der Alten Kirche bereits bekannt, dort aber eben öffentlich und für schwere Sünden, die das Potenzial hatten, das Sozialgefüge zu stören und damit auch den «Staat».

37 Prodi, *Eine Geschichte der Gerechtigkeit*, 46.

38 Ebd. 46 f.

Bernhard von Clairvaux (ca. 1090–1153), Abaelards Gegenspieler, hatte der Kirche den Weg gewiesen, den sie zu gehen habe: Die wahre Macht der Kirche liege nicht im Reichtum, in der direkten politischen Herrschaft, sondern *in criminibus*, in der Möglichkeit, über das Wirken der Menschen zu richten:

> «Eure Gewalt erstreckt sich also auf die Verfehlungen, nicht auf die Besitztümer; denn wegen jenen, nicht wegen diesen, habt ihr die Schlüssel des Himmelreichs empfangen: um die Sünder auszuschliessen, nicht die Pfründner. ‹Ihr sollt erkennen, dass der Menschensohn die Vollmacht hat, hier auf Erden Sünden zu vergeben› usw. [Mt 9,6], heisst es. Welche Würde und Vollmacht erscheint dir erhabener, die Vergebung der Sünden oder die Verteilung von Gütern?»[39]

Damit wird die eigentliche Macht der Kirche angesprochen: Es ist die indirekte Macht einer Institution, die über die Sünden aller Menschen Recht sprechen kann. Papst Innozenz III. fasst diese Entwicklung in seinem päpstlichen Dokument *Novit ille* (April 1204) wie folgt zusammen: Wenn der Papst «auch nicht direkt weltliche Macht ausüben will und kann, [so kann er] doch in säkularen Angelegenheiten intervenieren *ratione peccati*»[40], d. h. auf Grund der Sünde. Damit beansprucht die Kirche ein Mitspracherecht in allen Bereichen, auch in der politischen Ordnung *ratione peccati,* aufgrund ihrer Sündenlehre.

Das Vierte Laterankonzil (1215) beschloss die Pflicht zur einmal jährlichen Beichte für alle Christen, auch für die Fürsten, Könige und Kaiser. Daraus entsteht auch ein grosser Verwaltungsaufwand, denn die Beichte muss nun als Massenphänomen für alle Christen bewältigt werden. Die Beichtväter benötigten systematische Darstellungen der möglichen Sünden, eine Hierarchie ihrer Schwere und ein entsprechend abgestuftes System von Sanktionen.

> «So entstanden ab 1250 die grossen Beichtsummen, verfasst auch von Kirchenrechtlern. Diese Kanonisten hatten das notwendige fachlich-professionelle Ver-

[39] «Ergo in criminibus, non in possessionibus potestas vestra, quoniam propter illa, et non propter has, accepistis claves regni caelorum, praevaricatores utique exclusuri, non possessores. Ut sciatis, ait, quia filius hominis habet potestatem in terra dimittendi peccata, etc. Quaenam tibi maior videtur et dignitas et potestas, dimittendi peccata an praedia dividendi?» (Original und Übersetzung aus: Bernhard von Clairvaux, Über die Besinnung an Papst Eugen [De consideratione ad Eugenium Papam], lib. 1, 6, 7, in: ders., *Sämtliche Werke 1*, Linz 1990, 644 f.).

[40] Prodi, *Eine Geschichte der Gerechtigkeit*, 50.

ständnis für die Berücksichtigung der Umstände des einzelnen Falls, das erforderliche Wissen aber auch vom römischen und kanonischen Recht.»[41]

Dies war wichtig für die im kanonischen Recht entwickelte Systematik der Zurechnungsfähigkeit.[42] Gegen positives Recht, soweit es nicht dem Naturrecht widersprach, zu verstossen, «galt nach den Kriterien der Moraltheologie zugleich als Sünde, so dass die Beichtpraxis ohne Kenntnis des positiven Rechts gar nicht auskam. Hier lag eine bedeutsame Einfallspforte für das Recht auch in die Moraltheologie.»[43] Die Verrechtlichung des moralischen Denkens, die Habermas in der Folge bis Immanuel Kant (1724–1804) nachweist, nimmt hier ihren Anfang.

4 Das kirchliche Strafrecht setzt Massstäbe

Im 11. Jahrhundert wurde ein neuer kirchlicher Feiertag eingeführt: Allerseelen. Dieser veranschaulichte die eschatologische Idee des westlichen Menschen vom Jüngsten Tag, der als ein Gerichtstag verstanden wurde, an dem alle Seelen sich vor Christus als Richter für ihre Sünden verantworten müssen, und auf ewig verurteilt oder begnadigt werden. Darauf stützte sich eine im Mittelalter neue Vorstellung vom Purgatorium (Fegefeuer):

> «Getaufte Christen, die nach [der] Busse gestorben waren, konnten sicher sein, dass ihr natürlicher Hang zur Sünde schon vergeben war und ihre aktuellen Sünden durch entsprechende Strafen in diesem und dem nächsten Leben bis zum Jüngsten Tag vollständig abgebüsst sein würden. Christus war nach dieser Vorstellung nicht mehr in erster Linie Richter, sondern göttlicher Bruder [vgl. LG 32], dessen Opfer am Kreuz Gott und Mensch versöhnte. Die neue Betonung des Sühneopfers wiederum war mit einer neuen Symbolik bei der Feier des Eucharistiesakramentes verbunden. Die Ausführung bestimmter Handlungen und das Sprechen bestimmter Worte durch den Priester bewirkte die Verwandlung des Brotes in den geistlichen Leib Christi. So vollzog sich das Sühneopfer mit seiner paradoxen Folge der göttlichen Vergebung und Strafe immer wieder als Bestandteil des Lebens der Gläubigen. Bei dieser Auffassung der göttlichen Gerechtigkeit erschien es nahe liegend, einen entsprechenden Begriff der menschlichen Gerechtigkeit zu schaffen. Wie

---

41 Seelmann, *Theologie und Jurisprudenz*, 9.

42 Vgl. Bonnemain, Joseph Maria, Amoris Laetitia: Unterscheiden, in: *SKZ* 16–17/2017, 198–200.

43 Seelmann, *Theologie und Jurisprudenz*, 10.

Gott durch das Gesetz regiert, so verkünden die von ihm eingesetzten kirchlichen und weltlichen Gewalten Rechtsgrundsätze und verhängen bei ihrer Verletzung angemessene Strafen und Wiedergutmachungen.»[44]

Das Entstehen der westlichen Jurisprudenz aus der Theologie und der Rechtsphilosophie (damals Naturrecht genannt) im 11. und 12. Jahrhundert wurde von Anselm (Canterbury), Abaelard (Paris) und Gratian (Bologna) vorangetrieben. Diese theologische bzw. rechtsphilosophische Entwicklung war nicht das Ergebnis der Vernunft allein, «sondern der Spannung zwischen Vernunft und Glaube, der Wissenschaft und dem Mystischen, dem Juristischen und dem Visionären»[45]. Das daraus folgende Strafverständnis war ohne den theologischen Zusammenhang mit der Sühnetheologie des Anselm von Canterbury nicht zu verstehen.

> «Das westliche Strafrecht entstand aus der Überzeugung, die Gerechtigkeit an sich verlange, dass man für eine Rechtsverletzung in Form einer der Verletzung angemessenen Strafe bezahlen müsse.»[46]

Das Fehlen eines allgemein gültigen Strafrechts unterstreicht, dass das Verbrechen als Übergriff gegen andere Menschen und gegen Gott verstanden wird, nicht aber gegen ein politisches Gebilde, sei es die Kirche oder der Staat.

Auf der Grundlage des neuen kanonischen Rechts sind die Bussdisziplin und das kirchliche Strafrecht, das innere und das äussere Forum, zwei Aspekte derselben Herrschaftsausübung. Dante Alighieri (1265–1321) hat in seiner «Göttlichen Komödie» Gratian als ersten Rechtswissenschaftler der Kirche neben Thomas von Aquin als «ersten Rechtsphilosophen» ins Paradies versetzt. Ersterem spricht er das grosse Verdienst zu, er habe beide Foren miteinander versöhnt. Damit meint Dante nicht die Versöhnung des säkularen Forums mit dem der Kirche, «sondern des inneren Bussforums und der äusseren Strafgerichtsbarkeit, die Versöhnung des kanonischen Rechts mit der Theologie»[47]. Das innere Forum der Busse (1) wird sowohl unterschieden vom äusseren, kirchlichen Gerichtsforum (*forum iudicale*) (2) als auch vom Gericht Gottes (3) am Jüngsten Tag. Die Kirche wird diese Unterscheidung aufgreifen und von einem sakramentalen und nicht-sakramentalen Forum sprechen.

44 Berman, *Recht und Revolution*, 321 f., orthografisch korrigiert.

45 Ebd. 322.

46 Ebd. 321.

47 Prodi, *Eine Geschichte der Gerechtigkeit*, 71.

Das interne Forum der Busse besteht in der Mitte des 13. Jahrhunderts bereits als ein komplexes System, in dem in den Pfarreien Gemeindepfarrer und Bettelmönche, die direkt vom Papst gesandt sind, einander konkurrierend gegenüberstehen. Der Grund der Rivalität zwischen den Diözesanpriestern und den Mitgliedern der religiösen Orden liegt in deren sehr weitreichenden Privilegien, auch im Bereich der Absolution der Sünde. Die meisten Klöster entwickeln ihre eigenen Bussregeln, die seit dem 9. Jahrhundert auch auf Laien angewandt werden. «Vergehen von Mönchen wurden gebeichtet und in aller Stille bestraft, ehe der Täter wieder in seine Klostergemeinschaft aufgenommen wurde.»[48] So wurden die klösterlichen Bussbücher – die Verzeichnisse von Sünden mit entsprechenden Bussen – zu wichtigen Quellen des neuen kanonischen Strafrechts des 12. Jahrhunderts.

Dem Glauben an einen Gott der Gerechtigkeit entsprach der Glaube an eine komplexe soziale Gemeinschaft, die Christenheit. Diese funktionierte nach Regeln einer auf dem Gesetz beruhenden Gerechtigkeit. Nach der damaligen Glaubensvorstellung ging jeder Mensch durch sein Leben hindurch ins Fegefeuer und weiter zum letzten Gericht, um so den entsprechenden Lohn bzw. die entsprechenden Strafen für seine Entscheidungen im irdischen Leben zwischen Gut und Böse zu ernten. Vom Jüngsten Tag aus gesehen wurde das christliche Leben auf das Recht ausgerichtet.

Selbst Martin Luther, der die Bücher des kanonischen Rechts möglicherweise verbrannte und dessen Kirchenvorstellung überhaupt nichts Juristisches haben durfte, glaubte

> «leidenschaftlich an das Recht, und zwar das weltliche Recht der Fürsten, des Staates, die er einfach als christlich geprägt voraussetzte. So bestand die römisch-katholische Vorstellung von der Einbringung göttlichen und natürlichen Rechts in die Rechtsinstitutionen im Luthertum weiter, aber nur bezüglich der weltlichen, nicht der kirchlichen Rechtsinstitutionen. Die Kirche war nur noch eine rein geistliche Gemeinschaft. [...] Doch für den Protestantismus in seiner lutherischen wie in seiner calvinistischen Form blieb Gott ein Gott der Gerechtigkeit, und der Korpus des kirchlichen und weltlichen Rechts des ‹mittelalterlichen› Europa (wie man vom 16. Jahrhundert an sagte) wurde grösstenteils in das Recht des ‹modernen› Staates eingebracht.»[49]

48 Berman, *Recht und Revolution*, 302.

49 Ebd. 325.

Dabei leistete das katholische Naturrechtsdenken (Rechtsphilosophie) für das säkulare Vernunftdenken der Aufklärung einen entscheidenden Beitrag, das den modernen Rechtsstaat erst hervorbringen konnte. Das individuelle Rechtssubjekt, das für die Menschenrechtserklärungen der Amerikanischen und Französischen Revolution entscheidend war, wurde erst in diesem naturrechtlichen Zusammenhang denkerisch entwickelt.

> «[N]eu ist im begriffsgeschichtlichen Zusammenhang des modernen Rechts die Akzentuierung der Stellung der autonomen Rechtsperson, die man als ein katholisches Pendant zu der von Luther zeitgleich akzentuierten Gewissensautonomie betrachten kann. Damit erhält auch die naturrechtliche Begründung der positiven Eigentums- und Herrschaftsordnung durch die Gesamtheit der Bürger eine individualistische Lesart – das dominium sui hat im Hinblick auf die Einsetzung des politischen Gesetzgebers durch die Gesamtheit der Bürger zur Folge, dass jeder von ihnen bei diesem Gründungsakt eine eigene Stimme hat.»[50]

5 Das Inquisitionsgericht[51]

Das Inquisitionsgericht entsteht in der Westkirche am Ende des 12. und Anfang des 13. Jahrhunderts als Teil der kirchlichen Gerichtsbarkeit. Es wird verstanden als disziplinarisches Instrument gegen die Häresie, gegen die Korruption und insbesondere gegen die Simonie. Dem Ungehorsam gegenüber der Autorität kommt dabei eine zentrale Rolle zu.

> «Bernhard von Clairvaux hat diesen Wandel in der Mitte des 12. Jahrhunderts theoretisch am besten erfasst: Man muss der Obrigkeit auf dieselbe Weise gehorchen wie Gott,[52] und jeder Verstoss, nicht nur der lässliche, tatsächlich gesche-

50 Habermas, *Auch eine Geschichte der Philosophie*, Bd. 1, 918.

51 Vgl. dazu auch die italienische Literatur, z. B.: Havas, Carlo, *Storia dell'Inquisizione*, Bologna 2010; Baiggent, Leigh, *L'Inquisizione. Persecuzioni, ideologia e potere*, Milano 2010; Fiorelli, Vittoria, *I sentieri dell'Inquisitore. Sant'Uffucio, periferie ecclesiastiche e disciplinamento devozionale (1615–1678)*, Napoli 2009; Valente, Michaela, *Contro l'Inquisizione. Il dibattito europeo secc. XVI–XVIII*, Torino 2009; Prosperi, Adriano, L'Inquisizione: verso una nuova immagine?, in: *Critica storica XXV* (1988) 119–145; Tedeschi, John, *Il giudice e l'eretico: studi sull'Inquisizione romana*, Milano 1997.

52 Vgl. c. 601 CIC/1983 im Ordensrecht: Gehorsam verpflichtet zur Unterwerfung des Willens gegenüber den rechtmässigen Oberen als Stellvertretern Gottes. Vgl. dazu Mitterer, *Ordens-Gehorsam im Kontext von Menschenwürde*.

hene, auch der verborgene und nur gedachte, kann schwer wiegen, wenn er ein Gefühl der Verachtung (contemptus) gegenüber der [von Gott] eingesetzten Autorität enthält [...] Es scheint, als würde die Rebellion gegen die Autorität der Kirche, die Häresie des Ungehorsams auch im Kampf gegen die Häresie und in der Entwicklung des Inquisitionsgeschehens mit jedem Jahrzehnt wichtiger, im Vergleich zum dogmatischen Inhalt im engeren Sinne: Jeder Ungehorsam wird so automatisch als Häresie definiert, und jede Häresie wird automatisch ein Vergehen gegen die Autorität der Kirche.»[53]

In der Verfolgung der Häresie führte Papst Innozenz III. den Begriff *crimen laesae maiestatis* aus dem römischen imperialen Recht der heidnischen Periode[54] in das Kirchenrecht ein. Innozenz III. nimmt damit nicht nur das Prinzip der Todesstrafe auf, sondern auch das der Konfiszierung des Eigentums, «was die Bestrafung der Angehörigen bedeutet, auch wenn sie unschuldig sind»[55]. Diese Strafe wird dann auch im kanonischen Recht verabschiedet, beginnend mit *Vergentis* von Innozenz III.[56] Damit setzt das Papsttum Häresie mit einem Verbrechen der Majestätsbeleidigung gleich und definiert den öffentlichen Charakter der Glaubensverbrechen endgültig.

Von der politischen Ebene wird der Begriff der *Majestät* auf die geistliche Ebene übertragen. Er wird zum Ausgangspunkt der geistlichen Majestätsbeleidigung, «eines *crimen laesae maiestatis divinae*, in dessen Gewand sich eine ‹Kirchenraison› kleidet, die in gewisser Weise das spätere Aufkommen der ‹Staatsräson› vorwegnimmt»[57]. Kaiser Friedrich II. verordnete die Bestrafung durch Konfiszierung[58] sogar gegen die orthodoxen Kinder hartnäckiger Ketzer, was die grössere

53 Prodi, *Eine Geschichte der Gerechtigkeit*, 73.

54 Vgl. Lex QuisQuis, in *CICiv C* 9, 8, 5 (*Corpus Iuris Civilis (Krueger)*, Bd. 2, 373). Die fragliche Verfassung wurde teilweise durch die Lex Sancimus (*CICiv N* 3, 1; *Corpus Iuris Civilis [Krueger]*, Bd. 1, 20) und die Lex Cognovimus (*CICiv C* 1, 5, 19; *Corpus Iuris Civilis [Krueger]*, Bd. 2, 58) widerrufen. Denn dieses Gesetz zur Konfiszierung des Eigentums wurde von christlichen Kaisern nie auf die Nachkommen der Ketzer ausgedehnt.

55 Prodi, *Eine Geschichte der Gerechtigkeit*, 74.

56 Innozenz III., Vergentis, in: *CICan X* 5, 7, 10, zitiert nach: Friedberg, Emil (Hg.), *Corpus Iuris Canonici ed. Lipsiensis secunda post Aemilii Ludouici Richteri curas ad librorum manu sciptorum et editionis romanae fidem recognouit et adnotatione critica instruxit Aemilius Friedberg, Teil I–II*, ND Graz 1955–1995, Bd. 2, 262 f.

57 Prodi, *Eine Geschichte der Gerechtigkeit*, 74.

58 Vgl. *CICan X* 5, 7, 10 (*Friedberg*, Bd. 2, 262 f.).

Schwere des Verbrechens der göttlichen Majestät im Vergleich zu dem der menschlichen Majestät unterstreicht.

> «Kaiser Friedrich II. greift dieses Prinzip wieder auf und führt im Jahre 1224 in Übereinstimmung damit die Folter und den Feuertod auf dem Scheiterhaufen für Häretiker ein, wobei er in den darauffolgenden Konstitutionen die Anwendung dieser Strafen allmählich ausweitet; Gregor IX. und Innozenz IV. nehmen diese [staatliche] Gesetzgebung in ihre [kirchliche] Dekretale auf und sorgen durch die Einrichtung der festen Inquisitionsprovinzen in allen Gebieten dafür, dass die Bestrafung auf dem Scheiterhaufen und die Konfiszierung der Güter in der gesamten Christenheit Verbreitung finden. Es klingt zwar etwas paradox, doch man kann behaupten, dass die Inquisition der Teil des kanonischen Rechts ist, der am stärksten von den Normen des justinianischen Corpus iuris civilis dominiert ist.»[59]

Es war Bonifatius VIII., der die Konfiszierung des Vermögens in jeder Hinsicht zu einer Strafe in *ipso iure* oder *latae sententiae* machte, mit der Verpflichtung des Schuldigen, das Vermögen spontan an die Steuerbehörden zu übergeben, ohne dass ein gerichtliches Eingreifen erforderlich war.[60] Gegen diese geistliche Machtkonzentration in der Kirche, die gestern[61] und heute in etwas anderer Form[62]

---

59 Prodi, *Eine Geschichte der Gerechtigkeit*, 74 f. Zu neueren Untersuchungen über die Entstehung des Inquisitionsverfahrens vgl. Eichbauer, Melodie H., Medieval Inquisitorial Procedure: Procedural Rights and the Question of Due Process in the 13th Century, in: *History Compass* 12 (2014) 72–83.

60 Bonifatius VIII., *Cum [Quum,] Secundum Leges*, in: *CICan VI* 5, 2, 19 (*Friedberg*, Bd. 2, 1077 f.).

61 Vgl. Ryser, Werner, *Walliser Totentanz*, Visp 2009, vor allem das Kapitel über die Hexen 479–604. Hatten in diesem Umfeld selbständige Kräuterfrauen, Hexen genannt, rechtlich eine Chance auf einen fairen Prozess? War das Einziehen des Vermögens geradezu eine Einladung, die selbständige Frau, die die Gott gewollte Ordnung, wie sie gewisse Männer erkannten, störte, mit den im römischen und kanonischen Recht möglich gemachten Mitteln der Inquisitionsgerichte aus dem Weg zu räumen?
Die Hexenforschung in der Rechtsgeschichte der letzten Jahrzehnte hat eine wesentlich differenziertere Betrachtungsweise zur Frage der Hexenverfolgungen hervorgebracht, als dies die ältere Forschung vertrat (die stark von den Romanen des 18./19. Jahrhunderts beeinflusst war). Wird damit die mythologische Erzählforschung des 19. Jahrhunderts (oft verbunden mit wissenschaftlichen Haltungen aus dem Kontext des Kulturkampfes) reproduziert? Oder hatten starke Frauen vor der zölibatären Männerjustiz (k)eine Aussicht auf einen fairen Prozess?

62 Vgl. z. B. Rotte, Ralph, Der Sturz von Angelo Becciu und die Reform der Vatikanfinanzen. Franziskus im Augiasstall, in: *Herder Korrespondenz* 12/2020, 23–26; Wiegelmann, Lucas, Der Bericht über den Missbrauchsskandal. McCarrick und das Versagen des Vatikans. Vor Gott und der Kir-

missbraucht wurde, wird ebenfalls im kanonischen Recht eine Gegenstrategie entwickelt, die mit dem Begriff *Parliamentum* umschrieben wird. Damit soll auch die absolute Macht des Generalabts der Zisterzienser oder anderer Vorgesetzter, die behaupten, ihre absolute Macht im Namen Gottes auszuüben, durchbrochen werden.

6 Das Parliamentum der Zisterzienser

Europäische Parlamente waren im Mittelalter fähig zu Repräsentation[63] und verbindlichem Konsens. Diese neuen Rechtsinstrumente hatte die lateinische Kirche entwickelt. Sie stiess eine Rechtsentwicklung an, auf die die später entstehenden Rechtsstaaten zurückgreifen werden. Weltliche Herrscher orientierten sich im mittelalterlichen Europa häufig an kirchlichen Präzedenzfällen. Die Kirche war der entscheidende Ausgangspunkt institutioneller Modelle, konzeptioneller Innovationen und administrativer Lösungen. Zudem waren die Grenzen von Kirche und Reich unklar. So wurde z. B. die päpstliche Souveränität definiert nach Regeln, die aus dem zivilen Recht abgeleitet wurden. Selbst die Wahl des Kaisers orientierte sich an den Regeln, die dem kanonischen Recht entstammten.[64] Die Trennung von Kirche und Staat gab es nicht, weil der moderne Staat noch gar nicht existierte. Es gibt im Mittelalter keine lineare Entwicklung zum modernen Rechtsstaat. Parlamente beispielsweise wurden eingesetzt, aufgehoben und wieder errichtet. Rechtsbegriffe gingen verloren, wurden wiederentdeckt und neu interpretiert.[65]

In diesem Kapitel ist strikt zu unterscheiden zwischen dem kanonischen Verfassungsrecht und dem kanonischen Ordensrecht, um das es im Folgenden geht. In der Mönchsregel des Benedikt von Nursia (480–547) wird klar, dass auch der Abt *unter* der Regel steht und nicht darüber.[66] Dass der Abt die Regel einhalten muss, ist ein grosser Unterschied zum Verfassungsrecht des Römischen Reiches während des sogenannten Dominats, wo der römische Kaiser dem Gesetz und der

---

che, in: *Herder Korrespondenz* 12/2020, 27 f.; Leven, Benjamin, München: Marx löst Integrierte Gemeinde auf, in: *Herder Korrespondenz* 12/2020, 11.

63 Vgl. Hofmann, *Repräsentation*, 116–454; vgl. z. B. § 16 Repräsentation der versammelten Gemeinde, § 17 Repräsentation und Konsens, § 18 Über die Anfänge parlamentarischer Repräsentation.

64 Vgl. Grzymala-Busse, *Sacred Foundations*, 17.

65 Ebd. 19 f.

66 Vgl. *RB* Kap. 3,7.

Rechtsprechung selbst nicht unterworfen war, sondern umgekehrt den Untertanen als Gesetzgeber das Gesetz gibt und auf dieser Grundlage in Personalunion als Richter die Rechtsprechung ausübt, was heute noch für das Papsttum gilt,[67] nicht aber für die monastische Linie im kanonischen Recht.

Denn im Kloster sind die Mönche einander gleichgestellt (*aequalis*).[68] Begründet wird diese rechtliche Gleichheit und Gleichwertigkeit der Mönche unter Verweis auf die Tauformel in Gal 3,28. Auch die Gottebenbildlichkeit jedes Menschen (Gen 1,26 f.) und die damit verbundene Würde unterstreicht die Gleichheit und Gleichwertigkeit aller Menschen vor Gott. Die Taufe und die Gottebenbildlichkeit verändern den Rechtsstatus, was sich in der Rechtsstellung des Mönchs in der Rechtsinstitution Kloster zeigt. Benedikt betont damit die Abkehr von menschlichen Bewertungen und die Einführung eines neuen göttlichen Massstabes. Dies umfasst v. a. auch Themen der persönlichen Freiheit. So spielen im Kloster weltliche Rechtsstellungen wie Freigeborener (*ingenuus, liber*), Freigelassener (*libertus, libertinus*) und Sklave (*servus*) keine Rolle.

Der Abt «soll den Rat der Brüder anhören»[69]. Dieses synodale Zuhören der Vorsteher hat die Benediktiner veranlasst Kapitelsäle zu bauen. Die Zisterzienser haben bei ihrer Interpretation der Benediktsregel einen neuen Begriff entwickelt, der Weltgeschichte geschrieben hat: *parliamentum*[70]. Yves Congar OP wies auf den zugrundeliegenden kanonischen Rechtssatz hin, wonach das, was alle angeht, auch von allen behandelt und approbiert werden müsse.[71] Über konkrete Möglichkeiten der Demokratie in der Kirche – denn nichts anderes stellt ja die Entscheidungsfindung im Parliamentum/Parlament dar – dachte ab 1970 auch Joseph Ratzinger nach.[72] Demokratische Elemente können «in das Leben der Kir-

[67] Aktuelle Beispiele dazu vgl. Lüdecke, Norbert, Entfernung von Diözesanbischöfen. Kanonistische Erinnerung an den exemplarischen Fall «Bischof Gaillot», in: Güthoff, Elmar / Haering, Stephan (Hg.), *Ius quia iustum*, FS Helmuth Pree, Berlin 2015, 196 Anm. 254.

[68] Vgl. *RB* Kap. 2,16–20.

[69] *RB* Kap. 3,2.

[70] Vgl. Jiménez Lozano, *Kastilien*, 82.

[71] Vgl. Congar, *Quod omnes tangit*, 210–259.

[72] Joseph Ratzinger veröffentlichte diese Überlegungen 30 Jahre später nochmals in mehreren Auflagen, vgl.: Ratzinger, Joseph / Maier, Hans, *Demokratie in der Kirche. Möglichkeiten und Grenzen*, Limburg 2000.
Das 1970 erschienene Buch wurde auf Spanisch, Italienisch, Französisch, Englisch und Portugiesisch übersetzt, vgl. Hartmann, Gerhard, Habeant fata sua libelli – Ein Nachwort des Verlages, in: Ratzinger / Maier, *Demokratie in der Kirche*, 101.

che aufgenommen werden, die eine analoge Nähe zwischen Demokratie und Kirche nahelegen (vgl. auch LG 1, 10, 12, 32)»[73], so auch Karl Lehmann.

Die Zisterzienserklöster, die die Regel Benedikts als Grundlage kennen, sind gekennzeichnet von der Einfachheit des Zisterzienserstils. Der Zisterzienser Bernhard von Clairvaux fühlte sich inmitten des Reichtums der Klöster und deren feudal gewordener Machtstruktur unwohl.[74] Die Klosterkirchen der Zisterzienser kannten anfänglich keinerlei kirchliche Machtzeichen. Aus diesem Grund verzichteten sie auch auf den Glockenturm als Machtsymbol. Der Glockenturm wurde ersetzt durch den Dachreiter, der als rein funktionales Element die Glocke trägt. Bernhard von Clairvaux ist geradezu ein Bilderstürmer. Er schreibt an den Abt Wilhelm von Saint-Thierry (um 1075–1148):

> «An den Wänden zeigt die Kirche ihren Glanz […], an den Armen ihre Knickrigkeit. Ihre Steine bekleidet sie mit Gold, ihre Kinder lässt sie nackt. Mit dem, was für die Armen aufgewendet werden müsste, frönt sie den Augen der Reichen. Die Neugierigen finden hier, woran sie sich ergötzen können, die Unglücklichen aber finden nicht das zum Leben Notwendige. Aber wozu dienen in den Klöstern, vor den Augen der lesenden Brüder, jene lächerlichen Missgeburten […]? […] Mit einem Wort, es zeigt sich überall eine so grosse und so seltsame Vielfalt verschiedener Gestalten, dass einen mehr die Lust ankommt, in den Marmorbildern statt in den Kodizes zu lesen, dass man eher den ganzen Tag damit verbringen möchte, diese Dinge eins nach dem andern zu bewundern, statt über das Gesetz Gottes zu meditieren.»[75]

In den Zisterzienserkirchen, in denen das Licht wohnt, weil die Öffnungen es durchlassen und keine farbigen Glasfenster ihm das Eindringen erschweren, kann man lesen. Darum konzentrierte Bernhard sich auf die Suche nach dem Unverzichtbaren:

> «Armut als kollektive Lebensform, möglichst wenig Machtausübung im Bereich der Organisation des Lebens, möglichst wenig Schmuck in den Gebäuden und

[73] Lehmann, Karl, Die Theologie des Bischofsamtes nach dem Zweiten Vatikanischen Konzil und ihre Bedeutung für synodale Prozesse, in: Schmiedl, Joachim / Walz, Robert (Hg.), *Die Kirchenbilder der Synoden. Zur Umsetzung konziliarer Ekklesiologie in teilkirchlichen Strukturen*, Freiburg i. Br. 2015, 33.

[74] Vgl. Jiménez Lozano, *Kastilien*, 81.

[75] Ebd. 83 f.

Büchern. Das heisst: die minimale Form lässt die Essenz des Seins erahnen. Und bei dieser Suche [nach dem Minimum an Machtausübung] erfinden die Zisterzienser die parlamentarische Demokratie.»[76]

Sie erachten sie als für Menschen einzig vernünftige Weise, in der Gesellschaft zu leben. Jeder bzw. jede muss für das Ganze Mitverantwortung tragen. Die Idealgemeinschaft des Klosters gibt sich Regeln, die für alle gelten. Wer in diesen Klostergemeinschaften leben will, hat sich diesem Regelwerk zu unterstellen. Der gegenseitige Gehorsam[77] der Brüder wurde damit zum Rechtsgehorsam.

1115, also 100 Jahre vor der *Magna Charta* (1215) in England,

> «treten die Zisterzienser zur ersten internationalen parlamentarischen Versammlung zusammen: zum ‹parliamentum›, das Normen erlässt, ändert und aufhebt, einen Generalabt wählt, ihn aber auch absetzen kann und seine Macht kontrolliert, damit er sie nicht ausserhalb oder in Missachtung der Regel oder der Mönche ausübt. Doch auch dieses Parliamentum oder Generalkapitel hat keine absolute Macht: Die einzelnen Mönchskommunitäten können sich ihm widersetzen, wenn sie den Sinn ihrer Opposition zu begründen vermögen.[78] Die individuelle und kollektive Weigerung aus Gewissensgründen wird zugelassen.»[79]

Deshalb gestaltet sich die Regierungsform der Zisterzienser vom 10. bis ins 15. Jahrhundert nach folgenden «drei demokratischen Prinzipien: (1) allgemeines Wahlrecht und verbindlicher Mehrheitsbeschluss, (2) Beteiligung an der Regelung der Angelegenheiten durch Diskussion und Abstimmung, (3) Delegation von Leitungsgewalt»[80] durch die Gemeinschaft. In späteren Ordensgemeinschaften wird durch die Einführung der Abberufung (*recall*) diese Befugnis noch ausgedehnt. So kann die Amtszeit eines Gewählten um die Hälfte verkürzt werden, wenn dessen repräsentative Amtsführung als nicht korrekt beurteilt wird.[81]

---

76 Ebd. 81.

77 Vgl. *RB* 71,1. «Darin klingt eine Einladung des Basilius († 379) zum spontanen, gegenseitigen Gehorsam oder ‹Aufeinander-hören› an» (vgl. Holzherr, *Die Benediktsregel*, 404 f.).

78 Vgl. zu diesem selbstverantworteten Gehorsam: Preuss, Ulrich K., *Politische Verantwortung und Bürgerloyalität. Von den Grenzen der Verfassung und des Gehorsams in der Demokratie*, Frankfurt a. M. 1984.

79 Jiménez Lozano, *Kastilien*, 81.

80 Ebd.

81 Vgl. ebd.

Klöster sind also nicht nur Orte von theologischer Symbolkraft und Spiritualität. Sie sind auch Rechtsgemeinschaften, in deren Kapitelsälen schon früh um die politische Freiheit in Europa gerungen wurde. In jedem Kapitelsaal wurde frei nach eigenem Gewissensentscheid gewählt. Freie Stimmabgabe und saubere Wahlprüfung durch externe Beobachter wurden hier eingeübt. Einige der zisterziensischen Verfahrensweisen fanden Eingang in die spätere Praxis des britischen Parlamentes, so z. B. das *pedibus ire in sententiam,* wobei die Parlamentarier durch das Verlassen des Sitzungssaals ihr Stimmrecht ausüben.[82] Niemand darf sich offen oder verdeckt selbst zur Wahl aufstellen. Es kann angesichts eines unentschiedenen Wahlausgangs ein Kompromiss gesucht werden. Es darf keine Wahlpropaganda geben, «die die Vorzüge eines Kandidaten gegenüber dem anderen herausstreicht; und keine Wahl, von der man annehmen muss, dass sie ‹communi favore› vollzogen wird, d. h., um einem Mächtigen zu schmeicheln».[83]

Die demokratische Wahl im *Konklave* ist ein nicht-monastisches Wahlverfahren. Es geht u. a. auf bürgerliche Gemeinden zurück und kommt erstmals 1216 auf. Die Kommunen hatten die Kosten für die Wahl ihrer Regenten selbst zu tragen. Deshalb schlossen sie die Kandidaten bei Wasser und Brot in einem Gebäude ein, «damit sie die kostspieligen Beratungen zu einem baldigen Ende brächten. Eine andere Methode bestand darin, zum selben Zweck das Dach des Wahllokales abzudecken.»[84] Damit reagierte das Volk auf die oligarchische *Demokratie,* die den einfachen Leuten das Wahlrecht vorenthielt. Dagegen galt das allgemeine Wahlrecht in sämtlichen Klöstern, wie Papst Innozenz III.[85] und später Bonifatius VIII. hervorheben: «Quod omnes tangit, ab omnibus tractari et approbari debet.»[86] Das heisst, die Entscheidungen in Dingen, die alle betreffen, müs-

---

82 Vgl. ebd. 82. Das angeblich «dunkle Mittelalter» brachte die damals eingeübten Techniken einer gesicherten, freien Stimmabgabe im Ordensrecht zur Anwendung, die bis heute noch nicht in allen Demokratien selbstverständlich sind, wie z. B. die freie Stimmabgabe, die nur dem Gewissen verpflichtet ist. Damit soll die Abstimmung frei von äusserem Druck sein.

83 Ebd.

84 Ebd.

85 Vgl. Innozenz III., in: *CICan X* 1, 23, 7 (*Friedberg*, Bd. 2, 152): «Quum juxta imperialis sanctionis auctoritatem ab omnibus quod omnes tangit approbari debeat, et quum commune eorum decanus officium exerceat, communiter est eligendus, vel etiam amovendus.» Zum Kontext dieses Prinzips im Umfeld des IV. Lateranums bes.: Schimmelpfennig, Bernhard, «Mitbestimmung» in der Römischen Kirche unter Innocenz III., in: Chodorow, Stanley (Hg.), *Proceedings of the Eighth International Congress of Medieval Canon Law* (Monumenta Iuris Canonici, Ser. C: Subsidia 9), Vatikanstadt 1992, bes. 469.

86 Das «Quod-omnes-tangit»-Prinzip des römischen Privatrechts (*CICiv C* 5, 59, 5) wurde erst im kanonischen Recht durch die Aufnahme in die Rechtsregeln des «Liber sextus» (*CICan VI* 5, 12,

sen auch von allen beraten und verabschiedet werden. «Dass aber alle zur Beratung zu rufen seien, haben wir deshalb gesagt, weil der Herr oft einem Jüngeren offenbart, was das Bessere ist», so die *Regel des heiligen Benedikt*.[87]

Ein Ordensmann und Kirchenrechtler fasst diese Rechtsentwicklung im Spätmittelalter, an der Schwelle zur Neuzeit, wie folgt zusammen. Bartolomé de Las Casas OP machte sich Gedanken, wie Herrschaft von Menschen über Menschen zu legitimieren sei. Er sucht nach Argumenten, um die Versklavung der Indios durch die Spanier als illegitim darstellen zu können. Wie ist Herrschaft des Menschen über den Menschen (*dominium hominis super hominem*) legitim ausübbar? Patrick Huser konnte mit seiner Forschung an der Luzerner Professur für Kirchenrecht/Staatskirchenrecht einige Fragen aus diesem Komplex beantworten:[88] Gibt es für den spätmittelalterlichen bzw. frühneuzeitlichen Kirchenrechtler Las Casas eine vernünftige Herrschaftslegitimation ausser der Demokratie? – Nein. Gibt es ein natürliches Recht auf Selbstbestimmung und Bestellung der eigenen Vorstehenden? – Ja. Gilt dieser Naturrechtsgrundsatz auch für die Kirche? – Ja. Begründung: «Gnade zerstört nicht, sondern vervollständigt und vervollkommnet die Natur» («Gratia non destruit, sed complet et perficit naturam»), so Thomas von Aquin OP. Für Las Casas ist aus kanonischer Sicht die Volkswahl die *conditio sine qua non* zur legitimen Besetzung eines Leitungsamtes. Huser schildert Las Casas als frühneuzeitlichen

---

29), in: *Friedberg*, Bd. 2, 1122) zu einer Allgemeinverbindlichkeit ausgestaltet. Vgl. Congar, *Quod omnes tangit*. Dieser ausgezeichnete Artikel von Congar verfolgt die Wirkungsgeschichte nur bis zum Konzil von Basel (1431) und verpasst so die intensive Rezeption in der Neuzeit bei den Spanischen Klassikern des Naturrechts und die damit weiterreichende Wirkungsgeschichte für die Entstehung des modernen Demokratie- und Völkerrechtsverständnisses.

Zur neueren Wirkungsgeschichte dieses Rechtssatzes vgl. Heinemann, Heribert, «Quod omnes tangit ...» Kanonistische Erwägungen im Anschluss an einen bedeutenden Rechtssatz, in: Geringer, Karl-Theodor / Schmitz, Heribert (Hg.), *Communio in Ecclesiae Mysterio*, FS Winfried Aymans, St. Ottilien 2001; Loretan, Adrian, Wie entwickelte die römisch-katholische Kirche ein Ja zum demokratischen Rechtsstaat und seinen Grundrechten?, in: Loretan-Saladin, Adrian / Bernet-Strahm, Toni (Hg.), *Das Kreuz der Kirche mit der Demokratie*, Zürich 2006.

87 *RB* Kap. 3,3. Von besonderer Bedeutung ist diese Weisung Benedikts. Er «verfährt entgegen der nahezu absoluten Hochschätzung des Alters in der römischen Gesellschaft nach dem Prinzip der Alten Kirche, wo die Überwindung der natürlichen Altersstufen und die Gleichheit der Lebensalter als Ideal gesehen wird.» Puzicha, Kommentar zur Benediktusregel, 97. Zu neuen rechtshistorischen Feststellungen zu diesem Prinzip vgl. Hauck, Jasmin, Quod omnes tangit debet ab omnibus approbari – Eine Rechtsregel im Dialog der beiden Rechte, in *ZRG. Kan. Abt.* 99 (2013) 398–417, 407.

88 Vgl. Huser, *Vernunft und Herrschaft*.

Rechtsphilosophen bzw. Naturrechtler, der im Traktat *Principia quaedam* Volkssouveränität und mit der subjektiven Freiheit verbundene Rechte (Menschenrechte) insbesondere aus einer scholastisch originären Aristoteles- und Thomaslektüre entwickelt, die eine rationale Normenbegründung ermöglicht. Diese stützt Las Casas auf die Naturrechtstraditionen des römischen und kanonischen Rechts ab.

Für die Ermöglichung der modernen Rationalität im Rechtsbereich war die kanonische Rechtswissenschaft von grosser Bedeutung. Schon der Rechtssoziologe Max Weber[89] wies darauf hin, das kanonische Recht sei

> «wiewohl in seiner Funktion geistliches und Glaubensrecht, seiner Struktur nach kein sakrales, sondern rationales Recht. Es formt sich – in Anlehnung an das römische Recht, dem die Kirche im Römischen Reich begegnete – in rationalen Begriffen, Formen und Verfahren aus, und es geht dem gleichzeitigen weltlichen Recht im mittelalterlichen Reich an Rationalität und Entsakralisierung voraus. Ordale, Gottesurteile, Zweikampf als Beweismittel und Prozessinstitute, Strafen als Symbolformen und Rituale zur Versöhnung der verletzten Gottheit gab es im germanischen, nicht aber im kanonischen Recht. Auch die Einführung des gerichtlichen Instanzenzuges – rationales Mittel der Urteilsüberprüfung anstelle bloßer irrational zu entscheidender Urteilsschelte – hat ihren Ursprung ebenfalls im kanonischen Recht.»[90]

Besonders augenfällig wird der Beitrag des kanonischen Rechts in England. So spiegelten viele Veränderungen im dortigen *Common Law* theoretische Transformationen wider, die im mittelalterlichen kanonischen Recht stattfanden. Zum Beispiel befürwortete das englische Gewohnheitsrecht Anklagen, die neue Rechtsbehelfe zuliessen, von denen einige «dasselbe waren, was von den Kanonisten in einem etwas anderen Kontext schon erwähnt wurde».[91] Das kanonische Recht wurde in bestimmten Fällen ausdrücklich durch das Gewohnheitsrecht

89 Vgl. Weber, *Wirtschaft und Gesellschaft*, 468–482, bes. 480 f. Vgl. dazu Schnurrenberger, *Las Casas – Max Weber. Ein rechtsphilosophischer Vergleich in vier Sätzen* (Studien zu Religion, Philosophie und Recht), Baden-Baden 2025, Satz II.

90 Böckenförde, Ernst-Wolfgang, Zum Verhältnis von Kirche und moderner Welt. Aufriss eines Problems, in: ders., *Religionsfreiheit. Die Kirche in der modernen Welt* (Schriften zu Staat – Gesellschaft – Kirche 3), Freiburg i. Br. 1990, 85.

91 Helmholz, Richard H., *The Oxford History of the Laws of England: The Canon Law and Ecclesiastical Jurisdiction from 597 to the 1640s*, Oxford 2004, 359 (dt.: A. Loretan).

übernommen, sogar von der Gesetzgebung während der elisabethanischen Zeit.[92] Von besonderer Bedeutung ist allerdings gemäss Richard H. Helmholz der Einfluss der kanonisch-rechtlichen Konzeption der *fama publica* für das englische Strafverfahren:

> «Es war sowohl ein Mittel zur Einleitung eines Strafverfahrens als auch ein Schutz vor missbräuchlicher Strafverfolgung. Es war ein Schutz vor übereifrigem Einbrechen von Beamten in das Privatleben von Männern.»[93]

Dazu kommt der rechtsphilosophisch-rationale Beitrag der mittelalterlichen Rechtswissenschaft der Kirche zur Modernisierung, die säkulare

> «Annahme des Naturrechts als ethisch-rechtlicher Normengrundlage des sozialen und politischen Handelns. Durch diesen Rezeptionsvorgang wurde nicht nur das Recht, sondern das soziale und politische Handeln allgemein aus einer sakralen, aber auch einer unmittelbar religiösen Einbindung gelöst und kam auf einem rationalen Legitimationsboden zu stehen. [...] Recht bestimmt sich also nicht mehr als etwas Heiliges, aus göttlicher oder prophetischer Weisung, es ist und wird etwas rational Erkennbares, vernünftig Gestaltbares, veränderbar gemäss der natürlichen Erkenntnis. Nicht von ungefähr findet die grosse Rezeption des aristotelischen Naturrechtsdenkens – nicht ohne dessen Umbildung – im 12. und 13. Jahrhundert statt, nach den geistigen Auseinandersetzungen des Investiturstreits und der in ihnen proklamierten Trennung von ‹geistlich› und ‹weltlich›.»[94]

Thomas von Aquin, der in der philosophischen Tradition des Aristoteles dachte, betonte, dass die Vorschriften, die der Kirche von Christus vorgegeben sind, «ganz wenige»[95] seien. Daraus schliesst Papst Franziskus, dass wir keine Angst haben sollten, kirchliche Normen zu revidieren, selbst wenn sie tief in der Geschichte verwurzelt sind.[96] Die Rationalität der neuen Erkenntnisse der Naturrechtsentwicklung, die Menschenrechte, kann selbst für das Lehramt nicht mit der theologischen Tradition beiseitegeschoben werden. Aber dieser rationale

[92] Vgl. ebd. 498. Ähnlich auch etwa beim Verleumdungsrecht, vgl. ebd. 570.
[93] Ebd. 609.
[94] Böckenförde, *Zum Verhältnis*, 86.
[95] Thomas, *STh*, I–II, q. 107, a. 4.
[96] Vgl. *EG*, Nr. 43.

Weg der Rechtswissenschaft der Kirche beginnt nun im Mittelalter, das verschiedene Ansätze der heutigen Rechtsstaatlichkeit entwickelt.[97]

7 Der Beginn der westlichen Rechtstradition

Vor dem 11. Jahrhundert gab es in Europa kein Recht als selbständiges System, das von der Theologie getrennt war. Die Rechtsentwicklung in den Klöstern hatte Einfluss auf das Verfassungsrecht der Kirche.

> «Ein Jahrhundert nach der Gründung des Klosters von Cluny im Jahr 910 soll der Orden über mehr als 1000 Klöster verfügt haben. […] Der Zölibat sollte nicht mehr nur für Mönche gelten, sondern gegen die damals noch verbreitete Priesterehe für den ganzen Klerus.»[98]

Die Reformziele der Cluniazenser machte sich auch Papst Gregor VII.[99] im *Dictatus Papae*[100] *(1075)* zu eigen. Zudem verleiht er «der normativen Durchsetzung des Zölibats für alle Geistliche […] höchste kirchliche Autorität»[101]. Mit seinem theo-

---

[97] Nicht umsonst wird in Untersuchungen regelmässig festgestellt, dass die kirchliche Gerichtsbarkeit – jedenfalls im (Spät-)Mittelalter – aufgrund der Rechtssicherheit gerade bei «Laien» sich einer gewissen Beliebtheit erfreute. Vgl. exemplarisch: Albert, Thomas D., *Der gemeine Mann vor dem geistlichen Richter. Kirchliche Rechtsprechung in den Diözesen Basel, Chur und Konstanz* (Quellen und Forschungen zur Agrargeschichte 45), Stuttgart 1998.

[98] Habermas, *Auch eine Geschichte der Philosophie*, Bd. 1, 656.

[99] Gregor VII. hiess Hildebrand. Die Geschichtsforschung ging lange davon aus, dass Hildebrand ein Cluniazenser-Mönch gewesen ist, weil er Anliegen der Cluniazensischen Reform umzusetzen versuchte. Die jüngeren Arbeiten stellen diese These in Frage und gehen davon aus, dass er Weltpriester war, der möglicherweise ein klosterähnliches Leben in einer Klerikergemeinschaft eines Stifts geführt hat. Die Reformbewegung der Kirche war unter solchen Klerikern ebenfalls sehr verbreitet. Der Kampf gegen Simonie und Priesterehe (Nikolaitimus) sowie den Einfluss von Laien auf das kirchliche Leben (Laieninvestitur) bestimmten seine kirchenpolitischen Reformbestrebungen.
Vgl. Bautz, Friedrich Wilhelm, Art. Gregor VII. (Hildebrand), Papst, in: *BBKL* 2, 310–315.

[100] Gregor VII., Dictatus Papae, in: *Gregorii VII registrum lib. I–IV* (MGH Epp. Sel. 2), Berlin 1920, II, 55a, 202–208. Es ist hier allerdings auch an den Hinweis von Andreas Thier (in seiner Kritik an Harold J. Berman) zu erinnern, wonach der *Dictatus Papae* unter den Zeitgenossen kaum zirkuliert haben dürfte, sondern ein Dokument innerhalb der päpstlichen Kanzlei war, vgl. Thier, *Harold Berman's «Law and Revolution»*, 173.

[101] Habermas, *Auch eine Geschichte der Philosophie*, Bd. 1, 658.

kratischen Selbstverständnis als «Stellvertreter Christi» löste er die geltende Rolle des Stellvertreters Petri ab.

> «Kurzum: Durch die rechtliche Transformation der Kirche haben europäische Gesellschaften das erste Mal seit der Spätantike wieder eine Institution bekommen, die [...] ihren Machtgebrauch autonom erklären konnte.»[102]

Diese päpstliche Revolution hat «die Kirche ganz klerikalisiert und das Königtum tiefer in die Weltlichkeit [*saeculum*] abgedrängt»[103], sprich säkularisiert.

> «Die Kirche war sich der Freiheit [der Kirche], die es zu erobern gilt, und der Kämpfe, die gegen die säkularen Mächte zu führen sind, bewusst. [...] Die beiden Mächte waren eng miteinander verbunden, in einer beständigen Beziehung, aber in einem Gleichgewicht, dessen Flexibilität die Gregorianer gezeigt hatten. [...] In jeder Region trugen der Investiturstreit und der Wille, sich aus der weltlichen Umklammerung zu lösen, unvollkommene aber spürbare Früchte.»[104]

Die westliche Rechtstradition entsteht also aus einer Revolution des Papsttums, mit dem Ziel, die Kirche als rechtliches Gebilde scharf von den weltlichen Gemeinwesen, die sich später zu Staaten entwickeln werden, abzugrenzen. Diese Bewegung wird in der Theologie als Gregorianische Reform bezeichnet, da Papst Gregor VII. eine zentrale Rolle spielt. Die päpstliche Revolution und der Investiturstreit (1075–1122) geben nach dem Urteils Bermans den Anlass zur Entstehung des ersten westlichen Rechtssystems, des kanonischen Rechts. Diese Selbstkonstituierung der Rechtskirche wird zum Vorbild neuer weltlicher Rechtssysteme: das Königsrecht, das Stadtrecht, das Zunftrecht, das Universitätsrecht etc.

Das neue Selbstbewusstsein des Papsttums zeigt sich auch im neuen Machtbewusstsein sowie im Jurisdiktionsanspruch gegenüber den anderen Patriarchen.

---

[102] Ebd. 660 f.

[103] Ebd. 664.

[104] Basdevant-Gaudemet, Brigitte, *L'évêque, le prêtre et la paroisse au Moyen Age. VIe–XIIIe siècle*, Paris 2023, 122: «L'Eglise avait pris conscience de la *Libertas [Ecclesiae]* à conquérir et des combats à mener contre des pouvoirs séculiers [...] Les deux puissances étaient étroitement liées l'une à l'autre, dans une relation constante mais selon un équilibre dont les grégoriens avaient montré la flexibilité. [...] Dans chaque région, la querelle des Investitures et la volonté d'échapper aux emprises laïques portaient leurs fruits, de façon imparfaite mais sensible.»

> «Nachdem Legaten des Papstes Leo IX. dem Patriarchen von Konstantinopel, Michael I. Kerularios, den Titel des Ökumenischen Patriarchen abgesprochen und ihn erfolglos zur Unterordnung unter den Jurisdiktionsanspruch der römischen Kirche aufgefordert hatten, wurde Kerularios vom Leiter der lateinischen Delegation exkommuniziert, woraufhin der Patriarch seinerseits mit der Exkommunikation der Legaten antwortete. Zwar hatten die Bannsprüche nur persönlichen Charakter und waren mit dem Tod der Beteiligten erledigt, die gegenseitigen Beziehungen erwiesen sich zu diesem Zeitpunkt aufgrund politischer und theologischer Differenzen (einer schrittweisen Entfremdung seit dem zweiten Jahrhundert) allerdings als schon seit längerem zerrüttet. Die Ereignisse während der Kreuzzüge, insbesondere die Eroberung und Plünderung Konstantinopels durch die Venezianer 1204 und die dortige Einsetzung lateinischer Patriarchen, erschwerten eine Aussöhnung in der Folgezeit dann noch zusätzlich.»[105]

Mit diesem neuen Selbstbewusstsein der römischen Päpste zerbricht das Christentum endgültig in eine westliche, lateinische Kirche und eine östliche, orthodoxe Kirche. Der Okzident und der Orient entwickeln sich institutionell verschieden. Das Schisma, das gewöhnlich auf das Jahr 1054 datiert wird, war der epochale Bruch der eucharistischen Gemeinschaft zwischen dem einzigen westlichen Patriarchat von Rom (der heutigen römisch-katholischen Kirche) und den vier östlichen Patriarchaten von Konstantinopel, Alexandrien, Antiochien und Jerusalem (der heutigen orthodoxen Kirche). Dies war die Teilung des mittelalterlichen Christentums in eine östliche und eine westliche Kirchenorganisation.[106] Im Orient kann sich das kirchliche Recht neben dem Staat nicht autonom entwickeln, denn der Staat beherrscht die Kirche juristisch und steuert sie administrativ. In der juristischen Literatur des Orients finden wir nicht einmal den Ausdruck *kanonisches Recht*[107].

Die Geschichte des Westens als Rechtsgemeinschaft wird eingeläutet mit der Rechtsentwicklung der lateinischen Westkirche bzw. mit dem kanonischen

---

[105] *Großes Schisma*, Orthpedia. Die freie orthodoxe Enzyklopädie, URL: https://www.orthpedia.de/index.php/Gro%C3%9Fes_Schisma.

[106] 1965 hoben Papst Paul VI. und der Ökumenische Patriarch von Konstantinopel, Athenagoras I., die Exkommunikation von 1054 auf, vgl. Paul VI., Gemeinsame Erklärung Papst Pauls VI. und Patriarch Athenagoras' I. von Konstantinopel Pénétrés de reconnaissance, 7.12.1965, in: *DenzH*, Nr. 4430–4435.

[107] Vgl. Troianos, Spyros N., Das Gesetz in der griechischen Patristik, in: Sellert, Wolfgang (Hg.), *Das Gesetz in Spätantike und frühem Mittelalter*, Göttingen 1992.

Recht, wie der Berliner Historiker Heinrich August Winkler ausführt.[108] Das kanonische Recht ist das erste moderne westliche Rechtssystem, die Kirche der erste moderne westliche Rechtsstaat, der die rechtlichen Umgangsformen mit der Autorität ausarbeitet. Der evangelische Rechtssoziologe Max Weber spricht daher vom kanonischen Recht als einem «Führer auf dem Weg zur Rationalität»[109] auch für das staatliche Recht.

7.1 Antike Autoren werden im Mittelalter neu interpretiert

«Die westliche Moderne ist im Schosse des von der römisch-katholischen Kirche geprägten, ja wesentlich mitgeschaffenen christlichen Europas herangereift.»[110] Anders als im Osten «war im Westen die Einheit des politischen Regimes zerbrochen. In diesem politisch zersplitterten Westreich bildete die Kirche nicht nur kulturell, sondern auch institutionell das einigende Band»[111] nach der Zeit der Völkerwanderung. Im byzantinischen Osten stand die Vorherrschaft des Kaisers nie ernstlich in Frage. Im Westen dagegen entstanden zwei Pole: die Kirche und das Römische Reich oder Heilige Reich (ab 12. Jh.), d. h. *sacerdotium* und *regnum*[112]. Ab dem ausgehenden 15. Jahrhundert nannte sich der ehemals ostfränkische Reichsteil Heiliges Römisches Reich Deutscher Nation. Damit entwickelte sich im Mittelalter die für den Westen als Rechtsgemeinschaft so typische Dualität von Kirche und Staat,[113] deren Unterscheidung schon in der Alten Kirche (Ambrosius, Augustinus, Gelasius) begrifflich und denkerisch vorbereitet wurde.

Einer der vier Kirchenväter der Westkirche, Ambrosius (339–397), der vom Volk gewählte Bischof von Mailand, verwendet als erster die Begriffe *imperium* und *sacerdotium* für die beiden Zuständigkeiten. Deren Zuordnung bestimmte er so: In Glaubensfragen steht der Kaiser nicht über, sondern in der Kirche. Er ist

108 Vgl. Winkler, Heinrich August, *Geschichte des Westens*, Sonderausgabe München, 2016, Bde. 1–4, bes. Band 1: *Von den Anfängen in der Antike bis zum 20. Jahrhundert*. Vgl. *Heinrich August Winkler. Der Westen, mächtig und angreifbar*. NZZ Standpunkte vom 26.4.2015, SRF 1, URL: https://www.youtube.com/watch?v=Q2x6bdDSRQM.

109 Weber, *Wirtschaft und Gesellschaft*, 481.

110 Habermas, *Auch eine Geschichte der Philosophie*, Bd. 1, 630.

111 Ebd. 631.

112 Ebd. 639.

113 Vgl. u. a. Art. 72 Abs. 1 *BV*.

«Sohn der Kirche», nicht ihr «Herr». In dogmatischen Fragen kommt dem Kaiser keine Entscheidungsbefugnis zu, stattdessen entscheiden die Bischöfe, auch über den Kaiser.[114]

Augustinus (354–430), ein weiterer Kirchenvater der Westkirche, löste in seinem Werk *Über den Gottesstaat* (*De civitate Dei*) die antike Verbindung von Gottesverehrung und Staatswohlfahrt auf, die für die Römer zentral war. Der Staat sei eine irdische zeitliche Einrichtung, die für das friedliche Zusammenleben der Menschen erforderlich sei. Die Religion dagegen stehe auf einem anderen Fundament. Augustinus markiert die Trennung von Religion und Staat vor dem historischen Hintergrund des Einfalls der Vandalen in Nordafrika. Seine Überlegungen bleiben allerdings noch ohne realpolitische Konsequenzen.[115]

Der Patriarch der Westkirche, Papst Gelasius I.,[116] lieferte für diese Abgrenzungen der Zuständigkeit von Papst und Kaiser einen theoretischen Nachweis. Um den Dualismus zwischen Papst und Kaiser und damit die zwei Herrschaftssphären zu begründen, stellte Gelasius I. in einem Brief[117] an den oströmischen Kaiser Anastasius I.[118] der kaiserlichen Gewalt (regalis potestas) die geheiligte Autorität (auctoritas sacrata pontificum) der Päpste gegenüber. Gemäss seiner Zwei-Gewalten-Lehre sollten beide gemeinsam die Welt regieren.

> «Duo quippe sunt, imperator auguste, quibus principaliter mundus hic regitur: auctoritas sacrata pontificum et regalis potestas.» – «Zwei sind es nämlich, erhabener Kaiser, durch die an oberster Stelle diese Welt regiert wird: die geheiligte Autorität der Bischöfe und die kaiserliche Gewalt.»[119]

Das Schreiben war Kaiser Anastasius I.[120] nicht einmal einer Antwort würdig. Gelasius war aus seiner Sicht nichts weiter als ein römischer Bischof. In der mittelalterlichen Interpretation erlangte Gelasius' Brief und vor allem die darin

114 Vgl. Fürst, Alfons, Die Christen in Staat und Gesellschaft der Antike, in: Bischof, Franz Xaver / Bremer, Thomas / Collet, Giancarlo u. a. (Hg.), *Einführung in die Geschichte des Christentums*, Freiburg i. Br. 2012, 203.

115 Vgl. Fürst, *Christen in Staat und Gesellschaft*, 204.

116 Gelasius I. war Papst von ca. 492–496.

117 Vgl. Gelasius, ep. 12. Gelasii papae ad Anastasium Augustum.

118 Kaiser Anastasius I. war von 491 bis 518 (ost-)römischer Kaiser in Konstantinopel.

119 Dt.: Gelasius I. (494 n. Chr.) [Papst], Die zwei Gewalten, in: Rahner, Hugo (Hg.), *Kirche und Staat im frühen Christentum*, 254–263, bes. 256 f.

120 Vgl. *Epistolae romanorum pontificum genuinae et quae ad eos scriptae sunt a s. Hilaro usque ad Pelagium II.*, Bd. 1 Hilaro usque ad Hormisdam – Ann. 461–523, Brunsbergae 1868, 349–358.

enthaltene Idee der Zwei-Gewalten-Lehre deutlich mehr Beachtung: Seine Zeitgenossen in der westkirchlichen Tradition des Ambrosius und des Augustinus hatten ihn gelesen und rezipiert. Die Zwei-Gewalten-Lehre galt nicht als ein Bruch mit den bisherigen Ideen über die dominierende Rolle des Kaisers in religiösen Fragen. Aber aus dem historischen Kontext gerissen, konnte der Text des Briefes im Mittelalter als ein Statut für die Gleichheit der zwei Gewalten von Papst und Kaiser oder sogar für die Überlegenheit der kirchlichen gegenüber der säkularen Gewalt verstanden werden. Ja, sogar als Deklaration der päpstlichen Oberherrschaft über die ganze Welt interpretierte man diesen Brief in späteren Jahrhunderten. Papst Gelasius selbst beabsichtigte niemals eine derartige Oberherrschaft des Papsttums,[121] die erst im zweiten Jahrtausend Programm werden konnte. Seine Beurteilung der Rollen zwischen Kaiser und Papst hatte entscheidende Auswirkung auf das Mittelalter bis hin zur Auffassung der Zweischwerterlehre.

7.2 Streit um die Macht zwischen Papst und Kaiser

Ganz anders war die Auffassung, die oströmische Kaiser für das Verhältnis von Staat und Kirche entwickelten:

> «Einmal von der Gegenwart des Kollegen-Rivalen des Westens [Papsttum] befreit, konnte der Kaiser Konstantinopels schneller auf dem autokratischen und cäsaropapistischen Weg fortschreiten. Getreu der sakralen Vision eines römisch-christlichen Imperiums (...) sah sich der Kaiser als rex et sacerdos (König und Priester) und verstand die Kirche als öffentliche Anstalt, die als solche von ihm abhängig war.»[122]

Mit der päpstlichen Krönung eines eigenen Kaisers im lateinischen Westen um 800 entstand eine neue Situation. Gregor VII. war Papst der lateinischen Westkirche von 1073 bis 1085. Er verurteilte die kaiserlichen und königlichen Gesetze

---

121 Vgl. Dvornik, Francis, Pope Gelasius and Emperor Anastasius I., in: *Byzantinische Zeitschrift* 44 (1951) 111–116.

122 «L'imperatore di Costantinopoli, una volta liberato dalla presenza del collega-rivale d'Occidente, potè più speditamente procedere sulla strada autocratica e cesaropapista: fedele alla visione sacrale dell'impero romanocristiano (...), l'Augusto si riteneva rex et sacerdos e considerava la chiesa un organismo pubblico, in quanto tale da lui dipendente.» Cardini, Franco, *Minima Medievalia*, Firenze 1987, 65 (dt.: A. Loretan).

innerhalb der Westkirche, mit denen die Kirche regiert wurde. Danach konnten Bischöfe und Priester von der weltlichen Gewalt ernannt und Kirchenämter gekauft und verkauft werden. Zudem konnten die Geistlichen heiraten. Damit waren die kirchliche und die kaiserliche bzw. königliche Sphäre so voneinander abhängig, dass man noch nicht von einer wirklich eigenständigen Institution Kirche sprechen konnte.[123]

Die Geschichte des Streites um die Macht und die «Kampfscheidung» bzw. Trennung der Institutionen Papsttum und Kaisertum, Kirche und «Staat» soll hier nur kurz gestreift werden. Was in diesem Zusammenhang interessiert, ist, welche Konsequenzen dieser Streit zwischen Papst und Kaiser auf dem Gebiet der Rechtsentwicklung zur Folge hatte. Papst Gelasius I. hatte in seinem Brief an den Kaiser in Konstantinopel den Dualismus der Mächte begrifflich und theoretisch benannt. Er teilte begrifflich die *potestas* in der Alten Kirche dem Kaiser und die von Gott geheiligte *auctoritas* dem Bischof von Rom zu.

Papst Gregor I. der Grosse (590–604), der jüngste der vier grossen lateinischen Kirchenväter der Spätantike, begründete den Dualismus zwischen geistlicher und weltlicher Ebene im Bereich der Jurisdiktion einerseits in seinem Briefcorpus, anderseits im Traktat Moralia in Job (Ijob).

> «Man sollte dabei keineswegs die verworrene Situation zwischen geistlicher und säkularer Ebene unberücksichtigt lassen, in der er sich befindet, als er im institutionellen politischen Rahmen des verchristlichten Römischen Reiches operiert, doch er versuchte das Problem der Rivalität, das sich in der alltäglichen Realität entwickelt hat, auf theologischer Ebene zu lösen, indem er die Ebene des geistlichen Urteils von jener des weltlichen trennt.»[124]

In seinem theologischen *Ijob-Kommentar* sucht er nach einer Erklärung, warum die beiden Ordnungen der weltlichen und der göttlichen Gerechtigkeit nicht übereinstimmen.

> «In Erwartung des Jüngsten Gerichts, der Ankunft Gottes, des wahren Richters, versucht die Kirche, die Menschen (gleich der Morgenröte, die den Tag ankündigt, aber nicht selbst der Tag ist) aus der Finsternis der Sünde ins Licht der Gerechtig-

[123] Diese Phänomene werden in der Geschichtsliteratur beschrieben als Lehens- und Eigenkirchenwesen – Simonie – Nikolaitismus – Laieninvestitur.

[124] Prodi, *Eine Geschichte der Gerechtigkeit*, 36.

keit zu führen; doch in diesem Leben können die göttliche und die menschliche Gerechtigkeit nicht übereinstimmen.»[125]

Die Kirche muss für Gregor den Grossen alle Vergehen – sowohl in Gedanken als auch in Werken – beurteilen, während die weltliche Gerichtsbarkeit sich auf die äusseren Taten beschränkt.[126] Es gibt für Gregor den Grossen aber keinen Menschen, der gegen die Sünde immun wäre. Denn der angeblich Gute kann eine Sünde auch nur in der Absicht begehen, d. h. also nur im Herzen und nicht in den äusseren Handlungen.

> «Dies ist der Unterschied zwischen Sünde und Verbrechen, dass jedes Verbrechen eine Sünde ist, nicht aber jede Sünde ein Verbrechen. Und in diesem Leben können viele ohne Verbrechen, keiner jedoch ohne Sünden leben.»[127]

Damit entsteht – in der hellenistischen Polis noch undenkbar – ein doppelter Gerichtshof. Auf dem Fundament der Theologie von Augustinus, der inzwischen vergrösserten Autorität des Papsttums, des säkularen Machtvakuums und der Morallehre Gregors entstand im Mittelalter

> «ein Gottesrecht gewissermassen als Pädagogik für die Völker des neuen Europas, das sich gerade herausbildet. Im Gegensatz zu gängigen Vorstellungen gab es dabei keine Überlagerung von heilig-kirchlichem und säkularem Recht, sondern das Gottesrecht, das auf der Heiligen Schrift gründet, und das neue provinzialrömische Recht existieren nebeneinander.»[128]

---

125 Ebd.

126 Vgl. Gregor der Grosse, *Moralia in Job* (CCSL 143), am Anfang des V. Buches, 218. «Da die göttlichen Entscheidungen sehr verborgen sind, worum es in diesem Leben manchmal den Guten schlecht geht, den Schlechten gut, so sind sie noch verborgener, wenn es auch den Guten hier gut geht, den Schlechten schlecht; denn wenn es den Guten schlecht, den Schlechten gut geht, wird das vielleicht getadelt, weil auch die Guten, wenn sie etwa gefehlt haben, hier empfangen, dass sie von der ewigen Verdammnis umfänglicher befreit werden; und die Schlechten das Gute, dass sie für dieses Leben tun, hier vorfinden, so dass es nur zu Marterwerkzeugen für später herangezogen wird» (dt. in: Prodi, Eine Geschichte der Gerechtigkeit, 351 f. Anm. 53).

127 Gregor der Grosse, *Moralia in Job*, 11, n. 19 (CCEL 143, 1079; dt. in: Prodi, *Eine Geschichte der Gerechtigkeit*, 354 Anm. 58).

128 Prodi, *Eine Geschichte der Gerechtigkeit*, 37.

Diese Haltung schlägt sich auch im daraus entstehenden dualen Rechtsverhältnis von Kirche und «Staat» nieder, das Europa prägen wird.

7.3 Das Beamtenrecht der Kirche

Das Recht der mittelalterlichen Kirche war – anders als heute – das Recht einer der wirkmächtigsten Organisationen in Europa. Seit Gregor VII. leitete der Papst eine hierarchisch klar gegliederte Rechtsinstitution, die auf dem Gipfel ihrer Machtentfaltung war. Mit der rechtlichen Durchsetzung des Zölibats auf dem Zweiten Laterankonzil (1139) war eine vom Kaiser formal unabhängige Beamtenschaft geschaffen, die aber auch als Reichsfürsten fungieren konnten. Damit war ein sozialer Aufstieg, eine Kirchenkarriere in dieser Beamteninstitution denkmöglich, wie ihn kaum eine andere Institution zu jener Zeit bieten konnte.[129] Die höheren kirchlichen Beamten, z. B. Bischöfe, wurden noch mehr als bisher mit staatlichen Herrschaftselementen ausgestattet. Die damit entstandene Machtfülle bei kirchlichen Beamten übte geradezu Beispielfunktion für das Machtstreben der weltlichen Landesfursten aus. Um diesen Beamtenapparat zu leiten und zu organisieren, war ein einheitliches Recht von grossem Wert.

Die geistlichen Landesfürsten, die Bischöfe und Priester und die weiteren Kleriker bis zum untersten Kleriker, dem *Tonsuratus*, konnten aufgrund des privilegierten Gerichtsstandes nicht vor zivilen Gerichten verklagt werden. So kamen alle Beamten der Kirche, Geistliche genannt, wegen jeder Art von Delikt vor ein kirchliches Gericht, seien es nun Mord, Diebstahl, Brandstiftung, Körperverletzung oder andere von einer weltlichen (oder kirchlichen) Autorität verbotenen Handlungen. «Die Kirche als politisch-juristische Organisation wollte ihre Funktionäre kontrollieren»[130] und vor den weltlichen Gerichten schützen.

> «Mehrere merowingische Konzilien präzisierten die Anwendungsmodalitäten dieser Regel, das sogenannte ‹Vorrecht›, welches die Mitglieder des Klerus der Zuständigkeit der Kirchengerichte unterstellt. Über ihre Umsetzung wacht der Bischof,

---

[129] So startete z. B. Matthäus Kardinal Schiner (1465–1522) als Hirtenbub. Mittels Krummstab (Diözesanbischof von Sitten) und Schwert (Fürstbischof, [seine Funktion war die eines Reichsfürsten des Heiligen Römischen Reiches]) wurde er zu einem Machtfaktor europäischer Politik und «Papabile», d. h. Kandidat fürs Papstamt. Vgl. das Kapitel Krummstab und Schwert bei Ryser, *Walliser Totentanz*.

[130] Berman, *Recht und Revolution*, 319.

> und diese juridische Funktion ist eine der wichtigsten Aufgaben des Leiters einer Diözese. Einem Kleriker ist es – ausser mit Zustimmung des Bischofs – untersagt, darauf zu verzichten, da es sich um ein Privileg der Kirche und nicht des Klerikers persönlich handelt. Gleichzeitig darf der weltliche Richter einen Kleriker nicht ohne die Genehmigung des Leiters der Diözese verurteilen – eine Schutzbestimmung für die Autonomie der Kirche und ihre Unabhängigkeit von weltlichen Grössen. Wenn der Bischof auf diese Weise als Richter über seine Priester auftritt, kann das ausgesprochene Urteil in eine Berufung vor das Provinzkonzil gebracht werden, eine höhere Instanz, welche befugt ist, die vom Bischof in erster Instanz getroffene Entscheidung zu bestätigen oder zu widerrufen. […] Bis zum 9. Jahrhundert ist die Annahme, dass man sich an Rom wendet, eine Ausnahme.»[131]

Es stand die Frage im Raum: Soll die Kirche Definitionen der weltlichen Vergehen, z. B. Mord, Diebstahl, Brandstiftung usw., von Geistlichen aufstellen oder sollte sie diese der weltlichen Rechtsprechung überlassen? Die Kirche unterschied zwischen Delikt und Sünde. Sie erarbeitete keine eigenen Definitionen für weltliche Vergehen von Klerikern,

> «wohl aber für die Bedingungen dafür, dass sie von Geistlichen begangen, kriminelle Sünden waren. […] Die auch rechtsmaterielle Bedeutung der Untersuchung der Sündigkeit wird noch deutlicher, wenn man sich die hauptsächlichen Strafen vor Augen führt, die von den Kirchengerichten gegen Geistliche ausgesprochen werden konnten: Absetzung (d. h. dauernder Entzug aller kirchlichen Ämter und Rechte), Entzug bestimmter Kirchenämter, Verbot des Zelebrierens der Sakramente, Almosen, Entschädigung an die Betroffenen, bestimmte fromme Werke wie Fasten und Pilgerfahrten und im allerschlimmsten Fall die Exkommunikation.»[132]

---

131 Basdevant-Gaudemet, *L'évêque*, 43 f.: «Plusieurs conciles mérovingiens précisent les modalités d'application de cette règle, dite privilège du for, qui soumet les membres du clergé à la compétence des justices d'Église. L'évêque veille à sa mise en œuvre et cette fonction juridictionnelle est l'une des tâches les plus importantes incombant au chef du diocèse. Il est interdit à un clerc d'y renoncer – sauf accord de l'évêque – car il s'agit d'un privilège de l'Église et non pas du clerc personnellement. Parallèlement, le juge laïque ne peut juger un clerc sans l'autorisation du chef du diocèse, disposition protectrice de l'autonomie de l'Église et de son indépendance par rapport aux grands laïques. Si l'évêque se pose ainsi en juge de ses prêtres, la sentence prononcée peut être portée, en appel, devant le concile provincial, instance supérieure, compétente pour confirmer ou infirmer la décision prise par l'évêque en première instance. […] Jusqu'au IX. siècle, l'hypothèse d'un recours à Rome reste exceptionnelle.»

132 Berman, *Recht und Revolution*, 319 f.

Für die «Nicht-Beamten», die Laien, beanspruchte die Kirche nur beschränkte Kompetenzen für die kirchliche Strafrechtspflege. Etwa wegen folgender Delikte konnte ein Laie vor ein kirchliches Gericht kommen: «Ketzerei, Kirchenschändung, Zauberei, Hexerei, Wucher, Verleumdung, bestimmte Sexual- und Ehedelikte (wie Homosexualität und Ehebruch), Entweihung religiöser Orte durch Diebstahl u. a. und tätliche Angriffe auf Geistliche.»[133] Ungeachtet dessen besassen die geistlichen Gerichte auch bei Laien ein hohes Ansehen. Aufgrund des rationalen Verfahrens wurden sie gegenüber den weltlichen Gerichten oft als bessere Option gewählt.[134]

8 Die Reformation[135]

Die Reformation beginnt im Spätmittelalter. Als die Reformvorschläge des Theologieprofessors Martin Luther von der kirchlichen Hierarchie, den Bischöfen, abgewiesen werden, wendet er sich an die weltliche Hierarchie, die Fürsten. Ohne Letztere hätte es keine Reformation gegeben.

Aus heutiger Sicht ist die Bedeutung der Sündenlehre in der päpstlichen und in der protestantischen *reformatio* wohl nur schwer nachvollziehbar. Es ist daher ein historisches Verständnis notwendig. Für die Reformation, die im Spätmittelalter einsetzte, war die Bedeutung der Sündenlehre entscheidend, wenn auch andere Akzente als im Mittelalter gesetzt wurden. Die «protestantische Revolution» und die «päpstliche Revolution» werden im Lateinischen mit *reformatio* bezeichnet. Beide *reformationes* setzten bei der Sündenlehre bzw. der Rechtfertigung des Sünders vor Gott an. Ulrich Zwingli schaute beim Wurstessen in der Fastenzeit bei Froschauers am 9. März 1522 zu. Martin Luther verbrannte das verpönte Handbuch der Beichte.[136] Damit stellen beide Protagonisten die Sün-

133 Ebd. 320.

134 Vgl. etwa die exemplarische Untersuchung von Albert, *Der gemeine Mann vor dem geistlichen Richter.*

135 Ausführlicher werden die rechtlichen Folgen der Reformation in «Teil IV, Kap. 6 – Vom Heiligen Römischen Reich zur Weimarer Republik» besprochen.

136 Durch eine spektakuläre Symbolhandlung brachte Luther seine Haltung zum Ausdruck. «Am 10. Dezember 1520 verbrannte er die Bannandrohungsbulle zusammen mit einem Exemplar des Corpus iuris canonici und der verhassten, als Beichtstuhlhandbuch gebrauchten Summa Angelica vor dem Wittenberger Elster-Tor.» Siehe Mager, Inge, «Ich bin dein und du bist meyn, das ist die ehe.» Martin Luthers Eheauffassung und ihre ethischen und rechtlichen Nachwirkungen, in: *INTAMS review* 12/I (2006), 6.

denvergebung als Grundlage der kirchlichen klerikalen Macht infrage. Mit der Verbrennung der *Summa Angelica* des Angelo da Chivasso (1410–1495), dem vielleicht am meisten verbreiteten Beichthandbuch, endet die Epoche der Beichthandbücher in der protestantischen Tradition der Westkirche. Luthers «Rebellion gegen den exklusiven und autoritären Wahrheitsanspruch der kirchlichen Hierarchie [hat] dazu beigetragen, der neuzeitlichen Toleranz und dem modernen Pluralismus den Weg zu ebnen»[137], so Karl Lehmann. Die Beichthandbücher aber waren Bestandteil der juristischen Literatur und des kanonischen Rechts geworden, die beide auch über die Juristen die protestantischen Territorien prägten.

9 Kirchliches Recht setzt rationale Massstäbe

Der Westen als Rechtsgemeinschaft beginnt im Mittelalter. Das Entwickeln moderner Rechtssysteme war in erster Linie eine Antwort auf einen revolutionären Wandel innerhalb der mittelalterlichen Kirche und ihrem Verhältnis zum römischen Recht. Im Westen – nicht aber im Osten des ehemaligen Römischen Reiches – veränderte sich im späten 11., 12. und frühen 13. Jahrhundert die Wesensart des Rechts als politische Institution wie auch als geistige Vorstellung. Diese Rechtsgeschichte des Westens beginnt mit Gregor VII., das heisst mit der Rechtsentwicklung der lateinischen Westkirche bzw. mit deren Recht, wie der Berliner Historiker Heinrich August Winkler ausführt.[138] Die Rechtsinstitution der Westkirche hat keinen säkularen Zweck. Dennoch entwickelte sie als erste Rechtsinstitution

> «die meisten Kennzeichen des modernen Staates. [...] [Sie] übte gesetzgebende, ausführende und rechtsprechende Gewalt eines modernen Staates aus. Dazu hielt sie sich an ein rationales System der Rechtswissenschaft, das kanonische Recht. [...] In Form der Tauf- und Sterbeurkunden führte sie faktisch eine Art Personenstandsregister. Die Taufe verlieh eine Art Bürgerrecht.»[139]

---

[137] Lehmann, Karl, *Toleranz und Religionsfreiheit. Geschichte und Gegenwart in Europa*, Freiburg i. Br. 2015, 33.

[138] Vgl. Winkler, *Geschichte des Westens*, Bde. 1–4. Vgl. *Heinrich August Winkler. Der Westen, mächtig und angreifbar*. NZZ Standpunkte vom 26.4.2015, SRF 1, URL: https://www.youtube.com/watch?v=Q2x6bdDSRQM.

[139] Berman, *Recht und Revolution*, 190 f.

Wie konnte die Kirche im Mittelalter eine derart entscheidende Rolle in der Rechtsentwicklung am Anfang des zweiten Jahrtausends in die Wege leiten? Das Rechtsdenken war doch bisher vom römische Recht geprägt worden. Ein Blick ins Mittelalter will diesen Prozess zu verstehen versuchen. Dabei interpretieren die mittelalterlichen Legisten und Kanonisten antike Texte des römischen Rechts, die es für den neuen mittelalterlichen Kontext fruchtbar zu machen galt. Um diese mittelalterliche Interpretationstätigkeit an den rechtswissenschaftlichen Fakultäten der neu gegründeten Universitäten einordnen zu können, benötigt es zuerst zwei Exkurse in die antike Entwicklung der Jurisprudenz.

9.1 Exkurs Antike: Der Beruf des römischen Juristen

Das römische Recht war frühzeitig verweltlicht und in den Kategorien von *ius* und *lex* fassbar. Es entfaltete sich so eine eigene Form der Streitentscheidung (*iurisdictio*) und Rechtfindung. Vor allem aber entsteht eine neue Art von regelbildender Rechtsliteratur, die die Griechen nicht kannten und die zu einer fortwirkenden Leistung der römischen Juristen wird.

> «Ius meinte nicht das ‹geltende objektive Recht›, sei es eine Regel oder die Rechtsordnung im Ganzen, sondern die als rechtens anerkannten, im Streitfall durch Richterspruch festgestellten privaten Zugriffe und Rechtshandlungen. Ius in diesem Sinn hatte als solches keinen göttlichen Ursprung, war schon früh eher profan. [...[140]] Demgegenüber bedeutete lex eine einseitige, sprachlich artikulierte rechtliche Festsetzung als Akt einer Autorität. Ihr fehlte freilich noch das Moment einer notwendig allgemeinen, auf künftige Anwendung zielenden normativen Regelung. Römische Gesetze dienten stets der Bewältigung konkreter Probleme, auch wenn sie normative Regelungen mit Geboten und Verboten allgemeiner Art enthielten [...] Auch gab es eine lex nicht nur als Akt einer öffentlichen Autorität (lex publica), sondern ebenso als einseitige Festsetzung Privater, wie die lex testamenti oder lex contractus. Für das Verhältnis von ius und lex war unsicher und umstritten, wie weit eine lex überhaupt in (älteres) ius eingreifen und es verändern konnte.»[141]

---

[140] «[E]s hatte aber doch einen religiösen Bezug, indem Friedensbruch und Freveltat, die Verletzung des *ius*, die *pax Deum* als einen Teil der öffentlichen Religion des Gemeinwesens störten.» Böckenförde, Ernst-Wolfgang, *Geschichte der Rechts- und Staatsphilosophie. Antike und Mittelalter*, Tübingen ²2006, 153.

[141] Ebd.

Das Recht bildete sich durch erste Vorstufen einer Prozessordnung weiter. Das *ius honorarium* war die Grundlage leitender Anordnungen des Prätors (des für Gerichtsstreitigkeiten zuständigen Magistrats). Bewährten sich solche Anordnungen, wurden sie zur Regel erhoben und von den Nachfolgern übernommen. Von entscheidender Bedeutung aber ist die Arbeit der römischen Juristen (*iuris consulti*), die die historischen Grundlagen für die Entfaltung einer Rechtswissenschaft entwickelten.

> «Es war erstmals in der antiken Welt, dass sich in Rom ein Juristenstand herausbildete. Sein Ursprung lag bei den pontifices; diese waren als Sakralfunktionäre mit der Obhut der aufgezeichneten Kult- und Politik-Überlieferung, nicht zuletzt der Geschäftsrituale und Spruchformeln, sowie der Archivierung der politischen Verträge und der Gesetze betraut. [...] Mit der Profanisierung des Rechts gingen die daraus resultierenden Aufgaben [...] auf profane pontifices, d. h. die Juristen, über.»[142]

In Rom gab es mehrere *pontifices*, das *collegium* der *pontifices* war die oberste Sakralbehörde, welcher der *pontifex maximus* vorstand. Das Amt hatte schon in republikanischer Zeit grosse, auch politische Bedeutung. Deshalb liess sich Augustus zum *pontifex maximus* wählen, und das Amt blieb dann mit dem Kaisertum verbunden. Auch die ersten christlichen Kaiser führten den Titel. Erst Gratian legte ihn 382 ab, und der Titel ging «zunächst faktisch, im Laufe des 5. Jahrhunderts formell»[143] auf den Papst über.[144] Mit ihrem auf diese Rechtssammlungen gestützten Rechtswissen berieten sie Magistrate und Private durch Gutachten (*consulta*) und entwickelten für den Prätor Antwortschreiben (*responsa*). Unter dem Eindruck des philosophischen Denkens ordneten sie den Rechtsstoff losgelöst von Rechtsquellen und einzelnen Gesetzen nach allgemeinen Gesichtspunkten.

In der republikanischen Jurisprudenz orientierte man sich an der hellenistischen Wissenschaftslehre. Begründendes Argumentieren und dialektische Begriffsauslegung wurden zum Antrieb der Rechtslehre. Dabei wurden juristische Kategorien (*definitiones*) streng voneinander getrennt und gleichzeitig verbindende Prinzipien (*regulae*) gebildet, damit eine kunstgerechte Behandlung des Falls (*casus*) ermöglicht werden konnte. Diese zunehmend abstrakter werdende

[142] Ebd. 149.

[143] Ziegler, Konrat, Art. Pontifex, in: *DKP* 4, 1046–1048, 1048.

[144] Vgl. Ziegler, *Pontifex*.

Rechtslehre nahm sogar den Begriff *aequitas* (Gerechtigkeit) auf. Damit wurde der Begriff für gerechten Ausgleich, der ursprünglich nur in der philosophischen Ethik beheimatet war, vom Recht als ausserrechtliche Kategorie verstanden, aber dennoch für die Falllösung (*casus*) eingesetzt. In dieser Zeit um Cicero (106–43 v. Chr.) lässt sich die Überwindung des am Einzelfall orientierten Rechtsdenkens ausmachen. Allerdings ist es in der aktuellen Rechtsgeschichte umstritten, inwieweit das römische Recht bereits in der Antike ein hohes Abstraktionsniveau mit entsprechender Theoriebildung erreichte, d. h. ob die klassischen Juristen eine eigentliche Theoriebildung betrieben. Diese Frage kann vorliegend nicht entschieden werden, doch ist hierfür insbesondere auf Okko Behrends zu verweisen, der dies anhand der hellenistischen Einflüsse klar bejaht.[145]

Erst die juristische Literatur der Kaiserzeit entfaltete eine Systematisierung des Rechtsstoffs. Gaius, römischer Jurist im 2. Jahrhundert, erschloss das *ius civile* in Form eines antiken systematischen Lehrbuchs und setzte darin die hellenistische Denktradition am weitesten um. Sein Lehrbuch *Institutiones* war ein Höhepunkt der Begriffskunst und Rechtskultur römischer Juristen. Aus diesem Grund liess der oströmische Kaiser Justinian das Werk in Form des *Corpus Iuris Civilis* im 6. Jahrhundert in den weströmischen Reichsteil bringen, weil die dortige Rechtskultur sich nach den Völkerwanderungen nicht mehr auf gleichem Niveau entfalten konnte.[146]

Die Entwicklung im Westreich beschreibt im Jahr 438 der damalige Kaiser Theodosius II. wie folgt:

---

145 Zum aktuellen Forschungsstand vgl. Grotkamp, Nadine / Seelentag, Anna (Hg.), *Konfliktlösung in der Antike* (Handbuch zur Geschichte der Konfliktlösung in Europa 1), Berlin / Heidelberg 2021.

146 Der Zusammenbruch der Rechtskultur wird heute weniger drastisch beurteilt als im 19. Jahrhundert. Bereits Friedrich Carl von Savigny wies auf den Einfluss des Römischen Rechts auf die neu entstandenen «Germanischen Reiche» hin. Zudem gab es Gebiete (Rätien, Provence), in denen das Römische Recht im Alltag noch über Jahrhunderte überlebte. Gerade in Südfrankreich scheint es eine ungebrochene Tradition des Römischen Rechts – wenn auch auf einem vereinfachten Niveau – gegeben zu haben. Savigny geht in seiner *Geschichte des Römischen Rechts im Mittelalter* (Heidelberg 1815–1831) mehrfach auf solche Kontinuitätsfragen ein. So merkt er etwa an, dass es «[i]n mehreren Städten von Frankreich […] eine Tradition von ununterbrochener Fortdauer römischer Verfassung bis auf neuere Zeiten» gebe (ebd. Bd. 1, 275). Zwar geht Savigny, im Gegensatz zu Tendenzen in der heutigen Forschung, von der Existenz einer alten und «rein Germanischen Verfassung» (ebd. 156) aus, doch aus den Quellen sieht er die genannten Kontinuitätsbezüge zum Römischen Recht.

«Es gibt nur sehr wenige, die die scientia des Zivilrechts beherrschen; bei so vielen unzulänglichen, stümperhaften Darlegungen findet sich kaum jemand, der über ein solides theoretisches Gerüst verfügt.»[147]

Auch wenn diese Darstellung überzeichnet sein dürfte,[148] reflektiert dieser *Codex des Kaisers Theodosius II.* doch ein Reich in der Krise, obschon die Absetzung des Kaisers Romulus Augustulus im Jahre 476 noch bevorsteht. Im Jahr 533 soll es in Rom noch drei Professoren gegeben haben, davon einer ein Jurist.[149] Es gibt aber noch lateinische Rechtsanthologien, in denen ausgesuchte Bruchstücke kaiserlicher Gesetze mit Passagen der alten römischen Rechtslehre kombiniert wurden.

Nach dem Einfall der Barbaren, wie die Römer zu sagen pflegten, wollen einige germanische Könige ihre militärischen Erfolge mit dem Erlass eines Gesetzes krönen. Es fehlten aber die Juristen. So bediente man sich der noch existierenden Rechtsanthologien. So setzte Alarich II., der König der Westgoten in Spanien, 506 die *Lex Romana Visigothorum* in Kraft. Dabei bemühte sich der Gesetzgeber keineswegs, den ursprünglichen Charakter einer privaten Anthologie zu verbergen.

«Nach unserem heutigen Verständnis handelt es sich eher um Lehrtexte als um Gesetze. Das Dokument zeigt die begrenzte Vorstellung, die ein König von seinem eigenen Gesetz gehabt haben mag. […] In anderen Ländern Westeuropas war die Situation nicht anders. […] Dazu gehörten die ‹Lex Romana Burgundionum›, die so genannte ‹Lex Romana Rhaetica Curiensis›, die ‹Epitome Sancti Galli›, das so genannte ‹Edictum Theodorici›, die ‹Epitome fuldensis›. […] Wenn es also in Westeuropa überhaupt Juristen gab, so beschränkten sich deren Fähigkeiten darauf, lesen zu können und das Gelesene, so gut es eben ging, zu verstehen. Sie hatten keine Skrupel, Texte, die sie nicht verstanden, einfach auszuscheiden. Auch erwogen sie die Möglichkeit, eine Anthologie in ein Gesetz zu überführen. Allerdings konnten sie auch nicht mit der Würdigung ihrer Arbeit durch die Zeitgenossen

---

147 Theodosius, *Vorrede zum Codex von 438 (Praefatio de Theodisiani Codicis auctoritate)*, URL : https://droitromain.univ-grenoble-alpes.fr/Constitutiones/codicis_Theod.htm (27.12.2024): «tam pauci raroque extiterit, qui plena iuris civilis scientia ditaretur, et in tanto lucubrationum tristi pallore vix unus aut alter receperit soliditatem perfectae doctrinae.» Den heutigen Kanonisten fällt formal auf, dass hier eine Vorrede (Praefatio) und eine Konstitution dem kaiserlichen Codex wie beim CIC/1983 vorausgehen.

148 Es dürfte hier ein typischer Topos des Gesetzgebers vorliegen, um die Notwendigkeit neuer Erlasse zu begründen.

149 Vgl. Riché, Pierre, *Education et culture dans l'Occident barbare. VI–VIII siècles*, Paris ²1980, 114.

rechnen. Die meisten Menschen waren Analphabeten, ungebildet, geplagt von Hunger und Kälte, dezimiert durch Gewalt und Epidemien.»[150]

Dieses vergleichsweise harte Urteil Bellomos ist allerdings aus dem Kontext heraus insofern abzumildern,[151] als auch diese Stammesrechte in ihrer Mehrzahl römisch-rechtliche Einflüsse besassen. Hatte bereits Friedrich Carl von Savigny auf eine gewisse Kontinuität römisch-rechtlicher Einflüsse im Westen durch das Mittelalter hingewiesen,[152] trat diese Erkenntnis während eines längeren Zeitraums im 19./20. Jahrhundert durch den Schulenstreit zwischen Romanisten und Germanisten in der deutschsprachigen Rechtsgeschichte in den Hintergrund. Mit den Forschungen der letzten Jahrzehnte, die verstärkt auf den römisch-rechtlichen Gehalt der Stammesrechte zielten, zeigte sich zugleich die Fragilität der Trennung von romanischem und germanischem Recht. Umso mehr, als nicht wenige Stammesrechte zugleich kirchlich beeinflusst waren oder gar vollumfänglich – im Sinne einer «Fälschung» – geschaffen wurden.[153] Der kirchliche Einfluss dürfte zudem wesentlich dazu beigetragen haben, Elemente der römisch-rechtlichen Tradition durch das Frühmittelalter hindurch in das zweite Jahrtausend zu tradieren (worauf unten zurückzukommen sein wird).[154] Unbestritten dürfte

---

150 Bellomo, Manlio, *Europäische Rechtseinheit. Grundlagen und System des Ius Commune*, München 2005, 37.

151 Diese Passage Bellomos ist grundsätzlich richtig, beinhaltet aber eine tendenziöse Wertung, die typisch für die Rechtsgeschichte des 19./20. Jahrhunderts ist. Sie setzte die römischen Juristen des 6./7. Jahrhunderts in einen (negativen) Kontrast zu den «überragenden Werken», die etwa mit dem *Corpus Iuris Civilis* in Ostrom entstanden waren. Dies mag für einen Teil der Bearbeiter gelten, aber nicht für alle. Denn das *CorpICiv* unter Justinian war nicht der Regelfall. Insbesondere im 19./20. Jahrhundert wurden die Bearbeitungen des 6./7. Jahrhunderts allerdings an diesem Ideal des Justinianischen Corpus gemessen. Wenig beachtet wurde hingegen die Leistung der römischen Juristen jener Zeit (Übergang ins Frühmittelalter), die wesentliche Grundsätze des Römischen Rechts systematisch – wenn auch «vulgarisiert» – niedergeschrieben und zusammengestellt hatten – und dies zu einem Zeitpunkt, an dem die ursprüngliche staatliche Ordnung zusammengebrochen war. Sie waren also diejenigen, die das Römische Recht erst aus seinem staatshistorischen Kontext (Römisches Reich) notgedrungen herausnahmen und es universell gestalteten.

152 Savigny, *Geschichte des Römischen Rechts*.

153 Vgl. die laufende Diskussion um die Fälschungsthese zur *Lex Alamannorum*. Zuletzt dazu: Schott, Clausdieter, Klöster und Leges – Zur Diskussion um die süddeutschen Stammesrechte. Eine Replik, in: *ZRG. Germ. Abt.* 138 (2021) 238–259.

154 Geradezu exemplarisch dafür ist etwa der rätische Raum, in welchem während des Frühmittelalters auf einem gewissen – wenn auch im Vergleich mit dem *CICiv* bescheidenen – Niveau sowohl das römische Recht wie auch das Kirchenrecht eine gewisse Pflege erfuhr. Vgl. Meyer-Marthaler, Elisabeth, *Römisches Recht in Rätien im frühen und hohen Mittelalter* (Schweizerische

aber in der Forschung die Feststellung sein, wonach die Stammesrechte ein wesentlich vereinfachtes Recht boten.

9.2 Exkurs Antike: Im Osten beauftragt Justinian eine Zusammenstellung des Rechts

Im Osten war der Kenntnisstand der Juristen wesentlich besser als im Westen, gab es doch noch berühmte Studienzentren mit reich ausgestatteten Bibliotheken, z. B. in der Hauptstadt des Oströmischen Reiches, Konstantinopel (Byzanz), und in weiteren noch blühenden Städten wie Alexandria, Caesarea oder Beryt (das heutige Beirut), die ebenfalls Rechtsanthologien in lateinischer und griechischer Sprache vorweisen konnten.

Angesichts der sich vereinfachenden Rechtskultur im Westen wollte Kaiser Justinian retten, was noch von der römischen Rechtskultur zu retten war. Ihm stand eine grosse Anzahl von Rechtsprofessoren zur Verfügung, denn Konstantinopel verfügte immer noch über ein leistungsfähiges Studienzentrum, in dem eine Rechtsvorstellung bewahrt wurde, die in den Grundzügen und dem methodischen Zugang dem römischen Recht entsprach. Im Westen (z. B. in Italien, Deutschland, auf den Britischen Inseln, in Frankreich oder Spanien) hätte er nichts von vergleichbarer Qualität finden können. So war es möglich, in wenigen Jahren die berühmte grosse, gesetzgeberische Kompilation Kaiser Justinians zu verwirklichen.

I. Im *Buch der Konstitutionen* wurden in einem «Codex» kaiserliche Normen verschiedener Epochen zusammengetragen und erlassen. «Im Jahre 533 folgte eine umfassende Zusammenstellung von *iura*, genannt ‹Digesta› (oder Pandekten). Es handelte sich um fünfzig Bücher, in welchen in komprimierter Form Passagen aus alten römischen Rechtstexten zusammengefasst waren. [...] Der noch erhaltene Text war allerdings oft voller nachklassischer Interpolationen und verfälscht durch Manipulationen und Kürzungen. Später, im Jahr 534, wurde eine überarbeitete und komplettierte Fassung des ‹Codex› in zwölf Büchern erlassen.»[155]

Zeitschrift für Geschichte, Beiheft 13), Zürich 1968; Mordek, Hubert, Spätantikes Kirchenrecht in Rätien. Zur Verwandtschaft von Tuberiensis und Weingartensis als Tradenten des ältesten lateinischen Corpus canonum, in: *ZRG. Kann. Abt.* 79 (1993) 16–33.

155 Bellomo, *Europäische Rechtseinheit*, 38 f.

II. «Mit dem Erlass der ‹Institutiones› wurde im gleichen Jahr ein Rechtslehrbuch in vier Büchern in den Rang eines Gesetzes erhoben.»[156]
III. Anschliessend folgten die *Novellae Constitutiones*, die Justinian bis zu seinem Tod (565) erlassen hatte. Mindestens zwei Privatpersonen hatten diese Sammlungen zusammengestellt. Die *Epitome Julinani* umfasst 122 Konstitutionen. Der Autor war wahrscheinlich Professor in Konstantinopel. Die andere Sammlung eines anonymen Verfassers heisst *Authenticum* und enthält 134 Konstitutionen.

Zum Studium der Kompilation Justinians verwendet man heute das *Corpus Iuris Civilis*:
I. Institutiones, hg. von P. Krüger; Digesta, hg. von Theodor Mommsen (Berlin 1872).
II. Codex, hg. von Paul Krüger (Berlin 1977).
III. Novellae, hg. von Rudolf Schöll und Wilhlem Kroll (Berlin 1895).
IV. Unter Okko Behrends als Herausgeber erfolgt seit drei Jahrzehnten eine komplette Neuübersetzung des *Corpus Iuris Civilis* auf Deutsch.

Diese Gesetzgebung wurde in Italien eingeführt, nachdem die byzantinische Armee im Jahr 554 nach 20-jährigen verheerenden Schlachten die Halbinsel zurückerobert hatte. Sie wurde erneut mit der östlichen Reichshälfte vereint.

> «Der Bischof von Rom, Papst Vigilius, bat den Kaiser inständig, durch ein Gesetz seine Kompilation in Kraft zu setzen: dieser Bitte entsprach Justinian durch den Erlass der ‹Pragmatica Sanctio pro petitione Vigilii›. Aber nur wenigen Menschen in Italien war es möglich, mit diesem Dekret vertraut zu werden.»[157]

Der Langobardeneinfall in Nord- und Mittelitalien verhinderte eine weitere Beschäftigung mit der Materie. In jenen Regionen Italiens, die mit dem Oströmischen Reich verbunden blieben, wurde mehr Griechisch als Latein gesprochen. «So begann für das Korpus der justinianischen Gesetze im sechsten Jahrhundert, genau zur Zeit seiner Promulgation, eine lange Nacht.»[158]

---

156 Ebd. 39. Dies zeigt, dass zwischen der gesetzgeberischen Macht und der Autorität der Lehre kein Unterschied gemacht wurde. Wie im Westen fehlte auch hier im Osten die Unterscheidung zwischen der Rechtsetzung und der theoretischen Bearbeitung eines Gesetzes.

157 Ebd. 40.

158 Ebd. Immerhin darf nicht vergessen werden, dass selbst während der Antike das «klassische» Römische Recht zwar den Status eines «Reichsrechts» besass, allerdings wohl nur in den Kern-

9.3 Frühmittelalterliches Recht ohne professionelle Juristen

Die schriftlichen Texte des *Corpus Iuris Civilis* zu lesen und zu interpretieren, war für viele im Frühmittelalter kaum mehr möglich. Es brach die Nacht des Analphabetismus aus, in der beinahe alle Schulzentren für den Elementarunterricht verloren gingen. Hauptsächlich Mönche in ärmlichen Klöstern oder zukünftige Priester in bischöflichen Schulen erlernten die Grundlagen der Schrift und waren fähig, liturgische Texte zu lesen.

> «Aber ihre Grammatik war völlig fehlerhaft und die germanischen wie auch die lateinischen Wörter waren deformiert, das Satzgefüge entartete. Alles trieb auf eine höchst instabile und unsichere Sprachsituation zu, aus der sich dann allmählich, zwischen dem 10. und 12. Jahrhundert, in vielen europäischen Ländern die neuen Landessprachen entwickelten (die romanischen Sprachen und die anderen Nationalsprachen).»[159]

In diesem Kontext war es ganz selbstverständlich, dass die Gesetze mündlich erlassene Normen waren, so zum Beispiel die Gesetze Karls des Grossen (768–814) und die seiner Nachfolger, die als *capitula* oder *capitularia* bezeichnet wurden. Das Wort des Königs, das «verbum regis», zählte.

> «Diejenigen, die privilegiert waren, die Anordnungen des Herrschers persönlich zu hören, konnten für sich und andere einen Text aufzeichnen, der das verbum regis bezeugte. Aber dieser Text war nicht konstitutiv. Der Wortlaut des Textes konnte wahllos ausgetauscht werden, vorausgesetzt der Inhalt der Vorschrift wurde nicht verändert.»[160]

---

gebieten des Reichs unmittelbar angewandt wurde, in seiner wissenschaftlichen Form wohl weitgehend nur in Rom. Insbesondere in den Provinzen dürfte hingegen ein breiter Rechtspluralismus bestanden haben, doch sind die Überlieferungen hierzu spärlich. Vgl. etwa als neueres Forschungsbeispiel Jakab, Éva, Prozess um eine entlaufene Sklavin (P.Cair.Preis.2 1): Vertrag in der provinzialen Rechtskultur, in: *ZRG. Roman. Abt.* 135 (2018) 474–526.

159 Bellomo, *Europäische Rechtseinheit*, 43.

160 Ebd. 44. Diese Feststellung Bellomos über die Relevanz des gesprochenen gegenüber dem geschriebenen Wort ist umso erstaunlicher, als Ende des 8. Jh. im Frankenreich mit der «Erfindung» der Minuskelschrift (unsere Roman-Schriften auf dem Computer steht bis heute in dieser Tradition) eine auf Einheitlichkeit und Platzersparnis angelegte Schrift sowohl in der Verwaltung als auch in den klösterlichen Schreibstuben Einzug hielt. Zudem setzte im ausgehenden 8. Jahrhundert eine Schreibbegeisterung ein: Man schrieb nicht mehr nur auf, was unbedingt

Die königlichen Berater waren keine professionellen Juristen.

> «Die überlieferten schriftlichen Fassungen der Gesetze zeigen, dass die Autoren dieser Texte für diese Aufgabe keine angemessene kulturelle Voraussetzung besassen, sie beherrschten weder Grammatik und Syntax, noch verfügten sie über die juristischen Kenntnisse.»[161]

Auch die Richter waren häufig Analphabeten. Es waren angesehene Persönlichkeiten aus dem militärischen Bereich, aus dem religiösen Bereich oder Land- und Hausbesitzer. Ihnen wurde wegen des Ansehens, das man ihnen in der Gemeinschaft entgegenbrachte, bildlich gesprochen das Gewand des Richters für eine Stunde angezogen.

> «Wenn sie Richter waren, dann in einem für uns nicht vertrauten Sinne, nämlich nicht als Männer des Gesetzes, sondern als Männer der Gerechtigkeit.»[162]

Im frühen Mittelalter (vom 6. bis zum 11. Jahrhundert) existierte die Berufsbezeichnung des Juristen kaum, diese wurde erst wieder im 12. Jahrhundert üblich. Denn wo keine selbständigen Bildungseinrichtungen für das Studium der Rechtstexte existieren, kann es auch keine Juristen geben. Rechtsinterpretation setzt einen Wissenschaftsbetrieb voraus, den es im frühen Mittelalter kaum gab. Jurisprudenz identifiziert man häufig mit der Kunst der Interpretation eines positiven Rechtstextes, mit der Kunst des Argumentierens einerseits und andererseits mit den Normen des Naturrechts bzw. der Rechtsphilosophie. Dies setzt sprachliche und philosophische Bildung voraus.

In seiner *Etymologiae* ordnet Isidor von Sevilla († 636) das Recht den drei Zweigen des enzyklopädischen Wissens zu. Sein Verständnis der *sapientia* basiert auf den drei fundamentalen Disziplinen, die als *trivium* innerhalb der freien Künste – *artes*[163] – bekannt sind: Grammatik oder die Regeln des Diskurses; Dia-

---

schriftlich gebraucht wurde (Urkunden), sondern kopierte bspw. auch antike Schriften (daher der zeitweise gebräuchliche Ausdruck Karolingische Renaissance).

161 Ebd. 45.

162 Ebd. 46.

163 Die *artes reales* (Quadrivium) umfassen Mathematik, Geometrie, Astronomie und Musik. Zu den *artes sermoniales* (Trivium) zählen Grammatik, Dialektik und Rhetorik. Zusammen bilden sie die *septem artes liberales*, die sieben freien Künste.

lektik oder die Regeln des Argumentierens; Rhetorik oder Struktur, Form und Eleganz der Darstellungsstruktur.

Da der Beruf des Juristen verloren gegangen war, übernahmen andere diese Aufgaben. Im Laufe der Zeit verlor der Bereich des Rechts seine klaren Konturen und wurde mit Ethik und Theologie gleichgesetzt. Die damals führenden Persönlichkeiten der Kirche, die Kleriker, die häufig als einzige lesen und mehrheitlich auch schreiben konnten, hatten engen Kontakt mit den Gläubigen durch das *forum internum* der Beichte. Nachdem die Experten des *forum externum*, die Juristen, praktisch ausgefallen waren, übernahmen die Kleriker als einzig Gebildete ihre Aufgaben. Man wandte sich auch in irdischen Streitigkeiten an den Pfarrer oder den Bischof. Bei diesen suchte man moralische Unterstützung auch bei alltäglichen Geschäften wie Vertragsabschlüssen.

Über die Handlungen des Menschen, sein Verhalten allgemein sowie die soziale Ordnung reflektierten die klassischen Juristen, die römischen Gesetzgeber, die Kirchenväter der lateinischen und griechischen Tradition und die gesetzgebenden Organe der Kirche. Dabei werden auch die Entscheidungen der grossen ökumenischen Kirchenkonzilien und der Provinzialkonzilien (*canones*) und die neuen päpstlichen Dekrete des zweiten Jahrtausends (*decretales*) in die systematischen Überlegungen und Nachforschungen integriert. Solche Kirchenrechtssammlungen entstehen in Studienzentren, wo mindestens der Analphabetismus überwunden ist. Es sind Klöster wie Montecassino, Cluny, St. Gallen oder Kathedralschulen wie Chartres, Ravenna, Metz, Aachen, Worms oder Mainz, dazu kommen Kollegiatskirchen, wo noch Bildung gepflegt wurde. Diese Orte waren dank der Universalität der Kirche und ihrer gemeinsamen Rechtsentwicklung von einer gewissen Homogenität geprägt. Zugleich wurde damit wenigstens ein Abbild des «klassischen» römischen Rechts – über die Kirche – weitertradiert. Entsprechend enthielten auch bereits Canones-Sammlungen vor dem *Decretum Gratians*[164] römisch-rechtliche Elemente.[165]

Die des Lesens und Schreibens Kundigen wurden als Kleriker (*clerici*) bezeichnet, auch wenn sie nicht dem geistlichen Stand angehörten. Die Analphabeten wurden Laien (*laici* oder *idiotai*) genannt. Diese Unterscheidung ist auch in die europäischen Sprachen eingegangen. So wird im Französischen vom *clerc* gesprochen, dem Schreiber oder Kleriker. Die Redewendung *être grand clerc en qc.* widerspiegelt dies mit «in etwas gut bewandert sein». Im Englischen hält der

---

164 *Friedberg*, Bd. 1.

165 Vgl. Winroth, Anders, Roman Law in Gratian and the Panormia, in: Brasington, Bruce C. / Cushing, Kathleen G. (Hg.), *Bishops, Texts and the Use of Canon Law around 1100*, Aldershot 2018.

Begriff *clerk* ebenfalls diese Unterscheidung fest: *clerk* heisst der oder die Büroangestellte, was auch das Schreiben voraussetzt, bzw. der oder die Beamtin, die Schreibkraft. Überwunden wird die grundsätzliche Trennung in Gebildete (*clerici*) und Ungebildete (*idiotai* oder *laici*) in der Kirche erst im letzten verabschiedeten Dokument (8.12.1965) des Zweiten Vatikanischen Konzils, das auch den Laien (*laici*) eine volle theologische Bildung zukommen lässt. Das ist ein Traditionsbruch, aber gleichzeitig auch das Ende einer Diskriminierungsgeschichte. Deutlich formuliert das Konzil:

> «Es ist sogar wünschenswert, dass einer grossen Zahl von Laien eine hinreichende Bildung in der Theologie vermittelt werde und recht viele von ihnen die Theologie auch zum Hauptstudium machen und selber weiter fördern. Zur Ausführung dieser Aufgabe muss aber den Gläubigen, Klerikern wie die Laien, die entsprechende Freiheit des Forschens, des Denkens sowie demütiger und entschiedener Meinungsäusserung zuerkannt werden.» (GS 62)

Ab dem Hochmittelalter und bis heute stehen die Priester in der Messe während des Hochgebets, während die Laien knien, wenn die Priester beten: «Wir danken dir, […] vor dir zu stehen und dir zu dienen.»[166] Gemäss Yves Congar basiert dieses Missverständnis darauf, dass das Latein als liturgische Sprache von den Menschen des Mittelalters nicht mehr verstanden wird und damit das Volk Gottes nicht mehr als Einheit erlebt wird. Das grundsätzliche pastorale Schisma zwischen den Gebildeten (*clerici*) und den Ungebildeten (*idiotai* oder *laici*), das damit liturgisch abgebildet wird, überwinden die Konzilsväter erst 1965 im Konzil aufgrund der historischen Arbeiten von Yves Congar theologisch, aber nicht rechtlich.[167] Denn der Stand der Priester wurde durch die Gregorianische Reform entscheidend aufgewertet.[168] Sie stehen unter einem Bischof und dieser unter dem Bischof von Rom. Die Kleriker entwickeln die eigenen Rechte weiter und weisen den Laien einen Platz in der Welt zu. Die Gregorianische Reform verstand endgültig Klerus und Laien als zwei getrennte Teile der Kirche. Ging es um «die Kirche», waren nur die «Geistlichen», der Klerus gemeint, im Gegensatz zu den Laien, den Weltlichen.

---

166 Vgl. Lurz, Friedrich, *Erhebet die Herzen. Das Eucharistische Hochgebet verstehen*, Kevelaer 2011, 71–73; Zitat aus der Anamnese des Zweiten Hochgebetes.

167 Vgl. Congar, Yves, *Der Laie. Entwurf einer Theologie des Laientums*, Stuttgart ^{3}1964, 21–51 und 317–348.

168 Vgl. Koch, Walter, *Die klerikalen Standesprivilegien nach Kirchen- und Staatsrecht. Unter besonderer Berücksichtigung der Verhältnisse in der Schweiz*, Freiburg (Schweiz) 1949.

> «Erst als Geistliche, d. h. als Zölibatäre[169], treten sie in Reih und Glied des Kirchenheeres, das nun die Weltkirche organisieren soll und das mit einem neuen Wort fortan gladius spiritualis, das geistliche Schwert, heißt. Nur der geweihte ehelose Priester gehört zu diesem geistlichen Heer. […] Wer nicht Klerus ist, der gehört zum populus christianus, zu der von der Kirche geleiteten Christenheit.»[170]

Diese Spaltung der Gläubigen in Klerus und Laien wurde erst im Zweiten Vatikanischen Konzil theologisch überwunden.[171] Es ist, dogmatisch ausgedrückt, wohl der neu entdeckte Volk-Gottes-Gedanke, der für die Veränderung leitend ist, und dahinter steht u. a. Yves Congars theologische Grundlagenforschung. Obwohl der Volk-Gottes-Begriff im Titel des zweiten Buches des CIC 1983 aufgenommen wurde, wurde er rechtlich nur bruchstückhaft umgesetzt (vgl. c. 207 § 1 CIC/1983).

10 Die Entwicklung der Rechtsstaatlichkeit in der Kirche

Im Hochmittelalter entsteht ein neues Verständnis von Rechtswissenschaften. Dabei wird nicht ausschliesslich an das *Corpus Iuris Civili*s von Justinian erinnert, sondern es werden philosophische und juristische Fragen an die neuen Verwaltungen (z. B. in Kirche und Reich, Städte und Genossenschaften) gestellt. Es werden die kirchlichen Rechtsquellen gesammelt, indem die *Canones* der Konzilien und Synoden des ersten Jahrtausends und die Dekrete der Päpste in Sammlungen chronologisch bzw. systematisch zusammengestellt werden. Neben dem *Corpus Iuris Civilis* (*CICiv*) des Kaisers Justinian (527–562) entwickelt sich fast 1000 Jahre später das *Corpus Iuris Canonici* (*CICan)* der Kirchenrechtswissenschaft, das

> «das kirchliche Rechtsleben bis zum Inkrafttreten des CIC 1917 bestimmt hat und in diesem […] (c. 6 § 2, traditionelle Interpretation) fortlebt. Als erstmalige Zusammenfassung des gesamten kirchlichen Rechts war das CorpIC [Corpus Iuris Canonici] auch für Weiterentwicklung offen. In ihm zeigt sich der breite Geltungs-

169 Vgl. Dusil, Stephan, *Wissensordnungen des Rechts im Wandel: Päpstlicher Jurisdiktionsprimat und Zölibat zwischen 1000 und 1215* (Mediaevalia Lovaniensia: Studia 47) Leuven, 2018. Der Autor geht darin detailliert auf die kanonistische Entwicklung des Zölibats im Mittelalter ein.

170 Rosenstock-Huessy, Eugen, *Die europäischen Revolutionen und der Charakter der Nationen*, Jena 1931, benutzte Ausgabe Stuttgart 1961, 146.

171 Vgl. DH 1; LG 32, 33; Apostolicam actuositatem (AA) 9, 23, 24; NA 5; GS 29.

anspruch des alten Kirchenrechts (‹ratio peccati› und ‹salus animarum›; voll ausgebildetes Vertragsrecht). […] Die Texte des CorpIC dürfen allerdings nicht mit heutigen Gesetzen verglichen werden.»[172]

Das kanonische Recht nimmt die Tradition der Kirche bis zum Mittelalter auf, die verschiedene Sammlungen des ersten Jahrtausends umfasst. Den Abschluss dieser privaten Sammlungen bildet das *Decretum Gratiani* (vor 1140), das auch als erster Teil des mittelalterlichen *Corpus Iuris Canonici* verstanden werden kann.[173] Dazu kommen zunehmend ab dem 12. Jahrhundert die päpstlichen Dekretalen, die in unterschiedliche Sammlungen aufgenommen werden: so die *Decretales Gregorii Noni* (*Liber extravagantium Canonum* kurz Liber Extra) von 1234, die *Decretales Bonifatii Octavi* (kurz *Liber Sextus*) von 1298, die *Decretales Clementinae* von 1314 sowie spätere private Ergänzungen (*Extravagantes*). Alle diese Textgattungen wurden im *Corpus Iuris Canonici* für den Druck zusammengetragen. Diese Rechtsquellen wurden in der frühen Neuzeit als das Recht der Kirche ausgelegt. Als Bezeichnung setzte sich ab Ende des 15. Jahrhunderts der Titel *Corpus Iuris Canonici* durch, in Nachbildung an den Titel des *Corpus Iuris Civilis* von Kaiser Justinian aus dem 6. Jahrhundert.

Stärker als Luther, der das *Corpus Iuris Canonici* am 10. Dezember 1520 vor dem Elstertor zu Wittenberg verbrannt hatte,[174] hörte Melanchthon den Juristen Wittenbergs zu.

> «Unter dem Einfluss von Melanchthon, der ab den späten 1520ern und unter dem Einfluss von Aristoteles dem Gesetz eine neue Wertschätzung entgegenbrachte, milderte auch Luther in den 1530ern seine Auffassung. Es kann daher nicht überraschen, dass der späte Luther selbst das kanonische Recht etwa in der Wucherlehre heranzog und sich darauf stützte. Im Ergebnis blieb das kanonische Recht als Lehrfach erhalten und war sogar das Lehrfach des jeweiligen primus ordinarius der sächsischen Rechtsfakultäten. Mit den Werken von Benedict Carpzov (1595–1666) und Justus Henning Boehmer (1674–1749) darf man sogar von einer Blüte der Kanonistik in Sachsen sprechen. Sie halfen bei einer systematischen Erschließung

---

172 Puza, Richard, Corpus Iuris Canonici, in: Haering, Stephan / Schmitz, Heribert (Hg.), *Lexikon des Kirchenrechts*, Freiburg i. Br. 2004, 170.

173 Vgl. Winroth, Anders, *The making of Gratian's Decretum* (Cambridge studies in medieval life and thought, ser. 4, 49), Cambridge 2000.

174 Strittig ist, ob Luther auch das *Decretum Gratiani* verbrannt hat. Siehe Schmoeckel, Mathias, *Grundfragen des evangelischen Kirchenrechts*, Tübingen 2023, 72 f., Anm. 232.

> des kanonischen Rechts im Dienst der protestantischen Kirche. Die Geltung des kanonischen Rechts in deutschen Landen kann nicht geleugnet werden. Insoweit es mit den Lehren der Reformation nicht in Widerspruch stand, blieb es einstweilen geltendes Recht in protestantischen Territorien. […] Die Geltung des kanonischen Rechts als Gewohnheitsrecht wurde daher auch im 20. Jahrhundert nicht in Abrede gestellt. […] Zum Verständnis von dessen Bestimmungen kann man auch als Protestant auf die Glossen und Bearbeitungen selbst römisch-katholischer Autoren zurückgreifen, solange man dadurch nicht in Widerspruch zu den Bekenntnisschriften gerät.»[175]

Diese kanonistische Rechtswissenschaft mit katholischen und evangelischen Vertretern hatte entscheidenden Einfluss auf die Rechtswissenschaft der neu entstehenden Rechtstaaten. Ab dem Mittelalter gilt es daher die Rechtswissenschaf*ten* (*iura*) im Westen im Plural zu denken, da es zwei sich konkurrenzierende Rechtsinstitutionen gibt (Kirche und Reich). Diese zwei Rechtswissenschaften (*iura*) bleiben auch nach der Reformation bestehen. Ihre tiefen Wurzeln in Jerusalem (Bibel), Athen (griechische Philosophie) und Rom (*Corpus Iuris Civilis*) sollen im Folgenden aufgezeigt werden. Dabei steht die Frage im Mittelpunkt: Wie gelingt es, eine Verbindung von Jerusalem, Athen und Rom im Westen als Rechtsgemeinschaft herzustellen?

10.1 Grundlagen des Westens: Jerusalem, Athen, Rom

Jürgen Habermas wurde im Rahmen eines Interviews gefragt: «Können wir vom Westen [als Rechtsgemeinschaft] sprechen, ohne im selben Atemzug von Athen, Rom und Jerusalem zu sprechen?»[176] Er antwortete mit einer anderen Reihenfolge der drei Städte:

> «Jerusalem, Athen und Rom – das ist die charakteristische Spannung zwischen Monotheismus, Wissenschaft und republikanischer Tradition, die der Westen aushalten muss, ohne zu versuchen, eins ans andere zu assimilieren. Was das Verhältnis von Athen und Jerusalem angeht, so hat der Hellenisierung des Christentums – der

---

175 Ebd. 75 f.

176 Habermas, Jürgen, VII. Jerusalem, Athen, Rom. Ein Gespräch über Gott und die Welt (mit Eduardo Mendieta), in: ders. (Hg.), *Zeit der Übergänge. Kleine Politische Schriften IX*, Frankfurt a. M. 2001, 181.

theologischen Verwissenschaftlichung der Erlösungsbotschaft – immer die Tendenz innegewohnt, das christliche [jüdische] Proprium zu entschärfen. Die Hiobs-Frage nach der Gerechtigkeit Gottes angesichts der existentiellen Erfahrung des Leidens und der Vernichtung in gottverlassener Finsternis verliert im Horizont des griechischen Denkens […] ihre Radikalität. Wo war Gott in Auschwitz?»[177]

Die historische Darstellung des Folgenden geht von der Verdrängung des Jüdischen (Jerusalem) aus, die für den Entstehungsprozess entscheidend war.[178] Deshalb die historisch erklärende Reihenfolge Athen – Rom – Jerusalem, die es spätestens nach der Shoa zu überwinden gilt.

10.1.1 Exkurs: Athen, Rom, Jerusalem in der Antike

Die im Westen entstehende Rechtskultur des Mittelalters verbindet drei kulturelle, sprachliche und religiöse Teile des ehemaligen Römischen Reichs – mit Habermas in der plakativen Kurzfassung gesprochen, die drei Kulturhauptstädte Athen, Rom und Jerusalem – auf ganz neue Weise miteinander. Wie kam es dazu? Im Mittelalter entwickelte sich der rationale rechtsphilosophische Diskurs des Naturrechts in der Begegnung der griechischen mit der jüdisch-christlichen Tradition. Der Zusammenstoss von griechischer Philosophie und biblischen Texten prägt das europäische Denken bis heute. Darin liegt eine fundamentale Spannung, da es ein Denken zwischen zwei Rechts- und Gerechtigkeitsvorstellungen ist. Es ist ein Spannungsverhältnis zwischen philosophischem und theologischem Denken, zwischen Wissen und eschatologischem Glauben.

In der griechischen Antike bildet sich die Demokratie in der Polis heraus. Das Gute fällt mit der Stadt im objektiven Sinne zusammen.[179] In der antiken Polis ist der Einzelne nur ein Teil des Ganzen. Dies führt mit dem Tod von Sokrates in die

---

[177] Ebd.

[178] Vgl.: URL: https://www.unilu.ch/magazin/artikel/jesus-und-sein-judesein/; Steiner, Martin, *Jesus Christus und sein Judesein. Antijudaismus, jüdische Jesusforschung und eine dialogische Christologie* (Judentum und Christentum 31), Stuttgart 2025.

[179] Diese Vorstellung findet man auch in der Kirche bis zur Missbrauchskrise. Das Gute fiel dann mit der Kirche zusammen. Die Missbrauchskrise in den USA beginnt spätestens mit der Entdeckung im Jahre 2002, dass 6 % der Priester in der Erzdiözese Boston Sexualverbrechen begangen haben (siehe den Film *Spotlight Break the Story. Break the silence* v. 2015). In Deutschland nennt man das Jahr 2010, als der Missbrauchsskandal am Berliner Canisius-Kolleg die Öffentlichkeit erschüttert. Vgl. Katsch, Matthias, *Damit es aufhört. Vom befreienden Kampf der Opfer sexueller Gewalt in der Kirche*, Berlin 2020.

Krise, denn das traditionelle Verständnis der griechischen Kultur kennt das Prinzip der Subjektivität nicht. Es gibt auch keinen Begriff für das Gewissen. Die dominante ethische Auffassung tendiert dahin,

> «die syneidesis, die cum-scientia oder das Gewissen mit der objektiven Ordnung der Dinge gleichzusetzen, zumindest bis zur hellenistischen Zeit. Wenn dies nicht geschieht, wie etwa in der Tragödie der Antigone, gibt es keine Möglichkeit der Auflösung: Der Tod ist das einzige mögliche Ergebnis.»[180]

Aristoteles erarbeitet mit seinem Begriff der Angemessenheit bzw. der Billigkeit (Epikie) eine neue Lösung.[181] Das Gesetz ist seiner Natur nach universal, aber im konkreten Fall bedarf es einer Anpassung. Damit wird Gerechtigkeit als Tugend verstanden, die die europäische Geschichte prägen wird, sowohl in der Westkirche als auch in den Ostkirchen.[182] Die Vermittlung von objektiver Lehre der Kirche und Subjekt ist wie in der griechischen Antike schwierig. Es ist festzuhalten, dass das frühe griechische Denken der Antike keine objektive Alternative zwischen den ethischen Normen und den Rechtsnormen zulässt. Erst mit dem Stoizismus entsteht das philosophische Problem des Gesetzes in Verbindung mit dem Gewissen und der Moral.

> «Es wird ein langer Weg zurück zu legen sein, der sich noch heute in der Komplexität des juristischen Lexikons zeigt, was den unterschiedlichen Gebrauch und die Bedeutungsüberlagerungen in den verschiedenen Sprachen zwischen den Worten Recht (directum), Justitia (= Gerechtigkeit oder Justiz) (ius, iustum), Gesetz (= legge, lex) angeht.»[183]

In der römischen Antike gab es Begegnungen zwischen dem griechischen und römischen Kulturkreis und am Rande auch mit dem jüdischen Kulturkreis. Jede einzelne dieser drei antiken Kulturen entwickelt sich selbständig.

---

180 Prodi, *Eine Geschichte der Gerechtigkeit*, 22.

181 Vgl. Aristoteles, *Nikomachische Ethik*, 1137b, Zürich 1972.

182 Vgl. die christlichen Weiterentwicklungen des Begriffs in den Ostkirchen und in der Westkirche *oikonomia* und *aequitas canonica* bei Schüller, Thomas, *Die Barmherzigkeit als Prinzip der Rechtsapplikation in der Kirche im Dienste der salus animarum. Ein kanonistischer Beitrag zu Methodenproblemen der Kirchenrechtstheorie*, Würzburg 1993.

183 Beneveniste, Émile, *Le vocabulaire des institutions indo-européennes, pouvoir, droit, religion*, Bd. 2, Paris 1969, 382 f.

Der Westen als Rechtsgemeinschaft entstand historisch gesehen aus Denktraditionen Athens, Roms und Jerusalems. Er wurde von jüdischen, griechischen und römischen Texten geprägt, obwohl die griechische Kultur das römische Recht und die jüdische Theologie nicht gelten liess. Auch die römische Rechtskultur liess die jüdische Theologie und grosse Teile der griechischen Philosophie nicht bestehen. Für die jüdische Bevölkerung im ehemaligen Gebiet der zwölf Stämme war das Römische Recht das Recht einer Besatzungsmacht, es war ein kultureller Fremdkörper und wurde deshalb abgelehnt. Auch von den Rechtsvorstellungen der Griechen unterschied sich das Römische Recht signifikant. Für die Griechen stehen die *nomoi* als Ordnungsgrösse, ihre kultische Bedeutung und später die fortschreitende Demokratisierung der *nomoi* und ihre philosophische *nomoi*-Kritik im Zentrum. Mit Platon und seinem Schüler Aristoteles beginnt die rechtsphilosophische bzw. naturrechtliche Frage: Ist geltendes Recht gerecht? Bei den Römern wird das Recht frühzeitig profaniert und in den Kategorien *ius* und *lex* greifbar. Aber auch für die römischen Juristen war die Verbindung des Rechts mit dem Guten und Gerechten geradezu untrennbar.

> «Die aristotelische Unterscheidung zwischen Naturrecht und positivem Recht war zwar in römischer Zeit ebenso bekannt gewesen, wie die zwischen göttlichem und humanem, von Menschen gemachtem Recht. Aber die römischen Juristen waren keine Philosophen gewesen und hatten eine pragmatische Einstellung zu ihrer beruflichen Praxis eingenommen.»[184]

In der Antike standen die Rechtskulturen Athens, Roms und Jerusalems daher unverbunden nebeneinander und nahmen nur wenig Notiz voneinander.

10.1.2 Athen, Rom und Jerusalem im Mittelalter

Das unverbundene Nebeneinander von Athen, Rom und Jerusalem in der Antike änderte sich grundlegend erst, als die mittelalterlichen Rechtswissenschaftler und Theologen Athen (*Rechtsphilosophie*), Rom (*Corpus Iuris Civilis*) und Jerusalem (*Zehn Gebote der Bibel; Jüngstes Gericht*) zusammendachten. Mittelalterliche Legisten (staatliche Rechtsgelehrte) und Kanonisten (kirchliche Rechtsgelehrte) hatten die philosophische Grundausbildung des *magister artium* (Athen), studierten die römischen Gesetze des *Corpus Iuris Civilis* (Rom) und kombinierten diese mit

[184] Habermas, *Auch eine Geschichte der Philosophie*, Bd. 1, 668.

den *Zehn Geboten* (Jerusalem). Dieser Anschluss der bis dahin pragmatisch behandelten Rechtssphäre Roms an die philosophisch-theologische Vorstellung des Naturrechts

> «stellt die Weichen für die einzigartige okzidentale Rechtsentwicklung. Zum ersten Mal berührt sich der alttestamentliche Begriff des ‹Gesetzes› [Jerusalem] mit dem römischen Recht, das mit der noch mythologisch verwurzelten politisch-ethischen Vorstellung des suum cuique [Athen] einen philosophischen, aber keinen theologischen Hintergrund besessen hatte. Fortan bildete der Gesetzesbegriff der Zehn Gebote [Jerusalem] das Scharnier zwischen dem gesellschaftlich ausdifferenzierten römischen Recht und einer christlichen Ethik.»[185]

Daraus entsteht eine in der Antike unbekannte Spannung zwischen positivem Recht und Naturrecht. Diese Linie führt über das säkulare Vernunftrecht der Spanischen Klassiker des Naturrechts und der Aufklärung schliesslich zu den modernen Verfassungsdiskussionen.

In diesem neuen, beinahe schon säkularen Sinn einer der natürlichen Vernunft allein zugänglichen Grundnorm bzw. Rechtssphäre taucht die Bezeichnung für Naturrecht – *lex naturalis* – in der Zeit Gregors VII. im Mittelalter zum ersten Mal wieder auf. «Es ist bemerkenswert, dass diese Synthese von Naturgesetz und Vernunft in den patristischen Quellen nicht zu finden ist.»[186] Der interdisziplinäre Dialog zwischen dem philosophischen und dem juristischen Verständnis des Naturrechts intensiviert sich bei Peter Abaelard (1079–1142). Er interpretiert

> «den Kern des Naturrechts – nämlich die Goldene Regel im wohlverstandenen juristischen, also fachlich spezifizierten Sinne der Gleichbehandlung von Gleichem und der Ungleichbehandlung von Ungleichem – als einen Grundsatz praktischer Vernunft, in dessen Licht alle juristischen Urteile auf ihren vernünftigen Gehalt geprüft werden können. Dieser Grundsatz dient als Brücke vom philosophischen zum juristischen Verständnis des Naturrechts.»[187]

---

[185] Ebd. 669.

[186] Perkams, Matthias, Lex naturalis vel ius naturale – Philosophisch-theologische Tradition des Naturrechtsdenkens im 12. und 13. Jahrhundert, in: Fidora, Alexander u. a. (Hg.), *Lex und Ius. Beiträge zur Begründung des Rechts in der Philosophie des Mittelalters und der Frühen Neuzeit*, Stuttgart 2010, 93.

[187] Habermas, *Auch eine Geschichte der Philosophie*, Bd. 1, 670.

Damit verknüpft Abaelard die *Goldene Regel* der *Bergpredigt* des Jesus von Nazaret (Jerusalem) mit dem 6. Kapitel der *Nikomachischen Ethik*[188] des Aristoteles (Athen). Dieser Rechtsgrundsatz wird im materiellen Recht und in der Rechtsanwendung die Rechtswissenschaften beider Rechte prägen. Kurz auf den Punkt gebracht, heissen sie heute Rechtsgleichheitsgebot und Diskriminierungsverbot. Dieser Grundsatz der Gegenseitigkeit bzw. der Reziprozität wird später in fast allen Religionen gefunden werden. «Behandle andere so, wie du von ihnen behandelt werden willst.» Die negative Fassung ist als gereimtes Sprichwort bekannt: «Was du nicht willst, dass man dir tu, das füg auch keinem andern zu.» Aber – und das ist der Unterschied der westlichen Rechtstradition – hier, am Anfang des zweiten Jahrtausends, wird dieser Grundsatz der Gegenseitigkeit rechtlich verbindlich und damit einklagbar.[189]

Das Naturrecht bzw. die rechtsphilosophische Frage nach der Gerechtigkeit (*aequitas*) baut wesentlich auf dieser *Goldenen Regel* auf. Gratian, der Begründer der Kirchenrechtswissenschaft, stellt zu Beginn seines *Decretum*[190] fest, dass das Naturrecht auf dem Gesetz und den Propheten aufbaut, und das heisst auf der Goldenen Regel, wie sie Jesus schon in der Bergpredigt ausführt: «Alles, was ihr von anderen erwartet, das tut auch ihnen! Darin besteht das Gesetz und die Propheten.» (Mt 7,12)[191]

10.1.3 Biblischen Grundlagen (Jerusalem) des Naturrechts

Platon war der Erste, der in der griechischen Tradition (Athen) die Frage aufwarf, ob geltendes Recht auch gerecht sei.[192] Der Begriff der Legitimation des Rechts fasst diesen Denkprozess zusammen. Dazu kommen bei den mittelalterlichen Kirchenrechtlern die spezifisch jüdisch-christlichen Gerechtigkeitsvorstellungen der biblischen Propheten (Jerusalem), die die Rechtsphilosophie prägten. Die Rechts-

---

[188] Aristoteles, *Nikomachische Ethik*, 1131a–1131b.

[189] Diese Einklagbarkeit muss von verschiedenen Gruppen in den zukünftigen Jahrhunderten erkämpft werden, z. B. von Nichtklerikern, Nichtadeligen, Leibeigenen, Sklaven, Frauen und Kindern etc.

[190] Pulte, Matthias, Art. Corpus Iuris Canonici, Version 08.06.2022, in: *Staatslexikon*[8] *online*, URL: https://www.staatslexikon-online.de/Lexikon/Corpus_Iuris_Canonici.

[191] D. h. der Rabbi Jesus fasst damit grosse Teile der Hebräischen Heiligen Schrift (des Alten Testaments) in einem Satz zusammen.

[192] Vgl. Demandt, Alexander, Die Idee der Gerechtigkeit bei Platon und Aristoteles, in: Münkler, Herfried / Llanque, Marcus (Hg.), *Konzeptionen der Gerechtigkeit: Kulturvergleich – Ideengeschichte – Moderne Debatte*, Baden-Baden 1999, 58–63.

entwicklung im Mittelalter wurde sogar wesentlich durch die prophetische Kritik am geltenden Recht ausgelöst: durch die eschatologische Vorstellung des Weltgerichts am Ende der Tage (Jes 13–23; Mt 25,31–40). Gerechtigkeit ist für die Kanonisten nicht nur ein leeres Wort, wie die Sophisten sagen, sondern sie wird von diesem jüdisch-christlichen Gott her garantiert durch einen Bundesbeschluss, wie in der *Hebräischen Bibel* (*Altes Testament*) erzählt wird.

Schon im Frühjudentum wird die Tora als Schöpfungsordnung interpretiert,

> «die erst nachträglich in der Sinaitischen Tora ihre Ausformulierung erhielt. Bei Philon [von Alexandrien (15/10 v. Chr.–40 n. Chr.)] sind [...] die Sinaitischen Gesetze gar nur eine ‹Erinnerung› an die gemäss der Schöpfungsordnung lebenden Patriarchen. [...] Nicht erst seit der Gesetzgebung am Sinai, sondern seit Erschaffung der Welt existiert das jüdische Gesetz. [...] Das findet eine Parallele in Röm 2,14»[193].

Dort argumentiert Paulus ähnlich schöpfungstheologisch:

> «Wenn Heiden, die das Gesetz [Tora] nicht haben, von Natur aus das tun, was im Gesetz gefordert ist, so sind sie, die das Gesetz nicht haben, sich selbst Gesetz. Sie zeigen damit, dass ihnen die Forderung des Gesetzes [Tora] ins Herz geschrieben ist; ihr Gewissen legt Zeugnis davon ab, ihre Gedanken klagen sich gegenseitig an und verteidigen sich an jenem Tag, an dem Gott [...] durch Christus Jesus richten wird.» (Röm 2,14–16)

Durch das Naturrecht der Schöpfungsordnung kann man also auch auf natürlichem Wege das jüdische Gesetz, die Tora, erkennen.

> «Wofür aber braucht es dann noch das Sinaitische Gesetz, dessen Posteriorität Paulus nun in Gal 3,17 und 4,22–31 betont? Paulus stellt hier die Argumentationsfigur Philons auf den Kopf.»[194]

Röm 2,14 f. wurde häufig als biblische Grundlage für das Naturrecht herangezogen, das man vor allem aus der griechischen Philosophie (Athen) ableitete. Röm 2,14 f. entdeckt die biblische Grundlage des Naturrechts in der jüdischen

---

193 Tiwald, *Frühjudentum und beginnendes Christentum*, 365.

194 Ebd. Paulus kannte wahrscheinlich weder Philon noch seine Schriften; «die Parallelen in den Argumentationsfiguren zeigen lediglich, wie weit verbreitet solche Deutemuster waren» (ebd.).

Tora, so Markus Tiwald.[195] Damit hat die naturrechtliche Argumentation[196] der mittelalterlichen Kirchenrechtswissenschaft nicht ausschliesslich Wurzeln in der griechischen Philosophie (Athen), sondern auch in der Bibel (Jerusalem). Das heisst, die naturrechtliche Frage nach der Gerechtigkeit in der Kirchenrechtswissenschaft entspringt nicht ausschliesslich der griechischen Philosophie, sondern entstammt ebenso der jüdischen Tora. Auch der Rabbi Jesus von Nazaret interpretiert die Tora von der Erschaffung der Welt her, wie Philon und Paulus,

> «die nun im Eschaton durch ihn als Boten der basileia [Reich Gottes] aufgedeckt wird. Solch eine Sichtweise der Tora war im damaligen Judentum durchaus üblich. Die Autorität, die sich Jesus hier als endgültiger Interpret des Heilswillens Gottes beimisst, sprengt ebenfalls nicht den Rahmen dessen, was im damaligen Judentum möglich war.»[197]

Das Naturrecht als jüdisch-christliche Frage nach der Gerechtigkeit bekommt damit eine neue Brisanz, die die Rechtswissenschaften des Westens prägen wird.

> «Der Moralisierung von Heil und Unheil in Gestalt eines moralisch gesetzgebenden und richtenden Gottes entspricht die Verpflichtung des Bundesvolkes, jenen 248 Geboten und 365 Verboten der Tora, die Moses in 40 Tagen und Nächten aufgezeichnet hatte, absoluten Gehorsam zu zollen. Aus beidem, der Ausrichtung auf die eschatologische Idee einer künftigen Gottesherrschaft und der Selbstbindung der Juden an die Gebote der Tora, folgt für die Übergangszeit bis zur Ankunft des Messias eine vollständige Umwertung der politischen Herrschaft.»[198]

Dieses Zusammendenken von Rom, Athen und Jerusalem in der mittelalterlichen Kirchenrechtswissenschaft schafft erst die Grundlage für den Rechtsraum des Westens. Die Verzahnung der Idee der göttlichen Transzendenz mit der Idee der rettenden Gerechtigkeit erklärt den revolutionären Charakter der *Zehn Gebote*, die aus dem Bundesschluss hervorgehen. Habermas verweist auf

> «die ausserordentliche Wirkungsgeschichte des christlichen Naturrechts, das nur deshalb den Anstoss zur Entwicklung des modernen Vernunftrechts geben wird,

---

195 Ebd.

196 Die naturrechtliche Argumentation stellt die Frage, ob positives Recht auch gerecht ist.

197 Tiwald, *Frühjudentum und beginnendes Christentum*, 320.

198 Habermas, *Auch eine Geschichte der Philosophie*, Bd. 1, 331.

weil es die Rekonstruktion des römischen Rechts [Rom] mit den mosaischen Gesetzen [Jerusalem] verknüpft»[199].

10.1.4 Biblische Spuren (Jerusalem) im Rechtsverständnis

Die biblischen Grundlagen des Naturrechts werden auch in der Wirkungsgeschichte des Naturrechts sehr konkret. Das Vertragsmodell des Bundesschlusses zwischen Gott und dem Volk Gottes ist auch vorbildlich für die Verträge zwischen dem amerikanischen Volk («We the People»[200]) und dem Verfassungsstaat. Denn es wird biblisch von einer egalitären Struktur der zu gründenden Gemeinschaft erzählt.

Während Könige ihren Untertanen einen Treueschwur abverlangen, macht Gott seinem jüdischen Volk ein Bündnis*angebot*. Am Berg Sinai trägt Mose dem Volk Gottes die Bedingungen sogar mehrfach vor. Die Gesetze werden niedergeschrieben und öffentlich vorgelesen. Erst dann stimmt das Volk aus freien Stücken beide Male zu. Habermas beobachtet:

> «Interessanterweise verrät das mosaische Gesetzbuch eine weitgehende Verrechtlichung der Moral (die wir in moderner Gestalt erst wieder bei Kant antreffen).»[201]

Der Bundesschluss zwischen Gott und dem israelitischen Volk Gottes, von dem in den Büchern *Exodus* und *Deuteronomium* der *Hebräischen Bibel (AT)* berichtet wird, hat für die Philosophen Jürgen Habermas und Michael Walzer aber auch Auswirkungen auf weitere Grundlagen des Verfassungsverständnisses.[202] Der revolutionäre Charakter der im Bundesbuch enthaltenen Regeln lässt den *konstituierenden Charakter* dieser Gesetzgebung erkennen, die die geflüchteten Sklaven, die Israeliten, erst zur politischen Gestalt eines Volkes formt. Nach heutigem Verständnis hat dieser Bund verfassunggebenden Charakter. Wenn man sich die

> «egalitären, universalistischen und antiautoritären Züge dieses Gründungsaktes vor Augen führt, begreift man, warum [der Jude] Baruch de Spinoza, unter den

199 Ebd. 336.

200 Vgl. Hinze, Bradford E., Synodality and Democracy for We the People, in: Böttigheimer, Christoph / Dausner, René (Hg.), *Vaticanum 21, Die bleibenden Aufgaben des Zweiten Vatikanischen Konzils im 21. Jahrhundert*, Freiburg i. Br. 2016.

201 Habermas, *Auch eine Geschichte der Philosophie*, Bd. 1, 338.

202 Ausführlicher wird der Gedanke in «Teil IV, Kap. 4.2 – Der biblische Bund als Vorbild für den Gesellschaftsvertrag» entfaltet.

Philosophen der erste Verteidiger einer säkularen Demokratie, für die vernunftrechtliche Begründung einer modernen Republik auf das Beispiel des alten Israel und der mosaischen Gesetze zurückgreifen konnte.»[203]

Denn im Bundesgedanken zwischen Gott und Israel, dem Volk Gottes, verbindet sich die Verfassung einer im Kern *egalitär-universalistischen* Staats- und Gesellschaftsordnung mit entsprechenden Beistandsversprechen, die bis zum Erscheinen des Messias und bis zur Errichtung der Gottesherrschaft allen anderen Völkern vorangehen soll.

In der hebräischen Welt entsteht eine Neuerung gegenüber den übrigen Reichen des Orients. Hier fällt die Gottheit nicht mit der Macht zusammen. In Jerusalem wird die Justiz zum ersten Mal dem Bereich der Macht entzogen. Denn mit der Bundesidee wird Jahwe zum Garanten der Gerechtigkeit in der sozialen und politischen Sphäre. Der Pharao dagegen verkörperte in der soziopolitischen Sphäre die Gerechtigkeit.[204] «Auffällig ist hier die stereotype Wiederholung von sozialen Kategorien der verletzbarsten Gruppen der Bevölkerung – den Armen und Unterdrückten, der Witwen und Waisen und der Fremden.»[205]

Die Souveränität und das Heilige treten für das Denken der Israeliten auseinander. Dadurch wird Widerstand gegenüber dem Missbrauch der Macht denkbar. Der Exodus der Israeliten aus Ägypten, der Sklavenaufstand des Volkes Gottes, wie er im biblischen Buch *Exodus* beschrieben wird, ist die Folge. Da eine irdische Macht, die bisher mit der göttlichen Macht identifiziert wurde, auch ungerecht und böse sein kann, entwickelt sich die Suche nach einem irdischen Sitz der Gerechtigkeit, der sich von den Orten der Macht unterscheidet. Dies lässt also die Ordnung Gottes und die Ordnung der Welt dialektisch auseinandertreten. Es ist diese Gegenwart Gottes, die die Institutionen der Macht desakralisiert

> «und das Recht auf seinen (unersetzlichen und äusserst nützlichen) relativen und pragmatischen Wert reduziert. Damit eröffnet sich die Möglichkeit eines

---

203 Habermas, *Auch eine Geschichte der Philosophie*, Bd. 1, 338.

204 Vgl. Assmann, Jan, *Politische Theologie zwischen Ägypten und Israel*, München 1992.

205 Habermas, *Auch eine Geschichte der Philosophie*, Bd. 1, 338.
Interessant ist es, dass genau diese biblische Formel auch z. B. im spätmittelalterlichen Eid des Landammanns von Obwalden und Nidwalden (Eidgenossenschaft) als Kernelement seiner Aufgaben Eingang findet. Damit zeigt sich, wie im Spätmittelalter das kanonische Recht das Rechtsleben der Innerschweiz inhaltlich auch auf dem Lande befruchtet. Vgl. Bacher, *Die Korporationen*.

Forums, eines Verwaltungssitzes der Gerechtigkeit, der nicht mit dem Staat gleichzusetzen ist.»[206]

In Befreiung, Auszug und Bundesschluss am Sinai zeigt sich eine innere Logik: Erst die Befreiung aus der ägyptischen Sklaverei macht die Israeliten fähig, den Bund mit Gott einzugehen. Nur Freie können Verträge abschliessen. Im Bund konstituiert sich Israel als Volk, als religiös-politischer Körper. Während im Alten Orient der König mit Vasallen Verträge abschloss, ist am Sinai das ganze Volk Vertragspartei. Bezeichnenderweise schreibt Gott seinem Bundesvolk die politische Form nicht vor. Diese Zurückhaltung ist einer der Gründe, wieso sich in den biblischen Texten eine Herrschaftskritik ausbilden konnte.[207]

Die jüdischen Propheten klagen im Namen Gottes die Ungerechtigkeiten an. Der jüdische Messias, der endzeitliche Retter, wird mit dieser Gerechtigkeit verbunden: So lässt Jesaja Gott sagen:

> «Ich habe meinen Geist auf ihn gelegt, er bringt den Völkern das Recht. [...] Das geknickte Rohr zerbricht er nicht und den glimmenden Docht löscht er nicht aus; ja er bringt wirklich das Recht. Er wird nicht müde und bricht nicht zusammen, bis er auf der Erde das Recht begründet hat. [...] Ich, der Herr, habe dich aus Gerechtigkeit gerufen [Exodus], ich fasse dich an der Hand. Ich habe dich geschaffen und dazu bestimmt, der Bund für mein Volk und das Licht für die Völker zu sein: blinde Augen zu öffnen, Gefangene aus dem Kerker zu holen und alle, die im Dunkel sitzen, aus ihrer Haft zu befreien.» (Jes 42,1–7)

An Jesaja wird sich auch der christliche Messias ausrichten. Jesaja dient ihm als Grundlage seiner Antrittspredigt (Lk 4,18 f.):

> «Der Geist Gottes, des Herrn, ruht auf mir; denn der Herr hat mich gesalbt. Er hat mich gesandt, damit ich den Armen eine frohe Botschaft bringe und alle heile, deren Herz zerbrochen ist, damit ich den Gefangenen die Entlassung verkünde und

---

206 Ellul, Jacques, Loi et Sacré, Droit et Divin. De la loi sacrée au droit divin, in: Castelli, Enrico (Hg.), *Le Sacré, Études et Recherches*, Paris 1974, 188 zitiert aus: Prodi, *Eine Geschichte der Gerechtigkeit*, 23.

207 Vgl. Walzer, Michael, *In God's Shadow. Politics in the Hebrew Bible*, Yale 2012. Im Gegensatz zu Walzers Werk *Exodus and Revolution*, Frankfurt a. M. 1995, hat dieses Werk wenig Resonanz im deutschsprachigen Raum gefunden und wurde bislang auch nicht übersetzt.

den Gefesselten die Befreiung, damit ich ein Gnadenjahr des Herrn ausrufe.» (Vgl. Jes 61,1 f.)

Aber die Gottesknechtslieder des Jesaja kritisieren auch eine auf Israel beschränkte Haltung des Messias.

> «Es ist zu wenig, dass du mein Knecht bist, nur um die Stämme Jakobs wieder aufzurichten und die verschonten Israels heimzuführen. Ich mache dich zum Licht für die Völker; damit mein Heil bis an das Ende der Erde reicht.» (Jes 49,6)

Denn Ziel der Geschichte ist die Wallfahrt aller Völker nach Jerusalem. Hier werden einst alle Völker beim Jüngsten Gericht zur Verantwortung gezogen. Der biblische Bundesgedanke wird also mit einer Bedeutung für die ganze Welt ausgestattet:

> «Ich habe dich geschaffen und dazu bestimmt, der Bund für mein Volk und das Licht für die Völker zu sein.» (Jes 42,6)

Diese missionarische Dimension für Rechtsstaat und Demokratie wird den Westen als Rechtsgemeinschaft ebenfalls prägen.

Jesu jüdische Mutter Maria wird in diese prophetische Tradition vom Evangelisten Lukas im Neuen Testament eingeordnet, wenn er sie Gott loben lässt:

> «Er stürzt die Mächtigen vom Thron und erhöht die Niedrigen. Die Hungernden beschenkt er mit seinen Gaben und lässt die Reichen leer ausgehen.» (Lk 1,52 f.)

Auf die Propheten und auf die Tora bezieht sich der jüdische Jesus, um das jüdische Volk für sich zu gewinnen. Der historische Jesus versteht seine Botschaft als Erfüllung der Verheissungen der Hebräischen Bibel, des Alten Testaments.

In dieses Judentum voll messianischer Erwartung[208] hat der Schriftgelehrte und Rabbi Jesus von Nazaret seine eschatologische Botschaft von der anbrechenden Herrschaft Gottes verkündet:

---

[208] «Er verweist auf den bei Daniel geweissagten Menschensohn als Weltenrichter wie auch auf den auf Erden verborgen wandelnden, die Gerechtigkeit lehrenden Menschensohn, den späteren Richter auf dem Thron der Herrlichkeit, im Buche Henoch: ‹Wer immer sich zu mir bekennt vor den Menschen, zu dem wird sich auch der Menschensohn bekennen vor den Engeln Gottes. Wer

«Die Zeit ist erfüllt, das Reich Gottes ist nahe. Kehrt um, und glaubt an das Evangelium!» (Mk 1,15)

In der historischen und exegetischen Erfassung der Stellung Jesu zum Gesetz liegt für Ludwig Buisson «der Schlüssel zur Entstehung des Kirchenrechts, zu seinem Wesen und zu seiner Verbindlichkeit»[209].

10.2 Die Geburtsstunde der mittelalterlichen Rechtswissenschaften

Es war ein kleiner Denkschritt für den Philosophen Abaelard und für Gratian, den Begründer der kanonischen Rechtswissenschaft. Es war aber ein grosser Denkschritt für die Menschheit.[210] Mit den Rechtswissenschaften des kanonischen und römischen Rechts werden zwei neue wissenschaftliche Disziplinen an der Universität von Bologna (entstanden im 11./12. Jahrhundert) entwickelt, die den Westen als Rechtsgemeinschaft begründen.[211] Die Rechtsphilosophie (d. h. das Naturrecht aus Athen und Jerusalem) wird ebenfalls in die Rechtswissenschaft der Kirche, in die Kanonistik, integriert. Davon zeugt die prominent platzierte Aussage ganz zu Beginn des *Decretum Gratiani* (ca. 1140).[212] Ab diesem Zeitpunkt wird zwischen dem Naturrecht (die Frage nach dem gerechten Recht) und dem geltenden positiven Recht in der Rechtswissenschaft der Kirche unterschieden. Es ist die Geburtsstunde der modernen Rechtswissenschaften im 12. Jahrhundert. Der Philosoph und Soziologe Jürgen Habermas beschreibt die Geburtsstunde der modernen Rechtswissenschaften wie folgt:

---

mich aber verleugnet vor den Menschen, der wird verleugnet werden vor den Engeln Gottes.› So nennt sich Jesus zwar nicht Menschensohn, sondern redet nur in der dritten Person von ihm, ‹zugleich aber verbindet er doch das Urteil des Kommenden [Menschensohnes] aufs engste mit seiner eigenen Person und stellt die Entscheidungen, die ihm gegenüber fallen, in engsten Zusammenhang der künftigen Entscheidungen des Weltenrichters›.» Buisson, Ludwig, Die Entstehung des Kirchenrechts, in: *ZRG. Kan. Abt.* 51 (1966), 31.

209 Ebd. 175.

210 Diese Formulierung erinnert bewusst an Neil Armstrongs Bemerkung beim ersten Schritt auf den Mond.

211 Vgl. Loretan, *Der Westen*.

212 *CICan D.* 1, Vorrede: «Humanum genus duobus regitur, naturali videlicet iure et moribus.» (*Friedberg*, Bd. 1, 1).

«Die um 1100 einsetzende Diskussion über die lex naturalis wird sogleich im Hinblick auf das Verhältnis von Naturrecht zum positiven Recht geführt, während die spätere Diskussion über das ius naturale auch ohne ausdrückliche Bezugnahme auf die Jurisprudenz geführt werden kann, weil sie einem anderen, dem philosophischen Zusammenhang der theologischen Aneignung von Aristoteles' Schriften zur Politik und Ethik angehört. So lag es für Gratian, den Zeitgenossen Abaelards, nahe, das der Vernunft zugängliche Naturrecht zwischen dem göttlichen und dem humanen Recht anzusiedeln und das überlieferte Material aus der Sicht einer solchen Legeshierarchie [in seinem Decretum] durchzuarbeiten und zu systematisieren. Unter naturrechtlichen Gesichtspunkten musste alles Recht, also das Gewohnheitsrecht und das positive Recht, [...] das ius civile der Römer, rational gerechtfertigt und zusammen mit dem ius gentium, dem allen Völkern gemeinsamen Recht, hierarchisch eingeordnet werden. Bei dieser Arbeit erwies sich die scholastische Methode, die zur gleichen Zeit an den theologischen Fakultäten eingeübt wurde, auch für die Juristen als geeignetes Werkzeug der Begriffsanalyse.»[213]

Ab diesem Zeitpunkt muss sich im Westen als Rechtsgemeinschaft das positive Recht eines Rechtsstaates daran messen lassen, ob es dem Naturrecht entspricht. Der heutige Stand der Frage nach dem Naturrecht lautet: Entspricht das positive Recht einer Rechtsinstitution (z. B. Kirche, Staat, Unternehmen) der Menschenwürde und den daraus folgenden Menschenrechten aller Rechtsunterworfenen?

Geht es in der kanonistischen Rechtswissenschaft nur um eine Darstellung und Systematisierung der Canones des ersten Jahrtausends? Gratian hat das kanonische Recht nicht nur systematisiert, indem er die chronologischen Sammlungen nach systematischen Gesichtspunkten verändert hat. Er hat auch die rechtsphilosophische Frage gestellt: Ist das positive Recht auch gerecht? Oder mit einem späteren Naturrechtler, Immanuel Kant (1724–1804), gefragt: Ergibt diese Rechtswissenschaft einen Sinn? Ist das positive Recht richtiges Recht? In dieser neuen Rechtswissenschaft hat die Frage nach einem geklärten Gerechtigkeitsbegriff einen Ort. Schon im ersten Satz seines *Decretums* (1140) klärt Gratian die Frage nach einem geklärten Gerechtigkeitsbegriff, der das Naturrecht prägen wird.

Im Folgenden werden Entwicklungsschritte der beiden Wissenschaften Rechtsphilosophie (Naturrecht) und Rechtswissenschaft(en) dargestellt und zudem wird gefragt, wie die beiden in ihrer vernunftrationalen Dimension einander durchdingen, von 1140 über den Vertreter der Aufklärung Immanuel Kant hinaus.

---

[213] Habermas, *Auch eine Geschichte der Philosophie*, Bd. 1, 670 f.

10.3 Die Kirche unterscheidet sich institutionell von der politischen Macht («Staat»)

Die griechische Polis

> «war ihren Bürgern Staat und Kirche in eins […] In der christlichen Welt traten sie von Anfang an auseinander. In der Aufrechterhaltung dieser Trennung vollzieht sich seitdem die Geschichte der christlichen Welt. […] Denn vom Kaiser aus ging das Recht, dem sich die Völker beugen. […] Der andere Weg führt durch die Kirche. Auch sie ist ja in der Welt. So muss sie mit dem Staat in Zwist kommen. Sie kann nicht darauf verzichten, sich selber rechtlich zu verfassen»[214],

so beschrieb Franz Rosenzweig diese dialektische Entwicklung von Kirche und Staat im Westen. Der Raum der Prophetie bleibt nicht unbestimmt, sondern wird zur Kirche (*ecclesia*), zu einem Ort, der sich von seinem Wesen her von der politischen Macht unterscheidet:

> «Gebt, dem Kaiser, was dem Kaiser gehört,[215] und Gott, was Gott gehört.» (Mt 22,21).

Im 3. und 4. Jahrhundert wandelt sich die eschatologische Naherwartung und die Kirche, die sich unter den Volksmassen immer weiter ausbreitet, baut eine eigene sichtbare Rechtsorganisation auf. Die Christen des Römischen Reiches kennen dessen Verwaltungsstrukturen und übernehmen sie in Teilen für die Organisation der kirchlichen Rechtsinstitutionen. Der Verwaltungsbegriff «Diözese» vom Lateinischen *dioecesis* (das sich wiederum aus dem Griechischen ableitet) ist nur ein Beispiel dafür.[216] Die Metropole war im östlichen Teil des Römischen Reiches die Hauptstadt einer Provinz. Der politische Begriff wurde zu einem kirchlichen Begriff. Er bestimmte den Zusammenschluss mehrerer Diözesen unter der Lei-

---

214 Rosenzweig, Franz, *Der Stern der Erlösung*, Frankfurt a. M. ⁴1993, 390 f.

215 Vgl. Neumann, Thomas, *Dem Kaiser, was des Kaisers ist? Papst Leo XIII. (1878–1903) und die Lehre von der potestas papae in temporalibus* (ReligionsRecht im Dialog 26), Berlin 2018.

216 Ein Gesamtüberblick gibt Guyon, Gérard D., Recherches sur les origines des institutions chrétiennes (Ier au IIIe siècle), in: *Religion, société et politique. Mélanges en hommage à Jacques Ellul*, Paris 1983; vgl. auch Gaudemet, Jean, *La formation du droit séculier et du droit de l'Eglise aux IV et V siècles*, Paris ²1979, 227–229.

tung eines Oberbischofs, eines Metropoliten. Der Ursprung der kirchlichen Metropolitanverfassung reicht bis in das 2. Jahrhundert zurück.

Daneben sind auch die theologischen, liturgischen und architektonischen Einflüsse aus dem mediterranen Raum des Römischen Reiches deutlich erkennbar.[217] Auch die Rechtsstruktur der Kirche ist geformt von der römischen Rechtskultur, die zudem die Rechtssprache der lateinischen Kirche vorgibt. Dies führt zur rechtlichen Institutionalisierung der mittelalterlichen Kirche,

> «einem für die Entwicklung der Rechts- und Staatsphilosophie folgenreichen Vorgang. Die Kirche entfaltet sich als eigene, universal ausgerichtete Institution, die sich auf ein bestimmtes Glaubensbekenntnis verpflichtet, durch eine theologische Dogmatik ausweist und nach aussen abgrenzt. Sie bildet Ämter aus, und diese Ämter bestimmen sich zunehmend, auch in ihrer Rangordnung, nach geistlichen Kriterien (Priester-, Bischofsamt). Im weiteren Fortgang [des Mittelalters] entsteht daraus ein eigengearteter geistlich-weltlicher Herrschaftsverband, dessen stark machtbezogene Organisation und dessen Rechtsformen später entscheidenden Einfluss sowohl auf die politische Theorie wie auf das in die Neuzeit hineinführende Rechtsdenken ausüben.»[218]

Die Frage, ob die Ordnung von Kirche und Welt letztlich in Gottes Geist (*ratio*), in Gottes Willen (*voluntas*) oder in seinem Wesen (*essentia*) gründet, ist in der christlichen Theologie ausführlich und mit unterschiedlichen Ergebnissen diskutiert worden. Auch für die philosophische Begründung des Rechts hatte diese theologische Auseinandersetzung weitreichende Auswirkungen, wie Ernst-Wolfgang Böckenförde anhand der Schriften der Rechtsphilosophen (d. h. Naturrechtler) Augustinus[219], Thomas von Aquin[220] (1225–1274), Johannes Duns Sco-

217 Vgl. den Ersten Teil (Die vornizäische Zeit) bei Studer, Basil, *Gott und unsere Erlösung im Glauben der Alten Kirche*, Düsseldorf 1985, 13–126.

218 Böckenförde, *Geschichte der Rechts- und Staatsphilosophie*, 186.

219 «Ist Gott ein Gott der Liebe, so ist er primär nicht von seiner Vernunft, sondern von seinem Willen her zu begreifen. […] Entsprechend sieht Augustinus auch im Menschen den Willen als die primäre, bewegende Kraft.» Böckenförde, *Geschichte der Rechts- und Staatsphilosophie*, 198.

220 «Glauben und Wissen wurden nicht nur irgendwie aufeinander bezogen, sie wurden in ihrer Differenz erkannt und grundlegend entfaltet.» (Böckenförde, *Geschichte der Rechts- und Staatsphilosophie*, 228) «Bei dieser Betonung der menschlichen *ratio* verwundert nicht, dass Thomas das Verhältnis von Wille und Vernunft – auf aristotelischer Grundlage und anders als Augustinus – generell im Sinn eines Vorrangs der Vernunft vor dem Willen bestimmt.» (Ebd. 232) «Es liegt in der Konsequenz eines so stark vernunftgerichteten Denkens, dass auch der Begriff des Gesetzes,

tus[221] (1265/1266–1308), Wilhelm von Ockham[222] (1288–1347) und der Spanischen Klassiker des Naturrechts[223] nachweisen kann.[224]

Aber wie wurde die weltliche politische Gemeinschaft (der «Staat») aus kirchlicher Sicht verstanden? Die politische Ordnung wird einem theologischen Anspruch unterstellt. Durch diese Verbindung entsteht eine politische Theologie, die die politische Religion der Antike ersetzt.[225] Die Theologie lieferte bis zum Ende des Mittelalters die politische Theorie, unabhängig davon, ob die Autoren dem kaiserlichen oder dem päpstlichen Lager angehörten. Nachdem die Kirche sich aus dem weltweiten Christentum als Organisation des Westens in der

---

verstanden als Mass für das Handeln, ganz und gar von der Vernunft her bestimmt ist. [...] Das Gesetz ist stets eine Sache der Vernunft [...] näherhin eine Anordnung der Vernunft.» (Ebd. 233).

221 «Seit dem 13. Jh. zeigen sich mithin zwei Richtungen im theologisch-philosophischen Denken. Sie verbanden sich u. a. mit den Ordensschulen der Dominikaner und Franziskaner. Rückblickend werden sie als vernunftbestimmte und voluntaristische Richtung in der Philosophie bezeichnet. [...] Die sog. voluntaristische Richtung, die von einem Vorrang des Willens vor der Vernunft [...] im Blick auf das Handeln ausging [...] unterstützte die Herausbildung und Legitimation staatlicher Entscheidungsmacht.» (Ebd. 274.).

222 «‹Weil also im Naturrecht nichts anderes vorgeschrieben wird als das, von dem Gott will, dass es geschieht, wird somit wohl auch nichts anderes verboten als das, was Gott verhindern will, dass es geschieht.› Lässt sich aus Sätzen wie diesen auf einen Voluntarismus oder gar Positivismus in Ockhams Rechtsbegründung schliessen?» (Böckenförde, *Geschichte der Rechts- und Staatsphilosophie*, 306; Zitat im Zitat: Ockham, Wilhelm von, *Dialogus, Part 2, Part 3, tract 1*, New York 2011, Part 3, 1, cap. 9). Ockhams Grundthese lautet, «dass Herrschaftsgewalt über Menschen, um gerechtfertigt zu sein, grundsätzlich von den Menschen selbst eingeräumt oder übertragen werden muss, das heisst in einer Gemeinschaft von Menschen durch deren Mitglieder, das Volk. Gott hat nämlich den Menschen, und zwar Gläubigen wie Ungläubigen, die Befugnis eingeräumt, Leitungsorgane mit Jurisdiktionsgewalt für sich zu bestellen. Das ist im Ansatz schon säkular gedacht.» (Böckenförde, *Geschichte der Rechts- und Staatsphilosophie*, 315) Naturrecht ist zudem für Ockham «gebunden an das Vorhandensein positiv-rechtlicher Normen und Institutionen.» (Ebd. 310).

223 Francisco de Vitoria sucht in der Naturrechtslehre (Rechtsphilosophie) einen mittleren Weg zwischen der Herleitung des Naturrechts aus der Vernunft oder dem Willen Gottes. Seine Rechtsphilosophie «stellt für die Erkennbarkeit des Naturrechts auf die Vernunfteinsicht aller Menschen, nicht nur der Christen ab, und für seine Konkretisierung massgeblich auch auf den *consensus omnium*, womit eine Brücke zum *ius gentium* geschlagen wird; schliesslich kehrt sie den Charakter des Naturrechts als eines auch subjektiven Anspruchs, als Freiheitsrecht neben dem Gebotsrecht, hervor.» (Ebd. 346 f.).

224 Vgl. Böckenförde, *Geschichte der Rechts- und Staatsphilosophie*, 192–398.

225 Böckenförde, Ernst-Wolfgang, Politische Theorie und politische Theologie (1978) in: ders., *Kirchlicher Auftrag und politisches Handeln. Analysen und Orientierungen* (Schriften zu Staat – Gesellschaft – Kirche 2), Freiburg i. Br. 1989.

Gregorianischen Reform selbstkonstituiert hatte, entstand ein neues Gegenüber von Kirche und weltlich-politischer Gemeinschaft («Staat»). War bisher der Kaiser Stellvertreter Christi in der Christenheit, so beanspruchte seit dem Pontifikat Gregors VII. der Papst diesen Titel. Letzterem ging es in seinem *Dictatus Papae* (1075) um die Säkularisierung des Kaisers bzw. des Königs, das *saeculum* (weltliches Reich) soll von der *sancta ecclesia* (heilige Kirche) getrennt werden:

> «Der weltliche Herrscher [Kaiser, König] war seines quasi-priesterlichen Glanzes entkleidet worden, der Papst hatte eine neue Eingriffs- und Leitungsmacht in geistlichen wie auch in weltlichen Dingen entwickelt, [...] Recht und Theologie hatten einen völlig neuen Impuls erfahren [...] Dass dies alles in so kurzer Zeit geschah, ist die bemerkenswerteste Tatsache der mittelalterlichen Geschichte. [...] ‹Die vom hl. Leo IX. [1002–1054] ([Regierungszeit] 1049–1054) begonnene und vom hl. Gregor VII. so nachdrücklich fortgeführte Reform ist ein entscheidender Wendepunkt im Hinblick auf die Kirchenlehre im allgemeinen und die Autoritätsvorstellung im besonderen.› Congar führt aus, die Suche nach juristischen Texten, die Gregors Standpunkt stützen sollten, sei der Anfang der kanonischen Rechtswissenschaft gewesen.»[226]

10.3.1 Das Selbstverständnis der Rechtskirche als mystischer Leib [227]

In der mittelalterlichen Auseinandersetzung zwischen Papst und Kaiser verschob sich im Spätmittelalter der Schwerpunkt von den regierenden Personen zu den regierten Kollektiven. Man sprach weniger von Papst und Kaiser, sondern von Kirche und Reich. Dies aber setzte voraus, dass die entsprechenden Kollektive rechtlich gedacht werden konnten. Die Kirche war Vorbild in ihrer Funktion als eine absolute Monarchie auf rationaler Grundlage. Das Reich dagegen zeigte die Tendenz, eine Quasi-Kirche oder mystische Körperschaft auf rationaler Grundlage zu werden. Dabei kam die institutionelle Vorreiterrolle der Kirche als Körperschaft, als Corpus Christi, zu. Im Folgenden soll vor allem gezeigt werden, wie die spätmittelalterlichen und modernen Staatstheorien direkt von der Kirchentheorie bzw. dem Kirchenrecht beeinflusst wurden. Anders gesagt, die Kirchentheorie prägte nicht nur begrifflich das Selbstverständnis des Staates, die Staats-

---

226 Berman, *Recht und Revolution*, 148 in Anm. 1.

227 Vgl. den theologischen Klassiker: de Lubac, Henri, *Corpus mysticum. L'Eucharistie et l'église au moyen age*, Paris ^{2}1949.

theorie. In der Bulle *Unam sanctam* (18. November 1302) hält Papst Bonifatius VIII. (1235–1303) fest:

> «Eine heilige katholische und ebenso apostolische Kirche zu glauben und festzuhalten, werden wir auf Drängen des Glaubens gezwungen, und diese [Kirche] glauben wir fest und bekennen wir aufrichtig, ausserhalb derer weder Heil noch Vergebung der Sünden ist [...]; sie stellt den einen mystischen Leib [corpus mysticum] dar, und dieses Leibes Haupt ist Christus [...]»[228]

Dieser einleitende Satz der Bulle ist auch vor dem Hintergrund des Konflikts zwischen Kirche und Reich zu lesen. Der wachsenden Selbständigkeit der weltlichen Gewalt entgegenzutreten, ist das entscheidende Ziel von Bonifatius VIII. Ginge es nach ihm, hätte der politische Körper nur einen funktionalen Charakter innerhalb der weltlichen Seite des *corpus mysticum Christi*, der Kirche. Deren Haupt ist Christus und sein sichtbarer Stellvertreter der Papst. Die Kirche als mystischer Leib Christi umschliesst für Thomas von Aquin alle vergangenen, gegenwärtigen und zukünftigen Gläubigen der Kirche, die mit Christus in der Taufe gestorben sind[229] und mit ihm auferstehen werden (Röm 6,3–12).[230] Dieser Begriff war also relativ neu, als Bonifatius VIII. ihn in der Auseinandersetzung mit Philipp IV. von Anjou, «dem Schönen» (1268–1314), dem König von Frankreich, einsetzte.

Der Begriff *corpus Christi* für die Kirche geht auf Paulus[231] zurück. Der Begriff *corpus Christi mysticum* dagegen erlangt zum ersten Mal in der Karolingerzeit bei Auseinandersetzungen um das Eucharistieverständnis eine grössere Bedeutung. *Corpus mysticum* wird von den karolingischen Theologen nicht in Verbindung mit der Organisation der Kirche gebracht, sondern er bezeichnet die Hostie, das geweihte Brot. Die Kirche dagegen wird als *corpus Christi* gemäss Paulus verstanden.

---

[228] Bonifatius VIII., Bulle *Unam sanctam*, 18.11.1302, dt. in: *DenzH*, Nr. 870.

[229] Symbolisch wird dies in der Alten Kirche dargestellt durch das Untertauchen des Täuflings im Bad der Taufe. Hier stirbt der alte Mensch (Adam) und tritt nackt aus der Taufe, um dann, symbolisch ausgedrückt, durch das weiße Taufkleid, Christus anzuziehen.

[230] Vgl. Thomas von Aquin, *STh*, III, q. 8, a. 3, lat. und dt. in *BKV*, URL: https://bkv.unifr.ch/de/works/sth/compare/summa-theologiae/3046/summe-der-theologie.

[231] Z. B. 1 Kor 12,12–14, 12,27 und 6,15; Eph 4,12 und 4,16; Kol 2,19. Vgl. Ehrhardt, Albert, Das Corpus Christi und die Korporationen im spätrömischen Recht, in: *ZRG. Rom. Abt.* 70 (1953) 299–347; 71 (1954) 25–40.

Es war eine erstaunliche Entwicklung[232], als um die Mitte des 12. Jahrhunderts die Begriffe ihre Bedeutungen austauschten. Um die reale Präsenz des sowohl menschlichen als auch göttlichen Christus in der Eucharistie zu betonen, werden von der Kirche die Begriffe *corpus verum* oder *corpus naturale* oder *Corpus Christi* verwendet. Im Nachgang eines Eucharistiestreits wurde von der lateinischen Kirche im Jahr 1264 das Fest *Corpus Christi* (Fronleichnam) anerkannt.[233] Ausserdem bezeichnet der Begriff Transsubstantiation[234] in der Sprache der aristotelischen und scholastischen Philosophie den Kern des katholischen und auf dem Vierten Laterankonzil 1215 dogmatisierten Eucharistieverständnisses. Demzufolge ist Jesus Christus in beiden Naturen als Mensch und Gott in der Eucharistie gegenwärtig durch die vollständige Verwandlung der Substanz des Brotes in seinen Leib und des Weines in sein Blut unter blossem Verbleiben der sinnlich wahrnehmbaren Akzidentien von Brot und Wein. Diese Vorstellung der substanziellen Realpräsenz Jesu Christi im Altarssakrament hat die Begrifflichkeiten verändert. Der bisherige Begriff für die Hostie, *corpus mysticum*, wird nach 1150 allmählich auf die Kirche als Organisation übertragen, die im Zeichen dieses Eucharistiesakraments immer wieder als Gemeinschaft entsteht. So wird der Begriff «mystischer Leib» (*corpus mysticum*), mit dem man im ersten Jahrtausend die liturgische und sakramentale Bedeutung des geheiligten Brotes bezeichnete, im zweiten Jahrtausend zu einem soziologischen Organisationsbegriff für die Kirche. In diesem neuen soziologischen Sinne definiert Bonifatius VIII. die Kirche als einen mystischen Leib, dessen Haupt Christus ist. Damit wird die institutionelle, korporative Seite der Kirche als politische Organisation betont. Es ist dies umso bemerkenswerter, als in jener Zeit mit der nun verstärkten Beschäftigung mit dem Römischen Recht gleichzeitig eine (weltliche) Rechtswissenschaft entsteht, die nicht zuletzt auch Rechtsfiguren wie die juristische Person, die *persona ficta*, hervorbringt.

Thomas von Aquin verwendet den Begriff *corpus ecclesiae mysticum* (der mystische Leib der Kirche) häufig. Die Kirche wurde als ein mystischer Körper eigenen Rechts verstanden.[235]

> «Das bedeutet, dass der Kirchenorganismus in fast juristischem Sinne ein ‹mystischer› Leib wurde: eine mystische Korporation. [... Dies führte dazu,] dass die pries-

232 «[un] curieux chassé-croisé» De Lubac, *Corpus mysticum*, 88.

233 Vgl. ebd. 19, 104–110 und 162–166.

234 Lat.: *transsubstantiatio*, Wesensverwandlung.

235 De Lubac, *Corpus mysticum*, 128 Anm. 63; 129 Anm. 71.

> terliche korporative Institution des corpus ecclesiae iuridicum mit dem corpus ecclesiae mysticum zusammenfiel, womit der Begriff des ‹mystischen Leibes› sozusagen säkularisiert wurde. Bei dieser Entwicklung hat Thomas von Aquin eine Schlüsselstellung inne.»[236]

Denn Thomas, der «Doctor angelicus», ersetzte den liturgischen Begriff häufig durch einen juristischen. Die Terminologie *corpus mysticum* bewahrte trotz der soziologischen und rechtlichen Konnotation seine sakramentale Klangfarbe, weil der Begriff Leib (*corpus*) immer noch an das Kreuzesopfer erinnerte. Diese letzte Bindung an das Altarsakrament wurde jedoch durchtrennt, als Thomas schrieb: «Man kann sagen, dass Haupt und Glieder zusammen quasi eine persona mystica sind.»[237] Damit wird ausdrücklich *corpus mysticum* durch *persona mystica* ersetzt. «Aus dem Körper Christi [Corpus Christi] hat sich die Kirche in eine Körperschaft Christi verwandelt.»[238] Die Terminologie «mystische Person» erinnert an die oben genannte «fiktive Person», die *persona ficta* oder *repraesentata*, wie sie von den Juristen in die Rechtswissenschaften eingeführt wird.

> «Bald wurde der Ausdruck vom ‹mystischen Körper› auf jedes corpus morale et politicum in aristotelischem Sinne anwendbar [..., so] dass von nun an dank Aristoteles der Staat nicht nur als ‹politischer Körper› definiert wurde, sondern auch die Qualifikation als ‹moralischer› oder ‹ethischer› Körper erlangte. Der Staat und jedes andere politische Aggregat wurden nun als Produkt der natürlichen Vernunft aufgefasst. Er war eine Institution, die ihre moralischen Zwecke in sich trug und ihren eigenen ethischen Kodex hatte. Juristen und politische Schriftsteller fanden eine neue Möglichkeit, den Staat als corpus morale et politicum dem corpus mysticum et spirituale der Kirche vergleichend gegenüberzustellen.»[239]

Damit konnte erst ein Dialog auf Augenhöhe zwischen Kirche und «Staat» beginnen.[240] Der liturgische Ausdruck *corpus mysticum* wird durch die Verwendung im

---

[236] Kantorowicz, Ernst H., *Die zwei Körper des Königs. Eine Studie zur politischen Theologie des Mittelalters*, Stuttgart 1992, 215.

[237] Thomas von Aquin, *STh*, III. q. 48, a. 2: «Dicendum quod caput et membra sunt quasi una persona mystica.» Vgl. de Lubac, *Corpus mysticum*, 127 Anm. 60.

[238] Sohm, Rudolf, *Das altkatholische Kirchenrecht und das Dekret Gratians*, München 1908, 582.

[239] Kantorowicz, *Die zwei Körper des Königs*, 224.

[240] Vgl. Aristoteles, *Politik*, 1208a–1282b, Zürich 1971; Thomas von Aquin, *In libros Politicorum Aristotelis expositio*, Turin / Rom 1951, 3, lect. 7–8. mit dem lateinischen Text.

Umkreis von Bonifatius VIII. zu einem juristischen Begriff. Dies liess Lucas de Penna schlussfolgern:

> «‹Somit ist die Kirche mit einer politischen Aggregation von Menschen zu vergleichen, und der Papst gleicht in seiner Machtfülle einem König in seinem Reich.› In dem Ausmass jedoch, in dem die Kirche als politische Organisation wie jede andere weltliche Körperschaft interpretiert wurde, belud sich der Begriff des corpus mysticum immer mehr mit weltlichen politischen Inhalten.»[241]

So entstand im 13. Jahrhundert der Ausdruck *regnum ecclesiasticum*. Henri de Lubac zitiert in diesem Zusammenhang den Römischen Katechismus, demgemäss die geistliche Macht des Klerus (*potestas ordinis*) sich auf das *corpus verum* (den eucharistischen Leib) bezieht; der mystischer Körper dagegen ist die Quelle der Jurisdiktionsgewalt.[242] In c. 108 § 3 CIC/1917 wird dieser Sachverhalt wie folgt definiert:

> «Nach göttlicher Anordnung [243] besteht die Weihehierarchie aus Bischöfen Priestern und anderen Klerikern (ministri). Die Jurisdiktionshierarchie aber besteht nach göttlicher Anordnung aus dem Primat und aus dem untergeordneten Episkopat. Infolge kirchlicher Einsetzung aber kommen noch andere hierarchische Stufen hinzu.»[244]

Der liturgische Begriff des *corpus mysticum* (Hostie) bezeichnet ab dem 12. Jahrhundert das *corpus politicum* oder *iuridicum* der Kirche, d. h. die Kirche als Rechtsinstitution. Das *corpus mysticum* meint die Kirche als politische Organisation. Jede politische Körperschaft der säkularen Welt konnte also mit dem Begriff *corpus mysticum* oder *persona mystica* bzw. juristische Person bezeichnet werden. Es ist deshalb kein Zufall, dass die Kirche in ihrer rechtlichen Selbstkonstitutionalisierung zum Vorbild für weitere Organisationen, wie die Städte, die Universität, die Zünfte, die Genossenschaften, die Korporationen und die Nationalstaaten,

---

241 Kantorowicz, *Die zwei Körper des Königs*, 217. Zitat: Lucas de Penna, *Commentaria in Cod. Iustiniani.*

242 De Lubac, *Corpus mysticum*, 126 Anm. 55.

243 Formulierung: A. Loretan.

244 C. 108 § 3 CIC/1917: «Ex divina institutione sacra hierarchia ratione ordinis constat Episcopis, presbyteris et ministris; ratione iurisdictionis, pontificatu supremo et episcopatu subordinato; ex Ecclesiae autem institutione allii quoque gradus accessere.» Dt. zitiert aus: Jone, Heribert, *Gesetzbuch des kanonischen Rechts. Erklärung der Kanones*, Bd. 1, Paderborn 1939, 127 f.

wurde. Ein spätmittelalterlicher Jurist, Antonius de Rosellis (* 1386), zählte fünf *corpora mystica* auf: Dorf, Stadt, Provinz, Reich und Welt. Jede dieser Einheiten bildete ein *corpus mysticum*. Der Rechtsphilosoph Thomas von Aquin hatte den Begriff *corpus mysticum* als *persona mystica* zu denken begonnen,

> «der sich kaum von der persona ficta der Juristen unterschied. [...] Demgemäss wurde der Ausdruck corpus mysticum synonym mit corpus fictum, corpus imaginatum, corpus repraesentatum und dergleichen gebraucht, d. h. zur Bezeichnung einer juristischen Person oder Körperschaft. Die Juristen gelangten hierdurch ebenso wie die Theologen zu einer Unterscheidung zwischen corpus verum, dem greifbaren Körper einer Person, und corpus fictum, dem korporativen Kollektiv, das nicht tastbar war und nur als Fiktion der Jurisprudenz existierte.»[245]

10.3.2 Das säkulare Selbstverständnis des Rechtsstaates als corpus mysticum

Der Begriff des *corpus mysticum* war in der Kirche als *persona mystica* bzw. als juristische Person verrechtlicht worden und hatte damit viel von ihrer eucharistietheologischen Bedeutung (Hostie) verloren. Die Kirche selbst hatte den Begriff also säkularisiert. Damit wurde er jetzt von Staatsmännern, Juristen und Rechtswissenschaftlern für das rechtliche Verständnis der neu entstehenden territorialen und weltlichen Staaten verwendet. Schon der Staufer-Kaiser Friedrich I. Barbarossa schmückte sein Reich mit dem idealisierenden Titel «Sacrum Imperium», um der Institution einen heiligen, beinahe kirchlichen Anstrich zu geben.

> «Das Streben danach, die staatlichen Einrichtungen mit einer religiösen Aureole zu umgeben, führte im Verein mit der Dehnbarkeit und allgemeinen Brauchbarkeit kirchlicher Denk- und Sprachformen die Theoretiker des weltlichen Staates bald zu einer mehr als oberflächlichen Aneignung des Wortschatzes nicht nur des römischen, sondern auch des kanonischen Rechts und der Theologie. Der neue territoriale und quasi-nationale Staat, mit seinen Selbstständigkeitsansprüchen und seiner Unabhängigkeit von Kirche und Papsttum, beutete den Reichtum kirchlicher Begriffe aus, [...] indem er seine eigene Zeitlichkeit mit der Ewigkeit der militanten Kirche auf eine Stufe stellte. Bei diesem Vorgang sollte die Idee des corpus mysticum neben anderen korporativen Doktrinen der Kirche noch eine grosse Rolle spielen.

245 Vgl. Kantorowicz, *Die zwei Körper des Königs*, 223.

Ein frühes Beispiel der Gegenüberstellung des Staates und der Kirche als ‹Körper› findet sich in den Streitschriften des Investiturstreits. Ein kaiserlich gesinnter Autor empfahl den Ausdruck unum corpus rei publicae als Ergänzung von unum corpus ecclesiae. [...] Um die Mitte des 13. Jahrhunderts jedoch sprach Vinzenz von Beauvais vom Staat als Organismus. Er bezeichnete den Staat als politischen Körper mit dem Ausdruck corpus rei publicae mysticum, ‹mystischer Körper des Gemeinwesens›. Es war ein klarer Fall einer Anleihe beim kirchlichen Wortschatz und einer Übertragung übernatürlicher und transzendenter Werte [...] auf den weltlichen Staat.»[246]

Die theologische und kirchenrechtliche Lehre, gemäss der die Kirche als ein *corpus mysticum* mit Christus als Haupt verstanden wird, wurde von den Juristen aus dem kirchlichen Bereich in jenen des Staates übertragen, dessen Haupt der König ist.[247] Der Rechtssatz «the King's Two Bodies» (Die zwei Körper des Königs) der englischen Juristen der Tudorzeit (1485–1603) wurde zum Schlüsselbegriff für die einander ausschliessende Einheit des Königtums. Diese Juristen benötigen Erklärungen auf die Fragen, wie das Königtum als ewige Institution verstanden werden könne, obwohl die Könige starben, und wie also eine Einheit des Königtums bei so verschiedenen Königen und Königinnen zu denken sei. Der Beitrag der Juristen der Tudorzeit zur politischen Theologie der frühen Neuzeit ist entscheidend. Auch hier wird die Rechtsfigur der juristischen Person der Kirche auf den Staat übertragen.

Kantorowicz ist um eine Klärung der theoretischen Voraussetzungen des Königtums im Rechtsstaat bemüht. Er kommt damit, mit Ernst Cassirer gesprochen, dem «Mythus des Staates»[248] bei seiner Entstehung und Ausformung der Staatslehre auf die Spur.

Die *Kirchenkonstitution* des Zweiten Vatikanischen Konzils beschreibt 1965 den Charakter der Kirche wie folgt:

«Die mit hierarchischen Organen ausgestattete Gesellschaft und der geheimnisvolle Leib Christi, die sichtbare Versammlung und die geistliche Gemeinschaft, die irdische Kirche und die mit himmlischen Gaben beschenkte Kirche sind nicht als zwei verschiedene Grössen zu betrachten, sondern bilden eine einzige komplexe Wirklichkeit, die aus menschlichem und göttlichem Element zusammenwächst.

---

246 Kantorowicz, *Die zwei Körper des Königs*, 221 f.

247 Vgl. ebd. 208–282: Kapitel Königtum und Verfassung: Corpus mysticum.

248 Ebd. 20.

Deshalb ist sie in einer nicht unbedeutenden Analogie dem Mysterium des fleischgewordenen Wortes ähnlich.» (LG 8)

Diese Analogie zwischen Christus und Kirche findet Kantorowicz auch in einem christozentrisch verstandenen Königtum des frühmittelalterlichen Gottesgnadentums, das auch die frühe Kaiserzeit prägte.[249] Das Königsverständnis eines Anonymus erweist sich als Fundament der späteren Lehre von den zwei Körpern des Königs. Bei diesem frühmittelalterlichen Autor findet sich die Vorstellung des Königs als einer *gemina persona*, d. h. einer Person mit zwei Naturen, wie bei Christus.[250] Der König ist also wie Christus menschlich und göttlich zugleich. Menschlich ist er von der Natur seiner Geburt her. Göttlich wird er durch die Gnade der Königsweihe, die damals als Sakrament verstanden wird. Bildlich dargestellt wird diese Theorie im Aachener Liuthar-Evangeliar, das den Herrscher als Teilhaber an zwei Welten, an der irdischen und überirdischen Sphäre zeigt.[251] Dieses theokratische, christusverbundene Verständnis des Königtums klingt lange nach.

Die christologische Legitimation der Königsmacht wird seit der päpstlichen Revolution, seit dem Investiturstreit, von Papst Gregor VII. und seinen Nachfolgern infrage gestellt. Die Kirche zwingt die späteren Juristen der Könige, in säkularen Bahnen zu denken. Dabei übernimmt das Recht die entscheidende säkulare Rolle. Kantorowicz spricht von einem rechtsbasierten Königtum, einem *law-centered kingdom*. Kantorowicz kann in seinem Grundlagenwerk aufzeigen, wie sich die christologische in eine juristische Form der Zwei-Körper-Doktrin weiterentwickelt.[252] Dies geschieht dadurch, dass der Dualismus König – Chris-

---

249 Vgl. Vorarbeiten in: Kantorowicz, Ernst H., *Laudes regiae. A study in liturgical acclamations and medieval ruler worship*, Berkeley 1946.
«Der ehemalige dekorierte Kriegsteilnehmer, der sich nach seinen eigenen Worten als ‹deutscher und wahrhaft national gesinnter Jude› verstand und dies auch in seinem Friedrich-Buch [der Staufer Kaiser Friedrich II.] zum Ausdruck gebracht hatte, reagierte im Frühjahr 1933 in unmissverständlichem Protest auf das sogenannte Beamtengesetz, das erste der antisemitischen Gesetze, indem er sich an seiner Universität beurlauben liess.» Fleckenstein, Josef, Geleitwort, in: Kantorowicz, Ernst H. (Hg.), *Die zwei Körper des Königs*, 10.

250 Diese hypostatische Union erinnert auch an die Gottkaiser der Antike.

251 Eine Abbildung dieses christusähnlichen Herrscherbildes findet sich auf dem Umschlag des Bandes von Kantorowicz und noch besser in der Abbildung 5 desselben Bandes nach Seite 192: Der thronende Kaiser (Apotheose Ottos II. oder Ottos III.), Miniatur aus dem Aachener Liuthar-Evangeliar, Reichenau-Schule um 975. Domschatzkammer Aachen.

252 Dies ist nur eines von vielen Beispielen, wie die Theologie begrifflich die zivile Rechtswissenschaft entscheidend geprägt hat. Wie die Eucharistietheologien den für den Rechtsstaat zentra-

tus durch den Dualismus König – Gesetz ersetzt wird. Einer der Hauptzeugen dieser neuen Rechtsvorstellung ist Kaiser Friedrich II. (1194–1250). In seinem grossen Gesetzbuch, dem *Liber Augustalis*, bringt der Staufer-Kaiser die neue Denkweise auf die Formel, der Kaiser sei «Vater und Sohn der Gerechtigkeit» und folglich «grösser und kleiner als er selbst»[253]. Die theologischen Vorstellungen aus der liturgisch-kirchlichen Sphäre wirken in der juristischen Sphäre weiter. Dies gilt nicht nur für das *rechts*bezogene Königtum, sondern auch für die spätere Phase des *staats*bezogenen Königtums, *polity-centered kingdom*[254]. Das staatsbezogene Königtum basiert wesentlich auf der christlichen Korporationslehre in der Kirchentheorie (Ekklesiologie), die sich als Fundament einer eigenen Staatstheorie anbietet.

Wie ist eine solche Denkvorstellung in der Kirche entstanden? Wie oben aufgeführt, gab es im 12. Jahrhundert eine wesentliche Begriffsverschiebung zwischen Eucharistietheologie und Ekklesiologie.

> «Es gehört zu den eindrucksvollsten Partien des ganzen Buches, wie Kantorowicz, gestützt auf kanonistische, römisch-rechtliche, aristotelische, averroistische u. a. Gedanken, zeigt, wie seit dem 13. Jahrhundert in Konkurrenz zu dieser kirchlichen Vorstellung die Idee des Staates als eines corpus rei publicae mysticum entwickelt wird. [...] Mit der Kirche als Korporation beansprucht jetzt auch die res publica, der Staat, Kontinuität und Unsterblichkeit. Diese Kontinuität [...] gewinnt der Staat [...] einerseits in der Dynastie, andererseits aber auch in der Abstraktion der Krone, die das Amt symbolisiert, und in der Vorstellung der dignitas quae non moritur, die auch dem König eignet: als Haupt der Korporation hat er teil an ihrer Unsterblichkeit. Wenn die Juristen der Tudor-Zeit ihm bezeugen, dass er durch zwei Körper ausgezeichnet sei und daher sterblich und unsterblich zugleich, schöpfen sie aus Quellen, die sich aus der Tiefe [der christologischen Argumentation] vieler Jahrhunderte speisen.»[255]

---

len Begriff der Repräsentation geprägt haben, zeigt Hasso Hofmann in seiner Habilitationsschrift zur Repräsentation auf, die auch für theologisch Interessierte äusserst lesenswert ist. Vgl. Hofmann, *Repräsentation*.

253 Im lateinischen Original «pater et filius iustitiae, maior et minor se ipso»: *Die Konstitutionen Friedrichs II. für das Königreich Sizilien (MGH Constitutiones et acta publica imperatorum et regum II, Suppl.)*, Hannover 1996, 1, 31, 185.

254 *Law-centered kingdom* und *polity-centered kingdom*: zwei Begriffe, die auf Kantorowicz zurückgehen.

255 Fleckenstein, *Geleitwort*, 15.

Kantorowicz gelingt es nachzuweisen, dass die juristische Denkfigur der zwei Körper des Königs (sterblich; unsterblich) aus der Herrschaftstheologie des Mittelalters stammt (z. B. des Anonymus), die zur späteren Staatstheorie weiterentwickelt wurde. Letztere baut auf der christologischen Begrifflichkeit der Kirchentheorie des *corpus Christi mysticum* auf. Der deutsche Begriff Korporation erinnert noch heute daran, genauso wie der amerikanische Begriff Incorporation bzw. Inc.[256] Damit hat Kantorowicz die theologischen Wurzeln des säkularisierten Rechtsdenkens der Juristen der Tudorzeit nachgewiesen.[257] Wegen der juristischen Figur der zwei Körper des Königs stellten die Kronjuristen einstimmig fest,

> «dass nach dem gemeinen Recht keine Handlung, die der König als König vollzieht, durch seine Minderjährigkeit annulliert werden kann. Denn der König hat in sich zwei Körper, nämlich den natürlichen (body natural) und den politischen (body politic). Sein natürlicher Körper ist für sich betrachtet ein sterblicher Körper, der allen Anfechtungen ausgesetzt ist. [...] Dagegen ist der politische Körper ein Körper, den man nicht sehen oder anfassen kann. [...] Dieser Körper ist völlig frei von Kindheit und Alter, ebenso von den anderen Mängeln und Schwächen, denen der natürliche Körper unterliegt.»[258]

Genau genommen ging es um den *character angelicus* des Königs.

---

[256] «Eines Tages fand ich in meiner Post einen Sonderdruck aus einer liturgischen Zeitschrift, die von einem Benediktinerkloster in den Vereinigten Staaten herausgegeben wurde und das Impressum ‹The Order of St. Benedict, Inc.› trug. Einem Gelehrten, der aus Kontinentaleuropa kam und nicht in den Feinheiten des angloamerikanischen juristischen Denkens bewandert war, erschien es seltsam, die Abkürzung ‹Inc.› (Incorporated), die sonst in Amerika bei Aktiengesellschaften üblich ist, mit dem Namen des ehrwürdigen Ordens verknüpft zu finden, denen der heilige Benedikt auf dem Felsen von Monte Casino in dem selben Jahr gegründet hat, in dem Justinian die Platonische Akademie in Athen schloss. Auf meine Frage klärte mich Max Radin darüber auf, dass die Klöster in Amerika tatsächlich wie Aktiengesellschaften ‹inkorporiert› sind und als Körperschaften gelten, ja dass dies auch für die katholischen Diözesen gilt und beispielsweise der Erzbischof von San Francisco juristisch als eine ‹Coporation sole›, als eine Einmann-Körperschaft, angesehen werden kann. Das brachte die Rede sogleich auf Maitlands bekannte Untersuchungen zu diesem Thema, auf die abstrakte ‹Krone als Körperschaft›, auf die merkwürdige juristische Fiktion von den ‹zwei Körpern nur des Königs›, die sich im Elisabethanischen England entwickelte, auf Shakespeares ‹Richard II.› [...] Kurz gesagt, wir führten ein gutes Gespräch von der Art, die jeder Gelehrte ersehnt.» Kantorowicz, Vorwort, in: *Die zwei Körper des Königs*, 19.

[257] Für weitere Beispiele vgl. die Berliner politikwissenschaftliche Habilitationsschrift von Stein, *Himmlische Quellen*.

[258] Kantorowicz, *Die zwei Körper des Königs*, 29.

> «Der politische Körper des Königs erscheint als Ebenbild der ‹heiligen Geister und Engel›, weil er gleich den Engeln das Unveränderliche [das Ewige] in der Zeit darstellt.»[259]

Es ist leicht nachvollziehbar, woher die Juristen der Tudorzeit ihre Maximen bezogen, als sie erklärten: «Der König bildet in seinem politischen Körper mit seinen Untertanen einen Körper und diese mit ihm.»[260] Bereits in Gratians *Decretum* findet sich die Formulierung über den Bischof: «Der Bischof ist in der Kirche und die Kirche im Bischof.»[261] Und schon Seneca soll Kaiser Nero ermahnt haben: «Du bist die Seele der *res publica* und die *res publica* ist dein Leib.»[262] So ist also «der Fürst das Haupt des Reiches und das Reich der Leib des Fürsten»[263]. Die Untertanen sind im König inkorporiert und der König in den Untertanen. Ebenso gilt der König als «der mystische Gatte der *res publica*»[264].

Die zwei Körper des Königs bilden also zwei Naturen in einer Person, wie in den Christologien der Alten Kirche des ersten Jahrtausends. Während die menschliche Natur als weniger wichtig angesehen wurde, zählte vor allem die ewige, göttliche Natur des Monarchen vor dem Tribunal dieser monophysitischen Juristen.[265] Die theologische kirchliche Lehre, wonach die Kirche ein *corpus mysticum* mit Christus als Haupt ist, wird von den Juristen aus der Lehre über die Kirchentheorie auf die Theorie des Staates angewandt, dessen Haupt der König ist. In der Staatslehre über die Person des Königs mit zwei Körpern klingt die Definition eines altkirchlichen Glaubensbekenntnisses wieder, das im Gebetbuch der Kirche Englands aufgenommen war.[266] Vor allem die Begriffe von einer Königsperson mit zwei Naturen, die «unvermischt, unverändert, ungeteilt» nebeneinander bestehen, erinnert begrifflich an das *Chalkedonensische Glaubensbekenntnis*.[267] Diese

---

259 Ebd. 30.

260 Ebd. 229.

261 Lat. *CICan C.* 7, q 1, c. 7 (*Friedberg*, Bd. 1, 568 f.).

262 Kantorowicz, *Die zwei Körper des Königs*, 229.

263 Ebd.

264 Ebd. 236.

265 Vgl. Leo der Grosse, An Flavianus (Ad Flavianum), ep. 28, c. 3, in: *PL* 54, 765: «et mori posset ex uno, et mori non posset ex altero.»

266 Kantorowicz, *Die zwei Körper des Königs*, 39; im Athanasianischen Glaubensbekenntnis heisst es: «non duo tamen, sed unus […] Unus autem non conversione divinitatis in carnem, sed assumptione humanitatis in Deum […] Unus omnino, non confusione substantiae, sed unitate personae.»

267 Hahn, August (Hg.), *Bibliothek der Symbole und Glaubensregeln der alten Kirche*, Hildesheim ³1962, 264 f. zum *Athanasianischen* und 166 f. zum *Chalkedonischen Glaubensbekenntnis*.

Übertragung von Definitionen aus der Theologie (hier aus den Texten des Konzils von Chalkedon) ins Recht war nichts Besonderes und seit Jahrhunderten gang und gäbe. Genauso wurden umgekehrt die kaiserliche politische Begrifflichkeit und das kaiserliche Zeremoniell in der Frühzeit des Christentums den Bedürfnissen der Kirche angenähert.

Auch die kontinentale Rechtswissenschaft entwickelte die politische Doktrin einer doppelten Majestät, der *maiestas realis* des Volkes und der *maiestas personalis* des Kaisers.

> «Die kontinentalen Juristen kannten aber keine parlamentarischen Institutionen englischen Typs. In England wurde die ‹Souveränität› nicht mit dem König allein oder dem Volk allein identifiziert, sondern mit dem ‹König-im-Parlament›.»[268]

Die englische Staatstheorie ist ohne den Begriff der zwei Körper des Königs nicht denkbar. Der Unterschied zwischen englischer und kontinentaler Staatstheorie der zwei Körper des Königs zeigt sich im absoluten Konfliktfall, der Revolution. So konnte der politische Körper des Königs im Notfall gegen den König im natürlichen Körper entscheiden. Dem englischen Parlament war möglich,

> «sich der gleichen Fiktion zu bedienen, um im Namen Karls I., Königs im politischen Körper, das Heer aufzubieten, das denselben Karl I., König im natürlichen Körper, bekämpfen sollte. Die Deklaration beider Häuser des Parlaments vom 27. Mai 1642 behielt den König im politischen Körper bei, während der König im natürlichen Körper sozusagen ausgefroren wurde. ‹Es wird anerkannt, sagte die parlamentarische Doktrin, dass der König die Quelle der Gerechtigkeit und des Schutzes ist, aber die Handlungen der Justiz und des Schutzes werden nicht von seiner Person ausgeübt und hängen nicht von seinem Gefallen ab, sondern von seinen Gerichten und Ministern, die hier ihre Pflicht tun müssen, auch wenn es ihnen der König in eigener Person verbieten sollte: und wenn sie gegen den Willen und persönlichen Befehl des Königs Urteile fällen, sind es immer noch die Urteile des Königs. Das Hohe Gericht des Parlaments […] trägt den Stempel der königlichen Autorität, auch wenn Seine Majestät … in eigener Person demselben widerspricht oder es verhindert›.»[269]

---

268 Kantorowicz, *Die zwei Körper des Königs*, 42.

269 Ebd. 42 f. 1649, dem Jahr der Hinrichtung von König Charles I., wurde die Republik mit dem *Act declaring England to be a Commonwealth* eingeführt.

Der König als natürliche Person in Oxford war dem Parlament ein Anstoss, aber der König als politischer Körper war noch dienlich.

> «Das Parlament brachte es fertig, ‹Karl Stuart, als König von England zugelassen und hierbei mit beschränkter Macht betraut›, wegen Hochverrats zu verurteilen und schliesslich lediglich den König als natürlichen Leib hinzurichten, ohne dem politischen Körper zu nahe zu treten oder ihn gar zu vernichten – ganz im Gegensatz zu den Vorgängen in Frankreich im Jahre 1793.»[270]

10.3.3 Der doppelte Status einer Amtsperson: persona mixta

Der Ausdruck *res mixtae* wird noch heute im Staatskirchenrecht verwendet, um eine Angelegenheit, die sowohl den Staat als auch die Kirche betrifft, zu benennen.[271] Der Anonymus sprach von einer *persona mixta*, die gleichzeitig ein Amt für den König und für die Kirche innehatte. Dies war in der Feudalzeit durchaus sehr häufig, denn die Bischöfe waren nicht nur Kirchenfürsten, sondern auch Lehensnehmer des Königs. Mit dieser Doppelrolle als Bischof und Fürst argumentierte ein französischer Bischof wie folgt: Als Bischof halte er den Zölibat streng ein, als Fürst indes sei er verheiratet.[272]

Lösungsorientierter war der Vorschlag von Ivo von Chartres (um 1040–1115), der Lösungen im Investiturstreit für England und das Heilige Römische Reich enthielt, obwohl er in Frankreich ein Bischofsamt innehatte. Er anerkannte den doppelten Status der Bischöfe als kirchliche und weltliche Amtsträger.

> «Unter Ivos Anleitung kam in England das Konkordat von 1107 zustande, das die Frage der Investitur der Bischöfe mit den weltlichen Rechten, gleichzeitig mit der kirchlichen Weihe, für dieses Land regelte. Damit war der Doppelstatus der englischen Bischof-Barone klar definiert. Habet duos status.»[273]

Ivo von Chartres war auch wesentlich beteiligt an der Vorbereitung des Wormser Konkordats aus dem Jahr 1122, mit dem die Konflikte des Investiturstreits been-

270 Ebd. 44.

271 Solche Staat und Kirche betreffende *res mixtae* sind z. B. die Seelsorge in staatlichen Institutionen (Gefängnis, Schule, Armee, Polizei, Feuerwehr, Spital etc.); vgl. Tretera, Jiří Rajmund / Horák, Záboj (Hg.), *Spiritual Care in Public Institutions in Europe* (Kirche & Recht Beihefte 3), Berlin 2019.

272 Kantorowicz, *Die zwei Körper des Königs*, 63.

273 Ebd. 64.

det werden konnten. Auch hier war die Rechtsfigur *Habet duos status* im Hintergrund wirksam.[274] Es bestand in der Trennung der kirchlichen von der staatlichen Investitur (Einkleidung bzw. Einweisung in ein Amt) mit jeweils verschiedenen Insignien und Reichsinsignien, die unterschieden zwischen den kirchlichen *Spiritualia*-Zeichen (z. B. Bischofsweihe, Überreichung von Krummstab und Bischofsring) und den lehensrechtlichen *Temporalia*-Zeichen (z. B. Treueeid, Einlegen der gefalteten Hände in die des Lehnsherrn), die den jeweiligen Teil des Reichskirchensystems symbolisierten.

Gemeinhin gilt die Gregorianische Reform als Grenze zwischen Früh- und Hochmittelalter. Im Frühmittelalter erschien nicht nur der Bischof, sondern auch der König als *persona mixta*. Denn auch Letzterem kam aufgrund von Krönung und Salbung eine gewisse geistliche Kapazität zu.[275] Das Papsttum hat dem Königtum seit Gregor VII. jeglichen klerikalen Charakter abgesprochen. Dennoch behaupten auch mittelalterliche Autoren weiterhin, dass der König nicht nur ein Laie und «in juristischer Sprache ‹keine gewöhnliche Person› war»[276]. Aber noch der Traktat über die Weihe der Könige und Bischöfe *De consecratione pontificum et regum* des Anonymus[277] handelt über die Wirkung der Salbung sowohl der Könige als auch der Bischöfe.

> «Wir müssen deshalb (im König) eine doppelte Person erkennen: eine kommt aus der Natur, eine aus der Gnade […] Die eine war von Natur aus gleich wie bei anderen Menschen, die andere erhob ihn durch die Eminenz der Gottwerdung (eminentia deificationis) und die Macht des Sakramentes über alle anderen. Im Hinblick

---

274 Es ging bei der Regelung 1122 darum, dass der Papst zuerst entscheiden durfte, ob jemand das geistliche Amt bekommt; erst dann konnte die Investitur als weltlicher Landesherr erfolgen. Bis Gregor VII. war es i. d. R. andersherum, deswegen verfocht dieser auch die libertas ecclesiae so vehement im *Dictatus Papae*. Im Wormser Konkordat von 1122 billigte Kaiser Heinrich V. den kirchlichen Anspruch auf die Investitur mit Ring und Stab. Papst Calixt II. akzeptierte im Gegenzug, dass bei den Wahlverhandlungen der deutschen Bischöfe und Reichsäbte – die Bischofswahl wurde durch das Domkapitel vollzogen – kaiserliche Abgeordnete anwesend waren. Zudem sollten fortan die Gewählten vom Kaiser mit den Hoheitsrechten, die mit dem Bischofsamt verbunden waren, mittels Zepter, dem Symbol der weltlichen Investitur, belehnt werden. Vgl. Classen, Peter, Das Wormser Konkordat in der deutschen Verfassungsgeschichte, in: Fleckenstein, Josef (Hg.), *Investiturstreit und Reichsverfassung* (Vorträge und Forschungen 17), Sigmaringen 1973.

275 Historiker sprechen vom ottonisch-salischen Sakralkönigtum bzw. vom ottonisch-salischen Reichskirchensystem.

276 Kantorowicz, *Die zwei Körper des Königs*, 64.

277 Autor an der Wende des 11./12. Jahrhunderts.

> auf die eine Person war er von Natur aus ein Mensch, im Hinblick auf die andere war er durch die Gnade ein Christus, das heisst ein Gottmensch.»[278]

Durch die Gnade ist er ein anderer Mensch (*alius vir*), dessen Deifizierung die Griechen *apotheosis* und die Römer *consecratio* nannten.[279] Im heidnischen Rom war die *consecratio* des Kaisers zugleich seine *apotheosis*, während der Begriff der *deificatio* ausschliesslich der christlichen Terminologie angehört. «Der christliche Herrscher wurde zum *christomimetes*, buchstäblich Schauspieler und Darsteller Christi, das lebende Bild des Zweinaturen-Gottes auf der irdischen Bühne.»[280] Für den Anonymus ist aber nur der König ein rechtmässiger und wahrer *christomimetes*, Schauspieler Christi, «während die Bischöfe *interposita vice et imitatione apostolorum* handeln»[281]; d. h. sie handeln nur indirekt, über die Apostel vermittelt, als Schauspieler Christi, als Stellvertreter Christi.

Die entsprechende Antithese von *natura* und *gratia* verwendet der Anonymus. Sie

> «besagte nicht nur, dass die Gnade die Schwäche der menschlichen Natur heilen kann, sondern dass die Gnade den Menschen fähig macht, an der göttlichen Natur selbst teilzuhaben. In letzterem Sinne wurde die Antithese von natura und gratia zur Grundlage der frühchristlichen ‹Deifizierung› des Menschen im allgemeinen, nicht nur der geweihten und gesalbten Könige.»[282]

Die späteren Juristen der Tudorzeit verwendeten nicht mehr den Begriff Gnade, sondern sprachen von der politischen Gemeinschaft des englischen Volkes. «Wahrscheinlich hätten sie gesagt: ‹Der eine Körper kommt von der Natur, der andere von der politischen Gemeinschaft.›»[283]

«Die Gnade zerstört nicht, sondern vervollständigt und vervollkommnet die Natur.» (*Gratia non destruit, sed complet et perficit naturam.*) Dieses häufige Thomaszitat steht bei Thomas in einem rechtlichen bzw. politischen Kontext:

---

278 Kantorowicz, *Die zwei Körper des Königs*, 65 f.

279 Vgl. Lot-Borodine, Myrrha, La doctrine de la déification dans l'église grecque jusqu'au onzième siècle, in: *Revue de l'histoire des religions* 106 (1932) 525–574.

280 Kantorowicz, *Die zwei Körper des Königs*, 66.

281 Ebd. 68 Anm. 13.

282 Ebd. 67.

283 Ebd. 66.

«Dabei ist zu beachten, dass Herrschaftsgewalt und Überordnung nach dem menschlichen Rechte zustande gekommen sind. Die Unterscheidung aber von Gläubigen und Ungläubigen beruht auf dem göttlichen Recht. Das göttliche Recht aber, das auf der Gnade beruht, hebt das menschliche Recht, das aus der menschlichen Vernunft stammt, nicht auf.»[284]

10.3.4 Der Titel «Stellvertreter Christi» entfällt für den weltlichen Machthaber (Kaiser, König)

Der König ist eine Person mit zwei Naturen wie Christus. Zwischen Papst und Kaiser gab es im Mittelalter eine ganze Reihe von Insignien, politischen Symbolen, Ehrenrechten, die ausgetauscht wurden. Der Papst trug eine Tiara, legte den kaiserlichen Purpur an und liess sich bei Prozessionen in Rom das Reichsbanner voraustragen. Er liess sich auch «Fürst» und «wahrer Kaiser» nennen. Der Kaiser dagegen trug unter der Krone eine Mitra und kleidete sich mit päpstlichen Schuhen und anderen Kleidungsstücken des Papstes. Wie ein Bischof liess er sich bei der Krönung einen Ring anstecken. Die gegenseitigen Anleihen entwickelten sich derart, «bis schliesslich das *sacerdotium* einen kaiserlichen Eindruck vermittelte und das *regnum* einen priesterlichen»[285]. Der König war in diesem Kontext durch die Weihe dem Altar verpflichtet. «Du bist der Vikar Christi; niemand als sein Imitator ist der wahre Herr.»[286] Liturgisch verkörpert der König das Bild des lebendigen Christus, den er darstellt und nachahmt. «In seinem König erkennt man wahrlich, dass Christus regiert»[287], schrieb der Kardinal Petrus Damiani. Papst Johannes VIII. (872–882) soll in einer Bischofsversammlung den karolingischen Kaiser Karl II. den Kahlen als *salvator mundi* (Welterlöser) bezeichnet haben.[288]

Dieses potenzielle Verhältnis des Königs zu den beiden Naturen Christi veränderte sich im Mittelalter: Aus dem «König als Bild Christi» (*rex imago Christi*) oder dem König als Stellvertreter Christi (*rex vicarius Christi*) wurde ein König als

---

[284] Thomas von Aquin, *STh*, 221; IIa IIae, q. 10, a. 10 (dt.: BKV, URL: https://bkv.unifr.ch/de/works/sth/versions/summe-der-theologie/divisions/1757.

[285] Kantorowicz, *Die zwei Körper des Königs*, 208.

[286] Wipo, *Gesta Chuonradi II. Imperatoris*, Kap. 3 (MGH SS rer. Germ. 61), Hannover / Leipzig ^{3}1915, 22 f.: «Ad summam dignitatem pervenisti, vicarius es Christi. Nemo nisi illius imitator verus est dominator.»

[287] Damiani, Petrus, *Epistolae 20* (MGH Epp. 2), München 1983, 200 f.: «[...] in rege suo vere Christus regnare cognoscitur [...]»

[288] Vgl. Kantorowicz, *Die zwei Körper des Königs*, 105.

Bild Gottes (*rex imago Dei*) bzw. ein König als «Stellvertreter Gottes» (*rex vicarius Dei*).[289] Das Bild des christozentrischen Königtums verblasst unter den Angriffen durch die päpstliche Partei im Investiturstreit.

Die dogmatisch-theologische Entwicklung im 12. Jahrhundert betonte die reale Anwesenheit im Sakrament. Dies führte zum Gedanken einer Gegenwart Christi in dem die Messe zelebrierenden Priester. Das *Decretum Gratiani* (1140) zitiert zwei Stellen, die Bischöfe wie Pfarrer als Stellvertreter Christi (*vicarii Christi*) bezeichnen.[290] Durch die Priesterweihe versteht sich der Priester als Stellvertreter Christi, wenn er die Wandlungsworte in der Messe spricht. Von dieser weihetheologischen bzw. eucharistietheologischen Sicht grenzt sich Papst Innozenz III. ab, indem er den Begriff des Stellvertreters Christi (*vicarius Christi*) enger auslegt. Er denkt ihn mit der Fülle der päpstlichen Jurisdiktionsvollmacht (*plenitudo potestatis*) zusammen. Die Dekretalen von Innozenz III. (1161–1216) legen den päpstlichen Titel *Stellvertreter Christi* (*vicarius Christi*) offiziell für den Papst fest. Umgangssprachlich wird diese Verschiebung der Machttitel noch länger dauern, nicht aber in den Sammlungen des kanonischen Rechts.[291] Seither verwenden papsttreue Kirchenrechtler, Theologen und scholastische Philosophen den Titel «Stellvertreter Christi» (*vicarius Christi*) ausschliesslich im päpstlichen Sinne.

Die weltlichen Juristen dagegen beginnen, unter Berufung auf die Begrifflichkeit des römischen Rechts, den Kaiser als «Gott auf Erden» (*deus in terris*), «irdischer Gott» (*deus terrenus*) oder «gegenwärtiger Gott» (*deus praesens*) zu bezeichnen. Sie betrachteten den Fürsten als Stellvertreter Gottes. Deshalb trat unter dem Einfluss der päpstlichen Partei und des römischen Rechts der Herrschertitel Stellvertreter Christi (*vicarius Christi*) für den Kaiser zurück.[292] Als Ergebnis in der politischen Begrifflichkeit zeigte sich ein Ersetzen des christologisch-liturgischen Königsbegriffs Stellvertreter Christi (*vicarius Christi*[293]) durch die theokratisch-juristische Terminologie des Stellvertreters Gottes. Gleichzeitig ist eine

289 Vgl. ebd. 107.

290 Vgl. *CICan De pen. D.* 3, c. 35 (*Friedberg*, Bd. 1, 1222): «quos [sacerdotes] Christus vicarios suos in ecclesia constituit» (so Hesych von Jerusalem); dazu hält die *Glossa ordinaria* fest: «sacerdotes etiam simplices». Auch einfache Priester sind also *Vicarii Christi.*

291 Vgl. Maccarrone, Michele, *Vicarius Christi. Storia del titolo papale* (Lateranum XVIII N. S. 18, 1–4) Rom 1952.

292 Vgl. Kantorowicz, *Die zwei Körper des Königs*, 109–111.

293 Ausführlicher hat die liturgische Begriffsgeschichte der Repräsentation in ihren Auswirkungen auf den Verfassungsbegriff der Repräsentation beschrieben: Hofmann, Repräsentation.

Verschiebung von der liturgischen zur rechtlichen Ebene bei der Begründung der Königswürde zu beobachten.

11 Die Universität reflektiert den institutionellen Wandel

Um die oben beschriebene päpstliche Revolution, die Gregorianische Reform, zu legitimieren und durchzusetzen, bedurfte es neuer rechtlicher Instrumente. Auch entsprechend rechtlich gebildete klerikale Verwaltungsbeamte waren erforderlich. Zudem benötigte auch die Gegenpartei, die kaiserliche Seite, Juristen, um sich gegen die expandierende Institutionsmacht der Kirche zur Wehr setzen zu können. Die Kirche hatte kein grosses Heer von Rittern, wohl aber ein Heer von ausgebildeten Experten in beiden Rechten, dem kanonischen und dem römischen Recht. Seit der päpstlichen Revolution fand die Auseinandersetzung nicht mehr primär auf dem Schlachtfeld statt, sondern zwischen unterschiedlichen juristischen Interpretationen von Rechtstexten. War es zufällig, dass nach der Jahrtausendwende solche Interpretationen von Rechtstexten, später Rechtswissenschaften genannt, an der Universität Bologna entstanden? Im Folgenden wird nachgezeichnet, wie es zu den Interpretationen der systematischen Rechtsquellensammlungen des römischen und des kanonischen Rechts gekommen ist. Deren Studierende jedenfalls waren in ganz Europa in kirchlichen und weltlichen Verwaltungen sehr gefragt.

Die Zeichen einer radikalen Erneuerung waren in Europa nach der Jahrtausendwende nicht mehr zu übersehen. Die feudalistische Kultur unterschied zwischen Landaristokratie, die sich mit der Waffenkunst und dem Krieg befasst, Klerus und Mönchsorden, die die Verantwortung für das religiöse Leben tragen, und Landarbeitern, die dem Boden die landwirtschaftlichen Produkte abringen. Deren physische Arbeit wurde als gering bewertet. Das Kriegshandwerk und die religiöse Lebensführung dagegen konnten nicht hoch genug geschätzt werden. Handwerk und Handel passten nur bedingt in diesen Rahmen. Kaufleute (*negotiatores*) wurden in feudalistischen Denkrahmen mit Argwohn und Ablehnung betrachtet, da die erfolgreichen Geschäfte als ein Streben nach unverdientem Gewinn verstanden wurden. Obwohl das feudale Lehenswesen bestehen blieb, zeigten sich in der Stadtkultur die ersten Zeichen der Veränderung. In den grossen politischen Verbänden unter monarchischer Regierung, wie z. B. im *Regnum Siciliae*, veränderte sich vieles.

> «Nun entwickelten und verbreiteten sich die neuen Vulgarsprachen [sic]. In einem langen Werdeprozess bildeten sich während des 10. und 11. Jahrhunderts die italienische, kastilische, katalanische, französische und deutsche Sprache (historisch gesehen, ein Ereignis ohne Beispiel innerhalb der zweitausendjährigen Geschichte des Christentums).»[294]

In vielen Bereichen bricht neues Leben auf: Regeln für die praktischen und geistigen Tätigkeiten werden verändert, so im Bereich der landwirtschaftlichen Praktiken, in Handwerk und Handel, bis hin zu Kunst und Wissenschaft. Kaufleute und Handel können in den Städten grosse Gewinne verbuchen. Ein neuer Berufsstand, die Juristen, hält Einzug. Die Rechtsschulen gewinnen an Bedeutung. Sie werden zur «Wiege der modernen Universität»[295]. Hier wird der Wandel des bisherigen Lebens reflektiert. In der Stadt bildet sich ein neues Arbeitsverständnis aus. Unter Arbeit versteht man nun nicht mehr nur die physische Arbeit, sondern auch die Tätigkeit des Intellektuellen, der freien Berufe, des Unternehmers, des Kaufmanns.[296] Die Vorteile des Handels lernt man wertzuschätzen. Die im 12. Jahrhundert schnell wachsenden Städte brauchen andere theoretische Modelle als jene der feudalen und bäuerlichen Welt.

Durch seine abstrakten *figurae* erscheint

> «das römische Recht, das eine starke Konnotation zum städtischen Leben hatte, als eine Art Steinbruch voll wertvollen Materials. Es konnte wiedererlangt werden und dazu dienen, die theoretischen Bemühungen der Juristen zu stützen, die als Spezialisten bei der Theoretisierung sozialer Beziehungen ein Monopol für sich beanspruchten.»[297]

Es diente aber vor allem dazu, der weltlichen Macht neue Quellen der Legitimation zu verschaffen, nachdem die Kirche seit der Gregorianischen Reform dem Römischen Reich die sakrale Legitimation durch Wegnahme der Christus-Titel entzogen hatte. Die römischrechtliche Tradition, die sich vornehmlich in Italien gehalten hatte, war jetzt von entscheidender Bedeutung. Vor diesem Hintergrund

---

294 Bellomo, *Europäische Rechtseinheit*, 58.

295 Ebd. 59.

296 Vgl. Bellomo, Manlio, *Il lavoro nel pensiero dei giuristi medievali. Proposte per una ricerca. Lavorare nel Medio Evo*, Atti del XXI Convegno Storico Internazionale, Todi 12.–15.10.1980, Perugia 1983, 171–197.

297 Bellomo, *Europäische Rechtseinheit*, 60.

> «entwickelte sich im 12. Jahrhundert Bologna zur wichtigsten Juristenfakultät der mittelalterlichen Welt. Hier lehrten Laien für Laien eine unabhängig von Papst und Theologie konzipierte Wissenschaft und politische Praxis. Da das römische Recht dem Kaiser eine Machtfülle zuschrieb, von der jeder mittelalterliche Herrscher, der durch zahlreiche Unterinstanzen und viele andere Fesseln gebunden war, nur träumen konnte, hatten die Herrscher seit dem 12. Jahrhundert ein vorzügliches Interesse an der Förderung des römischen Rechts»[298],

so Kurt Flasch. Ist es dieser Engführung auf die Legitimation von Herrschaft zuzuschreiben, dass das römische Recht erst in Kombination mit dem kanonischen Recht die juristischen Grundlagen der neuzeitlichen Staatsidee hatte bilden können? Dies soll im Folgenden genauer untersucht werden.

11.1 Die Renaissance des Corpus Iuris Civilis

Irnerius († um 1130) war Begründer der berühmten Glossatorenschule in Bologna. Er hatte sich vorgenommen, zusammen mit seinen brillanten Studenten das *Corpus Iuris Civilis* wiederherzustellen, jene Rechts- und rechtswissenschaftlichen Texte, die Kaiser Justinian[299] (482–565) in der Spätantike hatte zusammenstellen lassen. Diese Texte werden nach 600 Jahren nun wieder intensiver studiert und interpretiert, da ein ganz neues wissenschaftliches und politisches Interesse daran aufgebrochen war. Bis jetzt waren die *libri legum*, wie die Kompilation Justinians von zeitgenössischen mittelalterlichen Quellen genannt wurde, vernachlässigt worden, und nur wenige haben sich dafür interessiert, so der Probst von Ursberg, Burchard von Biberach (vor 1177–1230 oder 1231), in seiner *Chronik*.[300] Es beginnt eine Renaissance der europäischen Jurisprudenz[301] um die Wende vom 11. zum 12. Jahrhundert. Damit antwortete Irnerius auf ein aktuelles Rechtsbedürfnis der Städte. Seinem Werk liegt die Vorstellung zu Grunde, dass die *libri*

[298] Flasch, Kurt, *Das philosophische Denken im Mittelalter. Von Augustin bis Machiavelli*, Stuttgart ^{3}2013, 302.

[299] Im Osten beauftragt Justinian eine Zusammenstellung des Rechts, den CICiv.

[300] Vgl. Burchard von Ursberg (auch Burchard von Biberach), *Chronicon* (MGH SS rer. Germ. Monumentes 16), Hannover / Leipzig ^{2}1916, 15, Z. 37–41: «Eisdem quoque temporibus dominus Wernerius libros legum, qui dudum neglecti fuerant, nec quisdam in eis studuerat ad petitionem Mathild comittisse renovavit.»

[301] Spagnesi, Enrico, Irnerio, teologo: una riscoperta necessaria, in: *Studi medievali, Ser. III*, 42 (2001) 325–379.

legum beitragen könnten, ein rechtsbasiertes Leben wieder neu aufzubauen. Zur Wahrnehmung der eigenen Interessen sollen nicht mehr die Waffen, sondern das Recht eingesetzt werden. Damit wird der Frieden nicht mehr von den Rittern, sondern von den Richtern und Juristen in der Redeschlacht ausgefochten.

Irnerius lässt die heruntergekommenen Pergamentfolien der *justinianischen Kompilation* abschreiben. In den Bibliotheken Italiens findet er Abschriften der *Digesta* oder *Pandectae.* Von einem Einzelfall in Pisa abgesehen, war die gesamte Kompilation von Justinian praktisch kaum bekannt. Einzig in Verona und Pavia werden einige Fragmente gefunden. Irnerius erneuerte die Gesetzbücher in der von Kaiser Justinian kompilierten Anordnung. Manlio Bellomo ist der Auffassung, dass

> «Irnerius [...] nicht ein Jurist [war], der als Hüter normativer Texte agierte, die ihm glücklicherweise zur Verfügung standen oder die er vielleicht sogar besass; er war vielmehr ein Magister der artes liberales, der zum Juristen wurde, um den Status der Tradition zu zerschlagen, denn Tradition brachte auch Verwirrung und Verzerrung mit sich.»[302]

Von Gräfin Mathilde von Tuszien[303](um 1046–1115), der mächtigen Lehnsherrin der Toskana, wurde Irnerius allenfalls nicht nur moralisch, sondern auch finanziell in seinem Lebenswerk unterstützt:

> «Alle Texte der justinianischen Kompilation wurden auf neuen Pergamentfolien abgeschrieben und zu neuen Bänden oder ‹codices› gebunden. Auf diese Weise wieder hergestellt und dort, wo es angebracht schien, verbessert [...] wurden sie in fünf grosse Bände in folio unterteilt (‹Irnerius distinxit›), wovon jeder etwa zweihundert Pergamentfolien (ungefähr vierhundert Seiten) umfasste. Diese Aufteilung war Anlass zur Bildung einer Tradition, die bis zu den späteren Druckeditionen des 15., 16. und 17. Jahrhunderts befolgt wurde.
> In dieser neuen und bald standardisierten Form wurden im ersten Band die Bücher 1–24.2 der ‹Digesta› (das ‹Digestum vetus›) abgeschrieben, im zweiten Band die Bücher 24.3–38.17 der ‹Digesta› (das ‹Infortiatum›), im dritten Band die Bücher

302 Bellomo, *Europäische Rechtseinheit*, 64.

303 Mathilde war die Landesherrin von Canossa und hat im Investiturstreit 1077 möglicherweise die Begegnung von Papst Gregor VII. mit Kaiser Heinrich IV. arrangiert. Heinrich wurde 1077 nach seinem Bussgang vor der Burg von Canossa wieder in die Kirche aufgenommen, d. h. die Exkommunikation wurde aufgehoben.

> 39.1–50.17 der ‹Digesta› (das ‹Digestum novum›), im vierten Band die ersten neun Bücher des ‹Codex›, im fünften Band (auch als ‹Volumen› oder ‹Volumen parvum› bezeichnet) die vier Bücher der ‹Institutiones›, die letzten drei Bücher des ‹Codex›, d. h. die ‹Tres Libri› und schliesslich die in neun collationes unterteilte ‹Novellae› in der Fassung des ‹Authenticum› (daher ‹Authenticae› genannt).»[304]

Um eine entsprechende Zahl von Exemplaren herzustellen, arbeiteten Schreibwerkstätte und Buchhandel eng zusammen. Noch heute sind europäische und nordamerikanische Bibliotheken im Besitz von 2000 teils vollständigen, teils fragmentarischen Exemplaren der verschiedenen Teile der *libri legum*. Jeder Pergamentband (= *codex*) besteht aus etwa 200 Folien. Trotz den enormen Kosten[305] waren die *Codici* der justinianischen Kompilation in Europa weit verbreitet. Der grosse Erfolg der Abschriften war nicht allein dem philologischen Interesse geschuldet, sondern ist im Kontext der neuen rechtlichen Bedürfnisse bzw. der neuen Machtlegitimierungsfrage zu sehen. Die römischen Gesetzessammlungen und deren Interpretation nutzten den Juristen des Mittelalters. Durch die vielen Abschriften des Irnerius kehrte Justinians *Corpus Iuris Civilis* wieder verstärkt ins juristische Bewusstsein zurück. Das hängt auch mit dem anderen Rechtscorpus zusammen, dessen erster Teil (*Decretum Gratiani*) gerade entsteht (ca. 1140). Die Rechtsnormen der Westkirche werden im *Corpus Iuris Canonici* gesammelt. Die beiden Rechtscorpora werden gemeinsam die Rechtswissenschaft*en* (*iura*) begründen.

11.2 Decretum Gratiani: Systematisierung der Rechtssammlungen

Wie das *Corpus Iuris Civilis* des Kaisers Justinian, das Irnerius «wiederentdeckt» hat und das sich in ganz Europa verbreitete, so ist auch das *Decretum Gratiani* (1140) eine Quellensammlung und ein Lehrbuch. Mit diesem hat Gratian das Recht der lateinischen Kirche des Westens zum ersten Mal in einer einheitlichen,

---

[304] Bellomo, *Europäische Rechtseinheit*, 65. In jüngerer Zeit ist allerdings eine Diskussion entbrannt, inwieweit Irnerius tatsächlich durch Mathilde unterstützt wurde. Eine engere Unterstützung wird etwa von folgenden Autoren bezweifelt: Goez, Elke, *Mathilde von Canossa*, Darmstadt 2012, 91; Fried, Johannes, ... «auf Bitten der Gräfin Mathilde»: Werner von Bologna und Irnerius, in: Herbers, Klaus (Hg.), *Europa an der Wende vom 11. zum 12. Jahrhundert. FS Werner Goez*, Stuttgart 2001, 200.

[305] «So benötigte man für die Produktion eines einzigen Buches etwa einhundert Schafe, um das unentbehrliche Rohmaterial zu liefern! Das machte das Buch zu einer sehr kostbaren Ware; aber nicht nur das Pergament, auch seine Bearbeitung und das Schreiben [...] verursachten hohe Kosten.» Bellomo, *Europäische Rechtseinheit*, 66.

systematisierten Form präsentiert.[306] Chronologische Rechtssammlungen gab es viele, aber ohne die Suchmaschine eines Computers war es äusserst schwierig, die dem Casus entsprechenden Normen zu finden, da sie bisher nicht systematisch geordnet waren. Gratian schaffte nach 1000 Jahren kanonischer Rechtsentwicklung eine systematische Ordnung, die den Rechtsstoff gliederte. Die im Quellenmaterial eingeschlossenen Widersprüche werden von Gratian aufgelöst, «so dass eine harmonisch geschlossene Darstellung des Rechtsstoffes erreicht wird»[307]. Deshalb nennt er sein *Decretum* auch *Concordia discordantium canonum* (Harmonisierung sich entgegenstehender Kanones).

> «Die Methode Gratians war weitgehend bereits im Prolog Ivos von Chartres zu einer seiner Rechtssammlungen entwickelt worden. [...] In den begrifflichen Distinktionen ist der Einfluss der ebenfalls in Bologna wirkenden ersten Glossatoren des römischen Rechts spürbar; auch erscheint es als plausibel, dass die [scholastisch-]methodischen Grundsätze des Sic et non bei Abaelard sich auf Gratian ausgewirkt haben.»[308]

Gratians Werk unterscheidet sich von den kanonistischen Sammlungen vor 1050 durch die starke Berücksichtigung der lateinischen Kirchenväter.[309] Wie Irnerius eine Generation vor ihm das *Corpus Iuris Civilis* wieder zugänglich macht, so erstellte auch Gratian ein damit vergleichbares Standardwerk des Rechts der Kirche, das als Ausgangspunkt des späteren *Corpus Iuris Canonici* gilt. *Canon* (oder Kanon) ist eine Rechtsvorschrift der Kirchenversammlungen (griech. *synodos*; lat. *concilium*) und kommt dem römisch-rechtlichen Begriff *lex* gleich, wie er sich in den *Digesten* findet.[310] Gratians *Decretum*, in der Endfassung mit 3800 *capitula*, wird seit Mitte des 12. Jahrhunderts zur Grundlage des europäischen kanonischen Rechts. Die neue Rechtswissenschaft, auch Kanonistik genannt, entsteht

---

306 Der Verfasser ist sich bewusst, dass die Diskussionen um die Identität von Gratian als einer konkreten oder als «Zusammenfassung» mehrerer Personen weitergehen. Nachfolgend wird aus Gründen der Nachvollziehbarkeit jeweils von Gratian als einer Person gesprochen, ohne allerdings damit grundsätzlich Stellung zur Personendiskussion zu beziehen. Für den aktuellen Stand der Diskussion vgl. bes. auch Winroth, *The Making*; ders., Where Gratian Slept: The Life and Death of the Father of Canon Law, in: *ZRG. Kan. Abt.* 99 (2013) 105–128.

307 Landau, Peter, Art. Gratian (von Bologna), in: *TRE* 14, 124.

308 Landau, *Gratian*, 127.

309 Vgl. ebd. 126.

310 Vgl. Wesel, Uwe, *Geschichte des Rechts. Von den Frühformen bis zur Gegenwart*, München [3]2006, Rn. 217.

durch die Auslegung dieses *Decretums*, das an der Rechtsschule der Universität Bologna wissenschaftlich gelehrt und bearbeitet wird.[311] Der Einfluss der Legisten und Kanonisten aus Bologna darf bereits für die ab dem Hochmittelalter nachgewiesene Verbreitung römisch-kanonischer Rechtsformen in weiten Teilen Europas nicht unterschätzt werden.[312]

Gratian verwendet als Quellen seines *Decretums* hauptsächlich Konzilskanones, päpstliche Dekretalen und patristische Texte. Die zahlreichen Bibelzitate finden sich ausschliesslich innerhalb der *Dicta* (Lehrbuch-Kommentierung Gratians). Die ausgewählten Konzilstexte erstrecken sich über den Zeitraum von den Konzilien der alten Reichskirche bis zum Zweiten Laterankonzil (1139). Die Canones dieses letzten Konzils von 1139 wurden ohne organische Eingliederung in die Sammlung aufgenommen, ebenso ein *Dekretale* Innozenz' II. nach 1138 *(C.* 35 q. 6 c. 8). Deshalb wird in der Forschung mehrheitlich von einem Redaktionsschluss des *Decretum Gratiani* um 1140 ausgegangen.[313] Seit den Feststellungen Anders Winroths kann von einer Entstehung in zwei Etappen innerhalb eines vergleichsweise überschaubaren Zeitraums ausgegangen werden.[314] Neben den Canones altkirchlich-ökumenischer Konzilien finden sich auch Canones vieler spanisch-westgotischer, fränkischer und italienischer Regionalkonzilien. Bei den päpstlichen *Dekretalen* gliederte Gratian über 400 pseudoisidorische Dekretalen[315] ein. «Pseudo-Isidor hat vor allem das gratianische Verfahrensrecht beein-

---

311 Vgl. Rhode, Ulrich, *Kirchenrecht* (Studienbücher Theologie 24), Stuttgart 2015, 19.

312 Exemplarisch ist etwa die Untersuchung Stelling-Michauds alleine am Beispiel von Studenten aus dem Raum der späteren Eidgenossenschaft zu ihrem Wirken dort: Stelling-Michaud, Sven, *L'Université de Bologne et la pénétration des droits romains et canoniques en Suisse aux XIIIe et XIVe siècles*, Genf 1955. So ist etwa auffallend, wie bereits in den 1150er-Jahren in der erst vier Jahrzehnte zuvor gestifteten Benediktinerabtei Engelberg ein Exemplar der *Dekretabbreviation «Quoniam egestas»* – der ältesten bekannten Abbreviation von Gratians *Dekret*, die ihrerseits um 1150 im südfranzösischen Raum entstanden war – im dortigen Skriptorium entstand (heute als Codex 711 in der Stiftsbibliothek St. Gallen). Dies zeugt von der raschen Verbreitung des neuen Dekrets nördlich der Alpen; vgl. dazu Bacher, *Die Korporationen*.

313 Bemerkenswert ist die Existenz des Codex 673 der Stiftsbibliothek St. Gallen, der eine spezielle und frühe Fassung des *Decretum* Gratians darstellt; vgl. Eichbauer, Melodie H., St. Gall Stiftsbibliothek 673 and the Early Redactions of Gratian's Decretum, in: *Bulletin of Medieval Canon Law* 27 (2007) 105–139; Dusil, Stephan / Thier, Andreas (Hg.), *Creating and Sharing Legal Knowledge in the Twelfth Century. Sankt Gallen, Stiftsbibliothek, 673 and Its Context* Medieval Law and Its Practice 35), Berlin 2023.

314 Winroth, *The Making*.

315 Mit dieser Aufnahme ins Decretum Gratiani wurden die pseudoisidorischen Dekretalen zu einer der einflussreichsten kirchenrechtlichen Fälschungen des Mittelalters. Sie wurden im 9. Jahr-

flusst.»[316] Unter den echten *Papstdekretalen* zitiert Gratian vor allem die von Leo I., Gelasius I., Gregor I. und Nikolaus I. herausgegebenen. Erstaunlich ist, dass der Anteil Gregors' VII. im *Decretum* verhältnismässig klein ist. Durch die starke Berücksichtigung patristischer Texte unterscheidet sich Gratian von den anderen kanonistischen Sammlungen vor 1150.

> «Erst durch ihn sind besonders die lateinischen Kirchenväter endgültig zu einem integrierenden Bestandteil des kanonischen Rechts geworden. Der Anteil der griechischen Väter ist verhältnismässig spärlich; für Gratian stehen Ambrosius, Hieronymus, Gregor der Grosse, Isidor von Sevilla und besonders Augustinus im Vordergrund. Die patristischen Texte umfassen etwa 1200 Kapitel, also ein Drittel des Gesamtwerks. In rechtstheoretischen und rechtsethischen Fragen steht Gratian auf den Schultern der lateinischen Kirchenväter.»[317]

Als Ort der Zusammenstellung des *Dekrets* gilt Bologna, das Zentrum der damaligen Rechtswissenschaften. Übereinstimmend wird Gratian in der frühesten Literatur zum Dekret als «Magister» bezeichnet, was auf eine Lehrtätigkeit in Bologna schliessen lässt. Die ältere Literatur hielt noch fest: «Da die Summe des *Rufinus* (vor 1160) Gratian als Verstorbenen erwähnt, wird man seinen Tod um 1150 ansetzen müssen; seine Tätigkeit dürfte im wesentlichen in das zweite Viertel des 12. Jahrhunderts fallen.»[318] Insbesondere seit Winroths Feststellung zweier verschiedener «Schichten» im *Dekret* hat die Diskussion um die Identität Gratians wieder an Fahrt gewonnen. Dabei erscheint es nicht unwahrscheinlich, dass die erste Fassung (Schicht) durch Gratian selber erarbeitet wurde, der um 1143 Bischof in Chiusi wurde, während das Werk dann schliesslich (als zweite Fassung) durch Schüler fertiggestellt wurde.[319]

Irnerius hatte eine Generation zuvor in derselben Stadt Bologna durch sein Lebenswerk die europaweite Verbreitung des römischen Rechts in der Form des justinianischen *Corpus Iuris Civilis* ermöglicht. Beide Zweige der Rechtswissenschaften, die römisch-rechtliche und die kanonistische, beeinflussten sich gegen-

---

hundert im heutigen Frankreich verfasst. Es sollte der Eindruck erweckt werden, dass diese Texte auf Isidor von Sevilla (560–636) zurückgehen.

316 Landau, *Gratian*, 126.

317 Ebd.

318 Ebd. 124.

319 Vgl. Winroth, Anders, Gratian and His Book. How a Medieval Teacher Changed European Law and Religion, in: *Oxford Journal of Law and Religion*, 10, 1 (Februar 2021) 1–15.

seitig und prägen so die entstehenden Rechtswissenschaften gleichermassen. Ihre vergleichbare Vorgehensweise und ihre gemeinsame scholastische Methode, die in den Theologischen Fakultäten entwickelt wurde, prägten den einheitlichen Prozess in den neu entstehenden Fakultäten der Rechte (*iura*) bis ins 20. Jahrhundert. So schufen die beiden Bologneser Rechtsprofessoren ein *ius commune*, ein allgemeines Recht, das als Recht von Legisten und Kanonisten geschätzt wurde. Dieses *ius commune* wurde in ganz Europa verbreitet und prägte die Entwicklung der Rechtswissenschaften bis ins 20. Jahrhundert.[320]

Gratians Dekret wird nie als Gesetzbuch in Kraft gesetzt oder von den Päpsten förmlich approbiert. «In der päpstlichen Kanzlei scheint man seit Cölestin II. (1143–1144) Gratian gekannt zu haben. [...] Bereits frühzeitig entstanden Abbreviaturen des Dekrets.»[321] Dennoch gilt es als sichere systematische Grundlage des kirchlichen Rechts, insofern es nicht durch späteres päpstliches Recht (*Dekretalen*) oder spätere Konzilskanones ausser Kraft gesetzt wurde.

11.3 Die Entstehung des Corpus Iuris Canonici

Die ursprünglich private Forschungsarbeit des Gratian (*Decretum Gratiani*) erhielt offiziellen Charakter als erster Teil des *Corpus Iuris Canonici* (*CICan*) und damit als geltendes Recht der katholischen Kirche bis zum *Codex Iuris Canonici* (*CIC*) von 1917.

Im 14. Jahrhundert ist die Kirche im Begriff, ein universales Gesetzescorpus für den gesamten christlichen Weltkreis zu schaffen. Dieses Corpus genoss in der Welt der Juristen (Universitätsgelehrte wie Rechtspraktiker), der Gerichtspraxis sowie der Verwaltung und bei Handelstransaktionen hohes Ansehen. Doch der Weg dorthin beginnt mit der privaten Initiative eines Einzelnen, Magister Gratianus. Sein Werk «sollte zur Grundlage des europäischen Rechts werden»[322], so die sehr optimistische Deutung Bellomos.[323]

---

[320] Vgl. Bellomo, *Europäische Rechtseinheit*, 57–79.

[321] Landau, *Gratian*, 128.

[322] Bellomo, *Europäische Rechtseinheit*, 68.

[323] Zwar ist nach ebd. das *Decretum Gratiani* aus der europäischen Rechtsgeschichte nicht wegzudenken. Seine Rolle ist aber nur gemeinsam mit dem römisch-gemeinen Recht des Mittelalters richtig zu verstehen als *Ius Commune*.

1 *Decretum Gratiani*[324]

Mit dem *Decretum Gratiani* (ca. 1140) sind wir am Anfang einer wissenschaftlichen Rechtsentwicklung, die zum späteren *Corpus Iuris Canonici* führen wird. In der *Friedberg-Ausgabe* des *Corpus Iuris Canonici*[325] ist das der umfangreichere Band I. Das *Decretum* ist als dreiteiliges Werk überliefert. Der erste Teil ist in 101 *Distinctiones* (*D.*) eingeteilt. Sie werden wie folgt zitiert: *D.* 20, c. 3.

Der erste Teil *D.* 1–20 entfaltet eine Rechtsquellenlehre. Anschliessend werden Fragen zur Ordination geklärt (*D.* 21–101), z. B. die Eigenschaften der zu Ordinierenden oder die nötige Qualifikation der Weihespender. Auch die Bischofswahl wird in diesem Kontext der Weihe ausgeführt.

Der zweite Teil des *Decretums* unterteilt den Stoff in 36 Rechtsfälle (*Causae*), in deren Zusammenhang allgemeine Rechtsfragen (*Quaestiones*) besprochen werden. Zitiert wird hier wie folgt: *C.* 11 q. 3 c. 9. Am Anfang steht die Frage der Simonie (*C.* 1). Es folgen das Prozessrecht (*C.* 2–6) und anschliessend Fragen des kirchlichen Verwaltungs- und Vermögensrechts (*C.* 7–15), u. a. die Rechte der Metropoliten und der Diözesanbischöfe. Dann schliesst sich ein ausgedehnter Teil zu Klöstern und Mönchen an (*C.* 16–20), hauptsächlich in ihrer Rechtsstellung innerhalb der allgemeinen Kirchenorganisation. Im Folgenden behandelt Gratian etwas unsystematisch verschiedene Fragebereiche: die Rechte und Pflichten der Kleriker, darunter die Frage des Eidesrechts (*C.* 22), dann Fragen zum gerechten Krieg und damit zu den Grundlagen des Völkerrechts (*C.* 23), zur Erteilung von Privilegien und der päpstlichen Rechtssetzungsgewalt (*C.* 25). Die Rechte der Laien behandelt er ab *C.* 27), wobei er das Eherecht (*C.* 27–36) bei den Laien aufführt, obwohl im ganzen ersten Jahrtausend Kleriker verheiratet waren. Im Eherecht der Laien als wird als *Questio 3 von c. 33* ein Traktat über die Busse (*De poenitentia*) eingefügt, obwohl die Busse alle Christen betrifft.

---

[324] Das *Decretum Gratiani* wird wie folgt abgekürzt zitiert: Decretum oder D.

[325] Vgl. *Friedberg*.
«Die erste Druckausgabe erschien 1471; bis 1582 erhalten die Ausgaben keinen einheitlichen Text. Eine autoritative Vereinheitlichung des Textes wurde durch die römische Ausgabe unter Gregor XIII. 1582 erzielt (Editio Romana), die durch eine Kommission, die sog. *Correctores Romani*, vorbereitet worden war. Der Text dieser Ausgabe war im Bereich der katholischen Kirche bis 1918 massgeblich. Abweichungen vom römischen Text bringt die im protestantischen Deutschland viel benutzte Ausgabe Just Henning Böhmers von 1747. Eine kritische Ausgabe wurde durch Emil Friedberg 1879 publiziert; sie ist bis heute Grundlage der Forschung, obwohl sie nur auf acht Handschriften beruht und hinsichtlich der zu Grunde gelegten Editionsprinzipien nicht befriedigen kann.» Landau, *Gratian*, 128.

Der dritte Teil, *De consecratione*, entfaltet in fünf *Distinctiones* Fragen der Sakramente, Sakramentalien und Fragen des Kultus (zitiert wird hier *D. [Distinctio]* 1, c. 34 *de cons.*): Kirchen- und Altarweihe (*Distinctio* 1), Eucharistie (*Distinctio* 2), Fasten (*Distinctio* 3), Taufe (*Distinctio* 4) und Firmung (*Distinctio* 5).

Aus Sicht der heutigen Forschung sind die Teile *de poenitentia* und *de consecratione* spätere Zusätze. Denn «beide Teile fehlen in früheren Handschriften»[326] und werden erst auf etwa 1170 (Gratian stirbt um 1150) datiert. Es werden auch einige Passagen aus Justinians *Digesten* und aus seinem *Codex* aufgenommen. Gratian wählte aus verstreuten Manuskripten und aus vergangenen Sammlungen; mit Sicherheit aber kannte er die Schriften der lateinischen und griechischen Kirchenväter, die ein Drittel des verwendeten Materials darstellen. Wir können «davon ausgehen, dass das eigentliche Werk Gratians nur die [Teile] Partes I und II umfasste»[327].

2 *Liber Extra*[328]

Der *Liber Extra Gregors IX. (X.)* wurde 1234 erlassen. In der *Friedberg-Ausgabe des Corpus Iuris Canonici* findet sich die *Compilatio Decretalium D. Gregorii Papae IX* in Bd. 2.[329] Nach Gratian erfolgte in der Kirche ein Mentalitätswandel. War das Recht der Kirche in der Spätantike und im frühen Mittelalter vor allem durch Bischofsversammlungen, d. h. Konzilien, in *Canones* beschlossen worden, so hatte seit dem Hochmittelalter das Papsttum innerkirchlich so viel Macht gewonnen, dass nun hauptsächlich das Papsttum das Recht setzte. Diese päpstlichen Rechtstexte, *Dekretalen* genannt, wurden in fünf neuen Gesetzbüchern, den *Compilationes Antiquae*,[330] gesammelt: *Breviarium extravagantium* (Dekretalen 1187–1191), verfasst von Bernhard von Pavia; *Compilatio secunda*, auch *Decretales mediae* (*Dekretalen* 1191–1198), verfasst von Johann von Wales; *Compilatio tertia* (*Dekretalen* 1198–1210), verfasst von Collivacinus von Benevent im Auftrag Innozenz' III.; *Compilatio quarta* (Dekretalen 1210–1215 und Ergebnisse des Vierten Laterankonzils 1215), anonym; *Compilatio quinta*, verfasst im Auftrag Honorius' III. Um 1230 beauftragte Papst Gregor IX. den katalanischen Kanonisten und Beichtva-

326 Landau, *Gratian*, 125.

327 Ebd. 126.

328 Der *Liber Extra* wird wie folgt mit dem Sigel zitiert: X.

329 Decretalium D. Gregorii Papae IX Compilatio (*Friedberg*, Bd. 2, 1–928).

330 Vgl. Friedberg, Emil, *Quinque Compilationes Antiquae nec non collectio canonum Lipsiensis ad librorum manu scriptorum fidem recognovit et adnotatione critica instruxit Aemilius Friedberg*, ND Graz 1956.

ter des Papstes, Raymund von Peñaforte OP, mit einer Sammlung des kanonischen Rechts, die die bisherigen fünf Sammlungen seit Gratians Dekret (*Quinque Compilationes Antiquae*) ersetzen sollte. 1234 erschien diese Sammlung unter dem Titel *Decretales Gregorii IX* oder *Liber Extra.*[331]

In Anklang an die fünf früheren Sammlungen wurde sie auch als *Compilatio Sexta*, meist jedoch als *Collectio seu liber extra* oder einfach *Liber Extra* bezeichnet. Der *Liber Extra* bestätigt zwei für die zukünftigen Rechtstexte wichtige Prinzipien:

> «Erstens das Prinzip der Exklusivität, wodurch alle Normen oder Teilnormen, die nicht in ‹Corpus› enthalten waren (oder in Gratians Decretum), nicht mehr automatisch als authentisch zu betrachten waren (somit war ihre Anwendung nicht mehr obligatorisch). Zweitens, das mit dem ersten verbundene Prinzip der Textualität: Die im ‹Liber Extra› aufgenommenen Normen besassen Geltung innerhalb des Textes, in dem sie eingefügt waren und in der von Raimund von Peñaforte gewählten und benutzten Form und Wortwahl. Zweifellos ist das gesetzgeberische Werk Gregors IX. eine der signifikantesten Bestrebungen, die sich seit Irnerius' Zeiten innerhalb der Kreise der Gerichtsbarkeit und der Rechtsschulen des 12. und 13. Jahrhunderts abzeichneten: die Bemühungen [...] um einen sicheren Text, um in den juristischen Debatten der Praktiker und Theoretiker über einen Bezugspunkt zu verfügen.»[332]

Auffällig ist, dass danach partikulares Recht universalem Recht der Päpste widersprechen kann.

> «Als ‹Codex› hätte der ‹Liber Extra› die lokalen Normensysteme hinwegfegen oder zumindest die Priorität seiner Anwendung durchsetzen müssen. Stattdessen waren ausserhalb des päpstlichen Staates die Inhalte seiner Normen nur dann gültig und wurden als subsidiäres Recht angewendet, wenn keine geeigneten lokalen und partikularen Vorschriften zur Lösung eines speziellen juristischen Problems zur Verfügung standen. [...] Dennoch verfolgten die Päpste weiterhin die Idee eines Gesetzescorpus für den gesamten christlichen Weltkreis.»[333]

---

331 Vgl. Decretalium D. Gregorii Papae IX Compilatio (*Friedberg*, Bd. 2, 1–928).

332 Bellomo, *Europäische Rechtseinheit*, 74.

333 Ebd. 74 f.

Bonifatius VIII. folgt 1298 dem Beispiel Gregors IX. und erlässt eine umfangreiche Normensammlung mit dem Titel *Liber Sextus*, um anzukündigen, dass es sich um eine Ergänzung der fünf Bücher der *Decretales* Gregors IX. handelt. Auch der *Liber Sextus* ist wieder in fünf Bände unterteilt: *iudex, iudicium, clerus, connubia, crimen*. In der Friedberg-Ausgabe des *Corpus Iuris Canonici* findet sich dieser *Liber Sextus Decretalium D. Bonifacii Papae VIII* in Bd. 2.[335] Eigens sei auf die Rechtsregeln des Bonifatius VIII. (*De Regulis Iuris*[336]) hingewiesen. Diese Dekretalensammlungen intensivierten und förderten die gesetzgeberische Tätigkeit der Kirche.

> «In der Bulle Clericis laicos [vom 25.2.1296] stellt der Papst [Bonifatius VIII.] sogar feierlich fest, dass die Laien wie in alter Zeit so auch jetzt den Klerikern bitterfeind seien. Selbst wenn konkrete politische Auseinandersetzungen derartige Formulierungen bestimmt haben, so war damit auch theoretisch eine Entgegensetzung von Klerus und Laien, die Unter- bzw. Überordnung von einander gegnerischen Ständen in der Kirche festgeschrieben. Und dieser Gedanke fand auch Einzug ins Kirchenrecht.»[337]

Dieses Gegeneinander von Klerus und Laie wird im *Corpus Iuris Canonici* noch akzentuierter aufgenommen, wenn es im Liber Sextus heisst: «Das alte Herkommen überliefert, dass die Laien den Klerikern völlig feindlich gesonnen sind»[338]. Den Laien als Feind des Klerus von alters her zu verstehen, wird so per Gesetz in der Kirche allgemein gültig, bis es 1917 vom *Codex Iuris Canonici* abgelöst wird. Diese Rechtstexte, die das Gegeneinander von Klerus und Laien unterstreichen, sind aber keine Einzelfälle. Die Synonyme für den Terminus Laie, die Yves Congar verzeichnet hat, sind sehr aufschlussreich. Laien werden

---

334 Der *Liber Sextus Bonifatii VIII* wird allgemein mit VI. für Sextus, d. h. das sechste Buch des *Liber Extra* abgekürzt.

335 Vgl. *Friedberg*, Bd. 1, Corpus Iuris Canonici II, 929–1124.

336 Ebd. 1122–1124.

337 Neuner, Peter, *Der Laie und das Gottesvolk*, Frankfurt a. M. 1988, 68 f.

338 Lat. Original: «Clericis laicos infestos oppido tradit antiquitas [...]» (*CICan VI* 3, 13, 3 (*Friedberg*, Bd. 2, 1062–1063); vgl. Henze, Barbara, «Die Laien als Feinde der Kleriker von alters her»? Zur Geschichte der Beziehung zwischen Laien und Klerikern, in: Kraus, Georg (Hg.), *Wozu noch Laien? Für das Miteinander in der Kirche*, Frankfurt a. M. 2001, 74.

in einer Kirche, in der die Titel nicht unbedeutend sind, mit folgenden Titeln «geehrt»: Idioten, Analphabeten, Weltmenschen, Lebenslustige und Massenchristen.[339] Der CIC/1917 stellt vor allem die Trennung zwischen Klerikern und Laien in den Vordergrund. Diese kodikarischen Regelungen entsprechen der Traditionsbildung seit dem *Liber Sextus*.[340] Damit war eine Trennlinie zwischen Geistlichen und Weltlichen geschaffen. Letztere waren z. B. häufig verheiratet. Sie konnten deshalb keine geistliche Berufung haben.[341]

4 *Clementinae constitutiones*

Seit 1309 war der Sitz des Papstes nach Avignon verlegt. Hier lässt Clemens V. (Pont.: 1305–1314) eine neue Gesetzessammlung der Kirche zusammenstellen: die *Constitutiones Clementinae*[342] oder einfacher die *Clementinae*. Sie enthielten die Konstitutionen des Konzils von Vienne (Clemens V *in concilio Viennensi*) (1311–1312) und die *Decretales* Clemens' V. Nach seinem Tod hat sein Nachfolger Johannes XXII. das Gesetzeswerk vollendet und 1317 in Kraft gesetzt. Dennoch trägt es den Namen jenes Papstes, der diesen Gesetzgebungsprozess in Auftrag gegeben hat.

339 Vgl. Congar, *Der Laie*, 6, 734.

340 Nicht ganz grundlos wird der CIC/1917 «als einseitiges Kleriker-Recht beurteilt. Es enthielt zwar zahlreiche die Laien betreffende Bestimmungen. […] Doch erfassten sie lediglich rechtliche Situationen, die nicht ausschließlich Klerikern und Ordensleuten eigen waren. Sie zielten nicht auf die spezifische Rechtsfigur des Laien ab. […] Ein einziger Canon hatte exklusiv für die Laien Geltung: Es ist den Laien – Kirchendienern ausgenommen – verboten, ein geistliches Kleid zu tragen.» (Vgl. c. 683 CIC/1917) Stoffel, Oskar, Das Recht der Laien in der Kirche nach dem neuen Codex, in: Carlen, Louis (Hg.), *Das neue Kirchenrecht. Seine Einführung in der Schweiz*, Zürich 1984, 60.

341 Das Stichwort Berufung wird im vorkonziliaren *Lexikon für Theologie und Kirche* von 1958 zunächst biblisch behandelt, anschliessend ausschliesslich im Hinblick auf die «Berufung zum Priester- und Ordensstand» (vgl. Dander, Franz, Art. Berufung, in: *LThK*² 2, 280–285). Wer heiraten will, verlässt daher das römisch-katholische Priesterseminar, nicht aber das uniert-katholische Priesterseminar, weil er nicht zum höheren geistlichen Leben als Priester berufen sei, so die vorkonziliare Logik.

342 *Friedberg*, Bd. 2, 1125–1200.

5 *Extravagantes D. Joannis Papae XXII*[343]

Bei den *Extravagantes Joannis XXII*[344] handelt es sich

> «um eine private Sammlung des französischen Kanonisten Jean Chappuis, die auf einen Anhang zu den Clem[mentinae] des Kompilators Wilhelm von Montlezun (1317) zurückgeht. 1325 wurde diese Materie von Zenzellinus de Cassanis neu zusammengestellt, mit Glossen versehen und den Clem[mentinae] angehängt. Dabei blieb es, bis Chappuis um 1500 eine neue Überarbeitung vorlegte und sie seinerseits an seine beiden Ausgaben der Clem[entinae] 1500 und 1503 anfügte.»[345]

6 *Extravagantes communes*[346]

Auch die *Extravagantes communes*[347] wurden

> «als private Sammlung von J. Chappuis zusammengestellt. Sie bestehen aus kirchenrechtlichen Normen des 13. Jahrhunderts, die von Johannes XXII. (um 1244–1334 [Pont.: 1316–1334]) veröffentlicht, aber bisher nicht in die offiziellen Gesetzessammlungen aufgenommen worden waren. Die Sammlung enthält 70 Dekretalen und vier weitere Dokumente, aber erscheint lückenhaft. Es ist strittig, ob eine urspr. Einteilung in Bücher nach dem Vorbild von Liber Extra Decretum vorlag. Beide Extravaganten behielten nach der Aufnahme in das CICan (1582) ihren privaten Sammlungscharakter.»[348]

Zu Beginn des 14. Jahrhundert hatte die Kirchenrechtswissenschaft ein einflussreiches Werk geschaffen. Ausgelöst wurde dieser Prozess von einer privaten Initiative, die von der Kirche aufgegriffen wurde: von Gratians *Decretum*. Erlassen wurden dagegen von den Päpsten der *Liber Extra*, der *Liber Sextus* und die *Clementinae*. Die Kirche war damit zu einer vorbildlichen Rechtsinstitution geworden, in der ihre Mitglieder und die Rechtswissenschaft sich auf gesicherte, homogene, massgebende und authentische Rechtstexte stützen konnten. Diese vier Gesetzes-

343 *Extravagantes D. Joannis Papae XXII.*

344 *Friedberg*, Bd. 2, 1201–1236.

345 Pulte, *Corpus Iuris Canonici.*

346 Die *Extravagentes communes* werden wie folgt abgekürzt zitiert: *Extrav. comm.*

347 *Friedberg*, Bd. 2, 1237–1312.

348 Pulte, *Corpus Iuris Canonici.*

werke[349] wurden überall als das Fundament der Legalität gewürdigt, obschon sie noch nicht in einem einzigen Gesetzescorpus vereint waren. Von einem *Corpus Iuris Canonici* kann noch nicht die Rede sein. Erst im Jahre 1500 gibt der französische Jurist Jean Chappuis den verstreuten vier Rechtssammlungen eine einheitliche Ordnung. Er vervollständigt diese Sammlung durch zwei weitere Texte, die *Extravagantes Johannes XXII.* und die *Extravagantes communes*, und schafft so das *Corpus Iuris Canonici.*

Zusammenfassend ist festzuhalten: Das *Corpus Iuris Canonici* ist die zwischen 1140 und 1500 schrittweise zusammengetragene Sammlung des Rechts der Westkirche. Es besteht aus dem *Dekret* Gratians (um 1140), dem *Liber Extra* (1234), dem *Liber Sextus* (1298), den *Clementinae* (ab 1317) und den *Extravagantes*. Das *Corpus Iuris Canonici* wird, als Sammlung antiker und mittelalterlicher kirchlicher Rechtsquellen, 1582 unter Papst Gregor XIII. amtlich publiziert und bleibt das verbindliche Recht der katholischen Kirche bis zum Inkrafttreten des *Codex Iuris Canonici* von 1917. Zudem bildet dieser Rechtskorpus eine rechtshistorische Grundlage für die Kirchen des Westens und für den Westen als Rechtsgemeinschaft.[350]

> «Im evangelischen Kirchenrecht ist das Gratianische Dekret niemals als Ganzes ausser Kraft gesetzt worden, so dass es in manchen Bestimmungen noch immer Teil der geltenden evangelischen Kirchenrechtsordnung ist. Gratians Buch ist damit das weltgeschichtlich wichtigste kirchenrechtliche Werk – Gratian selbst kann als der Begründer der abendländischen Kirchenrechtswissenschaft bezeichnet werden.»[351]

Martin Luther verwarf die Vorstellung einer sichtbaren, organisierten, durch das Recht geeinten Kirche. Er verbrannte die Bücher des *Corpus Iuris Canonici.* Anders als Luther stand Melanchthon dem kanonischen Recht grundsätzlich positiv gegenüber.

> «[...] darauf beruht es, dass die Apologie des Augsburger Bekenntnisses mehrfach Gratian zitiert. Im Ganzen schätzten die Lutheraner Gratian mehr als das Dekretalenrecht und akzeptieren im Wesentlichen wegen Gratian das Corpus Iuris Canonici als subsidiäre Rechtsquelle. (Johannes Heckel) [...] Calvin beurteilt Gratian im

349 In der Geschichtsschreibung werden sie auch als *codices* bezeichnet, obwohl sie nur in einigen Aspekten die Idee eines kodifizierten Rechts verkörpern.

350 Vgl. Loretan, *Der Westen.*

351 Landau, *Gratian*, 124.

> Gegensatz zum Dekretalenrecht positiv und entnimmt dem Dekret auch theologische Lehrmeinungen; bei den Calvinisten beginnt auch die kritisch-wissenschaftliche Beschäftigung mit Text und Glosse des Dekrets.»[352]

Die entwickelte Rechtskultur des Corpus Iuris Canonici der katholischen Kirche erfuhr nach dem Ausserkraftsetzen durch den Codex Iuris Canonici von 1917 eine Fortsetzung der textkritischen und rechtswissenschaftlichen Auseinandersetzung, u. a. von evangelischen, rechtswissenschaftlich Forschenden. Es ist ein Glücksfall für die Erinnerungskultur an die gemeinsamen Wurzeln der Rechtskultur des Westens und der Westkirche, wenn zivile und kanonische Rechtswissenschaften darin zusammenarbeiten.

12 Die gemeinsame Rechtsphilosophie des Westens

Nach der gemeinsamen Rechtsgeschichte (*Copus Iuris Civilis, Corpus Iuris Canonici*) sollen nun die gemeinsamen rechtsphilosophischen Grundlagen der Westkirche und des Westens als Rechtsgemeinschaft in den Kapiteln 12 und 13 angesprochen werden. Die Rechtsphilosophie, d. h. das Naturrechtsdenken des Mittelalters, konnte bereits mit einer säkularen Vernunft argumentieren. So lieferte sie für das säkulare Vernunftdenken der Aufklärung entscheidende Grundlagen, die zur Entwicklung des modernen Rechtsstaats anregten.[353] Kurz, das Mittelalter erarbeitete die begrifflichen Voraussetzungen für das politische Denken der Moderne und öffnete den Weg hin zur Lehre von der demokratischen Partizipation und der Freiheit. In der gesellschaftlichen Moderne

> «ist die Forderung nach Gerechtigkeit öffentlich nur zu legitimieren, wenn in der einen oder anderen Weise auf die Autonomie des Einzelnen Bezug genommen wird; nicht [mehr] der Wille der Gemeinschaft, nicht [mehr] die natürliche Ordnung, sondern die individuelle Freiheit bildet den normativen Grundstein aller Gerechtigkeitsvorstellungen. Die Verzahnung von Gerechtigkeit und individueller Freiheit ist freilich mehr als nur ein historisches Faktum. Zwar kommt in der Verschmelzung der beiden Konzepte das Resultat eines weit zurückreichenden Lernprozesses zum Tragen, in dessen Verlauf das klassische Naturrecht zunächst aus seinem theologischen Rahmen befreit werden musste, um das individuelle Sub-

[352] Ebd. 128.

[353] Vgl. Domingo / Witte, *Christianity and Global Law.*

jekt in die Rolle eines gleichberechtigten Autors aller gesellschaftlichen Gesetze und Normen einsetzen zu können; von Thomas von Aquin über [de Vitoria] Grotius und Hobbes bis zu Locke und Rousseau verläuft der schwierige, konfliktreiche Weg, auf dem so allmählich die individuelle Selbstbestimmung zum Bezugspunkt aller Vorstellungen von Gerechtigkeit wurde.»[354]

Axel Honneth ist dahingehend zu ergänzen, dass das moderne Rechtssubjekt schon in der kanonistischen Rechtswissenschaft bei den Spanischen Klassikern des Naturrechts (z. B. de Vitoria, Las Casas, Suárez) entwickelt wurde, wie sein Lehrer Habermas herausgearbeitet hat.[355] Jürgen Habermas zeigt aus philosophischer Sicht, wie das naturrechtliche Denken sich von Platon und Aristoteles über die Stoa, Cicero, Augustinus bis hin zu Thomas von Aquins Gesetzestraktat (*STh*, Ia, IIae, q. 90–97) entfaltete, zu dessen Kritikern Duns Scotus und Wilhelm von Ockham gehörten.[356] Wie der franziskanische Philosoph Duns Scotus (1266–1307), so betrachtete auch der zum Dominikanerorden gehörende Philosoph Francisco de Vitoria (1483–1546) Kirche und Reich als parallel aufgebaute Gemeinwesen, in denen die Autorität letztlich von der Gemeinschaft der Gläubigen ausgeht.

Gemäss der bemerkenswert modernen Feststellung des Naturrechtlers Francisco de Vitoria übt der Kaiser auf der Grundlage positiven Rechts nur territorial begrenzte Herrschaftsrechte aus. Er ist für de Vitoria kein Weltenherrscher.[357] Das gilt für den universalen Herrschaftsanspruch des Papstes ebenso. De Vitoria beruft sich auf die Feststellung von Thomas von Aquin, wonach alle Personen[358]

---

354 Honneth. Axel, *Das Recht der Freiheit. Grundriss einer demokratischen Sittlichkeit*, Berlin 2011, 2013, 38.

355 Vgl. Habermas, *Auch eine Geschichte der Philosophie*, Bd. 1, 918. Siehe dazu auch Huser, *Vernunft und Herrschaft*.

356 Vgl. Habermas, *Auch eine Geschichte der Philosophie*, Bd. 1.

357 Das ist wohl eine sehr direkte Kritik an der politischen Theologie der Apotheose von Karl V., wie sie auf dem Deckengemälde im El Escorial mit Karl V. als Weltenherrscher in Szene gesetzt wird.

358 Eine Einschränkung macht Thomas bei Frauen und Kindern, die ihren Männern bzw. Vätern untertan sind. Diese Einschränkung des Naturrechts sollte die UNO erst im späten 20. Jahrhundert überwinden. Generalversammlung der Vereinten Nationen, *Übereinkommen über die Rechte des Kindes (UN-Kinderrechtskonvention)* vom 20. November 1989, in: United Nations, Treaty Series, Nr. 1577, 3, URL: https://treaties.un.org/doc/Publication/UNTS/Volume%201577/v1577.pdf; Generalversammlung der Vereinten Nationen, *Erklärung über die Beseitigung der Diskriminierung der Frau (UN-Frauenrechtskonvention)* vom 18. Dezember 1979, in: A/RES/34/180, URL: https://digitallibrary.un.org/record/10649/files/A_RES_34_180-EN.pdf?ln=en.

grundsätzlich von Haus aus frei sind, d. h. sie bestimmen die Ausübung ihrer Herrschaft *(dominium)* selbst. Die Lehre vom Gewissen bei Thomas hatte hier weitreichende Auswirkungen. Die Gottesebenbildlichkeit des Menschen wurde nun so gedeutet, dass er «freier Wille und Grund seiner eigenen Handlungen sei (principium operum suorum)»[359]. Dieses anthropologische Verständnis bereitete die Idee vor, wonach dem Menschen subjektive Rechte zukommen. Überhaupt ist die Rolle des mittelalterlichen Philosophen Thomas von Aquin und seines Lehrers Albertus Magnus in der Herausbildung jener Ausdifferenzierung der Wertsphären, die nach Max Weber die Neuzeit kennzeichnet, nicht zu überschätzen, wie noch zu zeigen sein wird.

Die Rezeption der neuentdeckten Schriften des Aristoteles im 12. Jahrhundert traf auf kirchlichen Widerstand. Wenn der Mensch, wie Aristoteles in der *Nikomachischen Ethik* lehrte, selbst Glückseligkeit (*Eudaimonia*) finden konnte, wurde Gnade überflüssig. Es ist einer kleinen Gruppe von theologisch und philosophisch gebildeten Denkern zu verdanken, dass eine Synthese von Aristoteles und Christentum gelang. Mit der mittelalterlichen Aristotelesrezeption wurden Differenzierungen möglich, die es so bisher noch nicht gegeben hatte:

> «Die von den Aristotelikern und ‹Averroisten› konzipierte Trennung von Philosophie und Theologie führte weiter dazu, dass in der politischen Theorie Staat und Kirche getrennt werden konnten, so etwa bei Dante und Marsilius von Padua.»[360]

Die mittelalterliche Sichtweise der säkularen Macht, die sich nicht mehr – wie bei Augustinus – von der Erbsünde her legitimierte, sondern wie bei Aristoteles und Thomas «aus dem Wesen des Menschen selbst, bedeutet sicherlich einen der grössten Wendepunkte überhaupt in der Geschichte des abendländischen politischen Denkens und eröffnet den Weg hin zur Lehre von der demokratischen Partizipation und zur Freiheit.»[361] Diese These soll im Folgenden beleuchtet werden, in dem die rechtsphilosophischen Grundlagen der Freiheit (die subjektiven Rechte) und der Demokratie im Mittelalter aufgezeigt werden.

[359] Schulthess, Peter / Imbach, Ruedi, *Die Philosophie im lateinischen Mittelalter. Ein Handbuch mit einem bio-bibliographischen Repertorium*, Zürich / Düsseldorf 1996, 214 f.

[360] Ebd. 217.

[361] Prodi, *Eine Geschichte der Gerechtigkeit*, 82.

12.1 Die säkulare Idee des modernen Rechtssubjekts (Menschenrechte)

Die Weichenstellungen für die spätere Säkularisierung des Naturrechts und die damit verbundene Stellung der autonomen Rechtsperson mit subjektiven Rechten werden bereits im Mittelalter gelegt. Gregor von Rimini († 1358) trennt den Gottesbegriff vom natürlichen Gesetz. Damit fängt die Loslösung des Naturrechts vom göttlichen Willen an. Das Verhältnis von Willen und Vernunft in der Naturrechtslehre beschäftigt auch die Spanischen Klassiker des Naturrechts. Sie nehmen eine Mittelposition zwischen Gregor von Rimini und den Ockhamisten ein. Während für Gregor das Naturrecht eine Vernunftordnung ist, die selbst Gott bindet, bildet für die Ockhamisten der göttliche Wille allein die Grundlage des Naturrechts.[362]

Die spanischen Theologen-Kanonisten des 16. und 17. Jahrhunderts, auch Klassiker des Naturrechts (oder Spätscholastiker) genannt, verteidigten die Rechtmässigkeit und Souveränität der nicht-christlichen Völker der neu entdeckten Länder in Lateinamerika. Sie argumentieren mit der Anerkennung der gleichen Würde und der gleichen Freiheit aller Menschen, ihrer Gleichheit vor dem Gesetz und der daraus folgenden Volkssouveränität. Woher hatten diese Anwälte der Indios die Idee der subjektiven Rechte von Menschen genommen? Neu ist diese Betonung des modernen Rechtssubjekts. Doch ab wann kann man subjektive Rechte in der Naturrechtstheorie denken? Wo entstand die Idee der natürlichen subjektiven Rechte des Menschen, die Idee von Menschenrechten, die für die modernen Menschenrechtserklärungen, wie z. B. in der *amerikanischen Unabhängigkeitserklärung* und der *Französischen Erklärung der Menschen- und Bürgerrechte* vom 26. August 1789, von entscheidender Bedeutung sein werden?

> «Platon und Aristoteles sahen keine Notwendigkeit darin, sich beim Entwurf ihrer politischen Theorien auf ein Konzept natürlicher subjektiver Rechte zu beziehen. Auch die römischen Juristen kamen bei ihrem komplexen Rechtssystem ohne solche Rechte aus.»[363]

---

362 Vgl. Skinner, Quentin, *The Foundations of Modern Political Thought*, Bd. 2: The age of Reformation, Cambridge 1978, 148–166.

363 Engl. Original: «Plato and Aristotle saw no need to appeal to a concept of natural rights in formulating their political theories. Roman lawyers too were able to do without such rights in crafting their complex legal system.» Tierney, Brian, *The Idea of Natural Rights. Studies on Natural Rights, Natural Law, and Church Law 1150–1625*, Michigan / Cambridge 2001, 1 (dt.: M. Tollkühn).

Die moderne Bedeutung der mittelalterlichen Rechtswissenschaft der Kirche hat Brian Tierney herausgearbeitet. Er vertritt in seinen humanistischen Studien die Auffassung, dass die Idee von *natural rights* (natürlichen Rechten, Menschenrechten) in der Rechtswissenschaft der Kirche entwickelt wurde. Dennoch war diese Idee der Kirchenrechtswissenschaft fähig, in einer späteren, säkularen Epoche zu überleben.[364] Der Grund dafür ist das nüchterne Denken der mittelalterlichen Rechtswissenschaftler der Kirche, genauer der frühen Dekretisten.

> «Die mittelalterlichen Juristen, in deren Arbeiten eine Lehre von Naturrechten zuerst auftauchte, machten sich überhaupt keine Gedanken über deren Wesen. Für sie – genau wie für Locke später – reichte es aus zu erkennen, dass alle Menschen bestimmte relevante Eigenschaften zeigten, von denen die wichtigsten in diesem Kontext Vernunft und freier Wille sind.»[365]

Ohne Kenntnis der mittelalterlichen *natural rights* haben viele Vertreter der französischen, säkularisierten, subjektiven Rechtstheorien vom dunklen Mittelalter gesprochen, weil sie diese mittelalterlichen Ursprünge verdrängt haben. Nicht so in den USA: Die Amerikaner argumentierten in ihrer *Unabhängigkeitserklärung* (unabhängig vom englischen König von Gottes Gnaden) mit den mittelalterlichen *natural rights*:

> «‹Wir halten diese Wahrheiten für selbstverständlich, dass alle Menschen gleich geschaffen sind, dass sie von ihrem Schöpfer mit bestimmten unveräußerlichen Rechten ausgestattet sind […]› Aber natürlich waren Jeffersons selbstverständliche

---

[364] Tierney vertritt die These, dass «die Idee von natürlichen Rechten in einer religiösen Kultur aufkam, die die rationale Argumentation um die menschliche Natur durch einen Glauben unterstützte, nach dem die Menschen als Kinder eines sich kümmernden Gottes gesehen wurden. Aber die Idee war nicht notwendigerweise abhängig von göttlicher Offenbarung und zeigte sich später als fähig, in einer säkulareren Epoche zu überleben.»
Engl. Original: «The idea of natural rights grew up […] in a religious culture that supplemented rational argumentation about human nature with a faith in which humans were seen as children of a caring God. But the idea was not necessarily dependent on divine revelation, and later it proved capable of surviving into a more secular epoch.» Ebd. 343 (dt.: Martina Tollkühn).

[365] Engl. Original: «The medieval jurists, in whose works a doctrine of natural rights first grew into existence, did not speculate about essences at all. It was enough for them – as for Locke in a later age – to perceive that humans displayed certain relevant characteristics, the most important ones in this context being rationality and free will.» Ebd. 5 (dt.: Martina Tollkühn).

Wahrheiten über unveräußerliche Rechte für die meisten Menschen während des größten Teils der aufgezeichneten Geschichte nicht offensichtlich.»[366]

Nur wegen der subjektiven Rechte der mittelalterlichen Naturrechtstheorie können für Brian Tierney die *amerikanische Unabhängigkeitserklärung* und die *Französische Menschen- und Bürgerrechtserklärung* überhaupt gedacht werden. Die Idee der *natural rights* war damals moralisch zu verstehen, nicht als einklagbare Menschenrechte. Dennoch sind diese *natural rigths* Rechte, die in allen Gesellschaften universal anerkannt sein sollten, da sie Grundbedürfnisse des Menschen benennen.[367]

Eine Geschichte der Rechtsphilosophie kann das Mittelalter keineswegs ausklammern, weil die Moderne begrifflich mitten im Mittelalter beginnt, was man von dem abschätzig bezeichneten «Alter der Mitte zwischen Antike und Renaissance» nicht erwarten würde.

> «Interessanterweise taucht die mittelalterliche Bezeichnung für Naturrecht – lex naturalis – in der Zeit Gregors VII. bei Anselm von Laon (1050–1117) zum ersten Mal wieder auf, und zwar in dem neuen Sinn einer der natürlichen Vernunft allein zugänglichen Grundnorm bzw. Rechtssphäre. Es ist bemerkenswert, dass diese Synthese von Naturgesetz und Vernunft in den patristischen Quellen [d. h. in der Alten Kirche der Antike] so nicht zu finden ist.»[368]

Das Mittelalter ist naturrechtlich gesehen eine Renaissance, die aus der wissenschaftlichen Begegnung mit dem wiederentdeckten Aristoteles in der neu geschaffenen Institution Universität hervorgeht.[369] So gesehen sind die rechts-

---

366 Engl. Original: «‹We hold these truths to be self-evident, that all men are created equal, that they are endowed by their Creator with certain unalienable Rights […]› But of course Jefferson's self-evident truths about inalienable rights have not seemed evident to most of the human race over most of recorded history.» Ebd. 1 (dt. mit deepl translator).

367 «Aber die Idee von natürlichen Rechten ist eine moralische. Sie bezieht sich nicht auf die Rechte, die Menschen in irgendeiner bestehenden Gesellschaft tatsächlich ausüben können, sondern auf die Rechte, die in allen Gesellschaften anerkannt sein sollten, da sie für die Erfüllung einiger menschlicher Grundbedürfnisse und Zwecke notwendig sind.» Engl. Original: «But the idea of natural rights is a moral one. It does not refer to the rights that people can actually exercise in any given society but to rights that ought to be recognized in all societies because they are necessary for the fulfilment of some basic human needs and purposes.» Ebd. 5 (dt.: M. Tollkühn).

368 Habermas, *Auch eine Geschichte der Philosophie*, Bd. 1, 669 f.

369 Vgl. Schulthess / Imbach, *Philosophie im lateinischen Mittelalter*, 160–168.

philosophischen Grundlagen der Neuzeit, die subjektiven Rechte der *natural rights* (Menschenrechte) eine kreative Eigenleistunng der mittelalterlichen Rechtswissenschaft der Kirche, die über Aristoteles hinausgeht.

12.2 Demokratie als Legitimierung der Herrschaft im Mittelalter

Der *Selbstkonstituierung* des Individuums durch subjektive Rechte (*natural rights*) ging im Mittelalter die *Selbstkonstituierung* der Kirche als Institution voraus. Letztere hatte sich aus dem christlichen Heiligen Römischen Reich emanzipiert. Die Kirche trennt sich damit institutionell vom Staat. Dieser neue Gegensatz der Rechtsinstitutionen von Kirche und Staat (Reich) prägt die folgenden 1000 Jahre westlicher Rechtsgeschichte.

Gleichzeitig werden Glauben und Wissen voneinander entkoppelt. Das im Mittelalter vorbereitete säkulare Vernunftrecht (Naturrecht genannt) reagiert später auf die Konfessionalisierung des Glaubens und auf die Konfessionskriege mit säkularen Verfassungsentwürfen. Die Ausdifferenzierung einer Gesellschaft beginnt. Das Recht und die politische Herrschaft entwickeln sich als Teilsysteme. Nach den kirchenrechtlichen Modellen vollzieht sich auch in den Städten, an höfischen Kanzleien und an Universitäten, in den Zünften und Genossenschaften *die Selbstkonstitutionalisierung* einer an Regeln, d. h. an abstrakte rechtliche Normen gebundene Herrschaft.[370] Diese neue Rechtskultur, die von der Rechtswissenschaft der Westkirche inspiriert ist, prägt den Westen als Rechtsgemeinschaft.

Der direkte Einfluss des kirchlichen demokratischen Rechts auf die reichsfreien Städte im Heiligen Römischen Reich und den alpin-ländlichen Raum[371] kann bis in die sprachlichen Formulierungen hinein nachgewiesen werden. Der aus dem römischen Privatrecht stammende Grundsatz «*Quod omnes tangit ab omnibus tractari et approbari debet*» («Was alle angeht, muss von allen behandelt und approbiert werden») wird erst im kanonischen Recht als öffentlich rechtli-

---

370 Vgl. Habermas, *Auch eine Geschichte der Philosophie*, Bd. 1, 857.

371 Für den alpin-ländlichen Raum lässt sich nach neueren Forschungen annehmen, dass Elemente des römisch-kanonischen Rechts die Kommunalismus-Bewegungen ab dem 13./14. Jahrhundert verstärkt, wenn nicht sogar in Teilen eingeleitet haben. Vgl. Bacher, *Die Korporationen*. Generell kann die Rolle der Klöster diesbezüglich kaum überschätzt werden, indem die «[v]on Klöstern ausgehende Herrschaftsausübung und wirtschaftlich-soziale Organisationsformen gerade im alltagsbestimmenden Nutzungsbereich als politische Ordnungs- und Verteilungsstruktur sehr viel [bedeuteten]». Sablonier, Roger, *Gründungszeit ohne Eidgenossen. Politik und Gesellschaft in der Innerschweiz um 1300*, Baden 2008, 63.

cher Grundsatz entwickelt.[372] Als solcher kommt er dann in den *Florentiner Rechtsordnungen* von 1293 in allen Angelegenheiten zum Zuge, in denen die Teilnahme der Bürgerschaft zur Legitimationsbedingung gemacht wird.[373]

Die italienischen Städte, deren Beispiel bald andere folgen, bilden mit dieser Verrechtlichung der Herrschaft zunächst einen Fremdkörper in der auf Privilegien und Immunitäten beruhenden feudalen Ordnung.

Die mittelalterliche Selbstkonstitutionalisierung der Herrschaft spitzt sich «auf die Frage zu, wer denn an die Stelle der sakralen Autorität treten soll, an der das Recht in seiner Rolle als Legitimationsquelle bis dahin teilhatte»[374]. Die Rechtskultur der Kirche ermöglichte es dem säkularen Staat, von der Kirche einige Rechtsquellen zu übernehmen.[375] Denn die Philosophen und Kirchenjuristen haben das ehemals stoische, kosmologische vernuftrechliche Naturrecht verchristlicht und zusätzlich an die Form des Rechts angeglichen. Sie haben eine Hierarchie der Gesetze entwickelt,

> «die ihre Geltungsbasis in einem verrechtlichten, aber göttlich fundierten Naturrecht findet. Dieses ist, seinem Anspruch nach, aus Vernunft allein begründet, und es wird konsequenterweise im Vernunftrecht seine Fortsetzung finden.»[376]

---

372 Vgl. Congar, *Quod omnes tangit*, 210–259.

373 Vgl. Thornhill, Chris, *A Sociology of Constitutions. Constitutions and State Legitimacy in Historical-Sociological Perspective*, Cambridge 2013, 63. Anzumerken ist, dass umgekehrt ab dem 13./14. Jahrhundert die «Kommunalismus-Bewegung» wiederum auf die kirchlichen Strukturen einwirkt und eine aktive Mitwirkung der Kirchgenossen fordert, was insbesondere für den Raum der Innerschweiz durch Peter Blickle untersucht wurde (Blickle, Peter, Friede und Verfassung. Voraussetzungen und Folgen der Eidgenossenschaft von 1291, in: *Innerschweiz und frühe Eidgenossenschaft*, Bd. 1, Olten 1990). Dazu seine Feststellung: «Die Gemeinden hatten aus eigener Kraft die Kirche so organisiert, dass sie ihren Frömmigkeitsvorstellungen und religiösen Bedürfnissen entsprach, und sie hatten es, soweit ihre Macht reichte, der Amtskirche nicht erlaubt, sich von ihren eigentlichen Aufgaben für die Gläubigen, der *cura animarum*, zu weit zu entfernen.» Blickle, Peter, Warum blieb die Innerschweiz katholisch?, in: *Mitteilungen des Historischen Vereins des Kantons Schwyz* 86 (1994), 38. Ebenso Bacher, Mike, Bruder Klaus und Engelberg im 15. Jahrhundert, in: *Bruder Klaus und Engelberg* (Engelberger Dokumente 34), Dallenwil 2017, 12 f.

374 Habermas, *Auch eine Geschichte der Philosophie*, Bd. 1, 863.

375 «Die Verallgemeinerung des Rechts in der Kirche ermöglichte es dem Staat, von der Kirche eine Projektion seiner selbst als einzigartige und konsistente Rechtsquelle zu übernehmen.» Thornhill, A Sociology of Constitutions, 56 f. Engl. Original: «The generalization of law in the church enabled the state to borrow from the church a projection of itself as the unique and consistent source of law.» (dt.: A. Loretan).

376 Habermas, *Auch eine Geschichte der Philosophie*, Bd. 1, 863.

Die von der Theologie emanzipierte Philosophie der Neuzeit übernimmt «von der Religion die Rolle der Herrschaftslegitimation»[377], spätestens nach der Reformation und den darauffolgenden Religionskriegen, die schon 1555 zu einem bikonfessionellen Reichskirchenrecht[378] führen. Das säkularisierte Naturrecht bzw. die Rechtsphilosophie führt die Herrschaftslegitimation aber auf eine Weise aus, die den Bruch eher verschleiert, der mit den Verfassungsrevolutionen der Moderne tatsächlich eingetreten ist.

> «Allerdings kann die verwissenschaftlichte politische Theorie nicht einfach an die Stelle des christlichen Naturrechts treten und das letzte Wort beanspruchen, denn ihr fehlt die autorisierende Kraft der gelebten Religion[...]»[379]

Schon im Mittelalter wird klar, dass der «verfassungsgebende demokratische Prozess die letzte Legitimationsquelle einer sich selbst autorisierenden Rechtsordnung politischer Herrschaft»[380] ist. Die theologisch gebildete innerkirchliche Opposition gegen die Macht des Papstes (Marsilius von Padua, Wilhelm von Ockham) bereitete «diese moderne Antwort des späten 18. Jahrhunderts schon im 14. Jahrhundert»[381] vor. Marsilius von Padua, zeitweilig Rektor der Pariser Artistenfakultät, stellt im Mittelalter «die entscheidende Frage nach der Legitimität eines willkürlich gesatzten Rechts. Wie kann durch das Recht selbst garantiert werden, dass der politische Herrscher keine ‹verkehrten› Gesetze macht [...]»?[382]

1. In den vormodernen Reichen und in der heutigen katholischen Kirche (cc. 129; 274 CIC/1983) existiert die Rechtsfigur des Herrschers bzw. des Bischofs, der mit der *Jurisdiktionsgewalt* ausgestattet ist, d. h. dass «die Kompe-

---

[377] Ebd. 864. Machiavelli hat allerdings eine andere Option aufgezeigt: Legitim ist jene Herrschaft, welche die Stabilität des Gemeinwesens sichert und damit auch den Bürgern ermöglicht, ohne Furcht ihren Privatangelegenheiten nachzugehen. Nicht das Naturrecht, sondern vielmehr die faktische Garantie eines stabilen Gemeinwesens legitimiert Herrschaft. Dieser Fokus auf Stabilität findet sich bei Hobbes wieder.

[378] Vgl. Heckel, Martin, Der Augsburger Religionsfriede. Sein Sinnwandel vom provisorischen Notstands-Instrument zum sakrosankten Reichsfundamentalgesetz religiöser Freiheit und Gleichheit, in: Gaertner / Godel (Hg.), *Religionsfreiheit und Frieden*, 17–24.

[379] Habermas, *Auch eine Geschichte der Philosophie*, Bd. 1, 864.

[380] Ebd.

[381] Ebd. Zu dieser Zeit stellte sich die Frage nach einer säkularen Legitimation von Herrschaft noch nicht.

[382] Ebd. 870.

tenzen der Setzung, Anwendung und Durchsetzung von Recht in einer Hand vereinigt»[383] sind. Gerechtigkeit und Nützlichkeit der Gesetze können nur unter der Bedingung garantiert werden, «dass sich der tugendhafte Gesetzgeber an überpositivem Recht orientiert»[384]. Die sakrale Autorität Gottes legitimierte bisher die Herrschaft des Königs. Die Herrschaft des Bischofs wird weiterhin durch die sakrale Autorität (Weihe) legitimiert. Bis dahin repräsentierte der Herrscher bzw. der Bischof

> «seine Ermächtigung durch die sakrale Autorität Gottes vor den Herrschaftsunterworfenen durch Insignien und Ornamente, Zeremonien und öffentliche Inszenierungen [wie die Ordination, die schon die römischen Senatoren kannten], welche die Teilhabe an einer höheren Macht symbolisieren. Repräsentation[385] bedeutete die Darstellung einer durch den Repräsentanten hindurchscheinenden transzendenten Macht.»[386]

Traktate über den guten Herrscher waren eine Textgattung der mittelalterlichen politischen Philosophie. Es beginnt im Mittelalter ein neues Zeitalter der Rechtsgeschichte: Nicht mehr die Person des Herrschers (König), sondern die Rechtsordnung wird Garant für ein stabiles Gemeinwesen, in dem erste subjektive Rechte bestimmter Bürger (Magna Charta von 1215) gesichert sind. Es beginnt ein Prozess der Verrechtlichung politischer Herrschaft. Die Kirchenreform Gregors VII. war für diese Rechtsentwicklung ein Schrittmacher.

2. Auf begrifflicher Ebene vollzieht sich die Ausdifferenzierung der politischen Gewalt in *Legislative, Exekutive und Judikative*, die bis anhin in einer Amtsperson (z. B. König, Bischof) vereinigt waren. Der voluntaristische Freiheitsbegriff des Nominalismus gibt der entstehenden Konzeption der «Herrschaft über Freie» demokratische Spurenelemente in die Hand, denn die Herrschaftsunterworfenen verfügen über einen freien Willen, den sie auch nach der Vergesellschaftung in einem monarchischen Staat behalten. Die Frage nach dem guten Herrscher wird obsolet. Selbst die sittliche Person des guten Herrschers kann nicht allein der Bedingung des Aristoteles entsprechen, dass nur eine Herrschaft über freie Bürger legitim ist.

---

383 Ebd.

384 Ebd.

385 Vgl. Hofmann, *Repräsentation.*

386 Habermas, *Auch eine Geschichte der Philosophie*, Bd. 1, 873 f.

3. Die aristotelische Konzeption der «Herrschaft über Freie» hat durch den voluntaristischen, entwickelten Freiheitsbegriff des Nominalismus ein noch schärferes Profil erhalten, da von «Ermächtigung» die Rede ist. Denn einen freien Willen haben auch die Herrschaftsunterworfenen.
   Die starke Hervorhebung der Bedeutung des positiven Rechts im Mittelalter lässt Marsilius von Padua die Frage nach dem richtigen Recht stellen, d. h. die Frage danach, ob das geltende päpstliche Recht auch gerecht sei. Anders als Gratian beantwortet er die Frage nicht mit dem christlichen Naturrecht, sondern zeigt bereits im Mittelalter einen vernunftrechtlich anderen Ausweg.

   > «Der menschlichen Freiheit wird allein dadurch Genüge getan, dass Gott die Menschen dazu ermächtigt, die Legitimationslücke des Rechtspositivismus kraft eigener Vernunft und ohne Bevormundung durch eine transzendente Macht zu füllen.»[387]

   Nach Marsilius von Padua soll eine politische säkulare Rechtsordnung von unten nach oben delegiert werden. Die die Bürger repräsentierenden Volksvertreter sollen stellvertretend vernünftig handeln. Denn auch die Stellvertretung hält an dem Moment der Ermächtigung der Volkssouveränität fest, die eine Ermächtigung von unten (Menschen) statt von oben (Gott) ist.[388]
4. Marsilius und Ockham sind bei weitem nicht die einzigen, die das demokratische Modell der Kirche auf den Staat übertragen, d. h. «die den Gedanken, dass sich in der Kirche alle Autorität von der Gesamtheit der Gläubigen herleitet, auf die Gesamtheit der Bürger eines politischen Gemeinwesens übertragen»[389]. Auch bei den demokratietheoretischen Begründungen der Städte und Republiken sind Denkmodelle aus der Selbstkonstituierung der Kirche Pate gestanden.
   Diese demokratischen mittelalterlichen Denkmodelle werden aus kirchlicher und staatlicher Perspektive bald verdrängt. Der Konziliarismus, eine Art von Parlamentarismus in der Kirche, feierte am Konzil von Konstanz (1414–1418) noch einen Höhepunkt. Steht das Konzil über dem Papst? Diese Frage

---

387 Ebd. 870 f.

388 Vgl. ebd. 874. Diese mittelalterliche Argumentation fand auch in der zeitgenössischen (weltlichen) Rechtswissenschaft in Bezug auf die Vertretung von moralischen Personen ihren Widerhall.

389 Ebd. 875. Diese sich in der Theorie abspielende Entwicklung findet einen realgeschichtlichen Gegenpart in den ober- und mittelitalienischen Städten, die zwischen Kaiser und Papst manövrierten und ab dem Frieden von Konstanz 1183 immer selbstbewusster wurden, bis sie de facto unabhängig handelten.

eskalierte wenige Jahre darauf beim Konzil von Basel (1431–1449) und führte zur Spaltung von Papst- und Konzilsfraktion[390]. Das Konzil von Basel wurde durch das Fünfte Laterankonzil (1512–1517) in seiner Bedeutung und seinem Postulat des päpstlichen Primats infrage gestellt.

Diese mittelalterlichen demokratischen Rechtstraditionen wären in der heutigen Diskussion über die Struktur einer synodal verfassten Kirche von entscheidender Bedeutung. Nachdem die bisherige Abwertung der Menschenrechte und des demokratischen Verfassungsweges vom obersten Lehramt im Zweiten Vatikanischen Konzil deutlich kritisiert wurde (DH 1; LG 32; GS 29; GS 9; NA 5; GS 36 etc.), steht die Frage im Raum, wie Menschenrechte[391] und Demokratie[392] in der Kirche ihren Platz wieder finden können.

Die demokratische Rechtskultur der Kirche hatte auch direkte rechtsphilosophische Konsequenzen: Die Theologie und die Rechtswissenschaft der Kirche förderten die philosophische Gerechtigkeitsdiskussion und knüpften an die bisherige Diskussion des Naturrechts der griechischen, der römischen und jüdischen Antike an. Die Klassiker des Spanischen Naturrechts[393] haben die entscheidenden Beiträge zur Volkssouveränität und zur Menschenrechtsdiskussion des 16. Jahrhunderts entwickelt. Diese naturrechtlichen Überlegungen wurden für die Staatstheorie entscheidend, nicht aber für die Kirchentheorie (Ekklesiologie), obwohl sie im Kontext der Rechtswissenschaft der Kirche entstanden waren.[394]

Nach dem Zweiten Vatikanischen Konzil können diese rechtshistorischen Ansätze wieder in neuem Licht, d. h. im Rahmen einer konziliaren Hermeneutik, erforscht werden. Die Rezeption des mittelalterlichen Naturrechts bzw. der Frage nach den Menschenrechten in der Kirche darf sich nicht nur in generalisie-

---

390 Die Mehrheit der Teilnehmer am Konzil in Basel blieb, obwohl der Papst selbst (Eugen IV., 1431–1447) im Sinne der Ökumene mit den griechischen Bischöfen gewissermassen als physisches Zeichen des Entgegenkommens den Tagungsort nach Ferrara südlich der Alpen verlegt hatte.

391 Vgl. Baumeister u. a. (Hg.), *Menschenrechte in der katholischen Kirche.*

392 Vgl. z. B. Ratzinger / Maier, *Demokratie in der Kirche*; Loretan, *Wahrheitsansprüche im Kontext der Freiheitsrechte.*

393 Vgl. Strzelecki, Jerzy, *The School of Salamanca saw this coming* vom 26.8.2009, URL: https://mises.org/library/school-salamanca-saw-coming; Huser, Vernunft und Herrschaft.

394 Vgl. Loretan, Adrian, Die Freiheitsrechte in der katholischen Kirche. Aporien und Desiderate, in: *Menschenrechte in der Katholischen Kirche* (Jahrbuch für Christliche Sozialwissenschaften 55), Münster 2014, bes. 132–138.

renden Floskeln ausdrücken, die niemanden verpflichten. Die mittelalterlichen *natural rights* entwickeln heute ihre Bewandnis z. B. in der Frauenfrage, wie Margit Eckholt in ihrer Forschung aufzeigt:

> «Der grosse Entwurf der neuen Ekklesiologie des Konzils, die Zusammenschau der Volk-Gottes-Ekklesiologie von Lumen gentium mit der Welt-Kirche- und Menschenrechtsperspektive von Gaudium et spes, stellt die Verfassungsgrundlage für die Frauenfrage aus kirchlicher Perspektive dar. Gerade die Zusammenschau von Kirchen- und Pastoralkonstitution für die neue Verfassung einer sich als ‹Welt-Kirche› verstehenden Kirche ist dafür der entscheidende neue Ausgangspunkt.»[395]

Bisher wurden die Forderungen des Zweiten Vatikanischen Konzils, die auch gegen jede innerkirchliche Diskriminierung von Personen sprechen (LG 32; GS 29), in der Kirche nicht verfassungsrechtlich umgesetzt. Das Freiheitsniveau, das sich in den nordamerikanischen und den europäischen Gesellschaften seit der Amerikanischen und Französischen Revolution ausgestaltet hat, ist auf innerkirchlicher Ebene nicht rechtlich übersetzt worden,[396] obwohl die Rechtstradition der Kirche seit dem Mittelalter die theoretischen Verfassungsgrundlagen (Demokratie und subjektive Rechte) dieser Revolutionen entwickelt hatte. Das Lehramt der Kirche hatte die Französische Revolution negativ bewertet und konnte sich erst im Zweiten Vatikanischen Konzil von dieser negativen Fixierung lösen. Die Rechtswissenschaft der Kirche und die Theologie stehen heute vor der Herausforderung einer neuen Interpretation der mittelalterlichen Rechtstradition im Hinblick auf partizipative Strukturen (Demokratie) und subjektive Rechte (Menschenrechte bzw. Grundrechte).

12.3 Die Rechtskirche als Vorbild für die westliche Rechtskultur

Die kirchenrechtliche Entwicklung des ersten Jahrtausends wird von Gratian in seinem *Decretum* (1140) systematisch aufgearbeitet. Diese Rekonstruktion der Rechtsentwicklung mündet in die Rechtsreform des Vierten Laterankonzils (1215). Die Rechtswissenschaft der Kirche kommuniziert mit der Wiederentde-

---

[395] Eckholt, Margit, *Ohne die Frauen ist keine Kirche zu machen, Der Aufbruch des Konzils und die Zeichen der Zeit*, Ostfildern 2012, 29.

[396] Vgl. ebd. 88.

ckung des *Corpus Iuris Civilis*.[397] Aber im Mittelalter ist das kanonische Recht die treibende Kraft in der Entwicklung eines politischen und rechtlichen Rahmens für die veränderte, wirtschaftlich und kulturell immer stärker vom Leben der hochmittelalterlichen Städte geprägten Gesellschaft – mit Ausstrahlung in die Rechtsentwicklung der Landschaft. Die Kirche

> «nimmt selbst Züge eines ersten ‹modernen› Staates an und gewinnt damit Vorbildcharakter für die Entwicklung profaner Verfassungen. Sie leistet mit der Rechtsfigur der sich selbst verwaltenden Korporation Schrittmacherdienste für die rechtliche Organisation einer Gesellschaft, deren Komplexität unter dem Druck der sozialen Dynamik von Stadt und Markt schnell wächst.»[398]

Die Kirche hatte das römische Recht rezipiert und entwickelte Organisationsmittel für eine komplexer werdende Gesellschaft. An Ordensschulen und Universitäten werden Impulse von innen – z. B. der Investiturstreit – und diejenigen von aussen – z. B. Städte, Korporationen und Genossenschaften – verarbeitet, wobei die Einheit der christlichen Kultur bestehen blieb. In der im Mittelalter entwickelten Institution der Universität schreibt Gratian die *Concordia Discordantium Canonum*, d. h. die für die Selbstkonstituierung der Kirche notwendige Rechtsgrundlage.

> «Von hier gingen die Impulse zur Schaffung des modernen Rechts als eines eigenständigen Mediums der Verwaltung und der sozialen Integration aus.»[399]

Dieses neue Kirchenorganisationsrecht bedeutete «im Kern bereits modernes öffentliches Recht und insoweit gegenüber dem römischen Zivilrecht eine echte Innovation.»[400] Die als Körperschaft verfasste Kirche hatte in der Rechtsfigur einer allein von ihren Mitgliedern getragenen Korporation Ausdruck gefunden. Sie wurde zum Vorbild aller Korporationen, Städte und Handwerkerzünfte, Kaufmannsgilden und auch der Universitäten, die eine originäre Erfindung des lateinischen Mittelalters darstellen. Wer Mitglied einer solchen Körperschaft

---

397 Vgl. dazu auch etwa die methodischen Konvergenzen zwischen den *Institutionen* des Corpus Iuris Civilis und dem *Decretum* Gratians, siehe Dusil, Stephan, Learning from Gaius? Different Layers in Gratian's Decretum and Research on Roman Law, in: *ZRG. Kan. Abt.* 104 (2018), 171–174.

398 Habermas, *Auch eine Geschichte der Philosophie*, Bd. 1, 654.

399 Ebd. 667.

400 Ebd.

wurde, übernahm Pflichten, hatte aber auch verbriefte Rechte und bestimmte in geringerem oder grösserem Masse mit.[401]

Bei der Selbstkonstituierung der Kirche darf der Einfluss der monastischen Tradition nicht unterschätzt werden.[402] Die Reformziele der Cluniazenser-Mönche machte Papst Gregor VII. sich in den 27 Sätzen des *Dictatus Papae* (1075)[403] zu eigen; ebenso verlieh er z. B. der normativen Durchsetzung des Zölibats für alle Geistliche höchste kirchliche Autorität.

Indem er dem Kaiser den theologischen Titel «Stellvertreter Christi» wegnimmt, trägt er indirekt zur Enttheologisierung der weltlichen Herrschaft, d. h. zur Säkularisierung des Reiches, bei. Ikonografisch lässt sich diese Entwicklung im 13. Jahrhundert anschaulich nachverfolgen: Kaiser Friedrich II., in unlösbaren Konflikt mit dem Papsttum verwickelt, greift auf die Bildtradition der vorchristlichen, römischen Kaiser zurück. Er lässt Münzen prägen, die ihn mit Lorbeerkranz im Stile eines römischen Imperators darstellen.

Durch die Selbstkonstituierung der Rechtskirche bzw.

> «durch die rechtliche Transformation der Kirche haben europäische Gesellschaften das erste Mal seit der Spätantike wieder eine Institution bekommen, die [...] ihren Machtgebrauch autonom erklären konnte, das heisst ausschliesslich mit Verweis auf [eigene] Ressourcen»[404].

Diese päpstliche Revolution des 11. Jahrhunderts hat «die Kirche ganz klerikalisiert und das Königtum tiefer in die Weltlichkeit abgedrängt»[405]. Als Folge entsteht ein Prozess der Säkularisierung und Verweltlichung der politischen Macht. Max Weber hat das kanonische Recht der Westkirche als eines der grossen Mittel der Rationalisierung und Modernisierung der westlichen Gesellschaft verstanden, obwohl das kanonische Recht «von Anfang an in relativ klarem Dualismus [...] dem profanen Recht gegenüber»[406] stand.

In der Antike lehnte die Kirche zuerst jegliche Beziehung zum Staat und dessen Recht ab. Als sie dann anfing, ein Verhältnis zu den politischen Institutionen

[401] Vgl. ebd. 667 f.

[402] Nicht zuletzt gilt auch das *Decretum Gratiani* als bewahrend gegenüber den monastischen Rechten. Vgl. Eichbauer, *St. Gall, Stiftsbibliothek*, 127.

[403] Vgl. Gregor VII., *Dictatus Papae*, II, 55a.

[404] Habermas, *Auch eine Geschichte der Philosophie*, Bd. 1, 660 f.

[405] Ebd. 664.

[406] Weber, *Wirtschaft und Gesellschaft*, 480.

zu suchen, liess sie sich von der Konzeption der zwei Sphären, einer weltlichen und einer geistlichen, leiten. Bevor Augustinus diese politische Ontologie entwickelte, hatte schon Hosius von Cordoba (ca. 256–359), der einflussreiche Bischof und Berater von Konstantin, die Idee der zwei Sphären entwickelt, um sich Einmischung in Kirchenangelegenheiten zu verbitten.[407] In Verbindung mit den rationalen Traditionen des römischen Rechts gehörte die Zwei-Sphären-Theorie zum Selbstverständnis der Westkirche als einer eigenständigen *civitas*. Als ein Verhältnis von Kirche und Staat in der Spätantike entstand, legte die Kirche sich

> «diese Beziehung mit Zuhilfenahme der stoischen Konzeptionen des ‹Naturrechts› zurecht, eines rationalen Gedankengebildes also. In ihrer eigenen Verwaltung ferner lebten die rationalen Traditionen des römischen Rechtes weiter.»[408]

Zwischen Kirche und Staat bzw. zwischen dem kirchlichen und dem weltlichen Recht ist ein sonst nirgends bestehendes Rechtsverhältnis entstanden, so

> «dass das kanonische Recht [ab dem Mittelalter] für das profane Recht geradezu einer der Führer auf dem Weg zur Rationalität wurde. Und zwar infolge des rationalen ‹Anstalts›-Charakters der katholischen Kirche, der sonst sich nirgends wiederfindet»[409],

so Max Weber.

Die im Mittelalter entstandene Universität unterschied wiederum im Lehr- und Forschungsbetrieb zwischen den Fakultäten der Theologie und der Philosophie (Naturrecht), d. h. mit Jürgen Habermas und Thomas von Aquin gesprochen, sie unterschied zwischen «Glauben und Wissen».[410] Bei den Rechtswissenschaften (*iura*) wurde ebenfalls klar unterschieden zwischen der Legistik (Rechtswissenschaft des römischen Rechts) und der Kanonistik (Rechtswissenschaft der Kirche), auch wenn beide gemäss Thomas von Aquin denselben

---

407 Just, Patricia, *Imperator et Episcopus. Zum Verhältnis von Staatsgewalt und christlicher Kirche zwischen dem 1. Konzil von Nicaea (325) und dem 1. Konzil von Konstantinopel (381)* (Potsdamer Altertumswissenschaftliche Beiträge 8), Stuttgart 2003, 78–93, 143–147, 176–179, 214–217.

408 Weber, *Wirtschaft und Gesellschaft*, 480.

409 Ebd. 481.

410 Vgl. Habermas, *Auch eine Geschichte der Philosophie*, Bde. 1–2.

Rechtsbegriff[411] hatten und haben. Für die weitere Entwicklung des kirchlichen Rechts wird ferner die Trennung von Kanonistik und Theologie zentral sein. Deshalb ist das kanonische Recht gemäss Max Weber

> «von allen heiligen Rechten am meisten an streng formaler juristischer Technik orientiert. [...] Das Neue Testament enthielt nur ein solches Minimum formal bindender Normen rituellen oder rechtlichen Charakters [...], dass eben dadurch die Bahn völlig frei war für rein rationale Satzung.»[412]

Der kanonistische Korporationsbegriff ist dabei von grösster Bedeutung: denn

> «die Kirchen waren die ersten ‹Anstalten› im Rechtssinn, und mit von da aus begann die juristische Konstruktion der öffentlichen Verbände als Korporationen»[413].

Dabei konnten sich die theokratischen Ansprüche der Kirche (z. B. Gregor VII.; Bonifatius VIII. etc.) und ihres Rechts angesichts dieser Konstellation der beiden Rechte nie ganz für das Reich bzw. für den Staat durchsetzen. Die Ansprüche auf Beherrschung der gesamten Lebensführung, die das kanonische Recht mit allen theokratischen Rechten teilte, hatten wenig Folgen für die Methode, weil die Tradition des römischen Rechts ein eigenes Methodenbewusstsein überlieferte. In der Legistik hatte die Kanonistik einen Gesprächspartner, mit dessen formalem Niveau sie sich messen musste. Auch mit dem Universalitätsanspruch des römischen Rechts musste die Kanonistik sich auseinandersetzen.[414]

Das Gregorianische Papsttum verhielt sich in dem Masse, in dem es diese neuen Realitäten gefördert hat, wie ein Zauberlehrling,

> «indem es nämlich der traditionellen Macht [des Heiligen Römischen Reiches] den Schleier vom heiligen Antlitz gerissen hat. Gerade in dem Bemühen, ihre eigene Ordnung zu schaffen, liefert die Kirche die Legitimation für eine Desakralisierung nicht nur der politischen Macht, sondern auch der Rechtspflege.»[415]

---

411 Vgl. Loretan, *Klärung des Rechtsbegriffs*.

412 Weber, *Wirtschaft und Gesellschaft*, 480.

413 Ebd. 481.

414 Vgl. ebd. 481 f.

415 Prodi, *Eine Geschichte der Gerechtigkeit*, 85.

Der Begriff säkular bezeichnet seither jene Gesetzgebung und Rechtsprechung, die aus weltlichen Machtbefugnissen hervorgehen und sich von dem kirchlichen Recht abgrenzen. Die Unterscheidung religiös – säkular ist also selbst kirchlichen Ursprungs. Die Rechtskirche war Vorbild, sogar Prototyp des Rechtsstaates. Das kanonische Recht der Westkirche hatte Modellcharakter bei der Entstehung und Entwicklung des säkularen Rechts z. B. auf den Gebieten Normensicherheit, Formalisierung, juristische Verfahren, subjektive Schuld sowie Vertrags- und Eherecht. Das mittelalterliche kanonische Recht war das erste moderne Rechtssystem des Westens und prägte die Entwicklung des öffentlichen Rechts der säkularen Rechtsstaaten des Westens. So war z. B. der Begriff des *corpus Christi mysticum* entscheidend für die Entwicklung des unpersönlichen Begriffs des Staates und der Staatskasse, wie der jüdisch Mediävist Ernst Kantorowicz nachgewiesen hatte. Der protestantische Rechtssoziologie Max Weber dagegen strich die Bedeutung des kanonischen Rechts bei der Entstehung der Bürokratie und der modernen Verwaltung hervor. Die Bedeutung des Naturrechts für die Genese der politischen Wissenschaft des modernen Staates wäre eigens zu untersuchen. Der Einfluss des kanonischen Rechts als positives, veränderbares Recht prägte auch das Privatrecht der Neuzeit, insbesondere im Ehe- und Familienrecht und im Vertragsrecht.

Die Rechtskultur des Westens ist aber ohne die Konfliktgeschichte zwischen Kirche und Staat/Reich nicht zu verstehen.

> «Es handelt sich dabei um eine Entwicklung über einen langen Zeitraum hinweg, bei der der Prozess der Imitation mit ständig zunehmenden Konfliktelementen verwoben ist [...[416]] Was das Abendland [den Westen] charakterisiert und was seine Zivilisation zu einer dauerhaft mobilen und revolutionären macht, ist die Dialektik zwischen diesen Institutionen [Kirche – Staat] in Konkurrenz zueinander [...] Es ist die Suche nach einer meta-politischen sowie meta-kirchlichen Begründung des Rechts, um die es hier geht und die in der abendländisch-christlichen [Rechts-] Kultur zutiefst verwurzelt ist.»[417]

Diese vernunftphilosophische Aufgabe übernimmt das Naturrecht. Es ist eine politische Philosophie bzw. eine Rechtsphilosophie, die den Graben zwischen

[416] Es gab «fortgesetzte Versuche seitens nicht nur der römischen Kanonisten, sondern auch der Verfechter der imperialen Idee, heiliges und positives Recht, Heiliges und Macht gleichzusetzen». Prodi, *Eine Geschichte der Gerechtigkeit*, 86.

[417] Ebd. 85 f.

den beiden Rechtswissenschaften von Kirche und Staat überbrückt. Ihre aristotelische Begrifflichkeit prägt sowohl den Rechtsphilosophen Thomas von Aquin als auch den Begründer der kanonischen Rechtswissenschaft, Gratian. Sie wird aber auch von Kant, Hegel, Weber weiterentwickelt. Der Entwicklungsprozess dieser naturrechtlichen Vernunftphilosophie soll im Folgenden genauer analysiert werden.

13 Die Vernunftphilosophie

13.1 Ist das geltende Recht legitim?

In der Moderne können nur Rechtsordnungen den Anspruch auf Legitimität erheben, die im Begriff der Freiheit begründet sind. Und nur diese Rechtsordnungen begründen legitime Ordnungen von Herrschaft und Macht. Also ist die Freiheit das zur Macht Ermächtigende. Allein die Herkunft der Macht aus der Freiheit schafft Freiheitsordnungen. Damit ist für Georg Essen

> «das Urteil gefällt im Blick auf kirchliche Rechts- und Herrschaftsordnungen. Sie repräsentieren keine normativen Ordnungen, die über hinreichende Legitimität verfügen, wie sie menschlichem Freiheitsbewusstsein und dem ihm innewohnenden Streben nach Selbstbestimmung gemäß ist.»[418]

Das *Decretum Gratiani* (1140) belegt schon auf der ersten Seite, dass es Kirchenrecht naturrechlich reflektiert: Ist das geltende positive Recht auch gerecht? Denn Rechtswissenschaft lasse sich gemäss Gratian nicht ohne Rechtsphilosophie betreiben. Deshalb werden in der mittelalterlichen Kanonistik nicht nur die Frage der Legalität behandelt, sondern auch intensiv die Legitimität von Recht diskutiert und bestimmt. Legalität und Legitimität zusammen führen dann zu demokratischen Kirchenmodellen, die von staatlicher Seite übernommen wurden. Später wird dieser Ursprung von kirchlicher und staatlicher Seite gerne verdrängt.

Der vorchristliche römische Rechtsgelehrte Ulpian (stirbt 223 oder 228 n. Chr.) umschreibt Gerechtigkeit wie folgt: Gerechtigkeit ist der beständige und

---

418 Essen, Georg, Legitimität. Ein blinder Fleck in kirchlichen Rechtfertigungsordnungen? in: Ley / Stein / Essen (Hg.), *Semper Reformanda*, 346.

dauernde Wille, jedem sein *Recht* (nicht einfach: das Seine) zuzuteilen.[419] Den scholastischen Autoren war diese Gerechtigkeitsformel Ulpians, die die Formulierung von Aristoteles als *suum cuique* (jedem das Seine) rechtlich aufgenommen hat, präsent. Sie war offen für eine Deutung im Sinne einer Berechtigung, die dem anderen zukommt. «Was dem anderen gerechterweise geschuldet ist, was ihm (objektiv) gebührt, ist das nicht auch sein (subjektives) Recht?»[420], fragt im 21. Jahrhundert der Verfassungsrichter Ernst-Wolfgang Böckenförde auf Ulpians Grundlage. Für Böckenförde entstehen die subjektiven Grundrechte der Moderne, die Menschenrechte, buchstäblich aus der antiken Gerechtigkeitsdefinition Ulpians, die im Naturrecht der mittelalterlichen Rechtswissenschaft der Kirche neu gelesen wird.

Diese naturrechtlichen bzw. vernunftrechtlichen Fragen gingen in die Rechtstheorie, in die Staatstheorie und anfänglich auch in die Kirchentheorie (Ekklesiologie) ein. Die schon im Mittelalter gestellten Fragen sind heute aktueller denn je. Die Realität des ungerechten Rechts ist während des 20. Jahrhunderts im Nationalsozialismus und Kommunismus, die ihre Wahrheit über alle Freiheitsrechte stellten, besonders brutal zu Tage getreten. Aber auch die Kirche muss sich im 21. Jahrhundert der Tatsache stellen, dass u. a. ihre Priester Menschen sexuell und spirituell ausbeuteten und ausbeuten.[421] Und dies geschieht aufgrund eines kirchlichen Verfassungsrechts, das dem Priester im Namen der Wahrheit alle Rechte gibt und dem «Objekt» der Seelsorge praktisch keine.[422]

Neu ist diese rechtsphilosophische Fragestellung nach der Legitimität des Rechts nicht. Bereits Augustinus stellt in seiner Schrift *De Civitate Dei* 4, 4 fest: *Civitates*[423] ohne Gerechtigkeit seien nichts anderes als grosse Räuberbanden.

---

419 Ulpian, in: *CICiv D* 1, 1, 10 (*Corpus Iuris Civilis (Krueger)* Bd. 1, 29): «Iustitia est constans et perpetua voluntas ius suum cuique tribuendi.»

420 Böckenförde, *Geschichte der Rechts- und Staatsphilosophie*, 355.

421 Vgl. Loretan, Adrian (Hg.), *Machtmissbrauch und sexuelle Gewalt in der Kirche. Beiträge aus Rechtswissenschaften und Theologie von Adrian Loretan, Mary McAleese, Doris Reisinger und Wolfgang Treitler* (ReligionsRecht im Dialog 33), Berlin / Münster 2023. Vgl. Katsch, *Damit es aufhört.*

422 Vgl. Loretan, Adrian, *Systemische Ursachen der sexualisierten Gewalt in der Kirche*, in:Ley / Stein / Essen (Hg.), *Semper Reformanda*; ders., Sexualized violence against children in the church: A human rights perspective, in: *Cardoso International & Comparative Law Rewiew* (CICLR) 7 (2024), URL: https://www.cardozociclr.com/post/fall-2024-online-symposia-rights-of-the-child; ders., Wahrheitsansprüche im Kontext der Freiheitsrechte.

423 Die Übersetzung von *civitates* mit Staaten ist weit verbreitet, aber falsch. Denn für Augustinus ist weder die göttliche *civitas* mit der Kirche, noch die irdische *civitas* mit dem Staat identisch. Für ihn sind sowohl in der Kirche als auch im Staat sowohl die irdische als auch die göttliche Civitas vorhanden – wie im Gleichnis vom Weizen mit dem Unkraut. Erst beim Jüngsten Gericht, bei

D. h. ob ein Staat oder eine Kirche eine Räuberbande ist oder nicht, hängt – gemäss Augustinus – von der rechtsphilosophischen Frage nach der Legitimität seines bzw. ihres Rechts ab. Für die römischen Juristen war die Verbindung des Rechts mit dem Guten und Gerechten geradezu untrennbar. Die aristotelische Unterscheidung zwischen Naturrecht und positivem Recht war zwar in römischer Zeit bekannt.

> «Aber die römischen Juristen waren keine Philosophen gewesen und hatten eine [mehrheitlich] pragmatische Einstellung zu ihrer beruflichen Praxis eingenommen. [...] Mit dem christlich-theologischen Hintergrund der hochmittelalterlichen Juristen [Kanonisten und Legisten] hat sich dieses Verständnis gründlich verändert. Denn nun waren die unbedingt gültigen göttlichen Gebote der nicht hinterfragbare Massstab für alle Normen; sie verliehen auch ihrem naturrechtlichen Spiegelbild metaphysische Qualität. Dieser Anschluss der bis dahin pragmatisch behandelten Rechtssphäre an die theologische Vorstellung des Naturrechts [...] stellt die Weichen für die einzigartige okzidentale Rechtsentwicklung.»[424]

Daraus entstand eine in dieser Form in der Antike unbekannte Spannung zwischen positivem Recht und Naturrecht, zwischen dem geltenden Recht und den Menschenrechten, die zum Massstab der Legitimität wurden.

Die Rechtswissenschaft der Kirche (Kanonistik) wird für Habermas zu einem Modernisierungsfaktor der mittelalterlichen Gemeinschaften. Die als Korporation verfasste Kirche wurde nicht nur zum Vorbild für zahlreiche Institutionen. Alle vom traditionellen Muster des Lehenswesens und der Grundherrschaft abweichenden Assoziationen und Einrichtungen organisierten sich nach diesem Rechtsmodell der Kirche, einer allein von ihren Mitgliedern getragenen Korporation. In diesen Rechtsinstitutionen, die sich an der Rechtskultur der lateinischen

---

der Ernte, werden wir erkennen was zum Weizen, und was zum Unkraut gerechnet werden muss. (Mt 13,24–30) Damit wird im Horizont des grossen Kirchenlehrers des Westens, Augustinus, die Kirche als Räuberbande zu verstehen, denkmöglich, wenn sie ihren Verpflichtungen als Rechtskirche nicht nachkommt. Letzteres wurde seit Papst Leo dem Grossen gerne nur auf die politische Gemeinschaft, den Staat, angewandt. Vgl.: Scholz, Heinrich, *Glaube und Unglaube in der Weltgeschichte. Ein Kommentar zu Augustins De Civitate Dei. Mit einem Exkurs: Fruitio Dei, ein Beitrag zu Theologie und Mystik*, Leipzig 1911; Böckenförde, *Geschichte der Rechts- und Staatsphilosophie*, 183–230.

[424] Habermas, *Auch eine Geschichte der Philosophie*, Bd. 1, 668 f.

Westkirche orientierten, entstand «der Westen» als Rechtsgemeinschaft, obwohl die Westkirche sich in ihrem Verfassungsrecht nach der Französischen Revolution gegen die eigene Rechtstradition des Westens entschieden hatte.[425]

13.2 Vom philosophischen zum juristischen Verständnis des Naturrechts

Wie entstand diese neue rechtsphilosophische Basis zwischen der Kirche und dem Reich bzw. dem späteren «Staat»? In der Westkirche berührt sich zum ersten Mal der alttestamentliche Gesetzesbegriff (Jerusalem) mit dem römischen Recht (Rom). Dieser kannte mit der politisch-ethischen Vorstellung des *suum cuique* (jedem das Seine) einen philosophischen Leitfaden, allerdings keinen theologischen Hintergrund. In dieser Begegnung treffen zwei verschiedene Gesetzesbegriffe, *tora* und *nomos*, aufeinander und es entsteht eine ganz neue Spannung zwischen Ethik und Naturrecht. Über das Vernunftrecht wird diese Spannung beim Naturrechtler Kant «zur Ausarbeitung einer in ihrer begrifflichen Struktur verrechtlichten Vernunftmoral führen»[426].

Nicht erst Kants *Kategorischer Imperativ*[427] wird mit der *Goldenen Regel*[428] in Zusammenhang gebracht. Schon Peter Abaelard (1079–1142), am Anfang der Naturrechtsentwicklung, interpretiert den Kern des Naturrechts, die *Goldene Regel*, im

> «juristischen, also fachlich spezifizierten Sinne der Gleichbehandlung von Gleichem und der Ungleichbehandlung von Ungleichem – als einen Grundsatz praktischer Vernunft, in dessen Licht alle juristischen Urteile auf ihren vernünftigen Gehalt geprüft werden können»[429].

---

425 Erfreuliche Ausnahmen bilden z. B. die Enzyklika *Pacem in terris* (11.4.1963) von Papst Johannes XXIII. (*AAS* 55 [1963] 257–304), die menschenrechtliche Argumentation von Vaticanum II (DH 1; LG 32; GS 29, NA 5) und die grundrechtliche Argumentation des kirchlichen Grundgesetzes, der *Lex Ecclesiae Fundamentalis* im Pontifikat Pauls VI.

426 Habermas, *Auch eine Geschichte der Philosophie*, Bd. 1, 669.

427 «Handle nur nach derjenigen Maxime, durch die du zugleich wollen kannst, dass sie ein allgemeines Gesetz werde.» Kant, Immanuel, Grundlegung zur Metaphysik der Sitten, *AA* IV, 387–463, 421. Kants Rechtsphilosophie entwickelt er in der «Metaphysik der Sitten» (1797). Der erste Teil bildet die «Rechtslehre», die ein Vernunftrecht einschliesst.

428 «Alles, was ihr also von den anderen erwartet, das tut auch ihnen.» (Mt 7,12).

429 Habermas, *Auch eine Geschichte der Philosophie*, Bd. 1, 670.

Dieser Grundsatz praktischer Philosophie dient als Brücke vom philosophischen zum juristischen Naturrechtsverständnis. Damit zeigt Habermas eine Linie von der *Goldenen Regel* (*Bergpredigt Jesu*) über Abaelard, Gratian[430], Thomas von Aquin, Francisco de Vitoria und Immanuel Kant auf, die zu den vernunftrechtlichen Grundlagen des modernen Rechtsstaates führt.

Habermas fixiert die katholische Theologie also nicht auf ihre neuscholastische Verdrängung der Moderne, sondern erinnert sie kritisch daran, welche entscheidenden rechtsphilosophischen Beiträge ihre Theologie und ihre Kirchenrechtswissenschaft für die Moderne geliefert haben. Die mittelalterliche Rechtskirche war der erste «Rechtsstaat» seit der Völkerwanderung, der eine eigene Rechtswissenschaft (Kanonistik), einen eigenen Beamtenapparat (Klerus), eine eigene Gerichtsbarkeit (Offizialat) und eine eigene Administration entwickelte, die in einigen Bereichen für die Verfassungen des Reiches und später der nationalen Rechtsstaaten als vorbildlich erachtet wurden. Zudem setzte das Naturrecht, wie die Rechtsphilosophie seit Aristoteles vor der Aufklärung genannt wurde, die Massstäbe des Denkens über Recht und Gerechtigkeit.

Exemplarisch ist hier Abt Frowin von Engelberg zu nennen, der um die Mitte des 12. Jahrhunderts im damals jungen Bergkloster eine umfangreiche Abhandlung über den freien Willen verfasste: *De laude liberi arbitrii.*[431] Sandro Räss kommt in jüngerer Zeit zum Schluss:

> «Frowins Auseinandersetzung mit diesem Thema macht ihn möglicherweise zur ersten Person im Gebiet der heutigen Schweiz, die eigenständige philosophische Gedanken entwickelt und niedergeschrieben hat.»[432]

Frowins philosophische Überlegungen zeigen zugleich Einflüsse rechtlicher Elemente. Dies überrascht insofern nicht, als noch während seines Abbatiats in Engelberg eine Abbreviation von Gratians Dekret in der dortigen Schreiberschule kopiert wird, wodurch auch die kanonistischen Grundlagen vorhanden waren.[433]

---

[430] Auch Gratian stellt im ersten Abschnitt seines *Decretums* fest, dass das Naturrecht auf «Lex et Prophetae» beruht, und das bedeutet auf der *Goldenen Regel*. Denn an die *Goldene Regel* angefügt heisst es: «Darin besteht das Gesetz und die Propheten.» (Mt 7,12).

[431] Bauer, Othmar, *Frowin von Engelberg (1147–1178): De laude liberi arbitrii libri septem. Versuch einer literarischen und theologiegeschichtlichen Bestimmung der Handschrift 46 von Engelberg*, Löwen 1948.

[432] Räss, Sandro, *Erste Spuren philosophischen Denkens in der Schweiz*, in: philosophie.ch vom 18.8.2019, URL: https://www.philosophie.ch/2019-08-24-raess.

[433] Vgl. Bacher, *Die Korporationen.*

Die um 1100 einsetzende rechtsphilosophische Diskussion «über die *lex naturalis* wird sogleich im Hinblick auf das Verhältnis von Naturrecht zum positiven Recht geführt»[434]. Oder in heutiger Sprache formuliert: das positive Recht wird befragt, ob es den Menschenrechtsstandards entspricht, die den Schlusspunkt dieser naturrechtlichen Entwicklung darstellen werden. Das christliche Naturrecht hat in der frühen Neuzeit der vernunftrechtlichen Säkularisierung erst den Weg gebahnt.

Das neue Kirchenrecht war für Habermas bereits modernes öffentliches Recht und insoweit gegenüber dem römischen Zivilrecht eine echte Innovation. Gratians naturrechtliche Voraussetzungen prägen nicht nur die Rechtskirche und das Reich, sondern auch die nachfolgenden Rechtsstaaten, z. B. in ihrem Gesetzesverständnis: «Gesetze, seien es kirchliche oder weltliche, die dem natürlichen Recht [d. h. dem Naturrecht bzw. der Rechtsphilosophie] als widerstreitend erwiesen werden, sind vollständig zu eliminieren.»[435]

13.3 Exkurs Athen: Ist geltendes Recht gerecht?

Bereits mit Platon (427–347 v. Chr.) begann die naturrechtliche Frage: Ist geltendes Recht gerecht? Platon zählt zu den Klassikern der Rechtsphilosophie. Bei seinem Fragen nach dem Rechten und Gerechten genügten ihm – anders als den Sophisten – die subjektiven Antworten nicht, die sich am Nutzen oder Schaden des politischen Alltags ausrichten. Er möchte Gerechtigkeit als objektiv-bleibende Idee verstehen.

> «Der Begriff Idee [idea, eidos], wie er in Platons Texten gebraucht wird und auf den unser Idee-Begriff zurückgeht, meint soviel wie Bild, Aussehen, Form: etwas Allgemeines, das unabhängig von Einzeldingen und Sinneswahrnehmungen als eigene Realität vorhanden ist. […] Platon denkt bei den Ideen vor allem an inhaltliche Urbegriffe, wie das Wahre, Gleiche, Grosse, Schöne und Gerechte.»[436]

Von einer geklärten Idee der Gerechtigkeit ausgehend, richtet sich Platon nicht an dem empirisch Vorgefundenen aus, z. B. dass Frauen zu seiner Zeit meistens

---

434 Habermas, *Auch eine Geschichte der Philosophie*, Bd. 1, 670; detaillierter bei Skinner, *The Foundations*, Bd. 2, 148–166.

435 *CICan D.* 9, c. 1. (dt.: A. Loretan).

436 Böckenförde, *Geschichte der Rechts- und Staatsphilosophie*, 74 f.

nicht die gleichen Rechte haben wie Männer. Daraus schliesst er nun nicht, dass das, was mehrheitlich vorkommt, auch gerecht sei. Für die Wächter, sprich Beamten seines Staates, entwickelt er aus diesem Gerechtigkeitsbegriff ein Erziehungsprogramm nicht nur für Männer, sondern auch für Frauen, die ebenfalls daran teilhaben können. «Wenn wir also den Frauen dieselben Aufgaben stellen wie den Männern, müssen wir sie auch genauso erziehen.» Denn

> «es gibt also keinen öffentlichen Beruf, der nur für eine Frau oder nur für einen Mann geeignet wäre, sondern die Anlagen sind in beiden Geschlechtern gleich verteilt und die Frau hat, nach ihrer Anlage, an allen Berufen Anteil, ebenso der Mann.»[437]

Dies war 375 v. Chr. eine revolutionäre Idee[438]. Sie ist in der Kirche, die Platons Staat in ihrer Ekklesiologie aufgenommen hat, bis heute in wichtigen Bereichen (Weihe) nicht umgesetzt. Die Funktionsträger des Staates sollen nach Platon «ganz für ihre öffentliche Funktion leben, losgelöst von familiär-privaten Bindungen […]; sie sollen nur Amtsträger sein und ihr Leben in den Dienst der Polis stellen.»[439] Diese Lebenstotalität der Beamten verlangt nicht nur eine zölibatäre Lebensform (vgl. c. 277 CIC/1983), sondern auch die Unterdrückung jeden Humors,[440] da dieser die Autorität der Wahrheit zersetzt. Der moderne Freiheitsgedanken ist Platon (und insofern auch der Kirche) teilweise fremd: «Freiheit besteht nicht in der Freiheit von und gegenüber der Polis [bzw. von oder gegenüber der Kirche], sondern im Anteil, der Beteiligung an der Polis»[441]. Auch in der Kirche ist es wie in Platons Staat eine Pflicht «immer die Gemeinschaft mit der Kirche zu wahren»[442]. Platons Wächter bzw. Beamte bilden eine fachliche Elite wie der Klerus, nicht eine Erbaristokratie.

> «Zum Erstaunen der Zeitgenossen, aber im Einvernehmen mit bestimmten Sophisten macht Platon keinen Unterschied zwischen Männern und Frauen. Auch

437 Platon, *Der Staat (Politeia)*, 451e, 455 d–e.

438 In der um 375 v. Chr. verfassten *Politeia* (lateinisch: *Res publica*) lässt der Philosoph Platon über die Gerechtigkeit und ihre mögliche Verwirklichung in einem idealen Staat diskutieren.

439 Böckenförde, *Geschichte der Rechts- und Staatsphilosophie*, 90.

440 Vgl. Remus, Daniela, *Lachen in der Philosophie – Kann Humor der Erkenntnis helfen?*, Podcast vom 1.5.2022, Bayern 2, Radiowissen, URL: https://www.br.de/mediathek/podcast/radiowissen/lachen-in-der-philosophie-kann-humor-der-erkenntnis-helfen/1816147.

441 Böckenförde, *Geschichte der Rechts- und Staatsphilosophie*, 98.

442 C. 209 CIC/1983.

> bei den Schäferhunden seien den Hirten Rüden wie Hündinnen gleichermassen willkommen»[443],

so seine Argumentation für Beamtinnen im Idealstaat.

Die Häuser der Wächter bzw. Funktionsträger sind nicht verschliessbar. Ihnen ist der Geldbesitz, das Privateigentum[444] überhaupt, das Ehe- und Familienleben untersagt[445]. So wird eine Dynastiebildung verhindert.[446] In Platons Idealstaat gibt es nichts, was den inneren Frieden gefährden könnte: keinen Kampf um Ämter und Programme; keinen Gruppenegoismus von Interessenverbänden. Um diesen Idealstaat vor der Zersetzung zu schützen, die sich aus dem Mehrhabenwollen ergibt, reglementiert Platon die Erziehung und das Kulturleben in einem von den Kirchenvätern hoch gepriesenen, aber für Menschen aus einem liberalen Rechtsstaat unerträglichen Ausmass. Auslandreisen sind untersagt.[447] Strenge Überwachung soll das Eindringen staatsgefährdender bzw. kirchengefährdender Gedanken und Gefühle verhindern.[448] Dieser an der Wahrheit orientierte Blick auf das Recht der Kirche lässt Michael Böhnke die Frage stellen:

> «Gibt es angesichts des christlichen Wahrheitsanspruchs und seiner autoritativen Vermittlung in der Kirche überhaupt autonome Freiheit und deren Ermöglichung in kirchenrechtlichen Institutionen?»[449]

---

443 Demandt, *Die Idee der Gerechtigkeit*, 62.

444 In der Kirche wird diese Eigenschaft der Einfachheit bei den Weltgeistlichen (c. 282 § 1 CIC/1983) und Armut bei den Ordensleuten (c. 573 § 2 CIC/1983) genannt, die von den «Beamten» gefordert wird

445 Die Enthaltsamkeit (c. 277 § 1 CIC/1983) und ein «einfaches Leben» (c. 282 § 1 CIC/1983) sind bis heute in der katholischen Kirche Voraussetzungen für die Wächter, d. h. die Kleriker.

446 Bei der Einführung des Gesetzes für den Zölibat war die Verhinderung der Dynastiebildung ein wichtiges Element, damit der Kirchenbesitz nicht vererbt wird.

447 Vgl. auch die Reisefreiheit in der ehemaligen DDR, die zwar 1974 den Internationalen Pakt über bürgerliche und politische Rechte der Vereinten Nationen unterzeichnet hatte, aber die in Artikel 12 vorgesehene Reisefreiheit nicht in nationales Recht aufnahm (vgl. Deutsche Demokratische Republik, *Strafgesetzbuch der DDR*, § 213, URL: http://www.verfassungen.de/ddr/strafgesetzbuch74.htm.

448 Zu den falschen Gefühlen vgl. Foucault, *Geständnisse des Fleisches*. Diese totalitären Züge werden viele Systeme annehmen, die für sich allein die Wahrheit beanspruchen.

449 Böhnke, Michael, Recht der Wahrheit – Recht der Freiheit. Überlegungen zur dogmatischen Begründung des personalen Rechts auf Glaubensfreiheit in: ders. / Bongardt, Michael / Essen, Georg / Werbick, Jürgen (Hg.), *Freiheit Gottes und der Menschen*, FS Thomas Pröpper, Regensburg 2006, 509. Müller, Hubert, Freiheit in der kirchlichen Rechtsordnung? Die Frage

Die politische Philosophie Platons und seines Schülers Aristoteles fragt nach der Gerechtigkeit, der richtigen Ordnung der politischen Gemeinschaft (*polis*) und nach den Gesetzen (*nomoi*). Die beiden Philosophen geben unterschiedliche Antworten auf diese Fragen und stimmen doch in einem überein: Beide betonen in ihrer Staatslehre die Gemeinschaft vor dem Individuum. Darin werden ihnen die Kirchenväter in ihrer Kirchenlehre folgen und die Kirchengemeinschaft vor dem Individuum verteidigen. Karl Popper hat im 20. Jahrhundert bei beiden griechischen Philosophen eine Betonung des Allgemeinen festgestellt, auf dessen Fundament individuelle Grundrechte keinen Platz haben.[450]

Der Lutheraner Wolfgang Huber hat analog den Grundrechtskatalog der katholischen Kirche kritisiert, obwohl die Grundrechtsthematik «in katholischer Theologie und Kanonistik eine weit umfänglichere Behandlung erfahren hat als in evangelischer Theologie und Kirchenrechtslehre»[451]. Da

> «der CIC 1983 von einem ‹schrankenlosen Vorbehalt zu Gunsten der kirchlichen Autorität› [und der kirchlichen Gemeinschaft] ausgeht, kann von Grundrechten in einem strikten Sinn nicht [mehr] die Rede sein; denn deren Wesen besteht darin, dass sie der Ausübung von amtlicher Autorität Schranken setzen»[452].

Das Zusammendenken von Wahrheit und Freiheit wird im Kontext der platonischen Staatslehre und der davon inspirierten Kirchenlehre der Kirchenväter keineswegs leicht gemacht. Die Frage nach der Legitimität stellt sich bei beiden. Kann eine Rechtsordnung, die sich ausschliesslich an der Gemeinschaft orientiert, gerecht sein? Kann eine Rechtsordnung, die sich vornehmlich an der sogenannten Wahrheit orientiert, die die Autorität repräsentiert, gerecht sein? Platons Polisverständnis geht ganz von dem Gedanken der umfassenden Gemeinschaft aus. Darin sind ihm u. a. Kirchenväter gefolgt. Die rechtsphilosophische

---

nach individueller und gemeinschaftlicher Verwirklichung von Freiheit im kanonischen Recht, in: *AfkKR* 150 (1981) 461 Anm. 9.

450 Vgl. eine verengte Communio-Theologie in c. 209 im Grundrechtskatalog des CIC/1983, die aufgrund der Gemeinschaft meint, keine wirklichen Grundrechte / Menschenrechte zulassen zu können.

451 Huber, Wolfgang, Grundrechte in der Kirche, in: Rau, Gerhard / Reuter, Hans-Richard / Schlaich, Klaus (Hg.), *Das Recht der Kirche*, Bd. 1: Zur Theorie des Kirchenrechts, Gütersloh 1997, 530 Anm. 16.

452 Ebd. 531, vgl. c. 223 § 2; Ehnes, Herbert, Die Bedeutung des Grundgesetzes für die Kirche, insbesondere die Grundrechte in der Kirche, in: *ZevKR* 34 (1989), 392.

Auseinandersetzung mit Platons Verhältnis von Gemeinschaft und Individuum in der Polis hat Auswirkungen auf die Beurteilung von Kollektiv und Individuum[453] in der Kirche. Können in einer gemeinschaftsbetonten Organisation wie der Kirche (c. 209 CIC/1983) Grundrechte bzw. Menschenrechte der Individuen überhaupt Beachtung finden?

Böckenförde teilt Poppers Urteil über Platon mindestens teilweise. Nun ist diese platonische

> «Polisordnung in der Tat das Gegenbild einer ‹offenen Gesellschaft›, die vom Primat individuell-autonomer Freiheit ausgeht und die Gemeinschaftsordnung nur als Einrichtung zur Gewährleistung dieser als voraus liegend gedachten Freiheit versteht. Darin hat K. R. Popper recht. Auch enthält sie eine Absage an die Demokratie, insofern diese auf der politischen Gleichheit der Gleichberechtigung aller Bürger (und Bürgerinnen) aufbaut. Aber sie ist deshalb nicht totalitär [wie Popper sagt] im Sinne ideologisch getragener Willkürherrschaft, die auf das innere und die Gesinnung der Menschen zugreift; Platon selbst hat die Tyrannei am schärfsten kritisiert. Die Differenz liegt vielmehr darin, dass Platons Polisphilosophie ganz vom Gedanken der umfassenden Gemeinschaftsbindung der einzelnen ausgeht [...] Das Übermass an Freiheit [...] führt für ihn zum Zerfall jeder vernünftigen Polisordnung»[454],

worin ihm nicht nur Kirchenväter der Antike gefolgt sind.

13.4 Exkurs Rom: Augustinus verbindet Christentum mit Platonismus

Nachdem das Christentum unter dem Konstantinopler Kaiser Theodosius I. d. Gr. (379–395) zur Staatsreligion avanciert, stellt der Nordafrikaner Augustinus die Frage nach dem Verhältnis von *auctoritas* (Autorität) und *ratio* (Vernunft). Er fragt nach der historischen Rolle und der geschichtstheologischen Bedeutung der Institution Kirche. «Mit dieser *Integration der Weltgeschichte in die Teleologie der Heilsgeschichte* erfindet Augustin [...] die neue Gattung einer Geschichtstheolo-

[453] Loretan, Adrian, Grundrechte innerhalb der Religionsgemeinschaften – oder: Individuum contra Kollektiv, in: ders. / Hänni / Heselhaus (Hg.), *Religionsfreiheit im säkularen Staat.*

[454] Böckenförde, *Geschichte der Rechts- und Staatsphilosophie*, 99.

gie»[455], die im geschichtsphilosophischen Denken des 18. und 19. Jahrhunderts viele Nachfolger haben wird. Das Neue an Augustinus' Verhältnisbestimmung zwischen kirchlichem und staatlichem Gemeinwesen ist die Bestimmung dieses Verhältnisses im Horizont der Geschichte: In der Geschichte finden die zwei *civitates* ihre Rolle, in der Geschichte finden sie ihren je eigenen Platz. Die griechische Metaphysik war ahistorisch. Augustinus ist demgegenüber ein echter theoretischer Innovator. In der Linie von Bischof Ambrosius[456] und Papst Gelasius[457] entwickelt Augustinus einen Selbstbehauptungswillen der Kirche[458] gegenüber der weltlichen Organisationsmacht, die die Bischöfe in das römische Beamtensystem einzugliedern versucht.

Die organisatorische Autonomie der Kirche, lateinisch die *libertas Ecclesiae*, d. h. die Verwaltung der inneren Angelegenheiten nach selbstgesetztem Recht, heute Kirchenautonomie oder korporative Religionsfreiheit genannt, wird im 11. Jahrhundert auch formalrechtlich erkämpft.

> «Die Berufung auf apostolische Nachfolge zur Legitimierung von kirchenamtlicher Autorität hat allerdings erst im Zuge der Herausbildung der kirchlichen Hierarchie an Bedeutung gewonnen. [...] Im Zuge der Ausdifferenzierung verschiedener Funktionsbereiche hat sich auch das Bischofsamt herausgebildet. Fortan unterschied man die Priester, die für die Lehre und die Durchführung des Gottesdienstes ordiniert wurden, von den Laien. Auch Frauen waren zum Klerus zunächst zugelassen.»[459]

Die Romanisierung des westlichen Christentums zeigt sich durch Einbeziehung von Elementen der imperialen Struktur und Kultur in die Kirche. Aufgrund der konstantinischen Gesetzgebung und Kirchenpolitik geniessen die Bischöfe die Privilegien von Beamten des Reiches:

---

455 Habermas, *Auch eine Geschichte der Philosophie*, Bd. 1, 597.

456 Vgl. Ambrosius von Mailand (386 n. Chr.), Der Bischof und die Geheimnisse des Palastes, in: Rahner (Hg.), *Kirche und Staat im frühen Christentum*, 150–192.

457 Vgl. Papst Gelasius (494 n. Chr.), in: ebd. 252–264.

458 Die Kirche konstituiert sich theologisch gesehen als die Gemeinschaft der Gläubigen, die den Leib Christi (Corpus Christi) bilden, indem sie am eucharistischen Mahl (Corpus Christi) teilnehmen. Damit ist eine Selbstkonstituierung gegenüber dem Römischen Reich theologisch schon gegeben, die die Grundlage für die rechtliche Selbstkonstituierung im 11. Jahrhundert wird.

459 Habermas, *Auch eine Geschichte der Philosophie*, Bd. 1, 591 f. Erst 1139 wurde der Priesterzölibat in einem universalen Kirchengesetz festgeschrieben.

«Sie waren von der Steuer befreit und nahmen im höfischen Protokoll einen entsprechenden Platz ein: ‹Dies alles wurde sichtbar in Insignien, […] wie Pallium, besondere Kopfbedeckung, eigene Schuhart, Ring u. ä. Je nach Rang hatten sie [die Bischöfe] das Recht auf Thron, Weihrauch, Handkuss, Sängerchor. Solche noch heute in der Kirche bekannten rituellen Elemente sind also auf diesem Weg aus dem Hofzeremoniell des spätantiken Kaisers in die kirchliche Liturgie hinübergeraten. Mit diesen [zuerst staatlichen] Hoheitsattributen änderte sich zwangsläufig das kirchliche Amtsverständnis. Die Bischöfe waren als Würdenträger, nicht mehr als Diener erkennbar›.»[460]

Die Verflechtung von römisch-imperialer Herrschaftsgewalt und römisch-katholischer Kirche hatte auch Auswirkungen auf die Theologie. Für Augustinus war der Gottesstaat *(De civitate Dei)* nicht gleichzusetzen mit der Kirche, «die der Teufel angesichts der ‹Verödung der Dämonentempel› mit Häretikern heimsuchte (civ. XVIII, 51)»[461]. Weder war sie die konsequente Statthalterin des Gottesreiches auf Erden, «noch konnte die kaiserliche Regierung, die die Kirche privilegierte, in Bausch und Bogen Luzifers Reich zugeordnet werden. […] In der Regel bleibt es menschlichen Augen verborgen, wer zu welchem Staat [*civitas*] gehört.»[462]

Das späte Werk des Augustinus kann «als eine Summe aus der römischen Verbindung von Christentum und Platonismus»[463] gelesen werden. Augustinus interessieren weniger die Modelle politischer Gerechtigkeit, sondern eher religiös-ethische Vorstellungen von einem guten und glückseligen Leben, die auch das Verhältnis des Gottesstaates zur weltlichen Herrschaft prägen.

«Augustin hat das republikanische Denken Roms nicht beerbt. Dieser *unpolitische Charakter seines Denkens* mag auch die instrumentelle Auffassung des Verhältnisses von Kirche und Staat erklären. Während sich der Staat schon aufgrund seiner Funktion der Friedenssicherung, das heisst der polizeilichen und militärischen Aufrechterhaltung der bürgerlichen Ordnung nach innen und nach aussen, tief in die sündigen Verhältnisse physischer Gewaltanwendung verstrickt, kann sich die Kirche grundsätzlich als die Institutionalisierung des Geistigen und des Sittlichen verstehen.»[464]

460 Ebd. 593.
461 Ebd. 611.
462 Ebd. 612.
463 Ebd. 601.
464 Ebd. 614.

Augustinus vertritt die Auffassung von der Schädlichkeit des Pluralismus von Lehrmeinungen, und er verteidigt den Wert einer durch die Autorität der Kirche gewahrten Orthodoxie, die notfalls auch mit staatlicher Gewalt durchgesetzt wird. Damit bahnt sich die theologische Rechtfertigung der Anwendung politischer Gewalt an, um im Namen der orthodoxen Lehre kirchlichen Gewissenszwang auszuüben. Augustinus befürwortet die von den Kaisern verordnete Todesstrafe gegen die Gottlosen. Damit beginnt im Namen der Heilsgeschichte eine unheilvolle Geschichte der Verfolgung von Andersdenkenden.

> «Augustin hatte zwar begriffen, was das Recht als Organisationsmittel für die Ausübung staatlicher Herrschaft […] leistet, aber fremd geblieben ist ihm das Freiheitspotenzial, das mit der Rechtsform in egalitären Eigensinn dieses Mediums auch beschlossen ist.»[465]

Die Aufforderung zur gewaltsamen Ausrottung der heidnischen Kulte und ganz konkret zur Zerstörung der Tempel geht bereits an die Söhne Konstantins. Kaiser Theodosius I. (347–395) wird von Augustinus als wahrhaft christlicher Herrscher verstanden, da er verfügt hatte, dass die heidnischen Götterbildnisse zerstört würden.[466]

Die langfristige Bedeutung der augustinischen Schrift vom Gottesstaat (*De civitate Dei)* liegt nicht zuletzt in der Entscheidung, zwei *civitates* (Rechtskirche und Rechtsstaat) im Westen des Römischen Reiches anzunehmen. Dies war keineswegs ausgemacht: Im Osten hatte Eusebius von Cäsarea, der Hoftheologe Kaiser Konstantins, die gegenteilige Entscheidung getroffen. Nach ihm gab es nur eine einzige *civitas*, und das Haupt dieses Gemeinwesens war selbstredend der Kaiser. Schon in dieser frühen Phase gehen die Wege von Orient und Okzident, von Osten und Westen, auseinander. Das byzantinische Christentum ohne den Dualismus von geistlicher und weltlicher Sphäre wird von einer *Symphonia* ausgehen, einer Eintracht, die bis heute prägend ist. So war und ist z. B. das Moskauer Patriarchat stets bestrebt, die Übereinstimmung mit dem Kreml zu suchen. Anders verläuft die Entwicklung im Westen, wo Augustinus die Weichenstellung für zwei verschiedene *civitates* (*civitas Dei*, *civitas terrena*) entwickelt hat. Hier kann sich eine Reichskirche herausbilden, die sich unabhängig von der weltlichen Herrschaft, dem Kaiser, versteht.

[465] Ebd. 614.

[466] Vgl. ebd. 615 Anm. 141.

13.5 Exkurs Jerusalem: ein anderer Begriff der Gerechtigkeit

«Das abendländische Thema ‹Glauben und Wissen› erklärt sich aus der spätantiken Arbeitsteilung zwischen Christentum und Platonismus.»[467] In einem philosophischen Kapitel eine biblische Dimension des Glaubens aufzunehmen, ist erklärungsbedürftig.[468] Diese jüdisch-christliche Erzählperspektive ist im Kontext des Naturrechts aber von zentraler Bedeutung. Denn das Naturrecht wächst nicht nur aus griechischer Philosophie (Athen) und römischem Recht (Rom) zusammen. Es kommt da noch ein drittes Element dazu, die biblisch-prophetische, eschatologische Dimension der Gerechtigkeit (Jerusalem).[469]

Gemäss der Grundlage der hebräischen Bibel geben die Propheten, insbesondere Amos und Jesaja, der Gerechtigkeitsvorstellung eine entscheidende Zuspitzung. Sie prangern die Bestechlichkeit der Richter und die ungerechte Behandlung der Armen und Unterdrückten vor Gericht an.[470] Sie geben der Hoffnung auf einen gerechteren Herrscher Ausdruck, der in Gerechtigkeit den «kleinen Leuten» ihr Recht verschafft. Wer so herrscht, sorgt für «Recht und Gerechtigkeit» im Land.[471] Mit ihrer Kritik an den bestehenden sozialen Verhältnissen erfinden die biblischen Propheten gleichsam ein neues Genre, die Sozialkritik. Dies setzte voraus, die gesellschaftlichen Verhältnisse als Ganzes in den Blick zu nehmen und ein Kriterium der Kritik zu entwickeln. Dies ist eine geistesgeschichtliche Pionierleistung.[472]

> «Diese Hoffnung auf die Parteinahme für die Benachteiligten [‹Option für die Armen›] findet ihre Entsprechung in den prophetischen Vorstellungen von der Gerechtigkeit Gottes.»[473]

---

467 Ebd. 484.

468 Vgl. Crüsemann, Frank, Recht und Theologie im Alten Testament, in: Rau, Gerhard / Reuter, Hans-Richard / Schlaich, Klaus (Hg.), *Das Recht der Kirche, Bd. 1: Zur Theorie des Kirchenrechts*, Gütersloh 1997. Vgl. Crüsemann, *Die Tora*.

469 So auch in der Philosophiegeschichte von Jürgen Habermas, wo der Einfluss der jüdisch-christlichen Dimension im Gerechtigkeitsbegriff in vielen unterschiedlichen Ebenen herausgearbeitet wird: Habermas, *Auch eine Geschichte der Philosophie*, Bd. 1.

470 Jes 5,23; 29,21; Am 2,6; 5,7; 6,12.

471 Jes 9,6; 11,4 f.; 16,5.

472 Vgl. Walzer, Michael, *Interpretation and social criticism*, Harvard 1987.

473 Huber, Wolfgang, *Gerechtigkeit und Recht. Grundlinien christlicher Rechtsethik*, Gütersloh ³2006, 193. Von der «Option für die Armen» spricht die Befreiungstheologie Lateinamerikas, vgl. Dokument der 3. Generalversammlung des lateinamerikanischen Episkopats in Puebla (Mexiko) «La evangelización», 13.2.1979, in: *DenzH*, Nr. 4610–4635.

Der Gedanke des drohenden Strafgerichts am Jüngsten Tag wird in der prophetischen Literatur je länger desto deutlicher überboten von der Hoffnung auf die neue Gerechtigkeit in Gottes rettendem Handeln, in dem das Volk Gottes Heil erfährt. Vor allem das babylonische Exil vertieft diese Grundannahme von der Gerechtigkeit Gottes.[474] Recht und Gerechtigkeit benennen neu die Treue Jahwes gegenüber jenen, die er auch in ihrer Entwürdigung und Rechtlosigkeit nicht allein lässt. Gerade dies zeigt sich in den Gottesknechtsliedern des *Deuterojesaja*:

> «Siehe, das ist mein Knecht, den ich stütze;
> das ist mein Erwählter, an ihm finde ich Gefallen.
> Ich habe meinen Geist auf ihn gelegt,
> er bringt den Nationen das Recht.
> Er schreit nicht und lärmt nicht
> und lässt seine Stimme nicht auf der Gasse erschallen.
> Das geknickte Rohr zerbricht er nicht
> und den glimmenden Docht löscht er nicht aus;
> ja, er bringt wirklich das Recht. Er verglimmt nicht und wird nicht geknickt,
> bis er auf der Erde das Recht begründet hat.
> Auf seine Weisung warten die Inseln. So spricht Gott, der HERR,
> der den Himmel erschaffen und ausgespannt hat,
> der die Erde gemacht hat und alles, was auf ihr wächst [...]
> Ich, der HERR, habe dich aus Gerechtigkeit gerufen,
> ich fasse dich an der Hand. Ich schaffe und mache dich zum Bund mit dem Volk,
> zum Licht der Nationen [lumen gentium], um blinde Augen zu öffnen,
> Gefangene aus dem Kerker zu holen und die im Dunkel sitzen,
> aus der Haft.» (Jes 42,1–7)

> «Und er sagte: Es ist zu wenig, dass du mein Knecht bist,
> nur um die Stämme Jakobs wieder aufzurichten
> und die Verschonten Israels heimzuführen.
> Ich mache dich zum Licht der Nationen [lumen gentium];
> damit mein Heil bis an das Ende der Erde reicht.» (Jes 49,6)

Der Bundesvertrag zwischen Gott und seinem Volk, den die Verfasser der Bücher Exodus und Deuteronomium nach assyrischen Vorbildern des 7. vorchristlichen

[474] Z. B. Jes 46,12 f.

Jahrhunderts modelliert haben, weicht in zwei entscheidenden Hinsichten davon ab. Beide Innovationen betreffen die Implikationen des Vertragsmodells.[475]

- Im Bundesvertrag findet sich die Verfassung einer im Kern egalitär-universalistischen Staats- und Gesellschaftsordnung.
- Diese Verfassung verbindet sich mit dem Versprechen, Israel für seine Mission beizustehen. Bis zum Erscheinen des Messias und der Errichtung der Gottesherrschaft soll Israel allen anderen Völkern vorangehen.

Diese beiden Ideen einer gerechten und verpflichtenden Herrschaft der Gesetze einerseits und der heilsgeschichtlichen Rolle Israels andererseits sind im Gedanken des Bundes miteinander verknüpft.[476] Der Bund seinerseits ist abhängig von der Idee Gottes als einer alle anderen Mächte ausschliessenden transzendenten Macht, die dem Recht und der Gerechtigkeit beim Jüngsten Gericht zum Durchbruch verhilft. Diese Vorstellung bringt Deuterojesaja in seinem Hymnus auf den Gott zum Ausdruck, der keine anderen Götter neben sich hat. «Ich bin der Erste, ich bin der Letzte, ausser mir gibt es keinen Gott» (Jes 44,6).

Die jüdische Vorstellung von Gerechtigkeit kennzeichnet somit ihr rettender Charakter, als deren Garant Gott geglaubt wird. Die Parteilichkeit des prophetischen Begriffs von Gerechtigkeit gilt dem zu Unrecht Übervorteilten oder Benachteiligten. Die Folgen dieser prophetischen Sicht hat das Zweite Vatikanische Konzil mit dem ersten Satz der *Pastoralkonstitution «Gaudium et spes»* wie folgt zum Ausdruck gebracht: «Freude und Hoffnung, Trauer und Angst der Menschen von heute, besonders der Armen und Bedrängten aller Art, sind auch Freude und Hoffnung, Trauer und Angst der Jünger Jesu Christi.» (GS 1) Ausdrücklich heisst es im jüdischen Rechtsdenken aber auch: «Du sollst auch den Geringen in seinem Rechtsstreit nicht begünstigen.» (Ex 23,3) So setzt die Parteilichkeit für den Schwachen die Unparteilichkeit des Rechts selbst voraus, wie das Heiligkeitsgesetz zeigt:

> «Ihr sollt beim Rechtsentscheid kein Unrecht begehen. Du sollst weder für einen Geringen noch für einen Grossen Partei nehmen; gerecht sollst du deinen Mitbürger richten.» (Lev 19,15)

[475] Habermas, *Auch eine Geschichte der Philosophie*, Bd. 1, 337.

[476] Ebd. 334 f.

13.6 Die Kirchenrechtswissenschaft im Mittelalter verbindet Athen, Jerusalem und Rom

Im Mittelalter steht die Frage im Raum: Kann das biblische Gerechtigkeitsverständnis mit der aristotelischen Gerechtigkeitstradition verbunden werden?[477] Der aristotelisch geprägte Thomas von Aquin wird sich in seiner mittelalterlichen Rechtsphilosophie aus dem *Alten Testament* den Gesetzesbegriff entlehnen, wie noch zu zeigen sein wird.

Das Zusammenwachsen des Rechtsdenkens aus Athen, Rom und Jerusalem in der mittelalterlichen Rechtswissenschaft der Kirche ist für die westliche Kultur und das abendländische Denken bis auf den heutigen Tag prägend. Das jüdisch-biblische und das griechisch-hellenistische Denken begegnen sich im römischen Weltreich, das seinerseits eine vielfältige, aber in ihrer hochkulturellen Form griechisch geprägte Zivilisation ausgebildet hatte. Das frühe Christentum wusste durchaus um den Impuls, diese griechisch-römische Hochkultur als nutzlos zu verwerfen. Es setzten sich aber jene Kräfte durch, die für eine Auseinandersetzung plädierten. Habermas konstatiert, dass sich das Christentum mit dieser Option gleich doppelt angreifbar gemacht hat: als dogmatisch ausgestaltete, durchrationalisierte Lehre von Seiten der Philosophie, als geistlich-weltliche Macht von Seiten einer religiös-politischen Kritik. Das Christentum entwickelte sich in der römisch-rechtlichen Organisationsgestalt der Kirche. Damit konkurrierte es unweigerlich mit der weltlichen Gewalt, dem Reich, um die politische Macht.

Die Gerechtigkeitsvorstellungen von Athen und Rom werden mit Jerusalems sozialkritischer Gerechtigkeitsvorstellung im Naturrecht zusammengedacht. Die römisch-katholische Kirche wird damit in die Entwicklung der westlichen Rechtskultur hineingezogen. Das christliche Naturrecht hat in der frühen Neuzeit der vernunftrechtlichen Säkularisierung erst den Weg gebahnt.[478] Denn das christliche Naturrecht ist das Resultat eines komplexen Rezeptions- und Syntheseprozesses. Die Rechtswissenschaftler der Kirche, die Kanonisten, und die Rechtsphilosophen haben es im Hoch- und Spätmittelalter entwickelt. Sie haben die griechische Philosophie (Athen) mit der biblischen Prophetie (Jerusalem) im christlichen Naturrecht zusammengedacht. Beide sich widersprechende Gerechtigkeitsvorstellungen wurden im Naturrecht miteinander verbunden. Die Rechtsentwicklung im Mittelalter wurde sogar wesentlich durch die pro-

[477] Vgl. Huber, *Gerechtigkeit und Recht*, 194 f.

[478] Vgl. Habermas, *Auch eine Geschichte der Philosophie*, Bd. 1, 484.

phetische Kritik ausgelöst, nämlich die Vorstellung vom Weltgericht am Ende der Tage (Jes 13–21). Gerechtigkeit wird in der biblischen Glaubenstradition vom jüdisch-christlichen Gott her als eschatologische Vision garantiert. Die Verklammerung der Idee der göttlichen Transzendenz mit der im Bundesgedanken ausgedrückten Idee der rettenden Gerechtigkeit[479] begründet den universellen Geist der Zehn Gebote und die ausserordentliche Wirkungsgeschichte des christlichen Naturrechts. Letzteres gibt den Anstoss zur Entwicklung des modernen Vernunftrechts.[480]

In der biblischen Exoduserzählung begründet der Bundesvertrag zwischen Gott und seinem Volk die politische Existenz Israels. Auszug aus Ägypten, Wüstenwanderung und Bundesschluss stellen die «Erste Revolution» (Jan Assmann) überhaupt dar, weil eine seit unvordenklichen Zeiten bestehende «natürliche» Ordnung verlassen wird zugunsten einer Ordnung, die erst durch einen politischen Beschluss geschaffen wird.[481] Zwar gehen die *Zehn Gebote* an das Bundesvolk, sie bilden jedoch den Kern einer universalistischen Moral. Der Unterschied zwischen den altorientalischen Vasallenverträgen und dem im Kern egalitären sinaitischen Bundesvertrag ist kategorial, nicht graduell. Diese autonome Willensbildung, der Bund, begründet fortan die Beziehungen, wie die Mitglieder des Volkes Gottes zueinanderstehen. Er legt gleichzeitig das Fundament für die Beziehung, die dieses Volk zum transzendenten Gott eingeht.[482]

Das mosaische Gesetzbuch ist von einer weitgehenden Verrechtlichung der Moral geprägt, die das Naturrecht bis Kant bestimmen wird. Nach modernen Begriffen hat der Bundesvertrag am Sinai zwischen dem Volk Gottes und seinem Gott verfassunggebenden Charakter.

> «Wenn man sich die erwähnten *egalitären, universalistischen und antiautoritären Züge* dieses Gründungsaktes vor Augen führt, begreift man, warum Baruch de Spinoza, unter den Philosophen der erste Verteidiger einer säkularen Demokratie, für die vernunftrechtliche Begründung einer modernen Republik auf das Beispiel des alten Israel und der mosaischen Gesetze zurückgreifen konnte.»[483]

---

479 «Der Moralisierung von Heil und Unheil in Gestalt eines *moralisch gesetzgebenden und richtenden Gottes* entspricht die Verpflichtung des Bundesvolkes, jenen 248 Geboten und 365 Verboten der Tora […] *absoluten* Gehorsam zu zollen.» Habermas, *Auch eine Geschichte der Philosophie*, Bd. 1, 331.

480 Vgl. ebd. 336.

481 Vgl. Assmann, Jan, *Exodus. Die Revolution der alten Welt*, München 2015.

482 Vgl. Habermas, *Auch eine Geschichte der Philosophie*, Bd. 1, 337.

483 Ebd. 338.

Das eschatologische Ziel der jüdischen und christlichen Geschichte ist die Vision der Wallfahrt der Völker nach Jerusalem (Jes 43,9), wo alle Völker am Ende der Tage beim Jüngsten Gericht Gerechtigkeit erfahren werden. Um vor diesem Gericht bestehen zu können, ist die naturrechtliche Frage nach der Gerechtigkeit die alles entscheidende Frage, die einen Denkprozess in der Westkirche auslöste, der zum Entstehen der Rechtsstaatlichkeit entscheidend beitrug. Etwas vereinfacht ausgedrückt heisst das: «Ohne die Furcht vor dem Fegefeuer und die Hoffnung auf das Jüngste Gericht hätte die westliche Rechtstradition nicht entstehen können.»[484]

13.7 Die Universität trennt Glauben und Wissen

Im mehrheitlich religiös denkenden Mittelalter, d. h. von der Spätantike bis zur Renaissance, ist die Philosophie in der Obhut der Theologie und der Kirchenrechtswissenschaft. Aber zu meinen, dass diese Phase der Rechtsphilosophie für die säkulare Moderne keinen Beitrag geleistet habe, widerlegt Jürgen Habermas in seinem ersten Band der Philosophiegeschichte.[485] Nach der arabischen folgt die christliche Rezeption der vollständigen aristotelischen Werke,[486] die im 13. Jahrhundert zur Blüte in den im Mittelalter entstandenen Universitäten gelangt. Die Frage nach der Differenz von Glauben und Wissen stellt sich und wird in der europäischen Universität mit einer Fakultät für die Reflexion über den Glauben (Theologie) und einer Fakultät für die Reflexion über das Wissen (Philosophie) beantwortet.[487] Diesem Verhältnis von Glauben und Wissen hat Habermas seine Philosophiegeschichte (2019) von über 1700 Seiten gewidmet.

---

484 Berman, *Recht und Revolution*, 847. Aber auch den heutigen, säkularen Menschen beunruhigt «die Irreversibilität vergangenen Leidens – jenes Unrecht an den unschuldig Misshandelten, Entwürdigten und Ermordeten, das über jedes Mass menschenmöglicher Wiedergutmachung hinausgeht. Die verlorene Hoffnung auf Resurrektion [Auferstehung] hinterlässt eine spürbare Leere. [...] Die ungläubigen Söhne und Töchter der Moderne scheinen in solchen Augenblicken zu glauben, einander mehr schuldig zu sein und selbst mehr nötig zu haben, als ihnen von der religiösen Tradition in Übersetzung zugänglich ist – so, als seien deren semantische Potenziale noch nicht ausgeschöpft.» Habermas, *Glauben und Wissen*, 24 f.

485 Vgl. Loretan, *Interaktion von Philosophie und Recht*.

486 Vgl. Ventimiglia, Giovanni, Tod der Metaphysik? Eine «Trauerrede», in: *SKZ* 31–32/2017, 400–402.

487 Zu meinen, heute an der Universität ganz auf die Glaubensdimension verzichten zu können, ist rein philosophisch ein Irrtum, wie Habermas in seiner Philosophiegeschichte aufzeigt.

Nach biblischer Lehre bleibt der Vernunft die intuitive Erkenntnis Gottes – «von Angesicht zu Angesicht»[488] – verwehrt. Denn durch den biblischen Glauben allein wissen wir vom Bundesgott. Schon die alexandrinischen Kirchenväter entwickelten eine entscheidende Bestimmung des Glaubensbegriffs, der sich in der theologischen Tradition durchsetzen konnte. Danach heisst Glauben, die Behauptung eines Sachverhalts anerkennen. Das Für-wahr-Halten eines gewussten Sachverhaltes drängt sich von der Sache her selbst auf.

> «Hingegen verändert sich der Modus des Für-Wahr-Haltens vom ‹Wissen› zum ‹Glauben› in einem spezifischen Sinne, wenn die Überzeugung von der Wahrheit einer Aussage eines zusätzlichen Aktes der *willentlichen* Zustimmung bedarf, um eine praktische, für die Lebensführung der zustimmenden und damit gläubigen Person *tragende* Wirkung zu erlangen.»[489]

Hinter dieser Differenzierung sieht Habermas die klassische Unterscheidung zwischen der *fides quae*, dem Für-wahr-Halten von Aussageinhalten, und der *fides qua*, der performativen, in Leben und Handeln orientierenden Kraft von Glaubenswahrheiten. Diese Unterscheidung ist auch über den Bereich religiöser Überzeugungen hinaus einleuchtend, sobald zwischen dem theoretischem und einem handlungswirksamen praktischen Wissen schärfer unterschieden wird.[490] Denn zum Glauben gehört das willentliche Moment der Zustimmung, das den Glauben nach patristischer Auffassung vom Wissen unterscheidet. Die Trennung des philosophischen Wissens von der christlichen Glaubenslehre gelingt an den neu gegründeten Universitäten des 13. Jahrhunderts.[491]

Die heutige Naturwissenschaft dagegen kann – jedenfalls aus der Sicht der Philosophie und Theologie – lediglich berichten, dass Menschen eine Ansammlung von Zellen sind. Begriffe wie Person, Menschenwürde, Menschenrechte sind Konzepte, die ihren Ausgangspunkt in einer religiösen Vorstellungswelt haben. Die jüdisch-christliche Tradition hält die Unverletzlichkeit jeder Person hoch, weil jeder Mensch Abbild Gottes (Gen 1,26 f.) ist.[492]

---

488 Ex 33,11: «Der Herr und Mose redeten miteinander *Auge in Auge*, wie Menschen miteinander reden.» Die Lutherübersetzung dazu: «Der Herr redete mit Mose *von Angesicht zu Angesicht*, wie ein Mann mit seinem Freund redet.»

489 Habermas, *Auch eine Geschichte der Philosophie*, Bd. 1, 624.

490 Vgl. ebd. 624.

491 Vgl. ebd. 639.

492 Vgl. Gardels, *Wir brauchen*, 32 f.

Wenn der Zugang zu dieser Glaubensdimension im säkularen Europa einmal ganz verschüttet sein wird, werden dann die Grundbegriffe des modernen Rechtsstaates noch verstanden? Können Menschen motiviert werden die Würde und die Rechte des Andern zu achten? Der religiös nicht-musikalische Jürgen Habermas jedenfalls möchte den Zugang zu diesen Quellen als nachmetaphysischer Denker offen behalten, wie die beiden Bände zur Philosophiegeschichte belegen.[493]

Die säkulare Moderne des religiös neutralen Verfassungsstaates hat sich in den Religionskriegen aus guten Gründen vom Transzendent-Konfessionellen abgewandt, um eine Friedensgrundlage jenseits der Konfessionen zu finden. Aber die säkulare Vernunft würde selbst verkümmern, wenn jeder Gedanke, der das in der Welt Seiende im Ganzen transzendiert, verschwinden würde.[494]

Bestünde dann noch Hoffnung, Grundbegriffe des säkularen Rechtsstaates wie Gewissen, Rechtsperson, Menschenrechte oder reziproke Anerkennung des Andern noch verstehen und motiviert in die Praxis umsetzen zu können? Habermas hat eine säkulare, nachmetaphysische Begründung für die Bedeutung der jüdisch-christlichen Denk- und Rechtstradition erbracht, die zum Denken anregt und die Theologie herausfordert und die Kirchen in die Pflicht nimmt.[495] Denn «die westliche Moderne ist im Schosse des von der römisch-katholischen Kirche geprägten, ja wesentlich mitgeschaffenen christlichen Europas herangereift»[496]. Die mittelalterliche Rechtswissenschaft der Kirche spielte für die rechtsphilosophischen Grundbegriffe der Moderne eine entscheidende Rolle.

Mit der Präambel der *Declaration of Independence* (1776)[497] beginnt Brian Tierney sein Buch über den entscheidenden Beitrag der mittelalterlichen Kirchen-

---

493 Schon sein Lehrer, Theodor W. Adorno, wusste, dass die Moderne entgleist, wenn die weltentwerfende Spontanität der Vernunft zu einer Transzendenz von innen versiegt.

494 Vgl. Habermas, *Auch eine Geschichte der Philosophie*, Bd. 2, 807. Für Habermas kommt es heute daher zu einer Berührung des nachmetaphysischen Denkens mit dem gläubigen Bewusstsein, «solange sich dieses in der liturgischen Praxis einer Gemeinde von Gläubigen verkörpert und damit als eine gegenwärtige Gestalt des Geistes behauptet. […] Solange sich die religiöse Erfahrung noch auf diese Praxis der Vergegenwärtigung einer starken Transzendenz stützen kann, bleibt sie ein Pfahl im Fleisch einer Moderne […] und so lange hält sie auch für die säkulare Vernunft die Frage offen, ob es unabgegoltene semantische Gehalte gibt, die noch einer Übersetzung ‹ins Profane› harren.» Ebd.

495 Vgl. Loretan, *Interaktion von Philosophie und Recht*.

496 Habermas, *Auch eine Geschichte der Philosophie*, Bd. 1, 630.

497 Vgl. *Declaration of Independence: A Transcription*, Präambel.

ritueller «Impuls zu einer Erneuerung der Kirche ging vom Mönchspapst Gregor dem Grossen (590–604) aus, [...] für den die *Regel* des (547 gestorbenen) Ordensgründers Benedikt von Nursia massgebend war»[507]. Die Mönchsregeln werden das kanonische Recht jedenfalls entscheidend prägen und z. B. die Demokratietradition der Alten Kirche bis in die Moderne durchtragen, wie Yves Congar nachweist.[508]

13.8 Aristoteles verändert die Universität

Aristoteles war im Frühmittelalter nur fragmentarisch bekannt. Jener Philosoph, «dem in einer Geschichte der *Wissenschaften* der erste Platz gebühren würde»[509], wird ausgerechnet im sogenannten «finsteren» Mittelalter in die wissenschaftlichen Argumentationen des Westens eingeführt. Nach Aristoteles' Tod im Jahre 322 zerfiel die peripatetische Schule, was unter anderem zur Folge hatte, dass seine Schriften nicht mehr tradiert wurden. Es war der Platonismus, der die Kirchenväter prägte. Über die islamisch-arabische Vermittlung gelangten die Schriften des Aristoteles nach und nach in den Westen und werden ab dem 12. Jahrhundert ins Lateinische übersetzt, denn wenige konnten zu dieser Zeit Griechisch. Die Universitäten Paris, Oxford und Neapel werden zu Zentren der Auseinandersetzung mit Aristoteles, wobei die arabischen, ebenfalls übersetzten Kommentare den Leitfaden abgeben. Auch das Dominikanerzentrum Köln ist prägend, denn dort lehrte Albertus Magnus, hervorragender Gelehrter und Lehrer des Thomas von Aquin.[510]

Zunächst hatten die Schriften des Aristoteles bisher kaum Eingang in das Christentum gefunden. Doch die im Mittelalter neu entstehenden Universitäten werden sowohl in den Geisteswissenschaften als auch in den Naturwissenschaften entscheidend von Aristoteles geprägt. Für unseren Zusammenhang der Rechtsentwicklung von Bedeutung sind der Rechtsphilosoph und Begründer des aristotelisch inspirierten Naturrechts, Thomas von Aquin, und der Begründer der Kirchenrechtswissenschaft, Gratian, die beide von Aristoteles entscheidende Impulse erhalten. Thomas von Aquin lernt in der eben von Friedrich II. gegrün-

[507] Ebd. 642 f. Die Frage, inwieweit Gregor an der Formulierung der überlieferten Fassung der Benediktsregel mitgewirkt haben könnte, kann an dieser Stelle offengelassen werden.

[508] Vgl. Congar, *Quod omnes tangit*.

[509] Habermas, *Auch eine Geschichte der Philosophie*, Bd. 1, 680.

[510] Vgl. Flasch, *Das philosophische Denken im Mittelalter*, 371–378.

deten Universität Neapel die ins Lateinische übersetzten Texte von Aristoteles kennen sowie die muslimischen Aristoteleskommentare von Averroes (1126–1198) und Avicenna (980–1037) sowie die umfassende jüdische Aristotelesrezeption bei Moses Maimonides (1134–1204). Aber auch Anselm von Canterbury und Berengar von Tours geben dem neuen Anspruch des Christentums auf vernünftige Rechtfertigung entsprechende Bedeutung.[511] Nach der Übersetzung der aristotelischen Schriften ins Lateinische[512] entwickelte Thomas, angeregt von Aristoteles, «das erste umfassende, aus christlichem Geist entworfene *philosophische System*»[513]. Dabei ist die Aufteilung der Philosophie des Aristoteles prägend. Die Verselbständigung der praktischen gegenüber der theoretischen Philosophie, die Aristoteles in der *Nikomachischen Ethik* und in der *Politik* durchführt, bedeutet einen Bruch mit jenen Weltbildern, die die politische Ordnung und die Ethik aus der kosmischen Ordnung resultieren lassen. Damit hat Aristoteles die praktische Philosophie als eigenständige Disziplin erst begründet.[514] Diese geistesgeschichtlichen Innovationen verändern entscheidend das bisherige geschlossene Weltbild des Frühmittelalters.

> «In dem Masse, wie das Weltwissen mit der Physik und der Wissenschaftstheorie des Aristoteles schärfere begriffliche Konturen annahm, *wächst die Spannung zwischen Glauben und Wissen.* Thomas steht vor der Aufgabe, die Akte des Glaubens und des Wissens als Modi des Für-wahr-Haltens auszuweisen, ohne den absoluten Sinn der Wahrheitsansprüche modifizieren zu dürfen. Averroes' Lehre von den ‹zwei Wahrheiten› war für ihn unannehmbar.»[515]

Der durch Aristoteles geprägten Theologie stellen sich im Mittelalter zwei Aufgaben: Einerseits muss die Vernünftigkeit des Glaubens philosophisch erklärt werden können; andererseits muss die Frage beantwortet werden, ob und wie Theologie als Wissenschaft zu denken ist.

Aber auch die entstehenden Rechtswissenschaften werden von Aristoteles rechtsphilosophisch herausgefordert. Die aristotelische Unterscheidung zwischen Naturrecht und positivem Recht war schon in römischer Zeit geläufig. Bis heute

[511] Vgl. Habermas, *Auch eine Geschichte der Philosophie*, Bd. 1, 677.

[512] Vgl. Ventimiglia, *Tod der Metaphysik?*, 400–402.

[513] Habermas, *Auch eine Geschichte der Philosophie*, Bd. 1, 680.

[514] Vgl. Bien, Günther, *Die Grundlegung der politischen Philosophie bei Aristoteles*, Freiburg i. Br. / München 1973, 59–194 (II. Teil) und 195–268 (III. Teil).

[515] Habermas, *Auch eine Geschichte der Philosophie*, Bd. 1, 684.

aber besteht in der Rechtsgeschichte eine Debatte darüber, inwiefern die römischen Rechtsgelehrten der Antike über ihre prägende Kasuistik hinaus überhaupt eine Systematik besassen, die eine eigentliche Rechtstheorie beinhaltete.[516] Im Mittelalter jedenfalls wird Aristoteles ganz anders als in der römischen Antike von den philosophisch gebildeten Rechtswissenschaftlern der Kirche und des Staates miteinbezogen. Das Verhältnis von Naturrecht und positivem Recht bekommt eine viel breitere Bedeutung. Denn die unbedingt gültigen göttlichen Gebote waren der unhinterfragbare Massstab für alle Normen geworden. Diese neue Argumentation verlieh dem Naturrecht metaphysische Qualität. Die bisher pragmatisch behandelte Rechtssphäre wird mit der theologischen Vorstellung des Naturrechts verbunden. Damit sind die Weichen für die einzigartige Rechtskultur des Westens gelegt.[517] Erstmals trifft eine biblische Tradition, die Gott als ultimativen Gesetzgeber betrachtet, auf das römische Recht.[518] Letzteres besitzt mit dem *suum cuique* einen philosophischen, jedoch keinen theologischen Massstab. So müssen zwei sehr unterschiedliche Gesetzesbegriffe harmonisiert werden.

Die von Aristoteles und der Stoa herkommende Bezeichnung Naturrecht taucht im Hochmittelalter wieder auf, und zwar in der neuen Bedeutung einer der natürlichen Vernunft allein zugänglichen Rechtssphäre.[519] Der Kirchenrechtswissenschaftler und Theologe Peter Abaelard (1079–1142) interpretiert ebenfalls unter aristotelischem Einfluss den Kern des Naturrechts, die Goldene Regel (Mt 7,12), im juridischen Sinn der Gleichbehandlung von Gleichem und der Ungleichbehandlung von Ungleichem. Im Lichte dieser praktischen Vernunft können alle juristischen Urteile auf ihren vernünftigen Gehalt geprüft werden.[520] Diese Interpretation bildet die Brücke vom philosophischen zum juristischen Verständnis des Naturrechts, das auch Gratian in seinem *Decretum* aufgreift. Denn

516 Für diese Thematik von besonderem Interesse sind die Beiträge von Okko Behrends, der von einem nicht unerheblichen Einfluss der griechischen Philosophie auf das antike römische Recht ausgeht, welches das systematische Denken geprägt habe. Vgl. die Sammlung Behrends, Okko, *Institut und Prinzip*. Siedlungsgeschichtliche Grundlagen, philosophische Einflüsse und das Fortwirken der beiden republikanischen Konzeptionen in den kaiserzeitlichen Rechtsschulen. Ausgewählte Aufsätze, hg. v. Avenarius, Martin / Meyer-Pritzl, Rudolf / Möller, Cosima, Göttingen 2004, 2 Bde.

517 Vgl. Habermas, *Auch eine Geschichte der Philosophie*, Bd. 1, 669.

518 Spuren einer solchen Verbindung sind sporadisch allerdings bereits im ersten Jahrtausend auszumachen. Exemplarisch dafür ist etwa die Debatte über den römisch-rechtlichen Gehalt in der Benediktsregel: Wilhelm, Bruno, Die Regel des hl. Benedikt und unsere Zeit, in: *Monat-Rosen des Schweizerischen Studentenvereins* 73 (1928/29) 258–262.

519 Vgl. Habermas, *Auch eine Geschichte der Philosophie*, Bd. 1, 669 f.

520 Vgl. ebd. 670.

schon um 1100 beginnt eine Auseinandersetzung um die *lex naturalis*, die im Hinblick auf das Verhältnis von Naturrecht und positivem Recht geführt wird.

Auf die naturwissenschaftlichen Schriften des Aristoteles, die die Schöpfungsvorstellung einer in sechs Tagen geschaffenen Schöpfung infrage stellen, reagiert das Lehramt 1131 mit einem Verbot des Studiums der naturwissenschaftlichen Schriften des Aristoteles. Aber an der Universität Paris liessen sich die *disputationes* zwischen den Theologen, die an der Artistenfakultät lehrten, nicht aufhalten. Aus diesen Auseinandersetzungen ist die Philosophie in der Gestalt einer Universitätswissenschaft hervorgegangen.

> «Albertus Magnus und Thomas von Aquin waren die ersten repräsentativen Verkörperungen eines ‹Philosophen› in dem bis heute üblichen Sinn des lehrenden Universitätsgelehrten.»[521]

Die aristotelische Trennung von Theorie und Praxis ermöglicht Freiheit zu denken, da man die Welt nicht mehr wie bei Augustinus vom sündigen Menschen her als vielmehr vom vernunftbegabten Menschen her entziffert. Gemäss Aristoteles ist der Mensch mit einem Vernunftvermögen ausgestattet, das ihm erlaubt, die Welt zu erforschen. Die Harmonisierung von Christentum und Aristotelismus ist jedoch keine einfache Sache: Aristoteles kennt keine Schöpfung. Das im zwölften Buch seiner *Metaphysik* als Abschluss der Ontologie eingeführte erste unbewegte Bewegende ist eher ein Prinzip als Ziel eines Erkenntnisweges, das Erleuchtung verspricht. Es eignet sich nicht als Begründung der Praxis, weil theoretische Erkenntnis und das für den Menschen Gute bei Aristoteles schon auseinanderfallen.

Damit wird die Vereinbarkeit von Glauben und Wissen auf die Probe gestellt. Ob die Gottesvorstellung der Philosophen und der biblische Gott Abrahams, Jakobs und Isaaks zusammen gedacht werden können, bleibt eine Herausforderung.

Die obersten Normen des sittlichen Handelns werden bei Aristoteles nicht mehr aus den ersten Prinzipien der Wissenschaft vom Seienden begründet, «also *das Gute nicht mehr ontologisch in der Verfassung des Kosmos verankert*. Die aristotelische Tugendlehre [die Ethik] kommt ganz ohne metaphysische Prämissen aus.»[522] Sie konfrontiert das christliche Weltbild des Mittelalters mit einer Denkweise des Normativen, die die Schöpfungsvorstellung mit dem Sündenfall Adams weglässt,

---

[521] Ebd. 678.

[522] Ebd. 689.

der für die Erbsündenlehre des Augustinus zentral war. Diese bisherige Verankerung der obersten Normen in Schöpfungstheologie und Erbsündenlehre erfährt eine Säkularisierung des Normativen, die auf der aristotelischen Entkoppelung der praktischen von der theoretischen Vernunft aufbaut. Der aristotelisch gebildete Thomas eröffnet damit neue Dimensionen der Rechtsphilosophie und Ethik.

Auf die Herausforderungen des Aristoteles hat Thomas von Aquin Antworten zu liefern, um die Schriften des Aristoteles fruchtbar machen zu können. Thomas versteht die aristotelische Wissenschaftskonzeption als den Standard, an dem sich die wissenschaftlichen Ansprüche messen lassen müssen.[523]. Deshalb werden Begriffe aus dem griechischen Denkkontext in den christlichen lateinischen Kontext übersetzt. So verwandelt sich die griechische Vorstellung des Kosmos in die gefallene Schöpfung.

> «Im Lichte des aristotelisch ernüchterten Theoriebegriffs verlangte ein inzwischen ohnehin mit dem christlichen Logos verschmolzener *und entsprechend erweiterter* Begriff der Vernunft nach einer internen Differenzierung zwischen Glauben und Wissen. Dafür boten sich [...] die *Oppositionsbegriffe Natur und Gnade* an.»[524]

Wie weit reicht das wissenschaftlich zwingende Wissen in den Bereich der Glaubenswahrheiten hinein? Für die Beantwortung dieser Herausforderung zeigt Thomas zwei indirekte Wege auf: den Weg der Negierung von allgemeinen Aussagen (die *via negationis*[525]) und den Weg der analogen Auffassung von steigerungsfähigen Eigenschaften (die *analogia entis*[526]). Thomas hält an der Vernünftigkeit des Glaubens fest und betont deshalb die Wissenschaftlichkeit der Theologie, obwohl letztere die Dinge aus einem anderen Blickwinkel als die Philosophie betrachtet. Sie redet nicht von Substanzen, sondern von Geschöpfen in Hinordnung auf Gott.

> «Dieser Perspektivenunterschied verbietet jedoch keineswegs wissenschaftliche Argumentation. [...] *Da das eine dem anderen nicht widersprechen darf*, wird die Philosophie zum Prüfstein der Theologie. [...] Der Streit um die Metaphysik ist immer

523 Vgl. Habermas, *Auch eine Geschichte der Philosophie*, Bd. 1, 694.

524 Ebd. 695.

525 «Den Weg der Negierung von allgemeinen Aussagen, mit denen wir charakterisieren, was wir am innerweltlichen Geschehen [...] als unvollkommen wahrnehmen.» (Ebd. 697).

526 «Den Weg der analogen Auffassung von steigerungsfähigen Eigenschaften, die wir [...] vor allem bewunderungswürdigen Personen zusprechen.» Ebd.

auch ein Streit um Aussagen, die in der apologetischen Auseinandersetzung zählen. Denn die Wahrheit des Glaubens kann den von Natur aus bekannten Prinzipien, die Gott selbst der Vernunft eingesetzt hat, nicht entgegenstehen (ScG I, 7). [...] Die natürliche Vernunft behält zwar nicht das letzte Wort, aber sie kann auch nicht vom Glauben überstimmt werden.»[527]

In dieser Tradition des Thomas stehend, kann das Zweite Vatikanische Konzil in GS 36 bedauern, dass gewisse Geisteshaltungen wegen eines unzulänglichen Verständnisses für die legitime Autonomie der Wissenschaft unter Christen vorgekommen sind. Dies schuf erst die Überzeugung eines Widerspruchs zwischen Glauben und Wissenschaft.

Auch die politischen Theorien werden durch die christliche Rezeption des Aristoteles grundlegend verändert. Die traditionelle Lehrmeinung des Augustinus geht davon aus, dass die politische Macht des Staates mit der Erbsünde begründet wird. Die politische Herrschaft leitet sich von der Erbsünde ab und sie ist damit ein Mittel gegen die Sünde.[528]

In diesen neuen politischen Theorien nach der Wiederentdeckung des Aristoteles wird die Machtlegitimation aus dem Wesen des Menschen selbst als *zoon politikon* entwickelt. Sie wird nicht mehr aus der Erbsünde abgeleitet. Dies leitet einen der grössten Wendepunkte in der Geschichte des politischen Denkens des Westens ein. Es eröffnet «den Weg hin zur Lehre von der demokratischen Partizipation und zur Freiheit.»[529]

13.9 Die Vernunft bei Thomas von Aquin OP

Thomas von Aquin spricht der Rechtsphilosophie als einer praktischen Wissenschaft (*scientia practica*) einen anderen kognitiven bzw. epistemischen Rang zu als Aristoteles. Dies impliziert, dass moralphilosophische Überlegungen der

---

527 Ebd. 721 f.

528 Vgl. Prodi, Eine Geschichte der Gerechtigkeit, 82.

529 Ebd. 82 f. Der Gedanke der Sünde dominierte alle politischen und theologischen Denkrichtungen des 14. Jahrhunderts. «Während die einen die Sünde ideologisch zur Unterstützung der Macht des Papstes als oberstem Richter über die Sünde instrumentalisieren, dient sie anderen als Beleg für die Autonomie der Herrschaft als von Gott Beauftragten (und Gott unmittelbar dafür Verantwortlichen), über das der menschlichen Gemeinschaft innewohnende Böse zu walten.» Ebd. 83. Vgl. Stürner, Wolfgang, *Peccatum und Potestas. Der Sündenfall und die Entstehung der herrscherlichen Gewalt im mittelalterlichen Staatsdenken*, Sigmaringen 1987.

praktischen Vernunft nicht ohne Vorarbeiten der theoretischen Vernunft zu gewinnen sind.

> «Während die theoretische Vernunft auf die Beschreibung einer bestimmten ontischen ‹Ordnung› abzielt, die sie nicht selber hervorbringt (*ordo, quem ratio non facit, sed solum considerat*), bringt die praktische Vernunft, indem sie das Handeln entsprechend anleitet, eine solche Ordnung in der Welt erst hervor (*ordo, quem ratio considerando facit*). Die praktische Vernunft verdankt sich der *Ausdehnung* des Intellekts auf ein anderes Vermögen des menschlichen Geistes – auf den Willen, und zwar mit dem Ziel, diesen im Handeln zu orientieren. In einer Entscheidungssituation steht der Wille vor Handlungsalternativen.»[530]

Dabei stellt die praktische Vernunft den Willen vor die Alternative, das Gute zu tun und das Schlechte zu meiden. In der *Nikomachischen Ethik* geht Aristoteles von natürlichen Bestrebungen aus, die die Überlegungen einer auf ihr Wohlergehen bedachten Person auf die jeweils relevanten Wertorientierungen und Güter ausrichten. Dieses grundsätzlich sehr positive Menschenbild kontrastiert mit dem augustinischen Verständnis der Willensfreiheit im Kontext von Sünde und Gnade. Den philosophischen Reflexionsweg des Aristoteles entwickelte Thomas von Aquin weiter. Indem er die aristotelisch erneuerte Naturrechtstradition des römischen Rechts in seine Ethik integrierte, begründete er die Rechtsphilosophie als eigenständige Disziplin.[531] Thomas entwickelt seine Rechtsphilosophie also aus der natürlichen Vernunft. Dabei macht Habermas eine anregende Entdeckung:

> «Die aus natürlicher Vernunft allein entwickelte Metaphysik räumt zwar einer Religion, die sie als geistige Macht faktisch vorfindet, einen Platz ein; aber die aus natürlicher Vernunft entwickelte Ethik ist *auf Religion als ihre Fortsetzung angelegt*.»[532]

In der aristotelischen *Politik*[533] wird der Blick auf die Organisationsformen und Institutionen der Stadt gerichtet, in denen die Bürger die öffentlichen Angele-

---

530 Habermas, *Auch eine Geschichte der Philosophie*, Bd. 1, 729.

531 «Während Aristoteles seine ethischen Untersuchungen aus der *pragmatischen* Sicht einer nach ihrem Glück strebenden Person anlegt, wählt Thomas den Zugang über die Handlungstheorie, der den Blick des wissenschaftlichen Beobachters auf die Intentionen des Handelnden richtet. So kann er Handlungen als etwas in der Welt Seiendes untersuchen (STh I–II, q. 18–21).» Ebd. 731.

532 Ebd. 740.

533 Vgl. Aristoteles, *Politik*.

genheiten (*res publica*) ihres Zusammenlebens ordnen. Die *Politik* des Aristoteles kann als Gründungsurkunde der politischen Wissenschaften bezeichnet werden. Thomas entwirft seine Rechtsphilosophie in Kenntnis der aristotelischen Politik. Die Rechtsphilosophie versteht er aber als neue Disziplin, die zwischen Ethik und Politik vermittelt. Er reagiert damit auf die neue wissenschaftliche und politische Bestimmung, die das Recht inzwischen in Universität und Gesellschaft erhalten hatte.[534] Thomas, dem Rechtsphilosophen des 13. Jahrhunderts, sind weder die neuen institutionellen Veränderungen der Rechtskirche noch die Konkurrenz der Herrschaftsansprüche von Papst und Kaiser entgangen. In der Gregorianischen Reform wurde das Recht als Instrument zur Gestaltung der politischen Ordnung wahrgenommen.

Thomas knüpft in seiner Monografie *De regimine principum ad regem Cypri*[535] an die Tradition der seit der Antike bekannten Fürstenspiegel an. Er geht nicht von der korporativen Selbstverwaltung in den aufblühenden mittelitalienischen Städten aus, wie man das von einem aristotelisch gebildeten Philosophen erwarten würde. An diesen Republikanismus der frühmodernen Städte, die vom Selbstbestimmungsrecht des kanonischen Rechts inspiriert waren, knüpft er nicht an. Dennoch hält er fest:

> «Weil der Mensch dazu bestimmt ist, frei zu sein und ‹um seiner selbst willen zu leben›, geht es allemal um eine ‹Herrschaft von Freien›.»[536]

Aber diese freie Herrschaft begreift Thomas nicht republikanisch wie Aristoteles. Für Thomas wird eine Gesellschaft von Freien idealerweise von einem gerechten Leiter (*rector*) auf eine Zusammenarbeit angelegt, die dem gemeinsamen Wohl (*bonum commune*) dient. Jede gerechte Regierung ist für Thomas also monokratisch angelegt.

Neben dieser Ausrichtung des Thomas auf die Freien, die die Spanischen Klassiker des Naturrechts im 16. Jahrhundert aufgreifen werden (zugunsten der Volkssouveränität und der Menschenrechte), gelingt ihm mit dem Gesetzestraktat ein Durchbruch. Er entwickelt die Rechtsphilosophie als neue Disziplin, indem er in seinem Naturrechtsverständnis Jerusalem mit Rom und Athen ver-

---

534 Vgl. Habermas, *Auch eine Geschichte der Philosophie*, Bd. 1, 747.

535 Zu dieser an den König von Zypern gerichtete Schrift vgl. die dt. Übers. v. Schreyvogl, Friedrich, *Thomas von Aquin, Über die Herrschaft der Fürsten*, Stuttgart 1971.

536 Habermas, *Auch eine Geschichte der Philosophie*, Bd. 1, 742. Die klare Unterscheidung zwischen Staat und bürgerlicher Gesellschaft ist allerdings ein Produkt des 18. Jahrhunderts.

bindet. Er stösst mit seiner Aristotelesinterpretation «das Tor des hochmittelalterlichen Denkens zur Moderne auf»[537].

Prägend für seinen Gesetzestraktat[538] ist der Gesetzesbegriff des Alten Testaments. Seinen Gesetzesbegriff entnimmt Thomas aber nicht dem Bibeltext; er gebraucht vielmehr den in der zeitgenössischen Rechtswissenschaft entwickelten Begriff des Gesetzes, um so die theologische Tradition zu erschliessen. Diese thomasische Methode wird mit dem christlichen Naturrecht begründet. Denn die scholastisch gebildeten Juristen hatten nämlich das römische Recht im göttlichen Recht fundiert.[539] Der so entstandene Gesetzesbegriff (lex) wurde zum Massstab einer verschriftlichten und professionalisierten Rechtsanwendung. Von entscheidender Bedeutung ist für Thomas der Umstand, dass mittelalterliche Juristen und Kanonisten das positive Recht über das klassische Naturrecht an die normative Vorstellung der biblischen Tradition anbinden. Auf diesem Wege sind wesentliche Elemente des Naturrechts verrechtlicht worden. Thomas konnte damit an die Naturrechtslehre von Gratian und Peter Abaelard anschliessen.[540] Seine berühmte Definition lautet:

> «Das Gesetz ist nichts anderes als eine Anordnung der Vernunft im Hinblick auf das Gemeingut, erlassen und öffentlich bekannt gegeben von dem, der die Sorge für die Gemeinschaft innehat.»[541]

Mit diesem juristischen Gesetzesbegriff gelingt es Thomas, eine Verbindung zwischen dem positiven Recht, also dem von Menschen gemachten Recht, und der *lex naturalis* zu schaffen. Diese wiederum ist ein Ausdruck der *lex aeterna vel divina*, also des vom Schöpfergott erlassenen ewigen Gesetzes. Damit sind die *Zehn Gebote* bzw. das Doppelgebot der Gottes- und Nächstenliebe und das von allen Menschen kraft ihrer blossen Vernunft einsehbare Naturrecht in einer Konstruktion vereinigt, ohne die Unterscheidung zwischen Offenbarung und Vernunft aufzuheben.

Aus rechtsphilosophischer Sicht ist der thomasische Gesetzestraktat ein entscheidender Schritt. Denn mit ihm kommt der universalistische Kern des Verantwortungsbewusstseins, das das Christentum mit dem Judentum teilt, gegen

537 Ebd. 747.

538 STh I–II, q. 90–97.

539 Vgl. Habermas, *Auch eine Geschichte der Philosophie*, Bd. 1, 747.

540 Vgl. ebd. 748.

541 STh I–II, q. 90, a. 4.

die aristotelische Tradition zur Geltung.[542] Mit der Definition des allgemeinen, handlungsnormierenden und strafbewehrten Gesetzes entwirft die neue Disziplin der Rechtsphilosophie eine andere Sprache als die Güterethik. Die juristische Fassung des ewigen Gesetzes legt bei Thomas eine Analogie des Schöpfungsaktes mit einem Gesetzgebungsakt nahe. Die Schöpfung, d. h. die göttlich geordnete Welt funktioniert nach einer Anordnung der Vernunft.

Die Frage nach der rechtsphilosophischen Legitimation eines Gesetzes ist bei Thomas entscheidend. Gibt es Prinzipien, an die sich die Menschen angesichts des wechselnden positiven Rechts vernünftigerweise orientieren können? Die Beantwortung dieser Frage entscheidet darüber, ob der politische Gesetzgeber ein inzwischen ausdifferenziertes Rechtssystem (*lex humana*) anhand naturrechtlicher Grundsätze (*lex naturalis*) legitimieren kann. Thomas beschreibt diesen Gesetzesgehorsam auch als Teilhabe am ewigen Gesetz. Vernunftbegabte Geschöpfe[543] partizipieren am ewigen Gesetz aufgrund der Erkenntnis des Gesetzes. Ihre Teilhabe am ewigen Gesetz wird durch ihre Reflexion auf das Gesetz bestimmt.[544] Insofern ist diese Rechtsphilosophie des Naturrechts eine Sache der menschlichen Vernunft.

> «Das natürliche Gesetz [*lex naturalis*] ist etwas durch die Vernunft Aufgestelltes [*per rationem constitutum*] [...] (STh I–II, q. 94, a. I). Das natürliche Gesetz ist im Unterschied zum ewigen Gesetz nicht göttliches, sondern menschliches Recht, auch wenn es sich auf die Erkenntnis des ewigen Gesetzes stützen muss: ‹Die Teilnahme am ewigen Gesetz im vernunftbegabten Geschöpf wird natürliches Gesetz genannt.› (STh I–II, q. 91, a. 2).»[545]

Hier öffnet sich das Naturrecht für einen moralischen Universalismus. Das Sollen des Naturrechts ergibt sich aus der Teilhabe des Menschen am ewigen Gesetz. Letzteres ist reflexiv vermittelt und appelliert über die Vernunft an den freien Willen des Menschen. An diesen moralischen Universalismus werden die «Thomas-Schüler», die Spanischen Klassiker des Naturrechts im 16./17. Jahrhundert und Jacques Maritain (1882–1973) im Kontext der *Allgemeinen Erklärung der Menschenrechte* (1948) anknüpfen.

---

542 Vgl. Habermas, *Auch eine Geschichte der Philosophie*, Bd. 1, 750.

543 «Aber diese Teilnahme unterscheidet sich je nachdem, ob es sich um vernunftlose oder vernünftige Wesen handelt» (ebd. 753).

544 Vgl. ebd.

545 Ebd. 754 f.

13.10 Der Wille bei Scotus und Ockham

Der Dominikaner Thomas von Aquin scheint die griechische Philosophie des Aristoteles[546] mit dem christlichen Heilswissen zusammenzudenken.[547] Damit waren Glauben und Wissen versöhnt bzw. war Glauben im Horizont der aristotelischen Wissenschaftstheorie denkbar. Auch die franziskanischen Theologen Duns Scotus und Wilhelm von Ockham bemühen sich um eine Übereinstimmung mit der Philosophie des Aristoteles. Aber sie verstanden Begriffe wie individuelle Person und Geschichte, Willensfreiheit, Gerechtigkeit, Politik und Recht philosophisch anders. Konnte der Gott des Thomas nicht anders als vernünftig handeln, so hätte nach Scotus Gott auch eine andere Welt schaffen können. Denn «Gott kann frei wollen und nicht wollen, was immer von ihm verschieden ist.»[548] Weil sich in der Schöpfung primär der Wille und nicht die Vernunft Gottes zeigen, begegnet die Vernunft des Menschen dieser Welt in ihrer blossen Faktizität. «Die menschliche Vernunft ist nicht länger a priori auf das Wesen der Natur ‹hingeordnet›.»[549]

Deshalb erlangt das Besondere, das Individuelle und Konkrete eine ganz neue philosophische Wichtigkeit. Die Aufmerksamkeit wird auf das Individuelle ausgerichtet, denn das Individuum wird unter dem Blickwinkel des Allgemeinen nur unvollkommen verstanden. Diese voluntaristische Umgestaltung von Grundbegriffen ergibt sich aus der anders beantworteten Frage, wie Theologie als Wissenschaft denkmöglich ist. Duns Scotus und Wilhelm von Ockham haben mit ihrer Kritik an der Metaphysik des Thomas keineswegs nur eine Interpretation des Verhältnisses von Religion und Vernunft durch eine bessere ersetzt, wie sie selber meinten. Denn sie rissen dabei eine Kluft zwischen Glauben und Wissen auf, die kaum noch zu überbrücken war. In der Reformation werden diese nominalistischen Weichenstellungen radikalisiert: Die «gefallene» menschliche Vernunft ist zu gar keiner natürlichen Theologie mehr fähig (z. B. bei Martin Luther, Karl Barth), weil in Glaubensdingen allein die Schrift Quelle von Erkenntnis sein kann. Die Brücken zwischen Glauben und Wissen werden abgebrochen, denn diese unterscheiden sich nun grundsätzlich. Glaube ist kein spekulativer Akt,

546 Die griechische Philosophie in ihrer massgeblichen Gestalt ist für Thomas die von Aristoteles.

547 Vgl. ebd. 762 f.

548 Duns Scotus, Johannes, *Reportatio Parisiensis examinata I 38–44. Pariser Vorlesungen über Wissen und Kontingenz*, Freiburg i. Br. 2005, 43. *Distinktion* Nr. 26, 186/187. Lat. Original: «Deus potest velle et non velle libere quodlibet aliud a se.»

549 Habermas, *Auch eine Geschichte der Philosophie*, Bd. 1, 785.

noch ist die Gottesschau eine spekulative Schau. Der Glaube an die personale Natur Gottes hatte auch bei Thomas zu einer klaren Grenzziehung zwischen der metaphysischen Erkenntnis Gottes und dem Glauben an eine posthum erwartete Begegnung von Angesicht zu Angesicht gedrängt.[550] Die Haltung des Betenden, der mit Gott in Beziehung tritt und nicht von einer Beobachterperspektive aus Gott erkennen will, wird nun auch für die Theologie bestimmend, beispielsweise in der lutherischen und reformatorischen Theologie: Hier geht es nicht mehr um einen metaphysischen Weltentwurf mit Gott als dem krönenden Abschluss. Vielmehr wird Theologie eine praktische Wissenschaft; sie soll jetzt die für den Heilsweg notwendige Ethik erklären.

> «Gott wird einst den Auferstandenen in der Rolle der zweiten Person begegnen – wie dem Betenden schon auf Erden. Dieselbe performative Einstellung, in der der Gläubige Gottes erlösendes Wort vernimmt und seinen Glauben gegenüber Gott und den Menschen praktiziert, soll nun auch die Verwalterin dieser Wahrheiten, die Theologie selbst, einnehmen.»[551]

Das Naturrecht (sprich: die Rechtsphilosophie) und die Ethik sind allein Sache der praktischen Vernunft, weil ihnen anders als bei Thomas eine ontologische Grundlage fehlt. Sie fügen sich in eine ganz andere Bauart der Theorie ein. Mit dem Begriffspaar «Wille und Natur» (anders als «Gnade und Natur» bei Thomas) grenzt Duns Scotus das Reich der Freiheit vom Reich der Notwendigkeit ab. Das Thema der Willensfreiheit oder der Ethik des Menschen eröffnet sich für Scotus über das Reich der Freiheit. Scotus entwickelt die ontologisch entwurzelte Moral allein aus dem unmittelbaren Verhältnis zur göttlichen und menschlichen Freiheit.[552]

Der Begriff des subjektiven Rechts wird vielfach auf Wilhelm von Ockham zurückgeführt. Sein nominalistischer, auf das Einzelne und den Einzelnen fokussierender Zugang erlaubt es, neben der objektiven Rechtsordnung subjektive Rechte zu erkennen, die den Individuen unabhängig von aller Zugehörigkeit zu einer Körperschaft zukommen. Der juristische, auf die Empirie gerichtete Blick Ockhams betrachtet die korporativ verfasste Kirche wie den Staat als Organisation, dessen Amtsträger nach ihrer Funktion beurteilt werden. Diese besteht darin, das christliche Volk zu regieren. Dieser nüchterne Ansatz macht auch vor dem Papst nicht halt: Er verdankt seine Stellung innerhalb der Kirche weniger

550 Vgl. ebd. 781.
551 Ebd. 782.
552 Vgl. ebd. 790 f.

der Einsetzung durch Jesus Christus als vielmehr geschichtlichen Prozessen. So unterscheidet Ockham auch zwischen dem Papst als Person und dem Amt. «Ockham betrachtet die korporativ verfasste Kirche wie den Staat als eine weltliche Organisation.»[553]

Dank diesem Denken über die Kirchenstrukturen lässt sich ein Vergleich zwischen der Organisation der Kirche und des Staates für verschiedene spätmittelalterliche Autoren mit grösster Selbstverständlichkeit erstellen. Denn was eine schlechte Regierungsform der Kirche ist, kann auch nicht eine Regierungsform des Staates sein, hätten die Autoren damals gesagt. «Welche politische Verfassung die Gemeinwohlorientierung der Herrschaft am besten garantiert, beantwortet Ockham mit der Feststellung: das Volk.»[554] Denn es gilt für ihn der römisch-rechtliche und kanonische Grundsatz: «Was alle auf gleiche Weise betrifft, muss von allen genehmigt werden.»[555] Ockham stützt sich dabei nicht wie zu erwarten auf die politische Ethik des Aristoteles, sondern auf das Gesetz der evangelischen Freiheit: Danach ist jede legitime Herrschaft nur eine Herrschaft über Freie und Gleiche. Der Kaiser hat «in zeitlichen Dingen keine grössere Kompetenz, als sie das Volk hatte, da der Kaiser seine Kompetenz vom Volk hat».[556] Die Konzeption der Herrschaft über Freie, die schon Thomas entwickelt hatte, gewann mittels des voluntaristischen, von der Ermächtigung her entwickelten Freiheitsbegriffs des Nominalismus ein schärferes Profil.

Wer allerdings den Nominalismus als Denkvoraussetzung der subjektiven Rechte bzw. der Menschenrechte versteht, nimmt den entscheidenden Beitrag der mittelalterlichen Kirchenrechtswissenschaft nicht zur Kenntnis, den Brian Tierney in seinem Standardwerk «The Idea of natural rights»[557] überzeugend belegt. Die Sprache der (subjektiven) Rechte

> «hat sich im Westen nicht deshalb entwickelt, weil die Menschen im Westen besser oder weiser wären als andere, sondern weil wir eine andere Geschichte haben. Es besteht zumindest die Möglichkeit, dass andere sich dafür entscheiden, davon zu profitieren.»[558]

---

[553] Ebd. 839.

[554] Ebd. 850.

[555] Ebd.: «Quod omnes similiter tangit, ab omnibus comprobetur.» (dt.: S. Schnurrenberger).

[556] Ebd. 851.

[557] Vgl. Tierney, *The Idea of Natural Rights*, 93–203.

[558] Engl. Original: «Rights language did not grow up in the West because Western people are better or wiser than others; it is just that we have had a different history. There is at least a possibility that others may choose to profit from it.» Ebd. 347 (dt.: A. Loretan).

Die Spanischen Klassiker des Naturrechts werden sowohl vom aristotelisch-thomasischen Denken als auch vom nominalistischen Denken her die Volkssouveränität und die Menschenrechte der Indios begründen.

13.11 Theorie der staatlichen Macht

Der Klerus ist auch von den modernen Monarchien noch lange als die Macht legitimierende Stütze des Gottesgnadentums betrachtet worden. Aber diese Instrumentalisierung der kirchlichen Autorität hatte sich aufgebraucht. Daher spitzte sich die Frage zu, wodurch sich die rechtlich formalisierte Machtausübung noch legitimieren kann, wenn der Rechtsstaat die sakrale Macht nicht mehr glaubwürdig als Legitimationsquelle in Anspruch nehmen kann.[559]

Diese normative Frage ist von Marsilius von Padua mit Entwürfen zu einer begründeten und allgemein zustimmungsfähigen politischen Verfassung beantwortet worden. Dieser mittelalterliche Vorschlag wurde im modernen Vernunftrecht weiterentwickelt. Solche mittelalterlichen Theorien bahnten den Weg zu den Verfassungsrevolutionen des 17. und 18. Jahrhunderts,[560] die im letzten Teil (IV. Moderne Verfassungen) behandelt sind.

Die Theorien des Konziliarismus des 14. und 15. Jahrhunderts erachten das Konzil als die höchste kirchliche Instanz. In diesen Theorien wird intensiv über Kirche als *societas* nachgedacht. Nach dem Abendländischen Schisma mit konkurrierenden Papstansprüchen in Rom und Avignon von 1378 bis 1417 radikalisiert sich die Frage nach der Quelle der legitimen Herrschaft in der Kirche. Damit ist auch die Frage nach der Abgrenzung von kirchlicher und weltlicher Autorität verknüpft.

Jean Gerson (1363–1429), ein französischer Theologe und Kanzler der Pariser Sorbonne, ist hier die entscheidende Figur, und die Langzeitwirkung seiner Theorien ist kaum zu überschätzen.[561] Im Zusammenhang mit dem Konziliarismus und den subjektiven Rechten ist es wichtig, sich die vorausgehenden kanonistischen Lehren zu den individuellen Rechten und den kanonistischen Korporationstheorien bewusst zu machen, in deren Tradition sowohl de Vitoria, Gerson

Dieses Standardwerk der «Humanistic Studies» sollte wenigstens partiell in deutscher Übersetzung der Kirchenrechtswissenschaft zugänglich gemacht werden.

559 Vgl. Habermas, *Auch eine Geschichte der Philosophie*, Bd. 1, 886.

560 Vgl. ebd.

561 From Gerson to Grotius, in: Tierney, *The Idea of Natural Rights*, 207–342.

und Ockham als auch der Kirchenrechtler und Philosoph Nikolaus von Kues stehen. Nikolaus postulierte ebenfalls, dass es gleiche natürliche Rechte gebe, die allen Menschen gemeinsam seien[562]. Die *amerikanische Unabhängigkeitserklärung* im letzten Drittel des 18. Jahrhunderts steht somit in bester mittelalterlicher Kirchenrechtstradition, wie Tierney hervorhebt:[563]

> «Wenn wir nach den Ursprüngen einer Lehre von den natürlichen Rechten suchen wollen, müssen wir lernen, eine mittelalterliche religiöse Tradition und eine mittelalterliche Gesellschaft zu verstehen, in der die Werte des Individualismus und der Gemeinschaft gleichermaßen hochgehalten wurden.»[564]

Den Gegensatz von Kommunitarismus und Individualismus kannte das mittelalterliche Rechtsverständnis noch nicht. Gegen die Theorie des Konziliarismus, die von Gerson und seinen Anhängern neu formuliert und weiterentwickelt wurde, ist die Idee der Kirche als konstitutioneller Monarchie aus einer allgemeineren Analyse politischer Gesellschaften abgeleitet worden. Deshalb wurde Gerson bei seiner Verteidigung des Konziliarismus (danach steht die Autorität der Universalkonzilien über der des Papstes) dazu verpflichtete, eine Theorie über die Ursprünge und den Ort der legitimen politischen Macht innerhalb des säkularen Gemeinwesens aufzustellen.[565] Gerson zeigte sich dabei als ein früher Befürworter einer Doktrin der individuellen Rechte. Er kommt zum Schluss, dass «jede weltliche Regierung unabhängig von jeder anderen Form der Jurisdiktion

---

562 Vgl. ebd. 234, mit Nikolaus von Kues, De concordantia catholica, Liber tertius, in: *Nicolai de Cusa Opera omnia*, Bd. 14,3, Hamburg 1959, 331.

563 Kurzfassung bei Tierney, *The Idea of Natural Rights*, 343–348.

564 Engl. Original: «If we want to seek out the origins of a doctrine of natural rights we must learn to understand a medieval religious tradition and a medieval society where the values of individualism and of community were equally cherished.» Ebd. 235 (dt. m. deepl translator).

565 Engl. Original: «When the theory [of conciliarism] came to be restated and developed by Gerson and his followers at the time of the Great Schism, the idea of the Church as a constitutional monarchy was deduced from a more general analysis of political societies – a genus of which the Church was now taken to be a species. This in turn meant that, in defending the authority of General Councils over the Church, Gerson in particular committed himself to enunciating a theory about the origins and location of legitimate political power within the secular commonwealth. And in the course of setting out this argument, he made two major and deeply influential contributions to the evolution of a radical and constitutionalist view of the sovereign State». Skinner, *The Foundations*, Bd. 2, 114 f. (dt. m. deepl translator).

sein muss, auch von der [...] Jurisdiktion der Kirche»[566]. Im eigenen Bereich muss die Kirche nach Gerson auch Zwang ausüben können, aber er ist sich ziemlich sicher, «dass die ‹Fülle der Macht› der Kirche nicht über die Ausübung dieses ‹geistlichen Schwertes› hinausgeht»[567]. Seine Argumente untergraben die hierokratische Theorie der päpstlichen Suprematie, die Bonifatius VIII. auf die Spitze getrieben hatte. Langfristig bilden diese kirchenrechtswissenschaftlichen Überlegungen den Ausgangspunkt für die politische Philosophie der Neuzeit. Der Begriff des Verfassungsstaates ist von Gerson bereits vorweggenommen. Denn er vertritt die Auffassung, dass ein Herrscher zum *Wohl der Republik (1)* und *nach dem Gesetz (2)* regieren muss. Denn er steht nicht *über* der Gemeinschaft. Er ist Teil von ihr: «Er ist an ihre Gesetze gebunden und durch die absolute Verpflichtung begrenzt, ‹in seiner Herrschaft das Gemeinwohl anzustreben›.»[568]

Nicolò Machiavelli abstrahiert im *Il Principe* (1513) von Personen, die gut oder böse handeln können. Nach dem Vorbild der Kirchenraison führt Machiavelli den Begriff der Staatsräson ein. Sein säkularer Blick ist frei von einer metaphysischen Betrachtung der Welt. In der Konsequenz gibt es für das Naturrecht innerhalb seiner politischen Theorie keinen Platz mehr. Hier besteht eine Gemeinsamkeit mit Luther, die den jesuitischen Naturrechtlern des 16. Jahrhunderts nicht entgangen ist. Sie erkannten den Punkt, an dem die politischen Theorien Luthers und Machiavellis konvergierten. Beide lehnten die Idee des Naturrechts als angemessene moralische Grundlage für das politische Leben ab.[569] Gegen die lutherische Idee der Kirche als einer *communitas fidelium* hält die katholische Seite an der Definition von Kirche als *societas* fest.

---

566 Engl. Original: «Any secular government must be independent of any other form of jurisdiction, including the alleged jurisdictions of the Church.» Ebd. 115 (dt.: A. Loretan).

567 Engl. Original: «that the Church's ‹plentitude of power› extends no further than the wielding of this ‹spiritual sword›», ebd. (dt. m. deepl translator).
Vgl. Gerson, Jean, On Ecclesiastical Power (De Postestate Ecclesaistica), in: *Œuvres Complètes*, Bd. 6: L'Œuvre ecclésiologique, Paris 1965, 218.

568 Engl. Original: «And he concludes that any ruler worthy of the name must always rule ‹for the good of the republic› and ‹according to the law›. He is not ‹above› the community, but a part of it: he is bound by its laws and limited by an absolute obligation ‹to aim at the common good in his rule›.» Skinner, *The Foundations*, Bd. 2, 117. Gerson, *On Ecclesiastical Power*, 247 (dt. m. deepl translator).

569 Engl. Original: «The early Jesuit theorists clearly recognized the pivotal point at which the political theories of Luther and Machiavelli may be said to converge: both of them were equally concerned for their own very different reasons to reject the idea of the law of nature as an appropriate moral basis for political life.» Skinner, *The Foundations*, Bd. 2, 143 (dt. mit deepl translator).

Nach der Entdeckung Amerikas (1492) stellt sich die Frage nach der Legitimität der Herrschaft der Konquistadoren auch den Spanischen Klassikern des Naturrechts. Sie entwickeln aus der naturrechtlichen Tradition des Mittelalters universale Rechtsvorstellungen, die für eine kritische Beurteilung der Behandlung von Andersgläubigen und nichtchristlichen Staaten dienen konnten. Francisco de Vitoria (1483–1546) greift auf einen Rechtsgrundsatz der Stoa zurück: Von naturrechtlichen Grundsätzen über nationale Grenzen und Kulturen hinweg sollen Gesetzgeber und Richter sich auf einen «consensus omnium» stützen. Damit begründet de Vitoria begrifflich die Ebene des modernen Völkerrechts, weil er vom christlichen Naturrecht zu einem säkular begründeten Vernunftrecht zu wechseln vermag.[570]

Im Kontext dieser völkerrechtlichen Fragen präzisiert de Vitoria die Begriffe *dominium* und *potestas*, in denen der voluntaristische Begriff der evangelischen Freiheit mitschwingt, und klärt diese Rechtsbegriffe. Er geht von individuellen Rechtspersonen aus und verwendet *dominium*[571] im Sinne eines subjektiven Menschenrechts. Deshalb kann sich die politische Herrschaftsgewalt des Königs oder des Adels nicht mehr legitimieren mit der von Gott gegebenen Herrschaftsgewalt, der *potestas Dei*. De Vitoria betont in einem juristisch geklärten Sinne die Befähigung der einzelnen Person, über sich, ihre Handlungen und ihr Eigentum frei zu verfügen. Dieses Freiheitsrecht bildet den Kern der individuellen Autonomie, die sich *theologisch* von der Gottesebenbildlichkeit des Menschen herleitet und die sich *philosophisch* auf den Begriff der vernunftgeleiteten Willensfreiheit stützt.

Diese vernunftgeleitete Willensfreiheit wird *juristisch* im Begriff des *dominium* ins positive Recht übertragen. So entfaltet er hier über den Begriff der Rechtsperson als Träger subjektiver Rechte seine individualisierende Sprengkraft.[572]

Für Duns Scotus und de Vitoria sind Kirche und Staat nebeneinander aufgebaute Gemeinwesen, deren Autorität letztlich auf der Gemeinschaft der Gläubigen bzw. der Bürger beruht.[573] Für de Vitoria übt der Kaiser auf der Grundlage des positiven Rechts territorial begrenzte Herrschaftsrechte aus. Er ist kein Weltenherrscher (*dominus mundi*). So versteht Vitoria auch den universalen Herrschaftsanspruch des Papstes. Er geht mit Thomas davon aus, dass alle Personen

---

570 Die Grundsätze des Naturrechts müssten gelten, auch wenn es Gott nicht gäbe, d. h. «etsi Deus non daretur». Vgl. Habermas, *Auch eine Geschichte der Philosophie*, Bd. 1, 910.

571 Dominium meint sowohl die *persönliche Verfügungsgewalt des Einzelnen* über Sachen als auch die *öffentlich-rechtlich organisierte Herrschaftsgewalt* über Personen.

572 Vgl. Habermas, *Auch eine Geschichte der Philosophie*, Bd. 1, 914 f.

573 Vgl. ebd. 913 Anm. 166.

frei sind, d. h. zur Ausübung ihres *dominium* bestimmt sind. Dagegen gibt es keinen naturrechtlichen Anspruch auf politische Herrschaft, sondern nur konkrete positiv-rechtliche Ansprüche.[574]

Diesen universalistischen Zugang teilen die Spanischen Klassiker des Naturrechts mit dem Weltbürger Immanuel Kant.[575] Für ihre Begründung der Menschenrechte ist folgender Grundsatz fundamental: Die Menschen verdanken ihre Freiheit nicht dem Staat, sie waren seit je frei.

> «Die grundlegende Behauptung, die die Thomisten über diesen ursprünglichen oder natürlichen Zustand aufstellen, ist, dass er als ein Zustand der Freiheit, Gleichheit und Unabhängigkeit dargestellt werden muss. Der erste Einwand, den Vitoria bei der Erörterung der Möglichkeit politischer Unterwerfung in seiner Relectio über die bürgerliche Macht anführt, ist die grundlegende Tatsache, dass ‹der Mensch frei geschaffen wurde› [...] De Soto wiederholt die gleiche Behauptung, dass ‹alle Menschen von Natur aus frei geboren sind› [...] Und Suarez stimmt zu, dass die Hauptschwierigkeit bei der Erklärung der Ursprünge legitimer politischer Autorität aus der Tatsache resultiert, ‹dass alle Menschen von Natur aus frei geboren sind› [...] Wie Molina bemerkt, beinhaltet der status naturae kein Recht auf Herrschaft.»[576]

---

574 Vgl. ebd. 917 Anm. 171.

575 Vgl. Höffe, Otfried, *Der Weltbürger aus Königsberg. Immanuel Kant heute. Person und Werk*, Wiesbaden 2023, 193–198.

576 Engl. Original: «The basic assertion which the Thomists make about this original or natural condition is that it must be pictured as a state of freedom, equality and independence. The first objection Vitoria mentions, in discussing the possibility of political subjection in his relectio on Civil Power, is the fundamental fact that ‹man has been created free› [...] De Soto repeats the same assertion that ‹all men are born free by nature› [...] And Suarez agrees that the main difficulty explaining the origins of legitimate political authority derives from ‹the fact that in the nature of things all men are born free› [...] As Molina remarks, the status naturae includes no right of dominion.» Skinner, *The Foundations*, Bd. 2, 155 f. (dt. m. deepl translator).
Vgl. de Vitoria, Francisco, De potestate civili (Über die politische Gewalt), in: Horst, Ulrich / Justenhoven, Heinz-Gerhardt / Stüben, Joachim (Hg.), *Vorlesungen 1 (Relectiones). Völkerrecht, Politik, Kirche, Mit einer Einführung in Leben und Werke Vitorias von Ulrich Horst* (Theologie und Frieden 7), Stuttgart 1995–1997, 130; de Soto, Domingo, *Ten Books on Justice and Law (Libri Decem de Iustitia et Iure)*, Lyon 1569, fol. 102b; Suárez, Francisco, *A Defence of the Catholic and Apostolic Faith against the Errors of the Anglican Sect (Defensio Fidei Catholicae et Apostolicae adversus Anglicanae Sectae Errores*), Bd. 1, Neapel 1872, 165; De Molina, Luis, *Six Books on Justice and Law* (*De Iustitia et Iure Libri Sex*), Bd. 1, Mainz 1659, 1869.

Im Kontext dieser weitverbreiteten naturrechtlichen Argumentation des Rechtsphilosophen Thomas von Aquin und seiner spätscholastischen Rezipienten unter den Spanischen Theologen-Kanonisten sowie der kirchenrechtswissenschaftlichen Argumentationen des Mittelalters konnte Thomas Jefferson (1743–1826) in der *amerikanischen Unabhängigkeitserklärung* der USA 1776 argumentieren:

> «We hold these truths to be self-evident, that all men are created equal, that they are endowed by their Creator with certain unalienable Rights.»

Dieselben rechtsphilosophischen Grundlagen wurden schon früher von den Spanischen Klassikern des Naturrechts für die Parteinahme zugunsten der Indios in Mittel- und Südamerika herangezogen: Die Würde als freier Mensch und die damit verbundenen Rechte sind nicht an die Taufgnade gebunden (Augustinus), sie kommt vielmehr allen Menschen von Natur aus zu (Thomas).

Auch der Kirchenrechtler Francisco Suárez (1548–1617) nimmt in seinen *relectiones* (öffentliche Vorlesungen) die Frage nach den Rechten der nicht-christlichen Bevölkerung (1) und der Rechtmässigkeit der kolonialen Herrschaft (2) wieder auf. Damit sollte die Linie von der mittelalterlichen Rechts- und Herrschaftsbegründung in der Kirche angedeutet sein, die zu den natürlichen Rechten der *amerikanischen Unabhängigkeitserklärung* führte.[577] Neu ist jedenfalls im begriffsgeschichtlichen Kontext des modernen Rechts die naturrechtliche Betonung der Rechtsstellung der selbständigen, autonomen Rechtsperson.[578]

---

[577] Vgl. Tierney, *The Idea of Natural Rights*. Wer diese kirchenrechtswissenschaftliche Linie stärker ausgeleuchtet haben möchte, dem ist das Standardwerk von Brian Tierney zu empfehlen.

[578] Diese naturrechtliche Herleitung der autonomen Rechtsperson kann man als ein katholisches Pendant zu der von Luther zugleich akzentuierten Gewissensautonomie betrachten, so Habermas, *Auch eine Geschichte der Philosophie*, Bd. 1, 918.

III. Neuzeitliche Grundlagen der Verfassungstheorien

Der Staat erhält seine Legitimation nicht mehr über die Sündenlehre wie z. B. bei Augustinus, um dem Unrecht und dem Bösen zu wehren. Seit der Verbreitung des aristotelischen Denkens nach 1260 entsteht eine neue Sichtweise der säkularen Macht, die sich nicht mehr von der Erbsündenlehre, sondern aus dem Wesen des Menschen selbst herleitet. Dies ist einer der grössten Wendepunkte in der Geschichte des westlichen politischen Denkens, der den Weg zu den Verfassungstheorien der demokratischen Partizipation und der Freiheit eröffnet. Selbst das säkulare Denken war seit dem Mittelalter denkmöglich geworden. Aus diesem mittelalterlichen Vernunftrecht, Naturrecht genannt, entwickelten die Spanischen Klassiker des Naturrechts Prinzipien, die auch gelten, wenn es Gott nicht gäbe (*etsi Deus non daretur*), und zwar für alle Völker, nicht nur für die christlichen. Von der rechtlichen Gleichheit aller Menschen leiteten sie die gleichen Rechte der Indios ab. Dieser evolutionären Darstellung der neuzeitlichen Verfassungstheorie aus dem Naturrecht und Völkerrecht des Spätmittelalters widerspricht ein revolutionäres Verständnis, das von einem Bruch und Neuanfang ausgeht. Man spricht von einer neuen Zeit, der Neuzeit.

> «Die Neuzeit und das in ihr entstandene wissenschaftliche Denken hatte sich ja von Anfang an nicht nur dem Mittelalter, sondern gerade auch dem Altertum entscheidend überlegen gefühlt. Von einer Renaissance im Sinne der Wiederbelebung des klassischen Altertums konnte nirgends mehr die Rede sein – ausser merkwürdigerweise auf dem Gebiet der Politik.»[1]

Begriffe wie Rebellion und Revolte sind im Sprachgebrauch der Renaissance üblich.

> «Denn Befreiung im Sinne der Revolutionen meint, dass alle diejenigen, die – nicht nur in der Gegenwart, sondern überhaupt in der überlieferten Geschichte, nicht nur als Einzelne, sondern als Glieder der überwältigenden Mehrheit des Menschengeschlechts – im Stande der Armut und Unterdrückung gelebt hatten, nun plötzlich aus der Finsternis und der Untertänigkeit aufsteigen und selbst die Macht

1 Arendt Hannah, *Über die Revolution*, München 2020, 15.

> ergreifen sollen. […] Gleichheit, wie wir sie verstehen, wonach jeder Mensch als ein Gleicher geboren ist, also Geburt bereits die Gleichheit schafft und garantiert, war allen Jahrhunderten vor dem Anbruch der Neuzeit schlechthin unbekannt»[2],

so Hannah Arendt.

In einem evolutionären Verständnis der Neuzeit dagegen entwickelten mittelalterliche Kanonisten die Idee der natürlichen Rechte (*natural rights*) bzw. Menschenrechte, die die Neuzeit und die Revolutionen der Aufklärung (in den USA und in Frankreich) erst denkmöglich machen.

1 Mittelalterliche rechtsphilosophische Grundlagen

Es war tatsächlich revolutionär, als die Spanischen Klassiker des Naturrechts am Ende des Mittelalters bzw. zu Beginn der Neuzeit die Gleichheit aller Menschen in ihrem Naturrecht bzw. Völkerrecht postulierten. In der *amerikanischen Unabhängigkeitserklärung* (1776) bezeichnet Thomas Jefferson jene Wahrheiten als selbstverständlich und offensichtlich, wonach alle Menschen gleich geschaffen und von ihrem Schöpfer mit bestimmten unveräusserlichen Rechten ausgestattet wurden. Die theologische Anlehnung an die Naturrechtstheorie ist unüberhörbar. Um diese Rechte zu sichern, werden Regierungen aufgestellt, die ihre gerechten Befugnisse aus der Zustimmung der Regierten ableiten. Es ist das Recht des Volkes, die Regierungen zu ändern oder abzuschaffen und eine neue Regierung einzusetzen, wann immer irgendeine Art der Regierung diesen Zwecken zuwiderläuft.[3]

---

2 Ebd. 55 f. Gleiche Rechte waren weder für das athenische noch für das römische Volk denkbar. Beide waren ständisch gegliedert. Die unteren Stände der Bürgerschaft, die Sklaven und die ansässige Fremdbevölkerung, welche die Mehrheit bildeten, gehörten nicht zum Volk. Vgl. ebd. 56.

3 Vgl. *Declaration of Independence; A Transcription*, in: National Archives, America's Founding Documents, URL: https://www.archives.gov/founding-docs/declaration-transcript: «We hold these truth to be self-evident, that all men are created equal, that they are endowed by their Creator with certain unalienable Rights, that among these are Life, Liberty and the pursuit of Happiness. – That to secure these rights, Governments are instituted among Men, deriving their just powers from the consent of the governed. – That whenever any Form of Government becomes destructive of these ends, it is the Right of the People to alter or abolish it and to institute new Government.»
Deutsch: «Wir halten diese Wahrheiten für ausgemacht, dass alle Menschen gleich erschaffen worden, dass sie von ihrem Schöpfer mit gewissen unveräußerlichen Rechten begabt worden, worunter sind Leben, Freyheit und das Bestreben nach Glückseligkeit. Dass zur Versicherung

Allgemeine natürliche Rechte («*natural rights*») bzw. Menschenrechte werden in diesem offiziellen Dokument eingefordert, obwohl in der anschliessenden Verfassungspraxis nur frei geborenen, weissen Männern in vollem Umfang diese Rechte eingeräumt wurden. Diese galten noch nicht für Frauen, Sklaven, freie Schwarze und Kinder. Waren diese natürlichen Rechte der Menschen so selbstverständlich, wie Jefferson behauptete? Bisher hatten zivilisierte Gesellschaften ihre Gerechtigkeitsvorstellungen noch kaum in Begriffen von individuellen natürlichen Rechten ausgedrückt. Platon und Aristoteles sahen keine Notwendigkeit, sich auf ein Konzept von individuellen natürlichen Rechten zu stützen. Alasdair MacIntyre vertritt von einem aristotelischen Standpunkt die Ansicht, dass diese natürlichen Rechte bzw. Menschenrechte Fiktionen eines modernen liberalen Individualismus seien.[4]

> «Der berühmteste und einflussreichste aller modernen Naturrechtslehrer war John Locke [1632–1704]. Aber Locke macht es uns besonders schwer zu erkennen, wie modern er ist oder wie weit er von der Naturrechtstradition abweicht. [...] Seine Autorität scheint Richard Hooker [1554–1600] zu sein, der grosse, sich durch [...] Nüchternheit auszeichnende anglikanische Geistliche.»[5]

Hookers naturrechtliches Konzept aber ist das thomistische, und dieses baut auf den Kirchenvätern auf, die ihrerseits bei den Stoikern studiert haben; letztere waren Schüler von Schülern des Sokrates. Stehen wir damit in einer ungebrochenen Tradition, die sich von Sokrates bis auf John Locke entwickelte? Wenn wir dies bejahen, sollten wir dabei aber nicht übersehen, «dass sich Lockes naturrechtliche Konzeption grundsätzlich von derjenigen Hookers unterscheidet»[6]. Nach Locke

---

dieser Rechte Regierungen unter den Menschen eingeführt worden sind, welche ihre gerechte Gewalt von der Einwilligung derer die regiert werden, herleiten; dass sobald [eine] Regierungsform diesen Endzwecken verderblich wird, es das Recht des Volks ist sie zu verändern oder abzuschaffen, und eine neue Regierung einzusetzen.» Die hier zitierte erste deutsche Übersetzung vom Deutsch-Schweizer Auswanderer Henrich Miller (geb. Möller) wurde am 9.7.1776 in voller Länge in der deutschsprachigen Zeitung *Pennsylvanischer Staatsbote* in Philadelphia veröffentlicht. Vgl. Schambeck, Herbert / Widder, Helmut / Bergmann, Marcus (Hg.), *Dokumente zur Geschichte der Vereinigten Staaten von Amerika*, Berlin ²2007, 113–118.

4 Vgl. MacIntyre, Alasdair, *After Virtue. A Study in Moral Theory*, Notre Dame ³2007, 70: «Natural or human rights then are fictions – just as is utility – but fictions with highly specific properties.»

5 Vgl. Strauss, Leo, *Naturrecht und Geschichte*, Stuttgart 1977, 171.

6 Ebd.

> «ist das Gewissensurteil […] weit davon entfernt, Gottes Urteil zu sein. […] Um Hobbes zu zitieren, dem Locke stillschweigend zustimmt: ‹Private Gewissen […] sind nur private Meinungen›.»[7]

Jacques Maritain (1882–1973) dagegen versteht die natürlichen Rechte bzw. Menschenrechte als Extrapolationen von Prinzipien, die der Naturrechtstradition immer innewohnten. Nicht-aristotelische Denkerinnen und Denker lehnen es ab, von einer gemeinsamen und universalen menschlichen Natur auszugehen. Sie verwerfen die Denkmöglichkeit einer Essenz des Menschseins, die der Geschichte vorausgeht.[8] Diese sind aber für die mittelalterlichen Rechtstheorien nicht vorausgesetzt, denn sie hängen nicht von bestimmten metaphysischen Überlegungen ab. Die Idee natürlicher Rechte wird von Philosophen – Thomisten, Scotisten und Ockhamisten – postuliert, die sehr unterschiedliche Ansichten über Universalien und Essenzen vertraten. Diese Rechtslehren wurden nach dem Mittelalter von neuzeitlichen Autoren übernommen, die den gesamten Rahmen des scholastischen Denkens ablehnten.

Aber schon die mittelalterlichen Rechtswissenschaftler, in deren Werken zum ersten Mal von natürlichen Rechten die Rede ist, verwendeten den Begriff der Wesenheiten nicht. Sie prägten, wie später John Locke, die Erkenntnis, dass jeder Mensch bestimmte relevante Eigenschaften hat.

Dazu gehören die Rationalität und der freie Wille.

Die mittelalterliche Idee der natürlichen Rechte ist eine moralische bzw. rechtsphilosophische. Sie bezieht sich noch nicht auf Grundrechte, die Menschen tatsächlich einfordern können. Die naturrechtlichen *natural rights* sind Rechte, die in allen Gesellschaften gelten sollten, weil grundlegende Bedürfnisse jedes Menschen damit geschützt werden.[9]

---

7 Ebd. 232.

8 Vgl. Rorty, Richard, The Priority of Democracy to Philosophy, in: Malachowski, Alan R. (Hg.), *Reading Rorty. Critical Responses to Philosophy and the Mirror of Nature (and Beyond)*, Oxford 1990, 281.

9 Vgl. Engl. Original: «Medieval rights theories were not typically derived from such metaphysical considerations. Indeed […] basically similar ideas about natural rights were propounded by philosophers – Thomists, Scotists, and Ockhamists – who held very different views on universals and essences. And in the postmedieval world doctrines of rights continued to be asserted by writers who had rejected the whole framework of scholastic thought. The medieval jurists, in whose works a doctrine of natural rights first grew into existence, did not speculate about essences at all. It was enough for them – as for Locke in a later age – to perceive that humans displayed certain relevant characteristics, the most important ones in this context being ration-

1.1 «Natürliche Rechte» im mittelalterlichen Kontext

Die Renaissance markiert den epochalen Übergang vom Mittelalter zur Neuzeit. Was sie für den vorliegenden Zusammenhang bedeutet und wie sie sich rechtsgeschichtlich und rechtsphilosophisch in die Neuzeit hinein auswirkte, zeigt Tierney an der Entwicklung der gemeinsamen Rechtssprache auf.

Thomas Jefferson erinnert beim Begriff der natürlichen Rechte in der *amerikanischen Unabhängigkeitserklärung* an die mittelalterlichen Wurzeln. Ein kurzer Rückblick auf die Erarbeitung des Begriffs «natürliche Rechte» in der mittelalterlichen Rechtswissenschaft der Kirche will dies veranschaulichen. «Dieser zentrale Begriff der abendländischen politischen Theorie entstand zunächst fast unmerklich in den obskuren Glossen der mittelalterlichen Rechtsgelehrten.»[10] Für Brian Tierney waren es die Werke der frühen Dekretisten, d. h. der Kirchenrechtswissenschaftler, die das *Decretum Gratiani* (ca. 1140) kommentierten, die diese Theorien der natürlichen Rechte sprachlich entwickelten.[11] Eine Geschichte der Theorien der natürlichen Rechte muss mit Texten und Kontexten der Rechtssprache geschrieben werden, so Tierney:

> «Im Mittelalter betrachteten wir die Kontexte des juristischen Humanismus des zwölften Jahrhunderts, der franziskanischen Armutsstreitigkeiten des vierzehnten Jahrhunderts und des Konziliarismus des fünfzehnten Jahrhunderts; dann boten die Entdeckung der Neuen Welt, die Wirren der Reformation, die nationalen und bürgerlichen Kriege des siebzehnten Jahrhunderts neue Kontexte, in denen die Rechtstheorien neue Anwendungen finden konnten.»[12]

---

ality and free will. [...] But the idea of natural rights is a moral one. It does not refer to the rights that people can actually exercise in any given society but to rights that ought to be recognized in all societies because they are necessary for the fulfilment of some basic human needs and purposes.» Tierney, *The Idea of Natural Rights*, 5. Römische Juristen kannten noch keine individuellen natürlichen Rechte des Menschen (vgl. ebd. 1).

10 Engl. Original: «This central concept of Western political theory first grew into existence almost imperceptibly in the obscure glosses of the medieval jurists.» Ebd. 344 (dt. m. deepl translator).

11 Vgl. ebd.

12 Engl. Original: «In the Middle Ages we considered the contexts of twelfth-century juridical humanism, of fourteenth-century Franciscan poverty disputes, and of fifteenth-century Conciliarism; then the discovery of the New World, the turmoil of the Reformation, the national and civil wars of the seventeenth century provided fresh contexts in which rights theories could find new applications.» Ebd. 344 (dt. m. deepl translator).

Spezifische Merkmale der Rechtssprache, die im 12. Jahrhundert bei den Kirchenjuristen erworben wurden, blieben bestehen. «Die Sprache der Dekretisten war ein Teil des Kontextes für Ockham, Ockhams Sprache für Gerson»[13], Gersons Sprache für Suárez [1548–1617], die Sprache des spanischen Jesuiten Suárez für den niederländischen Protestanten Grotius [1583–1645]. Die lateinische Rechtsbegrifflichkeit wurde seit dem Mittelalter beibehalten trotz Konfessionsverschiedenheit und Länderfeindschaft (Spanien, Niederlande).

Die Brücke dieses naturrechtlichen Dialoges zur Aufklärung entwickelte u. a. Immanuel Kant in seiner Naturrechtsvorlesung, die von Gottfried Feyerabend mitgeschrieben wurde.[14] Die Unterscheidung zwischen Naturrecht und positivem Recht war zwar bei Aristoteles und in römischer Zeit bekannt gewesen. Aber die römischen Juristen waren mehrheitlich keine Philosophen.[15]

> «Mit dem christlich-theologischen Hintergrund der hochmittelalterlichen Juristen [Kanonisten und Legisten] hat sich dieses Verständnis gründlich verändert. [...] Daraus entsteht eine in der Antike unbekannte Spannung zwischen Ethik und Naturrecht, das [...] über das Vernunftrecht schliesslich bei Kant zur Ausarbeitung einer in ihrer begrifflichen Struktur verrechtlichten Vernunftmoral führen wird.»[16]

---

13 Engl. Original: «The language of the Decretists was a part of the context for Ockham, Ockham's language for Gerson, Gerson's for Suarez, the language of Suarez for Grotius.» Ebd. 345 (dt. m. deepl translator). Vgl. ebd. 316–342.

14 Vgl. Hüning, Dieter / Klingner, Stefan / Sadun Bordoni, Gianluca (Hg.), *Auf dem Weg zur kritischen Rechtslehre? Naturrecht, Moralphilosophie und Eigentumstheorie in Kants «Naturrecht Feyerabend»* (Early Modern Natural Law 4), Leiden 2021.
Diese Nachschrift Feyerabends ist die einzige erhaltene Transkription von Kants Vorlesungen über das Naturrecht. Zudem ist dieser Text ein Zeugnis aus einer besonders wichtigen Phase in der Entwicklung von Kants Moralphilosophie.

15 Die Thesen aus dem Umkreis von Okko Behrends widersprechen allerdings dieser Annahme. Danach seien bereits die römischen Juristen in der Lage gewesen, generell-abstrakt zu denken und gleichsam die abstrakte Begrifflichkeit für das Recht zu schaffen. Bis anhin galt in der Rechtsgeschichte mehrheitlich die Auffassung, dass diese Leistung erst von den mittelalterlichen Kanonisten und Legisten – wenn auch natürlich basierend auf dem antiken Römischen Recht – erreicht wurde. Für eine kurze Darstellung des aktuellen Forschungsstands empfiehlt sich: Avenarius, Martin, Konfliktlösung als Strukturprinzip des Rechts, in: Grotkamp, Nadine / Seelentag, Anna (Hg.), *Konfliktlösung in der Antike* (Handbuch zur Geschichte der Konfliktlösung in Europa 1), Berlin 2021, bes. 87–91.

16 Habermas, *Auch eine Geschichte der Philosophie*, Bd. 1, 669.

Westliche Theorien von natürlichen Rechten bzw. Menschenrechten sind in ihrem Ursprung nicht ein Ausdruck eines egoistischen Impulses des modernen Kapitalismus, sondern sie haben ihren Ursprung im mittelalterlichen Naturrecht und im theologisch-rechtlichen Diskurs. Mit diesem Hintergrund könnten die Menschenrechte also auch gegenüber anderen Religionen leichter zugänglich werden. Es ist dabei an die Naturrechtsdiskussionen unter den mittelalterlichen monotheistischen Religionen Südspaniens (Andalusiens) und Siziliens zu erinnern.[17] In der heutigen pluralistischen Gesellschaft ist das Wissen um die religiösen Tiefenstrukturen in der europäischen normativen Rechtstradition von zentraler Bedeutung, um Anschlusssemantiken für die politischen Spielregeln einer multireligiösen Zukunft des Westens finden zu können.[18] In einer pluralistischen Gesellschaft muss auch in den Tiefenstrukturen ihrer eigenen Mehrheitskultur (im europäischen Falle der christlich codierten Mehrheitskultur) nach Ansatzpunkten eines verschiedene religiöse und säkulare Codierungen übergreifenden Konsenses gesucht werden, um die gemeinsamen Rechtsgrundlagen in einer multikulturellen Situation legitimieren zu können.[19]

1.2 Austausch zwischen Theologie und Jurisprudenz

Im Mittelalter erlebt die westliche Christenheit, wie im ersten Teil ausführlich dargestellt, eine Juridifizierung ihrer Theologie: Eine methodisch angeleitete juristische Schulung am römischen Recht und eine Sammlung und Systematisierung des Kirchenrechts und der Kirchenrechtsquellen werden im Kontext der päpstlichen Revolution Gregors VII. umgesetzt. Die Beichtpraxis, die zu einem Massenphänomen wird, trägt zur Juridifizierung der Moraltheologie bei und entwickelt Kriterien der juristischen Zurechnungslehren. Nach dem Vierten Laterankonzil (1215) wird der Verrechtlichungsschub noch intensiviert.

---

17 An der Universität Luzern wird diese Frage der naturrechtlichen Grundlage des mittelalterlichen Gesprächs der monotheistischen Religionen in einem englischsprachigen Online-Studiengang («Philosophy, Theology and Religions») und in drei spezialisierten CAS-Studiengängen behandelt.

18 Vgl. Kallscheuer, Otto, Zusammenprall der Zivilisationen oder Polytheismus der Werte?, in: ders. (Hg.), *Das Europa der Religionen*, Frankfurt a. M. 1996, 37 f.

19 Vgl. Loretan / Weber / Morawa, *Freiheit und Religion*; Maclure / Taylor, *Laizität und Gewissensfreiheit*.

«Denken in rechtlichen Kategorien war für die Moraltheologie nunmehr schon deshalb unausweichlich, weil gegen positives Recht, soweit es nicht ungerecht war, zu verstossen, nach den Kriterien der Moraltheologie zugleich als Sünde galt. Also musste man erstens als Moraltheologe das positive Recht kennen, zweitens aber auch, um dessen Gerechtigkeit zu ermessen, naturrechtliche Massstäbe entwickeln.»[20]

Diese naturrechtliche Theologie hatte einen entscheidenden Einfluss auf die Entstehung der modernen Rechtswissenschaften. Die Entwicklung des modernen Rechts verdankt «ihre Existenz bis in den Kern hinein theologischen Auseinandersetzungen des Mittelalters»[21]. Der Rechtsphilosoph Thomas von Aquin hatte eine sehr grosse Nähe zur Jurisprudenz. Er überlässt den Juristen nur *casus et particularia* (einzelne Fälle), für die Theologie reklamiert er aber die *reductio iuris ad univerale et ad artem* (Rückführung des Rechts auf allgemeine Grundsätze). Rechtsphilosophie und allgemeine Rechtslehre will er im Bereich der Theologie angesiedelt wissen.[22] Die gemeinsame rechtsphilosophische Entwicklung der Rechtswissenschaften der Kirche und des «Staates» prägt das Mittelalter und die frühe Neuzeit. Zusammenfassend sei das hier nochmals in Erinnerung gerufen mit den Worten des Rechtsphilosophen und Strafrechtlers Kurt Seelmann:

«1. Thomas trennt iustitia (Gerechtigkeit) deutlich von caritas (Menschenliebe) und eröffnet damit einer auf Garantie von Freiheit und Berechenbarkeit obrigkeitlicher Macht ausgerichteten Sphäre gegen Vermischungen im hochmittelalterlichen Kommunitarismus eine eigene Legitimation.
2. Thomas trennt staatliche Herrschaft vom Stigma des Sündenfalls und befreit somit auch das Recht aus einer blossen Krückenfunktion in Reaktion auf die Sündhaftigkeit des Menschen [...] Konsequent stellt er das Recht in den Kontext einer Tugendlehre und nicht, wie viele seiner Zeitgenossen und Vorgänger, in den Zusammenhang eines Lasterkatalogs. [...]
3. Schliesslich kämpft er auch und gerade im Naturrecht für eine profane Vernunft, die von einem Glauben an Gott unabhängig und allen Menschen unmittelbar einleuchtend ist. [...] Seine Lehre von der Nächstenliebe ist so gesehen beinahe schon Hegels Theorie wechselseitiger Anerkennung avant la lettre.»[23]

---

[20] Seelmann, Kurt, *Thomas von Aquin am Schnittpunkt von Recht und Theologie. Die Bedeutung der Thomas-Renaissance für die Moderne* (Luzerner Hochschulreden 11), Luzern 2000, 9.

[21] Ebd.

[22] Vgl. ebd. 11 f.

[23] Ebd. 12 f.

Neben der Begründung einer vernünftigen Naturrechtslehre hat Thomas den Begriff der positiven Gesetzgebung geprägt. Diese Freisetzung positiver Gesetzgebung ergibt sich schon daraus, dass er nur in sehr geringem Umfang konkrete Ableitungen aus dem Naturrecht für zulässig hält. Damit eröffnet er einen grossen Spielraum für den Gesetzgeber des positiven Rechts.

> «Menschliche Gesetze, die genauso wie das Naturrecht keinen bestimmten religiösen Glauben voraussetzen, sind angesichts der unvermeidlichen Unvollständigkeit des Naturrechts notwendig.»[24]

Thomas verwendet den Begriff «positives Recht» als von Menschen gesetztes Recht.[25] Menschliche Gesetze hängen von menschlichen Entscheidungen ab.

> «Sieben Mal verwendet er allein in der Quaestio 95 Art. 1 der Prima Secundae das Wort ‹ponere› (setzen, festlegen) für das Zustandebringen menschlicher Gesetze. Einen festen Sprachgebrauch dieser Art kannte das Mittelalter vor Thomas nicht [...] Diese menschlichen Gesetze selbst sind für Gratian ‹mores› (Sitten), ‹consuetudines› (Gewohnheiten), eventuell ‹in scriptis redactae› (schriftlich abgefasst), aber niemals leges positivae (positiv = gesetzte, festgelegte Gesetze).»[26]

Thomas' Einfluss auf die Päpste Bonifatius VIII. und Johannes XXII., die sich als eigentliche Gesetzgeber verstehen, ist daher kaum zu überschätzen.[27] Thomas hat dem positiven Recht einen Freiraum mit ausdrücklicher menschlicher Gesetzgebungskompetenz zugestanden. Daher hält er es für legitim, sich für das Recht auf Experten zu verlassen.[28]

Im kirchlichen Recht schuf Thomas von Aquin einen breiten Raum der Selbstgestaltung, indem er betonte, dass die Vorschriften, die der Kirche von Christus vorgegeben sind, «äusserst wenige»[29] seien. Daraus schliesst Papst Franziskus, dass wir keine Angst haben sollten, kirchliche Normen zu revidieren, selbst wenn sie tief in der Geschichte verwurzelt sind.[30] Das betrifft beispiels-

---

[24] Ebd. 13.

[25] Vgl. ebd.

[26] Ebd. 13 f.

[27] Ebd. 14.

[28] Vgl. ebd.

[29] Thomas, *STh*, I–II, q. 107, a. 4.

[30] Vgl. *EG*, Nr. 43.

weise solche Normen, die zur Diskriminierung von Frauen führen oder sie voraussetzen.[31]

Diese Freisetzung der Vernunft von der Beschränkung auf blosse Autoritätsargumente gibt den Rechtsgelehrten der Kirche[32] und des Staates die Möglichkeit, unter Berufung auf die *ratio* neue Rechtsinstitute für die Bedürfnisse der Zeit zu entwickeln,[33] was man beim Begründer der Schule von Salamanca, Fran-

---

[31] Dazu: «Pope Francis welcomes the ‹significant improvements› in women's rights and participation in public life but also notes that there is still a way to go until real equality is reached. It is not enough just to promise improvements ‹but our decisions and reality tell another story›. Although he is a bit skeptical towards extreme forms of feminism, Pope Francis generally holds the women's movement in high esteem as the Spirit's work for a clearer recognition of the dignity and rights of women.» Loretan, Adrian, Marriage Endings, New Beginnings, Sin and Grace. Reflections in Honor of Eberhard Schockenhoff (†), in: *Marriage, Families & Spirituality* 27 (1/2021), 86.

[32] So wurde das Prozessrecht revolutioniert: Der Jesuit Friedrich Spee von Langenfeld (1591–1635) schrieb unter dem Eindruck blindwütiger Verfolgungen während des Dreissigjährigen Kriegs seine *Cautio criminalis*, eine Kampfschrift gegen formalrechtliche Schwächen der Hexenprozesse. 1631 erstmals (anonym) in Rinteln und ein Jahr später in zweiter Auflage – mit verschärften Aussagen – in Frankfurt a. M. erschienen, erfuhr das Werk eine breite Rezeption. Interessanterweise stimmte er dabei weitgehend mit den römischen Kardinalinquisitoren überein – vermutlich ohne dass ihm dies bewusst war (Decker, Rainer, *Die Päpste und die Hexen. Aus den geheimen Akten der Inquisition*, Darmstadt 2003, 100). Bereits um 1600 hatte der spätere Bischof Giulio Monterenzi im Auftrag des Heiligen Offiziums eine Instruktion zur Führung von Hexenprozessen verfasst, die sich gegenüber diesem Straftatbestand kritisch zeigte und zur grossen Vorsicht mahnte. Diese Instruktion wurde auch drei Jahrzehnte später noch als vorbildlich angesehen und durch Kardinal Desiderio Scaglia – als Mitglied des Heiligen Offiziums – überarbeitet. (Decker, *Die Päpste und die Hexen*, 93–100) Wiederholt wurden Hexeninstruktionen des Heiligen Offiziums veröffentlicht, die die glaubwürdige Nachweisbarkeit der jeweils gegen Frauen und Männer erhobenen Vorwürfe zur Bedingung für einen korrekten Prozessverlauf machten und zugleich den Beschuldigten weitgehende Prozessrechte gewährten. Siehe dazu: Tedeschi, John, The Roman Inquisition and Witchcraft. An Early Seventeenth-Century «Instruction» on Correct Trial Procedure, in: *Revue de l'histoire des religions* 200 (1983) 163–188.
«Teuflische Besessenheit durfte nicht mehr als gegeben vorausgesetzt werden; für ihre behauptete Tatsächlichkeit bestand eine strenge, rational nachvollziehbare Beweispflicht. Ein solches Beharren auf formalrechtlicher Beweispflicht bildet unstreitig einen nicht zu unterschätzenden Beitrag zur Entdämonisierung des frühneuzeitlichen Hexenwesens.» Schreiner, Klaus, *Besprechungen*: Decker, Rainer, Die Päpste und die Hexen. Aus den geheimen Akten der Inquisition, Darmstadt 2003, in: *StZ* 8 (2005), 571.

[33] Bei Bartolomé de Las Casas und weiteren Spanischen Klassikern des Naturrechts kann dies studiert werden. Vgl. Schnurrenberger, Severin, *Las Casas – Max Weber. Ein rechtsphilosophischer Vergleich in vier Sätzen* (Studien zu Religion, Philosophie und Recht 9), Baden-Baden 2025, Satz I.

cisco de Vitoria, ablesen kann.[34]. Die naturrechtsskeptische scotistische Tradition, die Thomas kritisch gegenübersteht,

> «hat mit ihrer klaren Postulierung der Normativität des Rechts eine der Vorbedingungen der späteren Systematisierung des Naturrechts nach individuellen subjektiven Rechten und damit des neuzeitlichen Menschenrechtsdiskurses geschaffen»[35].

Aus einer Gegenüberstellung von Ideenrealismus (Thomas) und Voluntarismus (Scotus) im späten Mittelalter entwickelt sich an der Epochenwende zur Neuzeit «die moderne Rechtswissenschaft gerade aus einer Synthese der beiden mittelalterlichen Traditionslinien der Theologie»[36].

Die westliche Theologie ist schon in ihrem Herkommen juridifizierte Theologie. Die moderne westliche Rechtswissenschaft dagegen baut auf den theologischen Denkmodellen des Mittelalters auf.[37] Daher wäre es verheerend, die Philosophiegeschichte des Mittelalters für die Neuzeit nicht zu beachten. Denn entscheidende Veränderungen der Neuzeit und der Aufklärung, wie z. B. die Menschenwürde und die daraus fliessenden Menschenrechte, haben grundlegende Vorarbeiten in den natürlichen Rechten des Mittelalters erfahren. Dieser naturrechtliche Diskurs des Mittelalters und der frühen Neuzeit kann auch im interreligiösen Dialog über die Menschenrechte von heute fruchtbar gemacht werden.

2 Absolute Wahrheiten ohne Freiheitsrechte[38]

Durch die konfessionalistisch motivierten Auseinandersetzungen der Religionskriege kamen die *natural rights* der mittelalterlichen Rechtswissenschaft der Kirche erst in ihrer säkularen Umsetzung ins Bewusstsein. Deshalb entstand der Eindruck, dass erst die säkulare Neuzeit diese säkularen individuellen Rechte der

---

[34] Er hat im voluntaristisch geprägten Paris studiert. Deshalb ist es nicht verwunderlich, «dass die zentrale Aussage des Voluntarismus, dass nämlich Gott, wenn er gewollt hätte, die Welt ganz anders hätte ordnen können, auch in der iberischen Spätscholastik begegnet». Seelmann, *Thomas von Aquin am Schnittpunkt*, 15.

[35] Ebd. 17; weiter (17 f.): «Zugleich ermöglicht sie eine endgültige Verabschiedung eines teleologischen Naturrechtsverständnisses, wie es weniger bei Thomas selbst, aber doch bei manchen seiner Anhänger bestand.»

[36] Ebd. 18.

[37] Vgl. ebd. 18 f.

[38] Vgl. Loretan, *Wahrheitsansprüche im Kontext der Freiheitsrechte*.

Person, die Menschenrechte, entwickelt hätte. Die absoluten Wahrheitsansprüche der Konfessionen verhinderten den Blick auf die theologischen Grundlagen der *natural rights* im Mittelalter.

Die Anerkennung der anderen wird heute als eine theologische Grunddimension interkultureller Kommunikation gewertet.[39] Unter anerkennungstheoretischen Vorzeichen hat Axel Honneth gezeigt, wie «in konkreten gesellschaftlichen Bereichen die Prinzipien individueller Freiheit generiert werden, die die Richtschnur für Gerechtigkeit bilden»[40]. Dabei spielt das Recht gerade für pluralistische Gesellschaften eine entscheidende Rolle, in denen sich multikulturelle Gegensätze verschärfen. Denn

> «aus der Sicht des liberalen Staates verdienen nur die Religionsgemeinschaften das Prädikat ‹vernünftig›, die aus eigener Einsicht auf eine gewaltsame Durchsetzung ihrer Glaubenswahrheiten und auf den militanten Gewissenszwang gegen die eigenen Mitglieder [...] Verzicht leisten»[41].

Glaubensansprüche nach innen wie nach aussen nicht mit Gewalt durchzusetzen, fordert von den Religionsgemeinschaften, aus ihrer Binnenperspektive ihr Verhältnis

- zum liberalen Staat,
- zu anderen Religionsgemeinschaften und
- zur säkularisierten Gesellschaft im Ganzen neu zu formulieren.[42]

Die natürlichen Rechte der Person, die im Mittelalter sprachlich entwickelt werden, konnten sich in der Neuzeit noch kaum durchsetzen. Die Spanischen Klassiker des Naturrechts entwickelten Menschenrechte gegen die Versklavung der Indios. Bartolomé de Las Casas und sein Lehrer Francisco de Vitoria gingen von der Menschenwürde und den daraus folgenden Rechten der Person aus, die sie auch auf die «Heiden» anwandten. Diese Anerkennung des anderen, in Freiheit als Person oder als Volk sich entscheiden zu können, hat ausgerechnet die Mis-

---

[39] Vgl. Arens, Edmund (Hg.), *Anerkennung der Andern. Eine theologische Grunddimension interkultureller Kommunikation*, FS Helmut Peukert (QD 156), Freiburg i. Br. 1995.

[40] Honneth, *Das Recht der Freiheit*, 2.

[41] Habermas, *Glauben und Wissen*, 13 f.

[42] Vgl. Habermas, Jürgen, Intoleranz und Diskriminierung, in: Mattioli, Aram / Ries, Markus / Rudolph, Enno (Hg.), *Intoleranz im Zeitalter der Revolutionen. Europa 1770–1848* (Kultur – Philosophie – Geschichte 1), Zürich 2004, 48.

sionstheologie des 16. Jahrhunderts entscheidend geprägt. Mit seiner Argumentation, wonach alle Menschen dieselbe Würde und dieselben Rechte besässen, wollte der Missionsbischof Bartolomé de Las Casas die Freiheit der Ureinwohner schützen, sich für oder gegen das Christentum entscheiden zu können. Den Begriff Religionsfreiheit kannte er noch nicht. Kaiser Karl V. hatte die neuen Gesetze[43], die die Rechte der Indios schützten, unter dem politischen Druck bald wieder zurückgenommen.

Die Nicht-Anerkennung des anderen mündete in den dogmatischen Absolutismus der Konfessionskriege. Die natürlichen Rechte der Kirchenjuristen des Mittelalters und der Spanischen Klassiker des Naturrechts werden in der folgenden Zeit marginalisiert,[44] bis 1776 in der *amerikanischen Unabhängigkeitserklärung* wieder mit natürlichen Rechten argumentiert wird.

2.1 Katholischer Absolutismus und Ansätze seiner Überwindung

Gemäss dem Theologen Thomas von Aquin[45] rechtfertigt der Unglaube der Häretiker und Apostaten die Gewaltanwendung. Wer hartnäckig auf seinen Irrtümern beharrt, «hat die Exkommunikation von der Kirche, ja sogar den Ausschluss aus der menschlichen Gemeinschaft durch den Tod verdient»[46]. Christen, Juden und Muslime lebten in Andalusien zu Thomas' Zeit friedlich zusammen. Dieses Zusammenleben musste theologisch legitimiert werden. Deshalb werden

---

43 Las Casas tritt ab 1516 als Anwalt für die Indios ein. 1542 übergibt er in Valladolid Karl V. Traktate, die grossen Einfluss auf die *Leyes Nuevas* (neuen Gesetze) haben, in welchen u. a. das Verbot der Versklavung und Ausbeutung der Indios und ihre Gleichstellung mit den spanischen Siedlern festgelegt werden. Vgl. Huser, *Vernunft und Herrschaft*, 19–29; Schnurrenberger, *Las Casas – Max Weber*, Satz I; Satz III.

44 Ganz vergessen waren sie nie, aber sie standen nicht mehr im Fokus. Doch gab es auch im 17. Jahrhundert u. a. einen reformierten Theologen und Rechtsgelehrten, der sich von den katholischen Spanischen Klassikern des Naturrechts inspirieren liess: der Niederländer Hugo Grotius. Wegen der konfessionellen und den militärischen Differenzen zwischen Holland und Spanien zitierte der Holländer Grotius die Spanier ab einem bestimmten Zeitpunkt nicht mehr. Vgl. Dufour, Alfred, Les «Magni Hispani» dans l'œuvre de Grotius, in: Grunert, Frank / Seelmann, Kurt (Hg.), *Die Ordnung der Praxis. Neue Studien zur Spanischen Spätscholastik* (Frühe Neuzeit 68), Tübingen 2001.

45 Vgl. Thomas von Aquin, *STh*, II–II, q. 10, a. 8.
Vgl. Rhonheimer, Martin, *Christentum und säkularer Staat. Geschichte – Gegenwart – Zukunft*, Freiburg i. Br. 2012; zu Augustinus: 49–62, zum Mittelalter: 62–74 und 74–92.

46 Lehmann, *Toleranz und Religionsfreiheit*, 24.

auch pragmatische Duldungsgründe aufgeführt. So verweist Thomas darauf, «dass Gott selber in der Welt manches Übel zulasse, das er eigentlich in seiner Allmacht verhindern könnte»[47]. Es wird der Duldungsgedanken erwähnt, der sich schon bei Augustinus findet. Dabei wird öfters an das Gleichnis vom Unkraut unter dem Weizen erinnert (Mt 13,24–30 und 13,36–43), das toleranzfreundlich[48] interpretiert wird.

Wegen des gemeinsamen Erbes werden auch die Juden geduldet. Dabei kann Thomas ein neues Argument entfalten im Blick auf die Frage, ob die Zwangstaufe jüdischer Kinder erlaubt ist. Die Tradition der Kirche lehnt die Taufe jüdischer Kinder gegen den Willen der Eltern ab.[49] Thomas argumentiert, dass eine Zwangstaufe jüdischer Kinder die «natürliche Gerechtigkeit» verletze. Man würde damit einem Kind Gewalt antun gegen den Willen seiner Eltern.

> «Thomas wendet sich damit im Namen des Naturrechts gegen eine strikte Verwirklichung der kirchlichen Sendung, weil sie die Freiheit verletzt. ‹Naturrecht, das so verstanden und gehandhabt wird, begründet Freiräume für die Glaubensentschei-

---

[47] Ebd. 25. «Thomas zitiert hier Augustinus, der sich dafür einsetzte, sogar die ‹Huren› (meretrices) in der menschlichen Gemeinschaft zu dulden, um eine noch stärkere Entfesselung zerstörerischer menschlicher Triebe zu verhindern.»

[48] Vgl. Schmidinger, Heinrich, *Toleranz – auch eine Geschichte Europas*, Basel 2024, 65: Während Augustinus «im sogenannten ‹Donatisten-Streit› [...] zunächst eine zurückhaltende, tolerante Haltung einnimmt und diese mit dem ‹Gleichnis vom Unkraut und Weizen› begründet, verhärtet sich seine Position bald in Intoleranz: Indem ihm zur Gewissheit wird, ‹dass ihr [die Donatisten] das Unkraut seid und euch, was noch Ärger ist, vor der Zeit [des Jüngsten Gerichts] vom Weizen losgetrennt habt›.»

[49] Dies war auch in der Kanonistik generell umstritten. Zwar galt über Jahrhunderte der Grundsatz, wonach die Kinder von Nicht-Getauften nicht ohne Zustimmung der Erziehungsberechtigten getauft werden dürfen. Doch bestimmte bereits Gregor IX. Ausnahmen davon, etwa im Fall unmittelbarer Todesgefahr (siehe Hinschius, Paul, *System des katholischen Kirchenrechts mit besonderer Rücksicht auf Deutschland*, Bd. 4, Berlin 1888, 50). Diese Ausnahme floss auch in den CIC/1983 ein, wo gemäss c. 868 § 2 CIC/1983 in Todesgefahr ein Kind nicht-katholischer Eltern gegen den Willen der Eltern erlaubt getauft wird. Dies wirft im Kontext des religiösen Erziehungsrechts der Eltern (Art. 303 Abs. 1 *ZGB*) zumindest einige Fragen auf.
Das Verhältnis zwischen Art. 303 Abs. 1 *ZGB* und c. 868 § 2 CIC/1983 ist nicht ganz einfach zu lösen. Denn das Grundrecht der Religionsfreiheit geht einer gesetzlichen Regelung grundsätzlich vor. Die Frage ist, ob dieser Canon noch unter die Religionsfreiheit subsumiert werden kann. Dies würde wohl eine eigene rechtswissenschaftliche Untersuchung bedingen. Aus der Taufe bei Todesgefahr alleine ergeben sich – aus rein staatsrechtlicher Sicht – noch keine unmittelbaren Pflichten.

dung des Einzelnen. Thomas geht jedoch nicht so weit, Religion zur Privatsache und Glaubensfreiheit zu einem allgemeinen Menschenrecht zu machen.›»[50]

Thomas kommt das Verdienst zu, das Naturrecht in die Toleranzdiskussion eingeführt zu haben. Dessen Argumentationsmöglichkeiten werden erst im säkularen Naturrecht des 18. Jahrhunderts voll ausgeschöpft. Dazwischen haben Francisco de Vitoria und Bartolomé de Las Casas die Brücke geschlagen zwischen dem religiös naturrechtlich argumentierenden Mittelalter und dem säkularen, neuzeitlichen Naturrecht der staatlichen Juristen: Die Brückenkonstruktion hiess: Die Naturrechtsargumente müssten gelten, auch wenn es Gott nicht gäbe – *etsi Deus non daretur*.[51]

Thomas hat zusätzlich mit seiner «Lehre vom irrenden Gewissen» die Zukunft des Toleranzgedankens weiterentwickelt. Diese Überzeugung hat die mittelalterliche Theologie seit Abaelard entwickelt.[52]

> «Folgt ein Mensch seinem Gewissen in voller innerer Überzeugung, etwas Gutes zu tun, so kann er keine Sünde begehen, da er gutgläubig einem Irrtum folgt und glaubt, das Rechte zu tun und Gott zu folgen. [...] Das Gewissen muss dem ‹Diktat der Vernunft› folgen. Es ist sich in diesem Fall jedoch eines Irrtums nicht bewusst.»[53]

Diese thomasische Argumentation in der Lehre vom irrenden Gewissen wird weiterentwickelt von Pierre Bayle (1647–1706), der die Rechte des irrenden Gewissens einfordert. Aber schon bei Thomas wird das Gewissen als letzte Instanz der Moralität verstanden. Eberhard Schockenhoff spricht daher von einem «Vorschein der Subjektivität»[54] bei Thomas.

---

50 Lehmann, *Toleranz und Religionsfreiheit*, 25 f. Zitat: Schreiner, Klaus, Art. Toleranz, in: Brunner, Otto / Conze, Werner / Koselleck, Reinhart (Hg.), *Geschichtliche Grundbegriffe. Historisches Lexikon zur politisch-sozialen Sprache in Deutschland*, Bd. 6, Stuttgart 1990, 459.

51 Dieses Argument nimmt selbst Maximilien de Robespierre (1758–1794) wieder auf. An die Adresse der radikalen Philosophen rief Robespierre, «wenn die Existenz Gottes und die Unsterblichkeit der Seele nur ein Wahn wäre, so wäre sie doch die schönste aller Schöpfungen des menschlichen Geistes». Robespierre, Maximilian, Über die Beziehungen der religiösen und moralischen Ideen zu den republikanischen Grundsätzen, und über die nationalen Feste (7. Mai 1794), in: ders., *Ausgewählte Texte*, Hamburg 1971, 674.

52 Vgl. im Zweiten Teil Mittelalter das 3. Kapitel: Autonome Ethik oder Beichte.

53 Lehmann, *Toleranz und Religionsfreiheit*, 26 f.

54 Schockenhoff, Eberhard, *Das umstrittene Gewissen. Eine theologische Grundlegung*, Mainz 1990, 83–90, Zitat: 83.

2.2 Lutherischer Absolutismus und Ansätze seiner Überwindung

Auf die Unverletzlichkeit des Gewissens berief sich auch Martin Luther (1483–1546), als er sich weigerte, nach dem mit der Bulle *Decet Romanum Pontificem* (28. Januar 1521) durch Papst Leo X. ausgesprochenen Kirchenbann, vor dem Kaiser und dem Reichstag zu Worms (1521) zu widerrufen:

> «Solange mein Gewissen durch die Worte Gottes gefangen ist, kann und will ich nichts widerrufen, weil es unsicher ist und die Seligkeit bedroht, etwas gegen das Gewissen zu tun. Gott helfe mir! Amen.»[55]

Dies ist ein Schlüsseltext des Protestantismus. In der Lutherforschung konnte geklärt werden, dass das Wormser Bekenntnis in der Fassung («Hier stehe ich, ich kann nicht anders, Gott helfe mir.») freilich weitreichende Impulse für moderne Toleranztheorien gegeben hat. Dies kann aber nicht kaschieren, wie anspruchsvoll der Weg zu einer allgemeinen Toleranz gewesen ist.[56] Toleranz im modernen Sinn war nämlich Luther fremd. Er vertrat die Auffassung, «dass das Evangelium die einzig wahre Religion sei und deshalb keine andere als gleichberechtigt neben sich dulden könne.»[57] Denn kirchlicher Pluralismus widersprach seiner Auffassung vom Absolutheitsanspruch des Evangeliums. Von religiösem Pluralismus in der modernen weltanschaulichen Bedeutung waren die Konfessionen auch im Augsburger Religionsfrieden (1555) noch weit entfernt.

---

55 Modernisierte Form bei Dickmann, Fritz, *Renaissance: Glaubenskämpfe – Absolutismus* (Geschichte in Quellen 3), München 1966, Nr. 50. Die Originalfassung von Luthers Rede lautet: «Weil denn Eure allergnädigste Majestät und fürstlichen Gnaden eine einfache Antwort verlangen, will ich sie ohne Spitzfindigkeiten und unverfänglich erteilen, nämlich so: Wenn ich nicht mit Zeugnissen der Schrift oder mit offenbaren Vernunftgründen besiegt werde, so bleibe ich von den Schriftstellen besiegt, die ich angeführt habe, und mein Gewissen bleibt gefangen in Gottes Wort. Denn ich glaube weder dem Papst noch den Konzilien allein, weil es offenkundig ist, daß sie öfters geirrt und sich selbst widersprochen haben. Widerrufen kann und will ich nichts, weil es weder sicher noch geraten ist, etwas gegen sein Gewissen zu tun» (Deutsche Reichsakten, Jüngere Reihe, II 80, 581 f.).

56 Vgl. dazu die Beiträge im offiziellen Themenheft 2013: evangelische Kirche in Deutschland (EKD) (Hg.), *Schatten der Reformation. Der lange Weg zur Toleranz. Das Magazin zum Themenjahr 2013*: Reformation und Toleranz, Altenburg 2013, URL: https://www.ekd.de/ekd_de/ds_doc/2013_Reformation_und_Toleranz.pdf. Es gibt bei Luther gewiss Anhaltspunkte, die die moderne Entwicklung zur Toleranz förderten.

57 Schreiner, *Toleranz*, 476.

Es galt das Prinzip: Der Fürst der Region entscheidet über die Konfession (*cuius regio, eius religio*).[58]

Der Prozess religiös weltanschaulicher Pluralisierung konnte erst in der Aufklärung nach harten Auseinandersetzungen in den modernen Pluralismus einlenken. Politik und Religion sind seither in der modernen Welt getrennt. Moderne Toleranz ist für den Reformator in dieser Form noch undenkbar, aber sie ist dennoch eine langfristige Konsequenz der Reformation und ihrer kriegerischen Auseinandersetzungen. Gewissensfreiheit für Andersdenkende und Fremde musste sich erst langsam durchsetzen. Luthers «Rebellion gegen den exklusiven und autoritären Wahrheitsanspruch der kirchlichen Hierarchie [hat] dazu beigetragen, der neuzeitlichen Toleranz und dem modernen Pluralismus den Weg zu ebnen»[59], so Karl Kardinal Lehmann.

Der Begriff Toleranz kommt in den Friedensdokumenten der Reformation kaum oder gar nicht vor. Friedensvorstellungen bestimmen erst z. B. im Augsburger Religionsfrieden (1555) die Wertvorstellungen.[60] Das Verlangen nach konfessioneller Geschlossenheit entsprach dem sehr alten Bedürfnis nach gesellschaftlich-politischer Einheit. Erst die Aufklärung prägt eine säkulare Generalisierung des Toleranzbegriffs. Dieser aufgeklärte Toleranzbegriff wird nun zusätzlich angewandt für die Bereitschaft, nicht nur im religiösen, sondern auch im moralisch-philosophischen sowie im politischen Bereich Andersdenkende gelten zu lassen.

> «Die Reformation [...] stellt in der neuzeitlichen Entwicklung hin zu einer Verselbstständigung religiöser Individualität gegenüber kirchlich-doktrinärer Autorität und hin zu der Herausbildung einer säkularen Staatsauffassung, genauer der Trennung von weltlicher und geistlicher bzw. kirchlicher Autorität, einen entscheidenden Schritt dar.»[61]

Die Zuschreibung dieser wirkmächtigen Differenzierungen an «die Reformation» bezeichnet Peter Unruh insofern als problematisch, da dieses Kirche-Staat-

---

58 Vgl. Heckel, *Der Augsburger Religionsfriede*.

59 Vgl. Lehmann, *Toleranz und Religionsfreiheit*, 33.

60 Vgl. Riedl, Gerda, Vom theologischen Glaubensstreit zum historischen Rechtsfrieden ... und darüber hinaus? Porträt des Augsburger Religionsfriedens (1555) als einer (un-)genutzten Chance gelebter Ökumenefähigkeit, in: Gaernter, Joachim / Godel, Erika (Hg.), *Religionsfreiheit und Frieden. Vom Augsburger Religionsfrieden zum europäischen Verfassungsvertrag*, Frankfurt a. M. 2007.

61 Forst, Rainer, *Toleranz im Konflikt*, Frankfurt a. M. 2003, 153.

Verhältnis neben einigen theologischen Kernelementen durchaus eine Vielzahl von Deutungsvarianten aufweist.[62]

Die Reformatoren des 16. Jahrhunderts konnten sich «auf die Unterscheidung von Geistlichem und Weltlichem verständigen; sie ist ‹gemein reformatorisches Gedankengut›»[63]. In moderner Begrifflichkeit spricht man vom Verhältnis von Kirche und «Staat».

> «Denn die Schlüsselrolle bei der Durchsetzung der Reformation sollte, wie bald nach ihrem Beginn immer deutlicher wurde, bei den weltlichen Gewalten liegen. Jenseits aller theologischen Disputationen wurde über die Zukunft der Reformation nicht in den Kirchen und Universitäten, sondern auf dem Forum des Reichs und in den Formen des Staatsrechts sowie in der Konfrontation zwischen dem Kaiser und den (evangelischen) Reichsständen entschieden. [...] Die reformatorische Unterscheidung von Geistlichem und Weltlichem firmiert erst seit dem 20. Jahrhundert unter dem Begriff der ‹Zwei-Reiche-Lehre›.»[64]

Es gelingt Peter Unruh, eine erhellende Schneise des historisch-kritischen Selbstverständnisses der Reformatoren zu geben, um so den Weg von Kirche und Staat in das 21. Jahrhundert aus reformatorischer Sicht freizulegen. Dabei war die Entwicklung zum absolutistischen Fürstenstaat der Anerkennung von Menschenwürde und Menschenrechten keineswegs förderlich. Die Reformation leitet aber eine Emanzipation des religiösen Individuums gegenüber der kirchlichen Lehrautorität ein. Die daraus entstandenen Kirchen, die um die Wahrheit streiten, führen zur «Herausbildung einer säkularen Staatsauffassung, genauer der Trennung von weltlicher und geistlicher bzw. kirchlicher Autorität»[65].

Der Konfessionsstreit des 16. und 17. Jahrhunderts trägt wie der Investiturstreit des 12. und 13. Jahrhunderts zur Ausdifferenzierung des Rechtssystems bei. Unter den Begriff der Konfession werden die korporativ organisierten christlichen Kirchen subsummiert, die sich durch ein spezifisches Bekenntnis, die *confessio*, formen lassen. In diesem Umfeld wird Konfessionalität als die Summe von Wertvorstellungen und Wertdeutungen beschrieben, «die ihre Wurzeln in der

---

62 Unruh, Peter, *Reformation – Staat – Religion. Zur Grundlegung und Aktualität der reformatorischen Unterscheidung von Geistlichem und Weltlichem*, Tübingen 2017, 37.

63 Ebd. 2. Zitat: Lau, Franz, Die lutherische Lehre von den beiden Reichen, in: Wolf, Gunther (Hg.), *Luther und die Obrigkeit* (Wege der Forschung 85), Darmstadt 1972, 371.

64 Unruh, *Reformation – Staat – Religion*, 2 f.

65 Forst, *Toleranz im Konflikt*, 153.

confessio haben, im Bekenntnis zu den Glaubensgrundsätzen einer christlichen Glaubensgemeinschaft»[66]. Die daraus entstehende Konfessionskultur

> «steht zugleich für den Brückenschlag zum ebenso geläufigen wie umstrittenen Grossparadigma der ‹Konfessionalisierung› von Kirche, Staat und Gesellschaft. [...] Langfristig wird die ‹Konfessionalisierung› damit zu den ‹Antriebselementen jenes frühneuzeitlichen Transformationsprozesses› gerechnet, ‹der die ständische Welt Alteuropas umformte in die moderne demokratische Industriegesellschaft›.»[67]

Die Konfessionstheologien beider Konfessionen aber haben über Jahrhunderte belegen wollen, dass bei der gesellschaftlichen und staatlichen Entwicklung nur von der eigenen konfessionellen Theologie ausgegangen werden soll. Dabei wurde übersehen, dass die Theologie im Dreissigjährigen Krieg (1618–1648) massgeblich an gesamtgesellschaftlicher Bedeutung eingebüsst hat.[68]

2.3 Der Westfälische Frieden: «Silete theologi in munere alieno!»

Der Dreissigjährige Krieg spaltete das Christentum in zwei «Christentümer»[69]. Die Spaltung der gemeinsamen politischen Theologie des Staates brachte viel Leid über Europa, weil die Konfessionen meinten, im Namen der jeweiligen

66 Thier, Andreas, Konfessionalität und Recht: Historische Beobachtungen und konzeptionelle Überlegungen, in: Waldhoff, Christian (Hg.), *Recht und Konfession – Konfessionalität im Recht?*, Frankfurt a. M. 2016, 17.

67 Schulte, Martin, *Recht und Religion. Zur Evolution von staatlichem und kirchlichem Recht* (Wissenschaftliche Abhandlungen und Reden zu Philosophie, Politik und Geistesgeschichte 97), Berlin 2020, 88. Vgl. Schilling, Heinz, Die Konfessionalisierung von Kirche, Staat und Gesellschaft – Profil, Leistung, Defizite und Perspektiven eines geschichtswissenschaftlichen Paradigmas, in: ders. / Reinhard, Wolfgang (Hg.), *Die katholische Konfessionalisierung: wissenschaftliches Symposium der Gesellschaft zur Herausgabe des Corpus Catholicorum und des Vereins für Reformationsgeschichte 1993* (Schriften des Vereins für Reformationsgeschichte 198), Gütersloh 1995, 4.

68 Bis heute erklärten sich die Kirchen «das Kooperationsverhältnis von Kirche und Staat oft gerne damit, dass der Staat religiös-weltanschaulich blind sei und deshalb auf die Kirchen und deren ‹Wertevermittlung› angewiesen sei. Der Staat überhörte den herablassenden Ton und war zuvörderst am religiösen Frieden im Land interessiert, der am ehesten durch gebildete Religionsgemeinschaften gewährleistet wird.» Schieder, Rolf, Religionspolitik – zur Karriere eines Begriffs, in: *Theologisches Feuilleton feinschwarz* vom 22.3.2021, URL: https://www.feinschwarz.net/religionspolitik-zur-karriere-eines-begriffs/.

69 Ich spreche hier bewusst nicht von zwei Kirchen. Es gab noch keine differenziert ausgearbeitete Kirchentheorie. Ein zentraler Unterschied zwischen der Kirche und all dem, was sich in der Neu-

Wahrheit diesen Tribut zahlen zu müssen. In den Verhandlungen für den Westfälischen Frieden entstand die Parole: *Silete theologi in munere alieno!* («Schweigt, ihr Theologen, in fremden Obliegenheiten!»)[70] Die Theologie, die über Jahrhunderte mit ihrem Naturrecht die philosophischen und politikwissenschaftlichen Grundlagen des Staates geliefert hatte, sollte sich zukünftig aus staatlichen Angelegenheiten heraushalten. Damit begann ein neues Kapitel des Kirche-Staat-Verhältnisses.

Es war augenfällig, dass die Kriege, die als konfessionelle Auseinandersetzung erscheinen, nicht durch ökumenische Bemühungen überwunden wurden.

> «Meist haben erst politische Herrscher sie [die Kriege] beendet, Politiker, die Toleranz aushandelten und verordneten, etwa 1598 im Edikt von Nantes nach dem Hugenottenkrieg, oder 1648 im Westfälischen Frieden nach dem 30-jährigen Krieg.»[71]

Die europäische politische Rechtsordnung stellte sich auf sich selbst und begann sich zu lösen von dem bisher unbestrittenen Fundament in der wahren Religion.[72] Unabhängig von der religiösen Wahrheit hat der säkulare Rechtsstaat ab jetzt das Ziel, den äusseren Frieden anzustreben und die öffentliche Sicherheit und Ordnung zu gewähren. Die Frage der vom Staat anerkannten Religion wird selbst zu einer politischen Frage, da nur so die theologische Verketzerung des Gegenübers überwunden werden kann.[73]

---

zeit an Territorialstaaten bilden wird, ist, dass es im 17. Jahrhundert noch keine ausdifferenzierte Kirchentheorie gegeben zu haben scheint, sondern nur Christologie oder eine Geschichtstheologie. Das hängt vermutlich mit dem kirchlichen Universalitätsanspruch zusammen.

70 Kriele, Martin, Säkularisierung und die islamische Herausforderung, in: Besier, Gerhard / Lübbe, Hermann / Neumann, Johannes / Seiwert, Hubert u. a. (Hg.), *Religionsfreiheit und Konformismus. Über Minderheiten und die Macht der Mehrheit* (Zeitdiagnosen 8), Münster 2004, 251. Das Zitat selber stammt vom frühen Völkerrechtler Alberico Gentili (1552–1608).

71 Leuenberger, Moritz, *Das Böse, das Gute, die Politik*. Rede am Symposium des Lucerne Festival zum Thema Verführung am 6. September 2002, URL: https://www.moritzleuenberger.ch/reden/reden-2002/das-boese-das-gute-die-politik/. Für diese Rede erhielt Bundesrat Moritz Leuenberger den Cicero-Rednerpreis 2003.

72 So verlangte die Kirche z. B. seit Bischof Ambrosius von Mailand (390) vom Kaiser wieder vollen Zutritt zu dessen Beratungen. Vgl. Ambrosius von Mailand, Brief 51 an Kaiser Theodosius vom Mai 390, in: *PL* 16, 1160–1164; dt.-lat. bei Rahner, *Kirche und Staat im frühen Christentum*, 184–193.

73 Vgl. Böckenförde, Ernst-Wolfgang, Die Religionsfreiheit im Spannungsfeld zwischen Kirche und Staat (1967/1969), in: ders., *Religionsfreiheit. Die Kirche in der modernen Welt*, 37 f.

Das Modell des liberalen Rechtsstaates birgt aber ein Konfliktpotenzial, wie schon die Ringparabel[74] zeigt, die Nathan der Weise in Lessings gleichlautendem Stück dem Sultan Saladin vorträgt.[75]

> «In der kurzen Erzählung wird dargelegt, dass der liberalen Demokratie mit ihrer Vorstellung einer weltanschaulich neutralen Staatsgewalt eine universelle Idee zugrunde liegt. Diese universelle Idee besagt, dass [aus staatlicher Sicht] keine Religion eine absolute und umfassende Wahrheit beanspruchen kann. Keine Religion kann demnach behaupten, allein selig machend zu sein. Denn, so die Pointe der kurzen Erzählung bei Lessing, kein Glauben kann beweisen, der richtige zu sein. [...] Das aufklärerische Moment liegt in einer Absage an die Exklusivität einer Religion.»[76]

Der liberale Rechtsstaat kommt dort in Konflikt mit einer Religionsgemeinschaft, wo religiöse Vorstellungen die politische Ambition auf alleinseligma-

---

74 «Mit der ‹Ringparabel› erklärt der Jude Nathan dem moslemischen Sultan Saladin, dass jede der drei Religionen ihren Ring nach ihrer getreuen Überlieferung direkt vom Vater erhielt und dass man nicht mit Sicherheit weiss, welche von ihnen den wahren Ring besitzt und welche eine der beiden Nachbildungen des Originals, und es könnte durchaus sein, dass keiner der Ringe echt ist. Daraus lässt sich schliessen, dass alle religiöse Polemik sinnlos ist und dass Toleranz, gegenseitige Anerkennung und pluralistisch geprägte Koexistenz der Religionen erreichbar sind. [...] Dies war ein besonderes und ganz persönliches Geschenk Lessings an Mendelssohn. In dem Drama drückte er nicht nur seine Teilnahme an dem harten Los der Juden aus, die von fanatischen Christen verfolgt, gedemütigt und ermordet worden waren, und machte die deutsche Öffentlichkeit nicht nur auf das Entschiedenste mit dem Kampf für die religiöse Toleranz vertraut, er verewigte auch Mendelssohn selbst in der Gestalt Nathans. Alle, die das Drama lasen und wenig später auf der Bühne sahen, wussten, dass diese vorbildliche Gestalt, die Vernunft, Barmherzigkeit, Toleranz und Liebe verkörperte, den berühmten jüdischen Philosophen aus Berlin darstellte.» Feiner, *Moses Mendelssohn*, 119.

Diese Grundhaltung des Staates unterscheidet sich wesentlich von der Grundhaltung der Kirchen, die ihren Absolutheitsanspruch trotz Toleranz nicht aufgeben, so mein geschätzter Diskussionspartner Peter Steinacker auf einem der Podien an der Universität Marburg. Vgl. Steinacker, Peter, *Absolutheitsanspruch und Toleranz. Systematisch-Theologische Beiträge zur Begegnung der Religionen*, Frankfurt a. M. 2006. Vgl. auch Kirchschläger, Peter G., *Nur ich bin die Wahrheit. Der Absolutheitsanspruch des johanneischen Christus und das Gespräch zwischen den Religionen*, Freiburg i. Br. 2010.

75 Vgl. Lessing, Gotthold Ephraim, *Nathan der Weise. Ein dramatisches Gedicht in fünf Aufzügen* (1779), Stuttgart 2013, 72–76.

76 Abbt, Christine, Kopftuch, Kreuz und Karikatur. Kontroversen zwischen Recht und Ethik, in: Unternährer, Nathalie / Stapferhaus Lenzburg (Hg.), *Glaubenssache. Ein Buch für Gläubige und Ungläubige*, Baden 2006, 106–109, 107.

chende Wahrheit erheben. «Dabei sind religiöse Dogmatik und Rechtgläubigkeit nicht mit Fundamentalismus zu verwechseln. Jede religiöse Lehre stützt sich auf einen dogmatischen Kern.»[77] Kritisch wird die Situation erst dann, wenn Vertreter einer Religionsgemeinschaft die staatlichen Rechtsstrukturen der weltanschaulich-pluralistischen Gesellschaft umgehen und gewaltsam ihre religiösen Lehren durchsetzen wollen.[78] Aber «Kritik am universellen Anspruch der liberalen Idee wird nicht nur von religiös-fundamentalistischer Seite geübt, sondern auch von demokratischen Positionen.»[79]

Das Verhältnis von Kirche und Staat wurde im Westfälischen Frieden (1648) als Verhältnis der Rechtsinstitutionen gedacht. Erst die Aufklärung hat die Interdependenz zwischen Recht und Religion individualrechtlich denken gelernt. Moses Mendelssohn[80], dem Lessing in seinem Drama «Nathan der Weise» die Hauptrolle zuweist, ist einer der Vordenker des individuellen Rechtsverhältnisses von Religion und Recht. Dies schuf die denkerischen Voraussetzungen für die individuelle Religionsfreiheit. Dafür mussten zuerst das religiös konnotierte Naturrecht säkularisiert und die geschlossene Einheitswelt des Mittelalters verlassen werden, um die individuelle Religionsfreiheit denken zu können.

Eine grosse Bedeutung für den Fortgang der Rechts- und Staatsphilosophie kommt den Spanischen Klassikern des Naturrechts zu. In ihren Schriften bündeln sich die philosophischen und theologischen Auseinandersetzungen des Mittelalters, die an die neuzeitliche Rechtswissenschaft vermittelt werden.[81] Die Bezeichnung Spanische Spätscholastik erinnert an die scholastischen Wurzeln des akademischen Diskurses. Der Begriff Spanische Klassiker des Naturrechts dagegen reflektiert den entscheidenden Einfluss dieser Theologen-Juristen auf die Zukunft der naturrechtlichen Entwicklung der Rechtswissenschaften.[82]

---

77 Ebd.

78 Vgl. Habermas, Jürgen, *Jacques Derrida. Philosophie in Zeiten des Terrors*, Berlin 2004, 55.

79 Abbt, *Kopftuch, Kreuz und Karikatur*, 107.

80 Loretan, *Religion und Recht in der Rechtsphilosophie.*

81 Vgl. Böckenförde, *Geschichte der Rechts- und Staatsphilosophie*, 366.

82 Vgl. Schnurrenberger, *Las Casas – Max Weber*, Satz I.

3 Säkulares Naturrecht

Welchen entscheidenden Impuls das christliche Naturrechtsdenken für das säkulare Vernunftdenken der Aufklärung geleistet hat, das den modernen Rechtsstaat erst hervorbrachte, zeigen in neuerer Zeit z. B. eine amerikanische rechtswissenschaftliche Studie[83] und der deutsche Soziologe und Philosoph Jürgen Habermas.[84] Er zeigt im ersten Band seiner Philosophiegeschichte, wie das naturrechtliche Denken sich von Platon und Aristoteles über die Stoa, Cicero, Augustinus, Thomas von Aquins Gesetzestraktat[85] bis zu dessen Kritikern Duns Scotus und Wilhelm von Ockham entwickelte. Der subjektive Wille als Fundament des Naturrechts wird bei den Spanischen Klassikern des Naturrechts, Francisco de Vitoria, Bartolomé de Las Casas und Francisco Suárez, weiterentfaltet. Diese Theologen-Kanonisten verteidigten die Rechtmässigkeit und Souveränität der nicht-christlichen, indianischen Staaten des 16. und 17. Jahrhunderts. Sie legen in ihrem naturrechtlich argumentierenden Völkerrecht den Grundstein für die Anerkennung der gleichen Würde aller Menschen, ihrer Gleichheit vor dem Gesetz und der daraus folgenden Volkssouveränität.[86] Auf der letzten Seite des ersten Bandes seiner Philosophiegeschichte fasst Habermas zusammen:

> «Neu ist im begriffsgeschichtlichen Zusammenhang des modernen Rechts die *Akzentuierung der Stellung der autonomen Rechtsperson*, die man als ein katholisches Pendant zu der von Luther zeitgleich akzeptierten Gewissensautonomie betrachten kann.»[87]

Das säkulare Naturrecht wurde im Mittelalter angeregt und von den Spanischen Klassikern des Naturrechts weiterentwickelt. Las Casas führt die aristotelisch-thomasische Tradition fort: «*Gratia non destruit, sed complet et perficit naturam.*»[88] – «Gnade zerstört nicht, sondern vervollständigt und vervollkommnet die Natur.»

---

83 Vgl. Domingo / Witte (Hg.), *Christianity and Global Law.*

84 Vgl. Loretan, *Interaktion von Philosophie und Recht.*

85 Thomas von Aquin, *STh*, Ia, IIa, quaestiones 90–97.

86 Vgl. Loretan, *Interaktion von Philosophie und Recht*, 482 f.

87 Habermas, *Auch eine Geschichte der Philosophie*, Bd. 1, 918.

88 Und weiter: «Dann kann es sich handeln um eine bereits bestehende Vorsteherschaft oder Herrschaft [Ungläubiger über Gläubige]. Da ist nun zu erwägen, dass ein solcher Vorrang besteht gemäss dem menschlichen Rechte; der Unterschied zwischen Gläubigen und Ungläubigen aber ist nach dem göttlichen Rechte. Wie aber die Gnade die Natur nicht zerstört, so das göttliche Recht nicht das menschliche.» Thomas von Aquin, *STh*, II–II, q. 10, a. 10, dt.

Dieser häufige zitierte Satz steht bei Thomas nicht in einem engen theologischen, sondern in einem rechtlichen bzw. politischen Kontext. Daraus leitet Las Casas ein Verhältnis von Staat und Kirche ab, das die unterschiedliche Zweckbestimmung beider Institutionen im Blick hat, wie sie bereits vertreten wurde von Thomas[89] und später von John Locke[90] rezipiert wird. Die Eigenständigkeit des Staates und der Kirche wird anerkannt. Diese grundlegenden rechtlichen Überlegungen wendet Las Casas dann auf die westindische Frage an: Ist die Konzessionsbulle[91] des spanischstämmigen Borgia-Papstes Alexander VI. rechtens, mit der die spanische Expansion legitimiert wird? Die Antwort ist ebenso klar wie unmissverständlich: «Niemand kann einem anderen mehr Rechte übertragen, als er selbst hat»[92], so der Rechtsgrundsatz aus den *Digesten*, die Las Casas gegen Ende seines Lebens zur Anwendung bringt. Der Papst sei somit nicht zuständig. Im Traktat *Principia quaedam* entwickelt Las Casas die Ideen der Volkssouveränität und leitet die mit der subjektiven Freiheit verbundenen Rechte (Menschenrechte) aus einer scholastisch originären Aristoteles- und Thomaslektüre sowie aus der Naturrechtstradition des römischen und kanonischen Rechts ab.[93] Diese Naturrechtstradition müsse gelten, auch wenn es Gott nicht gäbe (*etsi Deus non daretur*), schreiben die Spanischen Klassiker des Naturrechts. Genau darauf werden sich die weltlichen Juristen, die Politiques, und Hugo Grotius, der holländische Völkerrechtler und Theologe, stützen.

---

zitert aus BKV; URL: https://bkv.unifr.ch/de/works/sth/versions/summe-der-theologie/divisions/1757.

89 Vgl. Loretan, Adrian, Kirche und Staat in der Schweiz im Horizont einer globalisierten Gesellschaft, in: Paarhammer, Hans / Katzinger, Gerlinde (Hg.), *Kirche und Staat im Horizont einer globalisierten Welt, Wissenschaft und Religion* (Veröffentlichungen des Internationalen Forschungszentrums für Grundfragen der Wissenschaften Salzburg 21), Frankfurt a. M. 2009, bes. 191–195.

90 McCord Adams, Marilyn, Wahrheit und Toleranz. Zum 300. Todestag von John Locke (1632–1704), in: *Orientierung* 69 (2005), 47 f.

91 Vgl. Huser, *Vernunft und Herrschaft*, 92; Schnurrenberger, *Las Casas – Max Weber*, Satz I.

92 «Nemo plus iuris ad alium transferre potest, quam ipse haberet.» Ulpianus 46 ad edictum, in: *CICiv D* 50, 17, 54 (*Corpus Iuris Civilis* [Krueger], Bd. 1, 922). Zum Umgang von Las Casas mit römischem Recht vgl. Brieskorn, Norbert, Las Casas und das römische Recht, in: Delgado, Mariano (Hg.), *Bartolomé de Las Casas, Werkauswahl*, Bd. 3: Sozialethische und staatsrechtliche Schriften 1, Paderborn 1996.

93 Vgl. Huser, *Vernunft und Herrschaft*; Schnurrenberger, *Las Casas – Max Weber*.

3.1 Demokratische Rechtstradition der Kirche: «Quod omnes tangit, debet ab omnibus tractari»[94]

Die Zustimmung des Volkes in der politischen Theorie der Spätscholastiker hat ihr Fundament ebenfalls in der mittelalterlichen Kanonistik. Die Übertragung des Reiches vom Volk auf den Fürsten (*Translatio imperii a populo in principem*) und die mittelalterlichen Diskussionen darüber halten die Frage der Partizipation des Volkes mindestens theoretisch immer wach. Daher formulieren Francisco de Vitoria und Francisco Suárez und Bartolomé de Las Casas in dieser Tradition stehend demokratische Grundsätze. Diese führen zwei Jahrhunderte später den Westen als Rechtsgemeinschaft zur demokratischen Grundlage der politischen Philosophie. Die spätscholastische Demokratietheorie wird mit antiken und mittelalterlichen Argumenten vertreten. Hier zeigt sich, wie die europäische Geschichte ein starkes Kontinuitätselement aufweist: Die Einsetzung des westlichen Kaisertums im Jahr 800 wurde als eine *Translatio imperii* von den Byzantinern auf die Franken gedeutet. In der Folge des Investiturstreits stellte sich die Frage: Wer überträgt dem Kaiser die Macht?

> «War dies das römische Volk durch Akklamation des Kaisers, oder waren es die Kurfürsten durch ihren Wahlakt, oder war erst eine ausdrückliche Einsetzung und Approbation durch den Papst als Stellvertreter Christi entscheidend?»[95]

Im Mittelalter gibt es bei dieser Frage nach dem Subjekt der *translatio* (Übertragung) einen Punktesieg der römischen Kurie. Das Papsttum verliert aber diesen Kampf um das Kaisertum genauso wie das römische Volk:

> «‹Wer ordnungsgemäss von den Kurfürsten gewählt wird, besitzt durch diese Wahl bereits alle Regierungsrechte und bedarf keiner päpstlichen Approbation.› Dies

---

[94] Bonifatius VIII., De regulis iuris XXIX, in: *CICan VI* 5, 12, 29 (*Friedberg*, Bd. 2, 1122).

[95] Delgado, Mariano, Die Zustimmung des Volkes in der politischen Theorie von Francisco de Vitoria, Bartolomé de Las Casas und Francisco Suárez, in: Grunert, Frank / Seelmann, Kurt (Hg.), *Die Ordnung der Praxis. Neue Studien zur Spanischen Spätscholastik* (Frühe Neuzeit 68), Tübingen 2001, 159. Vgl. Schubert, Friedrich Hermann, Volkssouveränität und heiliges Römisches Reich (1970), in: Rausch, Heinz (Hg.), *Die geschichtlichen Grundlagen der modernen Volksvertretung. Die Entwicklung von den mittelalterlichen Korporationen zu den modernen Parlamenten*, Bd. 2 (Wege der Forschung 469), Darmstadt 1974, 281.

war […] der Sieg einer aristokratisch-demokratischen Sicht der Volkssouveränität, nämlich der Mehrheitsentscheidung unter qualifizierten Wahlberechtigten.»[96]

Ausserhalb des Reiches, in den mittelalterlichen Monarchien von Frankreich, Polen, Ungarn, England, Spanien und Portugal, wird auf die kirchenrechtliche Rechtsregel *Quod omnes tangit* Bezug genommen: Die Idee der Volkssouveränität ist ausserhalb des Heiligen Römischen Reiches Deutscher Nation stärker verwurzelt. Deshalb wird dort «vor Herrschaftsantritt die Zustimmung des gesamten, ständisch organisierten Volkes, sowie die gegenseitige Anerkennung der daraufhin folgenden vertraglichen Vereinbarung (*Lex regia*) zwischen Volk und Krone»[97] verlangt. Dies geschieht ausgerechnet unter Berufung auf eine Rechtsregel, die im kirchlichen Verfassungsrecht anerkannt ist: «Was alle angeht, muss von allen behandelt und approbiert werden.»[98] Im Rahmen des Konziliarismus und Parlamentarismus konnte diese Rechtsregel der Kirche den Charakter eines leitenden Verfassungsprinzips annehmen. Sie stieg sowohl im kirchlichen wie auch politischen Bereich zu einem als allgemein gültig anerkannten Grundsatz auf.[99] Der Kirchenrechtler und Philosoph Nikolaus von Kues schreibt in Bezug auf den Gesetzgebungsakt:

> «Was alle angeht, muss von allen gebilligt werden und durch eine allgemeine Zustimmung aller, oder zumindest der Mehrheit, zustande kommen.»[100]

Dieses *Quod-omnes-tangit*-Prinzip verwendet Las Casas auf allen drei Ebenen: Verfahrensregel, Beratungsprinzip, Verfassungsprinzip. Ausführlich wird diese mittelalterliche Demokratietheorie von Orazio Condorelli und Brian Tierney[101],

---

96 Delgado, *Die Zustimmung des Volkes*, 159 f.

97 Ebd. 160.

98 Diese Rechtsregel des kirchlichen öffentlichen Rechts spielte in Antike und Mittelalter eine wichtige Rolle in der Kirche. Als Stichworte seien die Bestellung der Bischöfe und der Konziliarismus genannt. Für die Entwicklung dieser Kirchenrechtsregel siehe Congar, *Quod omnes tangit*.

99 Vgl. ebd. 160 f.

100 Kues, Nikolaus von, *De concordantia catholica*, Hamburg 1939–1968, III, Prooemium, Nr. 276, in: *Nicolai de Cusa opera omnia*, Hamburg 1932–2010.

101 Vgl. Condorelli, Orazio, Quod omnes tangit, debet ab omnibus approbari, in: Sunde, Jørn Øyrehagen (Hg.), *Constitutionalism before 1789. Constitutional arrangements from the High Middle Ages to the French Revolution* (Nye Perspektiver på Grunnloven 1814–2014, Bd. 6), Oslo 2014, 70–73; Tierney, *The Idea of Natural Rights*, 283.

zwei führenden Rechtshistorikern, bestätigt.[102] Auf dieses korporative Prinzip der kirchlichen und zivilen Rechtstradition stützt sich auch der Anwalt der Indios, Bartolomé de Las Casas, um die Zustimmung aller (den *consensus omnium*) einzufordern.[103] De Vitoria und Suárez, die beiden Universitätsprofessoren, bevorzugen dagegen die Zustimmung der Mehrheit (*consensus maioris partis rei publicae*). Die Zustimmung aller scheint ihnen etwas archaisch und utopisch. Der Staat hat bei den spanischen Spätscholastikern das Recht, sich selbst zu leiten, und als Ganzes das zu tun, was die Mehrheit tut. Damit kann eine Rechtsinstitution folglich diejenige Verfassung annehmen, die ihre Mitglieder für die richtige halten.[104] Diese Verfassungsgrundsätze konnten als universale Vernunft-Postulate verstanden werden und trugen zum hohen Ansehen von de Vitoria bei. Las Casas, der auch Bischof von Chiapas war, geht hingegen weiter und fordert im Traktat *De regia potestate* vehement die Zustimmung aller Beteiligten. Denn

> «die Menschen und Völker sind für Las Casas ursprünglich frei, die Freiheit ist ‹kostbarer und unschätzbarer als alle anderen Güter, die ein freies Volk haben mag› [§ 8.5], sie kann ‹zu keiner Zeit verjähren› [§ 2.5], ist immer zu vermuten, so dass im Zweifelsfalle zu Gunsten der Freiheit zu entscheiden sei. [...] Das Volk ist ‹erste Quelle und Ursprung aller Gewalten und Jurisdiktionen› [§ 12.3], daher auch ‹Wirkursache der Könige›, denn die Rechtsgewalt ist ‹unmittelbar aus dem Volke hervorgegangen› [§ 4.3]. Ausdrücklich bezieht sich Las Casas in diesem Zusammenhang auf die antike demokratische Tradition der ‹translatio imperii a populo in principem›, wenn er sagt: ‹Das römische Volk übertrug dem Fürsten die ganze Gewalt› [§ 4.2].»[105]

102 Vgl. ausführlich Schnurrenberger, *Las Casas – Max Weber*, Satz I.

103 Vgl. ausführlich ebd. Satz I; Satz IV.

104 Vgl. Deutsch: Delgado, *Die Zustimmung des Volkes*, 166. Im Original bei de Vitoria, De potestate civili, 142: «Nam postquam res publica habet ius se administrandi et id, quod facit maior pars, facit tota, ergo potest accipere politiam, quam voluerit, etiam si non sit optima».

105 Delgado, *Die Zustimmung des Volkes*, 167 f. De Las Casas, Bartolomé, *De regia potestate*, im folgenden Deutsch zitiert nach: Delgado, Mariano (Hg.), *Bartolomé de Las Casas, Werkauswahl*, Bd. 3: Sozialethische und staatsrechtliche Schriften 2, Paderborn 1997; lateinisch zitiert nach: De Las Casas, *Obras completas*, Lateinisch-Spanisch, Bd. 12: De regia potestate. Quaestio theologalis, Madrid 1990:

§ 2.5: «Libertas vero nullo tempore praescribi potest.» (lat.: 44; dt.: 200).

§ 4.2: «Et populus romanus omnem potestatem in principem transtulit quoad onus.» (lat.: 62; dt.: 205).

Nach diesem Verständnis erfolgt die Herrschaftsübertragung durch freie Willensentscheidung eines freien Volkes in einem Wahlakt, der das Einverständnis aller betroffenen freien Menschen einschliesst. Denn bei der Wahl wird zugleich ein Herrschaftsvertrag (*lex regia*) abgeschlossen. Es wird dabei festgehalten, welchen Abgaben das Volk freiwillig zustimmt. Das Volk verzichtet bei der Königswahl und dem Herrschaftsvertrag nicht auf seine Freiheit. Denn es hat sich nicht dem Herrscher unterworfen, ‹sondern dem Gesetz›, dem Herrschaftsvertrag, dem auch der König als Verwalter (*administrator*) des Gemeinwesens untersteht.[106]

Das hat zur Folge, dass, wenn der König über das im Herrschaftsvertrag Vereinbarte hinausgehen will – z. B. durch neue Steuern oder durch Veränderung seiner Herrschaftsvollmacht –, er die freiwillige Zustimmung des betroffenen Volkes einholen muss.

Der moderne Rechtsstaat beruht bei den Spanischen Klassikern des Naturrechts auf der Herrschaft der Gesetze und nicht auf der Herrschaft von Menschen über Menschen. Damit findet sich das entscheidende Kriterium des modernen Rechtsstaates schon bei den spanischen Rechtswissenschaftlern.[107] Die Verfassung von Massachusetts formuliert später treffend,

> «dass die Regierung des Gemeinwesens letztlich ein ‹government of laws and not of men› sein solle. Die in einer langen geistesgeschichtlichen und politischen Entwicklung herausgebildete Gesetzesherrschaft bildet die zentrale Säule des Rechtsstaates.»[108]

Diese Säule wurde entscheidend von der Rechtskirche mitentwickelt, wie in den beiden ersten Teilen (Antike und Mittelalter) aufgezeigt werden konnte. Die

---

§ 4.3: «Unde imperium immediate processit a populo, et populis fuit causa effectiva regum seu principum, quot quorumcumque magistratuum, si iustum habuerunt ingressum.» (lat.: 62; dt.: 205).

§ 8.5: «Libertas est res preciosior et inaestimabilior cunctis opibus quae populus liber habet.» (lat.: 82; dt.: 213).

106 Vgl. Delgado, *Die Zustimmung des Volkes*, 168.
§ 9.3: «Et propterea dicuntur reges, quia Deo servant leges, iusta praecipiendo et contraria prohibendo […], et sic cives manent liberi, nec oboediunt homini, sed legi.» (lat.: 84; dt.: 213).

107 Vgl. Schnurrenberger, *Las Casas – Max Weber*, Satz I; Satz IV.

108 Kley, Andreas, *Von Stampa nach Zürich. Der Staatsrechtler Zaccaria Giacometti, sein Leben und Werk und seine Bergeller Künstlerfamilie*, Zürich 2014, 3. – Art. 30 der Verfassung von Massachusetts vom 2.3.1780, in: Altmann, Wilhelm (Hg.), *Ausgewählte Urkunden zur ausserdeutschen Verfassungsgeschichte seit 1776. Zum Handgebrauch für Historiker und Juristen*, Berlin 1913, 26.

Rechtsstaaten des Westens pflegen einen rechtlichen Umgang mit ihren Leitungsorganen. Das kanonische Recht wird zum ersten modernen Rechtssystem. Die Rechtswissenschaft der Kirche entwickelt also das öffentliche Recht des ersten modernen westlichen «Rechtsstaates», der Kirche. Seit die *rule of law* (Rechtsstaatlichkeit) in der Kirche zu Beginn des zweiten Jahrtausends entwickelt worden ist, müssen im Westen die Regierungen der Rechtsstaaten die Herrschaft des Rechts für eine legitime Herrschaft beachten. Dies gilt auch für Bischöfe, die Leitungsorgane der Kirche, wie Bischof Las Casas unmissverständlich deutlich macht:

> «Keine Begründung erlaubt es, unter den Bischöfen welche zu haben, die weder von den Klerikern gewählt noch vom Volk gewünscht sind.»[109]

So argumentiert er mit dem damals geltenden Recht der Kirche. Das Prinzip der Zustimmung aller Betroffenen wird von Bartolomé de Las Casas mit der *Quod-omnes-tangit*-Rechtsregel aus dem 6. Buch der Dekretalen näher begründet.[110] Diese Regel suchen wir bei de Vitoria und dem Jesuiten Francisco Suárez vergeblich.[111] Aber auch Suárez SJ verneint eine Legitimität einer Regierung ohne demokratische Partizipation des Volkes. Im dritten Buch von *De Legibus*[112] legt er eine solide akademische Studie vor, deren Translationslehre im Folgenden genauer dargestellt werden soll.

Frei sind die Menschen von Natur aus. Wenn sie sich durch einen besonderen Willensentschluss zusammentun, um politisch zu leben, entsteht das Gemeinwesen als Träger der politischen Gewalt.[113] Diese politische Gewalt hat das Gemeinwesen aufgrund der Natur der Dinge (1) und aus der Vorsehung des Schöpfers (2) heraus (*ex natura rei et ex providentia auctoris naturae*). Obwohl sie also in diesem Sinne von Gott kommt, wird sie für Suárez aber nur durch den freien Zusammenschluss der Menschen im Gemeinwesen vermittelt. Die politische Gewalt kann

---

109 «Non sunt habendi inter episcopos, qui nec a clericis eliguntur, nec a plebibus expetuntur.» *CICan D.* 62, c. 1 (*Friedberg*, Bd. 1, 234).

110 Diese Rechtsregel findet sich im 1298 durch Bonifatius VIII. edierten Liber Sextus (*CICan VI* 5, 12, 27). Vgl. ausführlicher Schnurrenberger, *Las Casas – Max Weber*, Satz I.

111 Zeigt dieser Fall der demokratischen Rechtsbegründung in Kirche und Staat, dass es den Universitätsprofessoren gut ansteht, wenn sie auch auf die Praktiker, die Anwälte der Menschenrechte, hören?

112 Suárez, *De Legibus*, lib. 3, cap 2–4, 15, 19.

113 Hier fällt die rein säkulare Begründung bei Suárez auf.

das Gemeinwesen kraft Zustimmung oder kraft einer anderen legitimen Form[114] an andere Träger übertragen, z. B. an Könige. Obwohl die Gewalt formell gesprochen (*formaliter*) von Gott kommt, benötigt die Übertragung an einen konkreten Menschen die Zustimmung des Gemeinwesens und ist daher menschlichen Rechts. Daher kann Suárez apodiktisch formulieren: Die politische Gewalt, auch wenn sie einem Fürsten legitimerweise übertragen wurde, geht immer direkt oder indirekt vom Volk aus. Es kann gar nicht anders sein, wenn es gerecht zugehen soll. Dabei gilt das Mehrheitsprinzip. Denn mit *Codex* und *Digestum* hält er fest, allgemeine Zustimmung (*unus consensus*) sei schon gegeben, wenn zumindest zwei Drittel der Stimmberechtigten anwesend seien und die Mehrheit für ein bestimmtes Gesetz stimmt. Im Falle einer Monarchie dagegen genüge aber der Wille des Herrschers für die Rechtmässigkeit von Gesetzen.[115]

Liegt aber ein Herrschaftsvertrag (*lex regia*) zwischen dem Volk und dem König vor, kann nicht von einer *absoluten Monarchie* ausgegangen werden. Denn das Volk hat ja weiterhin Rechte oder hat sich solche Rechte später erkämpft, die im Herrschaftsvertrag vereinbart wurden. Im Herrschaftsvertrag der englischen *Magna Charta* von 1215 haben sich einzelne Stände solche Rechte erkämpft. Macht hier Suárez erste Überlegungen für eine *konstitutionelle Monarchie*? Die *absolute Monarchie* geht von der Idee aus, dass das Volk die Herrschaftsgewalt dem Monarchen bedingungslos überträgt. In einer *konstitutionellen Monarchie* mit Herrschaftsvertrag gibt das Volk seine Freiheit nicht auf. Denn es vertraut sich nicht bedingungslos dem Herrscher oder einem Bischof an, sondern dem Gesetz, d. h. dem Herrschaftsvertrag.

Seit dem Dominikaner Dominico de Soto (1494–1560) lässt sich bei den Spanischen Klassikern des Naturrechts eine Vorliebe für die Vertragstheorien feststellen. Mit solchen Vertragstheorien[116] ist der Weg zum Gesellschaftsvertrag des

[114] Suárez ist in *De Legibus* III 4,2–4 der Auffassung, dass nach der direkten Einsetzung durch Gott, etwa bei Saul und David, diese nach der göttlichen Einsetzung die Zustimmung des Volkes benötigten und eingeholt haben. Dass auch von Gott eingesetzte Herrscher die Zustimmung des Volkes benötigen betont auch Las Casas. Vgl. Schnurrenberger, *Las Casas – Max Weber*, Satz I; Satz IV.

[115] Vgl. Delgado, *Die Zustimmung des Volkes*, 170 f.; lat. Original: Suárez, Francisco, De legibus ac deo legislatore / Über die Gesetze und Gott den Gesetzgeber. Liber Tertius / Drittes Buch, Teil I (Politische Philosophie und Rechtstheorie des Mittelalters und der Neuzeit, Reihe I: Texte 6), Stuttgart-Bad Cannstatt 2014, 50.

[116] Es sind Vertragstheorien wie beim Juristen Fernando Vázquez de Menchaca (1512–1569), der ebenfalls zur Schule von Salamanca gehört. Nach seinem Tod scheint über Fernando Vázquez

17. Jahrhunderts angelegt. Er bildet sich über Suárez' Entwicklung eines *pactum unionis* und eines *pactum subiectionis* Ende des 16. Jahrhunderts aus und geht weiter bis zu den dann gar nicht mehr so revolutionären Konstruktionen des Gesellschaftsvertrags zur Begründung des Naturrechts im 17. Jahrhundert[117].

3.2 Subjektive Freiheitsrechte bzw. Menschenrechte

Schon Thomas von Aquin stand am Schnittpunkt zwischen Rechtsphilosophie und philosophischer Theologie.

> «Gegenüber einer thetischen Gegenüberstellung von Ideenrealismus und Voluntarismus im späten Mittelalter wird nun, an der Epochenwende zur Neuzeit [16. Jahrhundert], die moderne Rechtswissenschaft gerade aus einer Synthese der beiden mittelalterlichen Traditionslinien der Theologie entwickelt.»[118]

Die franziskanischen Thomas-Kritiker Johannes Duns Scotus und Wilhelm von Ockham betonen mit ihrem voluntaristischen Gottesbegriff die Freiheit Gottes. Diese freiheitliche Sicht Gottes hat auch Auswirkungen auf das Naturrecht. Es stellen sich neue Fragen: Wie kann man Freiheit und Vernunft zusammen denken? Gibt es einen Weg, Vernunft (*ratio*) und subjektiven Willen (*voluntas*) in der *lex naturalis* und der sie begründenden *lex aeterna* zu vereinen?

Francisco de Vitoria entwickelt in seiner Naturrechtslehre einen mittleren Weg zwischen der Herleitung des Naturrechts aus der Vernunft Gottes (wie Tho-

---

zunächst von einflussreichen Kreisen ein Schweigen verhängt worden zu sein, was zu Wissenslücken über dessen Biografie führte. Dabei begleitete Vázquez als Theologe und Jurist König Philipp II. (1527–1598) noch zur letzten Sitzungsperiode (1562–1563) des Konzils von Trient (1545–1563). Als weltlicher Jurist und Theologe wird Vázquez inzwischen zu jenen Denkern gezählt, die das Naturrecht auf eine neue Grundlage zu stellen vermochten. Hugo Grotius bezog sich häufiger auf Vásquez als auf die anderen Spanischen Spätscholastiker. In seinen Ausführungen über die Freiheit der Meere schreibt Grotius über Vázquez: Vázquez, dieser Glanz Spaniens, behandelte diese ganze Frage mit größter Sorgfalt. Sie werden seine Feinheit im Rechtswesen und in der Lehre einer Freiheit nicht übersehen können.

«Verum omnem hanc questionem diligentissime tractavit Vasquius, decus illud Hispaniae, cuius nec in explorando iure subtilitatem, nec in docendo libertatem unam desideres.» (Grotius, Hugo, *Mare liberum 1609–2009*, Boston 2010, 52). Vgl. Seelmann, Kurt, *Die Lehre des Fernando Vázquez de Menchaca vom Dominium* (Annales Universitatis Saraviensis 89), Köln 1979, 19–36.

117 Vgl. Seelmann, *Theologie und Jurisprudenz*, 33 f.

118 Seelmann, *Thomas von Aquin am Schnittpunkt*, 18.

mas) bzw. aus dem Willen Gottes (wie Scotus und Ockham). Die Erkennbarkeit des Naturrechts stellt de Vitoria auf die Vernunfteinsicht aller Menschen, nicht nur der Christen ab. Für seine Konkretisierung braucht es daher einen *consensus omnium*. Dieser Konsens aller führt eine neue Argumentationsebene in die naturrechtliche Diskussion ein: Einerseits kann der Konsens als Prüfstein für die Tragfähigkeit naturrechtlicher Postulate verwendet werden, andererseits stellt er einen Übergang zum Naturrecht als einem konsensualen Recht *der Völker* dar. Dies führt «zu einer Annäherung von Naturrecht und Menschenrechten»[119]. De Vitoria sucht den rationalen und säkularen Charakter des Naturrechts zu stärken, ohne die metaphysisch-theologische Grundlegung aufzugeben. Er begründet die Denkform der subjektiven Rechte (Menschenrechte), indem er den subjektiven Anspruch des Naturrechts als Freiheitsrecht unterstreicht.

Die bisherige Rechtsphilosophie hat das Recht (*ius*) in einem rein objektiven Sinn bezogen auf die Gerechtigkeit verstanden. Bischof Isidor von Sevilla († 636) z. B. erkennt «das Wesen des Rechts in der Gerechtigkeit, die es zur Geltung zu bringen trachtet: ‹Ius autem dictum, quia iustum› (*lib.* V, 3).»[120] Das Recht schöpft aus seiner Beziehung zum Gerechten, dessen konkrete Realisierung das Recht ist. Für Thomas ist das Recht daher ein Gegenstand der Gerechtigkeit.[121]

> «Zwar trat schon im römischen Recht bei Verwendung von ius häufig auch der subjektive Aspekte hervor (das Recht, das dem populus Romanus oder einem einzelnen zusteht) und wurde als solcher von den römischen Juristen auf den Begriff gebracht; konzeptionell dominierend war jedoch der objektive Aspekt, der mit ius das Recht als Ganzes, die objektiven rechtlichen Normen und Gewohnheiten bezeichnete. Dieser Gebrauch wurde von den Theologen und Philosophen übernommen. […] Vitoria nun nimmt eine ‹subjektive› Definition von ius auf. […] Der ius-Begriff wird wieder Handlungsmacht eines Subjekts, verbindet sich also mit der Idee der Freiheit. […] Jeder Mensch ist dann qua persona Träger eines vorpositiv-natürlichen subjektiven Rechts. […] Auf der Basis natürlicher subjektiver Rechte baut Vitoria so in seiner dominium-Lehre eine Vertragstheorie aus, die sich wie ein Vorbote der neuzeitlichen Staatstheorien ausnimmt.»[122]

---

[119] Böckenförde, *Geschichte der Rechts- und Staatsphilosophie*, 353.

[120] Güthoff, Elmar / Haering, Stephan, Vorwort der Herausgeber, in: dies. (Hg.), *Ius quia iustum*, FS Helmut Pree, Berlin 2015, 5.

[121] «Ius est obiectum iustitiae.» Thomas von Aquin, *STh*, II–II, q. 57, a. 1.

[122] Böckenförde, *Geschichte der Rechts- und Staatsphilosophie*, 353 f.

Für das rechtsphilosophische Verständnis von Recht ergibt sich eine neue Dimension. Denn neben dem objektiven Charakter enthält das Naturrecht neu einen subjektiven Charakter. «Damit ist der notwendige Grund gelegt, um Menschenrechte als subjektive Rechte zu qualifizieren.»[123] Ernst-Wolfgang Böckenförde fragt dazu rhetorisch:

> «Schon die bei den scholastischen Autoren stets präsente Formel Ulpians, Gerechtigkeit sei der beständige und dauernde Wille, jedem sein Recht (nicht einfach: das Seine) zuzuteilen, ist ja für eine Deutung im Sinne einer Berechtigung, die dem anderen zukommt, offen gewesen. Was dem anderen gerechterweise geschuldet ist, was ihm (objektiv) gebührt, ist das nicht auch sein (subjektives) Recht?»[124]

De Vitoria legt also das Fundament für die moderne Gerechtigkeitsvorstellung. Denn in der Moderne

> «ist die Forderung nach Gerechtigkeit öffentlich nur zu legitimieren, wenn in der einen oder anderen Weise auf die Autonomie des [E]inzelnen Bezug genommen wird; nicht der Wille der Gemeinschaft, nicht die natürliche Ordnung, sondern die individuelle Freiheit bildet den normativen Grundstein aller Gerechtigkeitsvorstellungen»[125].

Dieser Verzahnung von Gerechtigkeit und individueller Freiheit geht ein langer Lernprozess voraus, ausgehend vom klassischen Naturrecht (Thomas von Aquin) über die Entdecker der subjektiven Rechte (Dekretisten; mittelalterliche Kirchenjuristen) und die franziskanischen Thomas-Kritiker (Duns Scotus, Ockham) zum Spätscholastiker Francisco de Vitoria.[126] Dabei ist nicht zu vergessen, dass das Naturrecht als Vernunftrecht ohne Offenbarung und ohne Gott schon im Mittelalter gedacht werden konnte, wie ausführlich im Teil Mittelalter belegt wurde.

---

123 Ebd. 355.

124 Ebd.

125 Honneth, *Das Recht der Freiheit*, 38.

126 Ebd. Dieser Lernprozess zu einer freiheitlichen Gerechtigkeitsvorstellung wird von Axel Honneth sehr verkürzt dargestellt, wenn er aus dem Mittelalter nur Thomas von Aquin nennt.

3.3 Naturrecht – Fundament des Völkerrechts und der Verfassungstheorien

Mit der naturrechtlichen

> «Konzeption wurden die spanischen Spätscholastiker zu Wegbereitern des neuzeitlichen [...] europäischen Völkerrechts; sie wurden zugleich zu Anwälten einer Auffassung vom Menschen, die sich zwei Jahrhunderte später in der Formulierung unveräusserlicher Menschenrechte Ausdruck verschaffte.»[127]

Die neue subjektive Naturrechtstheorie de Vitorias findet bei Bartolomé de Las Casas Anwendung im Streit um die Rechte der Indios. In der Disputation zwischen Las Casas und Juan Ginés Sepúlveda (1490–1573) vor dem spanischen Kronrat in Valladolid im Jahre 1550 geht es um die Rechtmässigkeit der Unterwerfung der Indios und ihrer Behandlung als Sklaven. Beide Seiten berufen sich auf das aristotelische Naturrecht. So konnte Sepúlveda mit der damals anerkannten rechtlichen Zulässigkeit der Kriegssklaverei argumentieren. Für Las Casas dagegen waren die Freiheit und die Vernunftfähigkeit jedes Menschen entscheidend. Diese Vernunftfähigkeit begründete er sowohl mit dem naturrechtlichen Ansatz Ciceros (säkular) als auch mit der Gottesebenbildlichkeit jedes Menschen (religiös):

> «Alle Völker der Welt bestehen ja aus Menschen, und für alle Menschen und jeden einzelnen gibt es nur eine Definition, und diese ist, dass sie vernunftbegabte Lebewesen sind; alle haben eigenen Verstand und Willen und Entscheidungsfreiheit, weil sie nach dem Ebenbild Gottes geschaffen sind.»[128]

Von diesem Ausgangspunkt her kann es daher keine «Sklaven von Natur aus» geben. Las Casas bringt den Freiheitsbegriff mit der Idee des Rechts in Verbin-

---

[127] Huber, *Gerechtigkeit und Recht*, 229. Heute wird eher de Vitoria denn Hugo Grotius als «Vater des Völkerrechts» angesehen, da er schon von einer auf Unabhängigkeit und Gleichheit aufbauenden Rechtsordnung zwischen den Völkern ausging.

[128] De Las Casas, Bartolomé, Apologética Historia Sumaria, Cap. 48; Deutsch zitiert nach: Delgado (Hg.), *Bartolomé de Las Casas, Werkauswahl*, Bd. 2, 376 f. Span. Original: «Todas las naciones del mundo son hombres y de todos los hombres y de cada uno dellos es una no más la definición, y ésta es que son racionales; todos tienen su entendimiento y su voluntad y su libre albedrío como sean formados a la imagen y semejanza de Dios.» Zitiert aus: De Las Casas, *Obras completas*, Bd. 7. Apologética Historia Sumaria II, 536.

dung, «unmittelbar vom naturrechtlich-theologischen Ansatz her, der dann (nur sekundär) mit römisch-rechtlichen Formeln abgestützt wird»[129].

Las Casas wurde wegen seines Freiheitsbegriffs auch schon als Kant *avant la lettre* bezeichnet.[130] Er versteht Freiheit nämlich als ein dem Menschen «vom Anfang der vernunftbegabten Natur an angestammtes Recht. Und so ist sie eine Sache des Naturrechts.»[131]

Dabei führt dieses Freiheitsverständnis jedes Menschen (individuelle Souveränität) für Las Casas ganz natürlich zur Souveränität des Volkes.

> «Die ursprüngliche Freiheit aller Menschen, die ihnen als Recht zukommt, führt zum Recht der Selbstherrschaft jedes Volkes kraft des Naturrechts.»[132]

So werden bei Las Casas Naturrechtstheorien entwickelt, die die Staatsrechtslehren des 18. und 19. Jahrhunderts vorausnehmen. Er fordert «eine konstitutionelle und freiheitliche Art der Herrschaftsausübung».[133] Dieses Staatsverständnis zeigt Auswirkungen in der Steuerpolitik. Es kann dem Volk keine Steuerlast auferlegt werden, wenn es dieser nicht freiwillig zustimmt.

In der angloamerikanischen Rechtstradition wird dieses naturrechtliche Argument entscheidend für die amerikanische Unabhängigkeitsbewegung. Es galt der Grundsatz: «No taxation without representation.» – «Keine Besteuerung ohne [gewählte politische] Vertretung.» Dies wurde zum Grund des Amerikanischen Unabhängigkeitskriegs. Denn die dreizehn amerikanischen Kolonien waren zu Steuern an die britische Krone verpflichtet, ohne jedoch über die Steuerausgaben im Parlament Grossbritanniens mitreden zu können.[134]

Für den Kirchenrechtler Las Casas ist klar: Regieren nach Gesetzen, wenn die Gesetze mit Zustimmung der Bürger erlassen sind, beinhaltet keine Einschrän-

---

129 Böckenförde, *Geschichte der Rechts- und Staatsphilosophie*, 372.

130 In diese Richtung geht etwa Schnurrenberger, *Las Casas – Max Weber*, Satz IV.

131 De Las Casas, Bartolomé, *De regia potestate*, § 1.1: «Nam libertas est ius insitum hominibus de necessitate et per se ab exordio rationalis naturae, et sic de iure naturali.» Lateinisch zitiert nach: De Las Casas, *Obras completas*, Bd. 12: De regia potestate. Quaestio theologalis, 34–36; Dt. zitiert aus: Delgado (Hg.), *Bartolomé de Las Casas, Werkauswahl*, Bd. 3.2, 197.

132 Böckenförde, *Geschichte der Rechts- und Staatsphilosophie*, 373.

133 Ebd.

134 Vgl. Leyland, Peter, *The Constitution of the United Kingdom. A Contextual Analysis*, Portland ³2007, 16: «the [English] parliament rejected the idea of taxation without its consent»; ebd. 17: Festschreibung in der «Bill of Rights» von 1689. Diese prägt das Denken in den USA.

kung, sondern ist Bedingung der Freiheit.[135] Dieses naturrechtliche Verständnis hat menschenrechtliche Konsequenzen:

> «Alle Ungläubigen, welcher Sekte oder Religion sie auch immer angehören und welcher Sünden sie auch schuldig sein mögen, haben gemäss natürlichem und göttlichem Recht und auch nach dem sogenannten Völkerrecht völlig zu Recht die Herrschaft über die Dinge inne, die sie erworben haben, ohne einen anderen zu schädigen. Und mit dem gleichen Recht besitzen sie auch ihre Fürsten- und Königtümer, ihre Stände, Amtswürden, ihre Jurisdiktion und Herrschaftsrechte.»[136]

Las Casas fasst seine Argumente in der Schrift *Principia quaedam* für ein intellektuell gebildetes Lesepublikum zusammen.[137] Die Grundlage seines Rechtsverständnisses ist die Annahme eines positiven Naturrechts, das sich als eigenständiges Rechtssystem zeigt. Dieses fusst für Las Casas auf der biblischen Ebenbildlichkeit Gottes (Gen 1,27) und auf den römischen *Digesten*. Die Umschreibung des Naturrechts am Anfang des *Corpus Iuris Canonici* und damit zu Beginn des *Decretum Gratiani* findet sich implizit als Basis seiner Argumentation gemäss der Goldenen Regel:

> «Ius naturae est, quod in lege et euangelio continetur, quo quisque iubetur alii facere, quod sibi vult fieri, et prohibetur alii inferre, quod sibi nolit fieri.» – «Alles was ihr also von anderen erwartet, das tut auch ihnen!»[138]

Das Naturrecht hatte eine Brückenfunktion zwischen den legistischen (staatlichen), kanonistischen (kirchlichen) und moraltheologischen Denktraditionen des Mittelalters und den säkularen Naturrechtssystemen des 17. Jahrhunderts.

---

135 Auch hier stimmt er mit Kant überein. Vgl. Loretan, *Freiheit setzt für Kant die Rechtsbindung der Leitungsorgane voraus*, 289–292.

136 De Las Casas, Bartolomé, *Las Doce Dudas*, Respuesta, Cap. I, Principio I: «Todos los infieles, de qualquiera secta o religión que sean, o por qualesquiera peccados que tengan quanto al derecho natural y divino y al que llaman derecho de las gentes, justamente tienen y poseen señorío sobre sus cosas que sin perjuycio de otro adquirieron. Y también con la misma justicia posseen sus principados, reynos, estados, dignidades, jurisdicciones y señoríos.» Spanisch zitiert nach: De Las Casas, *Obras completas*, Bd. 11.2: Doce Dudas, Madrid 1992, 35; dt. nach: Delgado (Hg.), *Bartolomé de Las Casas, Werkauswahl*, Bd. 3.2, 279 f.

137 Vgl. Huser, *Vernunft und Herrschaft*, 53–59.

138 *CICan D.* 1 (*Friedberg*, Bd. 1). Der Verständlichkeit halber wurde die Goldene Regel nach Mt 7,12 auf Deutsch zitiert.

Ein Leitmotiv von de Vitoria und Suárez ist die Überzeugung, wonach die rechte Vernunft (*recta ratio*) als schriftlich verfasstes Naturrecht (*ratio scripta*) fassbar ist. Diese verschriftlichte Vernunft ist im positiven Recht fassbar und erlaubt es, mittels der Vernunft zwischen Recht und Unrecht zu unterscheiden. Vor diesem intellektuellen Horizont werden theologische und rechtliche Fragen zur spanischen Kolonialpolitik, zur Staatsphilosophie, zum Völkerrecht, zu Rolle und Verfassung der Kirche und des römischen Primates und zu subjektiven Rechten interdisziplinär in Rechtsfakultäten und theologischen Fakultäten diskutiert. Auch für diesen Kreis akademisch und politisch Interessierter formulierte der Anwalt Las Casas seine Rechtsprinzipien in *Principia quaedam* und diskutiert die Frage, ob die spanische Krone die eben entdeckten Gebiete der Neuen Welt besiedeln und sich für die Mehrung des eigenen Wohlstandes aneignen darf.

Die Autorität der Gesetze gründet gemäss Francisco de Vitoria nicht allein in der Verbindlichkeit des Gesetzgebers, sondern in ihrem Übereinstimmen mit den ausgearbeiteten Kriterien der Gerechtigkeit. Las Casas sieht deshalb die Funktion des positiven Rechts nicht darin, Macht zu legitimieren, sondern Macht zu beschränken.

Ausgehend vom naturrechtlichen Vernunftpostulat entwirft de Vitoria die Auffassung einer weltweiten Kommunikationsgemeinschaft. Er geht dabei anders als Las Casas noch von einer eurozentrischen Sichtweise aus. Wie Las Casas entwirft de Vitoria die Vision einer ursprünglich geeinten Menschheit, die als universale Weltgemeinschaft, als *res publica* aller Nationen, allein das naturrechtlich begründete Völkerrecht und nicht die theologisch oder völkisch begründeten Machtansprüche einzelner Nationen als Grundlage haben kann. Er entwirft die denkerischen Grundlagen einer friedlichen, naturrechtlich strukturierten Weltordnung, die eine globale Kommunikationsgesellschaft im Sinne einer globalen Staatenrepublik vorsieht.

Angesichts der geschichtlichen Wandelbarkeit der Interpretation des natürlichen Gesetzes entwickelt Francisco Suárez die Theorie der Rechtsinterpretation als Vermittlung zwischen Norm und Situation.[139] Das Naturrecht wird so zu einer wandelbaren Grösse. Diese Sicht des nachgeborenen Suárez hat in Ansätzen Las Casas de facto schon vorweggenommen.

[139] Vgl. Huser, *Vernunft und Herrschaft*, 47–51.

3.4 Freiheitsrechte jedes Menschen oder Berechtigung der Sklaverei?

Einige Jahre vor dem Disput von Valladolid schrieb Las Casas dort den Traktat der *Principia quaedam* (1545/46). Die Debatten im Disput von Valladolid zeigen Las Casas' Denk- und Argumentationsmuster im Unterschied zu Juan Ginés de Sepúlvedas zweckgefärbter Aristotelesinterpretation.[140] Die Indios betrachtete Sepúlveda als *homunculi* (Menschenaffen), was deren Versklavung rechtfertige. Seine aristotelische Naturrechtslehre entsprach den machtpolitischen Interessen der spanischen Krone.

Für das Verständnis von *Principia quaedam* von Las Casas ist der Vergleich der lascasianischen und sepúlvedischen Aristoteleshermeneutik zentral. Alle genannten Naturrechtsdenker sehen den Geltungsanspruch aller Normen darin begründet, dass sie für die menschliche Vernunft als Ausdruck des göttlichen Willens oder als Ausdruck des Gesetzgebers, der Teil der natürlichen Ordnung ist, erkennbar sind.

Las Casas' gewaltloses Engagement für die Indios ist, wie der Disput von Valladolid zeigt, getragen von einer nicht verhandelbaren Anerkennung der naturrechtlich gegebenen Würde jedes Menschen. Damit wird Reziprozität auch für die Indios eingefordert. Las Casas geht im Gegensatz zu de Vitoria von einem kulturpluralistischen Ansatz aus, der eine friedliche Koexistenz und Gleichrangigkeit der Völker bei der Kooperation vorsieht. Das «primäre Völkerrecht» entfaltet dabei das naturrechtliche Fundament der Vision einer gesellschaftsoptimistischen Weltgemeinschaft. Das «sekundäre Völkerrecht» ist dessen positivrechtlicher Garant in den Widersprüchen der politischen Realität.[141]

Las Casas verwendet als Rechtsquellen seiner naturrechtlichen Argumentation das römische und das kanonische Recht.[142] Beide Rechte benutzt er im Rechtsvergleich als Korrekturgrössen, um ungerechtes Recht in der geltenden spanischen Gesetzgebung zu bekämpfen. Die Geltung des römischen Rechts einzufordern, bedeutet für Las Casas, die Geltung des Naturrechts und damit die Geltung der Vernunft einzubringen. Diese Rezeption des naturrechtlichen Denkens aus der philosophisch-scholastischen Tradition und den genannten Rechtsquellen werden im Folgenden auf die vier Prinzipien des lascasianischen Traktats *Principia quaedam* angewandt.

140 Vgl. ebd. 53–59, vor allem Sepúlvedas Aristotelesinterpretation ebd. 57–59.

141 Vgl. ebd. 131–133.

142 Vgl. ebd. 107–190.

Bereits der vollständige Titel der Schrift lässt eine Reihe klassisch-naturrechtlicher Elemente erkennen; er lautet: *Principia quaedam ex quibus procedendum est in disputatione ad manifestandam et defendendam iustitiam indorum* (Erörterung einiger Rechtsprinzipien, nach denen zu verfahren ist in der rechtlichen Untersuchung mit dem Ziel, den statthaften Rechtsstatus der Bewohner der westindischen Ländereien sowohl darzulegen als auch zu verteidigen). Es handelt sich in der Interpretation um Verfahrensregeln (*ex quibus procedendum est*) (1), die in einem Rechtsverfahren (*in disputatione*) zur Anwendung kommen sollen (2). Das Ziel dieser Disputation ist sowohl eine erklärende Darstellung (*ad manifestandam*) als auch eine Verteidigung (*ad defendendam*) (3) des Rechtsstatus der Indios *(iustitia indorum)*. Hierzu stellt Las Casas vier Rechtsprinzipien auf, die er unter je einem Stichwort zusammenfasst:[143]

3.4.1 Das 1. Prinzip: Herrschaft (dominium)

Las Casas fordert eine verfassungsrechtliche und freiheitliche Art der Herrschaftsausübung. Die Freiheit des Menschen begründet die Freiheit der Völker und ihr eigenes Recht, politische Herrschaft in einem freiheitlichen Selbstvollzug selbst zu konstituieren. Herrschaft ist für Las Casas daher nicht *dominium* wie bei de Vitoria, sondern *ministerium*, dienende Amtsgewalt.[144] Las Casas wendet das *Aequitas*-Prinzip gemäss der römischen und kanonischen Rechtstradition an:

> «Gerechtigkeit sei der beständige und dauernde Wille, jedem sein Recht (nicht einfach: das Seine [wie bei Aristoteles]) zuzuteilen.»[145]

Der Akt der Gerechtigkeit besteht also für Las Casas darin, jedem sein Recht zu geben, auch den Indios, für die er ein Recht der völkerrechtlichen Selbstbestimmung einfordert.

3.4.2 Das 2. Prinzip: Leitungsamt (officium)

Jede geordnete Gemeinschaft benötigt einen leitenden Vorstand, eine Regierung, die nach Gerechtigkeit strebend urteilt.

143 Vgl. ebd. 191–246.

144 Vgl. auch Schnurrenberger, *Las Casas – Max Weber*, Satz I.

145 Böckenförde, *Geschichte der Rechts- und Staatsphilosophie*, 355.

> «Die Gerechtigkeit – als Tugend menschlichen Verhaltens – ist auf das Recht [...] als etwas ihr Vorausliegendes bezogen: ‹ius est objectum iustitiae› ([Summa theologiae] II–II, qu. 57, art. 1).»[146]

Macht muss naturrechtlich und völkerrechtlich begründet sein, um legitim zu sein. Deshalb postuliert Las Casas ein natürliches Recht auf Selbstbestimmung und auf Bestellung der eigenen Vorsteher.

3.4.3 Das 3. Prinzip: Freiheit (libertas)

Das Prinzip Freiheit geht von der Idee der Freiheitsvermutung des Menschen aus. Aus der allgemeinen Freiheit und der Vernunftfähigkeit erwächst den Menschen eine Reihe von Rechten, derer sie grundsätzlich nicht verlustig gehen können. Hier ist die Idee der Menschenrechte im Ansatz erkennbar. Fundament der Freiheitsvermutung ist die vernunftbegabte Natur des Menschen. Dies ist der zentrale Angelpunkt des lascasianischen Freiheitsverständnisses.

Obwohl der Begriff *ius humanum* vorkomme, werde der Terminus Menschenrecht im römisch-rechtlichen Sinn als Recht, das von Menschen geschaffen wurde, im Gegensatz zu *ius divinum* verstanden, und es werde bei Las Casas noch nicht ganz im heutigen Sinn von einem Recht gesprochen, das dem Menschen als Menschen zukomme, so Patrick Huser. Gemäss Ernst-Wolfgang Böckenförde ist Las Casas' Naturrechtsdenken nicht so deutlich vom Menschenrechtsdenken zu unterscheiden, wie dies Huser betont.[147] Las Casas hat als Kirchenjurist die naturrechtlichen Grundlagen angewandt, um von subjektiven Rechten sprechen zu können, die jedem Menschen zukommen. Er steht in einer Rechtstradition, die schon seit dem Mittelalter das Denken von subjektiven Rechten in der Kirchenrechtswissenschaft kannte.[148] Dabei ist das Prinzip der Gegenseitigkeit sowohl am Anfang des *Decretum Gratiani* als auch später bei John Locke Pate gestanden. Das säkulare Naturrecht wird von den Spanischen Klassikern des Naturrechts vom Mittelalter überliefert (*etsi Deus non daretur*). Daher kann hier nicht von einer rein religiösen Bindung der Menschenrechte gesprochen werden.

Ausgangspunkt der lascasianischen Freiheitsvermutung

146 Ebd. 251

147 Wie Böckenförde, so auch Schnurrenberger, *Las Casas – Max Weber*, Satz I.

148 Tierney, *The Idea of Natural Rights*, 5.

> «ist die vernunftbegabte Natur des Menschen, welche [...] in ihrem freiheitlichen Vollzug Selbstzweck ist. Dieser Gedanke ist der zentrale Angelpunkt des lascasianischen Freiheitsverständnisses. Er schöpft dabei aus der Tradition des römischen Rechts, wo der Mensch ebenso als frei geboren bezeichnet wird.»[149]

Las Casas stützt seine Argumentation damit sowohl auf das weltlich-römische Recht als auch auf das geistlich-kanonische Recht: *In dubio pro libertate* (im Zweifelsfall für die Freiheit). Der primäre Selbstvollzug ist die rechtliche Grundlage des primären Völkerrechts. Josef Bordat ist der Auffassung, dass dieser Passus an die moderne *humanitas*-Formel des kategorischen Imperativs von Immanuel Kant[150] erinnert.[151] Frei ist nur, wer in die Herrschaft über sich einwilligt oder sie selbst begründet. Dieser Anspruch kommt allen Völkern zu, auch den Indios.

3.4.4 Das 4. Prinzip: Wohl der Menschen (bonum hominum)

Jeder Leiter einer Gemeinschaft freier Menschen ist *zum Wohl der Menschen (bonum hominum)* verpflichtet, weil nach Aristoteles «(Ethica nicom. VIII, 11: 1160a) das Königreich nicht wegen des Königs besteht, sondern der König wegen des Reiches».[152] Die hier angedeutete Herrschaftskritik ist ein typisches Merkmal lascasianischer Staatsphilosophie, die vom Philosophen Aristoteles inspiriert ist. Diesen naturrechtlichen Grundsatz wendet Las Casas aber auch auf die Kirche an. Denn der Papst ist bloss ein Zweit-Agens, der dem Erst-Agens, also Gott bzw. dem göttlichen Gesetz selbst, unterworfen sein muss.[153] Hier wird en passant das

---

149 Huser, *Vernunft und Herrschaft*, 79.
Vgl. *CICiv* 1, 1, 2, *De iure naturali, gentium et civili:* «Das Völkerrecht hingegen ist dem ganzen Menschengeschlecht eigen. [...] Kriege entstehen und auch die aus diesen folgende Gefangenschaft und Sklaverei, welche dem Naturrecht entgegenstehen (denn aufgrund des Naturrechts werden alle Menschen frei geboren); durch dieses Naturrecht wird das Völkerrecht und fast alle Verträge eingeführt, wie Kauf und Verkauf, Eigentum und Miete, die Gesellschaft, das Pfand, die Ehe und unzählbare weitere Verträge.» (dt.: P. Huser) (ebd. 79 f.).

150 «Handle so, dass du die Menschheit, sowohl in deiner Person als in der Person eines jeden anderen, jederzeit zugleich als Zweck, niemals bloss als Mittel brauchst.» Kant, GMS, *AA* IV, 429.

151 Vgl. Bordat, Josef, *Gerechtigkeit und Wohlwollen. Das Völkerrechtskonzept des Bartolomé de Las Casas*, Aachen 2006, 107 Anm. 680.

152 De Las Casas, Bartolomé, Einige Rechtsprinzipien zur Behandlung der westindischen Frage, in: Delgado (Hg.), *Bartolomé de Las Casas, Deutsche Werkauswahl*, Bd. 3.1, 53.

153 Vgl. Schnurrenberger, *Las Casas – Max Weber*, Satz I; Satz III; Satz IV.

lascasianische Grundverhältnis von Natur und Gnade «als Frage von der gegenseitigen Abhängigkeit von *ius naturale* und *ius divinum*»[154] sichtbar.

> «Das göttliche Recht, das aus der Gnade stammt, hebt das menschliche Recht nicht auf, das aus der natürlichen Vernunft stammt.»[155]

Las Casas rezipiert die aristotelische und die thomasische Tradition,

> «wenn er das Verhältnis im Sinne einer Ausrichtung des ersten auf das zweite definiert im Sinne der beiden Grundsätze: gratia supponit naturam – die Gnade setzt die Natur voraus – und gratia non destruit, sed complet et perficit naturam – die Gnade zerstört nicht die Natur, sondern ergänzt und vollendet sie»[156].

Dieses häufige Thomaszitat steht bei Thomas in einem rechtlichen bzw. politischen Kontext über die Herrschaft Ungläubiger über die Gläubigen.

> «Da ist nun zu erwägen, dass ein solcher Vorrang besteht gemäss dem menschlichen Rechte; der Unterschied zwischen Gläubigen und Ungläubigen aber ist nach dem göttlichen Rechte. Wie aber die Gnade die Natur nicht zerstört, so das göttliche Recht [das auf der Gnade beruht] nicht das menschliche [das aus der menschlichen Vernunft stammt]. Also der Unterschied von ‹gläubig› und ‹ungläubig› hebt an und für sich die Herrschaft Ungläubiger über Gläubige nicht auf.»[157]

Daraus leitet Las Casas ein Verhältnis von Staat – Kirche ab, das wie Thomas[158] die unterschiedliche Zweckbestimmung beider Institutionen im Blick hat. Die funktionale Eigenständigkeit des Staates und der Kirche wird anerkannt.

---

[154] Huser, *Vernunft und Herrschaft*, 87.

[155] «Ius divinum, quod est ex gratia, non tollit ius humanum, quod est ex naturali ratione.» Thomas von Aquin, *STh*, IIa IIae, q. 10, a. 10.

[156] Huser, *Vernunft und Herrschaft*, 87.

[157] Thomas von Aquin, *STh*, IIa IIae, q. 10, a. 10, dt.: BKV, URL: https://bkv.unifr.ch/de/works/sth/versions/summe-der-theologie/divisions/1757.

[158] Vgl. Thomas von Aquins These zum Verhältnis von Kirche und Staat, in: Loretan, *Kirche und Staat in der Schweiz*, bes. 191–195.

3.5 Das römische und das kanonische Recht bei Las Casas[159]

Neben der naturrechtlichen Philosophie und der kanonischen Rechtstradition ist die römischrechtliche Tradition die wichtigste Quelle zum Verständnis von Las Casas' Argumentation in *Principia quaedam*. Der Staatshumanismus der Spanischen Klassiker des Naturrechts ist vom Rechtsprinzip der *aequitas*[160] geprägt: Dem Recht kommt die Rolle zu, Machtmissbrauch mittels Beschränkung der Macht zu verhindern. Recht, Rechtsphilosophie und Staatsphilosophie sind in diesem Rechtsverständnis von Las Casas aufs Engste miteinander verknüpft.

Wie sich die Verbindung antiker Rechtstraditionen mit ihrer Weiterentwicklung in die Neuzeit auf konkrete Rechtsfragen auswirkte, lässt sich an der (Neu-)Beurteilung der Sklaverei exemplarisch ausführen: Im Zweifelsfall ist zugunsten der Freiheit zu urteilen. Diese *favor libertatis* aus den *Digesten*[161] (qua Schutzrecht für Untergebene) verbessert die Rechtsstellung der Sklaven in der römischen Kaiserzeit. Dahinter steht das Naturrechtsverständnis der Stoa, wonach die Sklaverei naturwidrig sei, weil die Menschen von Natur aus frei seien. Deshalb soll mindestens im Zweifelsfall immer für die Freiheit des Sklaven optiert werden. Die Idee einer weltweiten *humanitas* (eines universalen Stadtstaates), die als *res publica* auf Gesetzen fusst, um das Wohlergehen der Gemeinschaft und den Schutz des Schwachen vor der Willkür der Mächtigen zu gewährleisten, bildet den Kern jener römischrechtlichen Rechtssätze, die Las Casas besonders ausgiebig in seine Argumentation zur Lösung der westindischen Frage aufnimmt. Das römische Recht wird

> «qua Naturrecht zu einem vom göttlichen Heilsplan getrennt denkbaren Rechtssystem, welches nicht so sehr in der Vernunft gründet, sondern vielmehr ‹bloss› von ihr als richtig erkannt werden kann»[162].

Bei der Rechtsnormenbegründung entwickelt Las Casas erst mit der Zeit eine rationale Normenbegründung. Die thomasische Denkschule führt sein römisches, stoisches Naturrechtsverständnis weiter. Las Casas kann mit dieser neuzeitlichen Denkweise die ständischen Schranken überwinden. Er entwickelt eine konsequente Durchrationalisierung menschlicher Organisations- und Rechtsfor-

---

159 Vgl. Huser, *Vernunft und Herrschaft*, 107–190.

160 Rechtliche Angemessenheit, Verhältnismässigkeit oder Fairness.

161 Vgl. *CICiv D* 1, 1, 4.

162 Huser, *Vernunft und Herrschaft*, 130.

men im Rückgriff auf den stoisch inspirierten römischen Rechtsnaturalismus. Dies lässt Las Casas zu einem bedeutenden Denker humanistischer Rechtsphilosophie der Neuzeit werden. Dieser Rationalismus zeigt sich besonders bei seinen Ausführungen zum Verhältnis von Vernunft und Freiheit. Recht ist in diesem lascasianischen Verständnis die *recta ratio naturae congruens* (die richtige Vernunft, die mit der Natur übereinstimmt) bzw. *summa ratio insita in natura»* (die höchste Vernunft, die in die Natur eingepflanzt ist).[163]

In der lascasianischen Interpretation des *Decretum Gratiani* wird Recht als gerechter und guter Besitz definiert, der einen Anspruch auf ein Rechtsgut gewährt. Der Gebrauch eines Rechts, der zu ungerechten Verhältnissen führt, widerspricht dem Wesen des Rechts und ist deshalb unzulässig. Das in den Dekretalen formulierte Rechtsverständnis besagt, dass das Recht auf Zinserhebung im Sinne eines Besitzrechtes nur dann zulässig ist, wenn der Gläubiger einen gerechten und guten Anspruch geltend machen kann. Anders gesagt: Das Recht, Zinsen zu erheben, ist nicht ein ohne Weiteres geltend zu machender Anspruch, sondern ein anvertrautes Rechtsgut, das wie ein anvertrauter Besitz gerecht und gut verwaltet und eingesetzt werden muss. Einen Armen jedoch mit Wucherzinsen in den Ruin zu treiben, ist ungerecht. Folglich besteht in diesem Fall kein Besitzanspruch auf das Zinsrecht einem Armen gegenüber.[164] Las Casas sieht sehr genau, wie das kanonische Recht – aufbauend auf der römischen Rechtstradition – Recht als ein Gut denkt, das zum rechten Gebrauch verliehen wird, nicht zur Rechtfertigung von Herrschaftsansprüchen oder Machtmissbrauch. Es ist deshalb nicht möglich, ungerechte Verhältnisse durch einen Rechtsanspruch zu decken. Die Unsittlichkeit des Zinsnehmens schärfte das Zinsverbot unter Androhung der Exkommunikation auf dem Konzil von Nizäa (325) und auf Konzilien des 12. Jahrhunderts ein. Nach einer ökonomischen Begründung des Zinsnehmens durch Adam Smith (1723–1790) hob Pius VIII. 1830 «ohne nähere Begründung das mehr als 2500 Jahre alte Zinsverbot auf»[165].

Las Casas versteht also das grundsätzliche Wesen von Recht als Besitz eines Rechtsanspruchs, der seine Legitimation in der gerechten Anwendung findet.

---

[163] Vgl. auch Schnurrenberger, *Las Casas – Max Weber*.

[164] Vgl. *Ex* 22,24–26: «Leihst du einem aus meinem Volk, einem Armen, der neben dir wohnt, Geld, dann sollst du dich gegen ihn nicht wie ein Gläubiger benehmen. Ihr sollt von ihm keinen Zins fordern. Nimmst du von einem Mitbürger den Mantel zum Pfand, dann sollst du ihn bis Sonnenuntergang zurückgeben; denn es ist seine einzige Decke, der Mantel, mit dem er seinen blossen Leib bedeckt. Worin soll er sonst schlafen?»

[165] Wiemeyer, Joachim, Art. Zins, in: *LThK*³ 10, 1460.

Schon Isidor von Sevilla († 636) denkt Recht immer von der Gerechtigkeit her. «Isidor erkennt das Wesen des Rechts in der Gerechtigkeit, die es zur Geltung zu bringen trachtet: *Ius autem dictum, quia iustum* (lib. V, 3).»[166] Diese Verknüpfung ist eine Grundlage des römischen und des kanonischen Rechtsverständnisses, die sich auch bei Las Casas findet. So entwickelte er eine rechtliche Staatsvorstellung, in der die Gerechtigkeit auf der Universalität und sinnvollen Verständlichkeit von naturrechtlich fundierten Gesetzen aufgebaut wird.[167]

Die völkerrechtliche westindische Frage kann für Las Casas ohne Berücksichtigung der kirchenrechtlichen Grundlagen nicht adäquat beantwortet werden. Er räumt damit dem kanonischen Recht im Völkerrecht eine vorpositive Geltung ein. Er bindet aber auch die kirchliche Herrschaft (Hierarchie) ganz säkular[168] auf die völkerrechtlichen Grundlagen der Herrschaftsbegründung zurück, da er weder als christlicher Theologe noch als Gelehrter beider Rechte die Legitimation ungerechter Herrschaft gutheissen kann.[169] Er fordert aus kirchenrechtlichen Quellen die Beschränkung der Herrschaft und die quasidemokratischen Verfahren für die Entscheidungsfindung in zivilen und kirchlichen Belangen. Selbst die durch göttliche Autorität getroffene Wahl eines Vorstehers muss durch die menschliche Zustimmung des Volkes abgesichert werden. Rechtlich relevante Fragen können für Las Casas nicht allein hierarchisch entschieden werden, sondern müssen diskursiv, d. h. in abwägenden Gesprächen aller Beteiligten, erwogen werden.

Für das *Decretum Gratiani* in der lascasianischen Interpretation ist es klar, dass jede Ordnung (sei es eine natürliche oder kanonische) nur dann einen Anspruch auf Geltung hat, wenn sie erstens von der menschlichen Vernunft erkannt werden kann und ihr zweitens die Vernunft zustimmt. Diese vernunftoptimistische Sicht teilt auch Thomas von Aquin.[170] Nach Las Casas' Auslegung des *Decretum Gratiani* muss jede herrschaftsbegründende Ordnung eine Vernunftordnung sein. *Ordo* und *ratio* bedingen sich zwingend gegenseitig sowohl in der natürlichen Gesellschaftsordnung der Völker als auch in der Kirche. Ein *ordo* ohne *ratio*, eine Ordnung ohne Vernunft, endet in Tyrannei und Unterdrückung.[171]

---

166 Güthoff / Haering, *Vorwort der Herausgeber*, 6.

167 Vgl. Huser, *Vernunft und Herrschaft*, 246.

168 «Der von Gregor von Rimini entwickelte Gedanke einer rechtlichen Argumentation ohne die Annahme einer göttlichen Offenbarung *(etsi per impossibile daremus non esse Deum)* entkoppelt das Naturrecht vom göttlichen Recht.» Ebd. 207 Anm. 479.

169 Vgl. auch Schnurrenberger, *Las Casas – Max Weber*, Satz I; Satz III; Satz IV.

170 Vgl. auch Rawls, John, *Eine Theorie der Gerechtigkeit*, Frankfurt a. M. 1975, 433–492.

171 Vgl. Schnurrenberger, *Las Casas – Max Weber*, Satz I; Satz IV.

Las Casas gelingt aus rechtsgeschichtlicher Sicht ein entscheidender Schritt in der Geschichte des europäischen Natur- und Völkerrechts.[172]. Er verfolgt im 16. Jahrhundert die Absicht, einen Staatshumanismus zu entwerfen, wie er ihn bei Cicero oder Seneca findet. Damit verbunden ist die Annahme vorpositivistischer, rationaler Grundsätze. Die subjektive Freiheitsvermutung und die republikanische Prägung des römischen Rechtsdenkens bauen auf dem Grundsatz gegenseitiger Treueverhältnisse sowie dem Schutz des einzelnen Bürgers vor der Willkür der staatlichen Autorität auf.[173]

Ist Las Casas damit ein naturrechtlicher Vordenker der liberalen Staatstheorie? Zumindest hat er entscheidende Begründungen zur Legitimität der Idee des modernen Rechtsstaates geliefert: So argumentierte er, ausgehend von der Würde und Freiheit aller Menschen, für Grund- und Menschenrechte, die allen Menschen zukommen, und rechtfertigte vom Naturrecht her das Selbstbestimmungsrecht der Völker, ihre Regierungen frei wählen zu können. Im 16. Jahrhundert wird so das Recht des Stärkeren durch die Stärke des vernünftigen Rechts ersetzt. Dem Argument des siegreichen Kriegsherrn (z. B. spanische Kolonialisierung), dem die Beute zusteht, wird das naturrechtliche Argument des Völkerrechts entgegengestellt. Die Legitimität einer Rechtshandlung muss naturrechtlich bzw. völkerrechtlich begründet werden. Das rechtsstaatliche Denken und das völkerrechtliche Argumentieren sind seither nicht mehr wegzudenken.

Schon bei der Legitimierung der Revolutionen des 18. Jahrhunderts, in deren Folge die Verfassungsstaaten entstanden sind, wurde auf das naturrechtliche Denken Bezug genommen. Auch nach den grossen Kriegen des 20. Jahrhunderts wurde darauf zurückgegriffen: nach dem Ersten Weltkrieg in der Errichtung des *Völkerbunds* 1920 und nach dem Zweiten Weltkrieg mit der naturrechtlichen Argumentation der *Allgemeinen Erklärung der Menschenrechte* von 1948, die den spätscholastischen Gedanken des Völkerbundes auf neue Weise in den Vereinigten Nationen (UNO) 1945 umsetzt.

4 Vernunftrecht verlangt individuelle Freiheitsrechte

Das Vernunftrecht ist die Wissenschaft des Naturrechts, wie sie im 17. und 18. Jahrhundert prägend war. Dieses Vernunftrecht geht nicht mehr von den Wahrheitsansprüchen einer Religion aus, sondern von den Freiheitsrechten der

[172] Vgl. Huser, *Vernunft und Herrschaft*, 248.

[173] Vgl. ebd. 250.

Menschen, was den Blick auf die Wahrheitsansprüche der Religionen und Weltanschauungen entscheidend verändert.[174] Das Vernunftrecht ist ein säkularisiertes Naturrecht, da es sich wie das mittelalterliche Naturrecht auf die menschliche Vernunft stützt und ausschliesslich philosophische Argumente gelten lässt. Der theologische Kontext der christlichen Offenbarung wird gemieden, da dieser in den Konfessionskriegen in zwei sich widersprechende, konfessionelle Theologien auseinandergebrochen ist. Für die rechtsphilosophischen Grundlagen der neuen Nationalstaaten ist deshalb eine konfessionell neutrale Position erforderlich.

Im Mittelalter war die Naturrechtslehre das Hauptstück der scholastischen Rechtsphilosophie: Das menschliche Recht (*lex humana* oder *lex positiva*) ist für Thomas von Aquin nur legitim, wenn es dem göttlichen Recht (*lex aeterna*) nicht widerspricht. Der Mensch hat keine direkte Einsicht in das göttliche Recht, wohl aber kann er kraft seiner Vernunft das Naturrecht (*lex naturalis*) erkennen. Den Prozess der Säkularisierung des Naturrechts und den Weg zum Vernunftrecht trieben u. a. die Spanischen Klassiker des Naturrechts im 16. und 17. Jahrhundert und der Holländer Hugo Grotius (1583–1645) voran. Sie entwickelten eine profane, säkulare Naturrechtslehre.

4.1 Die absolute Monarchie verliert ihre Legitimation

Die absolute Monarchie und ihre politisch-theologische Legitimation geraten durch die Reformationsbewegung ins Wanken. Sogar der von der Königsmutter Katharina von Medici 1560 zum französischen Kanzler berufene Jurist Michel de l'Hopital sieht die politischen Gefahren der Glaubensspaltung und propagiert deshalb die Loslösung der Politik von der religiösen Wahrheit. Für viele Monarchisten ist dies noch undenkbar, beliefert die katholische Kirche den französischen König doch seit Jahrhunderten mit der nötigen theologisch-politischen Legitimität.[175] Daher lässt Katharina in der Bartholomäusnacht vom 24. August 1572 die Führung der Hugenotten umbringen. Heinrich III. lehnt diesen Massenmord ab. Aber für radikale katholische Monarchisten ist eine politische Ordnung ohne die Einheit von Monarchie und Kirche in Frankreich nicht vorstellbar. In den Religionskriegen schlägt sich die Monarchie häufig auf die Seite der Katholiken und verliert damit die Legitimität als oberste Schlichtungsinstanz. Eine dritte Partei jenseits beider Konfessionen meldete sich daher zu Wort, die eine

[174] Vgl. Loretan, *Wahrheitsansprüche im Kontext der Freiheitsrechte.*

[175] Loretan, *Säkulare und religiöse Vernunft*, 123.

neue Rolle in der Beschaffung der Legitimität des modernen souveränen Staates spielt; gemeint sind die staatsbezogenen Juristen, die sogenannten Politiques[176]. Sie argumentieren nicht theologisch, sondern ausschliesslich mit der natürlichen Vernunft. Das Naturrecht (*lex naturalis*) ging seit dem Mittelalter von einer «der natürlichen Vernunft allein zugänglichen Grundnorm beziehungsweise Rechtssphäre»[177] aus. Diese enge Verbindung von Naturgesetz und Vernunft kennen die patristischen Quellen noch nicht. Im Mittelalter hatte die natürliche Vernunft ihr Gegenüber in der Offenbarung. In der frühen Neuzeit ist der Diskurs über Glauben und Wissen[178] aus dem klerikalen Gehege erst mit jener anthropozentrischen Kehrtwendung herausgekommen, die der Humanismus herbeigeführt hat. Nachdem das Weltwissen selbständig geworden war und sich nicht länger als säkulares Wissen zu verteidigen brauchte, hat sich die Beweislast umgekehrt. Vor die Schranken der natürlichen Vernunft wurde nun die Religion zitiert.

4.2 Die Französische Revolution und die «natürliche Vernunft»

Einen Bruch mit der von Gott gestifteten Monarchie zeigt die *Déclaration des droits de l'homme et du citoyen* vom 26. August 1789 an, die unabhängig von der theologischen Vernunft argumentiert, obwohl sie in Gegenwart und unter dem Schutz eines «Höchsten Wesens» bekanntgegeben wurde. Das neue Staatsverständnis kommt ohne Staatsreligion aus. Das hatte zur Folge, dass alle Bürger, nicht nur Katholiken, zu allen öffentlichen Ämtern zugelassen werden (also z. B. auch Protestanten und Juden). Denn die Staatsbürgerschaft wird nun unabhängig von der Kirchenzugehörigkeit definiert. Auch die Ehe wird folglich als rein bürgerlicher Vertrag verstanden. Dies hat zur Folge, dass protestantische Ehen fortan nicht mehr vor einem katholischen Geistlichen der Staatskirche geschlossen werden müssen.

Um die Umwandlung der Generalstände in eine Nationalversammlung voranzutreiben, hat sich der niedere Klerus in der Anfangsphase der Revolution überwiegend mit dem Dritten Stand zusammengeschlossen. Es wird sogar ein

---

[176] Cavuldak, *Gemeinwohl und Seelenheil*, 45.

[177] Habermas, *Auch eine Geschichte der Philosophie*, Bd. 1, 669 f.

[178] Im europäischen Mittelalter legten die Theologen-Philosophen Albertus Magnus und Thomas von Aquin die Grundlagen der wissenschaftlichen Philosophie (Wissen) und der wissenschaftlichen Theologie (Glaube) an den Universitäten mit je eigenen Fakultäten. Die Theologie war während des Mittelalters die Hüterin der Philosophie.

feierliches *Te deum* angestimmt, als die Privilegien der alten Stände fallen. Für die Bastille-Stürmer vom 14. Juli 1789 werden Messen zelebriert. Viele Kleriker sind der Auffassung, der neue revolutionäre Weg sei zutiefst christlich. Dies zeigt sich u. a. darin, dass der Begriff «christliche Demokratie» in diesem Zeitraum entwickelt wird.[179] «Revolution und Kirche», so das Grundlagenwerk von Hans Maier, marschieren zuerst gemeinsam, aber schon nach einem Jahr musste diese Verbrüderung einem blutigen Gegeneinander weichen.

Die Nationalversammlung wird als eine verfassunggebende und nicht von theologischen Prinzipien abhängige Versammlung verstanden.[180] Eine ausserhalb der Volkssouveränität stehende Korporation wie die Kirche, die mit ihrer eigenen Rechtsentfaltung die bisherige europäische Rechtsentwicklung prägte, hatte für die Revolution keine Existenzberechtigung mehr. Verstanden mittelalterliche Päpste (z. B. Gregor VII., Bonifatius VIII.) das Reich von der Kirche her, so dachte nun der neue Staat die Kirche vom Staat her. Die Kirche wird vom staatlichen Recht und nicht der Staat vom kirchlichen Recht her ausgestaltet. Die Kirche als eine Rechtsgemeinschaft mit eigenem Recht wird vom staatlichen Recht nicht geduldet, weil sie ihre Machtbefugnis nicht aus der Souveränität der ganzen Nation ableiten kann. Nach dem Scheitern des Versuchs, die Kirche in die staatlichen Institutionen einzugliedern, gerieten die antireligiösen Interventionen ausser Kontrolle.

In der anschliessenden Verfolgungszeit mit «demokratietotalitären»[181] Zügen ruft die gallikanische Kirche, die bisher immer sehr eng mit der Monarchie zusammenarbeitete, den Papst zu Hilfe. Das weckt revolutionäre Gegenkräfte. Schon die französische Aufklärung ist, anders als die englische oder deutsche Aufklärung, antiklerikal und antikirchlich eingestellt, was auch mit der starken institutionellen Rolle der Kirche im Ancien Régime zu erklären ist.[182] Damit kommt nicht nur die theologische Legitimierung der Monarchie an ihr Ende, sondern auch die des Staates.

---

179 Vgl. Maier, Hans, *Revolution und Kirche. Zur Frühgeschichte der christlichen Demokratie* (Gesammelte Schriften 1), München 2006, 109; ders., Kirche – Staat – Gesellschaft. Historisch politische Bemerkungen zu ihrem Verständnis, in: Krautscheidt, Joseph / Marré, Heiner (Hg.), *Essener Gespräche zum Thema Staat und Kirche* 1, Münster 1969, 12–38 und Diskussionsbeiträge 39–45.

180 Vgl. Mirabeau, Gabriel, *Die Redner der Revolution. Reden. Schriften. Briefe.* Aus dem Französischen von Horst Günter, Frankfurt a. M. 1989.

181 Zum Begriff der totalitären Demokratie vgl. Talmon, Jacob, *Die Ursprünge der totalitären Demokratie*, Köln 1961, 182–200.

182 Vgl. z. B. Burckhardt, Carl J., *Richelieu*, München 1966, 3 Bde.

Der säkulare Staat der Französischen Revolution klammert theologische Fragen auch grundsätzlich aus. Der Staat benötigt eine neue säkulare, philosophische Legitimation der eigenen Existenz. Das laizistische Staatsverständnis sorgte in Frankreich – anders als in England und Deutschland – dafür, dass seine Vordenker atheistisch oder zumindest antiklerikal dachten. Robespierre veranlasste den Konvent zu erklären, dass «das französische Volk […] das Höchste Wesen und die Unsterblichkeit der Seele»[183] anerkenne. Die Priester indessen verdächtigte er, «sie seien für die Religion das, was die Scharlatane für die Medizin seien; sie hätten Gott verunstaltet und geleugnet, um in seinem Namen zu regieren»[184].

Die religiös-politische Einheitswelt, in der die Kirche die verbindliche Grundlage der Lebensordnung für das politische Gemeinwesen vorgibt, entspricht nicht mehr einem liberalen Verfassungsstaat. Dieser lässt mit der Religionsfreiheit die religiöse Wahrheitsfrage offen. Die säkulare Vernunft des Staates hatte kein Verständnis für die theologische Vernunft der Kirche[185] und wertete sie ab. Denn die Französische Revolution war zu sehr mit der von der Kirche infrage gestellten Existenz der säkularen Demokratie beschäftigt.

Die erste päpstliche Stellungnahme zur Französischen Revolution, das Breve *Quod aliquantum* vom 10. März 1791,[186] erteilt den revolutionären Prinzipien eine deutliche Absage. Die Nationalversammlung wird verurteilt, weil diese sich in geistlichen Dingen ein Gesetzgebungsrecht angemasst und die führende Stellung der Kirche und des Papstes nicht anerkannt habe. Der Papst nennt die katholische Kirche mit dem den Königen geschuldeten Gehorsam in einem Atemzug.[187] Auf beiden Seiten gab es noch viele Stimmen, die keinen unüberwindbaren Gegensatz zwischen Republik und Kirche am Werk sahen. Dennoch haben Kirche und Republik sehr lange benötigt, um zu einer unverkrampften Haltung zueinander zu finden.[188]

---

[183] Cavuldak, *Gemeinwohl und Seelenheil*, 61.

[184] Ebd. 62.

[185] Die säkulare Vernunft der Französischen Revolution grenzt sich ab von der theologischen Vernunft der Kirche. Vernünftig kann nur eine Person in der französischen Revolution verstanden werden, die nicht religiös ist. Alexis de Tocquevilles wird als katholischer Politikwissenschafter, der zur französischen Revolution steht, einen Weg suchen, beides trotzdem zu vereinen.

[186] Pius VI., *Breve Quod aliQuantum* (10.3.1791), URL: https://www.vatican.va/content/pius-vi/it/documents/breve-quod-aliquantum-10-marzo-1791.html.

[187] Vgl. Cavuldak, *Gemeinwohl und Seelenheil*, 76. Vgl. Uertz, Rudolf, *Vom Gottesrecht zum Menschenrecht. Das katholische Staatsdenken in Deutschland von der Französischen Revolution bis zum II. Vatikanischen Konzil (1789–1965)*, Paderborn 2005.

[188] Vgl. Cavuldak, *Gemeinwohl und Seelenheil*, 76 f. Anm. 17.

Die französische Aufklärungsbewegung hatte rechtsphilosophisch grob vereinfacht zwei Flügel: Zum einen sind da die Liberalen, die mit Montesquieus *Esprit des lois* die Rechtsstaatlichkeit betonen; zum anderen die Radikaldogmatischen, die den Geist Rousseaus geatmet haben. Beide Seiten hatten aber «die tiefgreifende Prägung moderner Staatlichkeit durch das lateinische Christentum, genauer: durch die Kanonistik und die im hohen Mittelalter aufgrund der päpstlichen Revolution ausgeformten Strukturen der römischen Kirche»[189] zurückgedrängt. Die rechtsstaatliche Tradition der Kirche wurde im revolutionären Frankreich und bald darauf in grossen Teilen Europas in den verfassunggebenden Versammlungen zugeschüttet. Sie musste im 19. bis 21. Jahrhundert wieder freigelegt werden. Der evangelische Soziologe und Jurist Max Weber hatte beispielsweise erst wieder ins Bewusstsein gerufen, dass das kanonische Recht für das staatliche Recht ein «Führer auf dem Weg zur Rationalität»[190] gewesen war. Er konnte nachweisen, dass der Vorbildcharakter des kanonischen Rechts sowohl die organisatorische wie die inhaltliche und die prozessrechtliche Seite des Staatsrechts und des Rechtslebens betrafen.[191] Im 21. Jahrhundert steht die überragende Rolle des westlichen Christentums «als wesentlicher Faktor bei der Ausprägung der modernen Rechtsordnung»[192] rechtshistorisch ausser Frage. Aber nach der Französischen Revolution waren solche Gedanken noch nicht opportun, obwohl Alexis de Tocqueville (1805–1859) genau danach in den USA gesucht hatte.[193]

4.3 Die natürliche Vernunft des religiös neutralen Staates

Wird die Aufklärung nun als eine Folge der Reformation oder der Spanischen Klassiker des Naturrechts oder des Humanismus und der Renaissance verstanden? In jedem Fall zehrt sie von entscheidenden Vorarbeiten des Mittelalters und der Antike. Monokausale Erklärungen zugunsten einer Konfession helfen in jedem Fall nicht weiter. Säkulare Autoren wie Jürgen Habermas betonen die Kluft zwischen der natürlichen Vernunft und der Religion, die sich in der Konfliktgeschichte der Konfessionen Westeuropas aufgetan hat. Sie könne nicht

[189] Dreier, *Säkularisierung und Sakralität*, 44.

[190] Weber, *Wirtschaft und Gesellschaft*, 481.

[191] Vgl. ebd.; vgl. dazu ebenfalls Schnurrenberger, *Las Casas – Max Weber*, Satz II; Satz IV.

[192] Dreier, *Säkularisierung und Sakralität*, 48.

[193] Vgl. de Tocqueville, *De la démocratie en Amérique*.

überbrückt werden. Diese Spaltung zwischen Weltwissen und Offenbarungswissen lasse sich nicht mehr zusammenfügen. Zudem entstand schon zur Zeit der Aufklärung der Vorwurf der «Irrationalität» an die Adresse der Religion.

> «Die Geschichte der christlichen Theologie im Mittelalter, insbesondere die spanische Spätscholastik gehören natürlich zur Genealogie der Menschenrechte. Aber die Legitimationsgrundlagen der weltanschaulich neutralen Staatsgewalt stammen am Ende aus den profanen Quellen der Philosophie des 17. und 18. Jahrhunderts. Erst sehr viel später bewältigen Theologie und Kirche die geistigen Herausforderungen des revolutionären Verfassungsstaates. Von katholischer Seite, die ja ein gelassenes Verhältnis zum Lumen naturale unterhält, steht jedoch, wenn ich recht verstehe, einer autonomen (von Offenbarungswahrheiten unabhängigen) Begründung von Moral und Recht grundsätzlich nichts im Wege.»[194]

Sind Religionen fähig zu einem Leben in einem säkularen, religiös neutralen Rechtsstaat, der individuelle Religionsfreiheit garantiert und damit Religions- und Meinungspluralismus zur Folge hat? Ohne einen entsprechenden «Reflexionsschub entfalten die Monotheismen in rücksichtslos modernisierten Gesellschaften ein destruktives Potenzial»[195], wie u. a. der religiös motivierte Terrorismus im 20. und 21. Jahrhundert immer wieder zeigt.

> «Aus Sicht des liberalen Staates verdienen nur die Religionsgemeinschaften [und Weltanschauungsgemeinschaften] das Prädikat ‹vernünftig›, die aus eigener Einsicht auf eine gewaltsame Durchsetzung ihrer Glaubenswahrheiten und auf den militanten Gewissenszwang gegen die eigenen Mitglieder, erst recht auf eine Manipulation zu Selbstmordattentaten Verzicht leisten.»[196]

Die Gläubigen müssen gemäss Habermas in säkularen Rechtsstaaten eine dreifache Reflexion leisten:

> «Das religiöse Bewusstsein muss erstens die kognitiv dissonante Begegnung mit anderen Konfessionen und anderen Religionen verarbeiten. Es muss sich zweitens auf die Autorität von Wissenschaften einstellen, die das gesellschaftliche Monopol

---

[194] Habermas, Jürgen, Vorpolitische Grundlagen des demokratischen Rechtsstaats?, in: ders., *Zwischen Naturalismus und Religion. Philosophische Aufsätze*, Frankfurt a. M. 2005, 107.

[195] Habermas, *Glauben und Wissen*, 14.

[196] Ebd. 13 f. Vgl. Rawls, *Politischer Liberalismus*, 132–141.

an Weltwissen innehaben. Schliesslich muss es sich auf die Prämissen des Verfassungsstaates einlassen, die sich aus einer profanen Moral begründen.»[197]

Das Anschauungsmaterial aus dem Staat-Kirche-Konflikt der Französischen Revolution zeigt, welche religionspolitischen Konflikte den pluralistischen demokratischen Gesellschaften innewohnen. Das Verhältnis von freiheitlicher Demokratie und den Religionen wirft prinzipielle Fragen auf, die in der Französischen Revolution nicht gelöst werden konnten.

Säkulare Staatsverfassungen sind eine Antwort auf die konfessionellen Bürgerkriege, die im Christentum als Folge der Reformation und der Gegenreformation zu befrieden waren. Für die Schaffung eines dauerhaften Friedens musste neu ein nichtreligiöses, säkulares Fundament entwickelt werden. Der moderne säkulare Verfassungsstaat war nicht mehr bereit, die Wahrheitsansprüche der Kirchen gegen die Freiheitsrechte der Bürger durchzusetzen.[198] So entstand eine politische Legitimation des Staates ohne theologische Begründung, d. h. eine säkulare Legitimation.

> «Jeder Staat ist als Herrschaftsorganisation und Handlungseinheit auf rechtliche Ordnung und Form angewiesen, will er Bestand haben und die notwendige Legitimation gewinnen. [...] Der Begriff Verfassungsstaat entstammt der (bürgerlichen) Verfassungsbewegung des späten 18. und 19. Jahrhunderts. Er ist [...] polemisch gegen den Absolutismus gerichtet.»[199]

Die staatliche Gewalt (legislativ, exekutiv und judikativ) benötigte eine verbindliche Rechtgrundlage, die für Machtbegrenzung und Verantwortlichkeit sorgt und die Freiheitsrechte der Regierten sichert. Der Staat wurde damit zu einer Rechtsinstitution, wie sie die Rechtskirche schon lange war. Die in der Neuzeit entstehenden Nationalstaaten bedienten sich der rechtsstaatlichen Elemente der Rechtskirche, obwohl sie ideologisch auf ganz anderen Fundamenten standen. Die entsprechenden theologischen Begründungen wurden abgestreift und durch säkulare ersetzt.

---

[197] Habermas, *Glauben und Wissen*, 14.

[198] Vgl. Loretan, *Wahrheitsansprüche im Kontext der Freiheitsrechte*.

[199] Böckenförde, Ernst-Wolfgang, *Staat, Nation, Europa. Studien zur Staatslehre, Verfassungstheorie und Rechtsphilosophie*, Frankfurt a. M. 1999, 127–140, 127.

> «In ihrer Arbeitsteilung bekräftigen Geschichtswissenschaft und Philosophie damit die Unterscheidung von Genesis und Geltung, die von vielen für eine Grundlage jeder redlichen Beschäftigung mit normativen Fragen gehalten wird. Entweder, so diese Denkweise, steht der Geltungsanspruch normativer Sätze zur Diskussion, oder wir interessieren uns für ihre geschichtliche Herkunft.»[200]

Anders kann die unterschiedliche philosophische Sicht der Beeinflussung der Rechtsinstitution Kirche auf den Rechtsstaat nicht adäquat thematisiert werden. Nun wechseln wir also die Ebene, von der Frage nach der historischen Entwicklung (Genese) zur philosophischen Frage nach der säkularen Geltung des Verfassungsrechts in der Aufklärung (Geltung).

4.4 Die Aufklärung legt philosophische Grundlagen für eine pluralistische Gesellschaft

Das Aufklärungszeitalter reagierte auf die Zerstörung des bürgerlichen Friedens in den Religionskriegen. Die Aufklärungsphilosophie reagierte auf die konfessionelle Spaltung des westlichen Christentums, die sich durch die Konfessionskriege vertiefte. Gegen den «religionsbewirkten bürgerlichen Unfrieden»[201] entwickelte sie Konzepte der Toleranz[202] und der Religionsfreiheit oder entwarf Vorstellungen einer multireligiösen Gesellschaft mit gleichen bürgerlichen Rechten für Angehörige einer Minderheitsreligion.[203]

Im Westen entstehen Rechtsgemeinschaften, die auf der Grundidee grösstmöglicher Selbstbestimmung des Einzelnen gründen. So ist eine Pluralität von

---

[200] Joas, *Die Sakralität der Person*, 13. Wer thematisiert mit welchem Erkenntnisziel überhaupt die wechselseitige oder einseitige Beeinflussung der beiden Rechtsinstitutionen? Dann gilt es, dafür eine Hermeneutik zu finden. Und die besteht in der Trennung der Zuständigkeitsbereiche: der historische für die Fragen zur Rechtsentwicklung, der philosophische zum Geltungsanspruch.

[201] Lübbe, Hermann, *Politik nach der Aufklärung. Philosophische Aufsätze*, München 2001, 39.

[202] Schmidinger, Heinrich, «Homo homini homo» – Toleranz zu Beginn der Neuzeit, in: ders., *Toleranz – auch eine Geschichte Europas*. Hier wird u. a. auch die Rolle der Spanischen Klassiker des Naturrechts im 16. und 17. Jahrhundert beleuchtet, die die Formulierung «dem Menschen ein Mensch» (ebd. 127–130) «homo homini homo» auch rechtlich durchdachten, was zur politischen Forderung führte: «Right of toleration» – Durchbruch im Zeitalter der Aufklärung (ebd. 131–155).

[203] Vgl. Mendelssohn, Moses, *Jerusalem oder über religiöse Macht und Judentum* (1783), Hamburg 2005.

religiösen Meinungen die Konsequenz der Freiheit. Es stellt sich die Frage des Zusammenhalts der multireligiösen Gesellschaft, die jahrhundertelang nach dem kollektiven Prinzip des *cuius regio, eius religio* beantwortet wurde:

> «Wie kann eine gerechte und stabile Gesellschaft von freien und gleichen Bürgern dauerhaft bestehen, wenn diese durch ihre vernünftigen religiösen, philosophischen und moralischen Lehren einschneidend voneinander getrennt sind? [...] Die Frage sollte [...] schärfer so formuliert werden: Wie können auch diejenigen, die eine auf einer religiösen Autorität, wie zum Beispiel der Kirche oder der Bibel, beruhende religiöse Lehre bejahen, eine vernünftige politische Konzeption haben, die eine gerechte demokratische Ordnung stützt?»[204]

Grundrechte können selbst dann nicht verwirkt werden, wenn eine Person Auffassungen vertritt, die nicht von Toleranz geprägt sind. Um fundamentalistische Ansprüche zurückzuweisen, dienen Güter wie die öffentliche Ordnung oder die Rechte Dritter.

> «Solche Grundrechtsbeschränkungen greifen aber erst, wenn fundamentalistische Haltungen und Auffassungen in irgendeiner Weise in Handlungen umgesetzt werden. [...] Es sind somit nicht die Haltung des Fundamentalismus, sondern die verpönten Aktionen, die der Grundrechtsausübung Grenzen setzen.»[205]

In pluralistischen Gesellschaften bietet das Grundrecht der Religionsfreiheit den Religions- und Weltanschauungsgemeinschaften innerhalb des Rechtsstaates einen institutionellen Rahmen für die flexible Lösung ihrer eigenen Fragen.

> «Wenn Menschenwürde [aber] als religiöse Kategorie gilt, wird sie partikularisiert und verliert ihre universale Eigenschaft. Genau dies geschieht, wenn eine Religion, eine Nation, eine Kultur oder eine Ethnie sich anmasst, die Menschenrechte besser verstanden zu haben als andere Religionen, Nationen, Kulturen oder Ethnien, und wenn sie sich daran macht, die so verstandenen Menschenrechte den anderen aufzuzwingen.»[206]

---

[204] Rawls, John, Einleitung, in: ders., *Politischer Liberalismus*, 35.

[205] Kälin, Walter, *Grundrechte im Kulturkonflikt. Freiheit und Gleichheit in der Einwanderungsgesellschaft*, Zürich 2000, 43.

[206] Haller, Gret, *Politik der Götter. Europa und der neue Fundamentalismus*, Berlin 2005, 189. Das unterschiedliche Menschenrechtsverständnis behindere die gemeinsame Menschenrechtsarbeit der

Religionsgemeinschaften hatten sich seit der Französischen Revolution theologisch intensiv mit den liberalen, demokratischen Rechtsstaaten auseinanderzusetzen. Der Berner Völkerrechtler Walter Kälin verlangte in einer Radiosendung zum Thema «Wie universell sind die Menschenrechte»: Die Menschenrechte müssen in den verschiedenen Religionen theologisch begründet werden, damit individuelle Freiheitsrechte ihren Platz finden.[207] Die katholische Kirche hat in der Konzilserklärung *Dignitatis humanae [personae]* zur Religionsfreiheit 1965 dazu ihre säkulare und theologisch-lehramtliche Antwort gefunden.[208] Auf dem Zweiten Vatikanischen Konzil begann sie, menschenrechtlich zu argumentieren und verkündet seither die Menschenrechte nach aussen, ohne sie allerdings nach innen rechtlich umzusetzen.[209] Dennoch hat sich das Verhältnis zwischen Rechtsstaat und Rechtskirche normalisiert, weil Letztere nun die individuelle Religionsfreiheit akzeptiert.

4.5 Von der korporativen Religionsfreiheit zur individuellen Religionsfreiheit

Das Verhältnis von Kirche und Staat, später von Staat und Religionen, wurde als Institutionenverhältnis verstanden. Auch im Westfälischen Frieden wurden fast ausschliesslich institutionenrechtliche Lösungen vorgeschlagen. Erst die Aufklärung hat die Interdependenz zwischen Recht und Religion individualrechtlich entwickelt. Moses Mendelssohn (1809–1847) ist einer der Vordenker des individuellen Rechtsverhältnisses von Religion und Recht. Dies schuf (auch in Europa) die denkerischen Voraussetzungen für die individuelle Religionsfreiheit.[210]

Der Schritt von der korporativen Religionsfreiheit (*Libertas Ecclesiae*) zum individuellen Freiheitsrecht der Religionsfreiheit wird in der Aufklärungsphilosophie von Denkern wie z. B. Moses Mendelssohn und Immanuel Kant weiter entfaltet. Letzterer schreibt einen langen Brief an Moses Mendelssohn, in dem er

---

USA und Europas, so Gret Haller, Ombudsfrau der OSZE für Menschenrechte des Staates Bosnien und Herzegowina in Sarajewo (1996–2000).

207 Vgl. *Wie universell sind die Menschenrechte?*, Kontext vom 24.5.2010, Radio SRF 2. Vgl. Düwell, Marcus u. a. (Hg.), *The Cambridge Handbook of Human Dignity. Interdisciplinary Perspectives*, Cambridge 2014.

208 Loretan, *Die Würde der menschlichen Person.*

209 Vgl. Baumeister / Böhnke / Heimbach-Steins / Wendel (Hg.), *Menschenrechte in der katholischen Kirche.*

210 Vgl. Loretan, *Religion und Recht in der Rechtsphilosophie*, 93.

die grosse Anerkennung für sein Buch *Jerusalem* zum Ausdruck bringt. Er hält es für die Ankündigung

> «einer grossen [...] bevorstehenden [...] Reform, die nicht allein Ihre Nation, sondern auch andere treffen wird.
> [1.] Sie haben Ihre Religion mit einem solchen Grade von Gewissensfreyheit zu vereinigen gewusst, die man ihr gar nicht zu getraut hätte und dergleichen sich keine andere rühmen kann [...]
> [2.] Sie haben zugleich die Nothwendigkeit einer unbeschränkten Gewissensfreyheit zu jeder Religion so gründlich und so hell vorgetragen, dass auch endlich die Kirche, unserer Seits darauf wird denken müssen, wie sie alles, was das Gewissen belästigen und drücken kann von der ihrigen absondere [...]»[211]

Moses Mendelssohns Interpretation des Judentums ist sehr eigenständig. Er liefert eine Auslegung der jüdischen Texte, die seinen religionsverfassungsrechtlichen Ansprüchen genügen kann. Damit ist zweierlei gefordert: Gewissensfreiheit (bzw. individuelle Religionsfreiheit) für alle. Das bedeutet, dass der Staat dafür sorgen muss, dass die individuelle Religionsfreiheit auch gerichtlich durchgesetzt werden kann. Die Gewissensfreiheit in den Religionsgemeinschaften formt aber auch die Religionsgemeinschaften um, was Mendelssohn am Beispiel des Judentums aufzeigt. Dass Religion so freiheitsliebend gedacht werden kann, verblüfft selbst Immanuel Kant. Moses Mendelssohn markiert mit seiner Auslegung des Judentums, dass Religion als «Institution der Freiheit»[212] verstanden werden kann, nicht nur als «klerikale [also rabbinische] Theokratie»[213], einem Verständnis des Judentums, von dem er sich unmissverständlich distanziert.

Einerseits war Mendelssohn im christlichen Preussen für seine jüdischen Glaubensbrüder eingetreten, andererseits hat er eine andere Sicht auf seine Religionsgemeinschaft begründet, die individuelle Sicht der Aufklärung als Gewissensfreiheit. Diese deutsch-jüdische Zusammenarbeit habe in der Rechtsphilosophie begonnen, so Jürgen Habermas.[214] Für Mendelssohn sind weder der

---

[211] Kant, Immanuel, An Moses Mendelssohn (16.8.1783), *AA* 10, 344–347, 347.

[212] Loretan, *Religionen im Kontext der Menschenrechte*, 15.

[213] Ebd.

[214] Vgl. Habermas, Jürgen, Großherzige Remigranten. Über jüdische Philosophen in der frühen Bundesrepublik. Eine persönliche Erinnerung, in: *NZZ* vom 2.7.2011, Nr. 152, 61. Vgl. ebd. Gershom Scholems schmerzliche Feststellung, dass die sogenannte «deutsch-jüdische Symbiose» von Anbeginn eine Mesalliance gewesen ist, trifft soziologisch und politisch zu; sie beleuchtet eine immer wieder verleugnete Asymmetrie im Geben und Nehmen beider Seiten.»

preussische Staat noch die jüdische Gemeinde (Religionsgemeinschaft) berechtigt, bestimmte religiöse Meinungen zu belohnen oder zu bestrafen. Jede religiöse Sanktion hat auch bürgerliche Folgen.[215] Von den Rabbinern erwartet er deshalb, «auf alle Religions- und Synagogenzucht» zu verzichten «und ihre Mitbrüder von ihrer Seite dieselbe Liebe und Duldung geniessen» zu lassen, «nach welcher sie selbst bisher so sehr geseufzt haben»[216]. Mendelssohn schlägt die *Goldene Regel* auch für die juristischen Personen der Religionsgemeinschaften vor: So wie die Rabbiner als Leiter der Religionsgemeinschaft die Toleranz vom Staat erwarten, sollen sie sie auch den Mitgliedern zuteilwerden lassen:

> «Wollet ihr gehegt, geduldet und von andern verschonet sein; so heget und duldet und verschonet euch unter einander!»[217]

Dabei verliess Mendelssohn das institutionelle Konzept von «Kirche und Staat»[218] bzw. «Staat und Religion»[219] und fragte: «Wem sollen wir die Sorge für das Ewige antrauen?»[220] Der Kirche oder dem Staat? Der Aufklärer Mendelssohn weist beide ab und entwickelt ein Drittes, denn diese beiden «vertragen sich selten anders, als um ein drittes moralisches Wesen, die *Freiheit des Gewissens*, die von ihrer Uneinigkeit einigen Vorteil zu ziehen weiss»[221]. Wenn der Rechtsstaat die Sorge für das Ewige ganz aus den Händen gibt, wie es im Liberalismus Lockes vorgeschlagen wird, ist es ein kleiner Schritt hin zur Auffassung einer Vorrangstellung der Kirche über den Staat, wie sie zuvor schon Kardinal Robert Bellarmin (1542–1621) verfocht. Dieser benannte gemäss Mendelssohn das Verhältnis anders:

215 Vgl. Loretan, *Religion und Recht in der Rechtsphilosophie*.

216 Mendelssohn, Moses, Vorrede zu Manasse ben Israel: Rettung der Juden, in: ders., *Jerusalem, oder: Über religiöse Macht und Judentum*, 1–27, 27.

217 Ebd. «Liebet; so werdet ihr geliebet werden!» Ebd.

218 Der erste Entwurf von «Jerusalem» beginnt mit dem Satz: «Kirche u. Staat. Grenzstreitigkeit zwischen denselben hat schreckliche Uebel verursachet.» Mendelssohn, Moses, Entwurf zu Jerusalem, in: ders., *Jerusalem, oder: Über religiöse Macht und Judentum*, 29 f., 29.

219 Die definitive Fassung von «Jerusalem» beginnt mit «Staat und Religion – bürgerliche und geistliche Verfassung – weltliches und kirchliches Ansehen – diese Stützen des gesellschaftlichen Lebens ...» Mendelssohn, Jerusalem, oder: Über religiöse Macht und Judentum, 31–142, 33.

220 Ebd. 38.

221 Ebd. 33.

> «Sorge für das Zeitliche und Sorge für das Ewige – bürgerliche und kirchliche Autorität. Jene verhält sich zu dieser, wie die Wichtigkeit des Zeitlichen zur Wichtigkeit des Ewigen. Der Staat ist also der Religion untergeordnet.»[222]

Die Französische Revolution dagegen ging von der umgekehrten Vorrangstellung aus. Der Staat stehe über der Kirche. Beide Vorstellungen müssen gemäss Mendelssohn zugunsten des individuellen Gewissens, heute müsste man sagen, zugunsten der individuellen Religionsfreiheit, überwunden werden.

Von der Gewissensfreiheit her kritisiert Mendelssohn die damaligen Lehrbücher des Kirchenrechts,[223] in denen diskutiert wird, «ob auch Juden, Ketzer und Irrgläubige eine Kirche haben können»[224]. Denn in diesen Texten kann noch nicht von Religionsgemeinschaften im Plural gesprochen werden. Mendelssohn postuliert daher eine Vielfalt von Religionsgemeinschaften in einem Rechtsstaat.[225] Denn gesellschaftspolitisch gesehen möchte Mendelssohn die Taufe nicht als «Entréebillett zur europäischen Kultur»[226] in Kauf nehmen. Er will Mitglied seiner jüdischen Gemeinde bleiben. Er möchte die diskriminierende Intoleranz der christlichen Mehrheitsgesellschaft hinter sich lassen. Heinrich Heine hat beschrieben, «welcher Psychoterror von einer Mehrheitsgesellschaft gegenüber Minderheiten ausgeübt wird, deren Anderssein sie nicht ertragen kann»[227]. Deshalb entwickelt Mendelssohn den Gedanken der Pluralität der Religionsgemeinschaften. Der Staat ist nach Mendelssohn auf die Kooperation der religiösen Bürger verschiedener Religionsgemeinschaften angewiesen.[228]

Der Religion kommt nach Mendelssohn kein Zwangsrecht gegenüber ihren Mitgliedern zu. Der Staat dagegen hat Zwangsrechte gegenüber seinen Einwohnern. Es gibt für Mendelssohn aber kein Recht, «in das Innerste der Menschen so

---

222 Ebd. 38.

223 Beim Begriff Kirchenrecht ist zu unterscheiden: Einerseits sind damit bei Mendelssohn das Staatskirchenrecht bzw. das Religionsverfassungsrecht des Staates angesprochen. Andererseits kann aber auch das eigene Recht der Kirchen gemeint sein.

224 Mendelssohn, *Jerusalem, oder: Über religiöse Macht und Judentum*, 41.

225 Vgl. Loretan, Adrian, Von der Personenwürde der Getauften zur Personenwürde aller Menschen, in: ders., *Religionen im Kontext der Menschenrechte* (Religionsrechtliche Studien 1), Zürich 2010.

226 Prosanotizen I. (bis Mai 181), in: *DHA* 10, 313. Der getaufte Heinrich Heine, von dem dieses Bonmot stammt, kehrt in den letzten acht Jahren seines Lebens bewusst zum Gott seiner Väter zurück. Vgl. Kuschel, Karl-Josef, *Gottes grausamer Spaß? Heinrich Heines Leben mit der Katastrophe*, Düsseldorf 2002, 118–123.

227 Ebd. 118.

228 Vgl. Mendelssohn, *Jerusalem, oder: Über religiöse Macht und Judentum*, 44–76.

zu wühlen, und sie zu Geständnissen zu zwingen»[229]. Denn das subjektive, individuelle «Recht auf unsere eigene Gesinnung ist unveräusserlich»[230]. Dies gilt auch gegenüber der Religionsgemeinschaft. Denn Gott verlangt

> «keine Aufopferung unserer Rechte zu seinem Besten, keinen Verzicht auf unsere Unabhängigkeit zu seinem Vorteil. Seine Rechte können mit den Unserigen nie in Streit und Irrung kommen. Er will nur unser Bestes, eines jeden Einzelnen Bestes, und dieses muss ja mit sich selbst bestehen, kann sich ja selbst nicht widersprechen.»[231]

Moses Mendelssohn legt 1783 philosophisch die Grundlage dafür, Menschenrechte innerhalb der Religionsgemeinschaften denken zu können. Denn Menschenrechte regeln nicht das Verhältnis zu Gott, sondern das freiheitliche Verhältnis der Menschen untereinander, auch in den Religionsgemeinschaften.[232]

Gegenüber dem Autoritätsmissbrauch[233] in den Religionsgemeinschaften stellt Mendelssohn das individuelle Gewissen des Einzelnen in den Mittelpunkt seiner religionsverfassungsrechtlichen Überlegungen. Er will der Gewissensfreiheit des Individuums gegenüber dem Staat und der Religion zu ihrem Durchbruch verhelfen. Mendelssohn argumentiert also in *Jerusalem* menschenrechtlich bzw. grundrechtlich in Kirche und Staat *avant la lettre*. Er fordert verschiedene individuelle Grundrechte ein und beschränkt die kollektiven Rechte der Religionsgemeinschaften. Dieser Denkansatz ist bis heute umstritten, da der kollektiven Religionsfreiheit im Konfliktfall gegenüber der individuellen Religionsfreiheit oft der Vorrang zugestanden wird.[234]

---

[229] Ebd. 65.

[230] Ebd. 62. Deshalb soll Religionsfreiheit per se nicht nur als Gemeinschaftsrecht (korporative Religionsfreiheit gegenüber dem Staatsgebilde) gelten, sondern auch individuell. Diese wirkt sich dann auch aus innerhalb der jeweiligen Kirche oder Religionsgemeinschaft aus. Die Folgen davon sind nicht nur, dass man aus einer Religionsgemeinschaft austreten kann; sie zeitigen zudem Aporien, die wir heute in den Diskussionen kennen. Denn mit der individuellen Religionsfreiheit lässt sich der Wahrheitsanspruch, der innerhalb einer Religionsgemeinschaft bindend ist, von der durch die Verfassung garantierten Gewissensfreiheit her relativieren.

[231] Ebd. 60.

[232] Vgl. Loretan, Adrian, Menschenrechte in den Religionen. Ein einleitender Essay, in: ders., *Religionen im Kontext der Menschenrechte*.

[233] Vgl. Loretan, *Machtmissbrauch und sexuelle Gewalt in der Kirche*.

[234] Vgl. Loretan, Adrian, Grundrechte innerhalb der Religionsgemeinschaften – oder: Individuum contra Kollektiv, in: Hänni, Julia / Heselhaus, Sebastian / Loretan, Adrian (Hg.), *Religionsfreiheit im säkularen Staat. Aktuelle Auslegungsfragen in der Schweiz, in Deutschland und weltweit*. Grote, Rai-

Die Schweizerische *Bundesverfassung* und die völkerrechtlichen *Menschenrechtskonventionen*[235] folgen in ihren Formulierungen «den Menschenrechtserklärungen der Französischen Revolution. Die Religionsfreiheit ist in dieser Sicht primär ein Recht des einzelnen Menschen.»[236] Diese individualistische Ausrichtung z. B. von Art. 9 der *Europäischen Menschenrechtskonvention* (EMRK)[237] und Art. 15 der *Schweizerischen Bundesverfassung* (BV) kommt dadurch zum Ausdruck, dass bei beiden auch die Gewissensfreiheit jedes Einzelnen gewährleistet wird. Das Gewissen als innere Instanz des Menschen, als *forum internum*, dient der eigenen Selbstprüfung[238] und ist von jedem Erfordernis der kollektiven Ausübung entlastet. Die *Schweizerische Bundesverfassung* garantiert mit der Glaubens- und Gewissensfreiheit jeder Person positiv das Recht, «ihre Religion und ihre weltanschauliche Überzeugung frei zu wählen und allein oder in Gemeinschaft mit anderen zu bekennen» (Art. 15 Abs. 2) und «religiösem Unterricht zu folgen» (Art. 15 Abs. 3) oder auch nicht. Andererseits garantiert die Verfassung negativ, dass niemand gezwungen werden darf, «einer Religionsgemeinschaft [...] anzugehören, eine religiöse Handlung vorzunehmen oder religiösem Unterricht zu folgen» (Art. 15 Abs. 4). Eine Staatsbürgerschaft ist unabhängig von einer Religionszugehörigkeit denkbar geworden. Dies verdankt sich u. a. der Französischen Revolution und der deutschen Aufklärung, hier exemplarisch mit Moses Mendelssohn aufgezeigt.

Ein besonderes Merkmal des hier herausgearbeiteten Grundrechts auf Gewissensfreiheit liegt in seiner kommunikativen Bedeutung. Martin Hilti betont die Wichtigkeit dieses Grundrechts für die Demokratie. Er verbindet die im kantischen Gewissensverständnis ermittelte Prozesshaftigkeit des Gewissens mit der Interpretation der Gewissensfreiheit als Grundlage des Prozesses demokratischer

---

ner, Die Religionsfreiheit im Spiegel völkervertraglicher Vereinbarungen zur politischen und territorialen Neuordnung, in: ders. / Marauhn (Hg.), *Religionsfreiheit zwischen individueller Selbstbestimmung*, 3–52.

235 Vgl. Art. 15 *BV*, Art. 9 *EMRK*, Art. 18 des *Internationalen Pakts über bürgerliche und politische Rechte*.

236 Hangartner, Yvo, Rechtlicher Grundrahmen der Kooperation von Staat und Religionsgemeinschaften, in: Pahud de Mortanges, René / Tanner, Erwin (Hg.), *Kooperation zwischen Staat und Religionsgemeinschaften nach schweizerischem Recht* (FVRR 15), Zürich 2005, 91–112, 95.

237 Europarat, *Konvention zum Schutze der Menschenrechte und Grundfreiheiten (Europäische Menschenrechtskonvention) vom 4. November 1950*, in: AS 1974 2151, SR 0.101, URL: https://www.fedlex.admin.ch/eli/cc/1974/2151_2151_2151/de#art_9.

238 Vgl. Hilti, *Die Gewissensfreiheit*, 65–113. Vgl. Kühler, Anne, *Das Grundrecht der Gewissensfreiheit. Ein Beitrag zum Verständnis von Art. 15 der Bundesverfassung unter Berücksichtigung der Praxis des Schweizerischen Bundesgerichts, der EMRK-Organe, des UNO-Menschenrechtsausschusses und im Rechtsvergleich* (Abhandlungen zum schweizerischen Recht 782), Bern 2012, 22–54.

autonomer Entscheidungsfindung.[239] Damit gibt es im Rechtsstaat ein religiöses und ein weltanschauliches Gewissen, die beide im Rahmen der Rechtsordnung Gewissensfreiheit beanspruchen können.

Diesen Gang vom Institutionellen zum Individuellen hat mit der Staatsrechtslehre schliesslich auch das Lehramt der Kirche angetreten,

> «obwohl Grundrechte in der Geschichte oft gegen und nicht durch die Kirchen errungen worden sind. [...] ‹Dignitatis humanae› [Vaticanum II] war nicht – wie so oft in früheren Verlautbarungen des Lehramts – eine Gegenüberstellung von ‹Institutionen›, sondern eine entschieden anthropologische Grundlegung»[240],

wie schon der Einstieg mit den Worten «Würde der menschlichen Person»[241] als säkularer Grund für die individuelle Religionsfreiheit hervorhebt.

4.6 Spuren vernünftiger Freiheit im säkularen Naturrecht

Auf die Konfessionskriege und die Eroberungen der neuen Welt reagierte das Vernunftrecht mit Verfassungsentwürfen, die im säkularen Naturrecht wurzeln, z. B. bei de Vitoria, Las Casas, Suárez und Grotius.

> «Die Anerkennung des Menschen als solchem ist gleichermassen zentral in den grossen Auseinandersetzungen ‹De Indis›, wie sie vor allem Vitoria und Las Casas sowohl akademisch als auch politisch und juristisch zu bestehen hatten. [...] ‹Es ist nämlich nicht so, dass der Mensch dem Menschen ein Wolf ist, wie der Komödiendichter [Plautus – und später Thomas Hobbes –] sagt, sondern ein Mensch (non enim homo homini lupus est, [...] sed homo).[242] [...] Universell gelte daher die ‹Gol-

---

239 Vgl. Hilti, *Die Gewissensfreiheit*, 147–167.

240 Friedrich, Ueli, *Kirchen und Glaubensgemeinschaften im pluralistischen Staat. Zur Bedeutung der Religionsfreiheit im schweizerischen Staatskirchenrecht* (Abhandlungen zum schweizerischen Recht 546), Bern 1993, 219.

241 Vgl. Loretan, *Die Würde der menschlichen Person.*

242 Schmidinger spielt hier auf den römischen Dichter Titus Maccius Plautus (ca. 254–184 v. Chr.) an, in dessen Komödie *Asinaria* (*Eselein*), Actus II,4 dieses Bild erstmals begegnet: «Lupus est homo homini, non homo, quom qualis sit non novit.» («Nicht ein Mensch, sondern ein Wolf ist der Mensch dem Menschen, wenn er nicht weiss, was für einer jener ist.») Zweitausend Jahre später wird Thomas Hobbes in der Widmung seines Briefs *De Cive* (1642) schreiben: «Homo

> dene Regel›: ‹Du sollst den anderen nicht das zufügen, von dem du nicht willst, dass es dir widerfahre (non facies alteri, quod tibi fieri non vis)›.»[243]

Trotz dieser freiheitsrechtlichen Argumentation der Kirchenjuristen aus dem 16. und 17. Jahrhundert stellen sich Demokratien gegen das katholische Lehramt, das an der Monarchie als idealer Regierungsform festhält. Die vernünftige Freiheit kennt aber gemäss Habermas ihre Spuren des Diskurses über Glauben und Wissen, wie der Untertitel des 2. Bandes seiner Philosophiegeschichte[244] veranschaulicht. Die Fortsetzung des säkularen Naturrechts der Aufklärung erfolgt u. a. durch de Vitoria, Las Casas, Suárez, Grotius, Hobbes, Spinoza (1632–1677), Locke, Thomasius, Leibniz, Hume, Rousseau, Wolff und Kant. Letzterer begründet das Naturrecht in der Autonomie, d. h. in der Selbstgesetzgebung des vernünftigen Willens. Nicht aus empirischen Gegebenheiten, wie es der Ansicht Humes entsprach, sondern nur aus der praktischen Vernunft können Normen abgeleitet werden, meint Kant. In Bezug auf den kategorischen Imperativ heisst dies, dass nur nach jenen Maximen gehandelt werden solle, die zugleich allgemeines Gesetz sein können.

Immanuel Kant versteht sich im Geist der religionskritischen Aufklärung, d. h. die säkulare Vernunft, die die neuen Verfassungen des Rechtsstaates legitimiert, hat sich unabhängig von den Theologien der Konfessionen und Religionen zu verstehen:

> «Die Moral, so fern sie auf dem Begriffe des Menschen, als eines freien, eben darum aber auch sich selbst durch seine Vernunft an unbedingte Gesetze bindenden Wesens gegründet ist, bedarf weder der Idee eines anderen Wesens über ihm […] noch einer anderen Triebfeder als des Gesetzes selbst […]»[245]

Dennoch postuliert Kant in einer gewundenen Argumentation die Existenz Gottes: «Der Glaube ([…] also nicht nur der religiöse Glaube, sondern auch der Ver-

---

homini Deus, et Homo homini lupus.» – Im ersten Fall beschreibt es das Verhältnis der Bürger zueinander, im zweiten das Verhältnis der Staaten zueinander.

243 Schmidinger, *Toleranz – auch eine Geschichte Europas*, 109–130 («Homo homini homo» – Toleranz zu Beginn der Neuzeit), 129.

244 Vgl. Habermas, *Auch eine Geschichte der Philosophie*, Bd. 2: Vernünftige Freiheit. Spuren des Diskurses über Glauben und Wissen.

245 Kant, Die Religion innerhalb der Grenzen der bloßen Vernunft. Die Metaphysik der Sitten. Vorrede zur ersten Auflage, *AA* VI, 3–11, 3.

nunftglaube) ist ein Vertrauen zu der Erreichung einer Absicht.»[246] Kant behält dabei das Moment der Verheissung bei, wie Habermas herausstellt:

> «Damit die moralische Gesinnung gegen den mutlos machenden Augenschein gefeit ist, soll sie um die Dimension eines Vertrauens auf einen endlichen Erfolg [...] erweitert werden. Damit will Kant nicht in erster Linie religiöse Inhalte begrifflich einholen, sondern den pragmatischen Sinn des religiösen Glaubens-*modus* als solchen der Vernunft integrieren. Er selbst kommentiert an dieser Stelle seinen Versuch als ‹schmeichlerische Nachahmung› des christlichen Begriffs der fides. Der Vernunftglauben bewahrt nämlich den speziellen Charakter eines Für-wahr-Haltens.»[247]

Die jüdisch-christliche Idee der Eschatologie hat die bisherige griechische Philosophie entscheidend verändert.

> «Der über alle platonischen Ideale hinausgreifende eschatologische Gedanke eines in der Geschichte wirkenden Gottes erlaubt es, die Idee vom ‹Reich der Zwecke› aus der transzendentalen Blässe des Intelligiblen in eine innerweltliche Utopie zu übersetzen. Damit gewinnen Menschen die Zuversicht, dass sie durch ihr moralisches Handeln die Verwirklichung jenes ‹ethischen Gemeinwesens› befördern können, das Kant aus der Metapher einer Gottesherrschaft auf Erden philosophisch ausbuchstabiert. [...] Die praktische Vernunft findet in religiösen Überlieferungen etwas vor, das einen als ‹Vernunftbedürfnis› formulierten Mangel zu kompensieren verspricht.»[248]

Gemäss Theodor W. Adornos (1903–1969) Diktum ist die «Unausdenkbarkeit der Verzweiflung» das Geheimnis der kantischen Philosophie,

> «der in die Abgründe einer subjektiv sich versteifenden Aufklärung schaut. Kant will den säkularen Spinoza, ‹der sich fest überredet hält: es sei kein Gott [...] und auch kein künftiges Leben›, immunisieren gegen die Verzweiflung an den kläglichen Folgen eines moralischen Handelns, das seinen Zweck nur in sich selber hat.»[249]

---

246 Habermas, *Die Grenze zwischen Glauben und Wissen*, 216–257, 229–231, 229.

247 Ebd. 230.

248 Ebd. 230 f.

249 Ebd. 229.

Ob die Bürgerin oder der Bürger dieser Glaubensmotivation der Vernunft folgt oder nicht, entscheidet sie oder er individuell gemäss der individuellen Religionsfreiheit. Auf diese neue Verfassungsentwicklung des modernen Rechtsstaates seit der Französischen Revolution will Kant den religiös geprägten Menschen philosophisch vorbereiten.[250]

4.7 Rechtssubjekte schliessen einen Gesellschaftsvertrag

Das christliche Naturrecht hat den biblischen Gesetzesbegriff (Jerusalem) mit dem römischen Recht (Rom) zusammengedacht und so Begriffe von Moral und Recht, Begriffe des freien Willens und der vernünftigen Freiheit, Begriffe der Person und des Individuums ausgebildet, «die ihre Herkunft aus dem christlichen Erfahrungshorizont nicht leugnen»[251] können.

Das christliche Naturrecht stellt den Vernunftrechtstheorien «zur Lösung des Legitimationsproblems alle grundbegrifflichen Elemente schon bereit»[252]. Dies wirft die Frage auf: Worin zeigt sich dann der Unterschied zwischen der Theorietradition des vernünftigen Naturrechts und der Vernunftrechtstheorie?

> «Dieser Unterschied wird markiert durch den Wechsel der Perspektive von dem Bund, den Gott mit seinem Volk eingeht, zu einem Vertrag politischer Vergesellschaftung, den freie und gleiche Rechtssubjekte [...] auf der Basis ihrer natürlichen, ihnen als individuellen Personen von Haus aus zustehenden oder ‹angeborenen› Rechte miteinander [...] abschliessen.»[253]

Der Unterschied besteht also bei den Rechtssubjekten, die (unabhängig von ihrer Zugehörigkeit oder Nichtzugehörigkeit zu einer Religionsgemeinschaft) einen Vertrag miteinander abschliessen. Mit diesem Perspektivenwechsel vom

---

[250] Ob die modernen Theologien der Religionsgemeinschaften diesen Versuch aufgreifen, könnte eine fundamentale Entscheidung über Sein oder Nicht-Sein der theologischen Fakultäten Europas an staatlichen Universitäten von morgen sein.
Vgl. Loretan, Adrian, Theologie in der Universität von morgen – Staatskirchenrechtliche Modelldiskussion, in: ders. (Hg.), *Theologische Fakultäten an europäischen Universitäten*; ders., *Wissenschaftsfreiheit und Wahrheitsanspruch am Beispiel der Theologischen Fakultäten der Schweiz.*

[251] Habermas, *Auch eine Geschichte der Philosophie*, Bd. 2, 771.

[252] Ebd. 94.

[253] Ebd.

Volk Gottes zu einer Gesamtheit natürlicher Personen werden die Grundbegriffe auf bestimmte Weise umgeformt, weil sie nun aus dem theologischen Kontext des christlichen Naturrechts herausgelöst und in die säkulare Sprache einer vernünftigen Selbstgesetzgebung der Subjekte im Naturzustand umgeschrieben werden.[254]

Diese Entbindung des Naturrechts von seinen religiösen Grundlagen setzt die Autonomie, die Selbstgesetzgebung der gleichen Rechtssubjekte auf radikale Weise frei. «Damit rückt das *Thema der vernünftigen Freiheit des Subjekts* in den Mittelpunkt der modernen Philosophie.»[255] Das Gerechtigkeitsverständnis wird dadurch auf den Kopf gestellt. An die Stelle des philosophischen Begriffs der zuteilenden Gerechtigkeit (Aristoteles) tritt die juristische Konzeption der Gerechtigkeit, die auf der neuen Denkfigur der autonomen Rechtsperson basiert. Diese Umstellung vollzieht sich im Medium des Rechts. Dies ist ein Wechsel im Gerechtigkeitsverständnis von der Tugendethik des Königs (bzw. Bischofs), der in seiner grossen Weisheit *jedem das Seine* zuteilt, zu den Freiheitsrechten aller Menschen, die politisch selbständig entscheiden. Dieser Wechsel im Gerechtigkeitsverständnis war für die Idee des liberalen Rechtsstaates, wie er in der Französischen Revolution vertreten wurde, von entscheidender Bedeutung.

Die Rechtskirche, die heute noch am antiken Ideal der Gerechtigkeit (Aristoteles) festhält, ist daher für die Rechtswissenschaft des Staates als Gesprächspartnerin weggefallen. Um das Gespräch zwischen den Rechtswissenschaften von Staat und Kirche wiederaufnehmen zu können, muss sich die Rechtswissenschaft der Kirche ihrer naturrechtlichen und subjektrechtlichen Beiträge für den modernen Rechtsstaat zuerst bewusstwerden. Die Rechtswissenschaft der Kirche muss also ihre eigene Rechtstradition kennen, um sich weiterentwickeln zu können. Diese Beiträge der Rechtswissenschaft der Kirche zur Entstehung der Idee des Rechtsstaates sind in der antimodernistischen Phase der Kirche (1832–1965) unterdrückt worden. Die freiheitliche Denktradition des mittelalterlichen Naturrechts bzw. Vernunftrechts und die liberale Rechtstradition der Rechtswissenschaft der Kirche gilt es neu zu entdecken, wozu dieses Buch einen Beitrag leisten möchte.

Seit Aristoteles ist der Staat der zentrale Gegenstand der praktischen Philosophie. Aber in der zweiten Hälfte des 18. Jahrhunderts beförderten die Rechtssubjekte in den USA und in Frankreich die Verfassungsrevolutionen. Die Zeit-

254 Vgl. Ebd.

255 Ebd. 95. Vgl. den Untertitel von Bd. 2: Vernünftige Freiheit. Spuren des Diskurses über Glauben und Wissen.

genossen konnten beobachten, wie das säkulare Vernunftrecht nicht nur öffentliche Debatten bestimmte,[256] sondern durch revolutionäre Staatsgründungen die rechtsverbindliche Gestalt von Menschenrechtserklärungen und politischen Verfassungen annahm[257].

Subjektive Rechte waren schon Bestandteil des mittelalterlichen Herrschaftsvertrags. Die englische Monarchie hatte in der *Glorious Revolution* (1688/89) ihren Rechtscharakter entscheidend verändert. Sie war parlamentarisch legitimiert. Der König war nur in Vereinigung mit dem Parlament (*King-in-Parliament*) Träger der Staatssouveränität. Mit den neuen Verfassungen geben sich die politisch vereinigten Rechtspersonen selbst die allgemeinen Gesetze, die eine gleiche Verteilung subjektiver Rechte erst begründen.

In der demokratischen Gesetzgebung wird der revolutionäre Gedanken der Selbstgesetzgebung vorausgesetzt. Der demokratisch ausgebaute Gesellschaftsvertrag schliesst an den Gedanken des Vertrages zwischen Rechtspersonen an. Diese Form der Selbstgesetzgebung ist auch das Modell für den naturrechtlichen Autonomiebegriff Kants. Aber zuvor redet schon die *Unabhängigkeitserklärung der Vereinigten Staaten* am 4. Juli 1776 «im selben Atemzug von ‹Naturrecht und göttlichem Recht› und beruft sich unter ‹Anrufung› des Weltenrichters auf die ‹Ermächtigung› des Volkes.»[258] Die Selbstbevollmächtigung der Bürger zu Gesetzgebern, «die sich die natürlichen oder vernünftigen Rechte zu eigen machen und ihnen damit erst zu sozialer Wirksamkeit verhelfen, äussert sich hier in der Abkehr vom autoritären Rechtsgeltungsanspruch der Tradition»[259].

4.8 Vernunftrecht baut auf Naturrecht auf

Das Spezifikum der Entwicklung des Westens als Rechtsgemeinschaft ist in der privilegierten Rolle des Rechts zu sehen. Auch darin ist er ein Erbe der lateinischen Westkirche.[260] Die Rezeption des römischen Rechts hat im *christlichen* Naturrecht zum theologischen Anschluss der profanen Rechtsentwicklung an den Dekalog[261] und damit an den egalitär-individualistischen Universalismus

---

[256] Z. B. Hobbes, Spinoza, Locke, Rousseau.

[257] Vgl. Habermas, *Auch eine Geschichte der Philosophie*, Bd. 2, 390.

[258] Ebd. 392.

[259] Ebd.

[260] Vgl. Loretan, *Der Westen.*

[261] Die 10 Gebote finden sich in zwei biblischen Texten: Ex 20,1–17; Dtn 5,6–21.

dieser biblischen Gesetzgebung geführt. Das *säkulare* Naturrecht bereitet den theoretischen Boden der Revolutionen in den USA und in Frankreich vor. Daraus entwickelt sich der demokratische Rechts- und Verfassungsstaat mit der Volkssouveränität und den Menschenrechten als Grundrechten. Religiöse Neutralität, Gewaltenteilung, Transparenzgebot, d. h. die öffentliche Nachvollziehbarkeit von Vorgängen in Politik und Verwaltung etc., werden entfaltet. Aus Ideen werden freiheitliche Institutionen, in denen Religions- und Herrschaftskritik zugelassen werden. Von der Selbstgesetzgebung dieser Rechtsinstitutionen schaut man mit einem neuen Blick auf die Kirchen. Immanuel Kant z. B. sieht das kirchlich verfasste Christentum neu «als tendenziell gewalttätiger Glaube»[262], solange die Grundrechte aller Mitglieder in der Kirche nicht garantiert werden.[263]

Die theoretischen Grundlagen des säkularen Vernunftrechts im christlichen Naturrecht sollen im Folgenden beleuchtet werden. Rückblickend auf die Genese des Vernunftrechts sei nochmals die rechtsphilosophische Linie zwischen Naturrecht und Vernunftrecht hervorgehoben. Das Vernunftrecht der Aufklärung und das mittelalterliche Naturrecht haben diese Verfassungsentwicklung der Aufklärung erst denkmöglich gemacht hat. Die mittelalterliche Bezeichnung für Naturrecht in dem neuen Sinn einer der natürlichen Vernunft allein zugänglichen Grundnorm beziehungsweise Rechtssphäre wird bei Anselm von Laon (1050–1117) zuerst gedacht.[264] Die Verknüpfung von Gesetz und Vernunft wird dann bei Thomas von Aquin weiterentwickelt. Denn wegweisendes Thema seines gesamten Gesetzestraktats[265] ist der darin verwendete juristische Gesetzesbegriff[266]. Er selbst ist allerdings nur ein Glied in einer langen Naturrechtstradition,

---

262 Noti, *Religion und Gewalt*, 142.

263 Vgl. Huber, *Grundrechte in der Kirche*, 530 f.; Vgl. Loretan, *Einklagbare Grundrechte.* Das Kirchenrecht angesichts von sexualisierter Gewalt und Machtmissbrauch, in: *Herder Korrespondenz* 2/2019, 28–31.

264 «Es ist bemerkenswert, dass diese Synthese von Naturrecht und Vernunft in den patristischen Quellen nicht zu finden ist», so Habermas, *Auch eine Geschichte der Philosophie*, Bd. 1, 669 f.

265 *STh* I–II, 90–105.

266 Es «ist der Gesetzesbegriff des Alten Testaments [...]. Interessanterweise entnimmt Thomas jedoch den *Gesetzesbegriff* [...] nicht dem Bibeltext selbst; für die systematische Einführung benutzt er vielmehr den in der *zeitgenössischen Jurisprudenz* entwickelten Begriff des Gesetzes, um damit die theologische Überlieferung zu erschliessen. Diese ungewöhnliche Methode erklärt sich daraus, dass das christliche Naturrecht das ‹moderne›, das heisst das von den scholastisch gebildeten Juristen angeeignete römische Recht im göttlichen Recht fundiert hatte. Der Begriff der *lex* [im Lateinischen femininum], die inzwischen zum verschriftlichten Massstab einer professionalisierten Rechtsanwendung geworden war, hatte in erster Linie eine juristische Konnotation.» Habermas, *Auch eine Geschichte der Philosophie*, Bd. 1, 747.

die im säkularen Naturrecht bzw. im Vernunftrecht endet und die die Grundlage der modernen Verfassungen bildet. Angefangen von Platon/Aristoteles über die Stoa/Cicero/Augustinus zu Thomas (Vernunft) folgen Scotus und Ockham (Wille). Es ist dieser theologische Disput zwischen dominikanischem Rationalismus (Vernunft) und franziskanischem Voluntarismus (Wille), der von der mittelalterlichen Theologie in die Rechtswissenschaft der Neuzeit übernommen wird. Damit wird die Unterscheidung des Naturrechts vom göttlichen Willen eingeleitet. Diese Denkvoraussetzung der Theologie und der Kanonistik ist entscheidend für die Relativierung der absoluten Monarchie, wie sie in der lateinischen Kirche noch besteht. Der subjektive Wille als Fundament des Naturrechts wird bei Francisco de Vitoria, Bartolomé de Las Casas und Francisco Suárez ausgestaltet.

Das Prinzip der Reziprozität (Gegenseitigkeit) aus der *Goldenen Regel* (Mt 7,2), die schon das *Decretum Gratiani* (um 1140) im ersten Abschnitt erwähnt, hilft die Perspektive des Anderen[267] zu übernehmen. Die spanischen Theologen-Juristen verfechten die Rechtmässigkeit und Souveränität der nicht-christlichen, indianischen Staaten des 16. und 17. Jahrhunderts. Sie legen damit den Grundstein für die naturrechtliche Anerkennung der gleichen Würde aller Menschen.

Aus dieser damals revolutionären Prämisse werden später individualrechtliche Schlussfolgerungen gezogen: Zum einen wird die gleiche Würde des Individuums mit gleichen, angeborenen Rechten wie z. B. der Gleichheit vor dem Gesetz verknüpft. Zum anderen wirkt der Gedanke, auf kollektiver Ebene gedacht als Begründung für die Volkssouveränität[268] der Staaten im 16. Jahrhundert und der modernen Verfassungen der USA (1776) und Frankreichs (1789) sowie für die Begründung eines Völkerrechts.

Das christliche Naturrecht der Kirchenrechtswissenschaft hat also in der frühen Neuzeit der vernunftrechtlichen Gesetzgebung der Staaten und dem Völkerrecht den Weg gewiesen.[269] Von dieser Entwicklung bei den Spanischen Klassikern des Naturrechts ist der Weg nicht mehr weit «bis zu den dann gar nicht mehr so revolutionären Gesellschaftsvertragskonstruktionen zur Begründung des Naturrechts im 17. Jahrhundert»[270], die die Verfassungsrevolutionen des 18. Jahrhunderts (USA, Frankreich) erst begründen können.

---

267 Vgl. Habermas, Jürgen, *Die Einbeziehung des Anderen. Studien zur politischen Theorie*, Frankfurt a. M. 1999.

268 Vgl. Habermas, *Auch eine Geschichte der Philosophie*, Bd. 1, 918.

269 Vgl. Delgado, *Die Zustimmung des Volkes*.

270 Seelmann, *Theologie und Jurisprudenz*, 33 f.

4.9 Ein Gespräch der Rechtswissenschaften bis ins 20. Jahrhundert

Bei der Entwicklung der Rechtswissenschaften im 2. Jahrtausend geht die systematische Rekonstruktion des kirchlichen Rechts des 1. Jahrtausends (*Gratians Decretum*) Hand in Hand mit der «Wiederentdeckung» des *Corpus Iuris Civilis* und dessen Rechtswissenschaft. Das kanonische Recht und seine Rechtswissenschaft sind die treibenden Kräfte. Die neue Wissenschaft des Rechts wird mit der *Concordia Discordantium Canonum* Gratians um 1140 eröffnet. Dieses neue Organisationsrecht der Kirche war bereits modernes öffentliches Recht und insoweit gegenüber dem römischen zivilen Privatrecht eine echte Innovation. Die Rechtskirche des Mittelalters bildet Elemente des ersten modernen Rechtsstaates aus und wird damit zum Vorbild für die Entwicklung der Rechtsstaaten der Neuzeit, wie im Teil Mittelalter ausführlich nachgewiesen. Die als Korporation verfasste kirchliche Institution wird zum Modernisierungsmotor der mittelalterlichen Gesellschaft. Sie wird zum Modell für die Selbstorganisation der Städte, Kaufmannsgilden und Handwerkerzünfte, Universitäten und Berufsgenossenschaften. Institutionen organisierten sich neu nach diesem Rechtsmodell der Kirche (*Corpus Christi*[271]), einer allein von ihren Mitgliedern getragenen Korporation. Die Vorstellung des *Corpus Christi mysticum* (Korporation) wird schon bald auch ein säkulares Modell für das *Corpus reipublicae mysticum*[272], die Städte, die Universitäten und die Länder.

Die staatliche Autorität wurde vom Naturrecht bis dahin mehrheitlich religiös legitimiert. Das Naturrecht aber ist gemäss seinem Anspruch aus Vernunft allein begründbar (*etsi Deus non daretur*). Es ist nur konsequent, dass es im Vernunftrecht seine Fortsetzung findet. In der Neuzeit übernimmt die säkulare politische Philosophie die Rolle der Herrschaftslegitimation. Das Vernunftrecht

[271] Vgl. *Röm* 6,3–5: «Wisst ihr denn nicht, dass wir alle, die wir auf Christus Jesus getauft wurden, auf seinen Tod getauft worden sind? Wir wurden mit ihm begraben durch die Taufe [Unterwassertauchen des Täuflings] auf den Tod; und wie Christus durch die Herrlichkeit des Vaters von den Toten auferweckt wurde, so sollen auch wir als neue Menschen leben. Wenn wir nämlich ihm gleich geworden sind in seinem Tod, dann werden wir mit ihm auch in der Auferstehung vereinigt sein.» Diese Rechtsidee des mystischen Corpus Christi aus den (Mit-)Gliedern am Leib Christi, der Kirche, wurde zum Vorbild für die weiteren Corporationes bzw. Korporationen im zivilen Bereich. Siehe dazu als Beispiel der ländlichen Korporationen der Innerschweiz: Bacher, *Die Korporationen*.

[272] Vgl. Kantorowicz, *Die zwei Körper des Königs*, 208–244. Vgl. Kunz, Andreas, *Corpus mysticum – Ein Rechtsvergleich zwischen Kirchentheorie und englischer Staatstheorie im 15. und 16. Jahrhundert* (i. V.).

reagiert auf die Konfessionskriege mit Verfassungsentwürfen, von denen einige Rechtsideen im säkularen Naturrecht bzw. Völkerrechts grundgelegt sind.

Demokratien dagegen stellen sich ab der Französischen Revolution gegen die katholische Kirche, die an der absoluten Monarchie als Regierungsform festhält. Die Fortsetzung des säkularen Naturrechts der Aufklärung dagegen erfolgt u. a. durch de Vitoria, Grotius, Hobbes, Spinoza, Locke, Thomasius, Leibniz, Hume, Rousseau, Wolff und Kant. Letzterer begründet das Naturrecht in der Autonomie, d. h. in der Selbstgesetzgebung des vernünftigen Willens. Im Anschluss an die Natur- und Vernunftrechtstradition entwickelt Kant einen verrechtlichten Begriff der Moral. Er richtet die praktische Vernunft auf moralische Fragen der universalistisch interpretierten Gerechtigkeit aus. Individuelle Freiheit als Gerechtigkeitsbegriff wird wegweisend, weil Freiheit schon bei Bartolomé de Las Casas rechtlich gedacht wurde.

Ein Blick in die Naturrechtstradition der Westkirche trägt also dazu bei, das vernunftrechtliche Verfassungsprojekt des Westens als Rechtsgemeinschaft der Freiheitsrechte rechtsphilosophisch und rechtshistorisch verstehen zu lernen. Mit diesem Hintergrundwissen können in einer pluralistischen Gesellschaft auch die Religionsgemeinschaften für das Friedensprojekt des säkularen Rechtsstaates überzeugt werden. Es gibt also

> «gute Gründe, den einschüchternd komplexen Herausforderungen der Gegenwart nicht mit egozentrischem Selbstvertrauen oder mit einem, sei es fatalistischen oder blauäugigen Systemvertrauen zu begegnen. Adorno wusste, dass die Moderne entgleist, wenn die weltentwerfende Spontaneität der Vernunft zu einer ‹Transzendenz von innen› versiegt.»[273]

Im 20. Jahrhundert meldet sich die christliche Naturrechtstradition nochmals zu Wort und trägt direkt zur freiheitlichen Rechtsentwicklung des Westens bei. Sie wehrt sich gegen den staatlichen Zivilisations- und Rechtsbruch, der an der Wannseekonferenz 1942 beschlossen und in die Wege geleitet wurde: die geplante Vernichtung aller elf Millionen Juden in Europa.[274] Dies betraf die Rechtsentwicklung der vom Deutschen Reich besetzten europäischen Rechtsstaaten. Es widersprach eine leise Stimme: Bei seiner Weihnachtsansprache 1942 *Con sempre*

[273] Habermas, *Auch eine Geschichte der Philosophie*, Bd. 2, 806 f.

[274] Auf der Wannseekonferenz bei Berlin wurde am 20.1.1942 beschlossen, alle elf Millionen Juden in Europa zu vernichten. Vgl. den Film *Die Wannseekonferenz* v. 2022.

argumentierte Papst Pius XII. auf der Grundlage der naturrechtlichen Tradition der Spanischen Klassiker des Naturrechts, dass jeder Mensch eine Würde und daraus folgende subjektive Rechte besitzt.[275] Jacques Maritain, erster Interpret der *Allgemeinen Erklärung der Menschenrechte*[276], verbindet die Menschenwürde frühestens 1942 mit den Menschenrechten.

> «‹Die christliche Lehre allein gibt den Forderungen der Menschenrechte und der Freiheit volle Bedeutung, weil sie allein der menschlichen Persönlichkeit Wert und Würde verleiht›, sagte er [Pius XI.] laut New York Times Ende 1938 – eine fast exakte Vorwegnahme der Formel der Allgemeinen Erklärung [der Menschenrechte] zehn Jahre später.[277] [...] In seiner viel beachteten Weihnachtsbotschaft an die Welt von 1942 stellte Pius XII. fünf Grundsätze für einen künftigen Frieden auf, von denen die ‹Würde der menschlichen Person› der erste war. [...] Es ist Pius XII. zu verdanken, [...] dass die Würde des Menschen in den späteren Phasen des Zweiten Weltkriegs auf der anderen Seite des Atlantiks zu einem unglaublichen Allgemeingut wurde.»[278]

Samuel Moyn, ein zeitgenössischer jüdischer Rechtshistoriker aus Harvard, beschreibt den Einfluss der katholischen Naturrechtstradition auf die Entwicklung der Menschenrechte während der Judenverfolgung durch die Nazis. Frieden ist nur auf der Basis der Anerkennung der Würde der menschlichen Person

---

275 Vgl. Moyn, *Christian Human Rights*, 2–24.

276 Eine andere Perspektive auf Maritains Sicht auf die *Allgemeine Erklärung der Menschenrechte* wird diskutiert in: Saure, Phillipp, *Christliches Naturrecht in der pluralistischen Moderne. Jacques Maritains Kritik der Allgemeinen Erklärung der Menschenrechte*, Paderborn 2017.

277 o. A., Pope Bids Church to Guard Man's Rights, in: *New York Times* vom 13.10.1938, 1; 11 (dt. m. deepl translator).

278 Engl. Original: «[...] premier interpreter of the Universal Declaration, did not connect dignity to ‹human rights› until 1942 at the earliest. [...] Pius XI had not ceased the rhetoric of dignity before death. ‹Christian teaching alone gives full meaning to the demands of human rights and liberty because it alone gives worth and dignity to human personality›, the New York Times reported him saying in late 1938 – a nearly exact anticipation of the Universal Declaration's formula ten years later. [...] Pius XII said similar things [...] But in wartime, his public claims about human dignity accelerated to a striking degree. In his high-profile Christmas message to the world for 1942, Pius XII offered five principles to inform a future peace, of which ‹the dignity of the human person› was the very first. [...] It was thanks to Pius XII, [...] that individual dignity became incredibly common stuff across the Atlantic during the later phases of World War II.» Moyn, *Christian Human Rights*, 51 f. (dt. mit deepl translator).

und gleicher Rechte, d. h. Freiheitsrechte, zu schaffen. Damit sind die Begriffe «Würde der menschlichen Person», «gleiche Rechte» und «Freiheit des Menschen» gefallen. Pius XII. fordert neben den zentralen Begriffen der «Würde der menschlichen Person», die dem Menschen von Gott verliehen ist, und den «Menschenrechten» auch die Rechtsordnung ein, über der Gott selbst steht. Er hält fest:

> «Wer will, dass der Stern des Friedens über dem menschlichen Gemeinschaftsleben aufgehe und leuchte, der helfe mit zu einer tiefgehenden Wiederherstellung der Rechtsordnung. Das gegenwärtige Rechtsbewusstsein ist vielfach heillos zerrüttet durch die Verkündigung und Betätigung eines hemmungslosen Positivismus und Utilitarismus des Rechts im Dienste bestimmter Gruppen und Bewegungen, deren Aufstellungen der Rechtsfindung und Rechtsprechung die Wege weisen und vorschreiben. Die Heilung dieses Zustandes ist dadurch zu erreichen, dass das Bewusstsein einer auf Gottes höchster Herrschaft beruhenden, jedweder menschlichen Willkür entzogenen Rechtsordnung wieder geweckt wird, einer Rechtsordnung, die ihre schützende und rächende Hand auch über die unverlierbaren Menschenrechte breitet und sie dem Zugriff jeder menschlichen Macht entzieht. Aus der gottgesetzten Rechtsordnung ergibt sich der unabdingbare Anspruch des Menschen auf Rechtssicherheit und damit auf eine konkrete Rechtssphäre, die gegen jeden Angriff der Willkür geschützt ist. Das Verhältnis von Mensch zu Mensch, das Verhältnis des Einzelmenschen zur Gemeinschaft, zur Autorität, zu seinen staatlichen Pflichten, das Verhältnis der Gemeinschaft und der Autorität zum Einzelmenschen müssen auf eine klare Rechtsgrundlage gestellt und im Einzelfall von der Autorität des Richters geschützt sein.»[279]

Kurz: Das positiv gesetzte Recht darf nicht vorbehaltlos angenommen werden, ohne es ins Licht der Gebote Gottes zu halten. Im Hintergrund steht das Ordnungsdenken des Thomas von Aquin, für den das Naturgesetz der menschlichen Vernunft zugänglich ist. Daraus kann der Mensch positives Recht setzen und entwickeln. Thomas hat den vernunftrechtlichen Satz geprägt, «dass das Naturrecht etwas ist, das durch die Vernunft begründet ist, so wie auch die Vorstellung, [das

[279] Pius XII., Weihnachtsradioansprache *Con sempre nuova freschezza nella vigilia del Natale 1942* vom 24.12.1942, in: *AAS* 35 (1943) 9–24, 21; dt.: Marmy, Emil (Hg.), *Mensch und Gemeinschaft in christlicher Schau, Dokumente*, Freiburg 1945, 657–680, 676.

Naturrecht ist] ein Werk der Vernunft»[280]. Bernd Rüthers hat diesen rechtsphilosophischen Sachverhalt für den säkularen Kontext wie folgt übersetzt:

> «Die Erfahrungen mit der unbegrenzten Auslegung in und nach Systemwechseln in Deutschland und Europa lehren eines mit grosser Klarheit: Eine Rechtsordnung, eine Rechtswissenschaft und eine Justiz, welche sich ihrer unlösbaren Verankerung in einer auf Dauer angelegten materialen Wertordnung nicht bewusst sind, werden zum beliebigen Manipulationsinstrument im Dienste der jeweiligen Machthaber. Vermeintlich wertfreies Recht, wertfreie Jurisprudenz und wertfreie (‹objektive›) Justiz sind nach den historischen Erfahrungen wie Fahnen im Wind des Zeitgeistes. [...] Recht ist eine durch und durch werthaltige, von weltanschaulichen Vorverständnissen der Normsetzer (und Normenanwender) beeinflusste Kategorie. Eine Rechtsphilosophie oder -theorie ohne Aussagen zur Wertordnung im und hinter dem Recht verfehlt ihren Gegenstand.»[281]

Zur philosophischen Vorbereitungsgruppe, die vor 1948 von der UNO mit dem Entwurf einer Menschenrechtserklärung beauftragt worden ist, gehörte auch Jacques Maritain. Dieser überzeugte anschliessend die Leitungsorgane der katholischen Kirche (die beiden Päpste Johannes XXIII. und Paul VI. sowie das Konzil), die Menschenrechte auch in ihre Soziallehre aufzunehmen. Seit dem Konzil setzten sich die Päpste und die katholische Kirche nach aussen für Menschenrechte ein. Der späte Samuel Huntington erachtet die Kirche nach dem Zweiten Vatikanischen Konzil als eine der weltweit stärksten Kräfte für Menschenwürde, Menschenrechte und Demokratie.[282]

---

280 Lat. Original: «Dictum est enim supra quod lex naturalis est aliquid per rationem constitutum, sicut etiam propositio est quoddam opus rationis.» Thomas von Aquin, *STh*, Ia–IIae q. 94, a. 1 co (dt.: A. Loretan).

281 Rüthers, *Die unbegrenzte Auslegung*, 529.

282 Vgl. auch: «Pope John XXIII affirmed that the modern Catholic tradition of social thought is controlled by one basic theme – an unshakable affirmation and defence of the dignity and rights of the human person. This commitment has led the Catholic community to become a significant force for the promotion of human dignity and human rights in Latin America, former Warsaw Pact countries such as Poland, Asian nations like the Philippines, [India] and South Korea, and increasingly in African countries. Because of these developments, the late Samuel Huntington concluded that the post-Second Vatican Council Catholic church had become one of the strongest worldwide forces for human dignity, human rights and democracy.» Hollenbach, David, Human Dignity in Catholic thought, in: Düwell u. a. (Hg.), *The Cambridge Handbook*, 250.

Obwohl Pius XII. in seiner *Weihnachtsansprache* 1942 nicht ausdrücklich von den Juden sprach, verstanden sowohl die jüdischen Verbände, die *New York Times* als auch die SS-Grössen, dass hier vor allem die Juden gemeint waren. Pius XII. setzte sich für Menschenrechte ein, die unabhängig von der Nationalität, der Religion oder der Abstammung Geltung haben sollen. Die *New York Times* reagierte auf diese Ansprache im Wortlaut:

> «In dieser Weihnacht ist er [der Papst] mehr denn je die einsame aufbegehrende Stimme im Schweigen eines Kontinents. [...] Papst Pius drückt sich so leidenschaftlich aus wie jeder Regierende an unserer Seite, indem er ausführt, dass diejenigen, die an einer neuen Weltordnung bauen wollen, für die freie Wahl einer Regierung und der Religion eintreten müssten. Sie müssten sich dagegen wehren, dass der Staat aus Individuen eine Herde mache, über die er dann verfüge wie über leblose Dinge.»[283]

Hannah Arendt hat dies säkular wie folgt ausgedrückt: «Aber ich bin sicher, dass wir Staatenlosen, Juden und Nichtjuden, die zentralen Figuren des zwanzigsten Jahrhunderts sein werden. Solange da irgendwer die Gleichheit all dessen leugnen will, was Menschenantlitz trägt.»[284] Von jüdischer Seite wurde dieser Aufruf von Pius XII. wahrgenommen:

> «Das Volk Israel wird nie vergessen, was Seine Heiligkeit und seine berühmten Diplomaten für unsere unglücklichen Brüder und Schwestern in dieser höchst tragischen Stunde unserer Geschichte tut. Das ist ein lebendiges Zeugnis der göttlichen Vorsehung in dieser Welt. – Isaak HaLevy Herzog»[285]

---

283 Vgl. o. A., The Pope's Verdict, in: *New York Times*, 25.12.1942 (Spätausgabe), 16; zitiert nach: DiGiovanni, *Pius XII and the Jews*, Bd. 3, Nr. 2, Art. 8.

284 Hannah Arendt, in: Keller, Hildegard E., *Was wir scheinen*. Roman, Köln/Zürich 2021, 87.

285 Jitzchak Isaak HaLevy Herzog (1888–1959) war von 1921 bis 1936 erster Grossrabbiner von Irland. Anschliessend war er zunächst aschkenasischer Oberrabbiner Palästinas, später des eben gegründeten Israel. Vgl. Le Rabbin Herzog à Mgr. Cassulo Ankara, 28 février 1944 in: Blet, Pierre / Graham, Robert A. / Martini, Angelo / Schneider, Burkhart (Hg.), *Le Saint Siège et les victimes de la guerre. Janvier 1944–Juillet 1945* (Actes et Documents du Saint Siège relatifs à la seconde guerre mondiale 10), Vatikan 1980, 292; frz. Original: «Le peuple d'Israel n'oubliera jamais ce que Sa Sainteté et ses illustres délégués, inspirés des principes éternels de la religion qui forment la base même de la vraie civilisation, font pour nos infortunes frères et soeurs dans l'heure la plus tragique de notre histoire, laquelle constitue une preuve vivante de la Providence divine dans ce monde-ci.» Ebd.

Auch die Nationalsozialisten hatten die naturrechtliche Argumentation verstanden. Der Sicherheitsdienst des Reichsführers SS kommentierte die Weihnachtsansprache 1942 wie folgt:

> «[...] eine einzige Attacke gegen alles, für das wir einstehen. Der Papst sagt, dass Gott alle Völker und Rassen gleichwertig ansieht. Hier spricht er deutlich zugunsten der Juden [...] Er beschuldigt das deutsche Volk, Ungerechtigkeiten gegenüber den Juden zu begehen, und macht sich zum Sprecher der jüdischen Kriegsverbrecher.»[286]

Die Menschenwürde und die daraus folgenden Rechte der menschlichen Person wurden von aktiven Katholiken interpretiert als

> «das wichtigste Bollwerk gegen den Hitler'schen Rassismus. [...] Und diese Katholiken behaupteten auch, dass das Konzept die Schlüsselrolle für die Nachkriegsregelung darstelle, die auf Prinzipien und nicht auf Macht beruhen müsse. Die Antwort wäre eine Vision der Menschenrechte.»[287]

Die naturrechtliche Argumentation Pius' XII. stützte sich auf die Würde der menschlichen Person und die daraus folgenden Rechte. Damit hatte das Lehramt die kirchenrechtswissenschaftlich-menschenrechtliche Argumentation der Spanischen Klassiker des Naturrechts in die staatsrechtliche und völkerrechtliche Diskussion des 20. Jahrhundert eingebracht, was den Dialog mit der staatlichen Rechtswissenschaft befruchten sollte, wie Samuel Moyn ausführlich belegt:

> «Keine amerikanischen Quellen verbinden Menschenwürde und Menschenrechte früher oder ausserhalb des Rahmens der bereits erwähnten christlichen Quellen und vor allem in der weit verbreiteten Sprache des Papstes.»[288]

---

286 Politisches Archiv des Auswärtigen Amtes, Abteilung Inland I D/Kirche 17/9 (R 98833); Teilabdruck (mit falschem Datum), in: Rhodes, Anthony, *Der Papst und die Diktatoren. Der Vatikan zwischen Revolution und Faschismus* (Böhlaus Zeitgeschichtliche Bibliothek 3), Köln / Wien / Graz 1980.

287 Engl. Original: «[...] the main bulwark against Hitlerian racism [...] And such Catholics also claimed that the concept provided the key slogan for the postwar settlement, which would have to be based on principle not power. The answer would be a vision of human rights.» Moyn, *Christian Human Rights*, 87 (dt. m. deepl translator).

288 Engl. Original: «No American sources [...] conjoin human dignity and human rights earlier than or outside the framework of the Christian sources mentioned earlier and in the Pope's widely circulating language above all.» Ebd. 55 (dt.: A. Loretan).

Weiter argumentiert Moyn:

> «Heute vergessen ist, dass die spirituelle und oft explizit religiöse Philosophie der menschlichen Person das konzeptionelle Mittel war, durch das Kontinentaleuropa zunächst die Menschenrechte aufnahm – und in der Tat für mehrere Jahrzehnte die Heimat des Begriffs wurde. [...] Im frühen Nachkriegseuropa wurden die Menschenrechte [...] weder mit einem revolutionären noch mit einem republikanischen Erbe in Verbindung gebracht. [...] Stattdessen wurden die Menschenrechte am ehesten mit einer epochalen Neuerfindung des Konservatismus in Verbindung gebracht.»[289]

Es geht hier nicht darum, festzustellen, ob Pius XII. genügend für die Juden im Zweiten Weltkrieg getan hat oder nicht. Dieses Kapitel will nur in Erinnerung rufen, dass im 20. Jahrhundert die naturrechtliche Tradition der Spanischen Klassiker des Naturrechts über die Päpste Pius XI. und Pius XII. und Jacques Maritain in die Tradition der *Allgemeinen Erklärung der Menschenrechte* eingeht.

> «Der Begriff der Würde war zu keinem Zeitpunkt für die Konstitutionalisierung von Rechten erforderlich gewesen, weder 1776 in Virginia noch 1789 in Frankreich. [...] Die individuelle Menschenwürde trat an einem unerwarteten Ort und zu einem überraschenden Zeitpunkt in die globale Verfassungsgeschichte ein: [das katholische] Irland im Jahr 1937.»[290]

Auf dem europäischen Kontinent triumphierte der Faschismus. Die Christdemokratie – in Frankreich unter Ministerpräsident Robert Schuman (1886–1963), in Italien unter Ministerpräsident Alcide de Gasperi (1881–1954), in der Bundesrepublik Deutschland unter Bundeskanzler Konrad Adenauer (1876–1967) – erlangte nach dem Zweiten Weltkrieg eine jahrzehntelange Vorherrschaft in

---

289 Engl. Original: «Forgotten now, the spiritual and often explicitly religious philosophy of the human person was the conceptual means through which continental Europe initially incorporated human rights – and, indeed, became the homeland of the notion for several decades. [...] In early postwar Europe, human rights were [...] best associated neither with a revolutionary nor a republican heritage. [...] Instead, human rights were most closely associated with an epoch-making reinvention of conservatism.» Ebd. 67 (dt.: A. Loretan).

290 Engl. Original: «The notion of dignity had not been required at any point for the constitutionalization of rights, either in 1776 in Virginia or 1789 in France. [...] Individual human dignity entered global constitutional history in an unexpected place and a surprising time: Ireland in 1937.» Ebd. 26 f. (dt. m. deepl translator).

Westeuropa. Die frühe Hinwendung Irlands zur Christdemokratie weist auf den Rahmen hin, den mehrere andere westeuropäische Länder später akzeptieren sollten, nämlich «die einzigen, bei denen die [Menschen-]Würde für lange Zeit eine verfassungsmässige Präsenz innehatte»[291].

Im Amerika der 1950er-Jahre war der wichtigste katholische Denker der Nachkriegszeit der Jesuit John Courtney Murray (1904–1967). Er war ein Anhänger von Jacques Maritain und hat die *Erklärung zur Religionsfreiheit* (DH) des Zweiten Vatikanischen Konzils mitgestaltet. Er argumentierte etwas vorlaut, dass

> «[d]ie Wende zu den Menschenrechten zeigte, dass die moderne Welt endlich die Botschaft des Katholizismus verinnerlicht hatte und nicht umgekehrt»[292].

Samuel Moyn aber unterstreicht dieses Argument von aussen:

> «Die menschliche Person wurde zu einer Schlüsselfigur des Denkens bei den Vereinten Nationen, dank der Christen [, die sich einer naturrechtlichen Sprache bedienten]. ‹Von allen Akten der Vereinten Nationen [...] hat die Allgemeine Erklärung der Menschenrechte am deutlichsten die Tendenz gezeigt, [...] ein System des internationalen Rechts auszuarbeiten, das so weit wie möglich dem Naturrecht entspricht.›»[293]

Diese naturrechtliche, päpstliche Argumentation von 1942 wurde schon 1945 von der *UN-Charta* aufgegriffen.[294] Die Würde jedes Menschen und die daraus folgenden Rechte sind aufgrund der Erfahrungen mit dem Nazi-Regime nach dessen Zusammenbruch zu Fundamenten rechtsstaatlichen Denkens geworden. Sie prägten über den Naturrechtsdenker Jacques Maritain das Denken der *Allgemeinen Erklärung der Menschenrechte* von 1948. Dieses naturrechtliche Menschen

---

[291] Engl. Original: «the only ones in which dignity had a constitutional presence for a long time» (ebd. 28; dt.: M. Tollkühn).

[292] Engl. Original: «That the human rights turn showed that the modern world had finally imbibed Catholicism's message rather than vice versa.» Ebd. 88 (dt. m. deepl translator).

[293] «The human person became a key figure of thought at the United Nations, thanks to Christians [who used a natural law language]. ‹Of all the acts of the United Nations [...] the Universal Declaration of Human Rights has demonstrated most clearly the tendency ... to work out a system of international law conforming as closely as possible to natural law.›» Ebd. 91 f. (dt. m. deepl translator).

[294] Ebd. 89–100.

rechtsverständnis fand Eingang in den Grundrechtskatalog des *Grundgesetzes* der Bundesrepublik von 1949. Es wurde auch in der Enzyklika *Pacem in terris* von Johannes XXIII. (1963) und in der menschenrechtlichen Argumentation des Zweiten Vatikanischen Konzils (NA 5; LG 32; GS 29; DH 1; GS 26b) aufgegriffen. «Die Menschenwürde und die daraus fliessenden Rechte» (NA 5) aller Personen, auch der Kinder, wird durch die Ratifizierung der *UN-Kinderrechtskonvention* durch den Heiligen Stuhl völkerrechtlich unterstrichen.[295]

Die naturrechtlich begründeten Menschenrechte fanden Eingang in die Entwürfe des Grundgesetzes der katholischen Kirche (*Lex Ecclesiae Fundamentalis*), die von Papst Paul VI. in Auftrag gegeben wurden. Er erachtete es als Konzilsauftrag, eine Verfassung mit einem Grundrechtskatalog zu erstellen, wie die staatlichen Verfassungen nach der *Allgemeinen Erklärung der Menschenrechte* (1948). Schon vor der *Konzilserklärung zur Religionsfreiheit* (1965) wurde das Gespräch zwischen den Rechtswissenschaften von Kirche und Staat wieder aufgenommen. Dabei spielte das christliche Naturrecht des 16. Jahrhunderts, das Naturrecht der Spanischen Klassiker des Naturrechts, auf das im 20. Jahrhundert von Pius XI. und Pius XII. zurückgegriffen wird, eine entscheidende Rolle. Jeder Mensch hat als Ebenbild Gottes (Gen 1,27) eine Menschenwürde und daraus folgende Menschenrechte. Oder «katholisch formuliert»: Jede Person hat eine Personenwürde und daraus folgende Personenrechte.

> «Es sollte daher nicht überraschen, dass viele der Hauptbegründer des europäischen Projekts […] bekennende Personalisten waren (z. B. Robert Schuman …).»[296]

---

[295] Vgl. McAleese, *Children's Rights and Obligations in Canon Law.*
Das *Übereinkommen über die Rechte des Kindes*, kurz UN-Kinderrechtskonvention, wurde am 20.11.1989 von der UN-Generalversammlung angenommen und trat am 2.9.1990, 30 Tage nach der 20. Ratifizierung durch ein Mitgliedsland in Kraft (vgl. Vereinte Nationen, Übereinkommen über die Rechte des Kindes). Dazu trug auch das Völkerrechtssubjekt «Heiliger Stuhl» bei.
Obwohl die rechtsphilosophische Tradition der kirchlichen Jurisprudenz (Naturrecht) einen so bedeutenden Beitrag zu den Vereinten Nationen und zum europäischen Konstitutionalismus geleistet hat, hat die Kirche immer noch Angst vor den Menschenrechten und den Kinderrechten. Die Kirche kennt keine einklagbaren Grundrechte; ein entsprechendes Grundgesetz (*Lex Ecclesiae Fundamentalis*), das der Kirchenrechtler Papst Paul VI. vorbereiten liess, wurde von Johannes Paul II. nie promulgiert.

[296] Engl. Original: «It should not be surprising, therefore, that many of the chief founders of the European project […] were avowed personalists (for instance Robert Schuman …).» Moyn, *Christian Human Rights*, 94 (dt. m. deepl translator).

Dieses Gespräch zwischen den Rechtswissenschaften auf der Grundlage der neuzeitlichen Naturrechtstradition des 16. Jahrhunderts wurde also im 20. Jahrhundert nochmals entscheidend. Die Thesen des jüdischen Rechtshistorikers Samuel Moyn werden durch rechtshistorische Einzelstudien noch vertiefter zu belegen sein. Aber die Bedeutung der säkularen Naturrechtsargumentation der Spanischen Klassiker des Naturrechts im 20. Jahrhundert sollte mit Pius XI. und Pius XII. unterstrichen sein. Sie werden neben der säkularen Argumentation auch den Religionsgemeinschaften weltweit einen theologischen Argumentationszugang zu den Menschenrechten eröffnen und sie so zur Unterstützung der Menschenrechte und der menschenrechtsbasierten Rechtsstaaten des Westens motivieren.[297]

[297] Vgl. diesen Ansatz in den religiösen Begründungen der verschiedenen Religionen in: Düwell u. a. (Hg.), *The Cambridge Handbook.*

IV. Moderne Verfassungen

Den Übergang von der Neuzeit zur Moderne markiert in Europa der Beginn der Französischen Revolution mit dem Sturm auf die Bastille am 14. Juli 1789. Die Bastille ist ein Sinnbild der Freiheitsberaubung durch das Ancien Régime. Befreiung im Sinne der Revolution meint, dass diejenigen, die im Stande der Armut und Unterdrückung gelebt hatten, nun aus der Untertänigkeit ausbrechen und selbst die Macht ergreifen.

> «Gleichheit, wie wir sie verstehen, wonach jeder Mensch als ein Gleicher geboren ist, also Geburt bereits die Gleichheit schafft und garantiert, war allen Jahrhunderten vor dem Anbruch der Neuzeit schlechthin unbekannt.»[1]

Die Idee von natürlichen Rechten bzw. Menschenrechten, die die Revolutionen der Aufklärung (in den USA und in Frankreich) erst denkmöglich machten, haben mittelalterliche Kanonisten entwickelt. Bei der Genese dieses subjektiven Rechtsdenkens sollte nicht übersehen werden, dass «die Akzentuierung der Stellung der autonomen Rechtsperson»[2] im begriffsgeschichtlichen Zusammenhang des modernen Rechts in der Rechtswissenschaft der Kirche entwickelt wurde.

Das Lehramt der Kirche hat sich aber in der Französischen Revolution nicht zuletzt u. a. wegen der Ermordung von Priestern und Ordensleuten gegen die Französische Revolution und damit gegen die moderne Rechtsstaatlichkeit entschieden. Die lehramtliche Zustimmung zur modernen Rechtsstaatlichkeit erfolgte dann im Zweiten Vatikanischen Konzil, konkret in der Konzilserklärung über die Religionsfreiheit 1965.[3]

1 Arendt, Hannah, *Über die Revolution*, München 2020, 55 f.

2 Habermas, *Auch eine Geschichte der Philosophie*, Bd. 1, 918.

3 Vgl. Loretan, *Die Würde der menschlichen Person.*

1 Der Begriff des Verfassungsstaates

Der Begriff des Verfassungsstaates geht auf die bürgerlichen Verfassungsbewegungen des späten 18. und des 19. Jahrhunderts zurück. Er grenzt sich politisch vom Absolutismus ab und bezweckt, die Organisation und Ausübung der staatlichen Gewalt nach Regeln zu ordnen. So ist die Staatsgewalt in ihrem Handeln von einer verbindlichen Rechtsgrundlage abhängig, die «Machtbegrenzung, Verantwortlichkeit und Freiheitssicherung bewirkt»[4].

Was macht eine Verfassung aus? Das europäische Verfassungsverständnis sieht je nach der Verfassungsgeschichte eines Landes anders aus. So hat die deutsche Verfassungsgeschichte zu einem anderen Begriff von Verfassung geführt als in Frankreich. Die deutsche Diskussion kennt den Begriff eines Verfassungsstaates im weiten Sinn. Danach ist jeder Staat formal ein Verfassungsstaat, wenn er eine geschriebene Verfassung besitzt.[5] Ein bestimmter Inhalt ist für die Verfassung nicht gefordert. Rechtserheblich in diesem weiten Sinn des Verfassungsstaates ist, dass die Ausübung staatlicher Herrschaftsmacht durch festgelegte Formen und Verfahren erfolgt und damit eine gesetzliche Ordnung und öffentliche Verantwortlichkeit geklärt ist, wer auch immer Träger der Herrschaftsmacht ist.[6] Dieses Verfassungsverständnis wirkt mässigend sowohl gegenüber fürstlichem als auch demokratischem Absolutismus. Denn in Deutschland vollzieht sich der Wandel vom Absolutismus zu konstitutionellen Regierungsformen viel langsamer als in Frankreich.

> «Die so verwirklichte ‹Konstitutionalität› wurde dann beim Übergang zur Demokratie im Jahre 1918/19 beibehalten: der konstitutionellen Monarchie folgte nicht eine absolute Demokratie, sondern eine ebenfalls konstitutionelle Demokratie, die in der Weimarer Verfassung Gestalt annahm.»[7]

Anders hat sich der Verfassungsbegriff in der französischen Verfassungsgeschichte entwickelt. Zwar beginnt in Europa die Verfassungsentwicklung mit der französischen Verfassung von 1791. Die konstitutionelle Monarchie bleibt in Frankreich – anders als in Deutschland – jedoch nur eine Durchgangsstufe. Die

---

4 Böckenförde, *Staat, Nation, Europa*, 127.

5 Eine Ausnahme bildet England, wo eine ungeschriebene Verfassung gilt.

6 Vgl. Böckenförde, *Staat, Nation, Europa*, 128.

7 Ebd.

französische *Menschenrechtserklärung von 1789* zählt in Art. 16 in prägnanter Weise inhaltliche Anforderungen an eine moderne Verfassung auf:

> «Jede Gesellschaft, in der weder die Garantie der Rechte gewährleistet noch die Gewaltenteilung bestimmt ist, hat keine Verfassung.»[8]

Anders als in der deutschen Verfassungsgeschichte ist Verfassung im französischen Verständnis ein normativer Begriff mit klaren Ansprüchen an die Organisation eines Rechtsstaates: Der

> «Schutz der Grundrechte und eine machtbeschränkende Organisation der obersten Instanzen (Gewaltenteilung) stehen im Zentrum. Mit den Grundrechten ist auch die politische Partizipation der Einzelnen angesprochen, denn Art. 6 der Menschenrechtserklärung von 1789 konkretisiert, dass alle Bürger das Recht haben, persönlich oder durch ihre Repräsentanten an der Ausarbeitung der Gesetze teilzuhaben.[9] An dieser inhaltlichen Bindung des Begriffs der Verfassung an die Garantien der Gleichheit, der Freiheitsrechte und der aktiven politischen Teilnahme ist festzuhalten, ebenso am Zusammenhang mit der gewaltenteiligen Organisation des Gemeinwesens.»[10]

Adel und Klerus verlieren demnach die Berechtigung ihrer Standesprivilegien.[11] Die *Déclaration des droits de l'homme et du citoyen* verwendet als einer der ersten Rechtstexte den Begriff Menschenrechte im modernen Sinn – auch wenn

---

8 Frz. Original: «Toute société dans laquelle la garantie des droits n'est pas assurée, ni la séparation des pouvoirs déterminée, n'a point de constitution.» *Déclaration des Droits de l'Homme et du Citoyen de 1789*, URL: https://www.legifrance.gouv.fr/contenu/menu/droit-national-en-vigueur/constitution/declaration-des-droits-de-l-homme-et-du-citoyen-de-1789 (dt. m. deepl translator).

9 Vgl. ebd. Art. 6: «La loi est l'expression de la volonté générale. Tous les citoyens ont droit de concourir personnellement, ou par leurs représentants, à sa formation. Elle doit être la même pour tous. Soit qu'elle protège, soit qu'elle punisse. Tous les citoyens étant égaux à ses yeux sont également admissibles à toutes dignités, places et emplois publics, selon leur capacité, et sans autre distinction que celle de leurs vertus et de leurs talents.»

10 Müller, Jörg Paul, *Die Demokratische Verfassung. Von der Selbstbestimmung der Menschen in den notwendigen Ordnungen*, Zürich ²2009, 85.

11 Vgl. Koch, *Die klerikalen Standesprivilegien*. Eine Ausnahme bilden im Schweizer Militärgesetz (Bundesgesetz vom 3. Februar 1995 über die Armee und die Militärverwaltung, in: *AS* 1995 4093) heute noch «Geistliche, die nicht der Armeeseelsorge angehören». Sie sind für die Dauer ihrer (im Gesetz nicht näher bestimmten) Anstellung oder ihres Amtes befreit (Art. 18 Abs. 1 lit. b *MG*). Das Gesetz ordnet diese Ämter unter Art. 18 «Dienstbefreiung für unentbehrliche Tätigkeiten» ein.

«l'homme et le citoyen» im Jahr 1789 zunächst Männer meinte, wenngleich der Begriff Allgemeingültigkeit impliziert. Die einzelne Person hatte allerdings noch keine verfahrensrechtliche Handhabe, sich gegen Verletzungen dieser Menschenrechte durch Klage und Beschwerde zur Wehr zu setzen. Es handelte sich damals um objektivrechtliche Grundsätze, die an den Gesetzgeber gerichtet waren, und nicht um subjektive Rechte im eigentlichen Sinn, wie sie die Spanischen Klassiker des Naturrechts ab dem 16. Jahrhundert entwickelt hatten.

Das Gottesgnadentum der absoluten Monarchie wird in Übereinstimmung mit einer Jahrhunderte alten Tradition vom Lehramt der Kirche verteidigt. Die angeborene Freiheit und Gleichheit der Menschen liess sich weder mit der lehramtlichen Vernunft noch mit der Offenbarung, in der damaligen Interpretation, in Einklang bringen, obwohl genau dies die Spanischen Klassiker des Naturrechts einforderten. Damit prallen zwei verschiedene Begriffe von Vernunft aufeinander, die sich erst im Zweiten Vatikanischen Konzil, in der *Erklärung über die Religionsfreiheit* (1965), teilweise kitten lassen.

Die Idee der Menschenrechte verbreitete sich gewaltsam durch die französische Eroberungspolitik von Napoleon Bonaparte (1769–1821). Viele europäische Länder waren im 19. Jahrhundert geprägt durch Revolution und Restauration. Es war die Zeit des Übergangs vom Feudalismus zur bürgerlichen Gesellschaft. Die Bürger verstanden sich also nicht mehr als Untertanen ihrer gottgegebenen Obrigkeit, sondern als Staatsbürger einer Nation. Der Nationalismus, der die Religion in ihrer staatstragenden Funktion ersetzte, prägte ideologisch die verschiedenen Nationen Europas.[12] Obwohl die staatlichen Institutionen, die Napoleon errichtet hatte, nicht lange überlebten – die Helvetische Republik war nach knapp 5 Jahren formal beendet worden–, blieben die politischen Ideen[13], die die Franzosen ins Land gebracht hatten, weiterhin unvergesslich:

Unter «Geistlichen» versteht das Gesetz Kleriker, nicht jedoch die Laien, die ein Kirchenamt gemäss c. 145 CIC/1983 (*LG* 33; c. 228 CIC/1983) innehaben. Dies kann nicht mit der Religionsfreiheit erklärt werden, sondern mit den Standesprivilegien der Priester, die diesen auch vom Schweizer Staat gewährt werden.

12 Den Unterschied zu den USA arbeitete heraus: Haller, Gret, *Die Grenzen der Solidarität. Europa und die USA im Umgang mit Staat, Nation und Religion*, Berlin 2004, 40–42.

13 So erhielt zum Beispiel die Schweiz 1798 ihren ersten Grundrechtskatalog, nach dem Eindringen der Franzosen und der Ausrufung der Helvetischen Republik. Die Schweiz musste im Gegenzug für den Russlandfeldzug Napoleons Soldaten liefern, die auf dem *champ d'honneur* ihr Leben verloren.

«Werte wie Rechtsgleichheit, Gewaltenteilung, Volkssouveränität, Grundrechte und die allgemeine Schulpflicht waren nun nicht mehr wegzudenken.»[14]

Das Verhältnis zwischen Glauben und Vernunft, Tradition und Fortschritt, Konfession und Nation musste neu definiert werden. Statt vom Gemeinwohl (*bonum commune*) einer fiktiven Gemeinschaft, die der gute Hirte bzw. der gute Fürst leitete, ging man neu von den individuellen Rechten der Männer, später auch der Frauen und Kinder, aus. Dies hat die europäischen Gesellschaften in den folgenden zwei Jahrhunderten radikal verändert. Gestritten wird dabei um den Begriff der Freiheit. Unterliegen ihre Gesetze den vernünftigen Prinzipien (Kant) oder bestimmt allein die Empirie der Mehrheit in der Demokratie (Rousseau) deren Legitimität?

«Als ‹frei› darf das menschliche Subjekt gelten, weil und insofern es das Vermögen besitzt, sich selbst Gesetze seines Handelns zu geben und ihnen gemäss tätig zu werden. Während Rousseau freilich noch in der Schwebe lässt, ob es sich bei diesen Gesetzen nun um bloss empirische Vorsätze oder um irgendwie rationale Prinzipien handeln muss, gibt Kant ihnen eine entschiedene Wendung ins Transzendentale; für ihn steht ausser Frage, dass solche selbsterlassenen Gesetze nur dann Freiheit bewirken können, wenn sie sich einer Einsicht in die richtigen, also vernünftigen Gründe verdanken.»[15]

Damit greift Kant die naturrechtliche Tradition auf. Denn die daraus abgeleitete individuelle Menschenwürde kann nur dann konsequent rechtlich weitergedacht werden, wenn sie universell für jeden Menschen (Arbeiterinnen, Kinder, Behinderte etc.) gilt. Aus diesem Grund sind die Menschenrechte nicht ausschliesslich eine rechtsphilosophische Frage, sondern auch eine juristische Frage der rechtlichen Umsetzung und Durchsetzbarkeit vor Gericht. Wird aber

«die Würde nicht mehr dem einzelnen Menschen zugeschrieben, sondern einer Gruppe von Menschen als Kollektiv [bonum commune], dann geraten die Menschenrechte in Gefahr, weil der Universalismus der Menschenwürde verlorengeht. Dies geschieht zum Beispiel, […] wenn die Würde statt dem einzelnen Menschen

---

[14] Kley, Andreas, *Verfassungsgeschichte der Neuzeit*. Grossbritannien, die USA, Frankreich und die Schweiz, Bern ^{4}2020, 196.

[15] Honneth, *Das Recht der Freiheit*, 63. Vgl. Kant, GMS, *AA* IV, 387–463.

einer Religion [Kirche] zugeschrieben wird oder nur jenen Menschen, welche dieser Religion angehören.»[16]

Partikulare Zugehörigkeit beruht auf Ungleichheit, universale Zugehörigkeit beruht auf Gleichheit. Die *res publica,* der Staat oder die öffentliche Sache, wird «zur Garantin der Freiheit des Individuums»[17]. Dies sollte ein neues, die Grundrechte seiner Bürgerinnen und Bürger schützendes Verhältnis von Staat und Kirche zur Folge haben. Denn der Staat hat die subjektiven Rechte aller Menschen zu schützen.

2 Die Revolutionen ermöglichen Verfassungen

Die Trennung von Gesellschaft und Staat hängt mit dem Absolutismus zusammen, wie am Beispiel Frankreichs deutlich wird. Als absolutistischer Alleinherrscher konzentrierte Louis XIV. (1638–1715) die früher in der französischen Gesellschaft existierende politische Macht auf seine Person. Der Monarch verstand sich als der von Gott eingesetzte Stellvertreter. «Er war der alleinige (göttliche) Gesetzgeber, der sich jedoch nicht an die von ihm erlassenen Gesetze zu halten hatte: *L'État c'est moi* – so das ihm zugeschriebene Bonmot.»[18] Dies führte zu einer Entmachtung des Adels. Die Gesellschaft entpolitisierte sich. Es entstand eine staatsfreie Privatsphäre, die die moderne Gesellschaft prägen sollte.

> «In der Französischen Revolution ging es ursprünglich gar nicht um die Schaffung eines Verfassungsstaates nach US-amerikanischem Vorbild, sondern um die Schaffung einer neuen Gesellschaftsordnung, die dem Bildungs- und Besitzbürgertum (ein Teil des Tiers Etat) die notwendigen Freiheiten zur Entfaltung bieten sollte. Bald sollte sich jedoch zeigen, dass dieses Ziel nur gegen die traditionelle politische Gewalt möglich war.»[19]

Die Anpassung der traditionellen Herrschaftsordnung war nicht möglich, vielmehr musste sie umgestossen und durch eine neue Regierung eingerichtet werden. Der Gesellschaftsvertrag nahm den Herrschenden die Legitimation von

16 Haller, *Politik der Götter*, 65 f.

17 Ebd. 70.

18 Kley, *Verfassungsgeschichte der Neuzeit*, 154.

19 Ebd. 152.

«oben» und legte sie in die Hand des Volkes[20] bzw. auf die vom Volk gewählten Repräsentanten. Die Gesellschaft bekam damit gewisse politische Rechte, aber der Staatsapparat blieb von ihr getrennt. Die vom Absolutismus geschaffene Trennung von Staat und Gesellschaft wurde auch vom demokratischen Souverän beibehalten. In den USA wird dabei die Idee der Zivilgesellschaft weiterentwickelt. Die in privaten Vereinigungen zusammenwirkenden Bürger auf lokaler Ebene übernehmen Selbstverantwortung im Staat. Die Verbindung zwischen Gesellschaft und Regierung wird durch häufige Wahlen gesichert.

> «So wie es für die Freiheit unerlässlich ist, dass die Regierung im Allgemeinen ein gemeinsames Interesse mit dem Volk hat, so ist es besonders wichtig, dass der in Frage kommende Zweig der Regierung eine unmittelbare Abhängigkeit vom Volk und eine innige Sympathie mit ihm hat. Häufige Wahlen sind zweifellos die einzige Politik, durch die diese Abhängigkeit und Sympathie wirksam gesichert werden kann.»[21]

Die Französische Revolution schaffte die absolute Monarchie und die letzten Reste des mittelalterlichen Ständestaates ab. Das alte Feudalsystem von Gottes Gnaden hatte seine Legitimationsgrundlage verloren. Der moderne Verfassungsstaat konnte sich Gehör verschaffen. Daher konnten sich die bürgerlichen Schichten gegenüber dem Adel durchsetzen. Im Geiste der Aufklärung wurde der Mensch als vernunftbegabtes und autonomes Individuum verstanden, das nicht mehr in ständestaatliche und korporative Ordnungen eingebunden war. Der Citoyen hat jetzt das Recht zur Mitgestaltung des politischen Gemeinwesens,[22] wie in der griechischen *polis* oder in der römischen *res publica*. Wie bei diesen antiken Vorbildern galten die politischen Rechte auch in der Moderne zuerst nur für wohlhabende männliche, weisse Personen.

---

20 Vgl. ebd. 155.

21 «As it is essential to liberty that the government in general should have a common interest with the people, so it is particularly essential that the branch of it under consideration should have an immediate dependence on, and an intimate sympathy with, the people. Frequent elections are unquestionably the only policy by which this dependence and sympathy can be effectually secured.» *Federalist Papers* Nr. 52, in: *Library of Congress, Federalist Papers: Primary Documents in American History*, URL: https://guides.loc.gov/federalist-papers/text-51-60 (dt. m. deepl translator).

22 Vgl. Kley, *Verfassungsgeschichte der Neuzeit*, 191.

> «Unter den Mitgliedern der Nationalversammlung befanden sich kein einziger Vertreter der besitzlosen Unterschicht, kein Jude, kein Schwarzer und auch keine Frau. In der Vermutung, dass die Menschenrechte nur für weisse Männer Geltung haben sollten, entwarf Olympe de Gouges[23] 1791 die Erklärung der Rechte der Frau und Bürgerin»[24],

die *Déclaration des Droits de la Femme et de la Citoyenne.* Sie protestierte damit gegen die Männer-«Déclaration des Droits de l'Homme et du Citoyen». Ihre *Erklärung der Rechte der Frau und Bürgerin* war noch in der Druckerei, als die männlich geprägte bürgerliche Verfassung bereits angenommen und damit Frankreich eine konstitutionelle Monarchie wurde. Im Sommer 1793 wurde Olympe de Gouges (1748–1793) verhaftet und als Royalistin angeklagt. Von dem Sondergericht für politisch Andersdenkende, dem Revolutionstribunal, wurde ihr ein kurzer Prozess gemacht.

> «Ihr Bekenntnis zum Föderalismus und zur Monarchie, ihre Gegnerschaft zu den Jakobinern, ihre persönliche Feindschaft zu Robespierre, hatten zu ihrer Hinrichtung geführt; sie büßte aber auch für ihren Einsatz für die Rechte der Frau. Man empfand darin eine unerwünschte Einmischung in die den Männern vorbehaltene Politik.»[25]

Olympe de Gouges ist im heutigen Paris eine auf den Senat zustrebende Strasse gewidmet.

Die Idee der geschriebenen Verfassung setzte sich während der Französischen Revolution durch. Sie verlangt, in einem Referendum von der Mehrheit der Stimmberechtigten angenommen zu werden. Die neuen Staatsverfassungen begründen die staatliche Macht unabhängig von einer Gottesvorstellung und begrenzen sie gleichzeitig. Vier verschiedene Revolutionsverfassungen (1791 *konstitutionelle Monarchie*, 1793 *Jakobinerverfassung*, 1795 *Direktorialverfassung*, 1799 *Konsulatsverfassung*) und Hunderte von Verfassungsentwürfen entstehen

---

[23] Zwei Jahre nach der Veröffentlichung der Déclaration des Droits de la Femme et de la Citoyenne wurde Olympe de Gouges verhaftet und am 2. November 1793 in einem öffentlichen Prozess vor dem Revolutionstribunal einstimmig für schuldig befunden. Am 3. November 1793 wurde sie auf dem Place de la Concorde guillotiniert. Vgl. zu Olympe de Gouges: Burmeister, Karl Heinz, *Olympe de Gouges. Die Rechte der Frau 1791*, Bern 1999

[24] Kley, *Verfassungsgeschichte der Neuzeit*, 170.

[25] Burmeister, *Olympe de Gouges*, 8.

allein zwischen 1789 und 1799. Sie bilden eine Fundgrube möglicher Verfassungsmodelle.

Im Folgenden wird das 19. Jahrhundert länderspezifisch an vier Beispielen (Frankreich, USA, Schweiz und Deutschland) verfassungsgeschichtlich besprochen.

3 Die Französische Revolution

Die Amerikanische Revolution war der Französischen Revolution vorangegangen, was die Schaffung einer herrschaftskonstituierenden und -legitimierenden Verfassung betrifft. Den französischen Revolutionären waren die Ereignisse jenseits des Atlantiks bekannt, denn sie engagierten sich aus machtpolitischen Gründen im Unabhängigkeitskrieg der USA zur Ablösung vom Mutterland England. Der Marquis de La Fayette (1757–1834) hatte die französischen Truppen im amerikanischen Unabhängigkeitskrieg[26] erfolgreich befehligt,

> «bevor er 1787 Mitglied der Notabelnversammlung und 1789 Deputierter des Zweiten Standes in den Generalständen wurde und sich an den Vorarbeiten zur Déclaration des droits de l'homme et du citoyen beteiligte; als amerikanische Botschafter weilten Benjamin Franklin 1776–1785 und Thomas Jefferson 1785–1789 in Paris. Dennoch bestehen tiefgreifende Unterschiede zwischen beiden Revolutionen, die dazu führten, dass die Ereignisse in Frankreich für die Geschichte des modernen Konstitutionalismus weltweit und besonders auch in Europa weit wichtiger wurden als diejenigen in der Neuen Welt.»[27]

Umgekehrt unterstützte Thomas Jefferson (1743–1826) La Fayette bei der Ausarbeitung der Menschenrechtserklärung von 1789. La Fayette vereinigte so die

---

26 Die *Unabhängigkeitserklärung* führte zum Unabhängigkeitskrieg (1775–1783). Die Ausgangslage sah für die Amerikaner und deren von den Kongressausschüssen abhängige Kriegsführung sehr schlecht aus. «Der sehr vermögende Offizier Marquis de La Fayette (1757–1834) reiste 1777 mit einer selbst angeworbenen Freiwilligentruppe nach Amerika, um die Kolonisten zu unterstützen. Frankreich schloss 1778 einen kostspieligen Beistandspakt mit den ehemaligen Kolonien und griff unter La Fayettes Führung in Virginia erfolgreich in den Krieg ein. Die Briten erlitten 1781 in Yorktown eine vernichtende Niederlage und mussten kapitulieren. Bei Yorktown hatten französische Truppen einen entscheidenden Beitrag geleistet; La Fayette galt daher in Amerika als Kriegsheld. Im Januar 1782 empfing ihn Paris triumphal.» Kley, *Verfassungsgeschichte der Neuzeit*, 112.

27 Ebd. 152.

amerikanische mit der Französischen Revolution. Trotzdem setzte die Französische Revolution die absolutistische Trennung von Gesellschaft und Staat fort und markierte so einen Bruch im bisherigen Verhältnis von Staat und Kirche. Sie argumentierte ganz neu. «Die Revolution nahm keine Kirche an. Warum? Weil sie selbst eine Kirche war»[28], so der Historiker Jules Michelet (1798–1874).

3.1 Die neue Staatsreligion

Bis zum Zeitalter der Aufklärung im 18. Jahrhundert gilt die christliche Religion trotz ihrer konfessionellen Spaltung als Deutungshorizont. Sie begründete als Legitimationsgrundlage sowohl den Staat als auch das gesellschaftliche Zusammenleben. In der Gegenreformation und im Zeitalter des katholischen Absolutismus versuchte man, die vormoderne Einheit von Thron und Altar unverändert fortzusetzen. Diese theologische Legitimation von Staat und Gesellschaft stellt die Französische Revolution institutionell infrage. Die Trennung von Kirche und Staat legitimiert der Abgesandte François-Antoine de Boissy d'Anglas (1756–1826) vor dem Nationalkonvent in seinem Bericht über die Religionsfreiheit. Darin begründete er die neue antiklerikale Auffassung wie folgt: Der religiöse Fanatismus habe in der Geschichte viel Unheil ausgelöst (z. B. im Massaker der Bartholomäusnacht). Die Religion sei in die Hände von Gewaltherrschern geraten und zu einem Werkzeug der Sklaverei geworden, das den Menschen sogar beibringe, ihre Ketten zu schätzen.[29]

---

28 Frz. Original: «La Révolution n'adopta aucune Église. Pourquoi? C'est parce qu'elle était une Église elle-même.» Michelet, Jules, Préface de 1868, in: ders., *Histoire de la Révolution française*, édition établie et commentée par Gérard Walter, Bd. 1: Avant-Propos, Chronologie de Michelet, Notes, Table analytique, Tableau chronologique de la Révolution française, Table de concordance du calendrier révolutionnaire, Paris 1952, 12 (dt. m. deepl translator).

29 «La religion devenant entre les mains des tyrans un instrument d'esclavage, servile par sa nature, auxiliaire du despotisme par son essence [...] intolérante et dominatrice, s'associant aux crimes des rois pour les autoriser aux yeux des peuples; s'associant à la longue faiblesse des peuples pour la transformer en une sorte de vertu, elle avait abruti l'espèce humaine jusqu'au point de lui faire adorer les chaînes même dont elle l'accablait. Une morale bienfaisante et douce enveloppait quelquefois l'absurdité de ses dogmes et l'atrocité de ses combinaisons; un éclat imposant et séducteur se mêlait à la puérilité de ses pratiques; des abstinences commandées par elle piquaient l'amour-propre des consciences, et des illusions quelquefois touchantes offraient des aliments à la sensibilité, des espérances au malheur.» de Boissy d'Anglas, François Antoine, Rapport sur la liberté des cultes, fait dans la séance du 3 ventôse an III, au nom des comités de salut public, de sureté générale et de législation, réunis, in: *La Révolution Française. Revue Historique* 1 (1881), 203 f.

Man sucht in Frankreich deshalb einen Sinnhorizont jenseits der katholischen Kirche, die sich an der Revolution, abgesehen von den Anfängen, nicht beteiligt hatte. Der revolutionäre Staat steht auf eigenen Beinen und bringt seine Distanz zur katholischen Kirche deutlich zum Ausdruck. Nationale Feiertage sollen die Erinnerung an die Französische Revolution aufrechterhalten. Im revolutionären Fest soll der Mensch als Bürger des Staates wiedergeboren werden, wie in den liturgischen Feiern die Wiedergeburt in Christus und der Kirche stattfindet. Weil man der Vergangenheit des vom katholischen Denken geprägten sogenannten finstern Mittelalters den Krieg erklärt hatte, orientierte man sich neu am Vorbild der antiken römischen Republik. Der Konvent verdrängte zudem die Religion mit Hilfe der Aufklärungsphilosophie aus der Politik.

Die kirchliche Institution wird aber verschiedentlich nachgeahmt. «Die Französische Revolution wirkte [...] genau auf die gleiche Weise, wie religiöse Revolutionen mit Blick auf den Anderen handeln»[30], so Tocqueville. Die Französische Revolution sei selbst zu einer Art neuer ziviler Religion geworden, wenn auch eine fragmentarische Religion (ohne Gott und ohne Jenseits), weil sie die Wiedergeburt und Erlösung der Menschen im Heute ohne Jenseitsvertröstung angehen wollte.[31] Tocqueville, ein Katholik und Befürworter der Revolution, beschreibt den Konflikt zwischen Revolution und katholischer Kirche: Als politische Institution, nicht als religiöse Doktrin, habe die Kirche wütenden Hass auf sich gezogen, weil die Priester Grundeigentümer, Lehensherren, Zehntherren und Verwalter in dieser Welt waren.[32]

---

30 Frz. Original: «La révolution française a opéré, [...] précisément de la même manière que les révolutions religieuses agissent en vue de l'autre.» de Tocqueville, Alexis, L'ancien régime et la révolution (1856), Livre premier, chapitre III, in: *Tocqueville, Œuvres*, Bd. 3, Introduction de François Furet et Françoise Mélonio, Bibliothèque de la Pléiade, Nr. 503, Paris 2004, 62 (dt. m. deepl translator).

31 Der Begriff Zivilreligion, der im 20. Jahrhundert auch zur Bezeichnung von totalitären Regimes konzipiert worden ist, ist bei Tocqueville fast schon entwickelt. Vgl. ebd. 63: «elle [la Revolution Française] est devenue elle-même une sorte de religion nouvelle, religion imparfaite, [...] sans Dieu, sans culte et sans autre vie.»

32 Vgl. de Tocqueville, *L'ancien régime et la révolution* (1856), 58: «C'était bien moins comme doctrine religieuse que comme institution politique que le christianisme avait allumé ces furieuses haines; non parce que les prêtres prétendaient régler les choses de l'autre monde, mais parce qu'ils étaient propriétaires, seigneurs, décimateurs, administrateurs dans celui-ci; non parce que l'Eglise ne pouvait prendre place dans la société nouvelle qu'on allait fonder, mais parce qu'elle occupait alors la place la plus privilégiée et la plus forte dans cette vieille société qu'il s'agissait de réduire en poudre.»

Es gab auch einen Gegensatz zwischen der katholischen Kirche, die an der Monarchie als richtiger Regierungsform festhielt, und der Französischen Revolution. Der Betonung von Tradition, Autorität und Hierarchie einerseits standen andererseits Traditionskritik, individuelle Vernunft und Gleichheit gegenüber. Hans Maier bringt es auf den Punkt: Erst dadurch,

> «dass die Freiheitsrechte der Kirche die Form ständischer Privilegien angenommen hatten, war die Religion politisch verwundbar geworden. Erst dadurch, dass sich in der alten Monarchie kirchliche und staatliche Sphäre vermischt hatten, konnte im Lauf des Säkularisierungsprozesses [...] der totalitäre Monismus der Jakobiner entstehen. Der gegenreformatorischen Verengung und Verhärtung der katholischen Kirchenidee kommt ein [...] sicherlich bedeutender Anteil am Schicksal der französischen Kirche in der Revolution zu.»[33]

Die Auseinandersetzung zwischen Kirche und Revolution bekommt eine grundsätzliche Dimension. Kirchenstruktur und revolutionärer Wille widersprechen sich nicht nur in Frankreich, sondern später auch in Deutschland.

> «Der im Hochmittelalter einsetzende Wandel von einem sakramental-pneumatologischen zu einem juridisch-soziologischen Kirchenverständnis rückte mit den neu entstehenden Disziplinen des Kirchenrechts und der Ekklesiologie also die politisch-rechtlich-institutionelle Seite der Kirche ins Zentrum der Aufmerksamkeit. In der gegenreformatorischen Ekklesiologie wurden diese Juridisierungstendenzen dann noch verstärkt. [...] Mit diesen Institutionalisierungs- und Verselbständigungstendenzen behauptete die kirchliche Kanonistik [...] die Autonomie und das eigene Recht der Kirche als einer unmittelbar von Gott gestifteten Körperschaft souveränen Rechts.»[34]

Der revolutionäre französische Staat glaubt, «die Kirche als eine Korporation mit eigenem Recht nicht dulden zu können, weil sie ihre Machtbefugnis nicht aus der Souveränität der ganzen Nation erhielt, sondern von Gottes Hand»[35]. Diese «demokratietotalitäre»[36] Sicht ist typisch für die Französische Revolution, die sich auf die *volonté générale* als Rousseau'sche Denkfigur stützt.

---

[33] Maier, *Revolution und Kirche*, 135.

[34] Große Kracht, Hermann-Josef, *Kirche in ziviler Gesellschaft. Studien zur Konfliktgeschichte von katholischer Kirche und demokratischer Öffentlichkeit*, Paderborn 1997, 100.

[35] Cavuldak, *Gemeinwohl und Seelenheil*, 69.

[36] Ebd.

Dass andere Lesearten und Umsetzungen der Volkssouveränität denkbar waren, hat die Geschichte der Demokratie gezeigt, allen voran diejenige der Vereinigten Staaten von Amerika, die deshalb ausführlich zu besprechen ist. Auch die Kirche wird diese amerikanische individuelle Religionsfreiheit des demokratischen Verfassungsstaates schätzen lernen.[37] Sie wird zusätzlich lernen, dass sie ihre eigenen Strukturen überarbeiten kann und muss.[38] Aber im Pulverdampf der Kämpfe der Französischen Revolution war dies noch undenkbar.

3.2 Die Bedeutung der französischen Aufklärungsphilosophie

Die Aufklärungsphilosophie übernimmt die Legitimationsrolle für die staatlichen Institutionen, die bisher dem religiösen und säkularen Naturrecht zustand. Die Bedeutung der französischen Aufklärungsphilosophie war in der Auseinandersetzung zwischen der demokratischen Revolution und der die Monarchie stützenden Kirche entscheidend. Im Unterschied zur Aufklärung in Deutschland und England war sie in Frankreich stark antiklerikal und materialistisch-atheistisch geprägt.[39] Sie hat der Revolution

> «in religionspolitischer Hinsicht den Weg bereitet, indem sie mit ihrer vernichtenden Kritik das Gottesgnadentum der absoluten Monarchie delegitimierte. Das Christentum musste um die Mitte des 18. Jahrhunderts seine Wahrheit an Massstäben bewähren, die nicht mehr seine waren; die Vernunft löste sich allmählich aus der Umklammerung der Religion, um ihr von aussen mit Fragen und Forderungen zu Leibe zu rücken. Das Christentum musste fortan seine Wahrheitsansprüche vor dem ‹Richterstuhl der Vernunft› rechtfertigen.»[40]

Jean-Jacques Rousseau schreibt im vierten Buch seines Émile: Er suche die Wahrheit, dabei beachte er aber kein Vorrecht der Geburt, keine Autorität der Kirchenväter und der Pfarrer. Was diese ihm beigebracht haben, wolle er alles der

---

37 Vgl. Erklärung über die Religionsfreiheit, in: Brechter, Heinrich Suso / Häring, Bernhard / Höfer, Josef u. a. (Hg.), *Das Zweite Vatikanische Konzil. Dokumente und Kommentare*, Teil 2 = LThK² 13, 1967, 712–748.

38 Vgl. *EG*, Nr. 43.

39 Vgl. Cassirer, Ernst, *Die Philosophie der Aufklärung* (Philosophische Bibliothek 593), Hamburg 2007.

40 Cavuldak, *Gemeinwohl und Seelenheil*, 73. Vgl. Loretan, *Wahrheitsansprüche im Kontext der Freiheitsrechte*.

Prüfung des Gewissens und der Vernunft unterziehen. Wenn er seine Vernunft unterwerfen solle, benötige er vernünftige Gründe dazu.[41] Die katholische Kirche dagegen forderte zur Rettung des Seelenheils entschieden den religiösen Gehorsam.

> «Bedenkt man dazu die privilegierte Machtstellung und die Intoleranz der Kirche im Ancien Régime, so ist es nicht verwunderlich, dass sie zur bevorzugten Zielscheibe der philosophischen Kritik wurde.»[42]

Die Aufklärungsphilosophie war aus zwei Gründen für die Revolution fundamental: Erstens lieferte sie eine Delegitimation des Gottesgnadentums der absoluten Monarchie und der damit verbundenen katholischen Kirche. Zweitens durchdachte sie «ein säkulares Verständnis vom politischen Gemeinwesen mit einem autonomen Sinnhorizont diesseits religiöser Erwartungen und Hoffnungen»[43]. Die Repräsentanten der Nationalversammlung verstanden ihre Tätigkeit säkular als Umsetzungen der Menschenrechte. In jedem Fall benötigten sie – im Unterschied zur absoluten Monarchie – keine katholisch-theologische Legitimierung ihrer Machtausübung mehr.

3.3 Die Menschenrechte als Legitimation politischer Macht

Die säkulare Delegitimierung des Gottesgnadentums forderte eine neue Legitimation, um das Legitimationsdefizit der Machtbegründung zu überwinden. Das Postulat von universellen Menschenrechten ist in Frankreich und in den USA nicht einer humanistischen Motivation entsprungen. Die Amerikaner waren

---

41 Vgl. Rousseau, Jean-Jacques, *Émile ou de l'éducation*, Paris 1961, 79.
Immanuel Kant hat später ebenfalls diesem Rechtfertigungsanspruch der Vernunft in seiner kleinen Schrift «Was heisst: sich im Denken orientieren?» klaren Ausdruck verliehen. Er schreibt: «Freunde des Menschengeschlechts und dessen, was ihm am heiligsten ist! Nehmt an, was euch nach sorgfältiger und aufrichtiger Prüfung am glaubwürdigsten scheint, es mögen nun Facta, es mögen Vernunftgründe sein; nur streitet der Vernunft nicht das, was sie zum höchsten Gut auf Erden macht, nämlich das Vorrecht ab, der letzte Probierstein der Wahrheit zu sein.» Kant, Immanuel, Was heisst: sich im Denken orientieren?, in: *Berlinische Monatsschrift* vom Oktober 1786, 328 f.

42 Cavuldak, *Gemeinwohl und Seelenheil*, 74.

43 Ebd. 75. Die Revolution ersetzte vor allem in der radikalen Phase den «Kirchengott» durch revolutionäre Kulte der «Vernunftgöttin». Vgl. ebd.

genötigt, diesen Schritt der Verallgemeinerung zu tun. Sie entwickelten aus den ererbten Freiheitsrechten britischer Untertanen (Magna Charta Libertatum 1215) universelle Menschenrechte. Denn jene englischen Geburtsrechte der höheren Adligen für England (*birthrights*) bedurften bei der Trennung von England einer neuen Legitimationsgrundlage für alle Menschen, die auch dazu geeignet war, die Sezession, d. h. die Loslösung von England, zu rechtfertigen.[44] Dies gilt ebenfalls für Frankreich. Man tausche nur die Begriffe «Mutterland England» durch «Ancien Régime», von dem sich die französische Nationalversammlung ebenfalls trennen wollte.[45] Die Verbindung der Menschenrechte mit der Volkssouveränität wird im amerikanischen und im französischen Verfassungsprozess durch den Umstand erklärt, dass beide als Mittel gegen die alte politische Ordnung eingesetzt wurden, um die Begründung einer neuen zu rechtfertigen.[46]

Diese revolutionären Errungenschaften anerkannte König Ludwig XVI. (1754–1793) nur zum Schein. Wie die Kirchenfürsten glaubte er noch, die Revolution mithilfe des Auslands und der französischen Adligen rückgängig machen zu können.

> «Er dachte nur an die Wiederherstellung des vorrevolutionären Ancien Régime – die Einsicht, dass die ständische Ordnung mit dem Monarchen an der Spitze nicht aufrechterhalten werden konnte, ging ihm ab. Ständische Privilegien erschienen ihm noch immer als gottgegebenes Recht.»[47]

Nach einem gescheiterten Fluchtversuch des Königs (21. Juni 1791) wurde die Entfernung der Monarchie offen diskutiert. Gleichzeitig löste die Nationalgarde eine Versammlung auf dem Champ de Mars gewaltsam auf, bei der die Einführung der Republik verlangt wurde.

> «Menschen kamen ums Leben. Nicht nur die Breite der antimonarchischen Bewegung war so sichtbar geworden; vielmehr war mit den Ereignissen auf dem Marsfeld

44 Vgl. Hofmann, Hasso, Zur Herkunft der Menschenrechtserklärungen, in: *Juristische Schulung* 28 (1988) 848.

45 Ebd.

46 Vgl. Cavuldak, *Gemeinwohl und Seelenheil*, 70 Anm. 12. Vgl. Kielmansegg, Peter Graf von, Demokratiebegründung zwischen Menschenrechten und Volkssouveränität, in: Schwartländer, Johannes (Hg.), *Menschenrechte und Demokratie* (Tübinger Universitätsschriften Forschungsprojekt Menschenrechte 2), Kehl a. Rhein / Strasbourg 1981, 103.

47 Kley, *Verfassungsgeschichte der Neuzeit*, 171.

auch der Bruch vollzogen zwischen der demokratisch republikanischen Linken (den ‹Clubs› der Jacobins und der Cordeliers) und den sog. Modérés […], die eher eine konstitutionelle Monarchie nach britischem Vorbild realisieren wollten.»[48]

Diese Entwicklung der französischen Revolutionäre hat das «Diktat der Menschenrechte» später zu einer Art von «Diktatur der Prinzipien» ausarten lassen, die sich vor keiner Realität beugen wollte. So verkörpern die Jahre der Revolution ein politisches Laboratorium, «in dem der autonome Mensch mit seiner entfesselten ‹Phantasie› ans Werk geht und sich dabei nicht selten ‹übernimmt›»[49].

3.4 Die Trennung von Staat und Kirche

Die französische Aufklärungsphilosophie entzog der politischen Macht die bisherige Legitimationsgrundlage (Gottesgnadentum) durch die katholische Kirche. Dieses neue philosophische Verständnis eines Rechtsstaates wurde in der Französischen Revolution in staatliche Institutionen umgesetzt. Es entstand damit eine unüberwindbare Kluft zwischen Kirche und Staat. Dies führte zur gewaltsamen Konfrontation zwischen der Französischen Revolution und der katholischen Kirche, die die Entwicklung der modernen Staatslehre prägen sollte, aber auch die Entwicklung der lehramtlichen Kirchenlehre (Ekklesiologie) formte.

Die katholische Kirche hat gegen den modernen demokratischen Rechtsstaat klar Stellung bezogen. Daher entwickelte sich unter den Befürwortern der modernen Demokratie in Frankreich eine starke Gegnerschaft zur Kirche, die eine weitere Zusammenarbeit zwischen demokratischem Rechtsstaat und katholischer Kirche prinzipiell infrage stellte. Allerdings gab es auch viele Vertreter beider Lager, die einen grundsätzlichen Gegensatz zwischen Kirche und Staat nicht sahen, die sich aber nicht durchsetzen konnten. So benötigten Kirche und Staat lange, um eine ungezwungene Haltung der Kooperation einnehmen zu können.

Die prinzipielle Verdammung der revolutionären Prinzipien von 1789 durch Papst Pius VI. hatte theologische und machtpolitische Gründe. Der absolute Wahrheitsanspruch des Papstes lehnte die Freiheitsrechte der modernen, autonomen Rechtsperson (Glaubensfreiheit und Gleichheit) ab. Der Papst und seine

[48] Ebd.

[49] Cavuldak, *Gemeinwohl und Seelenheil*, 71.

Theologen konnten Freiheitsrechte und Wahrheitsansprüche nicht zusammendenken[50], obwohl die Rechtsfigur der autonomen Rechtsperson ausgerechnet von den Rechtswissenschaftlern der Kirche entwickelt worden war.[51] Andererseits hatten aber auch machtpolitische Erwartungen des Kirche–Staat–Verhältnisses und finanzielle Fragen um den Kirchenstaat und dessen Besitztümer in Avignon eine Bedeutung. Auch wenn man

> «die Wahrung der weltlichen Souveränitätsrechte des Papstes, d. h. dessen Besitztümer in Avignon, nicht zum Hauptmotiv der Haltung des Pontifex zu den Ereignissen in Frankreich macht, so wird man gleichwohl auch diese positiv-rechtlichen Fragen der Herrschaftsordnung – und mit ihr die weltlich-politische Souveränität der Kirche betreffende Interessenlage – nicht ganz ausklammern können. Sicherlich ist der Tenor der diplomatischen Aktivitäten des Papstes seit Beginn der Revolution und seiner kirchlich-politischen Stellungnahmen in erster Linie von der Verteidigung legitimer religiös-seelsorglicher und kirchlich-kooperativer Rechte bestimmt. Aber diese Rechte waren derart mit theologischen, sittlichen, kulturellen und politischen Elementen des traditionellen katholischen Ordnungsdenkens verschränkt, dass sie kaum isoliert betrachtet werden konnten.»[52]

Damit erlebten sich Altar und Krone, Kirche und Staat, nicht mehr als Miteinander (Ancien Régime), sondern als Gegeneinander (Französische Revolution). Auf ganz anderen Grundlagen baut das Verhältnis der Kirchen zum Staat in der amerikanischen Revolution auf.

---

50 Dieser Konflikt besteht ekklesiologisch bis heute fort, so kennt der CIC 1983 immer noch keine durchsetzbaren Grundrechte, vgl. Loretan, *Wahrheitsansprüche im Kontext der Freiheitsrechte*.

51 Vgl. Habermas, *Auch eine Geschichte der Philosophie*, Bd. 1, 918.

52 Uertz, *Vom Gottesrecht zum Menschenrecht*, 40 f.
Auch Ahmet Cavuldak schliesst sich dieser Meinung an: Die Analyse «dieser konkreten historischen Situation zeigt, wie schwierig es ist, das historisch Kontingente vom prinzipiell Religiösen, oder Machtinteressen von Wahrheitsansprüchen zu sondern; denn beide Ebenen durchdringen und bedingen einander vielfältig, ja man findet im Grunde stets nur beide miteinander vermengt vor. Gleichwohl sollte aus analytischen Gründen an der Unterscheidung festgehalten werden.» Cavuldak, *Gemeinwohl und Seelenheil*, 77.

4 Die US-amerikanische Revolution

Die US-amerikanische Revolution wird aus systematischen Gründen nach der Französischen Revolution dargestellt, weil sich gerade bei der amerikanischen Revolution eine Lösung im Konflikt zwischen religiösen Wahrheitsansprüchen der Kirchen und den Freiheitsrechten der Bürger abzeichnet. Darauf stützte sich auch die spätere Akzeptanz der Religionsfreiheit durch die katholische Kirche im Zweiten Vatikanischen Konzil.[53] Schon der Franzose Alexis de Tocqueville hatte in seiner Beschreibung der amerikanischen Demokratie mit Bewunderung festgestellt, dass hier der «esprit de religion» und der «esprit de liberté» miteinander im Gespräch bleiben.[54]

> «Bis 1776 wanderten etwa 500 000 weisse Europäer in Nordamerika ein, um im ‹gelobten Land› eine neue Existenz aufzubauen. Diese ‹Landnahme› setzten die Einwanderer mit der Geschichte der Landnahme Israels nach dem Auszug aus Ägypten gleich und rechtfertigten die Eroberung Amerikas und Ausrottung der ansässigen Bevölkerung durch ideologisch überhöhte Interpretationen des Alten Testamentes.»[55]

Nachdem 90 Prozent der indigenen Bevölkerung an den Folgen der europäischen Einwanderung gestorben waren, verkauften Sklavenhändler Menschen aus Afrika als billige Arbeitskräfte in die nordamerikanischen Siedlungsgebiete. Der Status dieser Afroamerikaner verschlechterte sich ab 1660, als man sie rechtlich zu beweglichem Besitz und Privateigentum (*slavery chattels*) erklärte.

> «Dies bedeutete eine krasse Abweichung vom englischen Common Law, das die Sklaverei seit dem Somersett-Fall von 1772[56] in keinem Fall mehr duldete. [...] Bis

[53] Vgl. *Erklärung über die Religionsfreiheit Dignitatis humanae [personae]*, 7.12.1965.

[54] De Tocqueville, *De la démocratie en Amérique*, Bd. 1, Teil 1, 39.

[55] Kley, *Verfassungsgeschichte der Neuzeit*, 93.

[56] Dem Sklaven James Somerset gelang in London die Flucht, als er mit seinem Herrn auf Geschäftsreise dort weilte. Als Gefangener kam er vor ein englisches Gericht. Welche Auswirkungen die Habeas Corpus-Akte nun haben sollten, muss der Herr, James Stuart, erfahren. Der vorführende Kapitän trägt vor, «dass der Sklave entlaufen sei und Dienste zu leisten sich weigere, weshalb er inhaftiert gehalten werde, um im Ausland verkauft zu werden. Ein derart eingreifender Herrschaftsakt muss von dem Recht desjenigen Landes anerkannt werden, wo er ausgeübt wird. Das Verfügungsrecht des Herrn über seinen Sklaven ist in den verschiedenen Ländern sehr unterschiedlich ausgestaltet worden. Die Sklaverei ist von einer solchen Art, dass sie unmöglich mit

zur Unabhängigkeit der USA 1776 gelangten 300 000 Afrikaner als unfreiwillige Immigranten nach Nordamerika.»[57]

Da ein Grossteil der weissen Einwanderer in diesen Anfängen von den britischen Inseln kamen[58], prägten die englische Kultur und die englische Rechtstradition, d. h. das Common Law, das Zusammenleben, dessen Regeln auch für nicht-englische Siedler galten.

> «Ein Unterschied zwischen kolonialem und britischem Common Law bestand in der Zulassung der Sklaverei in den amerikanischen Kolonien.»[59]

Diese starke Stellung des britischen Rechts belegt ein Text des Juristen, Richters und Politikers James Otis (1725–1783), der in seiner naturrechtlichen Argumentation die *amerikanische Unabhängigkeitserklärung* vorwegnimmt und daher auch als «Prophet der amerikanischen Unabhängigkeit» bezeichnet wird. Die naturrechtliche Argumentation unterstreicht hier die *birthrights* der britischen Unter-

---

Vernunftgründen, politischen oder moralischen, eingeführt werden kann, es sei denn durch das positive Gesetz, das in Geltung bleibt bis weit über die Zeit hinaus, in der Gründe, Anlass und Zeit seiner Verabschiedung dem Gedächtnis entschwunden sind. Sklaverei ist derart anrüchig, dass nichts zu ihrer Duldung erträglich erscheint als allein das positive Gesetz. Was immer für Unannehmlichkeiten daher durch dieses Urteil auch entstehen mögen – ich kann nicht feststellen, dass dies durch das Recht Englands gestattet oder gebilligt wird. Daher muss der Schwarze freigelassen werden.» Kley, *Verfassungsgeschichte der Neuzeit*, 54.

57 Ebd. 93.

58 Bis 1819 wurde keine Statistik über die Herkunftsländer der Einwanderer geführt. «Throurgh the first two hundred years nearly all the white immigrants were from England an Scottland. Probably ninetenths of the whites, living 1800 and perhaps in 1820, could trace their ancestry back to Great Britain. These British immigrants formed the character of the country. They created its institutions, they etablished its governments, and made the English language the national speech. After 1820, the Irish, and after 1832, the Germans came in greater numbers.» Quelle: Jarvis, Edward, *History of the progress of population of the United States from 1790 to 1870*, Boston 1877, 13.
Volkszählung 1790 ergab:
Gesamtbevölkerung der 13 States und 2 Territories: 3.929.214.
davon Weisse: 3.172.006
Colored (free): 59.527
Colored (slaves): 697.681
Quelle: Jarvis, *History*, 5.

59 Kley, *Verfassungsgeschichte der Neuzeit*, 94.

tanen, die dann in der *amerikanischen Unabhängigkeitserklärung* ohne *birthrights* noch an Bedeutung gewinnen wird:

> «Jeder britischer Untertan, der auf dem amerikanischen Kontinent oder in einer anderen der britischen Besitzungen geboren ist, hat durch das Gesetz Gottes und der Natur [Naturrecht], durch das Common Law und durch Parlamentsakte [...] Anspruch auf alle natürlichen, wesentlichen, angeborenen und unzertrennlichen Rechte [Naturrecht] unserer Mituntertanen in Grossbritannien. Zu diesen Rechten gehören die folgenden, von denen wir in aller Bescheidenheit annehmen, dass kein Mensch und keine Körperschaft, das Parlament nicht ausgeschlossen, sie gerechter- und billigerweise und in Übereinstimmung mit den eigenen Rechten und der Verfassung wegnehmen kann.
> Erstens: Dass die oberste und die nachgeordneten Gewalten der Gesetzgebung frei und unantastbar sein sollen in den Händen, in die sie die Allgemeinheit einst rechtmässig gelegt hat. [...]
> Drittens: Keine – oberste oder nachgeordnete – Legislative hat ein Recht, sich nach Willkür zu betätigen. [...]
> Viertens: Die oberste Legislative kann sich nicht berechtigterweise die Gewalt beilegen, Vorschriften aus dem Stegreif durch willkürliche Verordnungen zu erlassen, sondern ist verpflichtet, nach bekannten festen Regeln und durch gehörig ermächtigte Richter Recht sprechen zu lassen. [...]
> Fünftens: Die oberste Gewalt kann einem Menschen keinen Teil seines Eigentums nehmen, ohne dass er persönlich oder durch Repräsentation seine Zustimmung gibt.»[60]

Diese Rechte galten noch nicht für die nicht-weissen Personen. Die Geschichte der indigenen Bevölkerung (American Indians) und die Geschichte der versklavten Afroamerikaner wurden in der Geschichte der weissen Einwanderer lange ausgeblendet. Die weissen Pilgrim Fathers dagegen erzählen eine Geschichte der Landnahme, die mit der biblischen Landnahme des Volkes Israel gerechtfertigt wird.

---

[60] Reibstein, Ernst, *Volkssouveränität und Freiheitsrechte. Texte und Studien zur politischen Theorie des 14.–18. Jahrhunderts*, Freiburg i. Br. / München 1992 (ND), Bd. 2, 303 f. Vgl. Rock, Adolf (Hg.), *Dokumente der amerikanischen Demokratie*, Wiesbaden 1947. Auch digital sind viele verfassungsgeschichtlich interessante Texte im Original und teilweise in deutscher Übersetzung verfügbar, URL: https://www.verfassungsgeschichte.ch/us.html.

4.1 The Pilgrim Fathers

In Europa brachten die Auseinandersetzungen um die Reformation breite Bevölkerungsteile in Bedrängnis. «Kriege, Hungersnöte und die Verfolgung von Andersgläubigen trieben viele Menschen in die Flucht. [...] Weil Europa für die dissidenten Menschen keinen Platz mehr bot und Amerika ein glückliches Leben in Freiheit versprach, beschlossen viele auszuwandern.»[61] Nur so glaubten sie sich der Verfolgung im Namen der Staatsreligion in katholischen wie in protestantischen Gebieten in ihrer Heimat entziehen zu können.

Stränggläubige Calvinisten, Puritaner genannt, kolonisierten seit etwa 1620 die neuenglischen Kolonien Nordamerikas. Anschliessend folgten andere protestantische Zusammenschlüsse wie z. B. Quäker, Baptisten, Methodisten und Presbyterianer. Diese evangelischen Gruppierungen formierten keine straff organisierte Heilsanstalt, als die sich z. B. die römisch-katholische Kirche verstand, sondern trafen sich in locker zusammengesetzten Vereinigungen auf der Basis freiwilliger Absprachen. Sie bestimmten die Regeln ihres Zusammenlebens in gegenseitigem Vertrauen und nach dem Vorbild des Sinai Bundes (Ex 19–24; Dtn 29,11–14) zwischen dem Volk Gottes und seinem Gott. Diese Bundesidee soll den damaligen Gesellschaftsvertrag inspiriert haben. Die bekannten alttestamentlichen Bundeselemente überträgt beispielsweise der prominente *Mayflower Compact* von 1620 in Neuengland auf das politische Gemeinwesen.

> «Es handelt sich um eine schriftliche Vereinbarung, die von denen, die sie geschlossen haben, unterzeichnet wird, wodurch die Gemeinschaft gegründet und ein government (ein civil Body Politic) gebildet wird; das Handeln geschieht explizit vor Gott, der als Zeuge angerufen wird.»[62]

Der starke Gottesbezug ist auffällig. Denn die Pilgrim Fathers, wie diese Siedler auch genannt werden, begnügen sich nicht damit, ihren Gesellschaftsvertrag mit der Anrufung von Gottes Namen (wie z. B. die «Invocatio Dei» der Eidgenossen in den Verträgen seit 1291) zu eröffnen. Sie erklären auch «zur Ehre Gottes und zur Verbreitung des christlichen Glaubens»[63] diese Pilgerreise angetreten zu haben. Das Selbstverständnis der ersten Einwanderer war stark von deren christlichem Glauben geprägt. Dies zeigte sich auch an ihrer Selbstbezeichnung als

---

[61] Kley, *Verfassungsgeschichte der Neuzeit*, 92.

[62] Stein, *Himmlische Quellen*, 164.

[63] Cavuldak, *Gemeinwohl und Seelenheil*, 130.

«Pilger» bzw. «Pilgerväter». Ihren Exodus nach Amerika verstanden sie nicht als Flucht vor Verfolgung und Exil, was er effektiv war, sondern als eine Art Pilgerfahrt, zu der sie von Gott berufen worden waren.[64] Bei dieser Rezeption der biblischen Bundesvorstellung geht es eher «um die Restauration beschädigter Herrschaftsverhältnisse [...], nicht aber um eine Theorie der Herrschaftsbegründung»[65], die erst mit den frühneuzeitlichen individualistischen Vertragstheorien beginnt.

Der englische Staatsphilosoph Thomas Hobbes erwies sich später im Mutterland England ebenfalls als ausgezeichneter Kenner der Bibel. Auch bei ihm bilden die Bücher des Alten Testamentes eine einzigartige Referenzquelle, so zum Beispiel der *Leviathan.*[66]

> «Das Besondere an Hobbes' Verwendung der alttestamentlichen Bundesidee ist nun aber, dass er die Konstruktion nutzt, ohne den Inhalt; er entkernt den Bund von seinem Zweck, also die Ausrichtung des Handelns an einer göttlichen, metapositiven Gerechtigkeitsvorstellung.»[67]

Aber wie die Pilgrim Fathers stützt er im Leviathan seinen Bund («covenant») ebenfalls explizit auf die Struktur des Sinai Bundes.

4.2 Der biblische Bund als Vorbild für den Gesellschaftsvertrag

In der christlichen Spätantike vermengten sich die jüdisch-christlichen Denkgewohnheiten mit der griechisch-römischen Rationalität. Dieses Zusammendenken der drei Rechtskulturen von Jerusalem, Athen und Rom hat entscheidende Auswirkungen auf die Moderne. In der politologischen Literatur wird diskutiert,

---

64 Die irischen, schottischen und englischen Mönche um Kolumban den Jüngeren (543–616), Willibrord (658–739) und Winfried (Bonifatius, † 754) haben sich an der Schwelle von der Antike zum Mittelalter auf die Peregrinatio pro Christo begeben, um das – bereits zu weiten Teilen christliche – europäische Festland zu (re-)missionieren. Dachten die Pilgrim Fathers auch an einen vergleichbaren missionarischen Auftrag? Auf alle Fälle gehörten sie dem gemeinsamen Priestertum an und nicht den katholischen Mönchen oder Priestern.

65 Stein, *Himmlische Quellen*, 164.

66 Vgl. Coleman, Frank M., Thomas Hobbes and the Hebraic Bible, in: *History of Political Thought* 25, 4 (2004); Martinich, Aloysius P., The Bible and Protestantism in *Leviathan*, in: Springborg, Patricia (Hg.), The *Cambridge Companion to Hobbes's Leviathan*, New York 2007.

67 Stein, *Himmlische Quellen*, 166.

inwiefern die biblische Idee des Bundes die neuzeitliche Praxis und Theorie des Gesellschaftsvertrages geprägt, oder vorsichtiger formuliert, «inspiriert» hat.[68] Der politische Philosoph Michael Walzer (* 1935) ist der Ansicht, dass die Gesellschaftsverträge des 16. und 17. Jahrhunderts ihr Vorbild in der biblischen Exodusliteratur haben. Hier wurde die Idee formuliert, dass Untertanenpflicht und Untertanentreue von der Zustimmung von individuellen Rechtssubjekten abhängig sind.[69]

Bei einem Bund kann es sich um einen Vertrag zwischen Menschen handeln (Ehebund) oder um einen Bundesschluss Gottes mit bestimmten Menschen. Beim Bundesschluss sollte die Beziehung zwischen Gott und seinem Volk als Liebesbeziehung gedeutet werden.[70]. Ein Liebender ist auf den Geliebten angewiesen. Daher vergleicht das *Hohelied* der Hebräischen Bibel die Beziehung zwischen dem Bundesgott und dem Gottesvolk mit einer erotischen Liebesbeziehung.[71]

Das biblische *Exodus-Buch* soll hier in aller Kürze nacherzählt werden, weil dieses für moderne Gesellschaftsverträge bzw. den Konstitutionalismus eine Inspirationsquelle war. In Ägypten hatten die Israeliten in der Sklaverei ausgeharrt. Aus religiöser Motivation wagten sie den Aufstand, d. h. den von den Ägyptern nicht erlaubten Auszug (Exodus). Seither ist der Begriff Exodus ein Name für den Auszug aus der Sklaverei und Unterdrückung. Das Murren und Stöhnen unter dem ägyptischen Joch ist vom «Gott der Väter, dem Gott Abrahams, Isaaks und Jakobs» (Ex 3,15) gehört worden. Mit seinem Beistand beschlossen die Israeliten, dem Elend der Sklaverei ein Ende zu setzen und auszuwandern in ein versprochenes Land, in dem Milch und Honig fliessen würden. Mit seiner Unterstützung wagten sie, aus dem Sklavenhaus Ägyptens wegzugehen und den Marsch durch die Wüste anzutreten. Unterwegs bekamen sie Zweifel, ob es richtig war, sich dem Geschick eines Nomadengottes anzuvertrauen. Wäre es nicht besser gewe-

---

68 Vgl. Stein, *Himmlische Quellen*, 161–169. Cavuldak, *Gemeinwohl und Seelenheil*, 129–132.

69 Vgl. Walzer, *Exodus und Revolution*, 92. Diese Idee hat der Politikwissenschaftler Daniel J. Elazar in einer vier Bände umfassenden Geschichte der *Covenant Tradition in Politics* ausführlich dargestellt: Elazar, Daniel, *Covenant & Constitutionalism. The Great Frontier and the Matrix of Federal Democracy, The Covenant Tradition in Politics Volume III,* New Jersey 1998, 4 Bde.

70 Thomas Mann (1875–1955) entwarf in seinem Joseph-Roman «die ziemlich kecke Definition des ‹Bundes› als einer wechselseitigen Hilfeleistung von Gott und Mensch, als einen Doppelprozess, zu dem Gott den Menschen ebenso nötig habe wie dieser ihn». Schröter, Klaus, *Thomas Mann,* Hamburg ^{2}2017, 156.

71 Vgl. Haag, Herbert / Elliger, Katharina, «*Wenn er mich doch küsste ...*». *Das Hohe Lied der Liebe,* Solothurn / Düsseldorf 1995.

sen, an den reich gedeckten Tischen der Kulturnation Ägypten auszuharren? In der Auseinandersetzung mit den nachrückenden Ägyptern stellte sich Gott auf ihre Seite und vernichtete die Streitmacht der Ägypter im Meer. Dadurch rettete er die Israeliten vor ihren Sklavenhaltern. In der Feier des Pessach erinnern sich die Juden jährlich an diesen Exodus. Es wird dabei u. a. das *Hohelied* aus der Hebräischen Bibel vorgelesen. Auch der Rabbi Jesus von Nazareth feiert Pessach (Mk 14,12–25) am Abend vor seiner Hinrichtung am Kreuz.[72] An diese jüdischen Wurzeln der Sklavenbefreiung bzw. des Exodus soll daher in jedem Abendmahl bzw. in jeder Eucharistie erinnert werden, nicht nur in der Karwoche vor Ostern. Drei Monate nach ihrem Exodus aus Ägypten wird am Berg Sinai ein Vertrag zwischen zwei Partnern ausgehandelt:

> «Wenn ihr auf meine Stimme hört und meinen Bund haltet, werdet ihr unter allen Völkern mein besonderes Eigentum sein. Mir gehört die ganze Erde, ihr aber sollt mir als ein Königreich von Priestern und als ein heiliges Volk gehören. Das sind die Worte die Du den Israeliten mitteilen sollst. […] Das ganze Volk antwortete einstimmig und erklärte: Alles, was der Herr gesagt hat, wollen wir tun» (Ex 19,5–8).

Der Bundesgott fragt sein Volk, ob es sein Verbündeter sein will. Dieses Bundesangebot wird durch Mose überbracht. Nach der Zustimmung des Volkes verkündete der Bundesgott den Inhalt des Bundesvertrages: die zehn Gebote und das sogenannte Bundesbuch[73], das Rechtsvorschriften zu einem Leben enthält, das der Vorstellung des göttlichen Bundespartners entspricht.

Dieses biblische Erfahrungsmuster des Exodus habe die amerikanischen puritanischen Siedler bei der Verarbeitung ihres Exodus aus dem Mutterland England geprägt, so Michael Walzer.[74] Mit dieser Geschichte haben sie ihre eigenen Erfahrungen, ihre Geschichte, gedeutet. Dabei gab es einige Anknüpfungspunkte. Auch die Pilgrim Fathers waren durch die Wüste des Atlantiks gefahren und hatten damit hohe Gefahren und grosse Entbehrungen auf sich genommen. Ihr Auszug (Exodus) aus Europa, vornehmlich den englischsprachigen Ländern England, Schottland und Irland, hatte zur Folge, dass sie längere Zeit der «Wüste»

---

72 Kreuzigung und Auferstehung Jesu in Jerusalem fallen gemäss dem Neuen Testament in eine Pessachwoche. An einem Rüsttag zum Pessachfest (Mk 15,6–42) war also der Todestag Jesu. Dieser Tod des Rabbi Jesus wird damit im Urchristentum im Kontext der Befreiungshoffnung Israels gesehen. Das letzte Abendmahl wird als Pessachmahl am Sederabend gefeiert.

73 Das Bundesbuch ist im Wesentlichen die Gesetzessammlung in Ex 20,22–23,33.

74 Vgl. Walzer, *Exodus und Revolution*, 13–15, 155 f.

des Meeres ausgesetzt waren, bis sie im «gelobten Land», der Neuen Welt angekommen waren. Auch sie waren der unbeugsamen Glaubensüberzeugung, in Gottes Händen geborgen zu sein, was immer geschehen mag.

> «Die strenggläubigen Puritaner fühlten sich von (ihrem) Gott berufen, die Wildnis [des neuen gelobten Landes Nordamerika] in einen Gottesgarten zu verwandeln, ja an den Gestaden der Neuen Welt ‹Gods new Israel› zu errichten. Da sie den Willen Gottes auf ihrer Seite wussten, konnten sie sich bei der ‹Landnahme› umso entschiedener ans Werk machen. Die Exodus-Analogie lässt sich nämlich auch hinsichtlich des Umgangs der Einwanderer mit den Ureinwohnern ziehen: ebenso wie die Israeliten, die ihren Einzug in das gelobte Land mit Gräueln an den Kanaanitern ‹sichergestellt› hatten, wählten die puritanischen Einwanderer sich das eingeborene Indianervolk zum Opfer. [...] Denn das Unternehmen der Landnahme im Namen Gottes bot auch eine willkommene Rechtfertigung des Privateigentums. [...] Sicher ist nur, dass das religiös untermauerte Bewusstsein von der eigenen Auserwähltheit eine tiefe Spur durch die Geschichte der Vereinigten Staaten von Amerika zieht – im Grunde bis heute.»[75]

So meinte man den Landraub an den nordamerikanischen Indianern[76] als blosse Besitznahme des versprochenen Landes darstellen zu können. Nach dem Vorbild

---

[75] Cavuldak, *Gemeinwohl und Seelenheil*, 131 f. «Die Vorstellung, von Gott beauftragt worden zu sein, der Menschheit Freiheit beizubringen, hat zunächst die Expansion nach Westen, im 19. und frühen 20. Jahrhundert dann den amerikanischen Imperialismus legitimiert» (ebd. 32).

[76] Vgl. Mattioli, Aram, *Verlorene Welten. Eine Geschichte der Indianer Nordamerikas 1700–1910*, Stuttgart 2017. Dieser Meinung war auch der für die *Unabhängigkeitserklärung* 1776 zentrale Thomas Jefferson: «Let us [...] pursue our own Federal and Republican principles [...]. Kindly separated by nature and a wide ocean from the exterminating havoc of one quarter of the globe; too high-minded to endure the degradations of the others; *possessing a chosen country, with room enough for our descendants to the thousandth and thousandth generation.*» (Jefferson, Thomas, First Inaugural Address (4.3.1801), entnommen aus: *The Avalon Project at Yale Law School*, URL: https://avalon.law.yale.edu/19th_century/jefinau1.asp, Hervorhebung: A. Loretan). Durch die Landnahme des Westens, so Jefferson noch in einem Brief kurz vor seinem Tod, sei den amerikanischen Ureinwohnern die «Zivilisation» geschenkt worden; vgl. From Thomas Jefferson to William Ludlow (6.9.1824), *Founders Online, National Archives*, URL: https://founders.archives.gov/documents/Jefferson/98-01-02-4523. Der Preis, den die Urbevölkerung für die europäische Zivilisation zu zahlen hatte, war das Land, das, so zeigte sich Jefferson überzeugt, nach deren «Zivilisierung» nun nicht mehr zur Jagd benötigt wurde, weil die Urbevölkerung zu Farmern werden würde; vgl. Jefferson, Thomas, Second Inaugural Address vom 4.3.1805: *The Avalon Project at Yale Law School*, URL: http://avalon.law.yale.edu/19th_century/jefinau2.asp.

des biblischen Bundes im *Exodus-Buch* schlossen die Einwanderer eine Art Gesellschaftsvertrag, wie z. B. im Fall des *Mayflower Compact*. Diese puritanische Auswanderungsgruppe konstituierte sich am 11. November 1620 noch vor dem Erreichen der amerikanischen Küste als ein politischer Zivilkörper, d. h. als politische Gemeinschaft, die die notwendigsten staatlichen Aufgaben übernehmen wird.[77]

Bei einem weiteren Beispiel hatte noch vor der Landung in Neuengland 1630 der spätere Gouverneur von Massachusetts Bay, John Winthrop (1588–1649), an Bord der Arabella eine Predigt gehalten. Er rief seinen Glaubensbrüdern zu, «Gott habe sie eingeladen, mit ihm einen neuen Bund einzugehen. Sie seien dazu berufen, eine ‹Stadt auf dem Hügel› (a city upon the hill) zu errichten, die weit in die Welt hinausleuchte.»[78] Diese Formulierung ist der Bergpredigt Jesu aus dem Matthäusevangelium entnommen.[79] Winthrop schärfte den puritanischen Kolonisten ein, dass ihre neue Kolonie eine «Stadt auf einem Hügel» sei, die von der ganzen Welt beobachtet würde.[80] Winthrop ging davon aus, dass die Puritaner ein neues, besonderes Abkommen mit Gott hätten, ähnlich dem zwischen Gott und dem Volk Israel.

In der amerikanischen politischen Geschichte wurde die biblische Redewendung der Puritaner von der «City upon a Hill» oft zum Symbol des amerikanischen Exzeptionalismus. Viele Politiker beriefen sich auf das biblische Bild von «der Stadt auf dem Hügel», um zu zeigen, dass die USA eine besondere Ermutigung für die westliche Welt darstelle. Ein Beispiel hierfür ist die Rede «The City upon a Hill» von John F. Kennedy vom 9. Januar 1961 vor der Massachusetts State Legislature[81] wenige Tage vor seiner Vereidigung als Präsident. Kennedy erinnerte in seiner Rede auch an die Arabella und die entsprechende Rede.

---

77 Cavuldak, *Gemeinwohl und Seelenheil*, 130.

78 Ebd. 132.

79 Mt 5,14: «Ihr seid das Licht der Welt. Eine Stadt, die auf einem Berg liegt, kann nicht verborgen bleiben» (in der King-James-Bibel: «Ye are the light of the world. A city that is set on an hill cannot be hid.»)

80 Lange Zeit ging man davon aus, dass die Predigt kurz vor der Ankunft an Bord der Arabella gehalten wurde, die die Puritaner nach Amerika brachte. Neuere Forschungen ergaben jedoch, dass Winthrop diese Rede mit grosser Wahrscheinlichkeit bereits vor der Abfahrt in England hielt.

81 Kennedy, John F., *The City upon a Hill Speech. Address of President-Elect John F. Kennedy Delivered to a Joint Convention of the General Court of the Commonwealth of Massachusetts*, The State House, Boston, als Video und als Transkription, URL: https://www.jfklibrary.org/learn/about-jfk/historic-speeches/the-city-upon-a-hill-speech.

Ohne diesen biblisch inspirierten Gründungsmythos ist das Gedicht *The Hill We Climb*, das Amanda Gorman (* 1998) bei der Inaugurationsfeier von Joe Biden (* 1942) und Kamala Harris (* 1964) am 20. Januar 2021 vortrug, nicht zu verstehen. In der Textzeile «And the norms and notions of what ‹just is›, isn't always justice.»[82] trägt die schwarze Dichterin die naturrechtliche Frage (*justice*) an das positive Recht (*what «just is»*) heran. Sie unterstreicht, dass Recht und Gerechtigkeit nicht deckungsgleich sind.

Zudem bespricht die Dichterin die Situation der USA, die sich einst als «die Stadt auf dem Hügel» verstanden hat. Nach dem gescheiterten Sturm auf das Kapitol in Washington vom 6. Januar 2021 durch die Anhänger des amtierenden, aber abgewählten Präsidenten Donald Trump (* 1946), gelte es diesen Hügel zuerst wieder neu zu erklimmen. Der Titel des Gedichts «The Hill We Climb»[83] von Amanda Gorman unterstreicht diese biblische Inspiration der politischen Geschichte der USA. Dies war einigen deutschen Übersetzern dieses Gedichts anscheinend kaum bewusst.[84] Wer aber die amerikanische Verfassungsgeschichte verstehen will, wird dieser mit einem rein säkularen Verständnis der Europäer nicht gerecht.[85]

4.3 Anfänge einer minimalen demokratischen Rechtsstaatlichkeit

In den Anfängen vermischten puritanische Prediger kirchliche und staatliche Aufgaben, was nicht unwidersprochen blieb. Geistliche haben auch für die politischen Fragen verbindliche Interpretationen vorgelegt, weil das Zusammenleben in einem überschaubaren Nahbereich Beratungen und Entscheidungen forderte. Die Gemeinde (congregation) stand im Mittelpunkt der von den Puritanern gegründeten Ordnung. Deshalb wird auch von einer «theokratischen Demokratie»[86] gesprochen. Den puritanischen Siedlern in Massachusetts war das demokratische Selbstbewusstsein sowohl in der Praxis des Gemeindelebens als auch in ihrem Selbstverständnis fremd. Sie waren Hörer des Wortes Gottes, dem sie zu

---

[82] Gorman, *The Hill We Climb*.

[83] Ebd.

[84] Vgl. Heibert, Frank, Alliteration sticht Rhythmus; für die deutsche Fassung von Amanda Gormans Inaugurationsgedicht «The Hill We Climb» wurde ein Dreierteam eingesetzt: Wie ist die Übersetzung?, in: *Die Zeit* Nr. 14 vom 31.3.2021, 61.

[85] Vgl. Cavuldak, *Gemeinwohl und Seelenheil*, 129–195 und 330–395.

[86] Ebd. 133.

gehorchen hatten, und als solche eher autoritär organisiert. Ihre puritanischen Prediger waren verbindliche Deuter des Wortes Gottes. Daher wird auch der Begriff «geistliche Aristokratie»[87] verwendet. Als strenggläubige Calvinisten (Pilgrims) gaben sie ihrer selbstbestimmten Ausrichtung und ihrer religiösen Autonomie eine politische Form und errichteten

> «ein theokratisches Regierungssystem für die neuen Kolonien. Nach der Glorious Revolution [in England[88]], die auch politische Folgen in den Kolonien hatte, wandelte sich diese politische Vereinigung [später] in den Staat von Massachusetts.»[89]

Gegen dieses ursprünglich autoritäre Regime im puritanischen Massachusetts begehrte Reverend Thomas Hooker (1586–1647) als einer der Ersten auf. 1636 beschloss er, auf der Suche nach mehr Religionsfreiheit, mit seiner Gemeinde nach Rhode Island auszuziehen. «Ihr Gründer, Roger Williams (1603–1683), gehörte ebenso wie Thomas Hooker zu den Opponenten des Bible Commonwealth in Massachusetts.»[90] Williams war aus England vertrieben worden und fand eine neue Heimat in Massachusetts. Seine Predigten verbanden religiöses Gedankengut mit politischer Brisanz. Er realisierte, dass auch in Neuengland die Gewissen der Menschen in die Enge getrieben werden. Er gründete mit seinen

---

[87] Ebd. 134.

[88] Die Glorious Revolution (1688/1689) «markiert einen Einschnitt in die politische Geschichte Grossbritanniens: Der amtierende König Jakob II. (1633–1701) hatte das Land verlassen, und das Parlament war aufgelöst. Legitime Staatsorgane waren auf höchster Ebene somit nicht vorhanden. [...] Wilhelm [von Oranien] (1650–1702) rief in dieser Situation auf den Rat einer Adhoc-Versammlung von Mitgliedern des ehemaligen Oberhauses Wahlen für ein neues Parlament aus, obwohl er noch gar nicht zum König eingesetzt war. Einmal zusammengetreten, erklärte sich diese Konvention zum regulären Parlament, regelte die Nachfolge des geflohenen Königs, indem es Wilhelm und Maria, der Tochter Jakobs II., die königliche Regentschaft übertrug, und schuf dadurch eine staatspolitisch höchst bedeutsame Neuerung: Die Königskrone erhielt durch diese Einsetzung den Charakter eines staatlichen Amtes, das nicht mehr auf dynastischem Herkommen, sondern auf Erteilung beruhte. [...] [So konnte ein weiterer Bürgerkrieg verhindert werden.] Charakteristischerweise erklärte das Parlament erst dann Wilhelm III. zum König und Maria II. (1662–1694) zur Königin von England, als diese ihre Zustimmung zur Bill of Rights [...] gegeben hatten. Die Grundrechte galten als Bestandteil des Herrschaftsvertrags: Die Monarchie hatte dadurch ihren Charakter tiefgreifend verändert – sie war jetzt parlamentarisch legitimiert.» Kley, *Verfassungsgeschichte der Neuzeit*, 56.

[89] Ebd.

[90] Cavuldak, *Gemeinwohl und Seelenheil*, 129–195 und 330–395, 135.

Siedlern die Stadt Providence. Hier trafen die Siedler die rechtliche Vereinbarung (Agreement),

> «uns in aktivem und passivem Gehorsam allen solchen Anordnungen oder Vereinbarungen zu unterwerfen, die zum öffentlichen Wohl der Körperschaft in geordneter Weise durch die überwiegende Zustimmung der gegenwärtigen Einwohner, der Familienoberhäupter, die in einer Town-Gemeinschaft zusammengeschlossen sind, und anderer, die sie nur in zivilen Dingen zulassen sollten, getroffen werden sollen.»[91]

Neben der kirchlichen Gemeindeordnung wurde durch diese Vereinbarung eine minimale Staatsordnung («*only in civil things*») eingesetzt. Als die Siedler 1647 sich in einem losen Städtebund zusammenschlossen, war es wiederum Roger Williams, der den entscheidenden Verfassungsentwurf beisteuerte. Zentral war hier die General Assembly. Diese Versammlungs-Demokratie war vom Gedanken geprägt, dass die Herrschaft möglichst eng an den Willen des Volkes gebunden wird. In kleinen, relativ überschaubaren Gemeinwesen wie Rhode Island wurde diese Form direkter Demokratie umsetzbar. Mit den sehr viel grösseren Distanzen wurde diese Demokratieform vor neue Herausforderungen gestellt. Dort konnten sich Formen repräsentativer Demokratie etablieren. Aber auch so sollte die politische Herrschaft an «das demokratisch zustande gekommene Recht gebunden sein, wobei das Recht sich lediglich auf die allgemeinen Belange des Zusammenlebens erstrecken durfte»[92]. Es ist sogar von einer rudimentären Form der späteren «Bill of Rights»[93] die Rede. Denn dieser Rechtstext bindet die Herrschaft an das Recht, so

---

[91] Engl. Original: «To subject ourselves in active and passive obedience to all such orders or agreements as shall be made for public good of the body in an orderly way, by the major consent of the present inhabitants, masters of families, incorporated together in a Towne fellowship, and others whom they should admit unto them only in civil things.» Scott, Richard, and twelve others, Civil Compact (August the 20th, 1637) [=Providence Agreement], in: Evans, Charles, Oaths of Allegiance in Colonial New England, in: *Proceedings of the American Antiquarian Society* 31 (April 13–October 19, 1921), 424 (dt. m. deepl translator).

[92] Cavuldak, *Gemeinwohl und Seelenheil*, 136.

[93] «Die Bill of Rights [1689]stellte eine Form von Staatsgrundgesetz dar, die einen geschriebenen Grundrechtsteil der englischen Verfassung enthielt. Sie sollte die Errungenschaften aus der Glorious Revolution absichern. [...] Die Krone musste auf die Ausserkraftsetzung von Gesetzen verzichten, Steuereinnahmen und Truppenaushebungen waren vom Parlament zu bewilligen, und der König musste die Parlamentswahlen und die Redefreiheit in den Versammlungen garantie-

> «dass niemand in dieser Kolonie ergriffen oder eingekerkert oder seiner Ländereien oder Freiheiten beraubt oder verbannt oder auf irgendeine andere Weise behelligt oder zugrunde gerichtet werden soll, es sei denn durch das gesetzliche Urteil von Seinesgleichen oder durch ein bekanntes Gesetz und nach seinem Buchstaben, wie es von der Mehrheit der gesetzmässig zusammengekommenen und ordentlich durchgeführten Allgemeinen Versammlung angenommen ist»[94].

4.4 Schutz der individuellen Gewissensfreiheit

Roger Williams betonte, dass die Religion allein Sache des Gewissens eines jeden Bürgers sei. Diese religiös begründete Begrenzung des Staates, genannt *limited government*, und die unbedingte Gewissensfreiheit des Individuums prägen die USA bis heute. Diese Betonung des stark zurückgebundenen Staates aus religiösen Gründen ist bis heute ein entscheidendes Erbe der religiösen Prägung der ersten Siedler. Im Gründungsdokument der Kolonie Rhode Island sah der Verfassungshistoriker Georg Jellinek (1851–1911) die erste verfassungsrechtliche Reglementierung der individuellen Gewissensfreiheit bzw. allgemeiner Religionsfreiheit in der Geschichte. In seiner Studie von 1895 über die *Erklärung der Menschen- und Bürgerrechte* schreibt er:

> «Das angeborene Urrecht der religiösen Freiheit, für welches Roger Williams so energisch gekämpft hatte, findet noch im Laufe des 17. Jahrhunderts seine offizielle rechtliche Anerkennung zuerst in dem Gesetzbuch für Rhode Island von 1647 und

---

ren. Die Grundrechte der Untertanen fanden sich in der Bill of Rights ausgebaut: Neu waren das Petitionsrecht und ein ordentliches Gerichtsverfahren vor Geschworenengericht garantiert.» Kley, *Verfassungsgeschichte der Neuzeit*, 57.

[94] Engl. Original: «That no person, in this Colonie, shall be taken or imprisoned, or be seized of his Lands or Liberties, or be Exiled, or any other otherwise molested or destroyed, but by the Lawfull judgment of his Peers, or by some known Law, and according to the Letter of it, Ratified and confirmed by the major part of the Generall Assembly lawfully met and orderly managed.» Bartlett, John Russel (Hg. und Transkription), *Records of the Colony of Rhode Island and Providence Plantations, in New England*, Bd. 1: 1636 to 1663, Providence Rhode Island 1856, 157, URL: https://babel.hathitrust.org/cgi/pt?id=mdp.35112104867553&seq=163; dt.: Reibstein, Ernst, Volkssouveränität und Freiheitsrechte. Texte und Studien zur politischen Theorie des 14. 18. Jahrhunderts, in: Schott, Clausdieter (Hg.), *Orbis Academicus. Problemgeschichten der Wissenschaft in Dokumenten und Darstellungen*, Sonderband 1/1, Freiburg i. Br. – München 1972, 381.

sodann in der Charte, die Karl II. 1663 den Kolonien Rhode Island und Providence Plantations verlieh.»[95]

Mit dieser rechtlich anerkannten Gewissensfreiheit sei die Rechtsidee eines allgemeinen, vom Gesetzgeber ausdrücklich gutzuheissenden Menschenrechts gefunden worden, so Jellinek. Daher sei die Idee, unveräusserliche, angeborene, geheiligte Rechte des Individuums gesetzlich festzustellen, nicht politischen, sondern religiösen Ursprungs.

Die Lichtgestalt Roger Williams kann über die intolerante Grundhaltung der amerikanischen Puritaner nicht hinwegsehen lassen. Wie konnte es dennoch dazu kommen, dass die meisten einzelstaatlichen Verfassungen die Glaubens- und Gewissensfreiheit gerade unter den ersten Artikeln aufführen. Das stoische, wie das christliche Naturrecht bilden für Jellinek die stärksten geistigen Antriebe bei der Ausbildung der Menschen- und Bürgerrechte.[96] Da die Gewissensfreiheit als eine Magna Charta allen Menschen zusteht, wird Rhode Island zum Zufluchtsort für Menschen, die wegen ihrer religiösen Ansichten verfolgt wurden. Die Gewissensfreiheit in Rhode Island wurde nicht nur protestantischen Sekten oder Juden zugestanden, die sonst keine Aufnahme fanden,

> «sondern auch Katholiken – womit sie [Rhode Island] sich schnell einen zweifelhaften Ruf in den meisten neuenglischen Kolonien erwarb. Rhode Island hielt jedoch gegen alle Widerstände und Anfechtungen an der grosszügigen Praxis der Religionsfreiheit fest – auch dann, als die anderen neuenglischen Kolonien dazu übergingen, ihrem Unmut durch einen Boykott Nachdruck zu verleihen.»[97]

Die Allgemeine Versammlung von Rhode Island erwiderte, dass die Freiheit des Gewissens «das Grundprinzip» ihrer Verfassung sei. Gleichzeitig wurde aber betont, dass die Gewissensfreiheit die Aufgenommenen nicht von der Pflicht entbinde, sich in die Rechtsordnung des Rechtsstaates einzufügen. Katholiken, Atheisten und Juden wurden zu öffentlichen Ämtern nicht zugelassen. Insofern hatte das protestantische Bekenntnis auch in Rhode Island eine privilegierte Stellung.

---

95 Jellinek, Georg, *Die Erklärung der Menschen- und Bürgerrechte. Ein Beitrag zur modernen Verfassungsgeschichte*, München/Leipzig ³1919 (Leipzig ¹1895), 50.

96 Vgl. Cavuldak, *Gemeinwohl und Seelenheil*, 138.

97 Ebd. 140.

4.5 Ist die Menschenrechtsidee religiös oder säkular oder beides?

Die Jellinek'sche These hat eine grosse Debatte über den Ursprung der Menschenrechte ausgelöst, die bis heute weitergeführt wird. Diskutiert wird die Frage, welchen Anteil die Religion neben der Aufklärungsphilosophie und der angelsächsischen Rechtstradition am Beginn der Menschenrechte und ihrer juristischen Positionierung hat. Die These Jellineks lautet:

> «Die Idee, unveräusserliche, angeborene geheiligte Rechte des Individuums gesetzlich festzustellen, ist nicht politischen, sondern religiösen Ursprungs. Was man bisher für ein Werk der Revolution gehalten hat, ist in Wahrheit eine Frucht der Reformation und ihrer Kämpfe.»[98]

Die historische Herleitung der Menschenrechtsidee aus dem Verständnis der Gewissensfreiheit bei den puritanischen Predigern, wie es Jellinek hier vorschlägt, hat Zustimmung, aber auch Kritik ausgelöst. So hat der Theologe Ernst Troeltsch[99] (1865–1923) in seinem 1906 gehaltenen Vortrag über «Die Bedeutung des Protestantismus für die Entstehung der modernen Welt» betont: Nicht der kirchliche Protestantismus, sondern das von ihm angefeindete und in die Neue Welt ausgestossene Sektentum stand am Anfang der protestantischen Entdeckung der Menschenrechte. Für Troeltsch war es nicht der Puritanismus, sondern die Baptisten und Quäker, d. h. also nach Troeltsch die «Stiefkinder der Reformation», die durch die Verfolgungen der Protestanten in der Neuen Welt zu dieser individuellen Gewissensfreiheit vorstiessen.[100] Dennoch hatte Jellinek im Ansatz recht, denn die Konfessionskämpfe und Religionskriege mit ihren politischen Folgen lösten die rechtlichen Erklärungen zur Gewissensfreiheit erst aus.

---

98 Jellinek, *Die Erklärung der Menschen- und Bürgerrechte*, 57.

99 Der evangelische Theologe Ernst Troeltsch war ab 1892 zunächst Professor für Systematische Theologie in Bonn, ab 1894 in Heidelberg. 1915 wechselte er als Professor für Religions-, Sozial- und Geschichtsphilosophie und christliche Religionsgeschichte an die philosophische Fakultät der Universität Berlin. Ihn verband u. a. eine enge akademische Arbeitsfreundschaft mit Max Weber (1864–1920), durch die sich die beiden gegenseitig beeinflussten (vgl. etwa Schnurrenberger, *Las Casas – Max Weber*, Satz II).

100 Vgl. Troeltsch, Ernst, Die Bedeutung des Protestantismus für die Entstehung der modernen Welt, in: ders., *Kritische Gesamtausgabe*, Bd. 8: Schriften zur Bedeutung des Protestantismus für die moderne Welt (1906–1913), hg. v. Trutz Rendtorff in Zusammenarbeit m. Stefan Pautler, Berlin / New York 2001, 266–269.

Das Recht auf Glaubens- und Gewissensfreiheit bzw. Religionsfreiheit ist nicht ausschliesslich aus dem Gedanken eines naturrechtlich verstandenen Menschenrechts entstanden, sondern als Beschränkung der staatlichen Gewalt. Erst durch diese eingeschränkte Staatsgewalt in den USA konnte der Anspruch individueller Menschenrechte durchgesetzt werden. Die amerikanische Verfassungsgeschichte verdankte sich einem Zusammengehen von protestantisch-religiösen und säkularen Bewegungen. Hans Joas spricht daher «von einem Bündnis einer quasipietistischen Massenbewegung und einer rationalistisch-aufklärerischen Elite»[101]. Daher zeigt sich der Anfang des modernen Rechtsstaates als Ereignis der Säkularisation sowohl aus religiösen als auch aus säkularen Quellen.[102] Dabei ist die Bedeutung von «natürlichen Rechten»[103] im Naturrecht und die damit verbundene Stellung des autonomen Rechtssubjekts in der Spanischen Spätscholastik[104] nicht zu übersehen, die auf einer langen Tradition der subjektiven Rechte in der Rechtswissenschaft der Kirche aufbaut.

Es bleibt die Frage, ob nicht schon die englische Magna Charta von 1215 einen ersten indirekten Ansatz zur Entwicklung von Rechten von Menschen lieferte. Damals hatten nur höhere Kleriker und höhere Adlige Rechte, die zu den Rechten weiterer Gruppen (alle Männer, Frauenrechte, Kinderrechte, Behindertenrechte etc.) führten. Diese Entwicklung subjektiver Rechte ist explizit aus dem kanonischen Recht erwachsen. Der Zusammenhang zwischen dem säkularen und dem christlichen Naturrecht wäre hier ebenfalls in Erinnerung zu rufen. Dabei haben gewisse Vertreter des säkularen Naturrechts vergessen, dass dieses sich aus dem christlichen Naturrecht entwickelt hatte, wie in dieser Monografie ausführlich belegt wird.[105] Einen für religiöse und säkulare Menschenrechtskonzeptionen anschlussfähigen Ansatz hat Peter Kirchschläger entwickelt.[106] Grundlage für diesen Begründungsweg ist das Prinzip der Vulnerabilität, das Prinzip der Verletzbarkeit jedes Menschen unabhängig von seinen weltanschaulichen oder religiösen Grundlagen.

---

101 Joas, *Die Sakralität der Person*, 52.

102 Anders sieht dies Thomas Fritsche: «Wenn man die Entstehung des Staates als Vorgang der Säkularisation beschreiben will, ergibt sich keine Alternative zu religiösen Entstehungsbedingungen.» Fritsche, *Der Kulturbegriff*, 29.

103 Vgl. Tierney, *The Idea of Natural Rights*.

104 Vgl. Habermas, *Auch eine Geschichte der Philosophie*, Bd. 1, 918.

105 Vgl. Loretan, *Freiheitsrechte in der katholischen Kirche*, bes. 132–138.

106 Vgl. Kirchschläger, Peter G., *Wie können Menschenrechte begründet werden? Ein für religiöse und säkulare Menschenrechtskonzeptionen anschlussfähiger Ansatz* (ReligionsRecht im Dialog 15), Münster 2013.

4.6 Die Trennung von Kirche und Staat

Die Trennung von Kirche und Staat «wurde massgeblich vom Gründer der Kolonie, Roger Williams, aus puritanischem Ethos formuliert und verfochten»[107]. Mit dem Gleichnis vom Weizen und Unkraut (Mt 13,3–9; 18–23; 36–43) folgert Roger Williams: Der gute Samen des Weizens und das Unkraut werden Seite an Seite weiterleben bis zum Jüngsten Gericht.

> «Seine Forderung nach Trennung von Staat und Kirche entsprang der Sorge um die Zartheit der göttlichen Lilien. [...] In dem Zusammenhang verwendet Roger Williams die Metapher der Trennungsmauer, die später von Thomas Jefferson aufgegriffen und im 20. Jahrhundert vom Supreme Court zur näheren Bezeichnung des Verhältnisses von Staat und Religion in den Vereinigten Staaten herangezogen wurde. [...] Schliesslich wurde die Trennung von Staat und Religion erstmals in der von ihm [Roger Williams] gegründeten Kolonie Rhode Island geschichtsmächtig.»[108]

Die Trennung von Kirche und Staat wurde zum ersten Mal propagiert, als Katholiken im noch jungen US-Bundesstaat Maryland für kurze Zeit die politische Mehrheit innehatten. Interessanterweise

> «errichtete nur Maryland, als einzige der neugegründeten Kolonien, keine offizielle Kirche. Die Kolonialregierung verabschiedete 1649 ein Gesetz zur Duldung [Act of Toleration] der religiösen Bekenntnisse aller christlichen Siedler von Maryland. Das Gesetz umfasste die erste belegte Verwendung des Ausdrucks der freien Ausübung mit Bezug auf die Religion.»[109]

In Pennsylvania blieb die Rechtsordnung mit Glaubens- und Gewissensfreiheit bestehen, auch als die Quäker nicht mehr die Mehrheit der Stimmberechtigten stellten. Dies ist den Katholiken in Maryland dagegen nicht gelungen, als sie die

---

107 Cavuldak, *Gemeinwohl und Seelenheil*, 141.

108 Ebd. 142.

109 Stüssi, Marcel, *Models of Religious Freedom. Switzerland, the United States, and Syria by Analytical, Methodological, and Eclectic Representation* (ReligionsRecht im Dialog 12), Münster 2012, 86 (dt.: M. Tollkühn).
«Among all the early colonies, it was Maryland alone that established no official church. In 1649 the colonial government passed an Act of Toleration of the religious beliefs of all Christian settlers of Maryland. The law encompassed the first recorded use of the words ‹*free exercise*› *with reference to religion*.» (Hervorhebung: A. Loretan).

Mehrheit verloren. Mitglieder der römisch-katholischen Kirche haben in den USA bereits 1649 wesentlich zur Abschaffung der Staatskirche beigetragen.[110] Vom Lehramt der römisch-katholischen Kirche ist die Religionsfreiheit jedoch erst am 7. Dezember 1965 durch die Promulgation der *Erklärung über die Religionsfreiheit Dignitatis humanae [personae]* anerkannt worden. Das dokumentiert die These, dass zwischen den Mitgliedern einer Religionsgemeinschaft (hier dem Katholizismus) und deren offiziellen Repräsentanten (hier das Lehramt) zu differenzieren ist.

Die konstitutionelle Demokratie wird in Europa ideengeschichtlich häufig ohne religiöse Wurzeln verstanden. Sowohl die Amerikanische als auch die Französische Revolution werden im europäischen Kontext der säkularen Aufklärung interpretiert. Denn die moderne Religionskritik bezeichnet Religion als eine Art von Selbsttäuschung, die der moderne Mensch mit zunehmender Säkularisierung ablehne.

> «Gerade in dem Vermögen, die Religion als Opium des Volkes (Marx), als Illusion (Freud) und Gott als tot (Nietzsche) zu dekonstruieren, liege die den Menschen besonders auszeichnende Fähigkeit der Reflexion.»[111]

Dies kann den Anschein erwecken, dass alle Brücken zwischen den naturrechtlichen Traditionen und den staatlichen subjektiven Menschenrechten abgebrochen seien. Der Säkularismus gilt dann als implizite Weltanschauung des Staates. Die unterschiedlichen genealogischen Erzählungen über das Entstehen der Gewissensfreiheit führen zu ideengeschichtlichen Auseinandersetzungen, die mit Begriffen wie Liberalismus, Republikanismus und Puritanismus nur vereinfachend zusammengefasst werden können.

4.7 Die individuelle Religionsfreiheit als erste Freiheit

Aus der Religionsfreiheit gehen die übrigen Menschenrechte nicht gleichsam organisch hervor. Dennoch trifft es zu, dass die Religionsfreiheit im Amerika des späten 18. Jahrhunderts «als die ‹erste Freiheit› verstanden [wurde], als das bedeutendste und wichtigste der Freiheitsrechte, das die Grundlage der gesam-

---

110 Ebd. 86.

111 Stein, *Himmlische Quellen*, 53.

ten übrigen Verfassung bildet»[112]. Ein Blick in die Geschichte der neuenglischen Staaten zeigt, dass weder die Religionsfreiheit noch die Trennung von Staat und Kirche dem Puritanismus in die Wiege gelegt waren. Am Beginn prägte das strenge Bibelregime von Massachusetts Bay die Gemeinden, die sich durch starke theokratische Züge auszeichneten.

> «Erst die sekundären Gründungen der Baptisten in Rhode Island und der Quäker in Pennsylvania haben aus der doppelten religiösen Verfolgungsgeschichte die Lehre der Demokratie und der Gewissensfreiheit gezogen. Das politische ‹emanzipatorische Potenzial› des reformierten Glaubens gelangte also erst infolge mehrerer Erfahrungsbrüche zu historischer Wirksamkeit.»[113]

Die Pilgrim Fathers setzten sich den extremen Gefahren des Atlantiks aus, um mit ihrem Verständnis vom Evangelium in Freiheit leben zu können, oder säkular ausgedrückt, um ihre Religiosität ohne Staatskirche frei entfalten zu können. Sie hatten eine Interpretation von Christentum in der Neuen Welt entwickelt, die sich dem katholischen Alexis de Tocqueville als zutiefst demokratisch und republikanisch zeigte. Er sieht zwischen der Demokratie und den Puritanern eine unmittelbare Verbindung. Dennoch waren ihm die Schattenseiten des puritanischen Bibelregimes in den neuenglischen Staaten nicht verborgen geblieben. Er verweist zum Beispiel auf das Gesetzbuch des Bundesstaates Connecticut aus dem Jahr 1650:

> «Die Gesetzgeber in Connecticut befassten sich zunächst mit Strafgesetzen und kamen auf die seltsame Idee, diese aus den heiligen Schriften zusammenzustellen: ‹Jeder, der einen anderen Gott als den Herrn anbetet, soll getötet werden›, heisst es zu Beginn.
> Es folgen zehn oder zwölf ähnliche Bestimmungen, die wörtlich aus dem Deuteronomium, dem Exodus und dem Levitikus stammen. Gotteslästerung, Hexerei, Ehebruch und Vergewaltigung werden mit dem Tod bestraft [...]»[114]

---

112 Vögele, Wolfgang, *Menschenwürde zwischen Recht und Theologie. Begründungen von Menschenrechten in der Perspektive öffentlicher Theologie* (Öffentliche Theologie 14), Gütersloh 2000, 103.

113 Cavuldak, *Gemeinwohl und Seelenheil*, 188.

114 Frz. Original: «Les législateurs du Connecticut s'occupent d'abord des lois pénales; et, pour les composer, ils conçoivent l'idée étrange de puiser dans les textes sacrés: ‹Quiconque adorera un autre Dieu que le Seigneur, disent-ils en commençant, sera mis à mort›. Suivent dix ou douze dispositions de même nature empruntées textuellement au Deutéronome, à l'Exode et au Lévitique. Le blasphème, la sorcellerie, l'adultère, le viol, sont punis de mort [...]» De Tocqueville, *De la démocratie en Amérique*, Bd. 1, Teil 1, 35 (dt. m. deepl translator).

Tocqueville zeigt auf, dass ein Staat für die Bürger anderer Staaten Rechte einfordert, die er den eigenen Einwohnern nicht zuzugestehen bereit ist:

> «An anderen Orten zwingt der Gesetzgeber, der die großen Grundsätze der Religionsfreiheit, die er selbst in Europa gefordert hat, völlig vergisst, durch die Furcht vor Geldstrafen dazu, am Gottesdienst teilzunehmen. Er geht so weit, sie mit schweren Strafen und nicht selten dem Tod zu bestrafen.»[115]

In den neuenglischen Staaten entwickelte sich der Calvinismus zur «strengsten Theokratie», in der die Wählbarkeit für ein politisches Amt an die sittliche Würdigkeit der Kirchenzugehörigkeit gebunden wurde. Daher konzediert Troeltsch, «dass der ‹reine naturrechtliche, von religiösen Rücksichten befreite Rationalismus› für die Demokratieentwicklung von grösserer Bedeutung gewesen sei als der Calvinismus»[116]. Er hebt also deutlicher als Tocqueville die theokratischen Züge des Calvinismus hervor. Der protestantische Theologe Troeltsch gewichtet damit die naturrechtlichen Grundlagen stärker als den Calvinismus.

> «Wenn die Menschen aufgrund von Gottes Willen frei und zueinander gleichgestellt sind, und jedem einzelnen daraus unveräusserliche Rechte erwachsen, dann ist es nicht nur mit einem Recht auf Religions- und Gewissensfreiheit getan, sondern dann bedarf es auch […] eines Rechts auf politische Selbstbestimmung und der politischen Anerkennung dieser Rechte.»[117]

Die bisherige Idee des *bonum commune* (Gemeinwohl), das der gute Fürst oder der gute Hirte (Bischof bzw. Prediger) erkennt, verlangt nach einer Staatskirche, die das absolut Gute vertritt. Von diesem antiken Staatsideal distanzierten sich die kleinen christlichen Gemeinschaften («Sekten») und die Katholiken in Maryland, weil sie aufgrund der protestantischen Staatskirche verfolgt wurden. Ist grundsätzlich jeder Mensch mit einem sittlichen Gewissen ausgestattet, so folgt gleichursprünglich aus dieser Anerkennung des individuellen Rechts auf ein

115 Frz. Original: «Dans d'autres endroits, le législateur, oubliant complètement les grands principes de liberté religieuse réclamés par lui-même en Europe, force, par la crainte des amendes, à assister au service divin, et il va jusqu'à frapper de peines sévères et souvent de mort les chrétiens qui veulent adorer Dieu sous une autre formule que la sienne.» De Tocqueville, *De la démocratie en Amérique*, Bd. 1, Teil 1, 36 (dt.: M. Tollkühn).

116 Cavuldak, *Gemeinwohl und Seelenheil*, 388. Vgl. zum Naturrechtsverständnis von Troeltsch, das auch Max Webers Denken beeinflusste, auch Schnurrenberger, *Las Casas – Max Weber*, Satz II.

117 Stein, *Himmlische Quellen*, 264.

Forum internum das Recht auf Selbstregierung und auf Gleichheit, wie schon der Kirchenrechtler Bartolomé de Las Casas im 16. Jahrhundert folgerte.[118] Die Idee angeborener und unveräusserlicher Rechte sind also ursprünglich religiösen Ursprungs, wobei neben den sogenannten protestantischen «Sekten» auch der katholische Naturrechtsdiskurs der Kirchenrechtswissenschaft eine grosse Rolle spielte.[119] Beide Traditionen übersah Jellinek.

Diese christlichen Quellen der Menschenrechte, die sich aus unterschiedlichen Konfessionen speisen, werden in der amerikanischen Rechtswissenschaft – anders als in Europa – heute mit grösster Selbstverständlichkeit breit diskutiert.[120]

4.8 Die Menschenrechte und die Amerikanische Revolution

Im Vordergrund der Entstehung der Menschenrechte steht folgender Prozess: Die Menschenrechte legitimierten einen von England unabhängigen Staat, der sich nach der *Unabhängigkeitserklärung* nicht mehr mit dem Gottesgnadentum des englischen Königs bzw. mit den englischen Geburtsrechten (*birthright*) begründen liess. Denn das Gottesgnadentum hatte seine politische Legitimation auf eine Staatskirche gebaut, die wiederum die englischen protestantischen «Sekten» und die Katholiken (z. B. in Irland) verfolgte. Deshalb waren diese von den Protestanten verfolgten Protestanten (Presbyterianer, Quäker, Baptisten etc.), gemäss Troeltsch die «Stiefkinder der Reformation», entscheidend für die Ablehnung der Staatskirche in den Bundesstaaten der Neuen Welt. Dazu zählten im Bundesstaat Maryland auch die aufgrund der englischen Geschichte verfolgten Katholiken.[121]

Obwohl religiöse Toleranz von verschiedenen Ländern angewandt wurde – z. B. im Geist des aufgeklärten Absolutismus in Preußen (Friedrich der Grosse, 1712–1786) und im Habsburgerreich (Josef II., 1741–1790) –, lagen für Hans Joas «meist Nützlichkeitskalkulationen der Toleranzpolitik zugrunde»[122]. Jelli-

118 Vgl. Schnurrenberger, *Las Casas – Max Weber*, Satz I.

119 Vgl. tiefergehend auch ebd.

120 Vgl. Witte / Alexander, *Christianity and Human Rights.*

121 Das Zusammenleben verschiedener Denominationen in einem Territorium hatte zur Folge, dass der bisher selbstverständliche Gedanke der protestantischen Staatskirche verworfen wurde, um mit der Trennung von Staat und Kirche allen Protestanten, d. h. auch den «Stiefkindern der Reformation», die Religionsfreiheit gewähren zu können. Damit endete die Verfolgung der Baptisten, der Quäker u. a. Vgl. in Teil IV, Kap. 4.6 – Die Trennung von Kirche und Staat.

122 Joas, *Die Sakralität der Person*, 47.

nek richtete seinen Blick auf die religiösen Wurzeln des Kampfes um Gewissensfreiheit. Wo galt Religionsfreiheit nicht nur für das eigene Bekenntnis, sondern für alle Denominationen? «Der Held seiner Geschichte ist dementsprechend der puritanische Prediger Roger Williams, der 1636 aus Massachusetts auszog und in Rhode Island Religionsfreiheit nicht nur für Christen aller Art, sondern auch ‹für Juden, Heiden und Türken›»[123], ja sogar für Katholiken garantierte.

Die Thesen des Staatsrechtlers Jellinek[124] hatten fünf grundlegende Ansichten der europäischen Diskussion infrage gestellt. Damit entwickelte sich die historische Forschung zur Frage der Entstehung der Menschenrechte:

1) Die Menschen- und Bürgerrechte der Französischen Revolution (1789) seien keineswegs der historische Ursprung der Kodifizierung der Menschenrechte. Die französische Erklärung sei vielmehr beeinflusst durch die amerikanischen *Bill of Rights* der neuen, sich unabhängig erklärenden nordamerikanischen Staaten wie Virginia, Pennsylvania usw. und der *amerikanischen Unabhängigkeitserklärung* von 1776.
2) Jellinek bestreitet, dass Rousseaus *Contrat social* das Vorbild für die französische Erklärung gewesen sein könne. Für ihn «kam Rousseau als Urheber der Idee unveräusserlicher, gerade auch gegen den Staat geltend gemachter Freiheitsrechte deshalb nicht in Frage, weil dieser ja gegen jede Begrenzung der Volkssouveränität in der Gesetzgebung argumentiert hatte»[125]. Jean-Jacques Rousseau war also zu stark von der schweizerischen, direkt-demokratischen Tradition beeinflusst, die heute noch meint, die Volkssouveränität (die Demokratie) gegen Menschenrechte einsetzen zu können.[126]
3) Jellinek betont, dass wir die rechtsphilosophische «Kontinuität zwischen Naturrecht und Menschenrechten nicht überschätzen dürften, da naturrechtliche Vorstellungen allein und als solche niemals zur Institutionalisierung der Menschenrechte geführt hätten»[127]. Ohne die Legitimationsaufgabe für den vom Gottesgnadentum unabhängigen Staat (USA, Frankreich) wären die

---

[123] Ebd.

[124] Jellinek, *Die Erklärung der Menschen- und Bürgerrechte.*

[125] Joas, *Die Sakralität der Person*, 46.

[126] Mit ihren Ausnahmeartikeln in der Bundesverfassung (z. B. Minarett) geht die Demokratie in der Schweiz noch heute den rechtsstaatlichen Grundrechten vor.
Art. 72 Abs. 3 *BV*: «Der Bau von Minaretten ist verboten.» Die Tradition dieser Ausnahmeartikel zuerst gegen die Juden, dann gegen die Katholiken und seit 2008 gegen die Muslime setzt die Volksinitiative höher als den Grundrechtsschutz, d. h. die Demokratie höher als grundlegende Prinzipien des Rechtsstaates.

[127] Joas, *Die Sakralität der Person*, 40 f.

englischen Geburtsrechte (*birthrights*) nie zu Menschenrechten geworden. Jellinek weist darauf hin, «dass ein Unterschied bestehe zwischen den Naturrechtslehren [Ideengeschichte] einerseits und andererseits der rechtlichen Kodifizierung spezifischer Individualrechte [Rechtsgeschichte], die [neu] für alle Menschen gelten sollen und aller Gesetzgebung entzogen sind»[128].

4) Er hält «Naturrechtsvorstellungen auch nicht für ‹haltlose Träumereien›, sondern sympathisierte mit der rechtlichen Selbstbindung des Staates und mit der Positivierung individueller Freiheitsrechte. Er musste deshalb versuchen, einen Platz für diese Rechte innerhalb seines historischen Ansatzes zu finden.»[129]
5) Die dynamische Kraft der Verrechtlichung und Institutionalisierung der Gewissens- und Glaubensfreiheit findet Jellinek in den Kämpfen nordamerikanischer Protestanten um religiöse Freiheit gegenüber einer protestantischen Staatskirche.
6) Jellinek lehnt es ab, «die englische Rechtstradition mit ihren Verbriefungen von Freiheitsrechten [*Magna Charta Libertatum* 1215] als direkte Hinführung zu den Menschenrechtserklärungen des späten achtzehnten Jahrhunderts aufzufassen»[130]. Denn die Garantien dieser Freiheitsrechte beziehen sich nur auf hergebrachte Rechte gewisser Untertanen des englischen Königs. Damit sind keinesfalls alle Bürger bzw. alle Menschen gemeint. Die Verrechtlichung der Freiheitsrechte aller Menschen im christlichen Naturrecht war auch mitentscheidend. Der Einfluss dieser individuellen Tradition subjektiver Rechte wird nicht gänzlich bestritten. Aber die Universalisierung der beanspruchten Rechte ist der entscheidende Schritt bzw. das ganz Neue. Diese Position Jellineks wird im Kontext der historischen Argumentation der *Unabhängigkeitserklärung* nochmals beleuchtet werden.

Mit diesen Thesen hebt Jellinek hervor, dass die ersten Menschenrechtserklärungen nicht wie bisher angenommen bei den Ideen der religionsfeindlichen französischen Aufklärung zu suchen sind, sondern auf christliche Wurzeln zurückgehen.

> «Er wurde damit auch zur Inspiration für die viel berühmtere Schrift über ‹Die protestantische Ethik und den Geist des Kapitalismus› von Max Weber, der sich

[128] Ebd. 45.
[129] Ebd. 44.
[130] Ebd. 45.

tief beeindruckt zeigte von Jellineks ‹Nachweis religiöser Einschläge in der Genesis der Menschenrechte› für die Untersuchung der Tragweite des Religiösen überhaupt auf Gebieten, wo man sie zunächst nicht sucht.»[131]

Diese Position Jellineks und Webers ist zu ergänzen durch die natürlichen Rechte (d. h. Menschenrechte) der Indios im Völkerrecht des 16. Jahrhunderts. Denn die Spanischen Klassiker des Naturrechts begründeten mit der Würde jedes Menschen (Ebenbild Gottes) und den daraus folgenden Rechten das universal gültige Völkerrecht, das jedem Volk, ob christlich oder heidnisch, die eigene Wahl ihrer Fürsten (Volkssouveränität) und die eigene Glaubenswahl (Gewissensfreiheit) auch naturrechtlich zusprach.[132]

Säkulare Kritiker bestritten mögliche religiöse Traditionen hinsichtlich der Geschichte von Freiheit und Toleranz. Jellineks Werk kann als Synthese in der Debatte zwischen Historismus (These) und Naturrechtslehren (Antithese) verstanden werden.

> «Wie die Historisten glaubte Jellinek nicht daran, dass man aus irgendeiner Philosophie, auch nicht aus dem Naturrecht oder Kant, bindende Metanormen für die Regulierung des positiven Rechts ableiten könne. In diesem Sinne blieb er ein Verfechter der unbegrenzten Souveränität des Staates.» [133]

Die Frage nach der Genesis, d. h. nach den historischen Wurzeln der Idee unveräusserlicher individueller Rechte, ist für Jellinek völlig unabhängig von der Begründung der Geltung jener subjektiven Rechte. «Es geht dann nämlich um die prinzipielle Möglichkeit, trotz der Einsicht in die historische Kontingenz der Entstehung von Werten universelle Geltungsansprüche zu vertreten.»[134] Das christliche Naturrecht des 16. Jahrhundert hat damit die Rechte der Indios gegen die Kolonialpolitik Spaniens in einer völkerrechtlichen Vorstellung verteidigt, lange bevor diese subjektiven Rechte in der amerikanischen Verfassungsgeschichte als Legitimitätsgaranten einer demokratischen Verfassung herangezogen wurden. Jellineks Hauptthese kann wie folgt zusammengefasst werden:

---

[131] Ebd. 41. Der Soziologe Max Weber würdigte mit diesen Worten seinen verstorbenen Freund Jellinek an der Hochzeit einer von dessen Töchtern. Vgl. Weber, Marianne, *Max Weber. Ein Lebensbild*, Heidelberg 1950, 520.

[132] Vgl. etwa auch Schnurrenberger, *Las Casas – Max Weber*.

[133] Joas, *Die Sakralität der Person*, 43 f.

[134] Ebd. 44.

Die Idee von unveräusserlichen, angeborenen Rechten des Individuums ist religiösen, nicht politischen Ursprungs. Er sieht den Ursprung in der Reformation statt in der Französischen Revolution. Sein Held ist nicht Lafayette[135], sondern Roger Williams.[136]

Viele Amerikaner lernten im 18. Jahrhundert ihre Aufklärung von den evangelischen Kanzeln.[137] Der christliche Gottesglaube und das säkulare Wissen des Rationalismus der amerikanischen Aufklärung haben miteinander für die Unabhängigkeit vom englischen, religiös begründeten Königtum gekämpft. In der Geschichte des Westens bzw. der abendländischen Rechtskultur hat es immer wieder einen Austausch zwischen der christlichen Gottesvorstellung und den Konzeptionen des rationalen Naturrechts gegeben. Grundlegende Studien zur Entstehungsgeschichte der *amerikanischen Unabhängigkeitserklärung* von 1776 zeigen ebenfalls die Unmöglichkeit der entweder rein religiösen oder rein säkularen Begründung auf.[138] Deshalb haben alle recht, die im Text der *Unabhängigkeitserklärung* «Spuren sowohl eines Aufklärungsrationalismus als auch eines biblisch fundierten christlichen Glaubens wahrnehmen»[139].

4.9 Die amerikanische Unabhängigkeitserklärung von 1776

Diese staatsbegründende *Unabhängigkeitserklärung*, die nicht mehr auf dem Gottesgnadentum eines Königs oder eines Fürsten basiert, kann in ihrer Bedeutung nicht überschätzt werden. Denn sie wird zum Vorbild für die damit beginnende Verfassungsgeschichte der europäischen Rechtsstaaten. Die heute vorliegende Fassung der *Unabhängigkeitserklärung* ist vielmehr das Resultat eines Komitees. Unter schwierigsten Bedingungen sowie enormem Zeitdruck wurde sie geschrieben.

> «Der zweite Continental Congress, in Philadelphia tagend, beauftragte nämlich nicht Jefferson, sondern ein Komitee, das aus fünf Mitgliedern bestand, mit der

---

135 Marie-Joseph du Motier, Marquis de La Fayette (1757–1834).

136 Vgl. Jellinek, *Die Erklärung der Menschen- und Bürgerrechte*, 50.

137 Vgl. Grimm, Dieter, Europäisches Naturrecht und Amerikanische Revolution. Die Verwandlung politischer Philosophie in politische Techne, in: Coing, Helmut (Hg.), *Ius Commune* (Veröffentlichungen des Max-Planck-Instituts für Europäische Rechtsgeschichte 3), Frankfurt a. M. 1970, 123. Grimm spricht hier mit vielen weiteren Nachweisen vor allem vom protestantischen Klerus.

138 Vgl. Joas, *Die Sakralität der Person*, 50.

139 Ebd. 52.

Abfassung einer Erklärung zum Thema Unabhängigkeit (‹on› und nicht ‹of› independence). Diese fünf wiederum baten Jefferson, einen ersten Entwurf vorzulegen. [...] Jefferson zog in der Eile verschiedene Vorlagen heran, die teils von ihm selbst stammten, teils von anderen verfasst worden waren.»[140]

Die Präambel der *amerikanischen Unabhängigkeitserklärung* argumentiert mit naturrechtlichen und schöpfungstheologischen Begriffen. Beide Begriffstraditionen sind in der politischen und rechtlichen amerikanischen Überlieferung völlig akzeptiert. Aber auch in der Geschichte der Menschenrechte sollten sie einen entscheidenden Charakter annehmen. Dieser die Moderne eröffnende Text wird hier im Original wiedergegeben:

> «We hold these truths to be self-evident: That all men are created equal; that they are endowed by their Creator with certain unalienable rights; that among these are life, liberty, and the pursuit of happiness; that, to secure these rights, governments are instituted among men, deriving their just powers from the consent of the governed [...]»

Diese obige Präambel, die für die Wirkungsgeschichte so epochemachend wurde, war angesichts der Themenstellung der ganzen Erklärung von entscheidender Bedeutung.[141] Denn die *Unabhängigkeitserklärung* musste in den amerikanischen Kolonien selbst die Legitimität der Unabhängigkeitsbestrebungen herstellen. Auch in Frankreich, das die Bestrebungen nach Unabhängigkeit von England aus politischen Gründen unterstützte, sollte es Verständnis für diese Schritte in die Unabhängigkeit wecken. Als der Kommissionsentwurf, sprich Jeffersons Entwurf, dem Plenum des Continental Congress präsentiert wurde, bearbeitete dieser den Text – zu Jeffersons Enttäuschung. Er wurde um ein Viertel gekürzt. Aber für Jefferson wohl noch enttäuschender: Es wurden mehrere Bezüge auf Gott eingefügt.[142] Das Resultat ist ein Kompromiss und spiegelt daher nicht das Weltbild Jeffersons wider. Diese Details aus der Redaktionsgeschichte sind wichtig für

---

140 Ebd. 50.

141 Vgl. Maier, Pauline, *American Scripture: making the Declaration of Independence*, New York 1997, 98. Hans Joas ist hingegen der Auffassung, dass dies «eher von untergeordneter Bedeutung» sei (Joas, *Die Sakralität der Person*, 50 f.).

142 Thomas Jefferson war ein Deist und «Christ nur in dem sehr eingeschränkten Sinn, dass er Jesu Lehren wie die zeitgenössischen Freimaurer in einem moralischen Sinn akzeptierte, ihm aber keine Göttlichkeit zusprach». (Joas, *Die Sakralität der Person*, 51).

unsere Leitfrage nach religiösen und säkularen Ursprüngen der Menschenrechtserklärungen, die Jellinek aufgeworfen hatte.

Für grosse Bevölkerungsteile waren die der Revolution vorausgehenden religiösen Erweckungsbewegungen entscheidend. Durch sie wurde ein den «verschiedenen Kolonien übergreifender intellektueller und spiritueller Zusammenhang hergestellt [...], ohne den die revolutionäre Erhebung kaum denkbar erscheint»[143]. Hans Joas findet es deshalb geeigneter,

> «von einem Bündnis einer quasipietistischen Massenbewegung und einer rationalistisch-aufklärerischen Elite zu sprechen – mit einer Fülle von Überkreuzungs- und Übergangsphänomenen sowie einer Bündnisbereitschaft auf allen Seiten. [...] Gerade auch Jefferson war bündnisbereit und nahm Eingriffe in seinen Text hin, auch wenn diese von seinen persönlichen Überzeugungen abwichen. Allem übergeordnet war in der dramatischen Stunde des Kampfes um Unabhängigkeit, als noch unklar war, wie die militärischen Auseinandersetzungen ausgehen [...] würden, das Bemühen, das Einverständnis der amerikanischen Bevölkerung zu sichern.»[144]

Zentral war dieses Einverständnis der gesamten amerikanischen Bevölkerung auch aus militärischen Gründen. Denn es war klar, dass alle Verantwortlichen für die *Unabhängigkeitserklärung* als Hochverräter vom Mutterland angeklagt würden, falls die bevorstehende militärische Auseinandersetzung zu Gunsten des Mutterlandes ausgehen sollte.

Jefferson war sich bewusst, dass die christliche Bevölkerung das Einverständnis zur *Unabhängigkeitserklärung* (gegen den von Gottes Gnaden legitimierten König Englands) nie geben würde ohne das Gefühl, vor den Augen Gottes recht zu handeln. «Die Unabhängigkeitserklärung lässt sich deshalb weder eindeutig als deistisch noch als christlich klassifizieren. Niemand wollte die jeweils anderen ausschliessen»[145], damit im Unabhängigkeitskrieg (1775–1783) gemeinsam gegen die englische Krone gekämpft werden konnte.

---

143 Ebd. Vgl. Marty, Martin E., The American Revolution and Religion, 1765–1815, in: Brown, Steward J. / Tackett, Timothy (Hg.), *Enlightenment, Reawakening and Revolution 1660–1815*, *The Cambridge History of Christianity*, Bd. 7, Cambridge 2006.

144 Joas, *Die Sakralität der Person*, 52.

145 Ebd.

4.10 Die naturrechtliche Argumentation der Unabhängigkeitserklärung

Um die Argumentation der *amerikanischen Unabhängigkeitserklärung* zu verstehen, sind nicht nur Autoren der Neuzeit (Hobbes und Locke) heranzuziehen, sondern es ist auch an die mittelalterliche englische Rechtstradition zu erinnern.

> «Die Unabhängigkeitserklärung von 1776 warf dem britischen König Georg III. [1738–1820] vor, anstelle der rechtmässigen Herrschaft eine Tyrannei gegen die amerikanischen Kolonien errichtet zu haben.»[146]

Es sei daher Recht und Pflicht der Kolonien, sich von dieser Gewaltherrschaft zu emanzipieren. Dagegen konnte die englische Seite argumentieren: Die Sondersteuern für die amerikanischen Kolonien hatte das britische Parlament und keineswegs der König allein beschlossen. «Und diese (insgesamt nicht ausbeuterischen) Sondersteuern konnten für sich allein auch noch nicht als Tyrannei gelten.»[147] Die falsche Adressierung des Vorwurfs an die Krone lässt sich in der althergebrachten Rechtstradition der «Absageerklärung» an den König einordnen. Gemäss dieser mittelalterlichen Rechtstradition stehen der König und die Untertanen in einem gegenseitig geachteten System fundamentaler Rechte, Freiheiten und Pflichten. Denn jede Herrschaft bedarf der freiwilligen Zustimmung des Volkes. Für die Neuzeit konnte aufgezeigt werden,[148] dass entsprechend von einem fiktiven Herrschaftsvertrag (*lex regia*) zwischen Volk und König ausgegangen werden kann. Fordert der König über diesen Vertrag Hinausgehendes, so bedarf es dafür der Zustimmung aller Betroffenen.[149]

Das Recht auf Widerstand gegen tyrannische Herrschaft hatten u. a. die Spanischen Klassiker des Naturrechts herausgearbeitet.[150] Kommt nun der König seinen Pflichten gegenüber den Untertanen nicht nach, sind Letztere berechtigt, eine Umgestaltung der Herrschaftsverhältnisse anzuzielen. An dieses Recht auf

---

146 Kley, *Verfassungsgeschichte der Neuzeit*, 104.

147 Ebd.

148 Vgl. Teil III, Kap. 3.1 – Demokratische Rechtstradition der Kirche: «Quod omnes tangit, debet ab omnibus tractari».

149 Delgado, *Die Zustimmung des Volkes*, 168; Schnurrenberger, *Las Casas – Max Weber*, Satz I; III; IV.

150 Delgado, Mariano, Das Recht der Völker und der Menschen nach Bartolomé de Las Casas, in: Kaufmann, Matthias / Schnepf, Robert (Hg.), *Politische Metaphysik. Die Entstehung moderner Rechtskonzeptionen in der Spanischen Scholastik*, Bern 2007, 182–186.

Widerstand wurde auch in der zeitgenössischen englischen politischen Philosophie erinnert. Bei Thomas Hobbes (1588–1679) endet die Gehorsamspflicht gegenüber dem König, wenn dieser seiner Verpflichtung (den Krieg aller gegen alle zu beenden) nicht mehr nachkommt.[151] Im Leviathan hält Hobbes fest:

> «Der alleinige Weg zur Errichtung einer solchen allgemeinen Gewalt [...] liegt in der Übertragung ihrer gesamten Macht und Stärke auf einen Menschen oder eine Versammlung von Menschen, die ihre Einzelwillen durch Stimmenmehrheit auf einen Willen reduzieren können. [...] Ich autorisierte diesen Menschen oder die Versammlung von Menschen und übertrage ihnen mein Recht, mich zu regieren, unter der Bedingung, dass du ihnen ebenso dein Recht überträgst und alle ihre Handlungen autorisierst. Ist dies geschehen, so nennt man diese zu einer Person vereinigte Menge Staat, auf lateinisch civitas. Dies ist die Erzeugung jenes grossen Leviathan oder besser, um es ehrerbietiger auszudrücken, jenes sterblichen Gottes, dem wir unter dem unsterblichen Gott unseren Frieden und Schutz verdanken. [...] Wer diese Person verkörpert, wird Souverän genannt und besitzt, wie man sagt, höchste Gewalt, und jeder andere daneben ist sein Untertan.»[152]

Auch der englische Philosoph John Locke (1632–1704) versteht unter Rebellion nicht nur die Auflehnung der Machtunterworfenen, sondern auch den Verstoss des Machthabers, wenn er gegen die Zwecke verstösst, um derentwillen ihm die Macht übertragen wurde. Zwischen König und Volk, repräsentiert durch das Parlament, entsteht eine treuhänderische Regentschaft zur Bewahrung von Freiheit und Eigentum, ein «Trust». «Wenn der ursprüngliche Trust gebrochen wird, führt die Entwicklung in den Naturzustand zurück.»[153] Hierdurch wird der

---

151 Hobbes, Thomas, *Leviathan oder der Stoff, Form und Gewalt eines kirchlichen und bürgerlichen Staates*, Frankfurt a. M. 1989, Buch II, Kap. 21.

152 Engl. Original: «The only way to erect such a Common Power, [...] is, to conferre all their power and strength upon one Man, or upon one Assemby of men, that may reduce all their Wills, by plurality of voices, unto one Will: which is as much as to say, to appoint one Man, or Assemby of men, to beare their Person; and every one to owne, and acknowledge himself to be Author of whatsoever he that so beareth their Person, shall Act, or cause to be Acted, in those things which concerne the Commom Peace and Safetie; and therein to submit their Wills, every one to his Will, and their Judgements, to his Judgment.» Hobbes, Thomas, *Leviathan. 2. The English and Latin Texts (i) (1615)*, 2012, Buch 2, Kapitel 17 (S. 260); dt.: Hobbes, Leviathan oder der Stoff, Buch II, Kapitel 17 (S. 134 f.).

153 Kley, *Verfassungsgeschichte der Neuzeit*, 57.

ursprüngliche Kriegszustand wieder herbeigeführt, so John Locke in seinem Werk *Two Treatises of Government*.[154]

Zudem anerkennen die englischen Freiheitsrechte: Es gibt keine Besteuerung ohne Mitbestimmung der Besteuerten. Oder anders ausgedrückt: «No taxation without representation.»[155] Dies wurde als Parole und weiterer Kriegsgrund im Amerikanischen Unabhängigkeitskrieg angegeben. Fürsprecher der amerikanischen Unabhängigkeit vom britischen Mutterland kritisierten, dass die 13 amerikanischen Kolonien zur Steuerzahlung an die Britische Krone verpflichtet waren, ohne durch eigene gewählte Abgeordnete im Parlament Grossbritanniens repräsentiert zu sein.

In der *amerikanischen Unabhängigkeitserklärung* argumentiert der Jurist Thomas Jefferson daher mit dem vorneuzeitlichen Modell der Absageerklärung. Gemäss dieser Argumentation ist der König seinen Pflichten gegenüber den Kolonisten als seinen Untertanen nicht nachgekommen. «Er hat also selbst den Herrschaftsvertrag gebrochen und damit gegenüber den Kolonisten in der Neuen Welt auf sein rechtmässiges Königtum verzichtet.»[156] Diese Argumentationsweise findet Unterstützung in der englischen mittelalterlichen Rechtstradition (*Magna*

---

[154] John Locke vertritt in *Two Treatises of Government* ebenfalls die naturrechtliche These, dass eine Regierung nur legitim ist, wenn die Regierten in ihrer Mehrheit zur Regierung zustimmen und die natürlichen Rechte auf Leben, Freiheit und Eigentum gesichert sind. Wenn diese Bedingung nicht umgesetzt ist, haben die Untertanen ein Recht auf Widerstand gegen die Regierung. Vgl. Locke, John, *Zweite Abhandlung über die Regierung*, Berlin 2012, Kap. 19, bes. § 226–227; 57. «§ 227. In both forementioned cases, when either the legislative is changed, or the legislators act contrary to the end for which they were constituted, those who are guilty are guilty of rebellion. [...] and thus by removing the legislative established by the society (in whose decisions the people acquiesced and united, as to that of their own will) they untie the knot, and expose the people anew to the state of war; [...] when they, who were set up for the protection and preservation of the people, their liberties and properties, shall by force [..] take them away; and so they putting themselves into a state of war with those who made them the protectors and guardians of their peace, are properly, and with the greatest aggravation, rebellantes, rebels.» Locke, John, The Two Treatises of Government. Of Civil Government. Book II, Kapitel 19 § 227, in: *The Works of John Locke*, Bd. 4, London 1824, 423.

[155] «No taxation without representation!» Die Formulierung wird dem Pastor Jonathan Mayhew (1720–1766) zugeschrieben, der diese in einer Predigt am 30.1.1750 in der Old West Church in Boston, Massachusetts, verwendet haben soll. Bekannt gemacht wurde der Ausspruch allerding vor allem vom Juristen James Otis ab den 1760er-Jahren. Vgl. Dorfman, Judge Grant, The Founders' Legal Case: «No taxation without representation» versus Taxation no Tyranny, in: *Houston Law Review* 44 (2008) 1377–1380.

[156] Kley, *Verfassungsgeschichte der Neuzeit*, 105.

Charta von 1215, Ziff. 39, 42, 55) in Form des Common Law[157] und des Statute Law[158], die ständig weiterentwickelt wurden.

> «Dabei handelte es sich aber weniger um Vernunft- und Naturrecht im Sinne der kontinentaleuropäischen Aufklärung als vielmehr um ständische und altrechtliche Rechtsvorstellungen. Diese Berufung auf ständisches Recht war in der englischen Geschichte bereits mehrfach erfolgt.[[159] ...] Die Unabhängigkeitserklärung stellte damit nichts grundlegend Neues dar, sie brach nicht mit den bisherigen [Rechts-]Vorstellungen.»[160]

Bei der *Unabhängigkeitserklärung* von 1776 handelte es sich noch nicht um eine Verfassung im modernen Sinn des Wortes. Die *Unabhängigkeitserklärung* steuerte als Absageerklärung auf eine Änderung der ungerecht ausgeübten Herrschaft des englischen Königs hin. Eine moderne Verfassung dagegen konstituiert legitime politische Macht. Dieser Entwicklungsschritt wurde erst in der *amerikanischen Unionsverfassung von 1787* getan.

> «Man wird das Jahrzehnt zwischen beiden Dokumenten also als Zeit des Lernprozesses interpretieren können: von der vorneuzeitlichen Herrschaftsmodifikation zur modernen Herrschaftslegitimation.»[161]

Die *Unabhängigkeitserklärung* argumentiert also auf drei unterschiedlichen Ebenen:

1) *Im ersten naturrechtlichen Teil* wird die politische Philosophie der Amerikanischen Revolution entwickelt, die sich in die naturrechtliche Tradition seit dem Mittelalter einordnen lässt. Jedes menschliche Recht ist am Naturrecht als objektivem Massstab auszurichten. Das Postulat der Gleichheit unter den Menschen führt zu gleichen, natürlichen und unveräusserlichen Rechten. Obwohl Sklavenhalter, war Thomas Jefferson die naturrechtliche Kritik an

---

[157] Vgl. ebd. 82.

[158] Vgl. ebd. 81.

[159] Ein Beispiel: «In der Glorious Revolution war vom Unter- (28.1.1689) und vom Oberhaus eine Resolution mit der gleichen Argumentation angenommen worden, die die Stuarts als vom Königtum abgesetzt erklärte. Die folgende Bill of Rights von 1689 hatte dann Wilhelm von Oranien neu an seine Pflichten als Herrscher gebunden» (ebd. 105).

[160] Ebd.

[161] Ebd. 106.

der Sklaverei bekannt. Seine Kritik an der Sklaverei wurde vom Kongress aus der *Unabhängigkeitserklärung* gestrichen.
Ähnlich argumentierte schon die christliche naturrechtliche Tradition im 16. Jahrhundert. Es ist die vornehmste Staatsaufgabe – und damit Regierungsaufgabe –, die natürlichen Rechte zu schützen und den Bürgern Sicherheit zu gewähren. Mit der gleichen naturrechtlichen Argumentation mittels der Freiheit des Volkes argumentierte Las Casas im dritten Prinzip von *principia quaedam*[162]. Diese Prinzipien wurden für ein internationales gebildetes Publikum bewusst in lateinischer Sprache geschrieben.

2) *Im zweiten Teil* werden die Verstösse gegen diese naturrechtlichen Prinzipien aufgelistet, die dem englischen König Georg III. vorgeworfen werden. Daraus wird geschlossen, dass dieser König ungeeignet sei, Herrscher eines freien Volkes zu bleiben.
3) «[W]o konkrete Klagepunkte zum Nachweis tyrannischen Verhaltens vorgebracht werden, [wird] nicht auf das Naturrecht, sondern auf die verfassungsmässige Rechtsordnung des Landes rekurriert [...]»[163]
4) *In der Conclusio* wird daraus die Loslösung bzw. Unabhängigkeit von Grossbritannien unter Anrufung der göttlichen Vorsehung gefolgert.

---

162 Das 3. Prinzip: Freiheit («*libertas*») geht von der Idee der Freiheitsvermutung des Menschen aus. Aus der allgemeinen Freiheit und der Vernunftfähigkeit erwächst den Menschen eine Reihe von Rechten, deren sie grundsätzlich nicht verlustig gehen können. Hier ist die Idee der Menschenrechte erkennbar. Fundament der Freiheitsvermutung ist die vernunftbegabte Natur des Menschen. Dies ist der zentrale Angelpunkt des lascasianischen Freiheitsverständnisses. Obwohl der Begriff «ius humanum» vorkommt, wird der Terminus Menschenrecht im römischrechtlichen Sinn als Recht, das von Menschen geschaffen wurde, im Gegensatz zu «ius divinum» verstanden, und es wird noch nicht ganz im heutigen Sinn von einem Recht gesprochen, das dem Menschen als Menschen zukommt.
«In dubio pro libertate» (im Zweifelsfall für die Freiheit). Der primäre Selbstvollzug ist die rechtliche Grundlage des primären Völkerrechts. Patrick Huser ist mit Bordat der Auffassung, dass dieser Passus an die moderne «humanitas»-Formel des *Kategorischen Imperativs* von Immanuel Kant erinnert. Frei ist nur, wer in die Herrschaft über sich einwilligt oder sie selbst begründet. Dieser Anspruch kommt allen Völkern zu, auch den Indios. Die Freiheit des Menschen begründet die Freiheit der Völker und ihr eigenes Recht, politische Herrschaft in einem freiheitlichen Selbstvollzug selber zu konstituieren. Las Casas fordert eine verfassungsrechtliche und freiheitliche Art der Herrschaftsausübung. Herrschaft ist für Las Casas daher nicht «dominium» wie bei de Vitoria, sondern «ministerium», dienende Amtsgewalt. Vgl. Huser, Vernunft und Herrschaft, 79–84; vgl. auch Schnurrenberger, *Las Casas – Max Weber*, Satz I; IV.

163 Angermann, Erich, Ständische Rechtstraditionen in der Amerikanischen Unabhängigkeitserklärung, in: *Historische Zeitschrift* 200 (1965) 86 f.

Diese Erklärung der geforderten Unabhängigkeit der Kolonien argumentiert in den bisherigen naturrechtlichen Bahnen. Sie präsentiert die Folgerichtigkeit der Trennung vom Mutterland als unvermeidbar.

Damit ist die *Unabhängigkeitserklärung* ein rechtswissenschaftliches Meisterwerk, das als *vorneuzeitliche* Absage – die Klage gegen den König – beginnt und mit *neuzeitlichen* naturrechtlichen Argumenten in der Konsequenz einen unabhängigen Staat mittels der Menschenrechte legitimiert. Dies kommt der Logik der völkerrechtlich-naturrechtlichen Argumentation der Spanischen Klassiker des Naturrechts, wie oben ausgeführt, sehr nahe. Deren lateinische Texte wurden in Holland (Hugo Grotius) und in England gelesen. Auch John Locke vertritt daher in seinem Werk *Two Treatises of Government* die naturrechtliche These, dass eine Regierung nur gerechtfertigt ist, wenn sie die Genehmigung der Regierten besitzt und die natürlichen Rechte auf Leben, Freiheit und Eigentum gesichert sind. Wenn diese Bedingung nicht umgesetzt ist, haben die Untertanen ein Recht auf Widerstand gegen die Regierung.

Wir verlassen nun die Ideen der anglo-amerikanischen Verfassungsgeschichte, wo sowohl säkular als auch religiös argumentiert wurde. Auf dem europäischen Kontinent dagegen prägt in der Moderne die rein säkulare Argumentation der Französischen Revolution die Ideen der Verfassungsgeschichte. Dennoch gibt es auch hier Begegnungen mit der amerikanischen Verfassungsgeschichte.

4.11 «Sister Republics»

> «In den 80er Jahren des 19. Jahrhunderts besuchten US-amerikanische Journalisten, Politiker und Gelehrte die Schweiz, um ihre direktdemokratischen Einrichtungen kennenzulernen. Ihre Berichte in den Vereinigten Staaten fanden einen derart grossen Nachhall, dass einzelne Gliedstaaten begannen, diese direktdemokratischen Instrumente zu übernehmen, zuerst 1898 Süddakota, dann Utah 1900 und Oregon 1902, und bis 1912 waren es schon 18 Staaten.»[164]

[164] Kley, *Verfassungsgeschichte der Neuzeit*, 192. Die Idee der direkten Demokratie wurde auch in der Schweiz in der Regeneration ab 1830 und in der demokratischen Bewegung ab 1860 umgesetzt. Die aus dem römischen und kanonischen Recht stammende Idee der Korporationen wurde nun mit dem aus der Französischen Revolution stammenden Verfassungsdenken verbunden und auch in die USA exportiert.

Auch «der eidgenössische Staatenbund diente häufig als Modell für die amerikanische Konföderation von 1777»[165]. Diesem föderalistischen Ansatz wurde ein mehr zentralistisches Modell auf Bundesebene in den USA gegenübergestellt. Die Vertreter des jungen schweizerischen Bundesstaates verstanden die Eidgenossenschaft als «Sister Republic»[166] der USA.

> «Die Unionsverfassung sollte die Zentralgewalt massvoll stärken, indem ein Bundesstaat als grossräumige, föderative Republik gebildet würde. Entsprechende Instrumente sollten der Angst vor staatlichem Machtmissbrauch entgegenwirken: Gewaltenteilung [...] (Legislative als Zweikammersystem, Exekutive mit Vetorecht, Judikative mit Unabsetzbarkeit der Richter ausser bei einem Impeachment, föderativer Staatsaufbau mit Bundesstaatsklausel).»[167]

Die so ausgestaltete Verfassung verabschiedete der Kontinentalkongress am 15. November 1777 unter dem Titel *Articles of Confederation.*

> «In den Kongressdebatten wurde die Meinung vertreten, dass Republiken ihren freiheitlich-egalitären Charakter einbüssen müssten, wenn sie sich einer starken Zentralgewalt unterordneten. Ideal sei dagegen der Zusammenschluss mehrerer kleiner Republiken zu einer lockeren Konföderation, die nach Art der Schweizer Eidgenossenschaft (Tagsatzung) für eine Vertretung der gemeinsamen Interessen nach aussen sorge.»[168]

Unter dem Namen *The United States of America* schlossen die dreizehn nordamerikanischen Staaten einen festen Freundschaftsbund, «in dem jedes einzelne Mitglied souverän blieb»[169]. Die Frage, wie ein starker Föderalismus mit einem Bundesstaat zusammengedacht werden kann, stellten sich auch die Federalists Alexander Hamilton, James Madison und John Jay mit ihrer US-Bundesstaatsidee im 18. und 19. Jahrhundert.

---

165 Ebd. 111

166 Vgl. Hutson, James, *The Sister Republics. Die Schweiz und die Vereinigten Staaten von 1776 bis heute*, Bern 1992.

167 Kley, *Verfassungsgeschichte der Neuzeit*, 119.

168 Ebd. 110 f. Interessant ist in diesem Zusammenhang, wie die *Articles of Confederation* wiederum in die Schweiz zurückwirkten. Vgl. dazu: Kley, Andreas, Der Einfluss der Articles of Confederation und der U. S. Constitution auf die schweizerische Bundesverfassung 1848, in: *ZSR* 1/2024, 59–85.

169 Kley, *Verfassungsgeschichte der Neuzeit*, 111.

«Der Bundesstaat ist in der Amerikanischen Revolution ‹erfunden› worden. Zum einen übernahmen die Amerikaner das englische Zweikammerparlament. Zum anderen wollten sie die entstandenen Einzelstaaten mit einem starken Band an Gemeinsamkeiten umfassen. Die föderative Struktur der Union verwirklichte die Gewaltentrennung […] nicht nur innerhalb des Zentralstaates (Bundesorgane), sondern auch in den Beziehungen zwischen Bund und Gliedstaaten. So bildet der Senat eine Abgeordnetenkammer der Gliedstaaten, die bei der Willensbildung des Bundes mitwirkt. Durch die Bundesstaatsklausel (10. Zusatzartikel) verbleiben die Zuständigkeiten bei den Einzelstaaten (oder dem Volk), solange sie die Verfassung nicht auf den Bund überträgt (Verfassungsvorbehalt der Bundeskompetenzen). Dieses [US-amerikanische] Modell übernahm die Schweiz 1848»[170] in ihre Bundesverfassung.

5 Vom Ancien Régime zur Schweizer Bundesverfassung von 1848

In Europa beginnt nach dem Dreissigjährigen Krieg (1618–1648) die neuzeitliche Staatenwelt säkular zu argumentieren, um eine Friedensordnung aufbauen zu können. Nachdem sich kein konfessioneller Wahrheitsanspruch militärisch durchsetzen konnte, existierte ein Bedarf nach einer konfessionell neutralen Organisation, dem säkularen Rechtsstaat. Die säkulare Argumentation wurde beim Erarbeiten des Friedens nach dem Dreissigjährigen Krieg grundgelegt. Die Kirchenmänner, die über Jahrhunderte mit dem Naturrecht die philosophischen und theologischen Legitimationsgrundlagen des Reiches geliefert hatten, sollten jetzt schweigen.[171] In Europa sind nach dem Dreissigjährigen Krieg Territorialstaaten entstanden, aus denen sich im 19. Jahrhundert die Nationalstaaten entwickelten.

In den neuzeitlichen europäischen Friedensverträgen[172] wurde die Eidgenossenschaft unter verschiedenen Bezeichnungen aufgelistet. Im *Friedensvertrag von*

170 Kley, *Verfassungsgeschichte der Neuzeit*, 125. Siehe dazu auch die aktuellen Ausführungen über den Rezeptionsweg von den USA über Frankreich in die Schweiz bei: Kley, *Der Einfluss der Articles of Confederation.*

171 «Silete theologi in munere alieno!» Schweigt, ihr Theologen, in fremden Obliegenheiten!» Kriele, *Säkularisierung und die islamische Herausforderung*, 251

172 Beim Westfälischen Frieden handelt es sich um zwei verschiedene Dokumente: Der Friedensvertrag in Münster wurde verhandelt zwischen dem Kaiser des Heiligen Römischen Reiches und

Osnabrück werden die damaligen Kantone der Schweiz[173] genannt. Art. 6 dieses *Friedensvertrages* räumt der Schweiz «die Exemtion vom Reich ein», d. h. dessen Gerichtshöfe sind in der Schweiz nicht mehr länger zuständig.[174] Der Vertrag von Rastatt von 1714 sprach vom «Territoire de la Suisse». Später bezeichneten die Verträge mit Frankreich sie als «corps helvétique», so auch in den Wiener Kongressakten von 1815.

> «Der Status der Eidgenossenschaft war unbestimmt. Die Verträge erfassten die Kantone kollektiv, aber die interne Ordnung sah gemäss dem Ergebnis des Ersten Villmergerkrieges [Frühjahr 1656] keine zentrale Führung vor.»[175]

In der Eidgenossenschaft spielte sich eine parallele Entwicklung zum Reich ab.

> «Die spätmittelalterlichen Strukturen der Kirche waren nicht mehr tragfähig. Es bedurfte einer neuen Ordnung. Die protestantischen Orte [Kantone, wie sie seit Napoleon hiessen] hatten die religiöse Toleranz erzwungen, aber verstärkte politische Strukturen waren notwendig. Die Eidgenossenschaft war nicht in der Lage, diese Strukturen zu schaffen; sie war handlungsunfähig. 1798 griff Frankreich und 1813 die europäischen Grossmächte in die Eidgenossenschaft ein und erzwangen eine neue interne Organisation der dreizehn Orte.»[176]

Frankreich; der Friedensvertrag in Osnabrück wurde verhandelt zwischen dem Kaiser des Heiligen Römischen Reiches und Schweden.
Die Bestimmungen zum Religionsrecht wurden vom Kaiser, fast allen protestantischen Reichsständen und fünf der grösseren katholischen Reichsstände akzeptiert. Opposition dagegen leisteten die allermeisten einflussarmen katholischen Reichsstände sowie – erst 1650 mit seinem auf 1648 rückdatierten Motu proprio *Zelo dominus Dei* – Papst Innozenz X. (1644–1655); vgl. dazu: Repgen, Konrad, Art. Westfälischer Friede, in: *LThK*³ 10, 1120–1122; Bernhart, Joseph, *Der Vatikan als Weltmacht. Geschichte und Gestalt des Papsttums*, Weißenhorn 2019, 597 f. m. Anm. 2530.

173 «Helveticorum unitos cantones»: Art. 6 des Friedensvertrages von Osnabrück (Instrumentum Pacis Osnabrugensis) vom 14./24. 10.1648, Lateinischer Abdruck in: Bertram, Philippus Ernestus (Hg.), *Instrumentum Pacis Osnabrugensis, Halae Magdeburgicae* 1770, 56; dt. v. Arno Buschmann, URL: https://www.lwl.org/westfaelische-geschichte/portal/Internet/finde/langDatensatz.php?urlID=740&url_tabelle=tab_quelle#art6.

174 Was faktisch seit dem «Schwabenkrieg» – in der deutschen Forschung «Schweizerkrieg» genannt – 1499 der Fall war.

175 Kley, *Verfassungsgeschichte der Neuzeit*, 214.

176 Ebd.

Wie war es dazu gekommen? Der Reformator Ulrich Zwingli (1484–1531) wurde als «Anhänger der Reform à la Erasmus zum Leutpriester ans Grossmünster [in Zürich] gewählt»[177]. Obwohl es Erasmus († 1536, seit 1514 in Basel tätig) imponierte, wie der Reformator Martin Luther aufstand und seine Überzeugung mutig vertrat, wollte er sich nicht in dessen Bewegung einbinden lassen. Mit dem Aufruhr

> «wollte Erasmus nichts zu tun haben, er grenzte sich mehr und mehr von Luther ab. Er blieb bei seinem [modernen] Prinzip, jeder Mensch soll den Weg zur Quelle selber gehen. [...] Erasmus [...] verabscheute den Aufruhr, das Kollektiv.»[178]

Wie er es geahnt hatte, folgten auch in der Schweiz auf die Reformation kriegerische Auseinandersetzungen zwischen den katholischen und protestantischen Ständen. Gleichzeitig hatte aber diese aus der Reformation motivierte

> «Rebellion gegen den exklusiven und autoritären Wahrheitsanspruch der [katholischen] kirchlichen Hierarchie dazu beigetragen, der neuzeitlichen Toleranz und dem modernen Pluralismus den Weg zu ebnen»[179].

Denn die Religionskriege von 1529 (Erster Kappelerkrieg), 1531 (Zweiter Kappelerkrieg), 1656 (Erster Villmergerkrieg) und 1712 (Zweiter Villmergerkrieg) endeten mit einer Pattsituation und vier Landfrieden. Erst im *Friedensvertrag vom 11. August 1712* errangen die Berner und Zürcher die konfessionelle Gleichstellung und beendeten die Hegemonie der katholischen Orte. Die 13-örtige Eidgenossenschaft war aber innerlich blockiert. Die bisherigen Beziehungen zwischen katholischen und protestantischen Orten waren abgerissen. Dies führte zu einem politischen Stillstand, der «einen fast widerstandslosen Einmarsch der französischen Invasionsarmee ermöglichte»[180]. 1798 intervenierten Frankreich und 1813 die europäischen Grossmächte und setzten eine neue interne Organisation der dreizehn Orte durch.

---

177 Greminger, Ueli, *«Im Anfang war das Gespräch». Erasmus von Rotterdam und der Schatten der Reformation*, Zürich 2017, 50.

178 Ebd. 47.

179 Lehmann, *Toleranz und Religionsfreiheit*, 33.

180 Kley, *Verfassungsgeschichte der Neuzeit*, 214.

«Sie schafften die Untertanengebiete ab und wandelten diese in neue Kantone um, arrondierten das Territorium mit neuen Kantonen und schufen auf der Grundlage der Gleichheit eine neue bündisch-vertragliche Grundlage. Diese erlaubte es, 1847/48 den modernen schweizerischen Bundesstaat zu errichten.»[181]

Die Aufklärung wirkte sich im 18. Jahrhundert bei den neuen Eliten in Industrie, Landwirtschaft und Geistesleben aus. Diese lehnten die Rolle der herrschenden Klasse im Ancien Régime zunehmend ab. Mit naturrechtlichen Argumenten postulierten sie den Grundsatz der Gleichheit aller Menschen. Die neuen bürgerlichen Eliten vereinigten sich 1761 zur Helvetischen Gesellschaft und «sammelten die aufklärerisch gesinnten Kräfte der Schweiz des 18. Jahrhunderts».[182] In deren Zusammenkünften wurden die kantonalen und konfessionellen Grenzen des politischen Denkens in der Eidgenossenschaft überschritten. Zudem entfalteten sie ein neues säkulares Nationalbewusstsein jenseits der Konfessionen.

5.1 Die Helvetische Republik (1798–1803)

Die Eidgenossenschaft war traditionell eng mit Frankreich liiert. Die Gleichheitsidee der *Déclaration des droits de l'homme et du citoyen* führte in Untertanengebieten der Eidgenossenschaft zu Revolten, die in der ersten Phase durch verstärkte Repression unterdrückt wurden. Am Ende des Ancien Régime in der Eidgenossenschaft wirkten soziale («Herausbildung einer neuen Elite sowie Reformunfähigkeit der alten Obrigkeit»), politische («Kampf um die Hegemonie in Europa») und geistesgeschichtliche («Aufklärung») Kräfte zusammen.[183]

«Im Januar 1798 revolutionierte sich Basel als erster Stand der alten Eidgenossenschaft – freiwillig und unblutig. Durch den Herrschaftsverzicht wurden die Stadtbürger und die Bewohner der Landschaft gleichberechtigt.»[184]

Die alte Eidgenossenschaft brach wegen der politischen Handlungsunfähigkeit und unter äusserem Druck zusammen. Französische Truppen eroberten von der

---

181 Ebd. 214.

182 Vgl. Erne, Emil, Art. Helvetische Gesellschaft, in: *HLS*, Version vom: 5.12.2007, URL: https://hls-dhs-dss.ch/de/articles/016429/2007-12-05/.

183 Kley, *Verfassungsgeschichte der Neuzeit*, 218.

184 Museum der Kulturen Basel u. a. (Hg.), *Basel 1798*. Vive la République Helvétique, Basel 1998.

Waadt aus immer grössere Teile des Landes, bis Anfang März auch Bern als grösster Stand der Alten Eidgenossenschaft kapitulierte. Nun begann das Experiment eines schweizerischen Einheitsstaates, der Helvetischen Republik. Ihre Verfassung basierte auf den Menschenrechten. Die von Frankreich diktierte Verfassung der Helvetischen Republik vom 2. April 1798 fand aber wenig Anklang.

Die föderalen Kräfte setzten sich der zentralistischen Republik entgegen. Nach dem vorläufigen Ende der europäischen Kriege 1801 verlor die Schweiz ihre strategische Bedeutung für Frankreich. Die Berner Staatskasse war geplündert und damit war Geld für den Ägyptenfeldzug Napoleons bereitgestellt,[185] und auch sonst war nicht mehr viel zu holen. Im Sommer 1802 zogen die französischen Truppen ab. Die Helvetik stürzte wie ein Kartenhaus in sich zusammen. Die Helvetische Republik «verschwand auf demselben Weg, wie sie gekommen war: mit den französischen Truppen.»[186]

Die Bedeutung der Helvetischen Republik für die Verfassungsgeschichte zeigte sich vor allem im Bundesstaat von 1848. Die Verfassung der ersten Helvetischen Republik übernahm sowohl Elemente aus der französischen *Direktorialverfassung*[187] als auch aus der *US-amerikanischen Unionsverfassung*.[188] Die Gewaltentrennung und die Kollegialregierung entnahm man der französischen *Direktorialverfassung* von 1795. Das parlamentarische Zweikammersystem wurde schon in der *US-amerikanischen Unionsverfassung* und in Frankreich gepflegt, wobei die Grundlage in England mit dem Ober- und Unterhaus gelegt worden war. Weitere Beispiele des Einflusses der ersten *Helvetischen Verfassung* auf die späteren Schweizer Verfassungen sind:

---

185 Vgl. Schaltegger, Christoph u. a. (Hg.), *Napoleons reiche Beute. Eine aktuelle Einordnung zur Bedeutung des gestohlenen Berner Staatsschatzes von 1798*, Bern 2020. Videos zum Buch bei URL: https://www.unilu.ch/news/napoleons-reiche-beute-video-zum-buch-5862/. Dort heisst es: «Als Vermittler der Mediationsakte von 1803 nimmt der polarisierende französische Feldherr und spätere Kaiser Napoleon Bonaparte eine herausragende Rolle für die moderne Schweiz ein. Für seine Feldzüge in Europa sowie in Ägypten und im Nahen Osten benötigte Frankreich grosse Mengen an finanziellen Mitteln.» Die Forschergruppe berechnete auch «die langfristigen finanzpolitischen Konsequenzen des Raubes für den Kanton Bern. Anhand von einem Szenario, basierend auf einer konservativen Anlagestrategie, wurde der heutige Wert des geraubten Berner Staatsschatzes berechnet. Dabei kam heraus, dass der Schatz in der heutigen Zeit einen Wert von rund 623 Milliarden Schweizer Franken hätte. Eine Summe, die es dem Kanton Bern erlauben würde, die nächsten 115 Jahre auf die Erhebung von Steuern zu verzichten.»

186 Kley, *Verfassungsgeschichte der Neuzeit*, 219.

187 Vgl. ebd. 186 f.

188 Vgl. ebd. 119–121.

- Abschaffung der Grenzen zwischen den Kantonen und den Untertanengebieten (Ziff. 1)
- Allgemeine Rechtsgleichheit (Ziff. 2) zwischen den Individuen und den Kantonen (Ziff. 8; 15)
- Volkssouveränität und repräsentative Demokratie (Ziff. 2)
- Schaffung eines Schweizer Bürgerrechtes (Ziff. 19) und Garantie von Freiheitsrechten (Ziff. 5–7; 9)
- Legislative mit zwei Kammern (Ziff. 36)
- Gewaltentrennung und als Kollegium verfasste Exekutive (Ziff. 71; 84)
- Oberster Gerichtshof (Ziff. 86–89)
- Befreiung der Bauern von Feudallasten (Ziff. 13) etc.

Die Verfassung wird «als ein politischer Katechismus (z. B. Ziff. 24 über den Bürgereid)»[189] gesehen. Die Helvetische Republik will folgende Punkte als politisches Programm umsetzen: Für alle bezahlbarer obligatorischer Grundschulunterricht; denn die Demokratie setzt allgemeine Bildung voraus. Festlegung der Gewerbefreiheit, durch die der Zunftzwang aufgehoben wird. Der Staat gilt fortan als religiös neutral bzw. als säkular. Das heisst:

> «Artikel 26 der Verfassung aberkannte den Pfarrern die politischen Rechte und trieb diesen Stand dadurch in die Opposition. Ein Gesetz stellte am 31. August 1798 Geistliche und Laien einander gleich. Die geistliche Gerichtsbarkeit der katholischen Kirche wurde abgeschafft, desgleichen die Sittengerichte in den reformierten Kantonen. [...] Das Vermögen der Klöster und Stifte wurde am 8. Mai einer staatlichen Zwangsverwaltung unterstellt und am 17. September zum Nationaleigentum erklärt (Säkularisation).»[190]

Die praktische Bedeutung der gescheiterten Helvetischen Republik zeigte sich erst mit zeitlichem Abstand im schweizerischen Bundesstaat von 1848. Der radikale Bruch mit dem Ancien Régime konnte erst später realisiert werden. Die Bauernbefreiung (die Ablösung der Zehnten und Grundzinsen) konnte nicht ver-

---

[189] Ebd. 220.

[190] Vgl. Fankhauser, Andreas, Helvetische Republik, in: *HLS*, besonders: Staat und Kirche. https://hls-dhs-dss.ch/de/articles/009797/2011-01-27/#HStaatundKirche.
Er unterscheidet die Begriffe Säkularisierung auf der einen Seite und Herrschafts- und Gütersäkularisation auf der anderen.

wirklicht werden, da keine Mittel für die Entschädigung der feudalen Eigentümer zur Verfügung gestellt wurden.[191] Auch ein System der direkten Steuer konnte nicht errichtet werden. Die Schaffung eines gemeinsamen Wirtschaftsraumes durch die Vereinheitlichung von Währung, Massen und Gewichten wurde im Bundesstaat aufgegriffen. Die Zölle zwischen den Kantonen wurden wegen der schlechten Finanzlage noch nicht aufgehoben.

Die zwei Verfassungen der Helvetischen Republik (vom 12. April 1798 und 29. Mai 1801) wurden unter dem Druck der Besatzungsmacht Frankreich eingeführt. Sie vertraten die Grundsätze der Aufklärung und der Menschenrechte. Wegen ihres Zentralismus stiessen sie jedoch auf gewichtigen Widerstand der föderalen Eidgenossenschaft. Die zweite Verfassung wurde am 19. Februar 1803 durch die Mediationsakte abgelöst. Viele Ideen und Forderungen aus der Zeit der Helvetischen Republik tauchen später wieder auf.

> « Als [...] die von der Tagsatzung einberufene Kommission eine neue Bundesverfassung entwerfen soll, sind ursprünglich helvetische Konzepte, auch wenn man sie so nicht nennen will, wieder an der Tagesordnung.»[192]

5.2 Die Mediation (1803–1813)

Die *Mediationsakte* vom 19. Februar 1803 ist ein «vom ‹Vermittler› (französisch *médiateur*) Napoleon Bonaparte und der von ihm nach Paris einberufenen Consulta ausgearbeitetes Grundgesetz, mit dessen Erlass der Erste Konsul den Verfassungskonflikt zwischen Unitariern und Föderalisten in der Helvetischen Republik beendete»[193]. Gemäss der *Mediationsakte* sollte die Rechtsgleichheit der ehemaligen Untertanengebiete, die nun vollberechtigte Kantone waren, fortdauern. Unter dem Druck der anrückenden französischen Truppen kam es zur «freiwilligen» Abschaffung der Privilegien der Patrizierfamilien. Dieser freiwillige

191 Kley, *Verfassungsgeschichte der Neuzeit*, 221.

192 Museum der Kulturen, *Vive la République Helvétique*, 118 f. Die Auswahl der Volksvertreter und deren Arbeit wurde von den Franzosen kontrolliert. Faktisch wurden die Verfassungen von ihnen diktiert.

193 Fankhauser, Andreas, Art. Mediationsakte, in: *HLS*, Version vom 08.12.2009, URL: https://hls-dhs-dss.ch/de/articles/009808/2009-12-08. Vgl. Vermittlungsakte des Ersten Consuls der Fränkischen Republik zwischen den Parteien, in welche die Schweiz getheilt ist, in: *Schweizer Bundesarchiv Bern*, Signatur BAR K0, Bd. 4, Bern 1803.

Privilegienverzicht sollte in der *Mediationsakte* bestehen bleiben. Die Zentralgewalt des Staates hingegen sollte auf ein Minimum herabgesetzt werden. Sie wurde auf folgende Zuständigkeitsbereiche reduziert: die Aussenpolitik, die Armee, die Zolltarife nach aussen und die Schiedsgerichtsbarkeit bei Konflikten zwischen den Kantonen.[194] Zwischen Bund und Kantonen sind die Kompetenzen wie folgt geregelt: Die Kantone üben alle Gewalt aus, die nicht ausdrücklich der Bundesbehörde übertragen ist.[195] Die übergeordneten Instanzen sind damit grundsätzlich subsidiär, d. h. sie erfüllen nur jene Aufgaben, die untergeordnete Instanzen nicht selbst erfüllen können. Dieses Subsidiaritätsprinzip ist zu einem Grundprinzip der katholischen Soziallehre geworden, nachdem es zuvor von zwei Schweizer Jesuiten, Theodor Meyer (1821–1913) und Victor Cathrein (1845–1931), formuliert worden war, indem sie das Schweizer Verhältnis von Bund, Kantonen und Gemeinden beschrieben hatten.[196]

Die Tagsatzung wurde in der Mediation durch Napoleon wieder ins Leben gerufen. Deren Beschlüsse verlangten allerdings nicht mehr Einstimmigkeit, die absolute Mehrheit genügte. Zudem bekamen die bevölkerungsreichsten Kantone ein doppeltes Stimmrecht.[197] Der Leiter des jährlich wechselnden Direktorialkantons (Freiburg, Bern, Solothurn, Basel, Zürich und Luzern) wurde als «Landammann der Schweiz» bezeichnet. Er war das nominelle Exekutivorgan der Schweiz ohne eigentliche exekutive Befugnisse. Das allgemeine Wahlrecht von 1798 wurde in gewissen Kantonen durch das Zensuswahlrecht wieder stark eingeschränkt; das aktive wie das passive Wahlrecht wurde in einigen Kantonen erst

---

194 Vgl. Monnier, Victor, Les travaux préparatoires de la Consulta et l'Acte fédéral de 1803, in: Dufour, Alfred / Hanisch, Till / Monnier, Victor (Hg.), *Bonaparte, la Suisse et l'Europe. Actes du Colloque européen d'histoire constitutionelle pour le bicentenaire de l'Acte de Médiation (1803–2003)*, Zürich 2003.

195 Kap. XX Ziff. 16 der *Mediationsakte*.

196 Vgl. Benedikt XVI., Enzyklika *Caritas in veritate* vom 29. Juni 2009, in: *AAS* 101 (2009) 641–709. Vgl. Henrici, Peter, Eine Problemanzeige: Das schweizerische Staatsverständnis in seiner Auswirkung auf das Verhältnis Staat – Kirche, in: Gerosa, Libero / Müller, Ludger (Hg.), *Katholische Kirche und Staat in der Schweiz* (Kirchenrechtliche Bibliothek 14), Wien / Münster 2010, 24 f.; Pesch, Heinrich, *Lehrbuch der Nationalökonomie Bd. 2: Allgemeine Volkswirtschaftslehre.* I. Wesen und Ursachen des Volkswohlstandes, Freiburg i. Br. 1925, 238, mit Rekurs auf die Moralphilosophie des Schweizer Jesuiten Victor Cathrein; Weber, Quirin, *Korporatismus statt Sozialismus: die Idee der berufsständischen Ordnung im schweizerischen Katholizismus während der Zwischenkriegszeit* (Religion – Politik – Gesellschaft in der Schweiz 3), Freiburg (Schweiz) 1989, 68.

197 Kap. XX Ziff. 28 der *Mediationsakte*.

ab einem bestimmten Vermögen zugestanden.[198] Die ehemaligen Untertanengebiete St. Gallen, Aargau und Graubünden bildeten neue Kantone.[199]

Schon die Präambel der *Mediationsakte* zeigte aber, «dass Frankreich an einer staatlichen Eigenständigkeit der Schweiz keinerlei Interesse hatte; es ging Napoleon vielmehr darum, die Schweiz als Teil seines kontinentaleuropäischen Herrschaftssystems zu stabilisieren»[200]. Napoleon war sich nach der Erfahrung der Helvetik bewusst, dass die Schweiz nicht zentralistisch regiert werden konnte. Er war aber an stabilen politischen Verhältnissen interessiert. Seine Sicht der Lage der Eidgenossenschaft präzisierte er in einer Rede an den Ausschuss der helvetischen Consulta zu St. Cloud am 12. Dezember 1802:

> «Die Schweiz kann keine bedeutende Rolle mehr unter den Staaten Europens spielen, wie zu der Zeit, wo keine grossen Nachbarn neben ihr standen, wo Frankreich in sechszig, Italien in vierzig Herrschaften eingetheilt war. Damals wog eine Eurer Municipalitäten an Macht einen Herzog, die persönlich unter der Fahne vereinigte Tapferkeit Eurer Völker halbe Heere auf. Jetzt ist es anders. Frankreich besitzt ein Heer von fünfmalhundert, Österreich von drei-, Preussen von zweimalhunderttausend Mann wohl disziplinierter Truppen. Hierbei verschwindet die Schweiz und bleibt ihr nur übrig, ihre innern Interessen wohl zu besorgen. [...]
> Ich spreche zu Euch, als wäre ich selbst ein Schweizer; für kleine Staaten ist die Föderation ungemein vorteilhaft. Ich selbst bin ein geborner Bergbewohner (montagnard); ich kenne den hieraus entspringenden Geist. Nur keine Einheit, keine Truppen, keine Central-Finanzen, keine Central-Abgaben, keine diplomatischen Agenten bei den andern Mächten [...] Die Schweiz soll sich darauf beschränken, ihre innern Angelegenheiten wohl zu verwalten [...] und sich dabei auf die französische Freundschaft stützen.»[201]

Diese «Freundschaft» bestand unter anderem darin, dass sich Napoleon im September 1803 in einem Defensivbündnis mit der Schweiz das Recht sicherte,

[198] Diese Neuerung wurde in den Kantonen mit einer Landsgemeinde nicht aufgenommen.

[199] Die Untertanengebiete Thurgau, die Waadt und das Tessin waren schon während der Helvetik zu Kantonen geworden.

[200] Kley, *Verfassungsgeschichte der Neuzeit*, 224.

[201] Aus der Ansprache Bonapartes an den Ausschuss der helvetischen Consulta zu St. Cloud, 12. Dezember 1802, dt.: Oechsli, Wilhelm, *Quellenbuch zur Schweizergeschichte für Haus und Schule*, Zürich ²1901, 640 f.

«neben den bereits bestehenden schweizerischen Regimentern von 8000 Mann im Falle der militärischen Bedrohung Frankreichs in der Schweiz weitere 8000 ‹Freiwillige› für den Militärdienst zu rekrutieren»[202].

Trotz dieser totalen Abhängigkeit von Frankreich hat die Mediationszeit für die Schweiz eine grosse verfassungsrechtliche Bedeutung. Das jährlich wechselnde Präsidium des Bundesrates erinnert noch heute daran, dass das Oberhaupt des Direktorialkantons, der Landammann, jährlich wechselte. Der jetzt institutionalisierte Föderalismus sollte die Schweizer Verfassungsgeschichte prägen.

5.3 Restauration (1814–1830)

Die von Napoleons Gnaden vorgeschriebene *Mediationsakte* überdauerte den Sturz des französischen Kaisers nach den Niederlagen bei Leipzig (1813) und bei Waterloo (1815) nicht. Am 29. Dezember 1813 setzten die Gesandten von zehn alten Kantonen die *Mediationsakte* ausser Kraft. Die Wiedereinführung der alten Untertanenverhältnisse des Ancien Régime wie vor 1798 (in der Waadt und im Aargau) verhinderte Russland. Der russische Zar Alexander I. (1777–1825),[203] der seine Erziehung beim Waadtländer Frédéric-César de la Harpe (1754–1838) genossen hatte, wollte die Kantone Waadt und Aargau nicht wieder zu Untertanengebieten herabstufen lassen. In Bern waren aber wieder die alten, vorrevolutionären Kräfte an die Macht gelangt, die die alten Untertanengebiete wieder in Besitz nehmen wollten. Um dies zu verhindern, erhielt Bern auf dem Wiener Kongress (1815) den Jura, d. h. die Territorien des ehemaligen Fürstbischofs von Basel im Jura,[204] und die Stadt Biel.

In der Epoche der Restauration wird auch das Staatsideal revidiert. Gemäss dem Ancien Régime wird der Staat mit den Prinzipien der Autorität und der Überzeugung begründet, dass die tradierten Herrschaftsverhältnisse einer gott-

---

202 Kley, *Verfassungsgeschichte der Neuzeit*, 224.

203 «Es gibt im 19. Jahrhundert keinen Staatsmann, der für die Schweiz mehr Verdienste erworben hat als Alexander I.» Kley, *Verfassungsgeschichte der Neuzeit*, 228.

204 Vgl. Jorio, Marco, Franz Xaver von Neveu (1794–1828) – Der letzte Basler Fürstbischof, in: Fink, Urban / Leimgruber, Stephan / Ries, Markus (Hg.), *Die Bischöfe von Basel 1794–1995*, Freiburg (Schweiz) 1996, 29: «Der neugewählte ‹Princeps Sacri Romani Imperii› – der letzte Basler Bischof, der diesen Titel trug – trat ein schweres Erbe an. Sein Staat war auf die südjurassischen, in die helvetische Neutralität eingeschlossenen Gebiete und die kleine breisgauische Herrschaft Schliengen beschränkt. Die Finanzen waren ruiniert, die Zukunft höchst unsicher.»

gewollten Ordnung entspringen. Gemäss diesem Verständnis ist der Staat nicht von Menschen geschaffen, sondern von Gott, was sich angeblich auch mit der Bibel begründen lässt: «Wer sich daher der staatlichen Gewalt widersetzt, stellt sich gegen die Ordnung Gottes.» (Röm 13,2)[205] Die wahre Freiheit war gemäss dieser Auffassung die Freiheit der Vorrechte im ständisch gegliederten Staat, wo jeder die von Gott gegebene, je eigene Stellung innehabe.[206]

Der Berner protestantische Aristokrat Carl Ludwig von Haller (1768–1854) demontiert in seinem Werk *Restauration der Staatswissenschaft* (1820) das aufgeklärte Verständnis des Staates. Gemäss Jean-Jacques Rousseaus Konzept des *Gesellschaftsvertrages* geht der Staat aus einer freien Vereinbarung zwischen den Bürgern hervor. Haller dagegen betont die natürliche Ungleichheit der Menschen, die eine institutionelle Ungleichheit zur Folge habe, wie schon grosse Philosophen der Antike wussten.

> «Für Haller war der Staat in seiner Idealform das Privateigentum (Patrimonium) des nur Gott gegenüber verantwortlichen Fürsten; Untertanen hatten für ihn keine Rechte, sondern nur die Pflichten der Unterordnung. Aufgabe des Patrimonialstaates war es, unterstützt durch die katholische Kirche das Bestehende zu erhalten.»[207]

Aus politischer Sicht war es deshalb nur konsequent, dass dieser protestantische Aristokrat 1821 zur katholischen Kirche konvertierte und den liberalen Katholi-

---

[205] Dass der Aussage aus Röm 13 in Offb 13 eine andere Sicht entgegengestellt wird, wird ebenso verschwiegen wie die über mehr als ein Jahrtausend alten partizipativen bzw. demokratischen Rechtstraditionen der Kirche, die im Teil I und Teil II dieser Monographie besprochen wurden.

[206] Die aktuelle Gesetzgebung der katholischen Kirche denkt heute noch in dieser ständischen Perspektive, wie der c. 208 CIC/1983 verrät: «Unter allen Gläubigen besteht [...] eine wahre Gleichheit in ihrer Würde und Tätigkeit, kraft der alle *nach ihrer eigenen Stellung* und Aufgabe am Aufbau des Leibes Christi mitwirken.» (Hervorhebung: A. Loretan). Eine wahre Gleichheit je nach ihrer eigenen Stellung hebt die Gleichheit der Getauften wieder auf, die das Konzil aufgrund der gleichen Würde der Person (DH 1) für den Staat und aufgrund der gleichen Würde der Getauften (LG 32) für die Kirche gefordert hat. Dazu kam ein Diskriminierungsverbot (GS 29). Es war deshalb berechtigt, dass die *Lex Ecclesiae Fundamentalis* (das kirchliche Grundgesetzprojekt) diese Gleichheit rechtlich umsetzen wollte, so der Kirchenrechtler Papst Paul VI. (Giovanni Battista Montini, 1897–1978, Pontifikat 1963–1978) und die erste römische Bischofssynode von 1967, die sich dazu klar vernehmen liessen. Doch dieses Grundgesetzprojekt wurde von den darauffolgenden Päpsten bisher nicht in Kraft gesetzt.

[207] Kley, *Verfassungsgeschichte der Neuzeit*, 230. Zum Patrimonialstaatsbegriff vgl. ferner Schnurrenberger, *Las Casas – Max Weber*, Satz III.

zismus[208] bekämpfte. Die zerrissene Schweiz musste eine neue Rechtsgrundlage finden, nachdem die *Mediationsakte* 1813 von den restaurativen Kantonen ausser Kraft gesetzt worden war. Der darauf folgende *Bundesvertrag* (1815) wird in der Literatur als ein Bund souveräner Staaten verstanden. «Das trifft als historische Aussage nicht zu, denn die Kantone hatten keine Wahl, am Bund teilzunehmen oder ihm fernzubleiben; von einem souveränen Beitritt zum Bund konnte keine Rede sein.»[209] Trotz verschiedenster Gebietsansprüche einzelner Kantone zeigte sich ein Konsens darin,

> «dass die Eidgenossenschaft sich zur Neutralität innerhalb des europäischen Mächtegleichgewichts verpflichten wollte und die zentrale Bundesgewalt nur über geringe Kompetenzen verfügen sollte. Nach langen und fruchtlosen Verhandlungen [in der ‹langen Tagsatzung›] intervenierten die Gesandten der europäischen Mächte erneut und forderten die rasche Verabschiedung des neuen Bundesvertrags. Unter diesem Druck verabschiedeten die 19 Kantone der Mediationszeit am 8.9.1814 den Bundesvertrag; am 12.9. nahmen sie das Wallis, Neuenburg und Genf in die Eidgenossenschaft auf.»[210]

Diese Entwicklung fasste der Titel des *Bundesvertrages* von 1815 wie folgt zusammen: «Bundes-Vertrag zwischen den XXII. Cantonen der Schweiz».[211] Das reformierte Bern wurde mit dem katholischen Jura und der Stadt Biel entschädigt, ohne die von diesem Entscheid betroffene Bevölkerung um ihre politische Meinung zu fragen, wie die naturrechtlich-völkerrechtliche Argumentation dies seit dem 16. Jahrhundert einforderte. Die ehemaligen Untertanengebiete mussten gemäss Kongressbeschlüssen finanzielle Entschädigungen an die alten Herrschaftskantone entrichten. Die Gleichheit der Kantone, von den Monarchien gefordert, musste also von den Untertanengebieten im wörtlichen Sinn erkauft werden, denn Rechtsansprüche der Gleichheit der Personen galten nicht in dieser göttlichen Ordnung, in der die gute Regierung das Gemeinwohl allein erkannte. Vor der Einbindung Genfs in die Eidgenossenschaft mussten Frankreich und Savoyen Gebiete abtreten.

208 Genauer vgl. oben, Abschnitt IV 5.4.1.

209 Kley, *Verfassungsgeschichte der Neuzeit*, 228.

210 Ebd. 226 f. «Die auferlegte Neutralität erforderte des Weiteren den Ausbau des eidgenössischen Militärwesens (Verdoppelung des Bestands des eidgenössischen Heeres auf 70 000 Mann; Eröffnung der ersten Militärschule in Thun).» Ebd. 228.

211 Der Vertrag ist abgedruckt ebd. 447–451.

> «Die Tagsatzung und die Kantone hatten dieses Diktat zu akzeptieren, womit am 7.8.1815 der neue Bundesvertrag beschworen werden konnte. Allerdings hatten etwa Schwyz und Nidwalden nie an den Verhandlungen teilgenommen; sie mussten sich fügen. Das ‹Elend schweizerischer Zerrissenheit› […] verhinderte die Lösung verschiedener territorialer Fragen […] Aus demselben Grund ging das Veltlin, das 300 Jahre zu Graubünden gehört hatte, verloren und fiel definitiv an Österreich.»[212]

Das Veltlin wurde durch den Wiener Kongress 1815 dem neu gegründeten Lombardo-Venetianischen Königreich eingefügt. Dieses war in Personalunion mit dem Kaisertum Österreich liiert. Die Einbindung des Veltlins in den Kanton Graubünden misslang aus verschiedenen Gründen. Die Grossmächte, insbesondere Österreich, waren daran interessiert, das strategisch wichtige Gebiet nicht aus den Händen zu geben. Die Bündner andererseits wollten das Veltlin nicht als gleichberechtigtes Land in den Kanton Graubünden aufnehmen. Sie fürchteten, dass die italienisch-katholische Bevölkerung in Graubünden zu mächtig würde.

Es waren die Grossmächte, die den einzelnen Kantonen keinen völkerrechtlichen Charakter beimassen und damit die Schweiz zwangen, als ein Staat (*corps fédératif*) am Wiener Kongress aufzutreten, obwohl das vielen Kantonen missfiel. Die grossen Monarchien Europas waren es, die die Schweiz als *corps helvétique*, als Rechtsinstitution, verstanden. Dieser Rechtskörper hatte den Bundesvertrag zu organisieren. Daher kann der Bundesvertrag nicht als Bund souveräner Staaten verstanden werden, denn die Beziehung unter den Kantonen hatte keinen völkerrechtlichen Charakter. Umgekehrt beseitigte der *Bundesvertrag von 1815* das Schweizer Bürgerrecht der Mediationszeit, wodurch ein Schweizer aus einem anderen Kanton als Ausländer galt.

> «Somit entfiel die überkantonale Niederlassungsfreiheit, wenn sie nicht durch spezielle Konkordate vorgesehen war. Die Restaurationsordnung des Bundesvertrages von 1815 brachte nur teilweise eine Rückkehr zu den Verhältnissen des Ancien Régime»[213],

da die monarchischen Grossmächte es den Kantonen verboten hatten, zu den Untertanenverhältnissen umzukehren. Für den russischen Zaren Alexander I. führte der aus Griechenland stammende Sondergesandte in der Schweiz, Ioannis Kapodistrias (1776–1831), die Verhandlungen.

---

212 Ebd. 227.

213 Ebd. 228.

«Er verhalf der Schweiz zu ihrer föderalistischen Struktur und zur Anerkennung ihrer Neutralität. Ohne dieses Verhandlungsgenie und seine Verbundenheit mit der Eidgenossenschaft würde die Schweiz heute zweifellos anders aussehen.»[214]

Der Wiener Kongress führte in Europa zur Restauration gewisser vorrevolutionärer Bedingungen wie z. B. dem Staatsideal der von Gott gewollten natürlichen Ordnung, in der angeblich kein Platz für Menschenrechte und Demokratie war, die beide entscheidend geprägt waren durch das christliche Naturrecht. Die drei Grossmächte – das orthodoxe Russland, das protestantische Preussen und das katholische Österreich – verbanden sich zur Heiligen Allianz (1815). In diesem angeblich «‹brüderlichen und christlichen Bundesvertrag› wollten die drei Monarchen dreier Konfessionen ‹die Vorschriften der Gerechtigkeit, der christlichen Liebe und des Friedens› zur Richtschnur ihrer Politik nehmen»[215].

Die Freiheitsrechte des Individuums, die in der Helvetik und Mediation unter französischem Einfluss relevant waren, wurden in der Restauration abgeschafft. Glaubens- und Gewissensfreiheit suchte man in katholischen und protestantischen Kantonen der restaurativen Regierungen vergeblich. Träger der Souveränität waren wieder die Räte anstelle des Volkes. Damit agierten die Kantonsregierungen im Interesse der reaktionären europäischen Grossmächte, die kein Interesse an einer freiheitlichen Enklave in der Mitte Europas hatten.

«Die moderne Schweiz in ihrer heutigen Struktur (mit Ausnahme des neuen Kantons Jura) und territorialen Ausdehnung verdankt ihre Existenz der ausländischen Intervention. […] Diese für ein patriotisches Heldenepos wenig brauchbare Tatsache führte wohl dazu, dass die Zeit der langen Tagsatzung noch heute historisch wenig erforscht und in der breiteren Öffentlichkeit nahezu unbekannt ist. Vielmehr ist der Glaube verbreitet, dass die Schweiz ihre Existenz dem Wirken der drei Eidgenossen auf dem Rütli verdanke. Angesichts der prägenden Ereignisse von 1813 bis 1815 gehört dies in den Bereich der staatstragenden Mythologie»[216],

die für das Zusammenwachsen nach dem Bürgerkrieg von 1847 von entscheidender Bedeutung war.

---

214 Schweizerische Eidgenossenschaft: Eidgenössisches Departement des Äusseren, Schweiz und Griechenland. Ioannis Kapodistrias, URL: https://www.eda.admin.ch/countries/greece/de/home/bilaterale-beziehungen/ioannis-kapodistrias.html. Nach der Unabhängigkeit vom Osmanischen Reich war der von Korfu stammende Kapodistrias das erste Staatsoberhaupt Griechenlands.

215 Kley, *Verfassungsgeschichte der Neuzeit*, 229.

216 Ebd. 227.

5.4 Regeneration (1830–1848)

Das Bürgertum konnte sich trotz der Restauration relativ frei entfalten, was zu einem ökonomischen Aufschwung führte. Das demokratische und aufgeklärte Denken behauptete sich unter anderem in den ehemaligen Untertanengebieten. Die Ideen der Aufklärung und des Liberalismus wurden von diesen Bürgern aufgegriffen. Der Wille zur politischen Veränderung wurde aber durch den *Bundesvertrag von 1815* begrenzt, der «keine Revisionsbestimmungen enthielt und so auf ordentlichem Weg den neuen Notwendigkeiten gar nicht angepasst werden konnte»[217]. Mehrere gescheiterte Versuche zur Revision des *Bundesvertrages* zwischen 1831 und 1835 machten deutlich, dass die Erprobung neuer Freiheitsrechte ausschliesslich auf kantonaler Ebene möglich war. Damit zeigte sich schon früh ein Muster der Veränderungen in den Strukturen des Schweizer Staates von unten nach oben.

Nachdem die Einflussnahme der europäischen Grossmächte Ende der 1820er-Jahre nachliess, orientierte sich der Liberalismus an den Ideen der Aufklärung und der bürgerlichen Revolution. Das Tessin nahm als erster Kanton eine liberale Verfassung an. Nur wenige Tage später wurde die Pariser Juli-Revolution 1830[218] zum Auslöser der Regeneration der liberalen Bewegungen in Europa und der Schweiz, infolge deren weitere Kantonsverfassungen im liberalen Sinne umgestaltet wurden. Schon 1831 traten in zehn Kantonen neue regenerative Verfassungen in Kraft: Zürich, Bern, Luzern, Solothurn, Freiburg, Schaffhausen, St. Gallen, Aargau, Thurgau und Waadt. Schon diese Liste zeigt, dass die Grenze zwischen Liberalen und Konservativen nicht entlang der Konfessionen, sondern der politischen Gesinnung lief. Der politische Katholizismus und die katholische Kirche waren nicht deckungsgleich. Aber auch der Kanton Basel spaltete sich in zwei Halbkantone. Das liberale Bürgertum lehnte die Zersplitterung und Ohnmacht der vom Ausland abhängigen Schweiz ab.

Auf die regenerierten Kantonsverfassungen hatte der Deutsche Ludwig Snell (1785–1854) entscheidenden Einfluss. Als politisch Verfolgter war er über London nach Zürich emigriert. Sein Einfluss als Redaktor der liberalen Zeitschrift *Der schweizerische Republikaner* und anschliessend als Rechtsprofessor in Zürich (1833) und Bern (1834–1836) war sehr bedeutend. Sein *Handbuch des schweizeri-*

---

[217] Ebd. 231.

[218] Vgl. ebd. 196–198.

schen Staatsrechts[219] enthielt eine Sammlung von Verfassungstexten. Snell verlangte die obligatorische Volksschule, da er Bildung als Staatsaufgabe verstand. Er sah in seinem Verfassungsentwurf keine direkt-demokratischen Rechte ausserhalb des Verfassungsreferendums vor. Für ihn sollten nur die gebildeten Bürger über Sachfragen abstimmen. In dieser Auseinandersetzung zwischen konservativen und regenerierten Kantonen wurde die direkte Demokratie von den Konservativen als politisches Instrument entdeckt.[220]

Die regenerierten Kantone positionierten sich gegen die Restaurationskantone, die mit dem konservativ-katholischen Österreich in enger Verbindung standen. Deshalb verbanden sich die damals regenerierten Kantone (Luzern, Zürich, Bern, Solothurn, St. Gallen, Aargau und Thurgau) im so bezeichneten *Siebnerkonkordat* vom 17. März 1832 zur gegenseitigen Garantie der regenerierten Kantonsverfassungen. Auch hier ist nicht die Konfession die Trennlinie. Die Kantone gewährleisteten sich gegenseitig die Verfassungen, da der damalige *Bundesvertrag* dies nicht vorsah. Diese Form der Gewährleistung der regenerierten Verfassungen sollte bis zur Revision des Bundesvertrages bestehen bleiben.

> «Die nicht regenerierten Kantone reagierten auf die Herausforderung: Uri, Schwyz, Unterwalden, Basel-Stadt und Neuenburg vereinigten sich ihrerseits noch 1832 im zunächst geheim gehaltenen Sarnerbund.»[221]

Auch dieser Zusammenschluss verlief nicht entlang der konfessionellen Trennlinie. Die Vertreter dieser Kantone blieben im folgenden Jahr unter Hinweis auf das bekannt gewordene Sonderbündnis der Tagsatzung fern.

> «Die Tagsatzung interpretierte den Sarnerbund, nicht aber den Siebnerbund, als Verstoss gegen § 6 des Bundesvertrages von 1815, wonach unter den einzelnen Kantonen keine für den allgemeinen Bund oder die Rechte anderer Kantone nachteilige Verbindungen geschlossen werden dürfen, und löste den Sarnerbund auf.»[222]

---

219 Vgl. Snell, Ludwig, *Handbuch des schweizerischen Staatsrechts*, Zürich 1837/1848, 2 Bde. und Nachträge.

220 Vgl. Tornic, Ana / Massüger, Nina, Verfassungsräte in den Schweizer Kantonen – Bedeutung und Bedeutungswandel, in: Roca, René / Auer, Andreas (Hg.), *Wege zur direkten Demokratie in den schweizerischen Kantonen* (Schriften zur Demokratieforschung 3), Zürich 2011, 53–78.

221 Kley, *Verfassungsgeschichte der Neuzeit*, 237.

222 Ebd.

In dieser grössten Spannung zwischen den regenerierten und restaurativen Kantonen stellte der regenerierte Kanton Aargau den Antrag, den Eidgenössischen Bettag[223] in allen Kantonen am selben Sonntag zu feiern.

> «So beschloss die Tagsatzung, den Eidgenössischen Dank-, Buss- und Bettag jeweils auf den dritten Septembersonntag festzulegen […] Auf dem Umweg über die religiöse Feier des Dankfestes sollte so das eidgenössische Nationalgefühl gefördert werden.»[224]

Die immer noch blockierte Tagsatzung beschreibt Alexis de Tocqueville als eine Regierung,

> «die nichts von sich aus beschliesst, sondern sich darauf beschränkt, das zu realisieren, was zweiundzwanzig andere Regierungen je einzeln beschlossen haben; eine Regierung, die, was auch immer komme, nichts entscheiden, nichts einplanen, nichts ausrichten kann»[225].

In dieser für die Tagsatzung typischen Handlungsunfähigkeit wurde der interne Konflikt der Eidgenossenschaft konfessionalisiert, um demokratische Mehrheiten zu finden. Doch davor soll gezeigt werden, wie stark die liberale Bewegung gerade von Katholiken getragen worden ist.

5.4.1 Die katholische Präsenz in den freisinnigen Führungsorganen

> «Die Regeneration, die 1830 die Hälfte der Kantone und zwei Drittel der Bevölkerung erfasste, wurde nicht nur durch die französische Juli-Revolution ausgelöst. Einen erheblichen Einfluss hatte die vorausgegangene Umwälzung im Tessin. Deren

---

223 Der heute jährlich als Eidgenössischer Dank-, Buss- und Bettag schweizweit begangene Sonntag wird auf Beschluss der Tagsatzung von 1832 staatlich angeordnet und von den Kirchen durchgeführt, seit der Bettagsfeier zum 700-jährigen Bestehen der Eidgenossenschaft 1991 auch unter Einbezug nicht-christlicher Religionen. Die Wurzeln reformiert-katholischer Bettage reichen zurück ins Jahr 1794 und fussen auf älteren konfessionellen oder regionalen Traditionen. Vgl. dazu Faber, Eva-Maria, Solidarisch beten. Zur Entstehung und Eigenart des Eidgenössischen Dank-, Buss- und Bettags, in: dies. / Kosch Daniel (Hg.), *Dem Bettag eine Zukunft bereiten. Geschichte, Aktualität und Potenzial eines Feiertags*, Zürich 2017, 37–80.

224 Kley, *Verfassungsgeschichte der Neuzeit*, 237.

225 De Tocqueville, Alexis, Bericht über die Demokratie in der Schweiz (15.1.1848), in: ders., *Kleine Politische Schriften*, Berlin 2006, 174.

intellektueller und politischer Kopf war der ehemalige Priesterseminarist und spätere Bundesrat Stefano Franscini (1796–1857). Auch in anderen Kantonen spielten radikal-liberale Katholiken eine Schlüsselrolle»[226],

wie der Historiker Josef Lang (* 1954) ausführlich belegt. Die überdurchschnittlich gebildeten freisinnigen katholischen Geistlichen waren eng verbunden mit ihren katholischen Gesinnungsgenossen in Behörden und Bewegungen.

> «Die katholischen Radikalen stellten während des langen Kulturkampfs in Solothurn ununterbrochen und im Tessin während der längsten Zeit die politische Führung, in St. Gallen und dem Aargau dessen Mehrheit. Auffällig stark war auch die katholische Präsenz in den freisinnigen Führungsorganen der Kantone Baselland und Thurgau. […] 1851 konnten protestantische Kreise im letzten Moment verhindern, dass alle drei, selbstverständlich freisinnigen, Bundesratssitze an Katholiken fielen. […] Sogar im Kanton Luzern stellten radikal-liberale Katholiken die Mehrheit der politischen Kader der 1830er-, 1850er- und 1860er-Jahre. Und in klerikal beherrschten Gegenden wie dem Freiamt und dem Jura waren die weltlichen Gebildeten mehrheitlich liberal und radikal.»[227]

Die Mehrheit der katholischen Freisinnigen der Regenerationszeit stammte aus einfachen Verhältnissen der früheren Untertanengebiete. In ihrer Jugend wurden sie von den Ideen der Aufklärung, des Idealismus und des Liberalismus geformt. Dabei spielten die liberalen, katholischen Geistlichen eine zentrale Rolle. Denn

> «fast alle waren in ihrer Jugend religiös sehr aktiv, etliche wollten zuerst Priester werden, die meisten sind dank fortschrittlichen Geistlichen mit der Aufklärung in Kontakt gekommen. So hatte der [katholische] Freischarenführer und [erste] Nationalratspräsident Robert Jakob Steiger [1801–1862] seine politische Laufbahn begonnen mit der ‹Bibelverbreitung› im Luzernischen, einer ‹umfangreichen Aktion› mit antijesuitischer Stossrichtung. Für Augustin Keller [1805–1883], den wohl bedeutendsten Kulturkämpfer, bildete die Konstanzer ‹Wallfahrt›, die ihn als 16-Jährigen gemeinsam mit seinem Griechischlehrer Christophor Fuchs zu Wessenberg, in den Konzilssaal und an die Todesstätte von Johannes Hus [1370–1415] nach Konstanz führte, zu seinen prägendsten Jugenderlebnissen.»[228]

---

[226] Lang, *Die Schweiz des 19. Jahrhunderts im Spiegel*, 14.

[227] Ebd. 10.

[228] Ebd.

Wie bei den folgenden Beispielen waren viele katholische Familien in Liberale und Konservative gespalten:

> «Julius Salzmann (1804–1862), der Führer des ersten Freischarenzugs, war Neffe des amtierenden Bischofs [von Basel] Josef Anton Salzmann [1870–1854]. Karl Joseph Pankraz Morel [1825–1900], einer der zahlreichen katholischen Köpfe des St. Galler Radikalismus, war Neffe des ultramontanen Einsiedler Stiftsbibliothekars P. Gall Morel [1803–1872]. Die Führer der beiden Birsecker [politischen] Katholizismen im jungen Bundesstaat waren die zwei Brüder Feigenwinter, der freisinnige Niklaus (1840–1912) und der ultramontane Xaver (1842–1915). Auffällig stark waren die freisinnigen Katholiken in den neuen aus Untertanengebieten entstandenen Kantonen Tessin, St. Gallen, Aargau, Thurgau, Baselland.»[229]

Dieses Geschichtsbild erscheint teilweise überraschend. Denn das Bild des «politischen Katholiken» war bis weit ins 20. Jahrhundert von der Vorstellung geprägt, wonach «gläubigen» Katholiken – implizit mit ultramontan gesinnten Katholiken gleichgesetzt – die obersten Ämter in der Bundesverwaltung über Jahrzehnte verwehrt wurden. Eine differenzierte Darstellung diesbezüglich erfolgte in der Geschichtswissenschaft in grösserem Umfang erst in der zweiten Hälfte des 20. Jahrhunderts, ausgehend von Urs Altermatts (* 1942) Monografie zu dieser Thematik.[230] Wie war es dazu gekommen, dass der schweizerische politische Katholizismus, der im 19. Jahrhundert in den liberalen und radikalen Bewegungen, in den Kantonen und im neuen Bundesstaat herausragende Führungspersönlichkeiten stellte (z. B. Stefano Franscini, Augustin Keller und Robert Jakob Steiger), später als die antiliberale Bewegung hingestellt wurde?

5.4.2 Konfessionalisierung des Konflikts

Nur zwei Jahre nach der Pariser Julirevolution wird 1832 die Enzyklika *Mirari vos*[231] veröffentlicht. Für die Konfessionalisierung des Konflikts zwischen Liberalen und Konservativen war die Papstenzyklika geradezu ein Steilpass für beide Seiten. In seiner Enzyklika verurteilte Papst Gregor XVI. (1765–1846) die Freiheitsrechte wie etwa die Religionsfreiheit, die Pressefreiheit und die Meinungs-

---

229 Ebd. 11 f.

230 Altermatt, Urs, *Der Weg der Schweizer Katholiken ins Ghetto. Die Entstehungsgeschichte der nationalen Volksorganisation im Schweizer Katholizismus 1848–1919*, Zürich 1972.

231 Gregor XVI., Antrittsenzyklika *Mirari vos*,15.8.1832, in: *DenzH*, Nr. 2730–2732.

freiheit und setzte den Index der verbotenen Bücher und die Bücherzensur fort[232]. Die Enzyklika trägt den Untertitel: «über die Äusserungen zu den Verwirrungen in Kirche und Staat», wobei der Papst damit den Liberalismus und religiösen Indifferentismus meinte. Mit dieser lehramtlichen Verurteilung des Liberalismus als Irrtum traten die ultramontanen[233] Katholiken in Opposition zu den Grundwerten der liberalen Staatsform, die erst gerade im Begriff war zu entstehen.

> «Zunächst spielten die Konfessionen in den Auseinandersetzungen innerhalb der Eidgenossenschaft noch keine grosse Rolle. Die Konfessionalisierung der Konfliktlinien entwickelte sich erst allmählich, indem die Mehrzahl der Regenerationskantone protestantisch war und die katholischen Kantone konservativ blieben.»[234]

Oder wenn sie konservativ wurden, wie z. B. der Kanton Luzern. 1834 einigten sich noch sieben damals regenerierte Kantone (Luzern, Bern, Solothurn, Basel-Landschaft, Aargau, Thurgau und St. Gallen) in den *Badener Artikeln* auf die Wahrung staatlicher Rechte gegenüber der katholischen Kirche. 1839 kommen in den damals liberalen Kantonen Zürich und Luzern konservative Mehrheiten zustande. Im Kanton Aargau dagegen wollte die neue liberale Regierung die Klöster auf

---

232 Leo X. hatte bereits 1515 die Vorzensur für Bücher eingeführt (*Inter sollicitudines*). Der *Index librorum prohibitorum* geht zurück auf das Konzil von Trient (1545–1653); zwischen 1557 und 1948 wurde der Index mehrfach aktualisiert, seit 1571 durch eine eigens dafür zuständige Kardinalskongregation. 1966 wurde der Index ausser Kraft gesetzt, seit 1967 hat er keine bindende und strafende Wirkung mehr.

233 Der Ultramontanismus bezeichnete zunächst mit negativer Prägung jene Strömung im Katholizismus, die nach Rom orientiert ist, «seit Ende des 19. Jh. bis in die Zeit des Nationalsozialismus [in Deutschland] auch generell für die Katholiken (im Sinn v. undeutsch, national unzuverlässig).» Sie zeichnete sich zwischen dem Ersten und Zweiten Vatikanischen Konzil durch folgende Elemente aus: «a) römisch-päpstl. Orientierung in Lehre u. Praxis; b) Forts. der Denk- u. Frömmigkeitsformen des nachtridentin., speziell jesuit. [...] Katholizismus u. der damit zusammenhängenden Antiaufklärer u. anti-revolutionären Haltung; c) theol. neuschol. Basis [...]; d) Kampf gg. Staatskirchentum u. für die volle Freiheit der Kirche; e) [...] seit der Mitte des 19. Jh. populist. Tendenz u. Benutzung moderner Mittel. [...] Höhepunkte des U[ltramontanismus] bildeten der *Syllabus [Errorum]* v. 1864 u. das [E]rste Vatikanische Konzil [insbesondere mit der Dogmatisierung der päpstlichen Unfehlbarkeit und des päptlichen Jurisdiktionsprimats].» Schatz, Klaus, Art. Ultramontanismus, in: *LThK*^{3} 10, 360 f. Die Festlegung des Jurisdiktionsprimats scheint eher zu einem Kennzeichen für den Ultramontanismus zu werden, weil er rechtlich unmittelbar nach Veröffentlichung der Dogmatischen Konstitution *Pastor aeternus* (18.7.1870) bindend wirkte. Die Unfehlbarkeitsdefinition dagegen konnte sich erst auswirken, wenn zukünftig der Papst eine Glaubens- oder Sittenlehre ex cathedra festsetzen würde.

234 Kley, *Verfassungsgeschichte der Neuzeit*, 242.

dem Kantonsgebiet aufheben, was zu einem Aufstand im katholischen Freiamt führte. Am 13. Januar 1841 entschied der Grosse Rat des Kantons Aargau, sämtliche Klöster aufzuheben. Dieser Beschluss wurde in den folgenden Wochen umgesetzt, musste aber bald wieder zum Teil rückgängig gemacht werden:

> «Eine ausserordentliche Tagsatzung beschloss, dass die Klosteraufhebung § 12 des Bundesvertrages von 1815 widersprach. Der Aargau stellte 1843 wenigstens die Frauenklöster wieder her, worauf die Tagsatzung die Klosterfrage mit 12 2/2 Stimmen für erledigt erklärte.»[235]

Das aufgehobene Benediktinerkloster Muri wird nach Gries bei Bozen in Südtirol und die Zisterzienserabtei Wettingen in die Mehrerau nahe dem vorarlbergischen Bregenz verlegt, weil Männerklöster im Kanton Aargau nicht mehr geduldet werden. Die von der Aufhebung nicht betroffenen Benediktinerklöster Engelberg (Kanton Obwalden) und Einsiedeln (Kanton Schwyz) gründeten in den USA Zweigniederlassungen, weil die Religionsfreiheit und damit der Fortbestand von jahrhundertealten Klöstern in der Schweiz nicht mehr garantiert werden konnte.[236]

Die neue konservative Regierung in Luzern berief entgegen den starken Bedenken des Ordensgenerals der Jesuiten, Jan Roothann, die Jesuiten als Lehrkräfte für ihr Luzerner Gymnasium und die Theologische Hochschule.[237] Diese Jesuitenberufung wurde von den liberalen Kräften in der Eidgenossenschaft als Affront empfunden. Die Luzerner Liberalen, fast ausschliesslich Katholiken,

---

235 Ebd.

236 Zur Aufhebung des Klosters Muri vgl. Amschwand, Rupert, *Abt Adalbert Regli und die Aufhebung des Klosters Muri*, Beilage zum Jahresbericht des Kollegiums Sarnen 1955/56, Sarnen 1956.
Zur Gründung der Tochterklöster in Amerika des Klosters Engelberg: Vogel, Adalbert OSB, *Die Benediktiner-Colonie Neu-Engelberg in Conception im Staate Missouri, Nordamerika*, Brünn 1882; zur Gründung der Abbey Conception (1873): zur Gründung der Abbey Mount Angel (1882): Rippinger, Joel OSB, *Struggle and Ascent: The History of Mount Angel Abbey*, Collegeville 2020.
Zu den Gründungen des Tochterklosters von Einsiedeln St. Meinrad (1854), von wo aus weitere sechs Benediktinerabteien in den USA gegründet wurden, vgl. Kleber, Albert, *History of St. Meinrad Archabbey* 1854–1954, St. Meinrad 1954.

237 Vgl. Loretan, Waren die Jesuiten «staatsgefährlich» (Art. 51 Abs. 2 BV 1874)? Von der kirchlichen Wiederherstellung bis zur staatlichen Vertreibung – ein staatskirchenrechtlicher Beitrag, in: Oberholzer, Paul (Hg.), *Die Wiederherstellung der Gesellschaft Jesu. Vorbereitung, Durchführung und Auswirkungen. Unter besonderer Berücksichtigung der Verhältnisse im Wallis* (Studia Oecumenica Friburgensia 88), Münster 2019, 432 f.

unternahmen am 8. Dezember 1844 mit ausserkantonaler Unterstützung den ersten Freischarenzug. Dieser antiklerikale politische Umsturzversuch scheiterte. Darauf kam es im März 1845 zum zweiten Freischarenzug,

> «jetzt vor allem von ausserkantonalen Bewaffneten gebildet, doch auch dieses Unternehmen schlug fehl, es waren rund 100 Tote zu zählen. Für die gefangenen Freischärler verlangte Luzern Lösegeld und bekam es auch. Die Freischarenzüge waren mehr als nur private Unternehmungen, weil sie von einzelnen Kantonsregierungen mehr oder weniger versteckt unterstützt wurden. Luzern hatte das Recht auf seiner Seite, und die Tagsatzung erliess 1845 demzufolge ein Verbot der Freischarenzüge.»[238]

Die Luzerner Regierung der Konservativen fühlte sich angegriffen und schloss sich daher zu einer Schutzvereinigung mit den anderen Kantonen zusammen, die zu diesem Zeitpunkt eine konservative Regierung hatten: Uri, Schwyz, Obwalden und Nidwalden, Zug, Freiburg und Wallis. Dieses Schutzbündnis wurde im Juni 1846 bekannt und von liberaler Seite als «Sonderbund» gebrandmarkt.

Im Jahr 1847 wechselte der Kanton St. Gallen von einer konservativen zu einer liberalen Mehrheit im Grossen Rat (mit 77 zu 73 Stimmen). Der vormalige Freischarenführer und Berner Regierungspräsident Ulrich Ochsenbein (1811–1890) drängte am 5. Juli 1847 die Tagsatzung in Bern mit einer flammenden Rede zur Revision des Bundesvertrages, der so angelegt war, dass keine Revision möglich sein sollte.

> «Die Tagsatzung beschloss mit je 13 Stimmen am 20.7.1847 die Auflösung des Sonderbunds und am 16.8.1847 die Revision des Bundesvertrages. Als Begründung für die Auflösung diente – wie 1833 bei der Auflösung des Sarnerbunds – der Verweis auf § 6 des Bundesvertrags von 1815. Am 3.9.1847 beschloss sie ferner die Ausweisung der Jesuiten.[[239] ...] Die Sonderbundskantone suchten in der Folge Unterstüt-

238 Kley, *Verfassungsgeschichte der Neuzeit*, 243.

239 Die Abfolge der Termine ist interessant: Den Antrag auf Ausweisung der Jesuiten und Aufhebung ihres Ordens stellte der katholische Radikale Augustin Keller im Aargauer Grossen Rat Ende Mai 1844, kurz nach dem Waffengang im Wallis. Im August 1844 wurde dieser Antrag von der Tagsatzung behandelt, wo er aber nur von Baselland gestützt wurde. Damit hatte nun die These, die Jesuiten seien staatsgefährlich, die oberste Ebene der eidgenössischen Politik erobert. Erst einige Wochen nach dieser negativen Entscheidung in der Tagsatzung, am 24. Oktober 1844, berief Luzern die Jesuiten an seine Hochschule. Erst im folgenden Sommer/Herbst 1845 kamen die ersten Jesuiten aus Italien dort an. Somit wurde die Staatsgefährlichkeit der Jesuiten

zung bei den katholischen Grossmächten Österreich, Frankreich und Sardinien, was zu einer gefährlichen Internationalisierung des internen schweizerischen Konflikts führte. [...] Die sich anschliessenden militärischen Operationen [eines Bürgerkriegs] unter dem Oberbefehl von General Guillaume-Henri Dufour (1787–1875) dauerten nur kurz; nach 26 Tagen war der letzte Widerstand gebrochen.»[240]

Die staatspolitische Bedeutung der Regenerationszeit von 1830 bis 1848 ist darin zu sehen, dass es gelang, zwei zentrale politische Optionen zu realisieren:

1) die nationale institutionelle Einigung über Konfessions- und Sprachgrenzen hinweg;
2) die Realisierung der demokratischen Machtkontrolle mit Gewaltenteilung.

Die über Jahrhunderte durch den Konfessionskonflikt ineffiziente Tagsatzung sollte bald der Geschichte angehören. Mit der Bundesverfassung von 1848 sollte der säkulare Rechtsstaat auf allen Ebenen religiös und konfessionell neutral werden – und damit wieder handlungsfähig.

5.5 Die Bundesverfassung von 1848

«Mit der militärischen und politischen Niederlage der Sonderbundskantone war der Weg frei für eine Revision des Bundesvertrages von 1815. [...] Dabei konnten die Befürworter eines liberalen Bundesstaates die günstige Gelegenheit nutzen, dass die europäischen Mächte selbst mit revolutionären Unruhen in ihren eigenen Ländern beschäftigt waren. Noch am 18.1.1848 hatten Frankreich, Preussen, Österreich und Russland sich in einer diplomatischen Note gegen jede Revision des Bundesvertrags von 1815 gewandt und unverhohlen mit militärischer Intervention gedroht.»[241]

---

schon politisch verhandelt, bevor diese überhaupt in Luzern eine Tätigkeit aufnahmen. Jeremias Gotthelf (Albert Bitzius) in Bern oder Jacob Burckhardt in Basel und andere besonnene Protestanten hatten denn auch das «Überborden» der Radikalen beanstandet. Vgl. Oberholzer (Hg.), *Die Wiederherstellung der Gesellschaft Jesu.* Darin besonders zu beachten: Roca, René, *Die Wahrnehmung des Jesuitentums in der Schweiz*; Jehle, *Der Schweizer Protestantismus und die Jesuiten im 19. und 20. Jahrhundert*; Loretan, *Waren die Jesuiten «staatsgefährlich»?*; Bischof, Die *Wiederherstellung der Gesellschaft Jesu im Urteil Ignaz Heinrich von Wessenbergs.*

240 Kley, *Verfassungsgeschichte der Neuzeit*, 243 f.

241 Ebd. 247.

Dennoch wurde die Revision des unrevidierbaren *Bundesvertrages* von 1815 nach dem Sonderbundskrieg aufgenommen. Eine Kommission der Tagsatzung entwarf 1848 die neue Bundesverfassung. Diese Kommission konstruierte eine Brücke zwischen dem starken zentralen Bundesstaat (Radikale) und dem Föderalismus (Konservative). Die Kommissionsdebatten waren neben staatsphilosophischen Erwägungen von einem hohen Grad an Pragmatismus geprägt. Zentralisiert werden sollte nur, was unbedingt zentral organisiert werden musste, z. B. das Münzwesen, das Militärwesen, Masse und Gewichte, der Abbau von Zollschranken. Es kam weder eine Bundesstruktur nach dem Muster des Staatenbunds von 1815 infrage noch eine zentralistische Republik wie während der Helvetik, sondern ein föderales System mit einem zentralen Entscheidungsmechanismus. Damit konnte die Handlungsunfähigkeit der traditionellen Tagsatzung überwunden werden. Auf Vorschlag des Philosophen und Politikers Ignaz Paul Troxler (1780–1866)[242] entschied man sich nach langen Diskussionen für das Zweikammersystem der *US-amerikanischen Unionsverfassung* von 1787.[243] Der starke Einfluss der radikaldemokratischen Ideale der Französischen Revolution konnte nicht offen zugegeben werden. So wurde der Mythos gestiftet, dass die direkte Demokratie eine Entdeckung der Eidgenossenschaft sei, die auf dem Rütli und später in den Landsgemeinden sich herausbildete.[244]

> «In der neueren Verfassungsgeschichte kannte als erster Staat Pennsylvania eine Kollegialregierung. Trotz der ausländischen Herkunft reklamierte die Verfassungskommission der Tagsatzung das Kollegialprinzip als eidgenössisches Charakteristikum. […] Schliesslich sollte der Bundesrat nicht durch das Volk, sondern durch die

---

242 Ignaz Paul Vital Troxler (1880–1866) aus Beromünster (Kanton Luzern) hat mit seiner Schrift zum nordamerikanischen Verfassungsmodell eine entscheidende Vorbereitung für die neue Bundesverfassung von 1848 geleistet. Er forderte ein föderales System mit einer klaren Gewaltentrennung. Troxler wird vom Schweizer Historiker Eduard Fueter (1908–1970) als einer der einflussreichsten Philosophen der Schweiz eingestuft. Fueter setzte die Rolle von Troxler als Staatsphilosoph der Schweiz mit derjenigen von Georg Wilhelm Friedrich Hegel (1770–1831) für Preussen gleich (bei dem Troxler in Jena studiert hatte). Vgl. Fueter, Eduard, Art. Troxler in: Hürlimann, Martin (Hg.), *Grosse Schweizer. Hundertzehn Bildnisse zur eidgenössischen Geschichte und Kultur*, Zürich 1938, 502.

243 Die Gleichheit zwischen beiden Kammern wurde erst mit der Totalrevision der Bundesverfassung von 1874 geschaffen.

244 Vgl. Pahud de Mortanges, René, *Schweizerische Rechtsgeschichte. Ein Grundriss*, Zürich ²2017, 40, Rn. 48. Pahud de Mortanges behandelt die unterschiedlichen Verständnisse von Demokratie in der modernen Schweiz, die seines Erachtens aus dem Naturrecht der frühen Neuzeit entstanden sind.

vereinigten Kammern des Parlaments gewählt werden, ‹im Interesse der Einheit der Bundesgewalten und wegen der Unterordnung der vollziehenden Behörde unter die oberste gesetzgebende Gewalt›.»[245]

Einstimmigkeit sei bei der Annahme der neuen *Bundesverfassung* gefordert, plädierten Uri, Schwyz und Unterwalden und zuvor die europäischen Grossmächte, weil der *Bundesvertrag* von 1815 keine Revisionsbestimmungen enthielt. Die meisten Sonderbundskantone (Uri, Schwyz, Ob- und Nidwalden, Zug, Appenzell Innerroden, Tessin und Wallis) stimmten gegen die neue *Bundesverfassung*.

> «Die anderen Kantone stimmten zu, freilich nicht immer gestützt auf ein Volksmehr: Der inzwischen radikal dominierte Grosse Rat des ehemaligen Sonderbundskantons Freiburg zog es vor, den Verfassungsentwurf angesichts der herrschenden Stimmungslage gar nicht erst dem Volk vorzulegen. Im Kanton Graubünden beschloss die grosse Mehrheit der Gemeinden die Annahme der Verfassung. Und der Kanton Luzern rechnete die Nichtstimmenden kurzerhand zu den Annehmenden. Der Grosse Rat des Kantons Tessin gab trotz negativem Volksentscheid, nach damaligem Bundesrecht zulässigerweise, eine positive Standesstimme ab. […] Verlässliche Angaben über die Stimmenverhältnisse gibt es nicht. […] Die Tagsatzung erklärte somit am 12.9.1848 die neue Bundesverfassung mit den Stimmen von 16 Kantonen und 2 Halbkantonen für angenommen. […] Es ergab sich eine fiktive Mehrheit von 86 %.»[246]

Die *Bundesverfassung* war nicht eine Revision des *Bundesvertrages* von 1815, sondern das Ergebnis eines revolutionären Akts. Die liberal-radikalen Zeitgenossen erachteten die Mehrheit der zustimmenden Stimmen als genügend und gaben das Erfordernis der Einstimmigkeit auf. Die Wahlen in die eidgenössischen Räte fanden nach dem jeweiligen kantonalen Recht im Oktober 1848 statt. Die gewählten Abgeordneten versammelten sich in Bern am 6.11.1848, wählten den ersten Bundesrat am 16.11.1848 und bestimmten Bern als Bundessitz am 28.11.1848.[247]

Aus eigenem Willen gab sich damit die Eidgenossenschaft eine demokratische Verfassung und verstand sich fortan als eine Demokratie mit langer Tradition, obwohl deren Ideen aus dem Ausland stammten. Die Bewahrung der Eigenständigkeit der Kantone sollte mit dem neuen nationalen Prinzip vereinigt werden.

---

245 Kley, *Verfassungsgeschichte der Neuzeit*, 250.

246 Ebd. 251.

247 Vgl. ebd.

«Das Vorbild der Vereinigten Staaten von Amerika mit ihrem Dualismus von Zentralstaat und Gliedstaaten war für die Mediationsakte und den Verfassungsentwurf von 1832 wegweisend gewesen. Im neuen Bundesstaat waren die Kantone souverän, soweit ihre Souveränität nicht durch die Bundesverfassung eingeschränkt wurde. [...] Die Kompetenzen des Bundes liessen sich demnach nur durch eine Revision der Bundesverfassung erweitern.»[248]

Für wichtige Rechtsbereiche, wie das Zivil- und das Strafrecht, die Gesetzgebung über Arbeit, Handel und Banken, die Wirtschaftspolitik oder das Bildungswesen, waren die Kantone zuständig. Die gefürchtete Zentralgewalt, der Bundesstaat, verfügte über wenige Kompetenzen. Ihre Einnahmequellen beschränkten sich im Wesentlichen auf die Erträge aus den Zöllen und der Postverwaltung. Ein zentrales Postulat des Liberalismus war der freie Personen- und Güterverkehr im gesamten Bundesgebiet. Die Kompetenzen der Zentralgewalt und die Grundrechte bestanden nur insoweit, als sie diesem Zweck dienten.[249] So wurde die Niederlassungsfreiheit nur für christliche Schweizer Bürger gewährleistet, nicht aber für Juden[250].

5.6 Friedensfördernde Elemente nach dem Bürgerkrieg

Nach der militärischen Auseinandersetzung zwischen Liberalen (bzw. Radikalen) und Konservativen konnte ein Kompromiss auf der Ebene der Staatsorganisation gefunden werden, der die Anliegen beider Konfliktparteien aufgriff. Der liberale Bundesstaat wurde durch einen starken Föderalismus der Kantone ergänzt, dazu kamen direkt-demokratische Elemente auf allen Ebenen. Der nationale Mythos von der Eidgenossenschaft als der «ältesten Demokratie der Welt»[251], so Bundesrat Motta (1871–1940), half, die Wunden des Bürgerkrieges zu heilen.

Dieser Mythos ist nicht ohne Wahrheit. Denn die direkte Demokratie kann sich daran erinnern, dass seit dem Mittelalter partizipative und demokratische

---

248 Ebd. 252.

249 Vgl. ebd. 253.

250 Die jüdische Bevölkerung wurde erst 1866 von der Schweiz durch Volksabstimmung als vorletztes Land in Europa (später kam nur noch Spanien) mit Niederlassungsfreiheit ausstattet.

251 Kley, *Verfassungsgeschichte der Neuzeit*, 235: «Aussagen, wie die Schweiz sei die älteste Demokratie der Welt, wollen nicht historische Wahrheiten verbreiten, sondern dienen der nationalen Einigung und dem Gemeinsinn.».

Strukturen der Korporationen der Alpgenossen und der Kirchgenossen die heutige Form der direkten Demokratie vorbereitet haben, die auch im kanonischen Recht Wurzeln haben.[252] Ergänzend wäre auch von den Theorien der Spanischen Klassiker des Naturrechts zu sprechen, die die Rechte der anderen, der nichtchristlichen Völker, einforderten.

Die Regenerationszeit war in der Eidgenossenschaft anders als in den deutschen Fürstentümern erfolgreich. Die Fürstentümer Deutschlands, die Monarchien Österreichs und Frankreichs hatten an dieser republikanischen Entwicklung Mitte des 19. Jahrhunderts in der Mitte Europas wenig Grund zur Freude. Wohl aber war die Schweiz Grund zur Hoffnung für die freiheitsliebenden Schriftsteller wie z. B. Georg Büchner[253] (1813–1837) in Zürich oder Heinrich Heine[254] (1797–1856) im Pariser Exil.

Auf Seiten der Kirche wurde erst auf dem Zweiten Vatikanischen Konzil die Ablehnung der modernen Verfassungen[255] aufgegeben. Denn jene Verfassungen garantieren die Glaubens- und Gewissensfreiheit und haben damit eine pluralistische Gesellschaft zur Folge. Die Kirche bewegte sich neu auf die Welt (*Gaudium et spes*) und auf den Staat (*Dignitatis humanae*), auf die Religionsgemeinschaften (*Nostra aetate*) und auf die anderen Konfessionen (*Orientalium Ecclesiarum*; *Unitatis redintegratio*) zu.

Für das Zusammenwachsen der im Bürgerkrieg geteilten Schweiz blieb der Mythos entscheidend, dass die direkte Demokratie in der alten Eidgenossenschaft entwickelt worden sei. Wenn aber Begrifflichkeiten der demokratischen Moderne schon im Mittelalter entstanden sind,[256] dann könnten Elemente der

252 Vgl. exemplarisch dazu Bacher, *Die Korporationen*, Kap. 2.

253 Vgl. Büchner, Georg, Brief an Bürgermeister Hess vom 22. September 1836 und Briefe an die Familie vom Juni 1836, 26. Oktober 1836, 20. November 1836, in: ders., *Sämtliche Werke und Briefe, historisch-kritische Ausgabe mit Kommentar*, Bd. 2: Vermischte Schriften und Briefe, Hamburg 1971, 459–462; ders., *Werke und Briefe*, Neue Durchgesehene Ausgabe, Bd. 2: Briefe. Miszellen, München 1979, 416–420.

254 Vgl. Heine, Heinrich, Deutschland. Ein Wintermärchen (1844), in: *DHA* 4, 1985, 89–157.

255 Die Ablehnung der Moderne wurde wesentlich durch die Französische Revolution ausgelöst. Die Kirche ist eine Institution, deren Rechtswissenschaft Grundlagen des modernen Rechtsstaates erarbeitet hatte. Das Lehramt der Kirche lehnte jetzt die modernen Verfassungen ab, spätestens von der Enzyklika *Mirari vos* (1832) bis DH (1965). Vgl. Loretan, Adrian, Demokratie versus Vernunft? Eine Einleitung, in: ders. (Hg.), *Die Würde der menschlichen Person*; ders., Zwischen Wahrheit und Freiheit. Religiöse Gewalt und liberaler Rechtsstaat, in: *Theologisches Feuilleton feinschwarz* vom 12.10.2017, URL: https://www.feinschwarz.net/zwischen-wahrheit-und-freiheit-religioese-gewalt-und-liberaler-rechtsstaat/.

256 Vgl. Loretan, *Interaktion von Philosophie und Recht*.

modernen Rechtskultur auch in den Rechtsinstitutionen vormoderner Zeiten entwickelt worden sein. Oder anders gesagt: «Quod omnes tangit, ab omnibus tractari et approbari debet» – Was alle angeht, muss von allen behandelt und angenommen werden.[257] Die säkulare moderne Verfassung muss dann ihre historischen Grundlagen in vormoderner Zeit nicht verleugnen, weil zwischen Rechtsgeschichte und Rechtsphilosophie (Genesis und Geltung[258]) unterschieden werden kann. Mit dieser Unterscheidung im Gepäck soll nun auch der Weg vom Heiligen Römischen Reich zur Bundesrepublik begangen werden.

6 Vom Heiligen Römischen Reich zur Weimarer Republik

Die Veränderungen vom Heiligen Römischen Reich Deutscher Nation zur säkularen Weimarer Republik und darüber hinaus spiegeln exemplarisch ein Stück europäischer Geschichte des Verhältnisses von Kirche und Staat. Zudem geht es um die Frage des religiösen Einflusses auf die Verfassungsentwicklung und um die Realisierung der Religionsfreiheit innerhalb der Verfassungen.

> «Der Staat erbaut sich über den Individuen als deren politische Organisation. Seine Legitimation [...] erhält er nicht als göttliche Stiftung, etwa um, wie bei Luther, dem Unrecht und dem Bösen zu wehren, nicht als naturgegebene, historisch gewachsene Institution (aus der Kraft der Tradition), sondern aus der Zustimmung derer, die der Staatsgewalt unterworfen sind und den Staat tragen.»[259]

Die «verspätete Nation»[260] Deutschland wurde durch die historischen Brucherfahrungen in den meisten Bereichen neu gedacht, ausser im Bereich Kirche und

---

[257] Für die Antike und das Mittelalter konnte das ausführlich dargelegt werden.

[258] «Wenn man die Frage nach den historischen Wurzeln der Idee unveräusserlicher individueller Rechte nicht bloss als eine Frage nach der Genesis auffasst, die ganz unabhängig von der Begründung der Geltung ist, dann ist hier ein wesentlicher Punkt markiert. Es geht dann nämlich um die prinzipielle Möglichkeit, trotz der Einsicht in die historische Kontingenz der Entstehung von Werten universelle Geltungsansprüche zu vertreten.» Joas, *Die Sakralität der Person*, 44.

[259] Böckenförde, *Staat, Nation, Europa*, 17.

[260] Vgl. das Werk des Soziologen und Naziflüchtlings Plessner, Helmuth, *Die verspätete Nation. Über die politische Verführbarkeit bürgerlichen Geistes*, Stuttgart 1959 (ursprünglich erschienen unter dem Titel *Das Schicksal des deutschen Geistes im Ausgang seiner bürgerlichen Epoche*, Zürich 1935). Heinrich August Winkler nannte den Beitrag einen Meilenstein auf «Deutschlands langem Weg nach Westen». Vgl. Winkler, *Der lange Weg nach Westen* (2 Bde.): Band 1: Deutsche Geschichte vom

Staat. Denn im Grunde gab es in Bezug auf das Verhältnis von Kirche und Staat weder 1848 noch 1918 oder zuletzt 1949, gar nicht zu reden von 1990, eine radikale Neuregelung. Hans Maier (* 1931) geht im Grundsatz von drei historischen Schichten der Ordnung des Kirche-Staat-Verhältnisses aus:

> «Die Grundschicht ist mittelalterlich – es ist jene Verbindung von ‹Kirche und weltlicher Ordnung›, die sich seit der Christianisierung der europäischen Völker gebildet hat und am stärksten in den Staatskirchenländern des protestantischen Nordens und Nordwestens und – bis vor kurzem – auch des katholischen Südens nachwirkte.
> Die zweite Schicht bildeten Reformation und Gegenreformation und die von ihnen ausgehenden Gestaltungen: vom Augsburger Religionsfrieden über den Westfälischen Frieden bis zum Ende des Alten Reiches 1806.
> Die dritte Schicht ist die des 19. und 20. Jahrhunderts, in der sich die modernen politischen und verfassungsrechtlichen Strukturen des Verhältnisses von Staat und Kirche formen: von 1848 und 1850 an bis zu den heute noch in Geltung stehenden, ins Grundgesetz übernommenen Kirchenartikeln der Weimarer Reichsverfassung von 1919.»[261]

Vergleichbar mit den Vereinigten Staaten von Amerika wurden Staat und Kirche auch in Deutschland nicht als Gegenparteien, sondern als einander unterstützende Institutionen gesehen. Eine Ausnahme stellen die beiden totalitären Weltanschauungsstaaten im 20. Jahrhundert dar, die wegen ihres exklusiven Staatsatheismus (Nationalsozialismus und Kommunismus)[262] andere Weltanschauungen

---

Ende des Alten Reiches bis zum Untergang der Weimarer Republik; Band 2: Deutsche Geschichte vom ‹Dritten Reich› bis zur Wiedervereinigung, München [5]2000, ders., *Geschichte des Westens. Vom Kalten Krieg zum Mauerfall* (4 Bde.). Band 1: Von den Anfängen in der Antike bis zum 20. Jahrhundert; Band 2: Die Zeit der Weltkriege 1914–1945; Band 3: Vom Kalten Krieg zum Mauerfall; Band 4: Die Zeit der Gegenwart, Sonderausgabe Munchen 2016.

261 Maier, Hans, «Religionen in den Staat verwebt». Zur historischen Entwicklung von Kirche und Staat in Deutschland, in: Waas, Lothar (Hg.), *Politik, Moral und Religion – Gegensätze und Ergänzungen*, FS Karl Graf Ballestrem (Beiträge zur Politischen Wissenschaft 132), Berlin 2004, 61–65, 61.

262 Die beiden Weltanschauungen gingen vom Prinzip des Staatsatheismus aus, und zeigten der Kirche in aller Deutlichkeit, wie verheerend dieses Prinzip der «Staatsreligion» für andere Weltanschauungen und Religionen sein konnte. Kardinal König kritisierte in der Konzilsaula den Staatsatheismus in den damaligen kommunistischen Staaten. «Seine Argumentation basiert allerdings nicht auf der Verteidigung eines Rechts der Kirche, das in Konkurrenz zu einem atheistischen Regierungssystem stünde, sondern vielmehr auf dem allgemeinen Menschenrecht auf Meinungs-, Gewissens- und Religionsfreiheit. Königs Rede verfolgt keine staatskirchenrechtliche

nicht dulden konnten. Während die USA und Frankreich «eher prinzipielle, ja fast theoretische Lösungsmuster geschaffen haben, um dem religionspolitischen Problem Herr zu werden, hat sich Deutschland nie für ein prinzipienorientiertes Modell entschieden»[263], sondern hat pragmatisch auf Konflikte neue Lösungen gesucht. Es sind die Konflikte, die zur Weiterentwicklung des Rechts im Verhältnis von Kirche und Staat geführt haben. Wie im Nachgang zum Investiturstreit des 12. und 13. Jahrhunderts ist es wieder ein Streit, der «einen gewichtigen Beitrag zur weiteren Ausdifferenzierung des Rechtssystems leistet, diesmal der Streit der christlichen Konfessionen im 16. und 17. Jahrhundert»[264]. Mit den rechtlichen Herausforderungen des Investiturstreits und der Reformation ist auch die rechtliche Herausforderung der Missbrauchskrise[265] zu vergleichen, so Walter Kardinal Kasper (* 1933).[266] Wieder ist ein rechtliches Umdenken im Verhältnis von Kirche und Staat gefordert, um den Opfern der Heilsinstitution Kirche in Zukunft gerecht werden zu können.

> «Der demokratische Verfassungsstaat prämiert durch das Kirchensteuersystem und weitere Privilegien ‹jene, die in der Kirche die Macht haben›, obwohl nicht wenige darunter nachweislich die Aufklärung von Sexualverbrechen behindert haben. Die Politik ist gefordert, Rechtsstandards zum Schutz der Opfer sexueller Gewalt in der

---

Logik, klagt nicht über den Verlust kirchlicher Positionen [...], sondern plädiert für die Anerkennung der Würde aller Menschen.» Gmainer-Pranzl, Franz, Franz König, der Konzilsvater, in: ders., *Christus und die Religionen der Erde. In welchem Bekenntnis begegnet Gott?* (Kardinal-König-Bibliothek 2), Wien 2013, 47–85, 62. – Weltanschauung (Religion) und Politik stehen einander gegensätzlich oder ergänzend gegenüber. Dies geschieht nicht nur unter den Voraussetzungen des modernen, freiheitlich geprägten, demokratischen Verfassungsstaates. Im Geiste der Aufklärung wurde als Fundament der Staatsatheismus (Säkularismus) oder die religiös-weltanschauliche Neutralität gewählt. Letztere führte zu einer der Formen der Trennung von Kirche und Staat.

263 Cavuldak, *Gemeinwohl und Seelenheil*, 196.

264 Schulte, *Recht und Religion*, 85 f.

265 Vgl. Reisinger, Doris, Die sogenannte Missbrauchskrise oder: Das Ende der römisch-katholischen Kirche, wie wir sie kannten, in: Loretan (Hg.), *Machtmissbrauch und sexuelle Gewalt in der Kirche*. Problematisch sind zudem die durch die kirchlichen Strukturen begünstigten Vertuschungen und Verschleppungen. Dazu kommt die Auffassung, dass die Kirche intern die sexuelle Gewalt mit der Beichte behandelt und auch das eigene Strafrecht kaum anwendet. Der Staat sieht sich von der korporativen Religionsfreiheit und der damit verbundenen Freiwilligkeit der Zugehörigkeit der Mitglieder entlastet. Zudem sind sehr viele Taten verjährt.

266 «Inzwischen hat der Missbrauch zur tiefsten Krise seit der Reformation geführt.» Kasper, Walter / Finger, Evelyn, «Wir müssen uns zuerst selbst bekehren», in: *Zeit-Online* vom 1.3.2023, URL: https://www.zeit.de/2023/10/walter-kasper-kardinal-kirche-krise.

Kirche einzufordern, trotz des Selbstbestimmungsrechts der Kirchen. Das Grundrecht Religionsfreiheit ist im Kontext der Grundrechte[267] zu interpretieren.»[268]

Oder einfacher formuliert: Menschenrechte gelten auch in der Kirche, obwohl das Kirchenrecht den Gläubigen kaum einklagbare Grundrechte garantiert.[269] Der Weg vom Institutionenrecht (Staatskirchenrecht) zum subjektiven Recht der Rechtssubjekte (Religionsverfassungsrecht)[270] wird auch im Verhältnis von Kirche und Staat beschritten.[271] Konflikte (z. B. Investiturstreit, Konfessionskriege, Missbrauchskrise) sind von entscheidender Relevanz für die heutige strukturelle Weiterentwicklung des Verständnisses von Staat, Recht und Gesellschaft.

Aber beginnen wir nach diesem ersten Überblick über die institutionenrechtliche und individualrechtliche Entwicklung des Religionsverfassungsrechts bei der Reformation in Deutschland und seinen Veränderungen im Verhältnis von Kirche und Staat.

6.1 Die Ausdifferenzierung des Rechtssystems im Konfessionsstreit

Die Reformation war zuerst eine theologische Neuauslegung der Heiligen Schrift an der Universität, die jedoch erhebliche Auswirkungen auch auf die Reichsverfassung und damit das Religionsverfassungsrecht verursachte.[272] Mit der Reformation beginnt «die Entstehung eines neuen Rechtsnormtypus in Gestalt der landesherrlichen Kirchenordnungen»[273]. Nach dem Wegfall der amtskirchlichen Strukturen der römisch-katholischen Kirche in den Territorien der Reformation entstanden neue kirchliche Strukturen. Dabei wird eine «Tendenz zur Verdichtung und Rationalisierung hoheitlicher Herrschaft»[274] deutlich. Dies findet seinen Ausdruck in einem Prozess der Verrechtlichung der fast

267 Vgl. Loretan, Adrian (Hg.), *Religionsfreiheit im Kontext der Grundrechte* (Religionsrechtliche Studien 2), Zürich 2011.

268 Loretan, Adrian, Systemische Ursachen der sexualisierten Gewalt in der Kirche, in: Ley / Stein / Essen (Hg.), *Semper Reformanda*, 163–178, 174.

269 Vgl. Loretan, *Einklagbare Grundrechte*, 231–255.

270 Vgl. Heinig, Hans Michael / Walter, Christian, *Staatskirchenrecht oder Religionsverfassungsrecht? Ein begriffspolitischer Grundsatzstreit*, Tübingen 2009.

271 Vgl. Loretan, *Grundrechte innerhalb der Religionsgemeinschaften.*

272 Vgl. Unruh, *Reformation – Staat – Religion*, 166.

273 Thier, *Konfessionalität und Recht*, 21.

274 Ebd.

flächendeckenden Reichs- und konfessionellen Territorialgesetzgebung. Diese permanenten «Rechts-Reformationen»[275] zeigen sich in Landesordnungen (Hofgerichts- und Oberhofordnungen, Hofratsordnungen, Hofkammerordnungen, Regimentsordnungen, Polizeiordnungen). Sie durchdringen rechtlich sämtliche Lebensbereiche des Gemeinwesens. Diese Verrechtlichung betrifft auch katholische Territorien.[276]

> «Mit dem sog. ius reformandi, d. h. der ‹Kompetenz der Reichsstände, also der territorialen Obrigkeiten, verbindlich über die Konfessionen in ihrem Herrschaftsgebiet zu bestimmen›, wird konfessionelle Übereinstimmung bzw. konfessionelle Differenz zum massgeblichen Abgrenzungskriterium für territoriale Herrschaft und Staatlichkeit.»[277]

Der Streit der Konfessionen führte zu einer Ausdifferenzierung des Rechtssystems, d. h. zu einem Ausbau von Rechtsstaatlichkeit auf der Ebene der Territorien. Trotz der unterstützenden Wirkung der Konfessionalisierung für den Vorgang der Staatenbildung sollten die beiden Prozesse klar voneinander unterschieden werden. Die staatliche Geschichte der Umschichtung öffentlicher Herrschaftsverhältnisse reicht weit vor das 16. und 17. Jahrhundert zurück.[278] Dabei wird anerkannt, «dass konfessionelle Übereinstimmung der Durchsetzung des absolutistischen Staates zweifellos günstig war»[279]. Evangelische Juristen legitimierten die sukzessiv angepassten Argumentationsfiguren. Eine reformatorisch begründete Trennung von Staat und Religion wurde dadurch vom 16. bis zum frühen 20. Jahrhundert verzögert. Die politische Realität der deutschen Territorien wurde im Wesentlichen nicht vom jungen Luther geprägt, sondern von Philipp Melanchthon (1497–1560).[280] Dennoch stellt die Reformation eine Verselb-

---

275 Ebd.

276 Als Beispiel für ein katholisches Territorium vgl. Schennach, Martin P., *Gesetz und Herrschaft. Die Entstehung des Gesetzgebungsstaates am Beispiel Tirols* (Forschungen zur deutschen Rechtsgeschichte 28), Köln 2010.

277 Schulte, *Recht und Religion*, 93. Das *ius reformandi* war eine der drei Hauptbestimmungen des Augsburger Reichs- und Religionsfriedens von 1555. Im Westfälischen Frieden wurde es wiederholt.

278 Vgl. ebd. 94.

279 Ebd.

280 Vgl. Unruh, *Reformation – Staat – Religion*, 250: «Das landesherrliche Kirchenregiment, in und mit dem die cura religionis zur originären Staatsaufgabe erklärt wurde, geht auf Melanchthon zurück.»

ständigung religiöser Individualität gegenüber der kirchlichen Autorität des Lehramtes dar und führt damit zur Bildung einer säkularen Staatsauffassung und zur Trennung von weltlicher und kirchlicher Autorität.[281]

Die Ketzerverfolgung (z. B. der Wiedertäufer) und das landesherrliche Kirchenregiment zeigen aber, dass zwischen der Reformation und dem Verfassungsdenken der Moderne ein tiefer Graben besteht. Die Reformation hat den Weg zur Religionsfreiheit angestossen, aber ist ihn noch nicht selbst gegangen; sie hat die Trennung von Staat und Kirche angeregt, aber noch nicht selbst umgesetzt.[282]

Die seit der Spätantike bestehende Nähe zwischen Thron und Altar blieb im Zeitalter der Reformation und Gegenreformation nicht nur bestehen, sondern wurde noch ausgebaut. Denn der Prozess einer territorialen Konfessionalisierung (*cuius regio, eius religio*[283]) band den konfessionellen Staat noch stärker an seine Konfession. Da (Erz-)Bischöfe – seit der Ottonischen Reichskirche zugleich weltliche Landesherren eines Fürst(erz)bistums – auch im Fall einer Konversion zur Reformation ihr Amt nicht mehr behalten konnten, wurden in den Hochstiften, in denen die Reformation eingeführt worden war, weltliche Fürsten als Notbischöfe eingesetzt.[284] Das Zusammenfinden der lutherischen Reformation mit den territorialen Selbständigkeitsbestrebungen einzelner Landesfürsten steuerte auf die Entstehung der Landeskirchen zu. Die enge institutionelle Verzahnung von

---

281 Vgl. Forst, *Toleranz im Konflikt*, 153.

282 Vgl. Unruh, *Reformation – Staat –Religion*, 250.

283 «Schon der *Augsburger Religionsfriede* vom 25.9.1555 entwuchs dem resignativen Eingeständnis, dass die kriegerischen Auseinandersetzungen zwischen katholischem Kaiser und protestantischen Fürsten [...] keinen dauerhaften Frieden herbeiführten. Er ist daher weniger als Schritt in Richtung ‹Toleranz› denn als Tribut an die realpolitische Situation in Deutschland Mitte des 16. Jahrhunderts zu interpretieren.
Wie wenig Toleranz dabei im Spiel war, zeigt nicht allein der Umstand, dass der sogenannte Friedensschluss lediglich ‹die friedliche Koexistenz der Konfessionen, der katholischen und der lutherischen, unter Ausschluss einer jeden anderen, selbst der calvinistischen und zwinglianischen Konfession regelte›, sondern ebenso, dass die religiöse Gewissensfreiheit nur den Fürsten zustand – was als ‹das eigentliche Grundprinzip des Friedens [...] erst dreissig Jahre später von den evangelischen Kirchenrechtslehrern Joachim und Matthias Stephani in den lapidaren Satz ‹Cuius regio eius religio› gefasst wurde.›» Schmidinger, *Toleranz – auch eine Geschichte Europas*, 112.

284 Dass es nach 1555 keine katholischen Bischöfe geben *konnte*, die als Konvertiten zum Luthertum weiterhin dem Bistum vorstanden, lag am geistlichen Vorbehalt (*reservatum ecclesiasticum*) der 3. Bestimmung von Augsburg. Es wurden aber auch erwählte lutherische Bischöfe vom Papst als Bischof bestätigt, z. B. Sigismund von Brandenburg, den Julius III. 1557 als Erzbischof von Magdeburg bestätigt hatte.

Kirche und Staat hängt wesentlich von dieser machtpolitischen Sachlage ab. Sie stimmt jedenfalls kaum mit den anfänglichen theologischen Positionen Martin Luthers überein.[285] Der Augustinermönch Luther folgte der «civitas»-Lehre des Augustinus, die bereits die theologische Unterscheidung von Geistlichem und Weltlichem kennt.[286]

> «Luthers Zwei-Reiche-Lehre liefert ausschliesslich eine theologische Sicht auf die Unterscheidung von Staat und Religion. Seine Rechts- und Staatstheorie ist im Grunde eine Rechts- und Staatstheologie. Sie entspricht den Begriffsmerkmalen der Politischen Theologie.»[287]

Wie bei Augustinus die zwei *civitates* (*civitas terrena* et *civitas Dei*) ordnet Gott gemäss Luther die zwei Regimente: das geistliche und das weltliche. Die Funktion des Weltlichen ist wesentlich die Sicherung des äusseren Friedens.[288] Diese Trennung der Sphären legte aber nicht nahe, dass Staat und Kirche getrennt wären. Denn für Luther war die weltliche Regierung von Gott beauftragt, um Ordnung und Frieden zu garantieren. Deshalb verdiene die Obrigkeit Gehorsam, wenn sie sich nicht in Glaubensfragen einmischt. Damit kam der weltlichen Obrigkeit jene theologische Legitimation zu, die sie seit der Spätantike (Bischöfe Ambrosius und Augustinus, Päpste Gelasius und Gregor der Grosse) erhalten hatte. Um des Gemeinwohls willen ermächtigte Luther wie Augustinus die weltliche Obrigkeit, sich falscher öffentlicher Lehre und Lästerung entgegenzustellen, um die Verwirrung der Gläubigen zu vermeiden. Als Privatperson bestehen die Weisungen der Bergpredigt für den Christen weiterhin; als Amtsperson des Staates dagegen sei die Anwendung von Gewalt gestattet. Verlangt wurde also ein per-

---

285 Vgl. Luther, Martin, Von weltlicher Obrigkeit, wie weit man ihr Gehorsam schuldig sei (1523), in: ders., *Christsein und weltliches Regiment*, In: Bornkamm, Karin / Gerhard Ebeling (Hg.), *Martin Luther. Ausgewählte Schriften*, Bd. 4, Berlin 2016, 46. «Das weltliche Regiment hat Gesetze, die sich nicht weiter erstrecken als über Leib und Gut und was äußerlich ist auf Erden. Denn über die Seele kann und will Gott niemanden regieren lassen als sich selbst allein. Darum: Wo weltliche Gewalt sich anmaßt, der Seele Gesetze zu geben, da greift sie Gott in sein Regiment und verführt und verdirbt nur die Seelen. Das wollen wir so klarmachen, dass man's mit Händen greifen kann, auf dass unsere Junker, die Fürsten und Bischöfe, sehen, was sie für Narren sind, wenn sie die Menschen mit ihren Gesetzen und Geboten zwingen wollen, so oder so zu glauben.» Ebd. 60.

286 Vgl. Unruh, *Reformation – Staat – Religion*, 20.

287 Ebd. 21.

288 Ebd. 33.

manentes situationsbezogenes Rollenbewusstsein.[289] Die weltliche Gewalt habe sich auf das äussere Zusammenleben und die Friedenssicherung zu beschränken. Sie erhielt

> «damit den Status einer funktionalen Eigenständigkeit und Eigenverantwortlichkeit von Gott, der die mittelalterliche Einheit von sacerdotium und imperium, von Thron und Altar im corpus christianum […] sprengt. Dieser Status ist zudem unvereinbar mit der von Augustinus über Thomas von Aquin bis in das 16. Jahrhundert tradierten Auffassung von einer Überordnung des sacerdotium über das imperium: Bei Luther sind beide Reiche und Regimente gleichgeordnet; ihr Verhältnis ist ‹horizontal und nicht hierarchisch›.»[290]

Die religiös-politische Einheitswelt des Mittelalters wurde durch die Reformation definitiv gesprengt. In der Zeit der Konfessionalisierung der Staaten wurden auch die katholische Kirche und die gegenreformatorische Bewegung institutionell in die Arme der weltlichen Fürsten bzw. Fürstbischöfe gedrängt. Diese neue Situation enthielt ein Konfliktpotenzial für die Verfassungsordnung des Reiches. Nach jahrzehntelangen Auseinandersetzungen um die Vorherrschaft und vergeblichen Bemühungen beider Konfessionsparteien um die Einheit einigte man sich 1555 im Augsburger Religionsfrieden.[291] Hier wurde festgehalten, dass das Recht der Konfessionswahl den Landesherren zusteht. Es ist das ius reformationis, das dem Landesherrn zukommt.[292] Damit wurde die religiöse Wahrheitsfrage auf Reichsebene, nicht auf Ebene der Teilstaaten, von der politischen Traktandenliste abgesetzt, d. h. säkularisiert. Ein erster Anfang in der Anerkennung der individuellen Glaubens- und Gewissensfreiheit wurde getan, indem ein Recht auf Auswanderung ermöglicht wurde.

---

289 Vgl. Kohnle, Armin, Luthers «Staatsverständnis» in seinem historischen Kontext, in: Leonhardt, Rochus / Scheliha, Arnulf von (Hg.), *Hier stehe ich, ich kann nicht anders. Zu Martin Luthers Staatsverständnis*, Baden-Baden 2015, 51–76.

290 Unruh, *Reformation – Staat – Religion*, 48 f.

291 Vgl. Heckel, *Der Augsburger Religionsfriede*.

292 *Cuius regio, eius religio:* Diese Formulierung ist wohl jünger und geht als Kurzformel zurück auf einen Satz von Joachim Stephani (1544–1623): «Ut et ideo hodie religionem regioni cohaerere dici potest, ut cuius sit *REGIO*, hoc est Ducatus, Principatus, Territorium seu Ius territorii, eius etiam sit *RELIGIO*, hoc est, Ius Episcopale seu Iurisdictio spiritalis.» Quelle: Joachim Stephani (1544–1623), *Institutiones juri canonici, in tres libros …*, Frankfurt [a. M.] 1612, 52 (liber 1, capitulum VII, 52).

Theologisch betrachtete man die jeweils andere Seite als Häresie, als sündhaften Abfall von Gott. Dieser theologische Gegensatz wurde auch vom Augsburger Religionsfrieden nicht beseitigt und bestand theoretisch bis zu den ökumenischen Gesprächen des 20. Jahrhunderts fort. Der Augsburger Religionsfrieden aber klammerte auf Reichsebene die religiöse Wahrheitsfrage aus. Dem neuen Reichsrecht ging es um eine Friedensordnung, die von den konfessionellen theologischen Standpunkten abstrahieren konnte. Dies führte dazu, dass sich zentrale politische Begriffe wie Frieden, Freiheit, Gleichheit und Einheit von religiösen Wahrheitsansprüchen der Kirchen, die jetzt im Plural zu denken waren, lösten und selbständig machten. Diese Teilsäkularisierung betraf die Reichsidee. Die vom Mittelalter entwickelte geistlich-weltliche Einheit von Reichskirche und Recht war unwiederbringlich zerstört.

6.2 Der Westfälische Friede und die Säkularisierung des Rechts

Der Augsburger Religionsfriede von 1555 wurde verschieden interpretiert. Die katholische Kirche betonte den provisorischen Charakter des Regelwerks, «das seine Gültigkeit mit der Wiederherstellung des alten Zustandes verlieren würde»[293]. Die Protestanten dagegen sahen darin einen «Grundstein für ein dauerhaftes und auszubauendes religionsverfassungsrechtliches Konstrukt»[294]. Formal sind sowohl der Augsburger Religionsfriede als auch der Westfälische Friede eine Reichfriedensordnung in Gestalt eines Reichsgrundgesetzes.[295] Die Religionsparteien versuchten nach dem Augsburger Religionsfrieden mit allen juristischen Mitteln, ihre jeweilige konfessionstheologische Sicht des Religionsfriedens auf Kosten der Gegenseite durchzusetzen. Diese Interpretationskonflikte des Augsburger Religionsfriedens führten in die Totalkonfrontation der Kirchen im Dreissigjährigen Krieg (1618–1648). Ob dieser ein Religionskrieg oder ein Krieg zur Nationalitätenbildung mit konfessionellen Elementen war, sei hier offengelassen. In jedem Fall wirkten die Konfessionen als kriegsmotivierend, da es ja immer auch um die einzig richtige Wahrheit der je eigenen Seite ging, die die staatliche Obrigkeit durchzusetzen hatte.

[293] Unruh, *Reformation – Staat – Religion*, 175.

[294] Ebd.

[295] Vgl. ebd. 176.

«Die Reformatoren stritten zwar für die Freiheit des (schriftgebundenen) Glaubens gegenüber der Papstkirche, aber Abweichungen von dem eigenen reformatorischen Bekenntnis – die Auseinandersetzung mit Zwingli und den Wiedertäufern brachte das Problem an den Tag – hielten sie ebenso für rechtlich (nicht nur religiös oder moralisch) unzulässig und auch von der ‹weltlichen Obrigkeit› zu ahnden. Mit Recht hat M[artin] Heckel [* 1929] darauf hingewiesen, dass der Freiheitsbegriff, wie er sich im modernen Grundrecht der Glaubens- und Bekenntnisfreiheit ausspricht, eher bei den [evangelischen] Sekten, nicht aber bei den Reformatoren und der reformatorischen Kirche zu finden sei»[296],

wie im Kapitel über die US-amerikanische Revolution ausführlich besprochen. Der Westfälische Friede vom 24. Oktober 1648 beendete den Krieg. Er gab Europa eine neue rechtliche Ordnung und regelte die friedliche Koexistenz der Konfessionen in den deutschen Territorien. Der Westfälische Friede führte den Augsburger Religionsfrieden weiter. Er gab Antworten auf die strittigen Stellen des Augsburger Friedensvertrages von 1555. Es galt mit dem Westfälischen Frieden erstmals in weiten Teilen Mitteleuropas das Prinzip der Rechtsstaatlichkeit.

«Keinem Reichsstand soll es erlaubt sein, sein Recht mit Gewalt und mit Waffen zu verfolgen, sondern jeder soll den Weg des Rechts beschreiten, wenn ein Streit entstanden ist oder künftig entstehen sollte. Wer dem zuwiderhandelt, soll des Friedensbruches angeklagt werden (rei sit fractae pacis).»[297]

Die Konfliktsituationen zwischen den Konfessionen werden durch die folgenden zwei Prinzipien geregelt:

1) Das Mehrheitsprinzip kann in allen konfessionellen relevanten Belangen in Zukunft nicht angewandt werden. Dies wehrt die Gefahr der Fremdherrschaft einer Religionspartei durch die andere ab.
2) Zwischen beiden Religionsparteien besteht eine Parität, eine «aequalitas exacta mutuaque», sofern der Westfälische Friede keine besondere Regelung vorsieht. Diese rechtliche Parität und Gleichstellung beider Konfessionen

[296] Böckenförde, *Zum Verhältnis*, 91. Böckenförde verweist hier auf Heckel, Martin, Zum Sinn und Wandel der Freiheitsidee im Kirchenrecht der Neuzeit, in: *ZRG. Kan. Abt.* 55 (1969), 408–410.

[297] Buschmann, Arno, *Kaiser und Reich. Verfassungsgeschichte des Heiligen Römischen Reiches Deutscher Nationen vom Beginn des 12. Jahrhunderts bis zum Jahre 1806 in Dokumenten*, Teil II: Vom Westfälischen Frieden 1648 bis zum Ende des Reiches im Jahre 1806, München ²1994, 103 (Osnabrücker Friedensvertrag Artikel XVII § 7).

sollte klarstellen: Die katholische Seite kann die begründete Friedensordnung nicht als Ausnahme- und Übergangsordnung mit begrenzter Toleranz der Häretiker verstehen und bei entsprechender Gelegenheit beenden.[298]

Kurz: Der Westfälische Friede verpflichtete die europäischen Staaten in rechtlichen Kategorien (sprich: religiös neutral) zu denken, weil die Konfessionen nun mit Parteien gleichgesetzt werden, die den Krieg mitverursacht hatten. Politischer Frieden war nur in nichttheologischen Kategorien denkbar geworden. Rechtlich konnte der Westfälische Friede die Konfessionsparteien einem Zwang zum Kompromiss unterstellen, was theologisch unmöglich erschien. Als reichsrechtlicher Kompromiss wurde die christliche Pluralität der Kirchen insofern gebilligt, als die konfessionelle Verteilung der Landesterritorien festgeschrieben wurde.[299] Der Westfälische Friede bestätigte im Grundsatz den Reichsabschied von Augsburg (1555), fügte aber einige Änderungen hinzu: Das Westfälische Friedenssystem ergänzte die «Glaubenszweiheit» zu einer «Glaubensdreiheit», indem das calvinistische Bekenntnis ebenfalls aufgenommen wurde; andere religiöse Bekenntnisse durften vom Landesherren nicht zugelassen werden.[300]

Der absolute Geltungsanspruch der Kirchen musste sich den Anforderungen eines friedlichen Nebeneinanderlebens unterziehen. Erst durch diese Verrechtlichung wurde ein Konfessionsfrieden auf Dauer denkbar und durchsetzbar, denn theologisch gab es erst im 20. Jahrhundert breitere ökumenische Gespräche. Die Frage des Glaubens war in der Reformation und der katholischen Reform so stark wie nie zuvor in den Vordergrund gerückt. Gleichzeitig war die Säkularisierung des staatlichen Rechts Bedingung für ein friedliches, rechtlich geordnetes Nebeneinander der verschiedenen Konfessionen in der neu gegründeten religiös neutralen Institution, genannt Rechtsstaat. Diese religiös neutralen Institutionen auf Reichsebene wurden nach den Religionskriegen herangezogen, um den Frieden wiederherzustellen trotz der konfessionellen Spaltung des Territoriums und der theologischen Verketzerung der jeweils Andersgläubigen.

- Der Konfessionszwang und die konfessionelle Geschlossenheit der Länder blieben bis zum Ende des alten Reiches (1806) weitgehend bestehen. Das Prinzip des Konfessionszwangs (*cuius regio, eius religio*) wurde insofern einge-

[298] Vgl. Heckel, Martin, *Deutschland im konfessionellen Zeitalter*, Göttingen 1983, 204–207.

[299] Vgl. Hense, Ansgar, Zwischen Kollektivität und Individualität. Einige geschichtliche Aspekte der Religionsfreiheit, in: Heinig / Walter (Hg.), *Staatskirchenrecht oder Religionsverfassungsrecht?*, 7–38, 20.

[300] Vgl. ebd.

schränkt, als künftig bei Übertritt des Landesherrn auf die Zwangsbekehrung der Bevölkerung verzichtet werden musste.

- Neben dem *exercitium publicum* des Staatsbekenntnisses mit Glockengeläut, Prozessionen und staatlich legitimierten Pastoren wurde der jeweils anderen Konfession «das *exercitium privatum* in Bethäusern und mit privaten Predigern zugestanden. [...] Die sog. Sekten blieben unberücksichtigt (Art. VII § 2, S. 4 IPO)».[301]
- Neu wurden die Reformierten politisch als Untergruppe der Lutheraner in das Friedensinstrument und damit in den Schutzbereich der öffentlichen Religionsausübung einbezogen.[302]

Glaubens- und Gewissensfreiheit war damit aber keineswegs gewährt. Denn die kleinen konfessionellen Gruppen, damals abschätzig «Sekten» genannt, wurden von den neuen Möglichkeiten der öffentlichen Religionsfreiheit weiterhin ausgeschlossen. Darum brachen viele dieser Bewegungen, z. B. die Täufer, in die Neue Welt auf, um dort ihren Glauben vor Verfolgung geschützt leben zu können. Im alten Europa sollten sie dafür teilweise noch bis zur Glaubens- und Gewissensfreiheit des 19. Jahrhunderts bedrängt werden.

Der Grundgedanke des Westfälischen Friedens besteht in «einer rechtlichen Rahmensetzung für die Koexistenz und Parität divergierender religiöser Wahrheits- und Absolutheitsansprüche»[303]. Diese rechtsstaatliche Regelung des Umgangs mit religiösen Absolutheitsansprüchen hat bis heute nichts an Aktualität eingebüsst. Der Westfälische Friede (1648) hatte säkulare, religiös neutrale Rechtsformen verwendet, die beide Religionsparteien für ihre andersgearteten religiösen Bedürfnisse verwenden konnten. Konfessionalisierung und Säkularisierung stellen theologisch einen Gegensatz dar, bedingen sich aber rechtlich, da nur auf dieser säkularen, religiös-neutralen Rechtsgrundlage Frieden zwischen den Konfessionsparteien denkmöglich war.[304] Der Weg in die politische Moderne aber war noch anstrengend für beide Konfessionen. Denn Konfessionalisierung in Koexistenz musste erst eingeübt werden.[305] Der religionsneutrale, säkulare Rechtsweg des Westfälischen Friedens war für beide Konfessionsparteien neu.

---

301 Unruh, *Reformation – Staat – Religion*, 179.

302 Vgl. Heckel, *Deutschland im konfessionellen Zeitalter*, 207. Die Reformierten in Deutschland hingen «keineswegs dem strengen Calvinismus» (ebd.) an.

303 Unruh, *Reformation – Staat – Religion*, 180.

304 Heckel, *Der Augsburger Religionsfriede*, 30.

305 Vgl. ebd.

6.3 Der Reichsdeputationshauptschluss (1803)

Die religionsverfassungsrechtliche Ordnung des Westfälischen Friedens musste an die durch den Reichsdeputationshauptschluss bedingten Gebietsveränderungen angepasst werden. Letztere führten zu einer Reihe gemischtkonfessioneller Staaten.[306] Der Reichsdeputationshauptschluss vom 25. Februar 1803 ist der Beginn einer Lockerung des engen Verhältnisses von Staat und einer Konfessionskirche, weil

> «dem Landesherrn reichsrechtlich freigestellt wurde, ‹andere Religionsverwandte zu dulden und ihnen den vollen Genuss bürgerlicher Rechte zu gestatten›. [...] So wurde doch das ‹Westfälische System› unterminiert und ein weiterer Schritt ‹im Übergang vom christlichen Konfessionsstaat zum paritätisch christlichen Staat› getan, der auch den Individuen zugute kommen konnte.»[307]

Diese Umgestaltungen haben die rechtlichen und materiellen Fundamente des alten Reichskirchenrechts drei Jahre vor dem Niedergang des Heiligen Römischen Reiches grundlegend infrage gestellt. Die napoleonischen Kriege hatten den weltlichen Reichsfürsten schwere Verluste an Ländereien zugemutet. Um diese Verluste auszugleichen, beschlossen die weltlichen Reichsfürsten, das katholische Kirchengut zu säkularisieren und ihren Territorien einzugliedern. Durch diese finanzielle Enteignung verlor die Kirche Teile ihrer finanziellen Autonomie und wurde abhängig vom Staat. Sie erhielt im Gegenzug Rechtstitel auf finanzielle Staatsleistungen. Diese wurden im Kaiserreich, in der Weimarer Republik und in der Bundesrepublik anerkannt. Denn durch die Eingliederung der Weimarer Lösung gemäss Art. 140 des *Grundgesetzes für die Bundesrepublik Deutschland*[308] hat dieses die Rechtstitel ebenfalls übernommen. Deshalb prägen bestimmte Absätze des Reichsdeputationshauptschlusses bis heute das deutsche Staatskirchenrecht.[309]

---

306 Vgl. Hense, *Zwischen Kollektivität und Individualität*, 27.

307 Ebd.

308 Art. 140 *GG*: «Die Bestimmungen der Art. 136, 137, 138, 139 und 141 der deutschen Verfassung vom 11. August 1919 sind Bestandteil dieses Grundgesetzes.»

309 Vgl. Maier, Hans, Was war die Säkularisation und wie lief sie ab? Der Reichsdeputationshauptschluss von 1803 und die Folgen, in: Marré, Heiner / Schümmelfeder, Dieter / Kämper, Burkhard (Hg.), *Essener Gespräche zum Thema Staat und Kirche* 38, Münster 2004, 7–30, 21.

6.4 Der Wiener Kongress (1815)

Auf dem Wiener Kongress von 1815 kam es zu einer Neugliederung der Länder, die die konfessionelle Beschränkung der meisten deutschen Territorien auflöste. Damit dehnte sich die Parität, die zur rechtlichen Bewältigung der Konfessionskriege zuerst nur auf Reichsebene angewendet wurde, auf die einzelnen Territorialstaaten aus. Zudem richtete sich das Religionsverfassungsrecht nicht mehr an die drei christlichen Kirchen, sondern vielmehr an die Staatsbürger. Inzwischen war das Individuum zu einer eigenen religionsverfassungsrechtlichen Grösse herangereift, die sich nicht ohne weiteres nur als Teil einer Kirche denken liess. Art. 16 der *Wiener Bundesakte*[310] hielt fest:

> «Die Verschiedenheit der christlichen Religions-Partheien kann in den Ländern und Gebieten des Deutschen Bundes keinen Unterschied in dem Genusse der bürgerlichen und politischen Rechte begründen. Die Bundesversammlung wird in Berathung ziehen, wie auf eine möglichst übereinstimmende Weise die bürgerliche Verbesserung der Bekenner des jüdischen Glaubens in Deutschland zu bewirken sey.»[311]

Das *Allgemeine Preussische Landrecht* von 1794 räumte «vollkommene Glaubens- und Gewissensfreyheit» als Individualrecht ein, wie es der jüdische Rechtsphilosoph Moses Mendelssohn schon 1782 und 1783 mit seinen Publikationen eingefordert hatte.[312] Diese individualrechtliche Sicht veränderte das rechtliche

---

310 Die *Deutsche Bundesakte* war das erste Bundes-«Verfassungsgesetz», das am 10. Juni 1815 von 39 Staaten unterzeichnet wurde und damit den Deutschen Bund begründete. Der Entwurf derselben, am 8. Juni gebilligt, wurde am Tag darauf in die *Wiener Kongressakte* integriert und somit völkerrechtlich bedeutend. Bei der Abfassung wurde darauf geachtet, dass der neue Deutsche Bund keine Nachfolgeorganisation des Rheinbundes sein soll. Vgl. Kotulla, Michael, *Deutsche Verfassungsgeschichte. Vom Alten Reich bis Weimar (1495–1934)*, Berlin / Heidelberg 2008, 327–329.

311 *Deutsche Bundesakte* vom 8. Juni 1815, 16. Artikel, in: *Gesetzessammlung für die Königlich-Preussischen Staaten*; *Gesetzessammlung für Preussen*, Berlin, 152 f. Auch zu finden in der historischen Dokumenten- und Quellensammlung zur deutschen Geschichte ab 1800 documentArchiv.de, URL: http://www.documentarchiv.de/nzjh/dtba.html.
Vgl. Walter, Christian, *Religionsverfassungsrecht in vergleichender und internationaler Perspektive* (Ius Publicum 150), Tübingen 2006, 105. Für diese Ergänzung der ausschliesslich institutionellen Sicht mit der individualrechtlichen Sicht vgl. Heinig / Walter (Hg.), *Staatskirchenrecht oder Religionsverfassungsrecht*.

312 Vgl. Loretan, *Religion und Recht in der Rechtsphilosophie*, 93–111.

Verhältnis zwischen den Mitgliedern zu ihren Kirchen oder Religionsgemeinschaften. Diesen wurden zusätzlich das Recht auf Selbstbestimmung nur sehr bedingt gewährt. Die Anstrengungen der Kirchen in der ersten Hälfte des 19. Jahrhunderts nahmen deshalb zu, sich das Recht auf Selbstbestimmung zu erstreiten in einem Kontext der grösseren Distanz zwischen Staat und Kirchen.[313] Deshalb ist das Grundrecht der Religionsfreiheit in Deutschland heute sowohl von individuellen als auch von korporativ-kollektiven Momenten geprägt.[314]

6.5 Die Paulskirchenverfassung (1848)

Die Paulskirchenverfassung löste ein Umdenken im Verständnis der Religionsfreiheit aus. Sie leitete die Bewegung vom Staatskirchenrecht (Institutionenrecht) zum Religionsverfassungsrecht (Individualrecht) ein. Religionsfreiheit wurde nicht mehr als eine eher korporative Freiheitsstellung des Gemeinwesens Kirche interpretiert, sondern im Gegenteil: Es wurde das Individuum als Grundrechtsträger hervorgehoben.[315]

In dieser Verschiebung vom Institutionenrecht (Kirche – Staat) zum Individualrecht (subjektive Rechte der Staatsbürger) liegt der wesentliche Fortschritt. Die *Frankfurter Reichsverfassung* von 1848/49, so ihre formelle Bezeichnung, förderte zudem die Grundstrukturen für ein einheitliches Verfassungsrecht und verankerte ein umfassendes System von liberalen Grundrechten. Die Paulskirchenverfassung zeigt, obwohl nie in Kraft getreten, einen zentralen Meilenstein in der deutschen Verfassungsgeschichte an.[316]

Eine Grundtendenz der Trennung von Staat und Kirche konnte sich im 19. Jahrhundert durchsetzen. Die Paulskirchenverfassung brachte dabei drei Dimensionen religiöser Freiheitsrechte auf den Punkt, die in der deutschen

---

313 Vgl. Cavuldak, *Gemeinwohl und Seelenheil*, 203 f.

314 «Religionsfreiheit als ausschliessliches oder vorrangig individualbezogenes Grundrecht war lange Zeit nicht denkbar. [...] In der dialektischen Koppelung der Religionsfreiheit und ihrer verschiedenen Teilgehalte einerseits als Individualrecht, das auch das Recht zum Glaubensabfall impliziert, und andererseits als Sozial- oder Verbandsrecht [...] mit der entsprechenden Gemeinschaftsbezogenheit von Religion insgesamt, liegt eventuell ein Widerlager zur völligen Individualisierung religiöser Freiheit. [...] Gerade in dem Rechtsgebiet des Staatskirchenrechts, Religionsverfassungsrechts oder religiösen Staatsrechts zeigt sich die Aufdringlichkeit der Geschichte.» Hense, *Zwischen Kollektivität und Individualität*, 37 f.

315 Vgl. ebd. 29.

316 Ebd. 28.

Geschichte des Religionsverfassungsrechts angelegt sind: Sie garantierte jedem Deutschen die volle Glaubens- und Gewissensfreiheit (§ 144), die Kultusfreiheit (§ 145)[317] und die religiöse Assoziationsfreiheit (§ 147 Abs. 3).[318] Diese Bewegung vom Staatskirchenrecht zum Religionsverfassungsrecht kommentierte Theodor Mommsen 1849 wie folgt:

> «Die Glaubensfreiheit würde keine Freiheit sein, wenn sie nicht jeder Confession und jeder Sekte in gleicher Weise gegeben wäre, den Juden wie den Christen, den Katholiken wie den Protestanten.»[319]

Er fügt an die Adresse der religiösen Menschen hinzu:

> «Hoffentlich werden die verständigen und frommen Leute aller Parteien sich nicht darüber ärgern, dass die Glaubensfreiheit nicht bloss ihrer Partei als Privilegium, sondern allen gemeinsam ertheilt ist.»[320]

In der *Paulskirchenverfassung* erreichte die bisherige Entwicklung einen vorläufigen Höhepunkt hin zur umfassenden Parität, Religionsfreiheit und individuellen Selbstbestimmung der Mitglieder der Religionsgemeinschaften. Eine erste Umsetzung fanden die religionsverfassungsrechtlichen Bestimmungen der *Paulskirchenverfassung* in der *Verfassung des preussischen Staates von 1850*: Auch sie verband individuelle und korporative Religionsfreiheit mit weitgehendem Selbstbestimmungsrecht der Religionsgemeinschaften. Dies kam der katholischen Kirche zustatten, die mit ihrer hierarchischen Organisation den neuen Freiraum betrat. Die evangelische Kirche verblieb

> «mangels einer vergleichbaren Selbstverwaltungsorganisation weiterhin in den Armen des Staates. Das landesherrliche Kirchenregiment blieb bis 1918 bestehen,

317 § 145 *Frankfurter Reichsverfassung* lautet: «(1) Jeder Deutsche ist unbeschränkt in der gemeinsamen und öffentlichen Übung seiner Religion. (2) Verbrechen und Vergehen, welche bei Ausübung dieser Freiheit begangen werden, sind nach dem Gesetze zu bestrafen.»

318 Vgl. Hense, *Zwischen Kollektivität und Individualität*, 29.

319 Mommsen, Theodor, *Die Grundrechte des deutschen Volkes mit Belehrungen und Erläuterungen*, Neudruck der anonymen Erstausgabe von 1849 mit einem Nachwort von Lothar Wickert, Frankfurt a. M. 1969, 37.

320 Ebd.

auch wenn die institutionelle Trennung von staatlicher und kirchlicher Autorität bereits um die Jahrhundertwende verwirklicht wurde.»[321]

Allerdings wurde dieses neu erworbene Selbstbestimmungsrecht der katholischen Kirche in der zweiten Hälfte des 19. Jahrhunderts im Kulturkampf stark in Frage gestellt.

6.6 Der Kulturkampf (1870–1878)

Im Kulturkampf stiessen zwei monarchisch organisierte Systeme aufeinander: das neue protestantisch geprägte Kaiserreich und die alte katholische Kirche. Das Erstere wollte den eben erst unter Preussens Führung entstandenen Nationalstaat (1871) festigen. Die Letztere wollte den päpstlichen Jurisdiktionsprimat (1870) gegenüber weltlichen Regierungen durchsetzen. Dieser päpstliche Suprematieanspruch gegenüber jeglicher weltlichen Regierung führte in verschiedenen Ländern, wie besprochen etwa für die Schweiz, zur Auseinandersetzung zwischen katholischem Ultramontanismus und nationalem Liberalismus. Die Enzyklika *Quanta cura* (1864)[322] und der ihr angeheftete *Syllabus errorum* verurteilten z. B. Rationalismus, Gewissens- und Religionsfreiheit, aber auch das staatliche Schulmonopol. Kurz, sie war eine «Kampfansage gegen die Souveränität und Liberalität des modernen Verfassungsstaates und gegen die Autonomie der liberalen Gesellschaft»[323] und ihrer liberalen Individualrechte. Der Kulturkampf war aber auch

> «der Versuch der deutschen protestantischen Mehrheit, über die Konfessionsgrenzen hinweg eine homogene Nationalkultur zu errichten und dabei die katholische Kultur (die immer als ‹niedrig›, als Volkskultur, verstanden wurde) gewaltsam an eine protestantische Hochkultur anzugleichen»[324].

---

321 Cavuldak, *Gemeinwohl und Seelenheil*, 207. Vgl. auch Campenhausen, Axel Freiherr von, *Staatskirchenrecht. Ein Studienbuch*, München ³1996, 37 f.

322 Vgl. Pius IX., Enzyklika *Quanta cura* (8.12.1864), in: *DenzH*, Nr. 2890–2896.

323 Heckel, Martin, Kulturkampfaspekte. Der Kulturkampf als Lehrstück modernen Staatskirchenrechts, in: Schwab, Dieter u. a. (Hg.), *Staat, Kirche, Wissenschaft in einer pluralistischen Gesellschaft*, FS Paul Mikat, Berlin 1989, 545–563, 546.

324 Morsey, Rudolf, Der Kulturkampf – Bismarcks Präventivkrieg gegen das Zentrum und die katholische Kirche, in: Marré, Heiner / Schümmelfeder, Dieter / Kämper, Burkhard (Hg.), *Essener Gespräche zum Thema Staat und Kirche* 34, Essen 2000, 5–27, 7 Anm. 11.

In den Worten des späteren Hofpredigers Adolf Stoecker (1832–1909) sollte das «heilige evangelische Reich deutscher Nation»[325] entstehen. Dabei wurde der Kulturkampf von Verfechtern der egalitären liberalen Vorherrschaft

> «als vermeintlicher Abwehrkampf gegen die Kräfte geistiger ‹Finsternis› und vormoderner Unterschichtenmassen ideologisch überhöht. Die Angehörigen der politischen Klasse argumentierten auf der Grundlage offensiv rational-wissenschaftlicher Welterklärung. Sie beanspruchten als Repräsentanten des neuen nationalen Macht- und Kulturstaats die Suprematie gegenüber einem ‹ultramontanen›, vom übernationalen Papsttum abhängigen Katholizismus.»[326]

In Deutschland entzündete sich der politische Konflikt zwischen dem protestantisch geprägten Kaiserreich und der katholischen Kirche vor allem an drei Entwicklungen der Modernismuskrise:
1) die Folgen der päpstlichen Dogmen von 1870 (Unfehlbarkeit und Jurisdiktionsprimat),
2) die Gründung der katholischen Zentrumspartei[327] und
3) die politische Angst Bismarcks vor der «katholischen Revanche-Koalition» ultramontaner Katholiken mit Österreich und Frankreich.

Katholiken und andere Minderheiten (Juden, Dänen, Elsässer, Polen etc.) galten den tonangebenden Eliten «als ‹Staatsbürger 2. Klasse›, ja als ‹Reichsfeinde›, wenig später ergänzt um die Anhänger der Sozialdemokratie»[328]. Der Reichskanzler Otto von Bismarck (1815–1898) wurde in seiner Reichstagsrede am 30. Januar 1872 deutlich gegen die katholische Zentrumspartei:

> «Die Fraktion, der der Herr Vorredner angehört [Vorsitzender der Zentrumspartei, Ludwig Windthorst (1812–1891)], hat selbst das Ihrige dazu beigetragen, das Vergessen des konfessionellen Standpunktes in politischen Angelegenheiten schwierig

325 Ebd. 7.

326 Ebd. 6.

327 Die im Herbst 1870 gegründete «Partei des Zentrums als politische Organisationsform der antipreussisch-antiliberalen, überwiegend katholisch geprägten Opposition [...] fand dementsprechend Unterstützung in allen sozialen Schichten und errang bei den Wahlen des Jahres 1871 auf Anhieb 48 Sitze im preussischen Abgeordnetenhaus und 58 Reichstagsmandate.» Wende, Peter, Kommentar zu Otto von Bismarck. Eröffnung des Kulturkampfes, in: ders. (Hg.), *Politische Reden II. 1869–1914*, Frankfurt a. M. 1990, 701–704, 701.

328 Morsey, *Der Kulturkampf*, 9.

zu machen. […] Ich habe es von Hause aus als eine der ungeheuerlichsten Erscheinungen auf politischem Gebiete betrachtet, dass sich eine konfessionelle Fraktion in einer politischen Versammlung bildete, eine Fraktion, der man, wenn alle übrigen Konfessionen dasselbe Prinzip annehmen wollten, nur die Gesamtheit einer evangelischen Fraktion gegenüberstellen müsste: dann wären wir allerseits auf einem inkommensurablen Boden, denn damit würden wir die Theologie in die öffentlichen Versammlungen tragen.»[329]

Gegen Ende seiner Rede lenkte der Reichskanzler das Thema auf einen konkreten Streitpunkt zwischen dem noch jungen Kaiserreich und der katholischen Kirche. Diese Auseinandersetzung hat bis heute das deutsche Universitätsrecht entscheidend geprägt. Die säkularen «Staatsgesetze verbieten es, einem Bischof der katholischen Kirche das Recht der Entlassung eines Staatsbeamten zu übertragen»[330], so Bismarck. Denn seit März 1871 bestraften Bischöfe katholische Professoren und Priester im Staatsdienst, die sich dem Unfehlbarkeitsdogma nicht anschlossen. Die preussische Regierung beliess diese Kirchenbeamten im Staatsamt und verordnete Gegenmassnahmen: So wurde die Katholische Abteilung im Kultusministerium gestrichen. Damit wurde der Kampf des deutschen Kaiserreichs gegen die katholische Kirche um die Kultur eröffnet.[331]

---

329 Bismarck, Otto von, Eröffnung des Kulturkampfes 1872, in: Wende, Peter (Hg.), *Politische Reden II. 1869–1914* (Bibliothek der Geschichte und Politik 25, Bibliothek deutscher Klassiker 59), Frankfurt a. M. 1990, 103–115, 105. Vgl. Cavuldak, *Gemeinwohl und Seelenheil*, 207–211.

330 Bismarck, *Eröffnung des Kulturkampfes 1872*, 114.

331 Cavuldak, *Gemeinwohl und Seelenheil*, 209. Vgl. ebd. 209 f.:

1. Als erstes wurde die katholische Abteilung im Kultusministerium beseitigt. Den entsprechenden Antrag stellte Kaiser Wilhelm I. (1797–1888) bereits, auf Anregung Bismarcks hin, am 8.7.1871 (vgl. auch Wende, *Kommentar zu Otto von Bismarck*, 702 f.).

2. 1871 wurde den Geistlichen unter Androhung von Haftstrafen verboten, «Angelegenheiten des Staates in einer den öffentlichen Frieden gefährdenden Weise zum Gegenstand der Verkündigung zu machen» (*Reichsgesetz betreffend die Ergänzung des Strafgesetzbuchs für das Deutsche Reich* vom 10. Dezember 1871, in: Huber, Ernst Rudolf / Huber, Wolfgang, *Staat und Kirche im 19. und 20. Jahrhundert. Dokumente zur Geschichte des deutschen Staatskirchenrechts*, Bd. 2: Staat und Kirche im Zeitalter des Hochkonstitutionalismus und des Kulturkampfes 1848–1890, Berlin 1976, 528.

3. 1872 wurden die Angehörigen von Orden und Kongregationen mit dem Schulaufsichtsgesetz aus der Schule verdrängt.

4. Kurz darauf wurden alle Mitglieder der Gesellschaft Jesu aus Deutschland ausgewiesen und ihre Niederlassungen aufgelöst.

5. Im Mai 1872 nominierte Bismarck für die neu errichtete Reichsvertretung beim Heiligen Stuhl einen mit der Kurie zerstrittenen Kardinal. «Seien Sie ausser Sorge, nach Canossa gehen wir nicht, weder körperlich noch geistig», so Bismarck in einer Reichstagsrede 1872. Bismarck

Am 5. Februar 1875 reagierte das oberste kirchliche Lehramt, Papst Pius IX. (1792–1878), mit seiner Enzyklika *Quod numquam* und erklärte die kirchenfeindlichen Gesetze für nichtig und drohte allen, die sich an ihrem Vollzug beteiligten, die Exkommunikation aus der Heilsgemeinschaft der Kirche an.[332] 1878 wurde mit dem Nachfolger, Papst Leo XIII. (1810–1903)[333], ein Prozess des Dialogs begonnen, wegen der sich abzeichnenden sogenannten roten Gefahr im Reich und wegen der Kolonialpolitik, die der katholischen Kirche neue Möglichkeiten der Missionierung eröffnete.

Auch das Deutsche Kaiserreich hatte sich inhaltlich kaum grundlegend verändert: Es war weiterhin mehrheitlich protestantisch dominiert. Von diesem protestantischen Kultur- und Hegemonialbewusstsein wurde sowohl auf die Juden[334] als auch auf die Katholiken ein erheblicher Assimilierungsdruck ausgeübt. Aber

---

löste die Reichsvertretung beim Heiligen Stuhl kurzerhand auf. (Vgl. Erste Rede Bismarcks im Reichstag zur Ablehnung des Botschafters Kardinal Fürst Hohenlohe durch die Kurie am 14. Mai 1872, in: Huber, Ernst Rudolf / Huber, Wolfgang, *Staat und Kirche im 19. und 20. Jahrhundert. Dokumente zur Geschichte des deutschen Staatskirchenrechts*, Bd. 2, 539–542, 540).

6. 1873 wurde die katholische Kirche einer strengen staatlichen Aufsicht unterworfen. Der Staat kontrollierte die Vorbildung und Anstellung der Geistlichen, die ein bildungsbürgerlich angelegtes Kulturexamen ablegen mussten.

7. Der Austritt aus der Kirche wurde erleichtert.

8. 1873 wurde die obligatorische Zivilehe eingeführt.

9. 1874 verfügte ein Gesetz die Einstellung der Staatsmittel an katholische Bistümer und Geistliche, die sich nicht zur Befolgung der neuen Gesetze durch einen Eid verpflichteten.

332 Vgl. Pius IX., *Enzyklika Quod numQuam* (5.2.1875).

333 Es kam ein neuer Dialog zwischen Reich und Papsttum in Gang, wobei grundlegende Ansichten auf kirchlicher Seite nicht verändert worden waren. Vgl. Neumann, Thomas, *Dem Kaiser, was des Kaisers ist? Papst Leo XIII. (1878–1903) und die Lehre von der potestas papae in temporalibus* (ReligionsRecht im Dialog 26), Münster 2010.

334 Heinrich Heine (1797–1856) prägte das Diktum von der Taufe als «Entréebillett zur europäischen Kultur» (Heine, Heinrich, *Prosanotizen*, *DHA* 10: Shakespeares Mädchen und Frauen und Kleinere literaturkritische Schriften, Hamburg 1993, 313). Er zeigt literarisch, «welcher Psychoterror von einer [christlichen] Mehrheitsgesellschaft gegenüber Minderheiten ausgeübt wird, deren Andersheit sie nicht ertragen kann» (Kuschel, *Gottes grausamer Spass?*, 118).
Der Berliner Aufklärer Moses Mendelssohn (1729–1786) weigerte sich, dem Rat des Schweizer Pfarrers Johann Caspar Lavater (1741–1801) zu folgen, die Staatsreligion zu akzeptieren (sprich die Taufe), um damit Staatsbürger zu werden. Damit stellen sich neue Fragen: Wie ist individuelle Gewissensfreiheit, wie ist Religionsfreiheit, wie ist als Folge der Religionsfreiheit gesellschaftlicher Pluralismus zu verstehen? Wie sind individuelle Grundrechte in einer Religionsgemeinschaft denkbar? Diese Forderung nach Toleranz will Moses Mendelssohn auch innerhalb seiner Religion, dem Judentum, verwirklicht sehen. Das Thema der individualrechtlichen Interdependenz von Recht und Religion hatte Mendelssohn am Ende nicht nur für das Judentum und

der Bismarck'sche «Kulturkampf» hat die Entwicklung hin zu mehr kultureller Selbstbestimmung nicht verhindern können. In diesem Konflikt mit dem protestantisch geprägten Nationalstaat hatte der Milieukatholizismus, nicht die katholische Kirche, ein stärkeres gesellschaftspolitisches Profil entwickelt.

6.7 Die Weimarer Reichsverfassung (WRV) und die Trennung von Staat und Kirche (1919)

Die *Weimarer Reichsverfassung* (WRV) garantierte allen Einwohnern in Art. 135 die volle Glaubens- und Gewissensfreiheit. Dies beinhaltete auch die selbstbestimmte Religionsausübung.

> «Art. 135 WRV gehörte zu den Grundrechten, die nicht durch die ‹Diktaturkompetenz› nach Art. 48 WRV suspendiert werden konnten, also ‹diktaturfest› waren.»[335]

Nach dem Ende der Monarchie im Herbst 1918 beendete die Weimarer Republik die über tausendjährige Tradition des Ottonischen Reichskirchensystems mit seiner strukturellen Einheit von Thron und Altar. Nun besteht keine Staatskirche mehr, die im Namen der Wahrheit der einen Kirche andere Denominationen

---

nicht nur für Deutschland, sondern für viele Nationen vorgedacht, wie schon Immanuel Kant erkannte.

335 «Ungeachtet dessen, ob die WRV nach dem Ermächtigungsgesetz [24.3.1933. Es wurde 1937, 1939 und 1943 verlängert.] überhaupt als Verfassung fortbestand, unterlag auch das Grundrecht der Religionsfreiheit einem weitreichenden Auslegungswandel. [...] So sollten Bekenntnis- und Kultusfreiheit unter nationalsozialistischen Auslegungsvorzeichen nur soweit gewährleistet sein, als ‹germanisches Sittlichkeitsempfinden› nicht verletzt und der Bestand des Deutschen Reiches nicht gefährdet würden. Im nationalsozialistischen System war der Fortbestand der religiösen Freiheitsrechte lediglich ‹formales Lippenbekenntnis› ohne Substanz.» Hense, *Zwischen Kollektivität und Individualität*, 36. Vgl. dazu ausführlicher das Nachwort zur 7. Auflage in: Rüthers, *Die unbegrenzte Auslegung*, 529: «Oder gilt hier der Satz des Augustinus, dass Staaten ‹ohne Gerechtigkeit›, also ohne rechtsstaatliche Garantien für die aus ihrer Sicht schwer Beschuldigten, nichts anderes sind als ‹Räuberbanden›? Die Erfahrungen mit der unbegrenzten Auslegung in und nach Systemwechseln in Deutschland und Europa lehren eines mit grosser Klarheit: Eine Rechtsordnung, eine Rechtswissenschaft und eine Justiz, welche sich ihrer unlösbaren Verankerung in einer auf Dauer angelegten materialen Wertordnung nicht bewusst sind, werden zum beliebigen Manipulationsinstrument im Dienste der jeweiligen Machthaber.» Gilt diese rechtsphilosophische Erkenntnis nur für den Staat oder auch für die Kirche? Augustinus jedenfalls hat die Frage offen gelassen, da der Gottesstaat bei ihm gerade nicht mit der Kirche identifiziert wird.

und Religionen als zweitrangig behandelt. Was in den USA 1776 gelang – das Ende der Staatskirche – fängt mit der Weimarer Reichsverfassung 1919 in Deutschland an. Fast wortgleich mit einer Bestimmung der Paulskirchenverfassung von 1848 legte Art. 137 Abs. 1 WRV fest:

> «‹Es besteht keine Staatskirche.› Folgerichtig und im Anschluss an Vorläufernormen des 19. Jahrhunderts gewährleistete Art. 137 Abs. 3 WRV das Selbstbestimmungsrecht aller Kirchen und Religionsgemeinschaften. Diese Festlegungen hatten eine doppelte Zielsetzung: Sie beendeten ohne Einschränkung die jahrhundertealte Praxis der – zunehmend abgemilderten – Staatskirchenhoheit. Die Verfassung versicherte, der Staat werde keine Angelegenheiten mit einer Ausrichtung auf religiöse Zwecke besorgen. Der Trennungsgrundsatz emanzipierte den Staat umgekehrt von konfessionellen Forderungen nach kirchlichen Privilegien und von klerikaler Bevormundung.»[336]

Die *Weimarer Reichsverfassung* vom 11. August 1919 legte ein gemässigtes Trennungsmodell mit Elementen der Kooperation von Staat und Kirchen bzw. Religions- und Weltanschauungsgemeinschaften fest. Die Kirchen wurden in der *WRV* nicht wie private Vereine behandelt, sondern erhielten den privilegierten Rechtsstatus einer Körperschaft des öffentlichen Rechts, dabei wurden ihnen die Weltanschauungsvereinigungen gleichgeordnet. Dieser Körperschaftsbegriff entspricht aber nicht dem Verständnis des Staatskirchenrechts. Denn die Religionsgemeinschaften sind nicht Organe des Staates. Der Körperschaftsstatus bewirkt daher keine Eingliederung in den Staat. Die Kirchen verstehen sich ausserhalb des staatlichen Organisationsrechts. Aus Sicht des säkularen Verfassungsrechts haben die Religionsgemeinschaften ihre Legitimation in der gesellschaftlichen Freiheit.[337] Es war ein Kompromiss, den Kirchen und Religionsgemeinschaften die öffentlich-rechtliche Kooperationsform offenzuhalten. Denn um den Begriff der öffentlich-rechtlichen Körperschaft wurde schon in der Weimarer Nationalversammlung heftig gestritten: Wenn die Kirchen und Religionsgemeinschaften aber das Besteuerungsrecht der eigenen Mitglieder wollen, dann gehören sie dadurch in die Klasse der öffentlich-rechtlichen Korporationen.[338]

---

[336] Korioth, Stefan, Die Entwicklung des Staatskirchenrechts in Deutschland seit der Reformation, in: Heinig / Walter (Hg.), *Staatskirchenrecht oder Religionsverfassungsrecht?*, 38–69, 54.

[337] Vgl. ebd. 55.

[338] So der Abgeordnete Carl Baumann (1868–1939, Zentrumspartei) auf einen Zuruf des Abgeordneten Dr. Wilhelm Kahl (1849–1932, Deutsche Volkspartei) hin in der Nationalversammlung

Die Trennung von Kirche und Staat wird als «hinkend» bezeichnet, weil bis heute Rechtfertigungsgründe dieser hinkenden Trennungsart von Kirche und Staat bestehen: z. B. die Geschichte des Verhältnisses von Kirche und Staat seit 380, die Kulturleistungen der Kirchen (z. B. für die Grundlagen der nationalen Rechtsstaaten aus der Rechtskirche), wohlerworbene Rechte der Kirchen durch die Säkularisierungen, d. h. Verstaatlichungen kirchlicher Güter. Dazu kommt, dass nach dem Zweiten Weltkrieg die Kirchen ein höheres Ansehen genossen, da ihre Integrationskräfte für das öffentliche Leben damals breiter akzeptiert waren. Die berühmte Formel der «hinkenden Trennung» zwischen Staat und Kirche in der *WRV* ist vom Schweizer Kirchenrechtler Ulrich Stutz (1868–1938) im Jahre 1925 geprägt worden. Damit hat er die Entwicklung des Verhältnisses von Kirche und Staat wie folgt zusammengefasst: Der institutionellen Trennung wird durch die bleibenden Elemente der organisatorischen Beziehung (öffentlich-rechtlicher Körperschaftstatus, Religionsunterricht, Theologische Fakultäten, Anstalts- und Militärseelsorge etc.) widersprochen.[339] Diese Beurteilung geht von der Vorstellung aus, dass die eigentliche Trennung nicht hinkend ist. Damit ist die Frage nach dem richtigen Trennungsbegriff gestellt, die kaum normativ abschliessend beantwortet werden kann, sondern nur als Teil der Verfassungsgeschichte eines konkreten Landes.[340] Es ist daher kein Zufall, dass der französische und amerikanische Trennungsbegriff anders ausfällt als der deutsche Trennungsbegriff.[341]

Der Katholizismus, nicht die katholische Kirche, arrangierte sich mit der hinkenden Trennung von Staat und Kirche, die er als «Absage an konfessionspolitische Hegemoniegelüste der Protestanten»[342] begrüsste. Gewisse Protestanten haben die weltanschaulich-religiöse Neutralität des Staates nur mit Vorbehalt anerkennen können.

---

vom 17. Juli 1919, in: *Verhandlungen der verfassungsgebenden Deutschen Nationalversammlung, 59. Sitzung, Donnerstag, den 17. Juli 1919* (Stereografische Berichte 328), Berlin 1920, 1653 f.

339 Vgl. Stutz, Ulrich, *Die päpstliche Diplomatie unter Leo XIII.: Nach den Denkwürdigkeiten des Kardinals Domenico Ferrata*, Abhandlungen der Preussischen Akademie der Wissenschaften, Jahrgang 1925, Philosophisch-Historische Klasse Nr. 3 und Nr. 4, Berlin 1926, 51.

340 Vgl. Loretan, Adrian, Bericht über die staatskirchenrechtliche Tagung «Trennung von Kirchen und Staat?» an der Universität Freiburg, in: ders. (Hg.), *Kirche – Staat im Umbruch. Neuere Entwicklungen im Verhältnis von Kirchen und anderen Religionsgemeinschaften zum Staat*, Zürich 1995.

341 Vgl. Maier, Hans, Rezension zu Ahmet Cavuldak, Gemeinwohl und Seelenheil. Die Legitimität der Trennung von Religion und Politik in der Demokratie, Bielefeld 2015, in: *NZZ* vom 24.4.2016, URL: https://www.nzz.ch/feuilleton/buecher/politik-und-religion-in-der-westlichen-demokratie-gemeinwohl-und-seelenheil-sind-zweierlei-ld.15620?reduced=true.

342 Nowak, Kurt, *Geschichte des Christentums in Deutschland. Religion, Politik und Gesellschaft vom Ende der Aufklärung bis zur Mitte des 20. Jahrhunderts*, München 1995, 211.

> «Das Ende der Monarchie und des landesherrlichen Kirchenregiments wurde von den Protestanten als herber Rückschlag, ja als Katastrophe wahrgenommen; die Weimarer Demokratie wurde als gottlos angeklagt, der ‹Säkularismus› verkam zu einem bevorzugten theologischen Kampfbegriff gegen die gottvergessene, utilitaristische und untergangsreife ‹Zivilisation› des Kapitalismus und des Kommunismus. Nicht zuletzt diese pauschale Frontstellung gegen die Moderne sollte später viele Protestanten für die Verheissungen der nationalsozialistischen Bewegung empfänglich machen.»[343]

Es wird oft übersehen, dass auch führende Vertreter der katholischen Kirche ebenfalls in dasselbe Horn bliesen. Sie lehnten den säkularen, demokratischen Rechtsstaat, der den Frieden nach dem Ersten Weltkrieg erst ermöglicht hatte, ab. Denn er bedeutete die Abschaffung der Monarchie, auf die man theologisch und rechtsphilosophisch nicht vorbereitet war:

> «Wie stark die Ablehnung des republikanischen Staates auch hier noch war, machte Ende August 1922 der Deutsche Katholikentag in München deutlich. Der Erzbischof von München und Freising, Kardinal Michael Faulhaber (1868–1952), verurteilte die Revolution vom November 1918 als ‹Meineid und Hochverrat› und nannte sie eine ‹Untat›, die nicht um einiger Erfolge willen, die sie den Katholiken gebracht habe, ‹heiliggesprochen› werden dürfe. Als der Präsident des Katholikentages, der Kölner Oberbürgermeister Konrad Adenauer (1876–1967), sich in seiner Schlussansprache von Faulhaber distanzierte, wurde die innere Spaltung des deutschen Katholizismus auch nach aussen hin deutlich.»[344]

Auch der konservative Katholik Franz von Papen (1879–1969) bot

> «Hitler den Posten des Vizekanzlers in seiner Regierung an und gab ihm sogar das Wort, er wolle nach einer Phase der vertrauensvollen Zusammenarbeit, wenn der Reichspräsident Hitler besser kennen gelernt habe, zu seinen Gunsten zurücktreten. Doch Hitler lehnte die Offerte ab und bestand weiterhin auf der Kanzlerschaft.»[345]

---

343 Cavuldak, *Gemeinwohl und Seelenheil*, 216. In diesem theologischen Staatsverständnis galt «der Führer […] als völkischer Messias, der Deutschland aus der Not retten und erlösen sollte».

344 Winkler, Heinrich August, *Der lange Weg nach Westen*, Bd. 1: Deutsche Geschichte vom Ende des Alten Reiches bis zum Untergang der Weimarer Republik, München 2000, 427 f.

345 Ebd. 518.

Der Weimarer religionspolitische Kompromiss der hinkenden Trennung von Kirche und Staat wurde zusätzlich durch Konkordate und Verträge seitens der Länder fortentwickelt. Dass der Heilige Stuhl die *Lateranverträge* (1929) mit Benito Mussolini (1883–1945)[346] und das *Reichskonkordat* (1933) mit Adolf Hitler (1889–1945) geschlossen hatte, stärkte das Ansehen der an die Macht gekommenen faschistischen und antidemokratischen Regierungen Europas. Auch die evangelische Kirche haderte mit dem Verlust als Staatskirche und fand weder zu neuer Eigenständigkeit noch praktisch und theoretisch zur Demokratie. Denn als Staatskirche war sie bis 1918 zusammen mit dem Staat Träger und Garant der öffentlichen Ordnung.[347] In diesem Kontext der inneren Ablehnung überlebte das Weimarer Staatskirchenrecht die ersten 14 Jahre seiner Geltung ohne wirkliche Entfaltung. Denn die geforderte neue Balance zwischen religiöser Freiheit und staatlicher Ordnungsmacht gelang dem Staat und den Kirchen und Religionsgemeinschaften nur sehr bruchstückhaft.[348] Die Kirchen hielten vielfach am vorkonstitutionellen Traditionsbestand fest. Erst nach 1945 konnte das Programm der *Weimarer Reichsverfassung* mit Inhalt gefüllt werden.

In der Weimarer Republik konnte aber die katholische Bevölkerung eine neue Rolle bei der Erarbeitung des religionspolitischen Kompromisses spielen. In der Bundesrepublik sollte nach der Katastrophe des Zweiten Weltkrieges 1945 sogar ein gläubiger Katholik, Konrad Adenauer, der als Oberbürgermeister von Köln abgesetzt und verjagt wurde und sich zeitweilig in der Benediktinerabtei Maria Laach vor den Nazis versteckt hatte, Bundeskanzler werden.

7 Die Bundesrepublik Deutschland

Nach dem Missbrauch der politischen Macht durch das totalitäre Hitler-Regime war der Staat von Grund auf in Frage gestellt. Den Kirchen wuchs damit die Rolle der moralischen Instanzen zu. «Alle Geschichte von 1945 an ist Geschichte im Schatten und im Bewusstsein der einmal geschehenen Katastrophe.»[349] Diese

[346] Im Rahmen dieses Vertragswerkes wurde u. a. die Finanzkonvention geschlossen. Diese regelte die Zahlung von 1.75 Mrd. Lire als Entschädigungsleistungen des italienischen Staats an den Heiligen Stuhl für die Eigentumsverluste von 1870. Vgl. Sommeregger, Andreas, *Soft Power und Religion. Der Heilige Stuhl in den internationalen Beziehungen*, Wiesbaden 2011, 45.

[347] Vgl. Korioth, *Die Entwicklung des Staatskirchenrechts*, 58.

[348] Vgl. ebd.

[349] Kielmannsegg, Peter Graf von, *Nach der Katastrophe. Eine Geschichte des geteilten Deutschland. Die Deutschen und ihre Nation*, Bd. 7: Deutschland 1945–1990, Berlin 2000, 13.

«gebrochene Kontinuität»[350] gilt auch für die staatskirchenrechtliche bzw. religionsverfassungsrechtliche Ordnung der Bundesrepublik, obschon das *Grundgesetz* das Kirche-Staat-Verhältnis der *Weimarer Reichsverfassung* im Wesentlichen integriert hat. Doch wenn zwei Verfassungen in zwei verschiedenen verfassungsgeschichtlichen Kontexten dasselbe sagen, bedeutet es nicht automatisch dasselbe.

7.1 Die Alliierten und die Kirchen

Mit welchen Institutionen konnten die alliierten Siegermächte nach dem militärischen, politischen und moralischen Zusammenbruch Deutschlands eine Demokratie aufbauen? Nach den Erfahrungen mit dem faschistischen Nazi-System brauchte es zum Aufbau einer neuen deutschen Gesellschaft deutsche Institutionen, denen die Amerikaner den Aufbau einer neuen Demokratie zutrauten. Das deutsche Volk nach 1945 für die Grundrechte und die Demokratie zu begeistern, kam nach dem Scheitern der Weimarer Republik und der NS-Diktatur einer Herkulesarbeit gleich.

Der Widerstand der Kirchen gegen das Nazi-Regime wurde besonders gewürdigt, um die Kirchen für diese Herausforderung zu gewinnen. Den Amerikanern war bewusst, dass Protestanten und Katholiken sich von dem Heilsversprechen der Nationalsozialisten begeistern liessen. Beide Kirchen wurden deshalb von den Amerikanern aufgefordert, sich zur Schuld des deutschen Volkes zu äussern. Auf diese Weise sollten sie sich einem moralischen Selbst-Reinigungsprozess unterziehen. Schon 1945 gaben beide Kirchen ein Schuldbekenntnis ab.[351]

---

350 Ebd.

351 19.10.1945: Stuttgarter Schuldbekenntnis der Evangelischen Kirche; 23.8.1945: Gemeinsames Hirtenwort der katholischen Bischöfe, das allerdings nicht als ausdrückliches Schuldbekenntnis formuliert war; ein solches folgte explizit erst im April 2020 zum 75. Jahrestag des Kriegsendes. Allerdings formulierte diese Kirche 1937: «*Mit brennender Sorge*» sowie ein von Pius XI. noch 1938/39 angestossenes Dokument gegen die Rassenideologie («Humani generis Unitas» oder «Societas unio»), das aber unter seinem Nachfolger Pius XII. nicht über den Entwurfsstatus hinausgekommen war und unveröffentlicht blieb. Weitere Informationen zum Umgang der Kirchen mit ihrer Verantwortung im Nationalsiozialismus bietet bspw. die Bundeszentrale für politische Bildung, URL: https://www.bpb.de/kurz-knapp/hintergrund-aktuell/317215/vor-75-jahren-stuttgarter-schuldbekenntnis-der-evangelischen-kirche/. Vgl. Cavuldak, *Gemeinwohl und Seelenheil*, 217.

Rechtsordnung, Rechtswissenschaft und Justiz[352] waren durch das totalitäre Hitler-Regime von Grund auf diskreditiert. Es war ein moralisch unbesetzter Raum entstanden, den die beiden grossen Kirchen rasch einnehmen konnten. Sie waren nach dem politischen Zusammenbruch diejenigen, denen die alliierten Siegermächte am ehesten Vertrauen schenkten. Dabei dürfte die Überzeugung der Amerikaner prägend gewesen sein, dass Demokratie und Christentum zusammengehen, wenigstens in der amerikanischen Verfassungsgeschichte,[353] obwohl diese amerikanische Erfahrung für Europa bisher nur bedingt zutraf. Hinzu kam die Frage, welche Institutionen, die die demokratische Weimarer Republik nicht unterstützt hatten, nun die Demokratieerziehung übernehmen sollten. Für Dietrich Bonhoeffer (1906–1945) stand «[a]m Ende des Weges, der mit der Französischen Revolution beschritten wurde, [...] der Nihilismus»[354] der Nazizeit. Aber wie konnte es weitergehen? Auf welchen politischen Werten der deutschen Geschichte kann ein deutscher Rechtsstaat aufgebaut werden, der von der bisherigen preussischen Verherrlichung von Autorität und Armee absieht und konsequent demokratisch und rechtsstaatlich geordnet ist? Dietrich Bonhoeffer unterschied sich von den meisten deutschen Theologen seinerzeit dadurch, dass ihm auch die amerikanische Entwicklung vertraut war.

> «Als er die ‹Ethik› schrieb, lagen zwei Aufenthalte am Union Theological Seminary hinter ihm. In der amerikanischen Entwicklung aber hatten die Menschenrechte einen grundsätzlich anderen Ort. Hier waren sie nicht aus dem Kult der Vernunft [wie in der Französischen Revolution], sondern aus dem Glauben an Gott [und dem Glauben an die Vernunft des Naturrechts] geboren. [...] ‹Die Väter der amerikanischen Verfassung›, so zitiert Bonhoeffer James Bryce, ‹glaubten an die Erbsünde.› Sie beriefen sich auf die Menschenrechte als entscheidenden Massstab zur Begrenzung politischer Macht und zur Verhütung ihres Missbrauchs.»[355]

---

352 Vgl. Rüthers, *Die unbegrenzte Auslegung*, 529.

353 Vgl. Cavuldak, *Gemeinwohl und Seelenheil*, 217. Diese historische These des Zusammengehens von Christentum und Demokratie wurde in «Teil IV, Kap. 4 – Die US-amerikanische Revolution» ausführlich erörtert.

354 Bonhoeffer, Dietrich, Ethik, in: Tödt, Ilse u. a. (Hg.), *Dietrich Bonhoeffer Werke*, Bd. 6, München 1992, 113.

355 Huber, *Gerechtigkeit und Recht*, 249 f. Vgl. Bryce, James, *The American Commonwealth, I (1888)*, Chicago 1891, 299 f., zitiert auch von Niebuhr, Helmut Richard, *Der Gedanke des Gottesreichs im amerikanischen Christentum*, New York 1948, 58.

Den Amerikanern war auch nicht entgangen, dass ein Katholik 1942 öffentlich von der Würde jeder Person und den daraus entstehenden Rechten der Person gesprochen hatte. Pius XII. (1876–1958) reagiert 1942 mit dieser naturrechtlichen Argumentation auf die Verfolgung der Juden in allen europäischen Staaten, die von Nazi-Deutschland besetzt waren.[356] In seiner Weihnachtsansprache *Con sempre* ging der Papst auf der Grundlage der naturrechtlichen Argumentation davon aus, dass jeder Mensch eine Würde und daraus folgende subjektive Rechte besitzt.[357] Diese naturrechtliche Denkform der Spanischen Klassiker des Naturrechts sollte über die Vermittlung von Pius XII. (1942) und dem katholischen Naturrechtsdenker Jacques Maritain (1882–1973) nicht nur die *UNO-Charta* (1945), sondern auch die *Allgemeine Erklärung der Menschenrechte* (1948) prägen, so der jüdische Rechtshistoriker Samuel Moyn (* 1972).[358]

Anschliessend begann sogar das kirchliche Lehramt damit zu argumentieren, so z. B. in der Enzyklika *Pacem in terris* (1963) von Johannes XXIII. (1881–1963) und in der menschenrechtlichen Argumentation des Zweiten Vatikanischen Konzils (NA 5 [359]; LG 32; GS 29; DH 1), nicht aber im Recht der katholischen Kirche (CIC; CCEO). Solche theologischen Brückenbauer zwischen Kirchen und Verfassungsstaat wie Bonhoeffer, Pius XII. und später die *Konzilserklärung über die Religionsfreiheit* (1965) waren in den Kirchen damals sehr gesucht.

Die Würde jedes Menschen und die daraus folgenden Rechte sind Grundlage rechtsstaatlichen Denkens nach 1945 geworden. Erstes Beispiel dafür ist das *Grundgesetz der Bundesrepublik* (1949), das in Artikel 1 Menschenwürde, Menschenrechte und Rechtsverbindlichkeit der Grundrechte postuliert.

---

[356] Die Wannseekonferenz bei Berlin hatte 1942 beschlossen, alle 11 Millionen Juden in Europa zu vernichten und damit den besetzten Rechtsstaaten in Europa die deutsche Nazi-Ideologie aufzuzwingen. Dass Pius XII. bei seiner Stellungnahme von der Wannseekonferenz wusste, ist möglich. Diese Frage bedarf einer eigenen historischen Archiv-Studie und kann hier nicht beantwortet werden. Vgl. zu diesem Fragekomplex Teil III, Kap. 4.9 – Ein Gespräch der Rechtswissenschaften bis ins 20. Jahrhundert.

[357] Vgl. den jüdischen Rechtshistoriker in Harvard, Samuel Moyn: Moyn, *Christian Human Rights*, 2–24.

[358] Vgl. ebd.

[359] «So wird also jeder Theorie oder Praxis das Fundament entzogen, die zwischen Mensch und Mensch […] bezüglich der Menschenwürde und der daraus fliessenden Rechte einen Unterschied macht. Deshalb verwirft die Kirche jede Diskriminierung eines Menschen oder jeden Gewaltakt gegen ihn um seiner Rasse oder Farbe, seines Standes oder seiner Religion willen, weil dies dem Geist Christi widerspricht.» NA 5.

7.2 Das Ringen um das staatliche Grundgesetz

> «Die Annahme, dass alle ‹Begründungen, Erklärungen und Auslegungen von Begriff und Rechtsfolge der Menschenwürde [...] im Kern [...] im abendländischen, also im christlich geprägten Menschenbild eine Mitte› fänden, weshalb ohnehin nur diese eine Deutung des Würdebegriffs in Frage komme, ist [...] unterkomplex.»[360]

Wo sollten nach der epochalen Zäsur des nationalsozialistischen Gewaltregimes, das über die Idee des Rechtsstaates nur spotten konnte, die «Mütter und Väter des Grundgesetzes»[361] anknüpfen?

Mit historischen Begründungen und Ursprungslegenden solle man vorsichtig sein, so Stephan Schaede.[362] Kirchliche Vertreter rückten die ungeheuerlichen Verbrechen der Nazis in einen europäischen Horizont und nahmen dadurch die Deutschen ein Stück weit aus der Verantwortung. Die nationalsozialistische Katastrophe war gemäss dieser Deutung «die Konsequenz der – seit der Renaissance und Aufklärungsbewegung im 18. Jahrhundert betriebenen – Säkularisierung»[363]. Zur ideenpolitischen Geschichte des Säkularisierungsbegriffs schreibt Hermann Lübbe:

> «Man darf sagen, dass diese Erklärung des deutsch-europäischen Unglücks als Säkularisierungs-Folge in der Zeit unmittelbar nach Ende des Zweiten Weltkriegs eine Entlastungs-Funktion erfüllte, und vor allem darin ist ihr ausserordentlicher populärer Erfolg in Deutschland begründet.»[364]

Das Kirche-Staat-Verhältnis wurde in den ersten Nachkriegsjahren neu durchdacht, da die einseitige Staatsbetonung in die NS-Katastrophe geführt hatte. Den Kirchen sollten besonders günstige Entfaltungsbedingungen im Erziehungssys-

[360] Goos, Christoph, *Innere Freiheit. Eine Rekonstruktion des grundgesetzlichen Würdebegriffs* (Bonner Rechtswissenschaftliche Abhandlungen. N. F. 9), Göttingen 2011, 17.

[361] So nennt auch das Bundesverfassungsgericht die Mitglieder des Parlamentarischen Rates, vgl. etwa Bundesverfassungsgericht, Urteil vom 20.2.2001 – Az. 2 BvR 1444/00, in: *BVerfGE* 103, 142 (158).

[362] Vgl. Schaede, Stephan, Würde – Eine ideengeschichtliche Annäherung aus theologischer Perspektive, in: Bahr, Petra / Heinig, Hans Michael (Hg.), *Menschenwürde in der säkularen Verfassungsordnung. Rechtswissenschaftliche und theologische Perspektiven* (Religion und Aufklärung 12), Tübingen 2006, 7–69, 67.

[363] Cavuldak, *Gemeinwohl und Seelenheil*, 218.

[364] Lübbe, *Säkularisierung*, 112.

tem bereitgestellt werden. Als Vorsitzender des Zonenausschusses der Christlich-Demokratischen Union CDU[365] formulierte es Konrad Adenauer am 24. März 1946 wie folgt:

> «Das deutsche Volk krankt seit vielen Jahrzehnten in allen seinen Schichten an einer falschen Auffassung vom Staat, von der Macht, von der Stellung der Einzelperson. Es hat den Staat zum Götzen gemacht und auf den Altar erhoben. Die Einzelperson, ihre Würde und ihren Wert hat es diesem Götzen geopfert. [...] Der Staat wurde durch den von Herder und den Romantikern aufgedeckten Volksgeist, vor allem durch Hegels Auffassung vom Staat als der verkörperten Vernunft und Sittlichkeit, in dem Bewusstsein des Volkes zu einem fast göttlichen Wesen.»[366]

Der spätere erste deutsche Bundeskanzler interpretierte diese Entwicklung als eine Konsequenz der materialistischen Weltanschauung. Das Christentum dagegen bot aus seiner Sicht die entsprechende anthropologische und politische Grundlage, um die moralische Integrität des deutschen Volkes wiederherstellen zu können. Dabei verstand er das Christentum nicht konfessionell:

> «Wir nennen uns christliche Demokraten, weil wir der tiefen Überzeugung sind, dass nur eine Demokratie, die in der christlich-abendländischen Weltanschauung, in dem christlichen Naturrecht, in den Grundsätzen der christlichen Ethik wurzelt, die grosse erzieherische Aufgabe am deutschen Volke erfüllen und seinen Wiederaufstieg herbeiführen kann.»[367]

Beachtenswert sind in der Rede Adenauers vor allem die personalen und individualrechtlichen Aspekte des christlichen Naturrechts, die als Menschenrechte

---

365 Die Union verstand sich mehr als breite – eben christliche – Sammlungspartei denn als klassische politische Partei und schon gar nicht als rein katholische Partei.

366 Adenauer, Konrad, Freiheitliche Demokratie auf christlicher Grundlage. Rede in der Aula der Kölner Universität 24.03.1946, in: Recker, Marie-Luise (Hg.), *Politische Reden, Bd. 4: 1945–1990* (Bibliothek deutscher Klassiker 163), Frankfurt a. M. 1999, 68–106, 72.

367 Ebd. 77. Diese neue Stellung der Christen beider Konfessionen ermöglichte ein neues Selbstbewusstsein und schlug sich in der Gründung und später dem Erfolg der christlichen Unionsparteien CDU und CSU im Nachkriegsdeutschland nieder. Die bisher für die Angehörigen des katholischen Milieus «zu wählende» Zentrumspartei verlor damit an Bedeutung. Christinnen und Christen schlossen sich aus Überzeugung auch anderen Parteien an. So sahen sie die soziale Verantwortung besser bei der SPD aufgehoben, die Schöpfungsverantwortung besser vertreten bei den Grünen, das liberale Verfassungsprojekt besser vertreten bei den Liberalen etc.

seit 1942 zum normativen Bollwerk gegen die Nazi-Ideologie verwendet werden. Maritain fasste diese Bewegung zusammen mit dem Begriff: Vom Autoritarismus zu den Menschenrechten.[368] Die Christdemokraten werden in Europa die Menschenwürde und die Menschenrechte als Umsetzung des christlichen Naturrechts in die Verfassungsdiskussionen einbringen.[369]

Aus dieser Perspektive plädierte Adenauer für eine enge Zusammenarbeit von Staat und Kirche.[370] Das damit verbundene Programm der staatlich betriebenen Rechristianisierung der Gesellschaft stiess bei kirchenkritischeren Parteien (SPD, FDP und KPD) auf wenig Zustimmung. Dennoch stellte der Abgeordnete Fritz Eberhard, SPD (1896–1982), in der Sitzung des Hauptausschusses am 8. Dezember 1948 fest: «Ein Kulturkampf findet heute nicht statt.»[371] Er lobte sogar die Widerstandskraft, die die Kirchen gegen die totalitäre Macht entwickelt hatten. Dennoch wollte Eberhard keine «Sicherungen für die Kirchen in die

---

368 Maritain from Authoritarianism to Human Rights: in Moyn, *Christian Human Rights*, 73–89.

369 Moyn, *Christian Human Rights*, 39, 49, 56, 81, 87 passim.

370 Die Deutsche Bischofskonferenz formuliert am 26.8.1948 – eine Woche vor dem Zusammentritt des Parlamentarischen Rates in Bonn – in einem Hirtenbrief ihre kirchenpolitischen Erwartungen an die verfassungsgebende Versammlung: «Das staatliche Aufbauwerk ist doch noch lange nicht vollendet. [...] Jeder Baustein soll nach den Bauplänen Gottes geformt und gesetzt werden, ob es sich um unverletzliche Personenrechte handelt oder um Gemeinschaftspflichten, um den Schutz der Familie und die Heiligkeit der Ehe oder um das Lebensrecht des Kindes und das naturgegebene Erziehungsrecht der Eltern.» Gemeinsamer Hirtenbrief der deutschen Bischöfe vom 26.8.1948 (Auszug), in: Hürten, Heinz (Hg.), *Katholizismus, staatliche Neuordnung und Demokratie 1945–1962* (Beiträge zur Katholizismusforschung Reihe A, Quellentexte zur Geschichte des Katholizismus 7), Paderborn 1991, 29.
Kirchennahe Parteien (Zentrum, CDU/CSU) schlossen sich der Krisendiagnose der gesellschaftlichen Situation an und brachten auch die Therapievorschläge der Kirchen in die politische Diskussion ein:
- Gottesbezug in der Präambel des Grundgesetzes
- die christliche Prägung von Erziehung und Bildung
- der bisherige Rechtsstatus der Kirchen als Körperschaften des öffentlichen Rechts
- Religionsfreiheit und vor allem religiöses Selbstbestimmungsrecht ist möglichst umfassend zu gewährleisten
- Ehe und Familie sind besonders zu schützen. Vgl. Willems, Ulrich, Religionspolitik in der Bundesrepublik Deutschland 1945–1999. Die politische Regulierung der öffentlichen Stellung von Religion und Religionsgemeinschaften, in: ders. (Hg.), *Demokratie und Politik in der Bundesrepublik 1949–1999*, Wiesbaden 2001, 142.

371 Abgeordneter Eberhard, Fritz (SPD), Aussage in: Nr. 22: Zweiundzwanzigste Sitzung des Hauptausschusses vom 8. Dezember 1948, in: Deutscher Bundestag, Bundesarchiv (Hg.), *Der Parlamentarische Rat 1948–1949. Akten und Protokolle*, Bd. 14: Hauptausschuss. Teilbd. 1, München 2009, 650.

Verfassung»[372] einbauen. Die Regelung der religiösen Frage sei Ländersache. Dieses religionspolitische Verständnis der SPD erklärte der Abgeordnete Ludwig Bergsträsser (1883–1960) mit dem Hinweis auf die «Furcht davor, an Dinge zu rühren, die man besser unberührt lässt»[373]. Er brachte die Überzeugung zum Ausdruck, dass «das Christentum eine der Grundlagen der kulturellen Entwicklung des deutschen Volkes»[374] sei.

Auch die Liberalen gingen das Verhältnis von Staat und Kirche sehr zurückhaltend an. Ihr Vertreter, der Abgeordnete Theodor Heuss (1884–1963), der spätere erste Bundespräsident der Bundesrepublik Deutschland, meinte:

> «Wer einmal mit dem Problem Staat und Kirche zu tun gehabt hat, weiss, dass es ungefähr das schwierigste Gebiet ist, das man sich überhaupt vorstellen kann.»[375]

Heuss merkte an, dass die Lösung der *Weimarer Reichsverfassung* ins *Grundgesetz* übernommen werden könne. Nach längeren Auseinandersetzungen konnten sich die Parteien dazu durchringen, dass keine bessere Lösung in Sicht sei, als den Kompromiss der *Weimarer Reichsverfassung* mit einigen Veränderungen und Ergänzungen zu übernehmen. Der Parlamentarische Rat beliess es aber nicht dabei, die Religionsartikel aus der *Weimarer Reichsverfassung* ins deutsche *Grundgesetz* zu inkorporieren. Er fügte neue religionsverfassungsrechtliche Elemente ein. Das zeigt sich bei der Präambel:

> «Im Bewusstsein seiner Verantwortung vor Gott und den Menschen [...] hat sich das Deutsche Volk kraft seiner verfassungsgebenden Gewalt dieses Grundgesetz gegeben.»[376]

Diese Nennung der «Verfassungschiffre» Gott in der Präambel ist der Versuch, die demokratische Regierung einer Verantwortungsinstanz zu unterstellen oder doch mindestens deren absolute Legitimierung zu relativieren. Die Erfahrungen mit dem totalitären Nationalsozialismus, der von vielen als eine Folge der

372 Ebd.

373 Ebd. 646.

374 Ebd.

375 Ebd. 643 f.

376 Grundgesetz für die Bundesrepublik Deutschland vom 23. Mai 1949, in: *BGBl.* 1, zuletzt geändert durch Artikel 1 des Gesetzes zur Änderung des Grundgesetzes (Artikel 82) vom 19. Dezember 2022, in: *BGBl.* I, 2478.

«abendländischen Gottvergessenheit» verstanden worden ist, stand hier Pate. Diese Überzeugung findet sich auch in Präambeln einiger Landesverfassungen. So geht auch die bayerische Landesverfassung von der Würde des Menschen aus:

> «Angesichts des Trümmerfeldes, zu dem eine Staats- und Gesellschaftsordnung ohne Gott, ohne Gewissen, und ohne Achtung vor der Würde des Menschen die Überlebenden des zweiten Weltkrieges geführt hat [...] gibt sich das bayerische Volk, eingedenk seiner mehr als tausendjährigen Geschichte, nachstehende demokratische Verfassung.»[377]

Die Gestaltung des Staat-Kirche-Verhältnisses zeigte einen klaren Dissens, so dass die Formel des Art. 140 *GG* wiederum Ergebnis eines Kompromisses war.

> «Die Verlegenheitslösung des Parlamentarischen Rates 1948/49, die Weimarer Kirchenartikel als vollgültiges Verfassungsrecht in das Grundgesetz zu inkorporieren, führte den Weimarer Kirchenkompromiss als nunmehr doppelten Kompromiss weiter. Gegenüber der Weimarer Verfassung hat sich aber der systematische Standort und die Bedeutung der rezipierten Art. 136, 137, 138, 139 und 141 WRV verändert. Anders als in der Weimarer Verfassung sind diese Normen durch Art. 140 GG nicht in den Grundrechtsteil des Grundgesetzes aufgenommen worden. Das dort in Art. 4 Abs. 1 und 2 GG normierte Grundrecht der Religionsfreiheit wiederum kennt – anders als Art. 135 WRV – keinen Gesetzesvorbehalt und bindet alle drei Staatsgewalten als unmittelbar geltendes Recht (Art. 1 Abs. 3 GG).»[378]

Hans Maier (* 1931) hat diese Zeit direkt nach dem Zweiten Weltkrieg wie folgt charakterisiert:

> «In der Zeit des Wiederaufbaus, bis hin zum Ende der Fünfzigerjahre, trat das alte liberale Trennungsdenken zunehmend vor dem Gedanken einer ‹neuen Nähe› von Staat und Kirche zurück. [...] Wesentlich erschien nicht mehr die Emanzipation der Kirche vom Staat, das Abschütteln von Bindungen, sondern umgekehrt die Freisetzung der Kirchen zur Erfüllung ihrer öffentlichen Aufgaben. [...] Insofern war

---

377 Verfassung des Freistaates Bayern in der Fassung der Bekanntmachung vom 15. Dezember 1998, in: *GVBl.* 991, 992, BayRS 100–1–I, die zuletzt durch Gesetze vom 11. November 2013, in: *GVBl.* 638, 639, 640, 641, 642 geändert worden ist, URL: https://www.gesetze-bayern.de/Content/Document/BayVerf/true.

378 Korioth, *Die Entwicklung des Staatskirchenrechts*, 58 f.

das Bonner Staatskirchenrecht, obwohl es die Weimarer Kirchenartikel wörtlich übernommen hatte, nicht mehr einfach auf den Generalnenner der ‹Trennung› zu bringen; der Begriff der Koordination, der Gleich- und Zuordnung von Staat und Kirche bot sich als Kennzeichnung der veränderten Lage an.»[379]

Welchen positiven Eindruck dieses deutsche *Grundgesetz* auch bei Kirchenrechtswissenschaftlern hinterliess, zeigte sich darin, dass die katholische Kirche ihr nachkonziliares Verfassungsprojekt während des Pontifikats Pauls VI. (1963–1978) ebenfalls als «Grundgesetz der Kirche» bezeichnete: «Lex Ecclesiae Fundamentalis»[380]. Entscheidend dafür war, dass mit Wilhelm Bertrams (1907–1995) ein deutscher Kirchenrechtsprofessor der Päpstlichen Universität Gregoriana mitwirkte.

7.3 Die Kirchen und der liberale Rechtsstaat

In der Weimarer Republik gingen Kirchen noch davon aus, dass der christliche Wahrheitsanspruch nicht mit den demokratischen Freiheitsrechten des modernen Rechtsstaates zusammengedacht werden könnte. Die Vertreter der Kirchen meinten, sich nicht zu den demokratischen Freiheitsrechten bekennen zu können, weil durch die individuelle Religionsfreiheit das Individuum die Antwort auf die religiöse Wahrheitsfrage geben durfte und damit die Staatskirchentradition aufgegeben wurde. Das Verhältnis von Wahrheit und Freiheit und das Argumentieren in einer religiös pluralistischen Gesellschaft übten die Kirchen erst in der zweiten Hälfte des 20. Jahrhunderts in Europa ein.[381]

In der ersten Hälfte des 20. Jahrhunderts bildeten sich totalitäre Staatsformen (Faschismus, Kommunismus) auf nichtchristlicher Grundlage. Sie machten alle Hoffnungen auf eine Wiedererrichtung katholischer Glaubensstaaten end-

---

[379] Maier, Hans, Staat und Kirche in der Bundesrepublik Deutschland. Die politischen und gesellschaftlichen Grundlagen, in: *HStR*² 89.

[380] Vgl. Aymans, Winfried, Das Projekt einer Lex Ecclesiae Fundamentalis, in: Listl, Joseph / Müller, Hubert / Schmitz, Heribert (Hg.), *Handbuch des katholischen Kirchenrechts*, Regensburg 1983. Den Hinweis auf den deutschen Namen des Verfassungsprojekts und auf den deutschen Autor Wilhelm Bertrams SJ verdanke ich Weihbischof Peter Henrici SJ (1928–2023), der Professor an der Päpstlichen Universität Gregoriana war.

[381] Vgl. Loretan, *Wahrheitsansprüche im Kontext der Freiheitsrechte*, Teil I: Wahrheit und Freiheit (49–154), Teil II: Religionen und gesellschaftlicher Pluralismus (155–189).

gültig zunichte. So «entstand die Notwendigkeit, sich von der bisherigen Tradition eines sakral legitimierten Obrigkeitsstaates zu distanzieren»[382].

Wegen der Verteufelung der freiheitlichen Demokratie durch das katholische Lehramt des 19. und frühen 20. Jahrhunderts wurden neuere Ansätze leicht überhört. Im Kontext der Kritik des Totalitarismus kam es unter den Pius-Päpsten «zu ersten Annäherungen an die Prinzipien von Demokratie und Rechtsstaatlichkeit»[383], die sich auf die Tradition der Rechtskirche seit dem Hochmittelalter stützen konnten. Durch die gegenseitige Entfremdung von Kirche und Staat in der Aufklärung und der Französischen Revolution war diese Kirchenrechtstradition völlig in Vergessenheit geraten.

In seiner *Weihnachtsansprache 1944* hatte Papst Pius XII. die Demokratie positiv gewürdigt. Er postuliert, dass «eine der Menschenwürde entsprechende Demokratie im Einklang mit dem Naturgesetz und den in der Offenbarung kundgegebenen Plänen Gottes»[384] stehen kann. Allerdings war er der Ansicht, dass «die Demokratie, im weiten Sinn genommen, verschiedene Formen zulässt und sich in Monarchien wie Republiken verwirklichen kann»[385]. Johannes XXIII. bekannte sich mit der Enzyklika *Pacem in terris* fast zwei Jahrzehnte später zur Demokratie. Er versuchte das neuzeitliche Menschenrechtsverständnis und die Idee des demokratischen Rechtsstaates nun endgültig in die kirchliche Lehre einzuführen.[386] Weder subjektive Rechte noch partizipative Strukturen waren für die Rechtstradition der Kirche neu. Sie wurden aber seit der Französischen Revolution als areligiöse Verirrungen der Aufklärung gebrandmarkt. Nun kehrte man wieder zurück zur eigenen mittelalterlichen Rechts- und Naturrechtstradition.

> «Die Päpste unserer Zeit, die die Idee der natürlichen Rechte so begeistert aufgenommen haben [...], sind, vielleicht unbewusst, zu einer Tradition zurückgekehrt, die ihre Wurzeln in der christlichen Rechtswissenschaft und Philosophie des Mittelalters hat»[387],

---

382 Große Kracht, *Kirche in ziviler Gesellschaft*, 185.

383 Ebd.

384 Vgl. Pius XII., Weihnachtsradioansprache *Benignitas* vom 24.12.1944, über die Demokratie, in: Schnatz, Helmut (Hg.), *Päpstliche Verlautbarungen zu Staat und Gesellschaft*. Originaldokumente mit deutscher Übersetzung (Texte zur Forschung 12), Darmstadt 1973, 355.

385 Ebd. 343.

386 Vgl. Große Kracht, *Kirche in ziviler Gesellschaft*, 185 f.

387 Engl. Original: «The popes of our age, who have embraced so enthusiastically the idea of natural rights [...] have been returning, unwittingly perhaps, to a tradition rooted in the Christian juris-

wie im Teil Mittelalter[388] ausführlich dargestellt. Das Eintreten für den eigenen Wahrheitsanspruch unter gleichzeitiger Achtung der Freiheitsrechte der Andersdenkenden mit entsprechenden Auswirkungen auf das Kirche-Staat-Verhältnis erfolgt im Zweiten Vatikanischen Konzil, in der *Konzilserklärung über die Religionsfreiheit* (1965). Karol Wojtyla (1920–2005), damals Erzbischof von Krakau, kommentierte nach seiner Rückkehr vom Konzil diese Konzilserklärung mit den Worten: «Das war eine Revolution.»[389]

Auch die evangelische Kirche hat sich, von Dietrich Bonhoeffer inspiriert, intensiv mit dem Verhältnis von Kirche und liberalem Rechtsstaat auseinandergesetzt, was u. a. 1985 in die Denkschrift *Evangelische Kirche und freiheitliche Demokratie*[390] mündete. Wolfgang Huber, von 2003 bis 2009 Ratsvorsitzender der Evangelischen Kirche in Deutschland, zeigte vor allem theologisch den Weg zu den Menschenrechten und zum Grundgesetz auf.[391]

Am bestehenden Staatskirchenrecht bzw. Religionsverfassungsrecht hat die deutsche Wiedervereinigung im Jahr 1990 rein äusserlich nichts umgestaltet. Die Frage der Legitimität der religionsverfassungsrechtlichen Ordnung wurde nicht einmal ernsthaft aufgeworfen.[392]

---

prudence and philosophy of the Middle Ages.» Tierney, *The Idea of Natural Rights*, 343 (dt. mit deepl translator).

388 Der Philosoph Heinrich Schmidinger betont, dass mit dem mittelalterlichen «Kirchenrecht erstmals ein *Recht* formuliert wird, das prinzipiell für *jeden* Menschen [...] gilt, und zwar für alle *gleichermassen*. Bezeichnend dafür der Beginn des berühmten *Decretum Gratiani* des kanonischen Grundlagenwerkes aus dem Jahr 1140 [...] es beginnt mit der ‹Goldenen Regel› [Mt 7,12]: ‹Das Naturrecht [...] weist jeden an, andere so zu behandeln, wie er selber behandelt sein will, und verbietet andere zu behandeln, wie man selber nicht behandelt werden will›. [...] ‹Das Ergebnis war ein Begriff des Naturrechts, der die menschliche Freiheit in den Blickpunkt rückte›.» Schmidinger, *Toleranz – auch eine Geschichte Europas*, 95.

389 Mündliche Äusserung von Karol Wojtyla zu Professor Myskow, in: Böckenförde, *Kirche und christlicher Glaube*, 193. Ebd. Anm. 1: «Mitteilung von Professor Helmuth Juros, Warschau.» Die Äusserung wurde gegenüber Professor Myskow gemacht, sie bezog sich darauf, dass nunmehr die personale Freiheit des Menschen statt eines vorgegebenen Rechts der Wahrheit Ausgangspunkt des Naturrechts wurde. Die Gründung des Naturrechts auf die Person und personale Freiheit des Menschen hat Karol Wojtyla selbst ausdrücklich vertreten: Johannes Paul II. (Wojtyla, Karol), *Von der Königswürde des Menschen*, Stuttgart 1980, 59–64.»

390 Vgl. Evangelische Kirche in Deutschland (Hg.), *Evangelische Kirche und freiheitliche Demokratie. Der Staat des Grundgesetzes als Angebot und Aufgabe. Eine Denkschrift der Evangelischen Kirche in Deutschland*, Gütersloh [4]1990.

391 Vgl. Huber, *Gerechtigkeit und Recht*.

392 Vgl. Cavuldak, *Gemeinwohl und Seelenheil*, 227. Die religionssoziologischen Veränderungen dagegen können nicht gross genug veranschlagt werden.

7.4 Der liberale Rechtsstaat verändert die Kirchen

Der monarchische Rechtsstaat als Kooperationspartner hatte die Kirchen von 380 bis 1918 entscheidend geprägt. Das Konzilsdekret über die liberale Religionsfreiheit differenziert 1965 erstmals in der lehramtlichen Tradition unzweideutig zwischen

> «der ‹Staatsgewalt› (potestas civilis, potestas publica [DH 1,1; 3,5 u. ö.]) und der staatsfernen ‹Gesellschaft› (societas, societas humana [DH 1,1; 1,3 u. ö.]) und – damit korrespondierend – zwischen dem ‹Gemeinwohl› (bonum commune) und der ‹öffentlichen Ordnung› (ordo publicus [DH 2,2; 3,4 u. ö.]) [...] Erstmals in der kirchlichen Lehrtradition wird hier nämlich nicht mehr in der aristotelisch-thomistischen Begrifflichkeit vom Staat als der umfassenden politischen Gemeinschaft (communitas politica, civitas, congregatio, communitas, societas civilis etc.) gesprochen, sondern nur noch von der staatlichen bzw. öffentlichen Gewalt (potestas). Die bisherige Tradition, die den Staat mit seiner Staatsgewalt als eine im göttlichen Schöpfungsplan angelegte natürliche Gemeinschaftsform der Menschen verstand, wird nicht mehr aufgegriffen.»[393]

Die Konzilserklärung über die Religionsfreiheit *Dignitatis humanae* unterscheidet also neu zwischen Staat und Gesellschaft.

> «Mit dieser Unterscheidung von societas humana und potestas civilis wächst die staatsferne Bürgergesellschaft nun auch aus ihrem traditionellen Untertanenstatus heraus.»[394]

Für den Lehramtstext *Dignitatis humanae* obliegt die Sorge für das Gemeinwohl und für das Recht auf religiöser Freiheit des Einzelnen (DH 1) und der Kirche «den Bürgern wie auch den sozialen Gruppen und den Staatsgewalten, der Kirche und den religiösen Gemeinschaften» (DH 6, 1). Das Konzilsdekret über die Religionsfreiheit betritt also Neuland in der Geschichte der Reflexion über das Verhältnis von Staat und Gesellschaft bzw. Staat und Kirche. Dies wurde aber weder von den Konzilsvätern explizit thematisiert noch von der katholischen Staats- und Gesellschaftslehre der Nachkonzilszeit systematisch aufgearbeitet.[395] So ist

393 Große Kracht, *Kirche in ziviler Gesellschaft*, 218 f.
394 Ebd. 219.
395 Vgl. ebd. 220.

es nicht überraschend, dass der liberale Rechtsstaat die Kirchen anders geprägt hat, als es die Monarchien (380–1918) davor taten.

Die Kirchen meinten, aus ihrem neuen Selbstbewusstsein das *Grundgesetz* neu interpretieren zu können. Aus dem Selbstbestimmungsrecht der Kirchen wurde abgeleitet, sie seien eigenständige Rechtsträger sui generis, deren Rechtsstellung nicht vom Staat gewährt, sondern letztlich von Gott initiiert sei. Demnach hatte sich das Subordinationsverhältnis der Kirchen in ein gleichgestelltes Kooperationsverhältnis mit dem demokratischen Verfassungsstaat umgeformt.[396] Die neue Rolle der Kirchen fordere eine neue Lesart der unveränderten Weimarer Artikel des Grundgesetzes.

- Das neue Verhältnis von Staat und Kirche drückte die katholische Kirche mit der Kooperation von Kirche und Staat als «zwei gleichrangige Gemeinschaften erster Ordnung (*societates perfectae*)»[397] aus.
- Das Verständnis der Zusammenarbeit von Evangelischer Kirche und Staat basiert auf einer speziellen Interpretation des öffentlichen Status und des daraus abgeleiteten Öffentlichkeitsauftrages der Kirche. Mit ihm ist ein besonderes Wächteramt der Kirche für die öffentliche Ordnung verknüpft; daraus entstand die Forderung nach einer bevorzugten Stellung der Kirche innerhalb des Staates. Letzterer könne nicht mehr «gegen den Willen der Kirchen Recht setzen, das sie in Ausübung ihrer kirchlichen Gewalt Beschränkungen unterwirft»[398].

Die fundamentale Kritik an diesen beiden Ansätzen der Kirchen fragte, ob damit von den Kirchen das Ende des demokratischen Rechtsstaates eingeläutet werde.

> «Den Verfassungsgeber an das überpositive Recht schlechthin zu binden und zugleich die Kirchen (und den Staat) zu überpositiven (‹naturrechtlichen›) Grössen zu erklären, hiesse [...] die ‹Volkssouveränität› und damit die Demokratie aufgeben.»[399]

---

396 Cavuldak, *Gemeinwohl und Seelenheil*, 225.

397 Korioth, *Die Entwicklung des Staatskirchenrechts*, 60.

398 Ebd.

399 Quaritsch, Helmut, Kirchen und Staat – Verfassungs- und staatstheoretische Probleme der staatskirchenrechtlichen Lehre der Gegenwart (Der Staat, Bd. 1, 1962, 175–197 und 289–320), in: ders. / Weber, Hermann (Hg.), *Staat und Kirchen in der Bundesrepublik. Staatskirchenrechtliche Aufsätze 1950–1967* (Dokumentationen zum öffentlichen Recht 1), Bad Homburg v. d. Höhe / Berlin / Zürich 1967, 265–310, 275.

Gegen dieses enggeführte Verständnis des Staatskirchenrechts als Institutionenrecht entwickelte sich im Namen der Freiheitsrechte ein grundrechtlich orientiertes Verständnis von Religionsverfassungsrecht. «Religionsrecht unter dem Grundgesetz ist wesentlich grundrechtsgeprägt.»[400]

7.5 Das grundrechtsgeprägte Religionsverfassungsrecht

Das deutsche Bundesverfassungsgericht interpretierte den Körperschaftsstatus der Kirchen im Jahr 2000 wie folgt:

> «Im Kontext des Grundgesetzes ist der den Religionsgemeinschaften in Art. 137 Abs. 5 Satz 2 WRV angebotene Status einer Körperschaft des öffentlichen Rechts ein Mittel zur Entfaltung der Religionsfreiheit.»[401]

Mit diesem individualrechtlichen Ansatz des Religionsverfassungsrechts entfernte man sich von einem von den Institutionen Kirche und Staat her gedachten Staatskirchenrecht. Damit wurde also die Freiheit des religiösen Individuums auch gegenüber der eigenen Religionsgemeinschaft entschieden gestärkt. Der jüdische Berliner Aufklärungsphilosoph Moses Mendelssohn hatte dies 1783 gefordert. Er verliess damit das rein institutionelle Konzept von «Kirche und Staat»[402] bzw. «Staat und Religion»[403] und fragte: «Wem sollen wir die Sorge für das Ewige anvertrauen?»[404] Der Kirche oder dem Staat? Mendelssohn weist beide Institutionen ab und stellt das Individuum, «die Freiheit des Gewissens»[405], ins

---

400 Walter, Christian, Einleitung, in: ders. / Heinig (Hg.), *Staatskirchenrecht oder Religionsverfassungsrecht?*, 1–4, 3, der darauf verweist, dass es sich um eine Aussage von Hans Michael Heinig handle, die er aber nicht weiter belegt.

401 Bundesverfassungsgericht, Beschluss vom 30. Juni 2015 – Az. 2 BvR 1282/11, in: *BVerfGE* 102, 370 (387).

402 Vgl. Mendelssohn, *Entwurf zu Jerusalem*, 29 f. Der erste Entwurf von «Jerusalem» beginnt mit dem Satz: «Kirche u. Staat. Grenzstreitigkeiten zwischen denselben hat schreckliche Uebel verursachet.» Ebd. 29.

403 Die definitive Fassung von «Jerusalem» beginnt mit «Staat und Religion – bürgerliche und geistliche Verfassung – weltliches und kirchliches Ansehen – diese Stützen des gesellschaftlichen Lebens ...» Mendelssohn, *Jerusalem oder über religiöse Macht und Judentum*, 32.

404 Ebd. 38.

405 Ebd. 33.

Zentrum. Diese Auffassung findet in Ansätzen sogar Eingang in der Argumentation der Konzilserklärung über die Religionsfreiheit (DH 1).

Die Frage steht nun im Zentrum, wie die individuelle und die institutionelle Seite der Religionsfreiheit zusammengedacht werden können.[406] Das folgende berühmte «Böckenförde-Diktum» in der Interpretation der Kirchenvertreter zeigt ebenfalls das neue Selbstverständnis der Kirchen:

> «So stellt sich die Frage nach den bindenden Kräften von neuem und in ihrem eigentlichen Kern: Der freiheitliche, säkularisierte Staat lebt von Voraussetzungen, die er selbst nicht garantieren kann. Das ist das grosse Wagnis, das er, um der Freiheit willen, eingegangen ist. Als freiheitlicher Staat kann er einerseits nur bestehen, wenn sich die Freiheit, die er seinen Bürgern gewährt, von innen her, aus der moralischen Substanz des einzelnen und der Homogenität der Gesellschaft, reguliert. Anderseits kann er diese inneren Regulierungskräfte nicht von sich aus, das heisst mit den Mitteln des Rechtszwanges und autoritativen Gebots, zu garantieren suchen, ohne seine Freiheitlichkeit aufzugeben und – auf säkularisierter Ebene – in jenen Totalitätsanspruch zurückzufallen, aus dem er in den konfessionellen Bürgerkriegen herausgeführt hat. [...] So wäre denn noch einmal – mit Hegel – zu fragen, ob nicht auch der säkularisierte weltliche Staat letztlich aus jenen inneren Antrieben und Bindungskräften leben muss, die der religiöse Glaube seiner Bürger vermittelt.»[407]

Diese individualrechtliche, freiheitliche Sicht auf das Verhältnis von Staat und Kirchen setzt aber voraus, dass das religiöse Individuum nicht nur Lautsprecher seiner autoritär vorgetragenen Kirchenmeinung ist, sondern dass es den Ausgang aus der selbstverschuldeten Unmündigkeit, die in der einseitigen Abhängigkeit von einer kirchlichen Autorität besteht, wie Kant in seiner berühmten Definition von Aufklärung umschreibt,[408] gewagt hat.

---

406 Vgl. Loretan, *Grundrechte innerhalb der Religionsgemeinschaften.*

407 Böckenförde, *Die Entstehung des Staates*, in: ders., *Recht, Staat, Freiheit*, 112 f.

408 «Was ist Aufklärung?» Essay des Philosophen Immanuel Kant aus dem Jahr 1784. In diesem in der Dezember-Nummer der Berlinischen Monatsschrift veröffentlichten Beitrag ging Immanuel Kant auf die Frage des Pfarrers Johann Friedrich Zöllner «Was ist Aufklärung?» ein: «Aufklärung ist der Ausgang des Menschen aus seiner selbstverschuldeten Unmündigkeit. Unmündigkeit ist das Unvermögen, sich seines Verstandes ohne Leitung eines anderen zu bedienen. Selbstverschuldet ist diese Unmündigkeit, wenn die Ursache derselben nicht am Mangel des Verstandes, sondern der Entschließung und des Muthes liegt, sich seiner ohne Leitung eines anderen zu bedienen. Sapere aude! Habe Muth, dich deines eigenen Verstandes zu bedienen! ist also der Wahlspruch der

Böckenfördes Diktum wird bald als griffige Legitimationsformel von katholischen und evangelischen Kirchenverantwortlichen und Politikern verwendet. Dabei war Böckenfördes viel zitiertes Diktum zunächst an die katholischen Bischöfe gerichtet. Denn viele deutsche Bischöfe auf dem Konzil ängstigten sich vor der Konzilserklärung über die Religionsfreiheit. Durch die Freigabe der Wahrheitsfrage befürchteten sie, dass die Kirche in Bedeutungslosigkeit und Relativismus versinken müsse. Der Staatsrechtler Böckenförde beschwichtigte und klärte die Bischöfe über das moderne Verfassungsverständnis auf. Er hat den später zum Aufsatz ausgearbeiteten Vortrag im Oktober 1964 gehalten – also noch während des Reflexions- und Aushandlungsprozesses des Zweiten Vatikanischen Konzils um die Erklärung zur Religionsfreiheit.[409]

Mit diesem grundrechtsorientierten Religionsverfassungsrecht verlassen wir die geschlossene Gesellschaft, in der ein Staat und eine Religion (*cuius regio, eius religio*) gemeinsam den Ton angaben, und betreten «die offene Gesellschaft»[410], in der die Individuen ihre Freiheitsrechte grundrechtsgeschützt einfordern können. Die offene Gesellschaft kann nicht von politischen Eliten gegen ihre Bürger und Einwohnerinnen aufgebaut werden. Religiöse oder säkulare Wahrheitsansprüche sind im Kontext der Freiheitsrechte der Verfassung einzubringen.[411]

> «Aus der Sicht des liberalen Staates verdienen nur die Religionsgemeinschaften das Prädikat ‹vernünftig›, die aus eigener Einsicht auf eine gewaltsame Durchsetzung ihrer Glaubenswahrheiten und auf den militanten Gewissenszwang gegen die eigenen Mitglieder […] Verzicht leisten. Jene Einsicht verdankt sich einer dreifachen Reflexion der Gläubigen auf ihre Stellung in einer pluralistischen Gesellschaft.
>
> 1. Das religiöse Bewusstsein muss erstens die kognitiv dissonante Begegnung mit anderen Konfessionen und anderen Religionen verarbeiten.

Aufklärung.» Kant, Immanuel, Beantwortung der Frage: Was ist Aufklärung?, Königsberg in Preussen, den 30. September 1784, in: Albrecht, Michael von / Hinske, Norbert (Hg.), *Was ist Aufklärung?: Beiträge aus der Berlinischen Monatsschrift*, Darmstadt ²1977, 452–465, 452.

Später fügte Kant in einer Anmerkung an, dass er über die Veröffentlichung im selben Jahr in derselben Monatsschrift des Aufsatzes von Moses Mendelssohn «Ueber die Frage: was heisst aufklären?» nicht Bescheid wusste und er sich sonst mit der Veröffentlichung zurückgehalten hätte, «die jetzt nur zum Versuche da stehen mag, wiefern der Zufall Einstimmigkeit der Gedanken zuwege bringen könne». Ebd. 465.

409 Vgl. Cavuldak, *Gemeinwohl und Seelenheil*, 257.

410 Vgl. Popper, Karl, *Die offene Gesellschaft und ihre Feinde*, Bern 1957–1958, 2 Bde. Bd. 1: *Der Zauber Platos*; Bd. 2: *Falsche Propheten: Hegel, Marx und die Folgen*.

411 Vgl. Loretan, *Wahrheitsansprüche im Kontext der Freiheitsrechte*.

2. Es muss sich zweitens auf die Autorität von Wissenschaften einstellen, die das gesellschaftliche Monopol an Weltwissen innehaben.
3. Schliesslich muss es sich auf die Prämissen des Verfassungsstaates einlassen, die sich aus einer profanen Moral begründen.

Ohne diesen Reflexionsschub entfalten die Monotheismen in rücksichtslos modernisierten Gesellschaften ein destruktives Potenzial.»[412]

Die Theologien der Religionsgemeinschaften werden in einer pluralistischen Gesellschaft völlig neu infrage gestellt, weil letztere ihren absoluten Wahrheitsanspruch relativiert. Gleichzeitig ist «der Umgang mit moralischer und religiöser Vielfalt […] eine der grössten Herausforderungen, mit denen unsere Gesellschaften gegenwärtig konfrontiert sind»[413].

Wie verträgt sich ein säkularer Staat, der auf den Prinzipien der Aufklärung (Freiheit, Gleichheit, Solidarität) beruht, mit den religiösen absoluten Wahrheitsansprüchen der Religionsgemeinschaften? Dabei ist daran zu erinnern: Die Religionsfreiheit wird in ihrer europäischen «Entstehung nicht den Kirchen, nicht den Theologen und auch nicht dem christlichen Naturrecht verdankt, sondern dem modernen Staat, den Juristen und dem weltlich rationalen Recht»[414], so Ernst-Wolfgang Böckenförde. Die typisch europäische Wurzel des säkularen Staates wurde in der Französischen Revolution («laïcité») nochmals radikalisiert. Die Trennung von Staat und Kirche kann aber auch anders ausgestaltet werden als in Frankreich. Die USA und Deutschland entfalteten je ein anderes Trennungsmodell.[415] In der amerikanischen Verfassungstradition stehend, fragt John Rawls:

> «Wie können auch diejenigen, die eine auf einer religiösen Autorität, wie zum Beispiel der Kirche oder der Bibel, beruhende religiöse Lehre bejahen, eine vernünftige politische Konzeption haben, die eine gerechte demokratische Ordnung stützt? Ent-

412 Habermas, *Glauben und Wissen*, 13 f. (Einfügung der Zahlen: A. Loretan).

413 Maclure / Taylor, *Laizität und Gewissensfreiheit*, 9. Dieses Werk entstand im Anschluss an die Arbeit in der von der Regierung Quebecs 2007 eingesetzten «Commission de consultation sur les pratiques d'accommodement reliées aux différences culturelles» (CCPARDC) und bildet eine Weiterführung und Vertiefung der «im siebten Kapitel des Abschlussberichts [erschienen 2008] skizzierten Thesen». Ebd. 8.

414 Böckenförde, Ernst-Wolfgang, Religionsfreiheit als Aufgabe der Christen (1965), in: ders., *Religionsfreiheit. Die Kirche in der modernen Welt* (Schriften zu Staat – Gesellschaft – Kirche 3), Freiburg i. Br. 1990, 18.

415 Vgl. Maier, *Rezension* zu Ahmet Cavuldak, Gemeinwohl und Seelenheil.

scheidend ist, dass nicht alle vernünftigen umfassenden Lehren liberale umfassende Lehren sind; und deshalb stellt sich die Frage, ob sie sich gleichwohl aus den richtigen Gründen mit einer liberalen politischen Konzeption vereinbaren lassen. Dazu, so behaupte ich [Rawls], genügt es nicht, dass diese Lehren eine demokratische Ordnung im Sinne eines blossen modus vivendi akzeptieren. Sie müssen sie vielmehr als Mitglieder eines vernünftigen übergreifenden Konsenses akzeptieren.»[416]

Die hier vorliegende Rechtsgeschichte will u. a. auch die religiösen Bürgerinnen und Bürger daran erinnern, dass viele Rechtsgrundlagen der liberalen Demokratie ausgerechnet aus der rechtswissenschaftlichen Tradition der Westkirche in ihrer katholischen und evangelischen[417] Entwicklung und Interpretation herstammen. Das Verhältnis von religiös und säkular weltanschaulich geprägten Menschen hängt von der Art ab, wie sie ihre Position vertreten. «Wer die eigene Position absolut setzt, wertet damit häufig andere Positionen ab. So entstehen Vorurteile, die dem sozialen Vertrauen schaden.»[418] Ein übergreifender Verfas-

---

416 Rawls, *Politischer Liberalismus*, 35 f. Ohne diesen übergreifenden Konsens ist die Weimarer Republik an den Mehrheiten der Nicht-Demokraten gescheitert: Die kommunistische Partei und die nationalsozialistische Partei hatten zusammen mehr als 50 % der Stimmen.

417 «Vor allem die Juristen der Universität Wittenberg betonten Luther zum Trotz, wie notwendig die Weitergeltung des kanonischen Rechts, auch das der Dekretalen sei. Wittenbergs Kanonisten bzw. kanonistisch versierte Juristen wie Hennig Göde (1450–1521), Christoph Scheurl (1481–1542), Hieronymus Schürpff (1481–1554), Melchior Kling (1504–1571), Matthaeus Wesenbeck (1531–1586) und Eberhard von Weyhe (1553–1633) sprachen sich deutlich für die Beibehaltung des Kirchenrechts jedenfalls in groben Zügen aus. 1528 wollte Justus Jonas d. Ä. (1493–1555) immerhin wieder Kirchenrecht in Wittenberg lesen. Stärker als Luther war Melanchthon allerdings auch bereit, den Juristen Wittenbergs zuzuhören. Unter dem Einfluss von Melanchthon, der ab den späten 1520ern und unter dem Einfluss von Aristoteles dem Gesetz eine neue Wertschätzung entgegenbrachte, milderte auch Luther in den 1530ern seine Auffassung. Es kann daher nicht überraschen, dass der späte Luther selbst das kanonische Recht etwa in der Wucherlehre heranzog und sich darauf stützte. Im Ergebnis blieb das kanonische Recht als Lehrfach erhalten und war sogar das Lehrfach des jeweiligen primus ordinarius der sächsischen Rechtsfakultäten. Mit den Werken von Benedict Carpzov (1595–1666) und Justus Henning Boehmer (1674–1749) darf man sogar von einer Blüte der Kanonistik in Sachsen sprechen. Sie halfen bei einer systematischen Erschließung des kanonischen Rechts im Dienst der protestantischen Kirche. Die Geltung des kanonischen Rechts in deutschen Landen kann nicht geleugnet werden. Insoweit es mit den Lehren der Reformation nicht in Widerspruch stand, blieb es einstweilen geltendes Recht in protestantischen Territorien.» Schmoeckel, *Grundfragen des evangelischen Kirchenrechts*, 74 f.

418 Rasic, Toni / Jörg, Daniel, Religion und soziales Vertrauen – ein «eigenwilliges» Verhältnis [Interview mit Anastas Odermatt], in: *cogito. Das Wissensmagazin der Universität Luzern* vom

sungskonsens im Geiste von John Rawls kann nicht oder nur schwer entstehen. Dieser Konsens ist aber überlebensnotwendig für das friedliche Zusammenspiel der Menschen mit unterschiedlichen Weltanschauungen in den liberalen Demokratien. Es geht dabei nicht um Kirchenpolitik, sondern um Religionspolitik bzw. Weltanschauungspolitik, die weder die säkularen noch die religiösen Bürgerinnen und Bürger diskriminiert.[419]

8 Die Ablehnung der Freiheitsrechte in der Kirche

Der liberale Rechtsstaat muss die Menschen mittels der Grundrechte auch vor der Kircheninstitution schützen,[420] die keine einklagbaren Grundrechte[421] als Mittel gegen Macht- und Gewissensmissbrauch in der Kirche[422] kennt. Die Religionsfreiheit ist nicht nur eine Freiheit für die Religionsausübung der Menschen oder indirekt der Religionsinstitutionen, sondern auch eine Freiheit von der Religion als Institution. Diesen Rechtsanspruch der Religionsfreiheit als individuelles Grundrecht vergessen die Kirchen und Religionsgemeinschaften oft aufgrund ihres absoluten Wahrheitsanspruchs, der von Religionsdienern vorgetragen wird. Jeder von Menschen vorgetragene absolute Wahrheitsanspruch ist aber relativ, weil ihn ein Mensch vorträgt und nicht Gott selbst.

Was das Gemeinwohl (*bonum commune*) ist, kann in der Moderne nicht mehr ein guter Hirte, ein absoluter Fürst erklären. Es benötigt den demokratischen Konsens, der erarbeitet werden muss. Was für das Individuum das Gute ist, beinhaltet in der modernen Rechtsphilosophie (Naturrecht) zugleich Anleitungen für eine legitime Gesellschaftsordnung.[423]

27.7.2023, URL: https://www.unilu.ch/magazin/artikel/religion-und-soziales-vertrauen-ein-eigenwilliges-verhaeltnis/. Vgl. Odermatt, Anastas, *Religion und Sozialkapital in der Schweiz. Zum eigenwilligen Zusammenhang zwischen Religiosität, Engagement und Vertrauen*, Wiesbaden 2023, URL: https://link.springer.com/book/10.1007/978-3-658-41147-3.

419 Fehr, Jacqueline, Wir machen Religionspolitik, nicht Kirchenpolitik, in: *Theologisches Feuilleton feinschwarz* vom 31.7.2023, URL: https://www.feinschwarz.net/wir-machen-religionspolitik-nicht-kirchenpolitik/.

420 Vgl. Stein, Tine, Religionsverfassungsrecht und die Universalität der Menschenrechte. Möglichkeiten und Grenzen staatlicher Durchsetzbarkeit, in: Ley / Stein / Essen (Hg.), *Semper* Reformanda.

421 Vgl. Loretan, *Einklagbare Grundrechte.*

422 Vgl. Loretan, Adrian, Der sexuelle Missbrauch ist ein «Macht- und Gewissensmissbrauch», in: ders. (Hg.*), Machtmissbrauch und sexuelle Gewalt in der Kirche.*

423 Vgl. auch Schnurrenberger, *Las Casas – Max Weber.*

> «Die Verfechterinnen der Frauenemanzipation, die Mitglieder der Arbeiterbewegung und die Kombattanten des civil rights movements [die Opfer von Machtmissbrauch und sexueller Gewalt in der Kirche], sie alle kämpften [und kämpfen] gegen rechtliche und soziale Formen der Missachtung, die sie als unvereinbar mit Ansprüchen auf Selbstachtung und individuelle Autonomie erlebten. [...] In der gesellschaftlichen Moderne ist die Forderung nach Gerechtigkeit öffentlich nur zu legitimieren, wenn in der einen oder anderen Weise auf die Autonomie des einzelnen Bezug genommen wird; nicht der Wille der Gemeinschaft [bonum commune], nicht die natürliche Ordnung, sondern die individuelle Freiheit bildet den normativen Grundstein aller Gerechtigkeitsvorstellungen. Die Verzahnung von Gerechtigkeit und individueller Freiheit ist freilich mehr als nur ein historisches Faktum.»[424]

Die Verknüpfung der Begriffe Freiheit und Gerechtigkeit entspringt einem längerfristigen Lernprozess, in dessen Verlauf das christliche Naturrecht zunächst an seine eigene Denktradition des individuellen Rechtssubjekts erinnert werden musste. Dabei darf das subjektive autonome Rechtssubjekt nicht ausschliesslich in der säkularen Denktradition verortet werden,[425] weil so die frühere, auch vom Lehramt der Kirche verdrängte kirchenrechtswissenschaftliche Tradition des Rechtssubjekts nicht zur Kenntnis genommen wird.[426]

Kritisch gegenüber dem Lehramt der Kirche ist festzuhalten: Die staatlich garantierte Religionsfreiheit, ein Grundrecht des modernen Rechtsstaates, wird zwar anerkannt (DH), und damit tritt die Kirche philosophiegeschichtlich bis Kant in die Moderne ein. Hingegen wird vom Lehramt keine Hegel'sche Vermittlung von Subjektivität und Objektivität im religiös-metaphysischen Bereich der Kirche zugelassen. Das kirchliche Denken eilt deswegen der modernen Rationalität der Verfassungen hinterher und macht den Versuch, das Christliche in der modernen säkularisierten Welt als das immanent Vernünftige hinzustellen.[427]

Religionsgemeinschaften, die nach aussen zwar die kollektive Religionsfreiheit für sich in Anspruch nehmen, aber umgekehrt nach innen die individuelle Glaubens- und Gewissensfreiheit der eigenen Mitglieder oder die Rechte der

---

424 Honneth, *Das Recht der Freiheit*, 38.

425 Vgl. ebd. 38 f.

426 «Neu ist im begriffsgeschichtlichen Zusammenhang des modernen Rechts *die Akzentuierung der Stellung der autonomen Rechtsperson*, die man als katholisches Pendant zu der von Luther zugleich akzentuierten Gewissensautonomie betrachten kann.» Habermas, *Auch eine Geschichte der Philosophie*, Bd. 1, 918.

427 Böckenförde, Ernst-Wolfgang, Kirche und modernes Bewusstsein, in: *Internationale katholische Zeitschrift Communio* 15 (1986) 165.

eigenen Arbeitnehmenden[428] nur sehr eingeschränkt anerkennen, sind rechtsstaatlich nicht unproblematisch. In der Moderne wird die Legitimation der Organisationsmacht im Kontext der Freiheit und der damit verbundenen Freiheitsrechte verstanden.

> «Das Institut der Macht [auch der Kirchenmacht] kann seinen Sinn allein darin haben, dass es die Bedingungen für das kommunikative Miteinander von Freiheiten schafft und sichert. Also ist die Freiheit der Grund der Macht und die Freiheit das zur Macht ursprüngliche Ermächtigende. Allein die Herkunft der Macht aus der Freiheit schafft Freiheitsordnungen.»[429]

Georg Essen (* 1961), ein katholischer Theologe, weist in der Konsequenz darauf hin, dass in der Moderne nur Rechtsordnungen «den Anspruch auf Legitimität erheben können, die im Freiheitsbegriff geltungsfundiert sind»[430].

Die kirchlichen Rechts- und Herrschaftsordnungen repräsentieren für Essen keine normativen Ordnungen, die über hinreichende Legitimität verfügen. Denn legitime Rechtsordnungen sind in der Moderne mit Freiheitsbewusstsein und dem ihm innewohnende Streben nach Selbstbestimmung der Mitglieder verbunden.[431]

Dieses individuelle Selbstbestimmungsrecht mittels Freiheitsrechten (bzw. Menschenrechten) vor der eigenen Rechtsgemeinschaft (bzw. Religionsgemeinschaft) forderte Moses Mendelssohn schon 1783 seinem Judentum gegenüber ein. «Muss die Frau Gewissenszwang leiden, weil der Mann Gewissensfreiheit haben will?»[432] Eine religiöse Handlung «ist nur in dem Masse religiös, in welchem sie aus freier Willkür und in gehöriger Absicht geschiehet»[433]. Weiter schreibt er:

> «Einen Dissidenten aus der Kirche verweisen, heisst einem Kranken die Apotheke verbieten. […] Und ihr wollt den Kranken vor der Tür abweisen, der dieser Arznei am meisten bedarf.»[434]

---

428 Vgl. Mangold, Anna Katharina, Diskriminierungsschutz im kirchlichen Arbeitsrecht oder die Quadratur des Kreises, in: Ley / Stein / Essen (Hg.), *Semper Reformanda*; Joussen, Jacob, Kirchliches Arbeitsrecht zwischen Grundrechten und Drittem Weg – Reformperspektiven, in: ebd.

429 Vgl. Essen, Georg, Legitimität. Ein blinder Fleck in kirchlichen Rechtfertigungsordnungen? in: Ley / Stein / Essen (Hg.), *Semper Reformanda*, 332–349, 346.

430 Ebd.

431 Vgl. ebd.

432 Mendelssohn, *Jerusalem oder über religiöse Macht und Judentum*, 53 Anm. 49.

433 Ebd. 74.

434 Ebd. 76.

Mendelssohn wirft als einer der ersten die Frage der individuellen Freiheitsrechte innerhalb der eigenen Religions- und Rechtsgemeinschaft auf.[435]

Das Lehramt der katholischen Kirche lehnte die Demokratie bis ins 20. Jahrhundert ab, abgesehen von einigen Vorläufern bis zur *Weihnachtsansprache* Pius' XII. von 1944. Erst die Konzilserklärung (1965) zur Religionsfreiheit *Dignitatis humanae [personae]* oder deutsch «die Würde der menschlichen Person»[436] enthielt ein klares Ja zum Grundrecht der individuellen und korporativen Religionsfreiheit und damit indirekt zum modernen demokratischen Verfassungsstaat. In der allgemeinen Öffentlichkeit, über den Kreis der Katholiken hinaus, hat diese Konzilserklärung zur Religionsfreiheit viel Beachtung gefunden, so Ernst-Wolfgang Böckenförde.[437] Jetzt konnten Katholikinnen und Katholiken auch vom Lehramt ihrer Kirche her «Ja» zum liberalen Verfassungsstaat sagen. Dies heisst aber auch, das Grundrecht der individuellen Religionsfreiheit ist im Kontext der individuellen Freiheitsrechte der Verfassung zu verstehen.[438]

Die Stellung der autonomen Rechtsperson wurde schon im 13. Jahrhundert bei kirchenrechtswissenschaftlichen Autoren entwickelt, wie im Teil Mittelalter ausführlich mit Brian Tierney belegt wurde.[439] Diese subjektiven Rechte waren die Denkvoraussetzung für die modernen Menschenrechte bzw. die Grundrechte in den modernen Verfassungen. Obwohl schon im 16. Jahrhundert bei den Spanischen Klassikern des Naturrechts eingefordert, werden sie von der katholischen Kirche innerkirchlich bis heute nicht anerkannt.[440]

Die Idee des Rechtsstaates hat ihre Ideengeschichte und ihre Institutionengeschichte miteinander verzahnt. Im zweiten Jahrtausend (bis zur Französischen Revolution) kamen entscheidende Impulse für die Rechtsstaatlichkeit und gegen

---

435 Vgl. Loretan, *Grundrechte innerhalb der Religionsgemeinschaften*; Grote, *Die Religionsfreiheit im Spiegel*.

436 Vgl. Loretan, *Die Würde der menschlichen Person*.

437 Böckenförde, *Religionsfreiheit als Aufgabe der Christen*, 15.

438 Vgl. Loretan, *Religionsfreiheit im Kontext der Grundrechte*.

439 Vgl. Tierney, *The Idea of Natural Rights*.

440 Ausnahmen sind z. B.:

1. der Verfassungsentwurf einer *Lex Ecclesiae Fundamentalis* im Pontifikat Pauls VI., der nicht promulgiert wurde;
2. die vom Heiligen Stuhl promulgierte *UN-Kinderrechtskonvention*, deren Anwendung innerkirchlich verhindert wird (vgl. McAleese, *Children's Rights and Obligations in Canon Law*; Schmahl, Stefanie, *Kinderrechtskonvention. Mit Zusatzprotokollen*, Baden-Baden ²2017, Art. 2 Rn. 1).

den Machtmissbrauch der Amtsinhaber von der Rechtswissenschaft der Westkirche: Menschenrechte, Demokratie, Gewaltenteilung etc. Die nach dem Westfälischen Frieden entstandenen säkularen Rechtsstaaten haben sich an dieser Rechtskultur der Westkirche orientiert. Klammert das Recht der Kirche bewusst die eigene Rechtstradition und damit die moderne Verfassungsentwicklung aus, weil so die Standesgesellschaft von Klerus und Laien[441] bzw. die Ungleichheit der Personenrechte überhaupt noch legitimiert werden kann? Eine Ausnahme bildet die *Lex Ecclesiae Fundamentalis* (das Grundgesetz der Kirche), an deren Entwürfen während des ganzen Pontifikats Pauls VI. (1963–1978) gearbeitet, die aber unter Johannes Paul II. (1978–2005) nicht promulgiert wurde.

Gerade in Zeiten der Krise und des Staats- und Kirchenversagens angesichts der sexualisierten Gewalt von Amtsträgern kann es inspirierend und ermutigend sein, zu den ideellen Wurzeln dieser Rechtskultur des Westens zurückzukehren. Dabei ist klar zu unterscheiden zwischen Genesis und Geltung, d. h. zwischen Entstehungsgeschichte und heutiger rechtsphilosophischer Geltung. Das Recht in der Moderne ist für den Rechtsphilosophen Hegel in bester naturrechtlicher Tradition[442] das «entscheidende Medium der modernen Freiheit»[443].

---

441 Vgl. c. 207 CIC/1983.

442 Beispielsweise Las Casas, Kant, Weber; vgl. Schnurrenberger, Las Casas – Max Weber.

443 Habermas, *Auch eine Geschichte der Philosophie*, Bd 2, 527. Vgl. Hegel, Georg Wilhelm Friedrich, *Grundlinien der Philosophie des Rechts. Naturrecht und Staatswissenschaft*, Frankfurt a. M. 1972.

V Fazit: Von der Heteronomie zur Autonomie

Der Westen ist das Ergebnis des Mit- und Gegeneinanders zweier Rechtsinstitutionen (Kirche und Staat) bzw. zweier Rechtswissenschaften. Letztere kennen einen gemeinsamen Rechtsbegriff und eine gemeinsame Vernunftphilosophie, das Naturrecht. Das Naturrechtsdenken des Mittelalters, das mit einer säkularen Vernunft argumentieren konnte, lieferte für das säkulare Vernunftdenken der Aufklärung entscheidende Grundlagen, die zur Entwicklung des modernen Rechtsstaates anregten.

Das Mittelalter beinhaltet eine eigentliche Renaissance, die unter anderem aus der Begegnung mit Aristoteles und dem Römischen Recht hervorgeht. Die subjektiven Rechte, die rechtsphilosophischen Grundlagen der Freiheitsrechte, erhalten im Mittelalter durch die Rechtswissenschaft der Kirche wesentliche Impulse. Diese legt im 16. Jahrhundert bei den Spanischen Klassikern des Naturrechts einen Grundstein für die naturrechtliche Anerkennung der gleichen Würde aller Menschen, ihrer Gleichheit vor dem Gesetz und der daraus folgenden Volkssouveränität der Staaten. Darauf werden die modernen Verfassungen der USA und Frankreichs aufbauen.

Mit den modernen Verfassungen geben sich die politisch vereinigten rechtsfähigen Personen die allgemeinen Gesetze selbst, die eine gleiche Verteilung subjektiver Rechte erst begründen. In der demokratischen Gesetzgebung wird der revolutionäre Gedanken der Selbstgesetzgebung (Autonomie) vorausgesetzt. Diese Form der Selbstgesetzgebung ist auch das Modell für den naturrechtlichen Autonomiebegriff Kants. Aber zuvor argumentiert schon die *Unabhängigkeitserklärung* der Vereinigten Staaten am 4. Juli 1776 vom Naturrecht her und beruft sich unter Anrufung des Weltenrichters auf die Ermächtigung des Volkes.

Die Rechtsgeschichte wird in dieser Publikation verzahnt mit der Denkgeschichte, denn beide gemeinsam begründeten den säkularen Rechtsstaat. Die Umstellung in der Moderne vom antiken Begriff der zuteilenden Gerechtigkeit (Aristoteles) zu einer juristischen Konzeption der Gerechtigkeit vollzieht sich im Medium des Rechts. Sie basiert auf der neuen Denkfigur der ermächtigenden subjektiven Freiheitsrechte der Spanischen Klassiker des Naturrechts. Damit rückt das Thema der vernünftigen Freiheit des Subjekts in den Mittelpunkt der modernen Philosophie. Dies ist ein Wechsel im Gerechtigkeitsverständnis von der Tugendethik des Fürsten (bzw. Bischofs) zu den modernen Freiheitsrechten aller Menschen. Dieser Wechsel im Gerechtigkeitsverständnis war für die Idee des Rechtsstaates, wie er in der Französischen Revolution vertreten wurde, von entscheidender Bedeutung.

Die Rechtskirche, die heute noch am antiken Ideal der Gerechtigkeit festhält, ist daher für die Rechtswissenschaft des Staates keine Gesprächspartnerin. Um dieses Gespräch zwischen den Rechtswissenschaften wieder aufnehmen zu können, muss sich die Rechtswissenschaft der Kirche an ihre naturrechtlichen und subjektrechtlichen Beiträge für den modernen Rechtsstaat erinnern. Die Rechtswissenschaft der Kirche muss sich also ihrer eigenen Rechtstradition neu bewusstwerden. Diese Beiträge der Rechtswissenschaft der Kirche zur Entstehung der Idee des Rechtsstaates sind in einer Phase der Kirche im 19./20. Jahrhundert unterdrückt worden. Die freiheitliche Denktradition des mittelalterlichen Naturrechts bzw. Vernunftrechts gilt es neu zu entdecken.

Das Spezifikum der Entwicklung des Westens als Rechtsgemeinschaft ist in der privilegierten Rolle des Rechts zu sehen. Auch darin ist der Westen als Rechtsgemeinschaft ein Erbe der Westkirche. Im zweiten Jahrtausend kommen entscheidende Impulse für die Rechtsstaatlichkeit *(rule of law)* und gegen den Machtmissbrauch der Amtsträger von der Kirche – «was alle angeht, muss von allen behandelt und approbiert werden». Demokratie, Gewaltenteilung, Prozessrecht, Strafrecht werden massgeblich in der kirchlichen Rechtswissenschaft weiterentwickelt.

Aus dieser einzigartigen Interaktion von Ideengeschichte (Philosophie) und Institutionengeschichte (Recht) entwickelt sich im Westen die Idee des freiheitlichen Rechtsstaates. Volkssouveränität und Menschenrechte werden ebenfalls bereits bei den Spanischen Klassikern des Naturrechts im 16. Jahrhundert gedacht. Diese naturrechtlichen Überlegungen wurden für die Staatstheorie sehr entscheidend, obwohl sie im Kontext der Rechtswissenschaft der Kirche herangewachsen waren.

Die säkularen Rechtsstaaten, die nach den Konfessionskriegen in Europa entstanden sind, haben sich an dieser Rechtskultur der Kirche orientiert. Die Französische Revolution und die katholische Kirche in ihrer ultramontanistischen Ausrichtung seit dem 19. Jahrhundert verdrängten diesen Beitrag zur Rechtskultur des Westens. Er wurde im interdisziplinären Gespräch mit säkularen Wissenschaften wiederentdeckt. Mit der Anerkennung der modernen Verfassungsentwicklung im Zweiten Vatikanischen Konzil (DH) ist der Weg frei, diesen Dialog der Rechtswissenschaften wieder aufzugreifen.

Der säkulare Rechtsstaat ist seit dem Westfälischen Frieden (1648) die Grundlage für den Frieden in einer pluralistischen Gesellschaft. Gescheiterte Staaten (*failed states*)[1], in denen Terrororganisationen im Namen einer religiösen Sicht die Bevölkerung als Schutzschild einsetzen, führen zum Krieg. Sogenannte Gottesstaaten nehmen im Namen ihrer Wahrheit den Gläubigen ihre Mitbestimmungsrechte. Sogenannte Macher oder Machtmenschen verabschieden sich von der Rechtsstaatlichkeit, um effizient herrschen zu können. Der säkulare, liberale Rechtsstaat steht weltweit unter Druck, gerade auch im Westen.

Alle Weltanschauungen könnten sich in einem überlappenden Konsens (Rawls) finden, der wie folgt formuliert werden kann: Alles, was ihr von anderen erwartet, das tut auch ihnen. Diese Goldene Regel, mit der die subjektiven Rechte der andern begründet werden, steht am Anfang der Rechtswissenschaft der Kirche, im Decretum Gratiani (1140). Die Entscheidung steht an: Krieg oder Frieden? Letzteres heisst die Anerkennung der Rechte der andern im liberalen Rechtsstaat bzw. in einem internationalen Völkerrecht, wie die Spanischen Klassiker des Naturrechts im 16. Jahrhundert fordern. Diese Argumentation nimmt Pius XII. 1942 mitten im Weltkrieg auf. Sie findet Eingang in die UNO-Charta (1945) und in die Allgemeine Erklärung der Menschenrechte (1948).

Das Eintreten für den eigenen Wahrheitsanspruch bei gleichzeitiger Achtung der Freiheitsrechte der Andersdenkenden formuliert die *Konzilserklärung über die Religionsfreiheit*. Diese Anerkennung des modernen Verfassungsstaates ist die Voraussetzung für ein friedliches Zusammenleben der verschiedenen Religionen und Weltanschauungen in einem liberalen Rechtsstaat.

Ein Blick in die Naturrechtstradition der Westkirche trägt also dazu bei, das vernunftrechtliche Verfassungsprojekt des Westens als Rechtsgemeinschaft der Freiheitssubjekte rechtsphilosophisch und rechtshistorisch besser verstehen zu lernen. Mit diesem Hintergrundwissen können in einer pluralistischen Gesellschaft auch Religionsgemeinschaften für das Friedensprojekt des säkularen Rechtsstaates begeistert werden.

---

1 Als *gescheiterter Staat* (englisch *failed state*) wird ein Staat bezeichnet, der seine grundlegenden Funktionen nicht mehr erfüllen kann. Der Begriff wurde erstmals zu Beginn der 1990er-Jahre verwendet, siehe Masala, Carlo / Tömmel, Till Florian, Art. Failed state, in: *Staatslexikon[8] online*, Fassung vom 8.6.2022; URL: https://www.staatslexikon-online.de/Lexikon/Failed_state.

Quellen- und Literaturverzeichnis

Alle Internetverweise (URL, DOI, URN) wurden am 14.7.2025 verifiziert.

1 Quellen

3. Generalversammlung des lateinamerikanischen Episkopats in Puebla (Mexiko), *«La evangelización»* vom 13.2.1979, in: DenzH, Nr. 4610–4635.

Abgeordneter Carl Baumann (Zentrumspartei) auf einen Zuruf des Abgeordneten Dr. Wilhelm Kahl (Deutsche Volkspartei) hin in der Nationalversammlung vom 17. Juli 1919, in: Verhandlungen der verfassungsgebenden Deutschen Nationalversammlung, 59. Sitzung, Donnerstag, den 17. Juli 1919 (Stereografische Berichte 328), Berlin 1920, 1653–1654.

Ambrosius von Mailand, *Brief 51 an Kaiser Theodosius vom Mai 390*, in: PL, Bd. 16, 1160–1169; dt.-lat.; Rahner, Hugo, *Kirche und Staat im frühen Christentum*, München 1961, 184–192.

Anselm von Canterbury, *Cur deus homo. Warum Gott Mensch geworden ist.* Lateinisch und deutsch, übers. v. P. Franc Salesius Schmitt OSB, Darmstadt ^{5}1993.

Ansprache Bonapartes an den Ausschuss der helvetischen Consulta zu St. Cloud, 12. Dezember 1802, in: Oechsli, Wilhelm, *Quellenbuch zur Schweizergeschichte für Haus und Schule*, Zürich ^{2}1901, 640–642.

Aristoteles, *Nikomachische Ethik*, hg. und übers. von Olof Gigon, Zürich 1972.

Aristoteles, *Politik*, eingel. u. übers. von Olof Gigon, Zürich 1971.

Athanasius, *Leben des heiligen Antonius (Vita Antonii)*, in: Athanasius, *Ausgewählte Schriften*, Band 2. Aus dem Griechischen übers. v. Anton Stegmann und Hans Mertel (BKV 1. Serie, Bd. 31), München 1917, URL: https://bkv.unifr.ch/de/works/cpg-2101/versions/einleitung-die-vita-des-antonius/divisions/2.

Augustinus, Aurelius, *Bekenntnisse (Confessiones) / Des heiligen Kirchenvaters Aurelius Augustinus Bekenntinsse*, aus dem Lateinischen übers. v. Alfred Hofmann (BKV 1. Serie, Bd. 18 = Augustinus Bd. VII), München 1914, URL: https://bkv.unifr.ch/de/works/cpl-251/versions/aug-conf-bkv/divisions/3.

Augustinus, Aurelius, *Des heiligen Kirchenvaters Aurelius Augustinus zweiundzwanzig Bücher über den Gottesstaat*. Aus dem Lateinischen übers. von Alfred Schröder (Des heiligen Kirchenvaters Aurelius Augustinus ausgewählte Schriften

1–3) (BKV 1. Serie, Bde. 1, 16, 28), Kempten; München 1911–1916, URL: https://bkv.unifr.ch/de/works/cpl-313/versions/zweiundzwanzig-bucher-uber-den-gottesstaat-bkv.

Augustinus, Aurelius, Sermo 340, 1, in: PL, Bd. 38, 1483; dt.: *Kleines Konzilskompendium*, 163.

Basilius von Cäsarea, *313 kurzgefasste Vorschriften (Regulae brevius tractatae)*, in: *Ausgewählte Schriften des heiligen Basilius des Grossen*. Übers. v. Valentin Gröne (BKV 1. Serie, Bd. 48), Kempten 1877, URL: https://bkv.unifr.ch/de/works/cpg-2875/versions/313-kurzgefasste-vorschriften-bkv/divisions/2.

Basilius von Cäsarea, *55 ausführliche Regeln in Frage und Antworten (Regulae fusius tractate)*, URL: https://www.pliniocorreadeoliveira.info/55%20ausf%C3%BChrliche%20Regeln%20in%20Frage%20und%20Antworten%20(Regulae%20fusius%20tractatae).pdf.

Beda, *Homiliae subdititiae*, in: PL, Bd. 94, 512.

Benedikt von Nursia, *Die Benediktsregel*. Eine Anleitung zu christlichem Leben. Der vollständige Text der Regel lateinisch-deutsch übers. u. erkl. v. Georg Holzherr, Abt von Einsiedeln, Zürich [4]1993.

Benedikt XVI., *Enzyklika Caritas in veritate*, 29. Juni 2009, in: *AAS* 101 (2009) 641–709, URL: https://www.vatican.va/content/benedict-xvi/de/encyclicals/documents/hf_ben-xvi_enc_20090629_caritas-in-veritate.html.

Benedikt XVI., *Schreiben an Mike Bacher vom 5.4.2018*, Privatarchiv von Mike Bacher.

Bernhard von Clairvaux, *Über die Besinnung an Papst Eugen (De consideratione ad Eugenium Papam)*, in: ders., *Sämtliche Werke*, lateinisch – deutsch, hg. v. Gerhard B. Winkler, Linz 1990, Bd. 1, 611–841.

Bismarck, Otto von, *Eröffnung des Kulturkampfes 1872*, in: Wende, Peter (Hg.), unter Mitarbeit von Inge Schlotzauer, *Politische Reden II. 1869–1914* (Bibliothek der Geschichte und Politik, Bd. 25 = Bibliothek deutscher Klassiker, Bd. 59), Frankfurt a. M. 1990, 103–115.

Bonifatius VIII., *Bulle Unam sanctam*, 18.11.1302, in: DenzH, Nr. 870–875.

Bonifatius VIII., *Cum [Quum,] Secundum Leges*, in: CICan VI 5, 2, 19 (*Friedberg*, Bd. 2, 1077–1078).

Bonifatius VIII., *De regulis iuris XXIX*, in: CICan VI 5, 13, 29 (*Friedberg*, Bd. 2, 1122).

Bundesgesetz über die äußeren Rechtsverhältnisse islamischer Religionsgesellschaften – Islamgesetz 2015. StF, in: BGBl. I Nr. 39/2015 (NR: GP XXV RV 446 AB 469 S. 61. BR: 9324 AB 9326 S. 839), URL: https://www.ris.bka.gv.at/GeltendeFassung.wxe?Abfrage=Bundesnormen&Gesetzesnummer=20009124.

Bundesgesetz vom 3. Februar 1995 über die Armee und die Militärverwaltung (Stand am 1.1.2024), in: AS 1995 4093, URL: https://www.fedlex.admin.ch/eli/cc/1995/4093_4093_4093/de.

Bundesverfassung der Schweizerischen Eidgenossenschaft vom 18. April 1999 (Stand am 3.3.2024), in: AS 1999 2556, URL: https://www.fedlex.admin.ch/eli/cc/1999/404/de.

Bundesverfassungsgericht, *Beschluss vom 30.6.2015* – Az. 2 BvR 1282/11, in: BVerfGE 102, 370 (387).

Bundesverfassungsgericht, *Urteil vom 20.2.2001* – Az. 2 BvR 1444/00, in: BVerfGE 103, 142 (158).

Bundesverfassungsgericht, *Urteil vom 4.11.2009* – Az. 1 BvR 2150/08, in: BVerfGE 124, 300 (320).

Bundesverwaltungsgericht, *Urteil des 7. Senats vom 27.3.1992*, in: BVerwGE 90, 112 (115).

Burchard von Ursberg, *Chronicon*, hg. v. Oswald Holder-Egger / Bernhard von Simson (MGH SS rer. Germ. in usum scholarum separatum editi, Bd. 16), Hannover / Leipzig ²1916.

Cassianus, Johannes, *Sieben Bücher über die Menschwerdung Christi (De incarnatione Domini contra Nestorium)*, in: *Sämmtliche Schriften des ehrwürdigen Johannes Cassianus*: zweiter Band, aus d. Urtexte übers. von Karl Kohlhund (BKV 1. Serie, Bd. 68), Kempten 1879, URL: https://bkv.unifr.ch/de/works/cpl-514/versions/sieben-bucher-uber-die-menschwerdung-christi-bkv/divisions/2.

Cassianus, Johannes, *Vierundzwanzig Unterredungen mit den Vätern (Collationes patrum)*, in: *Sämmtliche Schriften des ehrwürdigen Johannes Cassianus*: erster Band, aus dem Urtexte übers. von Antonius Abt (BKV 1. Serie, Bde. 59, 68), Kempten 1879, URL: https://bkv.unifr.ch/de/works/cpl-512/versions/vierundzwanzig-unterredungen-mit-den-vatern-bkv/divisions/3.

Cassianus, Johannes, *Von den Einrichtungen der Klöster (De institutis coenobiorum et de octo principalium vitiorum remediis)*, in: *Sämmtliche Schriften des ehrwürdigen Johannes Cassianus*: erster Band, aus dem Urtexte übers. von Antonius Abt (BKV 1. Serie, Bd. 59), Kempten 1879, URL: https://bkv.unifr.ch/de/works/cpl-513/versions/von-den-einrichtungen-der-kloster-bkv/divisions/3.

Cicero, M. Tullius, *Vom pflichtgemäßen Handeln (De officiis)*, lateinisch – deutsch, hg. und übers. v. Rainer Nickel, Düsseldorf 2008.

Codex Iuris Canonici. Auctoritate Ioannis Pauli PP. II promulgatus. Lateinisch – deutsche Ausgabe mit Sachverzeichnis, hg. im Auftrag der Deutschen Bischofskonferenz, der Österreichischen Bischofskonferenz, der Schweizer Bischofskonferenz, der Erzbischöfe von Luxemburg und von Straßburg sowie der Bischöfe von Bozen-Brixen, von Lüttich und von Metz, Kevelaer [8]2021, in: *AAS* 75 (1983) Pars II.

Corpus Iuris Civilis recensuit Paulus Krueger, Berlin 1954–1970, 3 Bde.

Damiani, Petrus, *Epistolae*, hg. v. Kurt Reindl (MGH Epp. 2), München 1983.

de Las Casas, Bartolomé, *Obras completas*, hg. v. Paulino Castañeda Delgado, Lateinisch-Spanisch, Madrid 1989–1990, 15 Bde.

Déclaration des Droits de l'Homme et du Citoyen de 1789, URL: https://www.legifrance.gouv.fr/contenu/menu/droit-national-en-vigueur/constitution/declaration-des-droits-de-l-homme-et-du-citoyen-de-1789.

Declaration of Independence: A Transcription, vom 4.7.1776, URL: https://www.archives.gov/founding-docs/declaration-transcript.

Deutsche Bundesakte vom 8. Juni 1815, in: *Gesetzessammlung für die Königlich-Preußischen Staaten. Gesetzessammlung für Preußen, Berlin*, 143–155, URL: https://www.lwl.org/westfaelische-geschichte/portal/Internet/finde/langDatensatz.php?urlID=814&url_tabelle=tab_quelle&url_zaehler_blaettern=1.

Deutsche Demokratische Republik, *Strafgesetzbuch der DDR vom 12. Januar 1968*, Fassung vom 29. Juni 1990, URL: http://www.verfassungen.de/ddr/strafgesetzbuch74.htm.

Deutscher Bundestag, Bundesarchiv (Hg.), *Der Parlamentarische Rat 1948–1949*. Akten und Protokolle, Bd. 14: Hauptausschuss (1), bearb. v. Michael F. Feldkamp, München 2009.

Didache. Lehre der zwölf Apostel, aus dem Griechischen übers. v. Franz Zeler, in: Die Apostolischen Väter (BKV 1. Serie, Bd. 35), München 1918, 6–16; URL: https://bkv.unifr.ch/de/works/cpg-1753/versions/didache-lehre-der-zwolf-apostel-bkv/divisions/1/RGlkYWNoZQ.

Die Konstitutionen Friedrichs II. für das Königreich Sizilien, hg. v. Wolfgang Stürner (MGH Constitutiones et acta publica imperatorum et regum II, Suppl.), Hannover 1996.

Duns Scotus, Johannes, *Reportatio Parisiensis examinata*. Pariser Vorlesungen über Wissen und Kontingenz, lat.-dt., hg., übers. und eingel. v. Joachim R. Söder, Freiburg i. Br. 2005.

Epistolae Romanorum pontificum genuinae et quae ad eos scriptae sunt. A.S Hilaro usque ad Pelagium II., Bd. 1 Hilaro usque ad Hormisdam, hg. v. Andreas Thiel, Brunsbergae 1868.

Erklärung über die Religionsfreiheit, in: Brechter, Heinrich Suso OSB / Häring, Bernhard CSSR / Höfer, Josef u. a. (Hg.), *Das Zweite Vatikanische Konzil. Dokumente und Kommentare*, lat.-dt., Teil 2 = *LThK* [2]1967, Bd. 13, 712–748.

Erste Rede Bismarcks im Reichstag zur Ablehnung des Botschafters Kardinal Fürst Hohenlohe durch die Kurie am 14. Mai 1872, in: Huber, Ernst Rudolf / Huber, Wolfgang, *Staat und Kirche im 19. und 20. Jahrhundert. Dokumente zur Geschichte des deutschen Staatskirchenrechts,* Bd. 2: Staat und Kirche im Zeitalter des Hochkonstitutionalismus und des Kulturkampfes 1848–1890, Berlin 1976, 539–542.

Europarat, *Konvention zum Schutze der Menschenrechte und Grundfreiheiten* (*Europäische Menschenrechtskonvention*) vom 4. November 1950 (Stand am 16.9.2022), in: AS 1975 614, SR 0.101, URL: https://www.fedlex.admin.ch/eli/cc/1974/2151_2151_2151/de#.

Federalist Papers Nr. 52 vom 8.2.1788, in: Library of Congress, Federalist Papers: Primary Documents in American History, URL: https://guides.loc.gov/federalist-papers/text-51-60.

Franziskus, Apostolisches Schreiben Evangelii gaudium, 24.11.2013 (Verlautbarungen des Apostolischen Stuhls 194), Bonn 2013 (Erstveröffentlichung: AAS 105, 12 [2013] 1019–1137).

Friedberg, Emil (Hg.), *Corpus Iuris Canonici ed. Lipsiensis secunda post Aemilii Ludouici Richteri curas ad librorum manu sciptorum et editionis romanae fidem recognouit et adnotatione critica instruxit Aemilius Friedberg*, Teil I–II, Leipzig 1879; ND Graz 1955–1995, 2 Bde.

Friedberg, Emil (Hg.), *Quinque Compilationes Antiquae nec non collectio canonum Lipsiensis ad librorum manu scriptorum fidem recognovit et adnotatione critica instruxit Aemilius Friedberg*, Leipzig 1882; ND Graz 1956.

Friedensvertrag von Osnabrück (Instrumentum Pacis Osnabrugensis) vom 14./24.10.1648; lat. Text: Bertram, Philippus Ernestus (Hg.), *Instrumentum Pacis Osnabrugensis, Halae Magdeburgicae* 1770, dt. v. Arno Buschmann, URL: https://www.lwl.org/westfaelische-geschichte/portal/Internet/finde/langDatensatz.php?urlID=740&url_tabelle=tab_quelle.

From Thomas Jefferson to William Ludlow (6.9.1824), Founders Online, National Archives, URL: https://founders.archives.gov/documents/Jefferson/98-01-02-4523.

Gelasii papae ad Anastasium Augustum, in: *Epistolae romanorum pontificum genuinae et quae ad eos scriptae sunt a s. Hilaro usque ad Pelagium II.* Ex schedis clar. Petri Coustantii aliisque editis, adhibitis praestantissimis codicibus Italiae et Germaniae, hg. v. Andreas Thiel, Brunsberg 1868, n. 2, 349–358.

Gemeinsamer Hirtenbrief der deutschen Bischöfe vom 26.8.1948 (Auszug), in: Hürten, Heinz (Hg.), *Katholizismus, staatliche Neuordnung und Demokratie 1945–*

1962 (Beiträge zur Katholizismusforschung Reihe A, Quellentexte zur Geschichte des Katholizismus 7), Paderborn 1991, 28–31.

Generalversammlung der Vereinten Nationen, *Erklärung über die Beseitigung der Diskriminierung der Frau (UN-Frauenrechtskonvention)* vom 18. Dezember 1979, in: A/RES/34/180, URL: https://digitallibrary.un.org/record/10649/files/A_RES_34_180-EN.pdf; dt.: AS 1999 1579, URL: https://www.fedlex.admin.ch/eli/oc/1999/239/de.

Generalversammlung der Vereinten Nationen, *Allgemeine Erklärung der Menschenrechte (UN-Menschenrechtskonvention)* vom 10. Dezember 1948, in: A/RES/217 A (III); URL: https://unric.org/de/allgemeine-erklaerung-menschen rechte/.

Generalversammlung der Vereinten Nationen, *Internationaler Pakt über bürgerliche und politische Rechte* vom 16. Dezember 1966, in: SR 0.103.2, URL: https://www.eda.admin.ch/eda/de/home/aussenpolitik/voelkerrecht/inter nationale-uebereinkommenzumschutzdermenschenrechte/internationaler-pakt-buergerliche-politische-rechte.html.

Generalversammlung der Vereinten Nationen, *Übereinkommen über die Rechte des Kindes* (*UN-Kinderrechtskonvention*) vom 20.11.1989, in: United Nations, Treaty Series, Nr. 1577, 3, URL: https://treaties.un.org/doc/Publication/UNTS/Volume%201577/v1577.pdf; dt.: Bundesministerium für Familie, Senioren, Frauen und Jugend (Hg.), *Übereinkommen über die Rechte des Kindes. UN-Kinderrechtskonvention im Wortlaut mit Materialien*, Dezember 2022, URL: https://www.bmfsfj.de/resource/blob/93140/78b9572c1bffdda3345d-8d393acbbfe8/uebereinkommen-ueber-die-rechte-des-kindes-data.pdf.

Geschäftsordnung des Deutschen Bundestages in der Fassung der Bekanntmachung vom 2. Juli 1980, in: BGBl. I, 1237, zuletzt geändert laut Bekanntmachung vom 15. August 2022, in: BGBl. I, 1383.

Gesetz vom 15. Juli 1912 betreffend die Anerkennung der Anhänger des Islams nach hanafitischem Ritus als Religionsgemeinschaft, in: RGBl. Nr. 159/1912, 875–876, URL: https://alex.onb.ac.at/cgi-content/alex?aid=rgb&datum=1912&page=913&size=45.

Gregor der Grosse, *Moralia in Job* (CCSL 143), Turnhout 1979.

Gregor VII., *Dictatus Papae*, in: *Gregorii VII registrum lib. I–IV*, hg. v. Erich Caspar (MGH Epp. Sel., Bd. 2), Berlin 1920, II, 55a, 202–208, URL: https://www.dmgh.de/mgh_epp_sel_2_1/index.htm#page/202/mode/1up.

Gregor XVI., *Antrittsenzyklika Mirari vos*, 15.8.1832, in: DenzH, Nr. 2730–2732.

Grundgesetz für die Bundesrepublik Deutschland vom 23. Mai 1949, in: BGBl. I, zuletzt geändert durch Artikel 1 des Gesetzes zur Änderung des Grundgesetzes (Artikel 82) vom 19. Dezember 2022, in: BGBl. I, 2478.

Hieronymus, *Epistulae Pars 1:* Epistulae I–LXX, hg. v. Isidorus Hilberg (CSEL 54), Wien ²1996.

Irenäus, *Gegen die Häresien (Contra Haereses)*, in: *Des heiligen Irenäus fünf Bücher gegen die Häresien*, aus dem Griechischen übers. v. E. Klebba (BKV 1. Serie, Bd. 3) München 1912, URL: https://bkv.unifr.ch/de/works/cpg-1306/versions/gegen-die-haresien-bkv/divisions/648.

Johannes XXIII., *Enzyklika Pacem in terris*, 11.4.1963, in: AAS 55 (1963) 257–304.

Katholisches Gesangbuch. Gesang- und Gebetsbuch der deutschsprachigen Schweiz, hg. im Auftrag der Schweizer Bischofskonferenz, Zug 1998.

Le Rabbin Herzog à Mgr. Cassulo, Ankara, 28 février 1944, in: Blet, Pierre / Graham, Robert A. / Martini, Angelo / Schneider, Burkhart (Hg.), *Le Saint Siège et les victimes de la guerre.* Janvier 1944–Juillet 1945 (Actes et Documents du Saint Siège relatifs à la seconde guerre mondiale, Bd. 10), Vatikan 1980, 292, URL: https://www.vatican.va/archive/actes/documents/Volume-10.pdf.

Leo der Grosse, *An Flavianus (Ad Flavianum)*, ep. 28, c. 3, in: PL 54, dt.: *Die (echten) Briefe v. J. 440–450*, in: *Die Briefe der Päpste und die an sie gerichteten Schreiben*, Band 4: Linus bis Pelagius II. (vom Jahre 675–90). Zusammengestellt, übers., m. Einl. u. Anm. vers. v. Severin Wenzlowski (BKV 1. Serie, Bd. 51), Kempten 1878, 765; URL: https://bkv.unifr.ch/de/works/cpl-1656/versions/die-echten-briefe-v-j-440-450-bkv.

Lex Cognovimus, in: CICiv C 1, 5, 19 (Corpus Iuris Civilis [Krueger], Bd. 2, 58).

Lex QuisQuis, in: CICiv C 9, 8, 5 (Corpus Iuris Civilis [Krueger], Bd. 2, 373).

Lex Sancimus, in: CICiv N 3, 1 (Corpus Iuris Civilis [Krueger], Bd. 1, 20).

Methodios von Olympos, Gastmahl oder Die Jungfräulichkeit (Symposion seu convivium virginum), in: *Des heiligen Dionysus Areopagita angebliche Schriften über die beiden Hierarchien* ... Des heiligen Methodius von Olympus Gastmahl oder die Jungfräulichkeit. Aus dem Griechischen übers. u. m. Erläuterungen vers. v. L. Fendt (BKV 1. Serie, Bd. 2) Kempten / Munchen 1911, 281–397, URL: https://bkv.unifr.ch/de/works/cpg-1810/versions/gastmahl-oder-die-jungfraulichkeit-bkv.

Neues Testament mit Psalmen. Neue Genfer Übersetzung, Stuttgart ²2012.

Nikolaus von Kues, *De concordantia catholica*, Liber tertius, in: *Nicolai de Cusa Opera omnia*, Bd. 14,3, hg. v. Kallen, Gerhard, Hamburg 1959.

Origenes, *Über die Grundlehren der Glaubenswissenschaft (De principiis)*, in: *Origenes über die Grundlehren der Glaubenswissenschaft*. Wiederherstellungsversuch von Karl Fr. Schnitzer, Stuttgart 1835 (BKV), URL: https://bkv.unifr.ch/de/works/cpg-1482/versions/uber-die-grundlehren-der-glaubenswissenschaft-bkv.

Palladios von Helenopolis, *Leben der Väter (Historia Lausiaca)*. Griechische Liturgien, übers. von Remigius Storf, m. Einl. vers. v Theodor Schermann (BKV 1. Serie, Bd. 5), München 1912, URL: https://bkv.unifr.ch/de/works/cpg-6036/versions/leben-der-vater-bkv.

Paul VI., *Gemeinsame Erklärung Papst Pauls VI. und Patriarch Athenagoras' I. von Konstantinopel* Pénétrés de reconnaissance, 7.12.1965, in: DenzH, Nr. 4430–4435.

Verfassung des Deutschen Reiches vom 28. März 1849 [«Frankfurter Reichsverfassung» bzw. «Paulskirchen-Verfassung»], URL: http://www.documentarchiv.de/nzjh/verfdr1848.htm.

Pius IX., *Enzyklika* Quod numquam, 5.2.1875, URL: https://www.vatican.va/content/pius-ix/it/documents/enciclica-quod-nunquam-5-febbraio-1875.html.

Pius IX., *Enzyklika* Quanta cura, 8.12.1864, in: DenzH, Nr. 2890–2896.

Pius VI., *Breve* Quod aliquantum, 10.3.1791, URL: https://www.vatican.va/content/pius-vi/it/documents/breve-quod-aliquantum-10-marzo-1791.html.

Pius XII., Weihnachtsradioansprache *Benignitas,* Weihnachten 1944, über die Demokratie, in: Schnatz, Helmut (Hg.), *Päpstliche Verlautbarungen zu Staat und Gesellschaft*. Originaldokumente mit deutscher Übersetzung (Texte zur Forschung 12), Darmstadt 1973, 337–367.

Pius XII., *Weihnachtsradioansprache* Con sempre nuova freschezza nella vigilia del Natale *1942*, 24.12.1942, in: AAS 35 (1943) 9–24; dt. in: Marmy, Emil (Hg.), *Mensch und Gemeinschaft in christlicher Schau*. Dokumente, Freiburg 1945, 657–680.

Platon, *Der Staat / Politeia*. Griechisch – Deutsch, hg. v. Szlezák, Thomas / Rufener, Rudolf, Berlin / Boston 2011.

Politisches Archiv des Auswärtigen Amtes, Abteilung Inland I D/Kirche 17/9 (R 98833), Teil-Abdruck [mit falschem Datum], in: Rhodes, Anthony, *Der Papst und die Diktatoren*. Der Vatikan zwischen Revolution und Faschismus (Böhlaus Zeitgeschichtliche Bibliothek 3), Köln / Wien / Graz 1980, 233–235 (O.-T.: *The Vatican in the Age of the Dictators* 1922–1945, London 1973).

Possidius, *Augustins Leben (Vita Augustini)*, in: Abhandlungen der Preussischen Akademie der Wissenschaften, Jahrgang 1930, Philosophisch-historische Klasse Nr. I, Possidius, Augustins Leben, eingel. u. übers. v. Adolf v. Harnack

(BKV), Berlin 1930, URL: https://bkv.unifr.ch/de/works/cpl-358/versions/augustinus-leben.

Rahner, Karl / Vorgrimler, Herbert (Hg.), *Kleines Konzilskompendium.* Alle Konstitutionen, Dekrete und Erklärungen des Zweiten Vaticanums in der bischöflich beauftragten Übersetzung, Freiburg i. Br. u. a. 1966.

Reichsgesetz betreffend die Ergänzung des Strafgesetzbuchs für das Deutsche Reich vom 10. Dezember 1871, in: Huber, Ernst Rudolf / Huber, Wolfgang, *Staat und Kirche im 19. und 20. Jahrhundert.* Dokumente zur Geschichte des deutschen Staatskirchenrechts, Bd. 2: Staat und Kirche im Zeitalter des Hochkonstitutionalismus und des Kulturkampfes 1848–1890, Berlin 1976, 528.

Schweizerische Eidgenossenschaft: Eidgenössisches Departement des Äusseren, Schweiz und Griechenland, *Ioannis Kapodistrias* (Version vom 6.9.2018), URL: https://www.eda.admin.ch/countries/greece/de/home/bilaterale-beziehungen/ioannis-kapodistrias.html.

Suárez, Francisco, *A Defence of the Catholic and Apostolic Faith against the Errors of the Anglican Sect* (O.-T.: *Defensio Fidei Catholicae et Apostolicae adversus Anglicanae Sectae Errores*), Neapel 1872, 2 Bde.

Suárez, Francisco, *De legibus ac deo legislatore / Über die Gesetze und Gott den Gesetzgeber.* Liber Tertius / Drittes Buch, Teil I: De lege positiva humana = Über das menschliche positive Gesetz, hg., eingel. u. ins Deutsche übers. v. Oliver Bach / Norbert Brieskorn / Gideon Stiening (Politische Philosophie und Rechtstheorie des Mittelalters und der Neuzeit, Reihe I: Texte 6), Stuttgart-Bad Cannstatt 2014.

Tacitus, *Annales*, in: Borzsák, Stefan, *Cornelii Taciti libri qui supersunt. Tomus I: Ab Excessu Divi Augusti (Annales).* Pars 1: Annales libri I–VI, Berlin / Boston 1992.

Tertullian, *An Scapula (Ad Scapulam)*, in: ders., *Apologetische, Dogmatische und Montanistische Schriften*, 264–273; URL: https://bkv.unifr.ch/de/works/cpl-24/versions/an-scapula-bkv.

Tertullian, *Apologetische, Dogmatische und Montanistische Schriften*, aus dem Lateinischen übers. v. K. A. Heinrich Kellner (BKV 1. Serie, Bd. 24) Kempten / München 1915

Tertullian, *Die Prozesseinreden gegen die Häretiker (De praescriptione haereticorum)*, in. in: ders., *Apologetische, Dogmatische und Montanistische Schriften*, 303–354; URL: https://bkv.unifr.ch/de/works/cpl-5/versions/die-prozesseinreden-gegen-die-haretiker-bkv.

Theodosius, *Vorrede zum Codex von 438 (Praefatio de Theodisiani Codicis auctoritate)*, URL: https://droitromain.univ-grenoble-alpes.fr/Constitutiones/codicis_Theod.htm.

Thomas von Aquin, *In libros Politicorum Aristotelis expositio*, hg. v. Raimond M. Spiazzi. Turin / Rom 1951.

Thomas von Aquin, *Summa Theologiae*, Textum Leoninum Romae 1888 editum et automato translatum a Roberto Busa SJ in taenias magneticas denuo recognovit Enrique Alarcón atque instruxit, dt.: BKV, URL: https://bkv.unifr.ch/de/works/sth/versions/summa-theologiae.

Thomas von Aquin, *Die katholische Wahrheit oder die theologische Summa des Thomas von Aquin*, dt. wiedergegeben durch Ceslaus Maria Schneider, Regensburg 1886–1892, 12 Bde. (BKV), URL: https://bkv.unifr.ch/de/works/sth/versions/summe-der-theologie (27.12.2024).

Thomas-Evangelium, dt.: *Das Neue Testament und Frühchristliche Schriften*, übers. und komm. v. Klaus Berger / Christiane Nord, Leipzig 1999, 644–669.

Thukydides, *Der Peloponnesische Krieg*, übers. und hg. v. Helmuth Vretska / Werner Rinner, Stuttgart 2000.

Ulpian, Libro primo, CICiv D 1, 1, 10, in: *Corpus Iuris Civilis (Krueger)*, Bd. 1, 29.

Ulpianus 46 ad edictum, CICiv D 50, 17, 54, in: *Corpus Iuris Civilis (Krueger)*, Bd. 1, 922.

Verfassung des Freistaates Bayern in der Fassung der Bekanntmachung vom 15. Dezember 1998, in: GVBl. 991, 992, BayRS 100-1-I (Stand am 11.11.2013), URL: https://www.gesetze-bayern.de/Content/Document/BayVerf/true.

Verfassung von Massachusetts vom 2.3.1780, in: Altmann, Wilhelm (Hg.), *Ausgewählte Urkunden zur ausserdeutschen Verfassungsgeschichte seit 1776*, Berlin 1913.

Vermittlungsakte des Ersten Consuls der Fränkischen Republik zwischen den Parteien, in welche die Schweiz getheilt ist, in: Schweizer Bundesarchiv Bern, Signatur BAR K0, Bd. 4, Bern 1803.

Wilhelm von Ockham, *Dialogus*, hg. v. Kilcullen, John / Scott, John / Ballweg, Jan / Leppin, Volker, New York 2011.

Wipo, *Gesta Chuonradi II. Imperatoris*, hg. v. Harry Bresslau (MGH SS rer. Germ. 61), Hannover / Leipzig [3]1915.

Zweites Vatikanisches Konzil, *Dogmatische Konstitution über die Kirche Lumen Gentium*, 21.11.1964.

Zweites Vatikanisches Konzil, *Erklärung über die Haltung der Kirche zu den nichtchristlichen Religionen Nostra aetate*, 28.10.1965.

Zweites Vatikanisches Konzil, *Erklärung über die Religionsfreiheit Dignitatis humanae [personae]*, 7.12.1965.

Zweites Vatikanisches Konzil, *Pastorale Konstitution über die Kirche in der Welt von heute Gaudium et spes*, 7.12.1965.

2 Literatur

Abbt, Christine, *Kopftuch, Kreuz und Karikatur*. Kontroversen zwischen Recht und Ethik, in: Unternährer, Nathalie (Red.) / Stapferhaus Lenzburg (Hg.), *Glaubenssache*. Ein Buch für Gläubige und Ungläubige, Baden 2006, 106–109.

Adenauer, Konrad, *Freiheitliche Demokratie auf christlicher Grundlage*. Rede in der Aula der Kölner Universität 24.03.1946, in: Recker, Marie-Luise (Hg.), *Politische Reden*, Bd. 4: 1945–1990 (Bibliothek deutscher Klassiker 163), Frankfurt a. M. 1999, 68–106.

Ahrens, Jehoschua, *Die Konferenz von Seelisberg (1947)*, in: SKZ 19/2017, 232–233, URL: https://www.kirchenzeitung.ch/article/die-konferenz-von-seelisberg-1947-12005.

Al Shahmani, Usama, *Im Fallen lernt die Feder fliegen*. Roman, Zürich [4]2021.

Albert, Thomas D., *Der gemeine Mann vor dem geistlichen Richter*. Kirchliche Rechtsprechung in den Diözesen Basel, Chur und Konstanz (Quellen und Forschungen zur Agrargeschichte 45), Diss. Univ. Bern 1996/97, Stuttgart 1998.

Altermatt, Urs, *Der Weg der Schweizer Katholiken ins Ghetto*. Die Entstehungsgeschichte der nationalen Volksorganisation im Schweizer Katholizismus 1848–1919, Zürich 1972.

Amschwand, Rupert, *Abt Adalbert Regli und die Aufhebung des Klosters Muri*, Beilage zum Jahresbericht des Kollegiums Sarnen 1955/56, Sarnen 1956.

Angermann, Erich, *Ständische Rechtstraditionen in der Amerikanischen Unabhängigkeitserklärung*, in: Historische Zeitschrift 200 (1965) 61–91.

Antonov, Mikhail, *Church–State Symphonia*. Its historical development and its applications by the Russian Orthodox Church, in: Journal of Law and Religion 35 (2020) 474–493.

Arendt, Hannah, *Über die Revolution*, hg. von Thomas Meyer mit einem Nachwort von Jürgen Förster, München 2020 (O.-T.: *On Revolution*, New York 1963).

Arens, Edmund (Hg.), *Anerkennung der Anderen*. Eine theologische Grunddimension interkultureller Kommunikation. Helmut Peukert zum 60sten Geburtstag (QD 156), Freiburg i. Br. 1995.

Assmann, Jan, *Exodus*. Die Revolution der alten Welt, München 2015.

Assmann, Jan, *Politische Theologie zwischen Ägypten und Israel*, München 1992.

Avenarius, Martin, *Konfliktlösung als Strukturprinzip des Rechts*, in: Grotkamp, Nadine / Seelentag, Anna (Hg.), *Konfliktlösung in der Antike* (Handbuch zur Geschichte der Konfliktlösung in Europa 1), Berlin / Heidelberg 2021, 85–95.

Aymans, Winfried, *Das Projekt einer Lex Ecclesiae Fundamentalis*, in: Listl, Joseph / Müller, Hubert / Schmitz, Heribert (Hg.), *Handbuch des katholischen Kirchenrechts*, Regensburg 1983, 65–71.

Bacher, Mike, *Bruder Klaus und Engelberg im 15. Jahrhundert*, in: Bruder Klaus und Engelberg (Engelberger Dokumente 34), Dallenwil 2017, 7–17.

Bacher, Mike, *Die Korporationen von Obwalden und Nidwalden*. Ein Beitrag zur Rechtskulturgeschichte, Dissertation (in Bearbeitung).

Bachl, Gottfried, *Der schwierige Jesus*, Innsbruck / Wien, 2005.

Baiggent, Leigh, *L'Inquisizione*. Persecuzioni, ideologia e potere, Milano 2010.

Barceló, Pedro, *Das Römische Reich im religiösen Wandel der Spätantike*. Kaiser und Bischöfe im Widerstreit, Regensburg 2013.

Bartlett, John Russel (Hg.), *Records of the Colony of Rhode Island and Providence Plantations in New England*, Bd. 1: 1636 to 1663, Providence, RI 1856, URL: https://babel.hathitrust.org/cgi/pt?id=mdp.35112104867553&seq=163; dt.: Reibstein, Ernst, *Volkssouveränität und Freiheitsrechte*. Texte und Studien zur politischen Theorie des 14.–18. Jahrhunderts, in: Schott, Clausdieter (Hg.), *Orbis Academicus*. Problemgeschichten der Wissenschaft in Dokumenten und Darstellungen, Sonderband 1/1, Freiburg i. Br. / München 1972.

Basdevant-Gaudemet, Brigitte, *L'évêque, le prêtre et la paroisse au Moyen Age*. VIe–XIIIe siècle, Paris 2023.

Bauer, Othmar, *Frowin von Engelberg (1147–1178)*. De laude liberi arbitrii libri septem. Versuch einer literarischen und theologiegeschichtlichen Bestimmung der Handschrift 46 von Engelberg, Löwen 1948.

Baumeister, Martin u. a. (Hg.), *Menschenrechte in der katholischen Kirche*. Historische, systematische und praktische Perspektiven (Gesellschaft – Ethik – Religion 12), Paderborn 2018.

Baumgarten, Mark-Oliver, *Der Einfluss von Johannes Cassian auf die Benediktsregel – ex oriente lux*. Eine Untersuchung im Bereich der Institutionenlehre, Lausanne 2024.

Bautz, Friedrich Wilhelm, *Art. Gregor VII. (Hildebrand), Papst*, in: BBKL 2, 310–315, URL: https://www.bbkl.de/index.php/frontend/lexicon/G/Gr/gregor-vii-hildebrand-papst-57254.

Bautz, Friedrich Wilhelm, *Art. Ambrosius*, in: BBKL 1, 142–144, URL: https://www.bbkl.de/index.php/frontend/lexicon/A/Am-An/ambrosius-von-mailand-heiliger-51883.

Becchi, Paolo, *Human Dignity in Europe*. Introduction, in: Becchi, Paolo / Mathis, Klaus (Hg.), *Handbook of Human Dignity in Europe*, Zürich 2019, 1–36.

Behrends, Okko, *Institut und Prinzip*. Siedlungsgeschichtliche Grundlagen, philosophische Einflüsse und das Fortwirken der beiden republikanischen Konzeptionen in den kaiserzeitlichen Rechtsschulen. Ausgewählte Aufsätze, hg. v. Avenarius, Martin / Meyer-Pritzl, Rudolf / Möller, Cosima, Göttingen 2004, 2 Bde.

Bellomo, Manlio, *Europäische Rechtseinheit*. Grundlagen und System des Ius Commune, übers. v. Ellen Dilcher, München 2005 (O.-T.: *L'Europa del diritto commune*, Rom [7]1994).

Bellomo, Manlio, *Il lavoro nel pensiero dei giuristi medievali*. Proposte per una ricerca. Lavorare nel Medio Evo, Atti del XXI Convegno Storico Internazionale, Todi 12–15.10.1980, Perugia 1983, 171–197.

Beneveniste, Émile, *Le vocabulaire des institutions indo-européennes, pouvoir, droit, religion*, Paris 1969, Bd. 2.

Berlin, Isaiah, *Zwei Freiheitsbegriffe*, in: ders., *Freiheit*. Vier Versuche. Aus dem Englischen von Reinhard Kaiser, Frankfurt a. M. 2006, 197–256 (O.-T: *Four essays on liberty*, Oxford 1969).

Berman, Harold Joseph, *Recht und Revolution*. Die Bildung der westlichen Rechtstradition, übers. v. Hermann Vetter, Frankfurt a. M. 1991 (O.-T.: *Law and Revolution*. The Formation of the Western Legal Tradition, Cambridge MA 1983).

Bernhart, Joseph, *Der Vatikan als Weltmacht*. Geschichte und Gestalt des Papsttums, hg. u. erstmals ausführlich komm. v. Manfred Eder, Thomas Groll, Karin Precht-Nußbaum unter Mitarbeit von Markus Zimmer i. A. d. Joseph Bernhart Gesellschaft e. V., Weißenhorn 2019 (O.-T. der Erstauflage von 1929: *Der Vatikan als Thron der Welt*. Alle nachfolgenden Auflagen sind unter dem heutigen Titel erschienen).

Bethke, Hannah, *Besprechung von Larry Siedentop, Die Erfindung des Individuums*, in: FAZ vom 10.10.2015, Nr. 235, L 15.

Bien, Günther, *Die Grundlegung der politischen Philosophie bei Aristoteles*, Freiburg i. Br. / München 1973.

Bischof, Franz Xaver, *Die Wiederherstellung der Gesellschaft Jesu im Urteil Ignaz Heinrich von Wessenbergs*, in: Oberholzer (Hg.), *Die Wiederherstellung der Gesellschaft Jesu*, 443–456.

Blickle, Peter, *Friede und Verfassung*. Voraussetzungen und Folgen der Eidgenossenschaft von 1291, in: Innerschweiz und frühe Eidgenossenschaft, Bd. 1, Olten 1990, 15–202.

Blickle, Peter, *Warum blieb die Innerschweiz katholisch?*, in: Mitteilungen des Historischen Vereins des Kantons Schwyz 86 (1994) 29–38.

Böckenförde, Ernst-Wolfgang, *Die Entstehung des Staates als Vorgang der Säkularisation*, in: ders., *Recht, Staat, Freiheit*. Studien zur Rechtsphilosophie, Staatstheorie und Verfassungsgeschichte, Frankfurt a. M. 2006, 92–114 ([1]1991).

Böckenförde, Ernst-Wolfgang, *Die Entstehung des Staates als Vorgang der Säkularisation*, in: ders., *Kirche und christlicher Glaube*, 213–230.

Böckenförde, Ernst-Wolfgang, *Geschichte der Rechts- und Staatsphilosophie*. Antike und Mittelalter, Tübingen [2]2006.

Böckenförde, Ernst-Wolfgang, *Kirche und christlicher Glaube in den Herausforderungen der Zeit*. Beiträge zur politisch-theologischen Verfassungsgeschichte 1957–2002 (Religion, Geschichte, Gesellschaft 36), Münster 2004 (Berlin [2]2007 = Wissenschaftliche Paperbacks 25: Rechtsgeschichte).

Böckenförde, Ernst-Wolfgang, *Kirche und modernes Bewusstsein*, in: Internationale katholische Zeitschrift Communio 15 (1986) 153–168.

Böckenförde, Ernst-Wolfgang, *Politische Theorie und politische Theologie (1978)*, in: ders., *Kirchlicher Auftrag und politisches Handeln*. Analysen und Orientierungen (Schriften zu Staat – Gesellschaft – Kirche 2), Freiburg i. Br. 1989, 146–158.

Böckenförde, Erst-Wolfgang, *Religionsfreiheit*. Die Kirche in der modernen Welt, (Schriften zu Staat – Gesellschaft – Kirche 3), Freiburg i. Br. 1990.

Böckenförde, Ernst-Wolfgang, *Religionsfreiheit als Aufgabe der Christen (1965)*, in: ders., *Religionsfreiheit*, 15–31.

Böckenförde, Ernst-Wolfgang, *Die Religionsfreiheit im Spannungsfeld zwischen Kirche und Staat (1967/1969)*, in: ders., *Religionsfreiheit*, 33–58.

Böckenförde, Ernst-Wolfgang, *Staat, Nation, Europa*. Studien zur Staatslehre, Verfassungstheorie und Rechtsphilosophie, Frankfurt a. M. 1999.

Böckenförde, Ernst-Wolfgang, *Zum Verhältnis von Kirche und moderner Welt. Aufriss eines Problems (1977)*, in: ders., *Religionsfreiheit*, 73–102.

Böckenförde, Ernst-Wolfgang, *Vorwort*, in: Weiler, Joseph H. H. (Hg.), *Ein christliches Europa*. Erkundungsgänge, übers. v. Franz Reimer, München 2004, 8–14.

Bögle, Benedikt, *Tertullian: Der lateinische Kirchenlehrer*, katholisch.de, 26.4.2021, URL: https://www.katholisch.de/artikel/29583-tertullian-der-lateinische-kirchenlehrer.

Böhnke, Michael, *Recht der Wahrheit – Recht der Freiheit*. Überlegungen zur dogmatischen Begründung des personalen Rechts auf Glaubensfreiheit, in: ders., / Bongardt, Michael / Essen, Georg / Werbick, Jürgen (Hg.), *Freiheit Gottes und der Menschen*. FS Thomas Pröpper, Regensburg 2006, 503–526.

Bonhoeffer, Dietrich, *Ethik*, in: Tödt, Ilse u. a. (Hg.), *Dietrich Bonhoeffer Werke*, Bd. 6, Gütersloh 1992.

Bonnemain, Joseph Maria, *Amoris Laetitia: Unterscheiden*, in: SKZ 16–17/2017, 198–200.

Bordat, Josef, *Gerechtigkeit und Wohlwollen*. Das Völkerrechtskonzept des Bartolomé de Las Casas, Aachen 2006.

Bossard-Borner, Heidi, *Village quarrels and national controversies: Switzerland*, in: Clark, Christopher / Kaiser, Wolfram (Hg.), *Culture Wars*. Secular-Catholic Conflict in Nineteenth-Century Europe, Cambridge 2003, 255–284; dt.: Lang, Josef, *Kulturkampf*. Die Schweiz des 19. Jahrhunderts im Spiegel von heute, Baden 2016.

Boyarin, Daniel, *Die jüdischen Evangelien*. Die Geschichte des jüdischen Christus, Würzburg 2015.

Boyarin, Daniel, *The Jewish Gospels*. The story of the Jewish Christ, New York 2012.

Brieskorn, Norbert, *Las Casas und das römische Recht*, in: Delgado, Mariano (Hg.), *Bartolomé de Las Casas*. Werkauswahl, Bd. 3: Sozialethische und staatsrechtliche Schriften 1, 1996, 13–32.

Brown, Peter, *Der Schatz im Himmel*. Der Aufstieg des Christentums und der Untergang des römischen Reiches, übers. v. Michael Bayer und Karin Schuler, Stuttgart 2017 (O.-T.: *Through the Eye of a Needle*. Wealth, the Fall of Rome and the Making of Christianity in the West, 350–550 A. D., London 2012).

Brown, Peter, *Die Keuschheit der Engel*. Sexuelle Entsagung, Askese und Körperlichkeit am Anfang des Christentums, übers. v. Martin Pfeiffer, München / Wien 1991 (O.-T.: *The Body and Society*. Men, Women and Sexual Renunciation in Early Christianity, New York 1988).

Brown, Peter, *Macht und Rhetorik in der Spätantike*. Der Weg zu einem christlichen Imperium, München 1995 (O.-T.: *Power and Persuasion in Late Antiquity*. Towards a Christian Empire, Madison 1992).

Bryce, James, *The American Commonwealth*, I (1888), Chicago 1891.

Büchner, Georg, *Sämtliche Werke und Briefe*. Historisch-kritische Ausgabe mit Kommentar, hg. v. Werner R. Lehmann, Bd. 2: Vermischte Schriften und Briefe, Hamburg 1971.

Büchner, Georg, *Werke und Briefe*. Neue durchgesehene Ausgabe, hg. v. Fritz Bergemann, Bd. 2: Briefe. Miszellen, München [13]1979.

Buisson, Ludwig, *Die Entstehung des Kirchenrechts*, in: ZRG. Kan. Abt. 51 (1966) 1–175.

Burckhardt, Carl J., *Richelieu*, München 1966, 3 Bde.

Burmeister, Karl Heinz, *Olympe de Gouges*. Die Rechte der Frau 1791, Bern 1999.

Buschmann, Arno, *Kaiser und Reich.* Verfassungsgeschichte des Heiligen Römischen Reiches Deutscher Nation vom Beginn des 12. Jahrhunderts bis zum Jahre 1806 in Dokumenten, Teil II: Vom Westfälischen Frieden 1648 bis zum Ende des Reiches im Jahre 1806, München [2]1994.

Campenhausen, Axel Freiherr von, *Staatskirchenrecht.* Ein Studienbuch, München [3]1996.

Cardini, Franco, *Minima Medievalia*, Firenze 1987.

Cassirer, Ernst, *Die Philosophie der Aufklärung*, Text u. Anm. bearb. v. Claus Rosenkranz, m. einer Einl. v. Gerald Hartung u. einer Bibliographie der Rezensionen v. Arno Schubbach, Hamburg 2007.

Cavuldak, Ahmet, *Gemeinwohl und Seelenheil.* Die Legitimität der Trennung von Religion und Politik in der Demokratie (Edition Politik 22), Bielefeld 2015.

Chadwick, Henry, *The Early Church* (Pelican history of the Church 1), Harmondsworth 1967.

Chenu, Marie-Dominique, *La théologie au douzième siècle*, Paris 1957.

Classen, Peter, *Das Wormser Konkordat in der deutschen Verfassungsgeschichte*, in: Fleckenstein, Josef (Hg.), *Investiturstreit und Reichsverfassung* (Vorträge und Forschungen 17), Sigmaringen 1973, 411–460.

Coleman, Frank M., *Thomas Hobbes and the Hebraic Bible*, in: History of Political Thought 25 (2004) 642–669.

Condorelli, Orazio u. a. (Hg.), *Der Einfluss des kanonischen Rechts auf die europäische Rechtskultur*, Köln / Weimar / Wien 2009–2020: Bd. 1 Zivil- und Zivilprozessrecht; Bd. 2 Öffentliches Recht; Bd. 3 Straf- und Strafprozessrecht; Bd. 4 Prozessrecht; Bd. 5 Das Recht der Wirtschaft; Bd. 6 Völkerrecht.

Condorelli, Orazio, *Quod omnes tangit, debet ab omnibus approbari*, in: Sunde, Jørn Øyrehagen (Hg.), *Constitutionalism before 1789.* Constitutional arrangements from the High Middle Ages to the French Revolution (Nye Perspektiver på Grunnloven 1814–2014, Bd. 6), Oslo 2014, 60–77.

Congar, Yves, *Der Laie.* Entwurf einer Theologie des Laientums, Stuttgart [3]1964 (O.-T.: *Jalons pour une théologie du laïcat*, Paris 1952).

Congar, Yves, *Quod omnes tangit, ab omnibus tractari et approbari debet*, in: Revue historique de droit français et étranger (4e série) 35 (1958) 210–259; dt. in: Rausch, Heinz (Hg.), *Die geschichtlichen Grundlagen der modernen Volksvertretung.* Die Entwicklung von den mittelalterlichen Korporationen zu den modernen Parlamenten, Bd. 1: Allgemeine Fragen und europäischer Überblick (Wege der Forschung 196), Darmstadt 1980, 115–182.

Crüsemann, Frank, *Die Tora.* Die Theologie und Sozialgeschichte des alttestamentlichen Gesetzes, München 1992.

Crüsemann, Frank, *Recht und Theologie im Alten Testament*, in: Rau, Gerhard / Reuter, Hans-Richard / Schlaich, Klaus (Hg.), *Das Recht der Kirche*, Bd. 1: Zur Theorie des Kirchenrechts, Gütersloh 1997, 289–336.

Dagron, Gilbert, *Empereur et prêtre*. Etude sur le «césaropapisme» byzantin, Paris 1996.

Damberg, Wilhelm, *Missbrauch*. Die Geschichte eines internationalen Skandals, in: Aschmann, Birgit (Hg.), *Katholische Dunkelräume*. Die Kirche und der sexuelle Missbrauch, Paderborn 2022, 3–22.

Dander, Franz, *Art. Berufung*, in: LThK² 2, 280–285.

Dassmann, Ernst, *Art. Ambrosius*, in: Mayer, Cornelius OSA u. a. (Hg.), *Augustinus-Lexikon*, Bd. 1, Basel 1986, 270–286.

Dassmann, Ernst, *Art. Ambrosius von Mailand (339–397)*, in. TRE 2, 362–386.

de Boissy d'Anglas, François Antoine, *Rapport sur la liberté des cultes*, fait dans la séance du 3 ventôse an III, au nom des comités de salut public, de sûreté générale et de législation, réunis, in: *La Révolution Française*. Revue Historique 1 (1881) 200–256.

de Lubac, Henri, *Corpus mysticum*. L'Eucharistie et l'église au moyen age, Paris ²1949.

De Molina, Luis, *Six Books on Justice and Law (De Iustitia et Iure Libri Sex)*, Mainz 1659, ND 1869, 2 Bde.

de Soto, Domingo, *Ten Books on Justice and Law (Libri Decem de Iustitia et Iure)*, Lyon 1569.

de Tocqueville, Alexis, *Bericht über die Demokratie in der Schweiz (15.1.1848)*, in: ders., *Kleine Politische Schriften*, hg v. Harald Bluhm unter Mitwirkung von Skadi Krause, Berlin 2006, 163–178.

de Tocqueville, Alexis, *De la démocratie en Amérique I*, Première partie, auf der Grundlage der 13. Auflage von 1835, Version vom 21.2.2002, URL: http://classiques.uqac.ca/classiques/De_tocqueville_alexis/democratie_1/democratie_t1_1.pdf.

de Tocqueville, Alexis, *L'ancien régime et la révolution (1856)*, Livre premier, chapitre III, in: Tocqueville, *Œuvres*, Bd. 3, Introduction de François Furet et Françoise Mélonio (Bibliothèque de la Pléiade 503), Paris 2004, 43–316.

de Vitoria, Francisco, *De potestate civili (Über die politische Gewalt)*, in: Horst, Ulrich / Justenhoven, Heinz-Gerhardt / Stüben, Joachim (Hg.), *Vorlesungen 1 (Relectiones)*. Völkerrecht, Politik, Kirche. Mit einer Einführung in Leben und Werke Vitorias v. Ulrich Horst, lat.-dt., Übers. und Anm. v. Joachim Stüben (Theologie und Frieden 7), Stuttgart 1995–1997, 114–161.

de Vitoria, Francisco, *De Potestate Civilii*, in: *Relecciones Teológicas del Maestro Fray Francisco de Vitoria*, hg. v. Luis G. Alonso Getino, Madrid 1933–1936, 3 Bde.

Delgado, Mariano (Hg.), *Bartolomé de Las Casas*. Werkauswahl, Paderborn 1994–1997, 3 Bde.

Delgado, Mariano, *Das Recht der Völker und der Menschen nach Bartolomé de Las Casas*, in: Kaufmann, Matthias / Schnepf, Robert (Hg.), *Politische Metaphysik*. Die Entstehung moderner Rechtskonzeptionen in der Spanischen Scholastik, Bern 2007, 177–203.

Delgado, Mariano, *Die Zustimmung des Volkes in der politischen Theorie von Francisco de Vitoria, Bartolomé de Las Casas und Francisco Suárez*, in: Grunert, Frank / Seelmann, Kurt (Hg.), *Die Ordnung der Praxis*. Neue Studien zur Spanischen Spätscholastik (Frühe Neuzeit 68), Tübingen 2001, 157–181.

Demandt, Alexander, *Die Idee der Gerechtigkeit bei Platon und Aristoteles*, in: Münkler, Herfried / Llanque, Marcus (Hg.), *Konzeptionen der Gerechtigkeit*. Kulturvergleich – Ideengeschichte – Moderne Debatte, Baden-Baden 1999, 57–68.

Demandt, Alexander, *Die Spätantike*. Römische Geschichte von Diocletian bis Justinian, 284–565 n. Chr., München [2]2007.

Denzinger, Heinrich (Hg.), *Kompendium der Glaubensbekenntnisse und kirchlichen Lehrentscheidungen*. Verbessert, erweitert, ins Deutsche übers. unter Mitarbeit von Helmut Hoping hg. v. Peter Hünermann, Freiburg i. Br. [45]2017.

Dickmann, Fritz, *Renaissance: Glaubenskämpfe – Absolutismus* (Geschichte in Quellen 3), München 1966.

DiGiovanni, Stephen M., *Pius XII and the Jews*: The War Years as Reported by The New York Times, in: Rutgers Journal of Law and Religion, Bd. 3, Version vom 12.3.2017, URL: https://lawandreligion.com/lawandreligion/wp-content/uploads/sites/4/2017/03/Pius-XII-DiGiovanni.pdf.

Dihle, Albrecht, *Die Vorstellung vom Willen in der Antike*, Göttingen 1985.

Domingo, Rafael / Witte, John Jr. (Hg.), *Christianity and Global Law*. Produced by the Center for the Study of Law and Religion (Law and Religion), London / New York 2020.

Dorfman, Judge Grant, The Founders' Legal Case: «No Taxation Without Representation» Versus Taxation No Tyranny, in: *Houston Law Review* 44 (2008) 1377–1414.

Dreier, Horst, *Säkularisierung und Sakralität*. Zum Selbstverständnis des modernen Verfassungsstaates, mit Kommentaren von Christian Hillgruber und Uwe Volkmann (Fundamenta Juris Publici 2), Tübingen 2013.

Dreier, Horst, *Der freiheitliche Verfassungsstaat als riskante Ordnung*, in: Rechtswissenschaft. Zeitschrift für rechtswissenschaftliche Forschung 1/2010, 11–38.

Drewermann, Eugen, *Kleriker*. Psychogramm eines Ideals, Olten / Freiburg i. Br. [3]1989.

Dufour, Alfred, *Les «Magni Hispani» dans l'oeuvre de Grotius*, in: Grunert, Frank / Seelmann, Kurt (Hg.), *Die Ordnung der Praxis*. Neue Studien zur Spanischen Spätscholastik (Frühe Neuzeit 68), Tübingen 2001, 351–380.

Dunn, Marilyn, *The Emergence of Monasticism*. From the Desert Fathers to the Early Middle Ages, Malden, MA 2003.

Dürrenmatt, Friedrich, *Monstervortrag über Gerechtigkeit und Recht nebst einem helvetischen Zwischenspiel (eine kleine Dramaturgie der Politik)*, Zürich 1969.

Dusil, Stephan / Thier, Andreas (Hg.), *Creating and Sharing Legal Knowledge in the Twelfth Century*. Sankt Gallen, Stiftsbibliothek, 673 and Its Context (Medieval Law and Its Practice 35), Berlin 2023.

Dusil, Stephan, *Learning from Gaius?* Different Layers in Gratian's Decretum and Research on Roman Law, in: ZRG. Kan. Abt. 104 (2018) 151–181.

Dusil, Stephan, *Wissensordnungen des Rechts im Wandel*. Päpstlicher Jurisdiktionsprimat und Zölibat zwischen 1000 und 1215 (Mediaevalia Lovaniensia: Studia 47) Leuven 2018.

Duve, Thomas, *Law and Revolution – revisited*, in: Rechtsgeschichte / Legal History Rg 21 (2013) 156–159, DOI: 10.12946/rg21/156-159.

Düwell, Marcus u. a. (Hg.), *The Cambridge Handbook of Human Dignity*. Interdisciplinary Perspectives, Cambridge 2014.

Dvornik, Francis, *Pope Gelasius and Emperor Anastasius I.*, in: Byzantinische Zeitschrift 44 (1951) 111–116.

Eckholt, Margit, *Ohne die Frauen ist keine Kirche zu machen*. Der Aufbruch des Konzils und die Zeichen der Zeit, Ostfildern 2012.

Eder, Manfred, *Kirchengeschichte*. 2000 Jahre im Überblick, Ostfildern [3]2022 (= 3. Aufl. der aktualisierten Neuausgabe 2017).

Ehnes, Herbert, *Die Bedeutung des Grundgesetzes für die Kirche, insbesondere die Grundrechte in der Kirche*, in: ZevKR 34 (1989) 382–405.

Ehrhardt, Albert, *Das Corpus Christi und die Korporationen im spätrömischen Recht*, in: ZfRG, Rom. Abt. 70 (1953) 299–347; 71 (1954) 25–40.

Eichbauer, Melodie H., *Medieval Inquisitorial Procedure*. Procedural Rights and the Question of Due Process in the 13th Century, in: History Compass 12 (2014) 72–83.

Eichbauer, Melodie H., *St. Gall Stiftsbibliothek 673 and the Early Redactions of Gratian's Decretum*, in: Bulletin of Medieval Canon Law 27 (2007) 105–139.

Elazar, Daniel, *Covenant & Constitutionalism.* The Great Frontier and the Matrix of Federal Democracy, The Covenant Tradition in Politics, New Jersey 1998, 4 Bde.

Ellul, Jacques, *Loi et Sacré, Droit et Divin.* De la loi sacrée au droit divin, in: Castelli, Enrico (Hg.), *Le Sacré.* Études et Recherches, Paris 1974, 179–200.

Elsas, Christoph / Franke, Edith / Standhartinger, Angela (Hg.), *Geschlechtergerechtigkeit: Herausforderungen für der Religionen.* VII. Internationales Rudolf-Otto-Symposion, Marburg / Berlin 2014.

Engi, Lorenz, *Die religiöse und ethische Neutralität des Staates.* Theoretischer Hintergrund, dogmatischer Gehalt und praktische Bedeutung eines Grundsatzes des schweizerischen Staatsrechts, Zürich 2017.

Erhart, Peter / Kuratli Hüeblin, Jakob (Hg.), *Bücher des Lebens – lebendige Bücher*, St. Gallen 2010.

Erne, Emil, *Art. Helvetische Gesellschaft*, in: HLS, Version vom 5.12.2007, URL: https://hls-dhs-dss.ch/de/articles/016429/2007-12-05/.

Essen, Georg, *Legitimität.* Ein blinder Fleck in kirchlichen Rechtfertigungsordnungen? in: Ley / Stein / ders. (Hg.), *Semper Reformanda*, 332–349.

Evangelische Kirche in Deutschland (Hg.), *Evangelische Kirche und freiheitliche Demokratie.* Der Staat des Grundgesetzes als Angebot und Aufgabe. Eine Denkschrift der Evangelischen Kirche in Deutschland, Gütersloh [4]1990, URL: https://www.ekd.de/ekd_de/ds_doc/evangelische_kirche_und_freiheitliche_demokratie_1985.pdf.

Evangelische Kirche in Deutschland (Hg.), *Schatten der Reformation.* Der lange Weg zur Toleranz. Das Magazin zum Themenjahr 2013: Reformation und Toleranz, Altenburg 2013, URL: https://www.ekd.de/ekd_de/ds_doc/2013_Reformation_und_Toleranz.pdf.

Faber, Eva-Maria, *Solidarisch beten.* Zur Entstehung und Eigenart des Eidgenössischen Dank-, Buss- und Bettags, in: dies. / Kosch Daniel (Hg.), *Dem Bettag eine Zukunft bereiten.* Geschichte, Aktualität und Potenzial eines Feiertags, Zürich 2017, 37–80.

Fander, Monika, *Das Evangelium nach Markus.* Frauen als wahre Nachfolgerinnen Jesu, in: Schottroff, Luise / Wacker, Marie-Theres (Hg.), *Feministische Bibelauslegung*, Gütersloh [2]1999, 499–512.

Fehr, Jacqueline, *Wir machen Religionspolitik, nicht Kirchenpolitik*, in: Theologisches Feuilleton feinschwarz vom 31.7.2023, URL: https://www.feinschwarz.net/wir-machen-religionspolitik-nicht-kirchenpolitik/.

Feiner, Shmuel, *Moses Mendelssohn*. Ein jüdischer Denker in der Zeit der Aufklärung. Aus dem Hebräischen von Inge Yassur, Göttingen 2009 (O.-T.: *Moses Mendelssohn*, Jerusalem 2005).

Fiorelli, Vittoria, *I sentieri dell'Inquisitore*. Sant'Uffucio, periferie ecclesiastiche e disciplinamento devozionale (1615–1678), Napoli 2009.

Fiorenza, Francis, *Religion und Politik*, in: Böckle, Franz / Kaufmann, Franz-Xaver / Rahner, Karl / Welte, Bernhard in Verbindung mit Robert Scherrer (Hg.), *Christlicher Glaube in moderner Gesellschaft*, Bd. 27, Freiburg i. Br. 1982, 59–101.

Flasch, Kurt, *Das philosophische Denken im Mittelalter*. Von Augustin bis Machiavelli, Stuttgart [3]2013.

Fleckenstein, Josef, *Geleitwort*, in: Kantorowicz (Hg.), *Die zwei Körper des Königs*, 9–17.

Fögen, Marie Theres, *«sacrificium intellectus»*, in: Krieg, Matthias / Rose, Martin (Hg.), *Universitas in theologia – theologia in universitate*. FS Hans Heinrich Schmid zum 60. Geburtstag, Zürich 1997, 123–130.

Forst, Rainer, *Toleranz im Konflikt*, Frankfurt a. M. 2003.

Foucault, Michel, *Die Geständnisse des Fleisches*, Sexualität und Wahrheit, Bd. 4, hg. v. Frédéric Gros, übers. v. Andrea Hemminger, Berlin 2019, 203–331.

Frankhauser, Andreas, *Art. Mediationsakte*, in: HLS, Version vom 8.12.2009, URL: https://hls-dhs-dss.ch/de/articles/009808/2009-12-08.

Franz, Norbert, *Der Tod Aleksej Naval'nyjs*. Das Gesagte und das Ungesagte, in: StZ 4 (2024) 243–247.

Fried, Johannes, ... *«auf Bitten der Gräfin Mathilde»*. Werner von Bologna und Irnerius, in: Herbers, Klaus (Hg.), *Europa an der Wende vom 11. zum 12. Jahrhundert*. Beiträge zu Ehren von Werner Goez, Stuttgart 2001, 171–206.

Friedrich, Matthias / Harland, James M. (Hg.), *Interrogating the «Germanic»*. A Category and its Use in Late Antiquity and the Early Middle Ages, Berlin 2020.

Friedrich, Ueli, *Kirchen und Glaubensgemeinschaften im pluralistischen Staat*. Zur Bedeutung der Religionsfreiheit im schweizerischen Staatskirchenrecht (Abhandlungen zum schweizerischen Recht 546), Bern 1993.

Fritsche, Thomas, *Der Kulturbegriff im Religionsverfassungsrecht* (Schriften zum öffentlichen Recht 1293), Berlin 2015.

Fueter, Eduard, *Art. Troxler*, in: Hürlimann, Martin (Hg.), *Grosse Schweizer*. Hundertzehn Bildnisse zur eidgenössischen Geschichte und Kultur, Zürich 1938, 502.

Fürst, Alfons, *Die Christen in Staat und Gesellschaft der Antike*, in: Bischof, Franz Xaver / Bremer, Thomas / Collet, Giancarlo u. a. (Hg.), *Einführung in die Geschichte des Christentums*, Freiburg i. Br. 2012, 173–205.

Fustel de Coulanges, Numa Denis, *Der antike Staat*. Kult, Recht und Institutionen Griechenlands und Roms. M. einer Einl. v. Karl Christ, übers. v. Ingrid-Maria Krefft auf der Grundlage der Übersetzung von Paul Weiss, Stuttgart 1981 (O.-T.: *La cité antique*. Étude sur le culte, le droit, les institutions de la Grèce et de Rome, Paris 1864).

Gaertner, Joachim / Godel, Erika (Hg.), *Religionsfreiheit und Frieden*. Vom Augsburger Religionsfrieden zum europäischen Verfassungsvertrag (Schriften zum Staatskirchenrecht 33), Frankfurt a. M. 2007.

Gardels, Nathan, *Wir brauchen eine neue Ethik für die Zukunft*, in: NZZ vom 11.7.2020, 32–33.

Gartner, Barbara, *Der religionsrechtliche Status islamischer und islamistischer Gemeinschaften* (Forschungen aus Staat und Recht 165), Wien 2011.

Gaudemet, Jean, *La formation du droit séculier et du droit de l'Eglise aux IV et V siècles*, Paris [2]1979.

Geisenhanslüke, Achim, *Sophokles, Antigone*. Interpretation (Oldenbourg Interpretationen 92), München 1999.

Gemeinhardt, Peter, *Antonius, der erste Mönch*. Leben, Lehre, Legende, München 2013.

Gerson, Jean, *On Ecclesiastical Power (De Potestate Ecclesiastica)*, in: *Œuvres Complètes*, Bd. 6: L'Œuvre ecclésiologique, hg. v. Palémon, Glorieux, Paris 1965, 210–250.

Glomb, Alexander, *Sententia plurorum*. Das Mehrheitsprinzip in den Quellen des kanonischen Rechts und im Schrifttum der klassischen Kanonistik, Köln 2008.

Gmainer-Pranzl, Franz, *Franz König, der Konzilsvater*, in: ders., *Christus und die Religionen der Erde*. In welchem Bekenntnis begegnet Gott? (Kardinal-König-Bibliothek 2), Wien 2013, 47–85.

Goez, Elke, *Mathilde von Canossa*, Darmstadt 2012.

Goos, Christoph, *Innere Freiheit*. Eine Rekonstruktion des grundgesetzlichen Würdebegriffs (Bonner Rechtswissenschaftliche Abhandlungen, N. F. 9), Göttingen 2011.

Gorman, Amanda, *The Hill We Climb – Den Hügel hinauf*. Hamburg 2021.

Greminger, Ueli, *«Im Anfang war das Gespräch»*. Erasmus von Rotterdam und der Schatten der Reformation, Zürich 2017.

Greshake, Gisbert, *Gnade als konkrete Freiheit*. Eine Untersuchung zur Gnadenlehre des Pelagius, Mainz 1972 (Habil. Univ. Tübingen).

Grimm, Dieter, *Europäisches Naturrecht und Amerikanische Revolution*. Die Verwandlung politischer Philosophie in politische Techne, in: Coing, Helmut (Hg.), *Ius Commune* (Veröffentlichungen des Max-Planck-Instituts für Europäische Rechtsgeschichte 3), Frankfurt a. M. 1970, 120–151.

Große Kracht, Hermann-Josef, *Kirche in ziviler Gesellschaft*. Studien zur Konfliktgeschichte von katholischer Kirche und demokratischer Öffentlichkeit, Paderborn 1997.

Großes Schisma, *Orthpedia*. Die freie orthodoxe Enzyklopädie, URL: https://www.orthpedia.de/index.php/Gro%C3%9Fes_Schisma (= Übers. aus OrthodoxWiki: Great Schism, Version vom 7.10.2024).

Grote, Rainer / Marauhn, Thilo (Hg.), *Religionsfreiheit zwischen individueller Selbstbestimmung, Minderheitenschutz und Staatskirchenrecht*. Völker- und verfassungsrechtliche Perspektiven (Beiträge zum ausländischen öffentlichen Recht und Völkerrecht 146), Berlin / Heidelberg / New York 2001.

Grote, Rainer, *Die Religionsfreiheit im Spiegel völkervertraglicher Vereinbarungen zur politischen und territorialen Neuordnung*, in: ders. / Marauhn (Hg.), *Religionsfreiheit*, 3–52.

Grotius, Hugo, *Mare liberum 1609–2009*. Original Text and English Translation, hg. v. Robert Feenstra, mit einer Einführung von Jeroen Vervliet, Boston 2010.

Grzymala-Busse, Anna, *Sacred Foundations*. The Religious and Medieval Roots of the European State, Princeton 2023.

Gurt, Claudius, *Art. Victoriden (Zacconen)*, Version vom 31.12.2011, in: Historisches Lexikon des Fürstentums Liechtenstein online (eHLFL), URL: https://historisches-lexikon.li/Victoriden_(Zacconen).

Güthoff, Elmar / Haering, Stephan, *Vorwort der Herausgeber*, in: dies. (Hg.), *Ius quia iustum*. FS Helmut Pree zum 65. Geburtstag, Berlin 2015, 5–6.

Guyon, Gérard D., *Recherches sur les origines des institutions chrétiennes (Ier au IIIe siècle)*, in: *Religion, société et politique*. Mélanges en hommage à Jacques Ellul, Paris 1983, 41–60.

Haag, Herbert / Elliger, Katharina, *«Wenn er mich doch küsste ...»*. Das Hohe Lied der Liebe, Solothurn / Düsseldorf 1995.

Habermas, Jürgen, *Die Einbeziehung des Anderen*. Studien zur politischen Theorie, Frankfurt a. M. 1999.

Habermas, Jürgen, *Auch eine Geschichte der Philosophie*, Berlin ^{2}2019, 2 Bde.

Habermas, Jürgen, *Glauben und Wissen*, in: ders. Glauben und Wissen. Friedenspreis des Deutschen Buchhandels 2001, Frankfurt a. M. 2001, 7–31.

Habermas, Jürgen, *Die Grenze zwischen Glauben und Wissen*. Zur Wirkungsgeschichte und aktuellen Bedeutung von Kants Religionsphilosophie, in: ders., *Zwischen Naturalismus und Religion*, 216–257; ebenfalls in: Revue de métaphysique et de morale 44 (2024) 460–484, URL: https://doi.org/10.3917/rmm.044.0460.

Habermas, Jürgen, *Großherzige Remigranten*. Über jüdische Philosophen in der frühen Bundesrepublik. Eine persönliche Erinnerung, in: NZZ vom 2.7.2011, Nr. 152, 61.

Habermas, Jürgen, *Intoleranz und Diskriminierung*, in: Mattioli, Aram / Ries, Markus / Rudolph, Enno (Hg.), *Intoleranz im Zeitalter der Revolutionen*. Europa 1770–1848 (Kultur – Philosophie – Geschichte 1), Zürich 2004, 43–56.

Habermas, Jürgen / Derrida, Jacques, *Philosophie in Zeiten des Terrors*. Zwei Gespräche, geführt, eing. u. komm. v. Giovanna Borradori, aus dem Englischen und Französischen übers. v. Ulrich Müller-Schöll, Berlin 2004.

Habermas, Jürgen, *Noch einmal: Zum Verhältnis von Theorie und Praxis*, in: ders., *Wahrheit und Rechtfertigung*, 319–333.

Habermas, Jürgen, *VII. Jerusalem, Athen und Rom*, in: ders., *Zeit der Übergänge*. Kleine Politische Schriften IX, Frankfurt a. M. 2001, 171–196.

Habermas, Jürgen, *Vorpolitische Grundlagen des demokratischen Rechtsstaats?*, in: ders., *Zwischen Naturalismus und Religion*, 106–118.

Habermas, Jürgen, *Wahrheit und Rechtfertigung*. Philosophische Aufsätze, Frankfurt a. M. 1999.

Habermas, Jürgen, *Zwischen Naturalismus und Religion*. Philosophische Aufsätze, Frankfurt a. M. 2005.

Hafner, Johann Ev., *Geleitwort*, in: Boyarin, *Die jüdischen Evangelien*, 11–16.

Hahn, August (Hg.), *Bibliothek der Symbole und Glaubensregeln der alten Kirche*, mit Anhang von Adolf Harnack, Hildesheim [3]1962.

Hahn, Judith / Loretan, Adrian, *Kanonistik – Rechtswissenschaft oder Theologie?* (QD 336), Freiburg i. Br. 2024.

Haker, Hille, *Laudatio aus Anlass des Alfons Auer-Ethik-Preises 2019 für Mary McAleese*, in: ThQ 201 (2021), 96–102, 101.

Haller, Gret, *Die Grenzen der Solidarität*. Europa und die USA im Umgang mit Staat, Nation und Religion, Berlin 2004.

Haller, Gret, *Politik der Götter*. Europa und der neue Fundamentalismus, Berlin 2005.

Hangartner, Yvo, *Rechtlicher Grundrahmen der Kooperation von Staat und Religionsgemeinschaften*, in: Pahud de Mortanges, René / Tanner, Erwin (Hg.), *Kooperation zwischen Staat und Religionsgemeinschaften nach schweizerischem Recht* (FVRR 15), Zürich 2005, 91–112.

Hänni, Julia, *Glaubens- und Gewissensfreiheit*. Überblick über die aktuelle Auslegung von Art. 15 BV, in: dies., / Heselhaus, Sebastian / Loretan, Adrian (Hg.), *Religionsfreiheit im säkularen Staat*. Aktuelle Auslegungsfragen in der Schweiz, in Deutschland und weltweit, Zürich / St. Gallen / Baden-Baden 2019, 1–18.

Harmless, William, *Desert Christians*. An Introduction of the Literature of early Monasticism, Oxford 2004.

Hartmann, Gerhard, *Habeant Fata sua libelli – Ein Nachwort des Verlages*, in: Ratzinger / Maier, *Demokratie in der Kirche*. Möglichkeiten und Grenzen, 100–104.

Hauck, Jasmin, *Quod omnes tangit debet ab omnibus approbari – Eine Rechtsregel im Dialog der beiden Rechte*, in: ZRG. Kan. Abt. 99 (2013) 398–417.

Havas, Carlo, *Storia dell'Inquisizione*, Bologna 2010.

Heckel, Johannes, *Im Irrgarten der Zwei-Reiche-Lehre*, München 1957.

Heckel, Martin, *Der Augsburger Religionsfriede*. Sein Sinnwandel vom provisorischen Notstands-Instrument zum sakrosankten Reichsfundamentalgesetz religiöser Freiheit und Gleichheit, in: Gaertner/ Godel (Hg.), *Religionsfreiheit und Frieden*, 13–33.

Heckel, Martin, *Deutschland im konfessionellen Zeitalter*, Göttingen 1983.

Heckel, Martin, *Kulturkampfaspekte*. Der Kulturkampf als Lehrstück modernen Staatskirchenrechts, in: Schwab, Dieter u. a. (Hg.), *Staat, Kirche, Wissenschaft in einer pluralistischen Gesellschaft*. FS 65. Geburtstag von Paul Mikat, Berlin 1989, 545–563.

Heckel, Martin, *Zum Sinn und Wandel der Freiheitsidee im Kirchenrecht der Neuzeit*, in: ZRG. Kan. Abt. 55 (1969) 395–436.

Heckel, Martin, *Zur Zukunftsfähigkeit des deutschen «Staatskirchenrechts» oder «Religionsverfassungsrechts»?*, in: Archiv des öffentlichen Rechts 134, 3 (2009) 309–390.

Hegel, Georg Wilhelm Friedrich, *Grundlinien der Philosophie des Rechts*. Naturrecht und Staatswissenschaft, hg. u. eingel. v. Helmut Reichelt, Frankfurt a. M. 1972.

Heibert, Frank, *Alliteration sticht Rhythmus*. Für die deutsche Fassung von Amanda Gormans Inaugurationsgedicht «The Hill We Climb» wurde ein Dreierteam eingesetzt: Wie ist die Übersetzung?, in: Die Zeit Nr. 14 vom 31.3.2021, 61.

Heid, Stefan, *Art. Justinos, Martyrer*, in: LThK^3 5, 1112–1113.

Heine, Heinrich, *Deutschland. Ein Wintermärchen (1844)*, in: DHA Bd. 4, Hamburg 1985, 89–157, URL: http://hhp.uni-trier.de/Projekte/HHP/Projekte/HHP/werke/baende/D04.

Heine, Heinrich, *Prosanotizen*, in: DHA Bd. 10, Hamburg 1993, 311–344, URL: http://hhp.uni-trier.de/Projekte/HHP/Projekte/HHP/werke/baende/D10.

Heinemann, Heribert, *«Quod omnes tangit ...»*. Kanonistische Erwägungen im Anschluss an einen bedeutenden Rechtssatz, in: Geringer, Karl-Theodor / Schmitz, Heribert (Hg.), *Communio in Ecclesiae Mysterio*. FS Winfried Aymans zum 65. Geburtstag, St. Ottilien 2001, 199–217.

Heinig, Hans Michael / Walter, Christian (Hg.), *Staatskirchenrecht oder Religionsverfassungsrecht?* Ein begriffspolitischer Grundsatzstreit, Tübingen 2007.

Heinig, Hans Michael, *Art. Säkularisierung, Säkularisation*, in: Honecker, Martin u. a. (Hg.), *Evangelisches Soziallexikon*. Neuausgabe, Stuttgart 2001, 1364–1371.

Hell, Daniel, *Die Sprache der Seele verstehen*. Die Wüstenväter als Therapeuten, Freiburg i. Br. 2007.

Helmholz, Richard H., *Kanonisches Recht und europäische Rechtskultur*. Mit einem Vorwort v. Peter Landau, übers. v. Jörg Müller, Tübingen 2013 (O.-T.: *The Spirit of Classical Canon Law*, Georgia 1996).

Helmholz, Richard H., *The Oxford History of the Laws of England*, Bd. 1: The Canon Law and Ecclesiastical Jurisdiction from 597 to the 1640s, Oxford 2004.

Henrici, Peter, *Eine Problemanzeige: Das schweizerische Staatsverständnis in seiner Auswirkung auf das Verhältnis Staat – Kirche*, in: Gerosa, Libero / Müller, Ludger (Hg.), *Katholische Kirche und Staat in der Schweiz* (Kirchenrechtliche Bibliothek 14), Wien / Münster 2010, 17–28.

Hense, Ansgar, Zwischen Kollektivität und Individualität. Einige geschichtliche Aspekte der Religionsfreiheit, in: Heinig / Walter (Hg.), *Staatskirchenrecht oder Religionsverfassungsrecht?*, 7–38.

Henze, Barbara, *«Die Laien als Feinde der Kleriker von alters her»?* Zur Geschichte der Beziehung zwischen Laien und Klerikern, in: Kraus, Georg (Hg.), *Wozu noch Laien?* Für das Miteinander in der Kirche, Frankfurt a. M. 2001, 69–102.

Herbers, Klaus, *Geschichte der Päpste in Mittelalter und Renaissance*, Stuttgart 2014.

Herzog, Roman, *Kommentar zu Art. 4 GG*, in: Maunz, Theodor u. a. (Hg.), *Grundgesetz*. Kommentar, Bd. 7, 1–82, München 1962 ff. (27. Lfg.).

Heutger, Viola / van der Velden, Bastiaan D., *Rechtspluralisme op Curaçao*. Joodse en rooms-katholieke huwelijken, in: *Ius Romanum – Ius Commune – Ius Hodiernum*, Studies in honour of Eltjo J. H. Schrage on the occasion of his 65th birthday, Amsterdam / Aalen 2010, 187–202.

Heutger, Viola, *Die Erfindung des Individuums*, in: Theologisches Feuilleton feinschwarz vom 2.2.2017, URL: https://www.feinschwarz.net/die-erfindung-des-individuums/.

Hilti, Martin, *Die Gewissensfreiheit in der Schweiz*, Zürich 2008.

Hinschius, Paul, *System des katholischen Kirchenrechts mit besonderer Rücksicht auf Deutschland*, Bd. 4, Berlin 1888.

Hinze, Bradford E., *Synodality and Democracy*. For We the People, in: Böttigheimer, Christoph / Dausner, René (Hg.), *Vaticanum 21*. Die bleibenden Aufgaben des Zweiten Vatikanischen Konzils im 21. Jahrhundert, Freiburg i. Br. 2016, 202–210.

Hobbes, Thomas, *Leviathan oder Stoff, Form und Gewalt eines kirchlichen und bürgerlichen Staates*, hg. v. Iring Fetscher, übers. v. Walter Euchner, Frankfurt a. M. 1989.

Hobbes, Thomas, *Leviathan*. 2. The English and Latin Texts (i), bearb. u. hg. v. Noel Malcolm, 2012 (Oxford [1]1651).

Höffe, Otfried, *Der Weltbürger aus Königsberg*. Immanuel Kant heute. Person und Werk, Wiesbaden 2023.

Hofmann, Hasso, *Repräsentation*. Studien zur Wort- und Begriffsgeschichte von der Antike bis ins 19. Jahrhundert (Schriften zur Verfassungsgeschichte 22), Berlin [4]2003.

Hofmann, Hasso, *Zur Herkunft der Menschenrechtserklärungen*, in: Juristische Schulung 28 (1988) 841–848.

Holenstein, Anne-Marie (Hg.), *Religionen – Potenzial oder Gefahr?* Religion und Spiritualität in Theorie und Praxis der Entwicklungszusammenarbeit (ReligionsRecht im Dialog 9), Münster 2010.

Hollenbach, David, *Human Dignity in Catholic thought*, in: Düwell u. a. (Hg.), *The Cambridge Handbook*, 250–259.

Holzherr, Georg, *Die Benediktsregel*. Eine Anleitung zum christlichen Leben, Der vollständige Text der Regel übers. u. erkl. v. Georg Holzherr, em. Abt von Einsiedeln, Freiburg (Schweiz) [6]2005.

Honneth, Axel, *Das Recht der Freiheit*. Grundriss einer demokratischen Sittlichkeit, Berlin 2013.

Horkheimer, Max, *Theismus – Atheismus*, in: ders. (Hg.), *Zeugnisse*. Theodor W. Adorno zum sechzigsten Geburtstag, Frankfurt a. M. 1963, 9–19.

Horkheimer, Max, *Was wir «Sinn» nennen, wird verschwinden*, in: Der Spiegel Nr. 1–2 vom 4.1.1970, 79–84, URL: https://www.spiegel.de/kultur/was-wir-sinn-nennen-wird-verschwinden-a-7d9d062b-0002-0001-0000-000045226214.

Huber, Ernst Rudolf / Huber, Wolfgang, *Staat und Kirche im 19. und 20. Jahrhundert.* Dokumente zur Geschichte des deutschen Staatskirchenrechts 2: Staat und Kirche im Zeitalter des Hochkonstitutionalismus und des Kulturkampfes 1848–1890, Berlin 1976.

Huber, Wolfgang, *Gerechtigkeit und Recht.* Grundlinien christlicher Rechtsethik, Gütersloh [3]2006.

Huber, Wolfgang, *Grundrechte in der Kirche*, in: Rau, Gerhard / Reuter, Hans-Richard / Schlaich, Klaus (Hg.), *Das Recht der Kirche*, Bd. 1: Zur Theorie des Kirchenrechts (Forschungen und Berichte der Evangelischen Studiengemeinschaft 49), Gütersloh 1997, 518–544

Hugener, Rainer, *Buchführung für die Ewigkeit.* Totengedenken, Verschriftlichung und Traditionsbildung im Spätmittelalter, Zürich 2014.

Hünermann, Peter, *Dienst im Namen Jesu Christi.* Glaube und Ideologie im theologischen Streit um das Amt in der Kirche, in: Hoping, Helmut / Münk, Hans J. (Hg.), *Dienst im Namen Jesu Christi.* Impulse für Pastoral, Katechese und Liturgie (Theologische Berichte 24), Freiburg (Schweiz) 2001, 15–38.

Hüning, Dieter / Klingner, Stefan / Sadun Bordoni, Gianluca (Hg.), *Auf dem Weg zur kritischen Rechtslehre?* Naturrecht, Moralphilosophie und Eigentumstheorie in Kants «Naturrecht Feyerabend» (Early Modern Natural Law 4), Leiden 2021.

Hürlimann, Thomas, *Demokratie jenseits der Mehrzahl*, in: ders., *Abendspaziergang mit dem Kater*, Frankfurt a. M. 2020, 93–99.

Hürlimann, Thomas, *Wir vom Club der Atheisten*, in: ders., Abendspaziergang mit dem Kater, 2020, 169–196.

Hürten, Heinz (Hg.), *Katholizismus, staatliche Neuordnung und Demokratie 1945–1962* (Beiträge zur Katholizismusforschung Reihe A, Quellentexte zur Geschichte des Katholizismus 7), Paderborn 1991.

Huser, Patrick, *Vernunft und Herrschaft.* Die kanonischen Rechtsquellen als Grundlage natur- und völkerrechtlicher Argumentation im zweiten Prinzip des Traktates «Principia quaedam» des Bartolomé de Las Casas (ReligionsRecht im Dialog 11), Wien / Zürich / Münster 2011.

Hutson, James, *The Sister Republics.* Die Schweiz und die Vereinigten Staaten von 1776 bis heute, Bern 1992.

Jacobs, Uwe Kai, *Die Regula Benedicti als Rechtsbuch.* Eine rechtshistorische und rechtstheologische Untersuchung (Forschungen zur kirchlichen Rechtsgeschichte und zum Kirchenrecht 16), Köln / Wien 1987.

Jäggi, Christian, *Doppelte Normativitäten zwischen staatlichen und religiösen Geltungsansprüchen.* Am Beispiel der katholischen Kirche, der muslimischen Gemeinschaften und der Bahá'i-Gemeinde in der Schweiz, Berlin 2016.

Jakab, Éva, *Prozess um eine entlaufene Sklavin.* Vertrag in der provinzialen Rechtskultur, in: ZRG. Rom. Abt. 135 (2018) 474–526.

Jefferson, Thomas, *First Inaugural Address vom 4. März 1801*, bei: The Avalon Project at Yale Law School, URL: https://avalon.law.yale.edu/19th_century/jefinau1.asp.

Jefferson, Thomas, *Second Inaugural Address vom 4. März 1805*, bei: The Avalon Project at Yale Law School, URL: http://avalon.law.yale.edu/19th_century/jefinau2.asp.

Jehle, Frank, *Der Schweizer Protestantismus und die Jesuiten im 19. und 20. Jahrhundert*, in: Oberholzer (Hg.), *Die Wiederherstellung der Gesellschaft Jesu*, 415–427.

Jellinek, Georg, *Die Erklärung der Menschen- und Bürgerrechte.* Ein Beitrag zur modernen Verfassungsgeschichte, München / Leipzig ^{3}1919 (Leipzig ^{1}1895).

Jenal, Georg, *Sub Regula S. Benedicti.* Eine Geschichte der Söhne und Töchter Benedikts von den Anfängen bis zur Gegenwart, Köln 2018.

Jenal, Georg, *Von Montecassino zu den Grossklöstern des Karolingerreiches* (von Benedikt von Nursia [† ca. 555/560] zu Benedikt von Aniane [† 821]), in: ders., *Sub Regula S. Benedicti*, 57–89.

Jiménez Lozano, José, *Kastilien.* Eine spirituelle Reise durch das Herz Spaniens. Mit einem Nachwort v. Mariano Delgado; aus dem Spanischen übers. v. Michael Lauble, Freiburg (Schweiz) 2005 (O.-T.: *Guía espiritual de Castilla*, Valladolid ^{4}2003).

Joas, Hans, *Die Sakralität der Person.* Eine neue Genealogie der Menschenrechte, Berlin 2011.

Johannes Paul II. (Wojtyla, Karol), *Von der Königswürde des Menschen*, Stuttgart 1980.

Jone, Heribert, *Gesetzbuch des kanonischen Rechts.* Erklärung der Kanones, Paderborn 1939–1940, 2 Bde.

Jones, Meinrav, *Moses Mendelssohn and the Jewish Question of Modern Natural Law*, in: Journal of Law and Religion 39/1 (2024) 16–33.

Jorio, Marco, *Franz Xaver von Neveu (1794–1828) – Der letzte Basler Fürstbischof*, in: Fink, Urban / Leimgruber, Stephan / Ries, Markus (Hg.), *Die Bischöfe von Basel 1794–1995*, Freiburg (Schweiz) 1996, 27–44.

Joussen, Jacob, *Kirchliches Arbeitsrecht zwischen Grundrechten und Drittem Weg – Reformperspektiven*, in: Ley / Stein / Essen (Hg.), *Semper Reformanda*, 236–252.

Just, Patricia, *Imperator et Episcopus*. Zum Verhältnis von Staatsgewalt und christlicher Kirche zwischen dem 1. Konzil von Nicaea (325) und dem 1. Konzil von Konstantinopel (381) (Potsdamer Altertumswissenschaftliche Beiträge 8), Stuttgart 2003.

Kälin, Walter, *Grundrechte im Kulturkonflikt*. Freiheit und Gleichheit in der Einwanderungsgesellschaft, Zürich 2000.

Kallscheuer, Otto (Hg.), *Das Europa der Religionen*. Ein Kontinent zwischen Säkularisierung und Fundamentalismus, Frankfurt a. M. 1996.

Kallscheuer, Otto, *Gottes Wort und Volkes Stimme*. Glaube – Macht – Politik, Frankfurt a. M. 1994.

Kallscheuer, Otto, *Zusammenprall der Zivilisationen oder Polytheismus der Werte?*, in: ders. (Hg.), *Das Europa der Religionen*, 17–40.

Kämper, Burkhard / Pfeffer, Klaus (Hg.), *Religionsunterricht in der religiös pluralen Gesellschaft* (Essener Gespräche zum Thema Staat und Kirche 49), Münster 2016.

Kant, Immanuel, *An Moses Mendelssohn* (16.8.1783), in: AA 10, 344–347.

Kant, Immanuel, *Beantwortung der Frage: Was ist Aufklärung?*, Königsberg in Preussen, den 30. September 1784, in: Albrecht, Michael von / Hinske, Norbert (Hg.), *Was ist Aufklärung?* Beiträge aus der Berlinischen Monatsschrift, Darmstadt [2]1977, 452–465.

Kant, Immanuel, *Die Religion innerhalb der Grenzen der bloßen Vernunft*. Die Metaphysik der Sitten. Vorrede zur ersten Auflage, in: AA VI, 3–11

Kant, Immanuel, *Kant's Gesammelte Schriften*, hg. v. der königlich-preussischen Akademie der Wissenschaften (Akademie-Ausgabe), Berlin 1900 ff., URL: http://www.korpora.org/kant/verzeichnisse-gesamt.html. (27.12.2024).

Kant, Immanuel, *Grundlegung zur Metaphysik der Sitten*, in: AA IV, 387–463.

Kant, Immanuel, *Was heißt: sich im Denken orientieren?*, in: Berlinische Monatsschrift vom Oktober 1786, 304–330.

Kantorowicz, Ernst H., *Laudes regiae*. A study in liturgical acclamations and mediaeval ruler worship, Berkeley 1946.

Kantorowicz, Ernst H., *Die zwei Körper des Königs*. Eine Studie zur politischen Theologie des Mittelalters, Stuttgart 1992 (O.-T.: *The King's Two Bodies*. A Study in Mediaeval Political Theology, Princeton, NJ 1957.)

Kasper, Walter / Finger, Evelyn, *«Wir müssen uns zuerst selbst bekehren»*, in: Zeit-Online vom 1.3.2023, URL: https://www.zeit.de/2023/10/walter-kasper-kardinal-kirche-krise.

Katsch, Matthias, *Damit es aufhört. Vom befreienden Kampf der Opfer sexueller Gewalt in der Kirche*, Berlin 2020.

Kaufmann, Franz-Xaver, *Katholische Kirchenkritik.* «... Man muss diese versteinerten Verhältnisse dadurch zum Tanzen zwingen, dass man ihnen ihre eigne Melodie vorsingt!», Luzern 2022.

Keller, Hildegard E., *Was wir scheinen.* Roman, Köln / Zürich 2021.

Kenny, Anthony, Determinismus und Freiheit. Eine lebenslange Auseinandersetzung, in: ders., *His last public lecture abroad.* Determinism and Freedom. A Lifelong Discussion (Luzerner Universitätsreden 28), übers. v. Thomas Seissl, Luzern 2017, 23–30.

Keplinger, Josef, *Der Vorstehersitz. Funktionalität und theologische Zeichenstruktur* (Pius-Parsch-Studien 11), Freiburg i. Br. 2015.

Kiechle, Stefan, *Synodaler Weg – aber geistlich*, in: StZ 144 (2019) 321–322, URL: https://www.herder.de/stz/hefte/archiv/144-2019/5-2019/synodaler-weg-aber-geistlich/.

Kielmansegg, Peter Graf von, *Demokratiebegründung zwischen Menschenrechten und Volkssouveränität*, in: Schwartländer, Johannes (Hg.), *Menschenrechte und Demokratie* (Tübinger Universitätsschriften Forschungsprojekt Menschenrechte 2), Kehl a. Rhein / Strasbourg 1981, 99–111.

Kielmansegg, Peter Graf von, *Nach der Katastrophe.* Eine Geschichte des geteilten Deutschland. Die Deutschen und ihre Nation, Bd. 7: Deutschland 1945–1990, Berlin 2000.

Kirchschläger, Peter G., *Nur ich bin die Wahrheit.* Der Absolutheitsanspruch des johanneischen Christus und das Gespräch zwischen den Religionen, Freiburg i. Br. 2010.

Kirchschläger, Peter G., *Wie können Menschenrechte begründet werden?* Ein für religiöse und säkulare Menschenrechtskonzeptionen anschlussfähiger Ansatz (ReligionsRecht im Dialog 15), Münster 2013.

Kleber, Albert, *History of St. Meinrad Archabbey 1854–1954*, St. Meinrad 1954.

Kley, Andreas, *Der Einfluss der Articles of Confederation und der U. S. Constitution auf die schweizerische Bundesverfassung 1848*, in: ZSR 1/2024, 59–85.

Kley, Andreas, *Von Stampa nach Zürich.* Der Staatsrechtler Zaccaria Giacometti, sein Leben und Werk und seine Bergeller Künstlerfamilie, Zürich 2014.

Kley, Andreas, *Verfassungsgeschichte der Neuzeit.* Grossbritannien, die USA, Frankreich und die Schweiz, Bern [4]2020.

Klingen, Henning, *Wer steht für die unschuldigen Opfer ein?* Ein Gespräch mit Johann Baptist Metz, in: Orientierung 72 (2008) 148–150.

Kobusch, Theo, *Die Entdeckung der Person.* Metaphysik der Freiheit und modernes Menschenbild, Darmstadt [2]1977.

Koch, Walter, *Die klerikalen Standesprivilegien nach Kirchen- und Staatsrecht.* Unter besonderer Berücksichtigung der Verhältnisse in der Schweiz, Freiburg (Schweiz) 1949.

Kohnle, Armin, *Luthers «Staatsverständnis» in seinem historischen Kontext*, in: Leonhardt, Rochus / Scheliha, Arnulf von (Hg.), *Hier stehe ich, ich kann nicht anders.* Zu Martin Luthers Staatsverständnis, Baden-Baden 2015, 51–76.

Korioth, Stefan, *Die Entwicklung des Staatskirchenrechts in Deutschland seit der Reformation*, in: Heinig / Walter (Hg.), *Staatskirchenrecht oder Religionsverfassungsrecht?*, 38–69.

Kotulla, Michael, *Deutsche Verfassungsgeschichte.* Vom Alten Reich bis Weimar (1495–1934), Berlin / Heidelberg 2008.

Kriele, Martin, *Säkularisierung und die islamische Herausforderung*, in: Besier, Gerhard u. a. (Hg.), *Religionsfreiheit und Konformismus.* Über Minderheiten und die Macht der Mehrheit (Zeitdiagnosen 8), Münster 2004, 243–259.

Kühler, Anne, *Das Grundrecht der Gewissensfreiheit.* Ein Beitrag zum Verständnis von Art. 15 der Bundesverfassung unter Berücksichtigung der Praxis des Schweizerischen Bundesgerichts, der EMRK-Organe, des UNO-Menschenrechtsausschusses und im Rechtsvergleich (Abhandlungen zum schweizerischen Recht 782), Bern 2012.

Kunz, Andreas, *Corpus mysticum – Ein Rechtsvergleich zwischen Kirchentheorie und englischer Staatstheorie im 15. und 16. Jahrhundert* (Diss. in Vorbereitung).

Kuschel, Karl-Josef, *Gottes grausamer Spaß?* Heinrich Heines Leben mit der Katastrophe, Düsseldorf 2002.

Landau, Peter, *Art. Asylrecht III: Alte Kirche und Mittelalter*, in: TRE 4, 319–327.

Landau, Peter, *Art. Gratian (von Bologna)*, in: TRE 14, 124–133.

Landau, Peter, *Europäische Rechtsgeschichte und kanonisches Recht im Mittelalter.* Ausgewählte Aufsätze aus den Jahren 1967 bis 2006. Mit Addenda des Autors und Register vers., Badenweiler 2013.

Lang, Josef, *Die Schweiz des 19. Jahrhunderts im Spiegel von heute.* Ein Essay, in: ders. / Meier, Pirmin (Hg.), *Kulturkampf.* Die Schweiz des 19. Jahrhunderts im Spiegel von heute, Baden 2016, 5–63.

Lau, Franz, *Die lutherische Lehre von den beiden Reichen*, in: Wolf, Gunther (Hg.), Luther und die Obrigkeit (Wege der Forschung 85), Darmstadt 1972, 370–396.

Le Goff, Jacques, *Die Geburt des Fegefeuers*, übers. v. Ariane Forkel, Stuttgart 1984 (O.-T.: *La naissance du purgatoire*, Paris 1981).

Lehmann, Karl, *Die Theologie des Bischofsamtes nach dem Zweiten Vatikanischen Konzil und ihre Bedeutung für synodale Prozesse*, in: Schmiedl, Joachim / Walz,

Robert (Hg.), *Die Kirchenbilder der Synoden.* Zur Umsetzung konziliarer Ekklesiologie in teilkirchlichen Strukturen, Freiburg i. Br. 2015, 11–34.

Lehmann, Karl, *Toleranz und Religionsfreiheit.* Geschichte und Gegenwart in Europa, Freiburg i. Br. 2015.

Lessing, Gotthold Ephraim, *Nathan der Weise.* Ein dramatisches Gedicht in fünf Aufzügen (1779), Stuttgart 2013.

Leuenberger, Moritz, *Das Böse, das Gute, die Politik.* Rede am Symposium des Lucerne Festival zum Thema «Verführung» am 6. September 2002, URL: https://www.moritzleuenberger.ch/reden/reden-2002/das-boese-das-gute-die-politik/.

Leven, Benjamin, *München: Marx löst Integrierte Gemeinde auf*, in: Herder Korrespondenz 12/2020, 11–12.

Ley, Isabelle / Stein, Tine / Essen, Georg (Hg.), *Semper Reformanda.* Das Verhältnis von Staat und Religionsgemeinschaften auf dem Prüfstand, Freiburg i. Br. 2023.

Leyland, Peter, *The Constitution of the United Kingdom.* A Contextual Analysis, Portland 2007.

Linderborg, Otto H., *Herodotus and the Origins of Political Philosophy.* The Beginnings of Western Thought from the Viewpoint of its Impending End, Uppsala 2018, https://www.diva-portal.org/smash/get/diva2:1205647/FULLTEXT02.

Locke, John, *The Two Treatises of Government.* Of Civil Government. Book II = The Works of John Locke in Nine Volumes, Bd. 4, London 1824, URL: https://www.nlnrac.org/earlymodern/locke/documents/second-treatise.html.

Locke, John, *Zweite Abhandlung über die Regierung*, hg. v. Michaela Rehm u. Bernd Ludwig, Berlin 2012.

Loretan, Adrian, *Bericht über die staatskirchenrechtliche Tagung «Trennung von Kirchen und Staat?» an der Universität Freiburg*, in: ders. (Hg.), *Kirche – Staat im Umbruch.* Neuere Entwicklungen im Verhältnis von Kirchen und anderen Religionsgemeinschaften zum Staat, Zürich 1995, 79–88.

Loretan, Adrian, *Demokratie versus Vernunft?* Eine Einleitung, in: ders. (Hg.), *Die Würde der menschlichen Person*, 11–14.

Loretan, Adrian, *Freiheit setzt für Kant die Rechtsbindung der Leitungsorgane voraus*, in: Janßen, Hans-Gerd / Prinz, Julia D. E. / Rainer, Michael J. (Hg.), *Theologie in gefährdeter Zeit.* Stichworte von nahen und fernen Weggefährten für Johann Baptist Metz zum 90. Geburtstag (Religion – Geschichte – Gesellschaft. Fundamentaltheologische Studien 50), Berlin ²2019, 289–292.

Loretan, Adrian, *Die Freiheitsrechte in der katholischen Kirche.* Aporien und Desiderate, in: Menschenrechte in der Katholischen Kirche (JCSW 55), Münster 2014, 131–154.

Loretan, Adrian, *Einklagbare Grundrechte.* Das Kirchenrecht angesichts von sexualisierter Gewalt und Machtmissbrauch, in: Herder Korrespondenz 2/2019, 28–31.

Loretan, Adrian, *Grundrechte innerhalb der Religionsgemeinschaften – oder: Individuum contra Kollektiv*, in: ders. / Hänni, Julia / Heselhaus, Sebastian (Hg.), *Religionsfreiheit im säkularen Staat.* Aktuelle Auslegungsfragen in der Schweiz, in Deutschland und weltweit, Zürich / St. Gallen / Baden-Baden 2019, 167–192.

Loretan, Adrian, *Interaktion von Philosophie und Recht*, in: Freiburger Zeitschrift für Philosophie und Theologie 67 (2020) 482–489 = Rezension: Jürgen Habermas, Auch eine Geschichte der Philosophie, Berlin ²2019.

Loretan, Adrian, *Juristische Personen im CIC/1983*, in: Fink, Urban / Zihlmann, René (Hg.), *Kirche Kultur Kommunikation.* Peter Henrici zum 70. Geburtstag, Zürich 1998, 581–594.

Loretan, Adrian, *Kirche und Staat in der Schweiz im Horizont einer globalisierten Gesellschaft*, in: Paarhammer, Hans / Katzinger, Gerlinde (Hg.), *Kirche und Staat im Horizont einer globalisierten Welt, Wissenschaft und Religion* (Veröffentlichungen des Internationalen Forschungszentrums für Grundfragen der Wissenschaften Salzburg 21), Frankfurt a. M. 2009, 189–211.

Loretan, Adrian, *Klärung des Rechtsbegriffs*, in: Baumeister / Böhnke / Heimbach-Steins / Wendel (Hg.), *Menschenrechte in der katholischen Kirche*, 41–54.

Loretan, Adrian, *Die Konzilserklärung über die Religionsfreiheit – oder ist der Kirchenaustritt Privatsache?*, in: Schweizerisches Pastoralsoziologisches Institut (Hg.), *Jenseits der Kirchen.* Analyse und Auseinandersetzung mit einem neuen Phänomen in unserer Gesellschaft (SPI-Publikationsreihe 5), Zürich 1998, 113–145.

Loretan, Adrian, *Marriage Endings, New Beginnings, Sin and Grace.* Reflections in Honor of Eberhard Schockenhoff (†), in: Marriage, Families & Spirituality 27 (1/2021) 82–91.

Loretan, Adrian, *Menschenrechte in der Kirche – ein Schutz vor Machtmissbrauch*, in: Haering, Stephan u. (Hg.), *In mandatis meditari.* FS Hans Paarhammer zum 65. Geburtstag (Kanonistische Studien und Texte 58), Berlin 2012, 263–283.

Loretan, Adrian, *Menschenrechte in den Religionen.* Ein einleitender Essay, in: ders., *Religionen im Kontext der Menschenrechte*, 17–26.

Loretan, Adrian, *Der sexuelle Missbrauch ist ein «Macht- und Gewissensmissbrauch»*, in: ders. (Hg.), *Machtmissbrauch und sexuelle Gewalt in der Kirche*, 15–32.

Loretan, Adrian, *Von der Personenwürde der Getauften zur Personenwürde aller Menschen*, in: ders., Religionen im Kontext der Menschenrechte (Religionsrechtliche Studien 1), Zürich 2010, 58–61.

Loretan, Adrian, *Religion und Recht in der Rechtsphilosophie von Moses Mendelssohn – Moses Mendelssohns «Jerusalem oder über religiöse Macht und Judentum»*, in: Kühler, Anne / Hafner, Felix / Mohn, Jürgen (Hg.), *Interdependenzen von Recht und Religion* (Diskurs Religion. Beiträge zur Religionsgeschichte und religiösen Zeitgeschichte 5), Würzburg 2014, 93–111.

Loretan, Adrian, *VIII. Religionsgemeinschaften*, in: Richli, Paul / Wicki, Franz (Hg.), *Kommentar der Kantonsverfassung Luzern*, Bern 2010, 665–676.

Loretan, Adrian, *Säkulare und religiöse Vernunft begründen eine pluralistische Friedensordnung gemeinsam*. Kritische Überlegungen zum späten Habermas, in: Kirchschläger, Peter (Hg.), *Die Verantwortung von nichtstaatlichen Akteuren gegenüber den Menschenrechten* (Religionsrechtliche Studien 4), Zürich 2017, 111–148.

Loretan, Adrian, *Sexualized violence against children in the church*. A human rights perspective, in: Cardoso International & Comparative Law Rewiew (CICLR) 7 (2024), URL: https://www.cardozociclr.com/post/fall-2024-online-sympo sia-rights-of-the-child, Fassung vom 27.1.2025.

Loretan, Adrian, *Systemische Ursachen der sexualisierten Gewalt in der Kirche*, in: Ley / Stein / Essen (Hg.), *Semper Reformanda*, 163–178.

Loretan, Adrian, *Theologia in universitate – Einleitung*, in: ders. (Hg.), *Theologische Fakultäten an europäischen Universitäten*, 7–14.

Loretan, Adrian, *Theologie in der Universität von morgen Staatskirchenrechtliche Modelldiskussion*, in: ders. (Hg.), *Theologische Fakultäten an europäischen Universitäten*, 39–53.

Loretan, Adrian, *Überpositive Gerechtigkeitskriterien sind unentbehrlich!* Rechtsphilosophische Überlegungen, in: Richli, Paul (Hg.), *Wo bleibt die Gerechtigkeit?* Antworten aus Theologie, Philosophie und Rechtswissenschaft (Luzerner Beiträge zur Rechtswissenschaft 5), Zürich / Basel / Genf 2005, 39–66.

Loretan, Adrian, *Wahrheit und Freiheit im Verhältnis von Staat und Religion*. Von der Wahrheit mit Herrschaftsgewalt (Staatsreligion) zur Freiheit mit Weltanschauungspluralismus (Liberaler Rechtsstaat), in: Jeggle-Merz, Birgit / Durst, Michael (Hg.), *Gewalt – Herrschaft – Religion*. Beiträge zur Hermeneutik von Gewalttexten (Theologische Berichte 38), Einsiedeln 2018, 166–187.

Loretan, Adrian, *Wahrheitsansprüche im Kontext der Freiheitsrechte* (Religionsrechtliche Studien 3), Zürich 2017.

Loretan, Adrian, *Waren die Jesuiten «staatsgefährlich» (Art. 51 Abs. 2 BV 1874)?* Von der kirchlichen Wiederherstellung bis zur staatlichen Vertreibung – ein staatskirchenrechtlicher Beitrag, in: Oberholzer (Hg.), *Die Wiederherstellung der Gesellschaft Jesu*, 429–441.

Loretan, Adrian, *Der Westen wurzelt in der Westkirche*, in: Theologisches Feuilleton feinschwarz vom 6.2.2018, URL: https://www.feinschwarz.net/der-westen-wurzelt-in-der-westkirche/.

Loretan, Adrian, *Wie entwickelte die römisch-katholische Kirche ein Ja zum demokratischen Rechtsstaat und seinen Grundrechten?*, in: Loretan-Saladin, Adrian / Bernet-Strahm, Toni (Hg.), *Das Kreuz der Kirche mit der Demokratie*, Zürich 2006, 19–34.

Loretan, Adrian, *Wissenschaftsfreiheit und Wahrheitsanspruch am Beispiel der Theologischen Fakultäten der Schweiz*, in: Hense, Ansgar / Pulte, Matthias (Hg.), *Kirchliche Hochschulen und konfessionelle akademische Institutionen im Lichte staatlicher und kirchlicher Wissenschaftsfreiheit* (Mainzer Beiträge zu Kirchen- und Religionsrecht. 4), Würzburg 2018, 11–47.

Loretan, Adrian, *Zwischen Wahrheit und Freiheit.* Religiöse Gewalt und liberaler Rechtsstaat, in: Theologisches Feuilleton feinschwarz vom 12.10.2017, URL: https://www.feinschwarz.net/zwischen-wahrheit-und-freiheit-religioese-gewalt-und-liberaler-rechtsstaat/.

Loretan, Adrian / Tollkühn, Martina, *«Führer auf dem Weg zur Rationalität».* Philosophische Beiträge der Theologie und der kirchlichen Rechtswissenschaft für die Entwicklung der Rechtswissenschaften, in: Pahud de Mortanges, René (Hg.), *Staat und Religion in der Schweiz des 21. Jahrhunderts.* Beiträge zum Jubiläum des Instituts für Religionsrecht (FVRR 40), Zürich 2020, 31–55.

Loretan, Adrian / Weber, Quirin / Morawa, Alexander H. E., *Freiheit und Religion.* Die Anerkennung weiterer Religionsgemeinschaften in der Schweiz (ReligionsRecht im Dialog 17), Münster 2014.

Loretan, Adrian (Hg.), *Machtmissbrauch und sexuelle Gewalt in der Kirche.* Beiträge aus Rechtswissenschaften und Theologie von Adrian Loretan, Mary McAleese, Doris Reisinger und Wolfgang Treitler (ReligionsRecht im Dialog 33), Berlin / Münster 2023.

Loretan, Adrian (Hg.), *Religionen im Kontext der Menschenrechte* (Religionsrechtliche Studien 1), Zürich 2010.

Loretan, Adrian (Hg.), *Religionsfreiheit im Kontext der Grundrechte* (Religionsrechtliche Studien 2), Zürich 2011.

Loretan, Adrian (Hg.), *Theologische Fakultäten an europäischen Universitäten*. Rechtliche Situation und theologische Perspektiven (Theologie Ost–West. Europäische Perspektiven 1), Münster 2004.

Loretan, Adrian (Hg.), *Die Würde der menschlichen Person*. Zur Konzilserklärung über die Religionsfreiheit «Dignitatis humanae» (ReligionsRecht im Dialog 21), Wien / Zürich 2017.

Lot-Borodine, Myrrha, *La doctrine de la déification dans l'église grecque jusqu'au onzième siècle*, in: Revue de l'histoire des religions 106 (1932) 525–574.

Lübbe, Hermann, *Politik nach der Aufklärung*. Philosophische Aufsätze, München 2001.

Lübbe, Hermann, *Säkularisierung*. Geschichte eines ideenpolitischen Begriffs. Um ein Nachwort erweiterte Ausgabe, Freiburg i. Br. / München [3]2003.

Lüdecke, Norbert, *Entfernung von Diözesanbischöfen*. Kanonistische Erinnerung an den exemplarischen Fall ‹Bischof Gaillot›, in: Güthoff, Elmar / Haering, Stephan (Hg.), *Ius quia iustum*. FS Helmuth Pree zum 65. Geburtstag, Berlin 2015, 451–506.

Lurz, Friedrich, *Erhebet die Herzen*. Das Eucharistische Hochgebet verstehen, Kevelaer 2011.

Luther, Martin, *Von weltlicher Obrigkeit, wie weit man ihr Gehorsam schuldig sei* (1523), in: Bornkamm, Karin / Gerhard Ebeling (Hg.), *Martin Luther*. Ausgewählte Schriften, Bd. 4: Christsein und weltliches Regiment, Berlin 2016 (Frankfurt a. M. [1]1995), 36–84.

Maccarrone, Michele, *Vicarius Christi*. Storia del titolo papale (Lateranum XVII-IN.S. 18, 1–4), Roma 1952.

MacIntyre, Alasdair, *After Virtue*. A Study in Moral Theory, Notre Dame [3]2007.

Maclure, Jocelyn / Taylor, Charles, *Laizität und Gewissensfreiheit*, Berlin 2011 (O.-T.: *Laïcité et liberté*, Montréal 2010).

Mager, Inge, «Ich bin dein und du bist meyn, das ist die ehe.» Martin Luthers Eheauffassung und ihre ethischen und rechtlichen Nachwirkungen, in: INTAMS review 12/I (2006) 2–14.

Maier, Hans, *Gemeinwohl und Seelenheil sind zweierlei*. Rezension zu Ahmet Cavuldak, Gemeinwohl und Seelenheil. Die Legitimität der Trennung von Religion und Politik in der Demokratie, Bielefeld 2015, in: NZZ vom 24.4.2016, URL: https://www.nzz.ch/feuilleton/buecher/politik-und-religion-in-der-westlichen-demokratie-gemeinwohl-und-seelenheil-sind-zweierlei-ld.15620?reduced=true.

Maier, Hans, *Kirche – Staat – Gesellschaft*. Historisch politische Bemerkungen zu ihrem Verständnis, in: Krautscheidt, Joseph / Marré, Heiner (Hg.), *Essener*

Gespräche zum Thema Staat und Kirche 1, Münster 1969, 12–38; Diskussionsbeiträge 39–45.

Maier, Hans, *«Religionen in den Staat verwebt»*. Zur historischen Entwicklung von Kirche und Staat in Deutschland, in: Waas, Lothar R. (Hg.), *Politik, Moral und Religion – Gegensätze und Ergänzungen*. FS 65. Geburtstag von Karl Graf Ballestrem (Beiträge zur Politischen Wissenschaft 132), Berlin 2004, 61–65.

Maier, Hans, *Revolution und Kirche*. Zur Frühgeschichte der christlichen Demokratie (Gesammelte Schriften 1), München 2006.

Maier, Hans, *Was war die Säkularisation und wie lief sie ab?* Der Reichsdeputationshauptschluss von 1803 und die Folgen, in: Marré, Heiner / Schümmelfeder, Dieter / Kämper, Burkhard (Hg.), *Essener Gespräche zum Thema Staat und Kirche* 38, Münster 2004, 7–30.

Maier, Hans, *Staat und Kirche in der Bundesrepublik Deutschland*. Die politischen und gesellschaftlichen Grundlagen, in: HStR², 85–110.

Maier, Pauline, *American Scripture*. Making the Declaration of Independence, New York 1997.

Manea, Elham, *Der alltägliche Islamismus*. Terror beginnt, wo wir ihn zulassen, München 2018.

Mangold, Anna Katharina, *Diskriminierungsschutz im kirchlichen Arbeitsrecht oder die Quadratur des Kreises*, in: Ley / Stein / Essen (Hg.), *Semper Reformanda*, 219–235.

Martinich, Aloysius P., *The Bible and Protestantism in Leviathan*, in: Springborg, Patricia (Hg.), *The Cambridge Companion to Hobbes's Leviathan*, New York 2007, 375–391.

Marty, Martin E., *The American Revolution and Religion, 1765–1815*, in: Brown, Steward J. / Tackett, Timothy (Hg.), *Enlightenment, Reawakening and Revolution 1660–1815*. The Cambridge History of Christianity, Bd. 7, Cambridge 2006, 497–516.

Masala, Carlo/Tömmel, Till Florian, *Art. Failed state*, in: Staatslexikon⁸ online, Fassung vom 8.6.2022. URL: https://www.staatslexikon-online.de/Lexikon/Failed_state.

Mattioli, Aram, *Verlorene Welten*. Eine Geschichte der Indianer Nordamerikas 1700–1910, Stuttgart 2017.

McAleese, Mary, *Children's Rights and Obligations in Canon Law*. The Christening Contract, Leiden / Boston 2019.

McAleese, Mary, *Here's the Story*. A memoir of family, war, peace and politics, Dublin 2021.

McCord Adams, Marilyn, *Wahrheit und Toleranz*. Zum 300. Todestag von John Locke (1632–1704), übers. v. Adrian Loretan, in: Orientierung 69 (2005/4),

47–48, URL: http://orientierung.ch/pdf/2005/JG%2069_HEFT%2004_DATUM%2020050228.PDF.

Melchers, Erna / Melchers, Hans (Hg.), *Das große Buch der Heiligen*. Geschichte und Legende im Jahreslauf. Bearbeitung von Carlo Melchers, München 1979.

Mendelssohn, Moses, *Entwurf zu Jerusalem*, in: ders., *Jerusalem, oder: Über religiöse Macht und Judentum*, 29–30.

Mendelssohn, Moses, *Jerusalem oder: Über religiöse Macht und Judentum*. Mit dem Vorwort zu Manasse ben Israels Rettung der Juden und dem Entwurf zu Jerusalem sowie einer Einl., Anm. u. Register, hg. v. Michael Albrecht, Hamburg 2005.

Mendelssohn, Moses, *Vorrede zu Manasse ben Israel*. Rettung der Juden, in: ders., *Jerusalem, oder: Über religiöse Macht und Judentum*, 1–28.

Mensching, Günther, *Das Allgemeine und das Besondere*. Der Ursprung des modernen Denkens im Mittelalter, Stuttgart 1992.

Metz, Johann Baptist, Compassion. *Zu einem Weltprogramm des Christentums im Zeitalter des Pluralismus der Religionen und Kulturen*, in: ders. / Kuld, Lothar / Weisbrod, Adolf (Hg.), *Compassion*. Weltprogramm des Christentums. Soziale Verantwortung lernen, Freiburg i. Br. 2000, 9–18.

Meyer-Marthaler, Elisabeth, *Römisches Recht in Rätien im frühen und hohen Mittelalter* (Schweizerische Zeitschrift für Geschichte, Beiheft 13), Zürich 1968.

Michelet, Jules, *Préface de 1868*, in: ders., *Histoire de la Révolution française*, édition établie et commentée par Gérard Walter, Bd. 1: Avant-Propos, Chronologie de Michelet, Notes, Table analytique, Tableau chronologique de la Révolution française, Table de concordance du calendrier révolutionnaire, Paris 1952, 9–20.

Mirabeau, Gabriel, *Die Redner der Revolution*. Reden. Schriften. Briefe. Aus dem Französischen übers. v. Horst Günter, Frankfurt a. M. 1989.

Mitterer, Franziska, *Ordens-Gehorsam im Kontext von Menschenwürde und Menschenrechten*. Ein kirchenrechtlicher Beitrag (ReligionsRecht im Dialog 29), Münster 2021.

Mommsen, Theodor, *Die Grundrechte des deutschen Volkes mit Belehrungen und Erläuterungen*, Neudruck der anonymen Erstausgabe von 1849 mit einem Nachwort von Lothar Wickert, Frankfurt a. M. 1969.

Monnier, Victor, *Les travaux préparatoires de la Consulta et l'Acte fédéral de 1803*, in: Dufour, Alfred / Hanisch, Till / Monnier, Victor (Hg.), *Bonaparte, la Suisse et l'Europe*. Actes du Colloque européen d'histoire constitutionelle pour le bicentenaire de l'Acte de Médiation (1803–2003), Zürich 2003, 63–72.

Mordek, Hubert, *Spätantikes Kirchenrecht in Rätien.* Zur Verwandtschaft von Tuberiensis und Weingartensis als Tradenten des ältesten lateinischen Corpus canonum, in: ZRG. Kan. Abt. 79 (1993) 16–33.

Morsey, Rudolf, Der Kulturkampf – Bismarcks Präventivkrieg gegen das Zentrum und die katholische Kirche, in: Marré, Heiner / Schümmelfeder, Dieter / Kämper, Burkhard (Hg.), Essener Gespräche zum Thema Staat und Kirche, Bd. 34, Essen 2000, 5–27.

Moyn, Samuel, *Christian Human Rights*, Philadelphia 2015.

Müller, Hubert, *Freiheit in der kirchlichen Rechtsordnung?* Die Frage nach individueller und gemeinschaftlicher Verwirklichung von Freiheit im kanonischen Recht, in: AfkKR 150 (1981) 454–476.

Müller, Jörg Paul, *Die Demokratische Verfassung.* Von der Selbstbestimmung der Menschen in den notwendigen Ordnungen, Zürich ²2009.

Museum der Kulturen. Basel u. a. (Hg.), *Basel 1798.* Vive la République Helvétique, Basel 1998.

Nawalny, Alexej, *«Russland wird glücklich sein»*, in: Die Zeit vom 22.7.2021, Nr. 30, 10.

Nawalny, Alexej, *Schweigt Nicht!* Reden vor Gericht, deutsch – russisch, München 2021.

Neumann, Thomas, *Dem Kaiser, was des Kaisers ist?* Papst Leo XIII. (1878–1903) und die Lehre von der potestas papae in temporalibus (ReligionsRecht im Dialog 26), Münster 2018.

Neuner, Peter, *Der Laie und das Gottesvolk*, Frankfurt a. M. 1988.

Niebuhr, Helmut Richard, *Der Gedanke des Gottesreichs im amerikanischen Christentum*, New York 1948 (O.-T.: *The Kingdom of God in America*, Chicago 1937).

Noti, Odilo, *Religion und Gewalt.* Eine theologisch interessierte Erinnerung an Immanuel Kant, in: Mieth, Dietmar / Pahud de Mortanges, René (Hg.), *Recht – Ethik – Religion.* Der Spannungsbogen für aktuelle Fragen, historische Vorgaben und bleibende Probleme. Festgabe für Bundesrichter Dr. Giusep Nay zum 60. Geburtstag, Luzern 2002, 134–145.

Nowak, Kurt, *Geschichte des Christentums in Deutschland.* Religion, Politik und Gesellschaft vom Ende der Aufklärung bis zur Mitte des 20. Jahrhunderts, München 1995.

Nunez, Sigrid, *Was fehlt dir?*, übers. v. Anette Grube, Berlin 2021 (O.-T.: *What Are You Going Through?*, New York 2020).

o. A., *Pope Bids Church to Guard Man's Rights*, in: New York Times vom 13.10.1938, 1; 11.

o. A., *The Pope's Verdict*, in: New York Times vom 25.12.1942 (Spätausgabe), 16.

Oberholzer, Paul (Hg.), *Die Wiederherstellung der Gesellschaft Jesu.* Vorbereitung, Durchführung und Auswirkungen. Unter besonderer Berücksichtigung der Verhältnisse im Wallis (Studia Oecumenica Friburgensia 88), Münster 2019.

Odermatt, Anastas, *Religion und Sozialkapital in der Schweiz.* Zum eigenwilligen Zusammenhang zwischen Religiosität, Engagement und Vertrauen, Wiesbaden 2023, DOI: https://doi.org/10.1007/978-3-658-41147-3.

Oebbecke, Janbernd, *Die rechtliche Ordnung des islamischen Religionsunterrichts in Deutschland – Stand und Perspektiven*, in: Kämper, Burkhard / Pfeffer, Klaus (Hg.), *Religionsunterricht in der religiös pluralen Gesellschaft, Essener Gespräche zum Thema Staat und Kirche* 49, Münster 2016, 153–175.

Pahud de Mortanges, René / Schmid, Hansjörg / Becci, Irene (Hg.), *Spitalseelsorge in einer vielfältigen Schweiz.* Interreligiöse, rechtliche und praktische Herausforderungen (FVRR 35), Genf 2018.

Pahud de Mortanges, René, *Schweizerische Rechtsgeschichte.* Ein Grundriss, Zürich ^{2}2017.

Paris, Rainer, *Wenn die Glaubwürdigkeit erst einmal zerrüttet ist.* Das Vertrauen in die etablierte Politik schwindet. Doch ist die Demokratie wirklich so schlecht, wie ihr ramponierter Ruf suggeriert?, in: NZZ vom 2.8.2017, 32.

Perkams, Matthias, *Lex naturalis vel ius naturale – Philosophisch-theologische Tradition des Naturrechtsdenkens im 12. und 13. Jahrhundert*, in: Fidora, Alexander u. a. (Hg.), *Lex und Ius.* Beiträge zur Begründung des Rechts in der Philosophie des Mittelalters und der Frühen Neuzeit, Stuttgart 2010, 89–119.

Pesch, Heinrich, *Lehrbuch der Nationalökonomie*, Bd. 2: Allgemeine Volkswirschaftslehre. I. Wesen und Ursachen des Volkswohlstandes, Freiburg i. Br. 1925.

Plessner, Helmuth, *Die verspätete Nation.* Über die politische Verführbarkeit bürgerlichen Geistes, Stuttgart 1959 (erstmals erschienen unter: *Das Schicksal deutschen Geistes im Ausgang seiner bürgerlichen Epoche*, Zürich 1935).

Pontifical Commission for the Protection of Minors, *Guidelines Template*, Version v. 6.12.2010, Nr. 9, URL: https://www.bishop-accountability.org/news2016/11_12/2016_12_06_Minors_Guidelines_Guidelines.htm.

Popper, Karl, *Die offene Gesellschaft und ihre Feinde*, übers. v. Paul Feyerabend, Bern 1957–1958, 2 Bde. (O.-T.: *The Open Society and Its Enemies*, London 1945).

Preuss, Ulrich Klaus, *Krieg, Verbrechen, Blasphemie.* Zum Wandel bewaffneter Gewalt, Berlin Neuausgabe 2003.

Preuss, Ulrich Klaus, *Politische Verantwortung und Bürgerloyalität.* Von den Grenzen der Verfassung und des Gehorsams in der Demokratie, Frankfurt a. M. 1984.

Prodi, Paolo, *Eine Geschichte der Gerechtigkeit.* Vom Recht Gottes zum modernen Rechtsstaat, übers. v. Annette Seemann, München 2003 (O.-T.: *Una storia della giustizia*, Bologna 2000).

Prosperi, Adriano, *L'Inquisizione: verso una nuova immagine?*, in: Critica storica XXV (1988) 119–145.

Pulte, Matthias, *Art. Corpus Iuris Canonici*, Version vom 8.6.2022, 09:10 Uhr, in: Staatslexikon[8] online, URL: https://www.staatslexikon-online.de/Lexikon/Corpus_Iuris_Canonici.

Puza, Richard, *Corpus Iuris Canonici,* in: Haering, Stephan / Schmitz, Heribert (Hg.), *Lexikon des Kirchenrechts*, Freiburg i. Br. 2004, 165–171.

Puzicha, Michaela, *Kommentar zur Benediktusregel.* Mit einer Einf. von Christian Schütz. Im Auftrag der Salzburger Äbtekonferenz, St. Ottilien 2002.

Quaritsch, Helmut, *Kirchen und Staat – Verfassungs- und staatstheoretische Probleme der staatskirchenrechtlichen Lehre der Gegenwart* (Der Staat 1, 1962, 175–197.289–320), in: ders. / Weber, Hermann (Hg.), *Staat und Kirchen in der Bundesrepublik.* Staatskirchenrechtliche Aufsätze 1950–1967 (Dokumentationen zum öffentlichen Recht 1), Bad Homburg v. d. Höhe / Berlin / Zürich 1967, 265–310.

Radke, Gerard, *Art. Vesta*, in: DKP 5, 1227–1229.

Rahner, Hugo, *Kirche und Staat im frühen Christentum.* Dokumente aus acht Jahrhunderten und ihre Deutung, München 1961.

Rasic, Toni / Jörg, Daniel, *Religion und soziales Vertrauen – ein «eigenwilliges» Verhältnis* [Interview mit Anastas Odermatt], in: cogito. Das Wissensmagazin der Universität Luzern vom 27.7.2023, URL: https://www.unilu.ch/magazin/artikel/religion-und-soziales-vertrauen-ein-eigenwilliges-verhaeltnis/.

Räss, Sandro, *Erste Spuren philosophischen Denkens in der Schweiz.* Scholastik, Humanismus, Renaissance und Reformation, in: philosophie.ch vom 18.8.2019, URL: https://www.philosophie.ch/2019-08-24-raess.

Ratzinger, Joseph / Maier, Hans, *Demokratie in der Kirche.* Möglichkeiten und Grenzen, Limburg 2000 ([1]1970).

Ratzinger, Joseph, *Das neue Volk Gottes.* Entwürfe zur Ekklesiologie, Düsseldorf 1989.

Rawls, John, *Eine Theorie der Gerechtigkeit*, aus dem Amerikanischen v. Hermann Vetter, Frankfurt a. M. 1975.

Rawls, John, *Politischer Liberalismus*, übers. v. Wilfried Hinsch, Frankfurt a. M. 2003 (O.-T.: *Political Liberalism*, New York 1993).

Redaktionskommentar, *«Russland wird glücklich sein».* Der russische Oppositionelle Alexej Nawalny stellt sich in einer Rede vor Gericht vor, wie schön sein

Land ohne die ewige Lügerei und die Ungerechtigkeiten sein könnte. Und spricht über die Kraft, die sein christlicher Glaube ihm gibt, in: Die Zeit vom 22.7.2021, Nr. 30, 10.

Reibstein, Ernst, *Volkssouveränität und Freiheitsrechte.* Texte und Studien zur politischen Theorie des 14.–18. Jahrhunderts, hg. v. Clausdieter Schott, Freiburg i. Br. / München 1972 (ND 1992), 2 Bde.

Reisinger, Doris, *Die sogenannte Missbrauchskrise oder: Das Ende der römisch-katholischen Kirche, wie wir sie kannten*, in: Loretan (Hg.), Machtmissbrauch und sexuelle Gewalt in der Kirche, 35–71.

Rendtorff, Trutz, *Christentum ausserhalb der Kirchen.* Konkretion der Aufklärung, Hamburg 1969.

Rendtorff, Trutz, *Kirche und Staat.* Die gespaltene europäische Christenheit, in: Kallscheuer (Hg.), *Das Europa der Religionen*, 141–159.

Repgen Konrad, *Art. Westfälischer Friede*, in: LThK[3] 10, 1120–1122.

Reuter, Timothy, *The «Imperial Church System» of the Ottonian and Salian Rulers.* A Reconsideration, in: Journal of Ecclastiastical History 33 (1982) 347–374.

Rhode, Ulrich, *Kirchenrecht* (Studienbücher Theologie 24), Stuttgart 2015.

Rhodes, Anthony, *Der Papst und die Diktatoren.* Der Vatikan zwischen Revolution und Faschismus (Böhlaus Zeitgeschichtliche Bibliothek 3), Köln / Wien / Graz 1980 (O.-T.: *The Vatican in the Age of the Dictators 1922–1945*, London 1973).

Rhonheimer, Martin, *Christentum und säkularer Staat.* Geschichte – Gegenwart – Zukunft. Mit einem Vorwort v. Ernst-Wolfgang Böckenförde, Freiburg i. Br. 2012.

Riché, Pierre, *Education et culture dans l'Occident barbare.* VI–VIII siècles, Paris [2]1980.

Riedener, Sepp, *Wesenselement Diakonie*, in: ders. u. a. (Hg.), *Kirchliche Gassenarbeit Luzern.* Eine 30-jährige Zusammenarbeit von Kirchen und staatlichen Institutionen zugunsten von suchtbetroffenen Personen (ReligionsRecht im Dialog 22), Zürich 2016, 7–13.

Riedl, Gerda, *Vom theologischen Glaubensstreit zum historischen Rechtsfrieden … und darüber hinaus?* Porträt des Augsburger Religionsfriedens (1555) als einer (un-)genutzten Chance gelebter Ökumenefähigkeit, in: Gaernter / Godel (Hg.), *Religionsfreiheit und Frieden*, 49–79.

Ring-Eifel, Ludwig, *«Instrumentum laboris» birgt Ideen für umfassende Kirchenreform*, kath.ch vom 12.7.2024, URL: https://www.kath.ch/newsd/instrumentum-laboris-birgt-ideen-fuer-eine-umfassende-kirchenreform/.

Rippinger, Joel, *Struggle and Ascent.* The History of Mount Angel Abbey, Collegeville 2020.

Robespierre, Maximilian, *Über die Beziehungen der religiösen und moralischen Ideen zu den republikanischen Grundsätzen, und über die nationalen Feste* (7. Mai 1794), in: ders., *Ausgewählte Texte*. Deutsch v. Manfred Unruh. M. einer Einl. v. Carlo Schmid, Hamburg 1971, 653–696.

Roca, René, *Die Wahrnehmung des Jesuitentums in der Schweiz*, in: Oberholzer (Hg.), *Die Wiederherstellung der Gesellschaft Jesu*, 401–414.

Rorty, Richard, *The Priority of Democracy to Philosophy*, in: Malachowski, Alan R. (Hg.), *Reading Rorty*. Critical Responses to Philosophy and the Mirror of Nature (and Beyond), Oxford 1990, 279–302.

Rosenstock-Huessy, Eugen, *Die europäischen Revolutionen und der Charakter der Nationen*, Stuttgart 31961 (Jena 11931).

Rosenzweig, Franz, *Der Stern der Erlösung*, Frankfurt a. M. 41993.

Rotte, Ralph, *Der Sturz von Angelo Becciu und die Reform der Vatikanfinanzen*. Franziskus im Augiasstall, in: Herder Korrespondenz 12/2020, 23–26.

Roumy, Franck, *Les origines pénales et canoniques de l'idée moderne d'ordre judiciaire*, in: Condorelli u. a. (Hg.), *Der Einfluss der Kanonistik*, 313–349.

Rousseau, Jean-Jacques, *Émile ou de l'éducation*, Paris 1961.

Rüb, Matthias, *Friedensnobelpreisträger unter Verdacht*. Missbrauch in der Weltkirche, in: FAZ vom 4.10.2022, URL: https://www.faz.net/aktuell/politik/ausland/neue-enthuellungen-ueber-missbrauch-in-der-weltkirche-18359705.html.

Ruckstuhl, Eugen, *Jesus*. Freund und Anwalt der Frauen. Frauenpräsenz und Frauenabwesenheit in der Geschichte Jesu. Mit einem Beitrag von Walter Kirchschläger, Stuttgart 1996.

Rüthers, Bernd / Fischer, Christian / Birk, Axel, *Rechtstheorie mit juristischer Methodenlehre* (Grundrisse des Rechts), München 62011.

Rüthers, Bernd, *Die unbegrenzte Auslegung*. Zum Wandel der Privatrechtsordnung im Nationalsozialismus, Tübingen 72012.

Ryser, Werner, *Walliser Totentanz*. Roman, Visp 2009.

Sablonier, Roger, *Gründungszeit ohne Eidgenossen*. Politik und Gesellschaft in der Innerschweiz um 1300, Baden 2008.

Saure, Phillipp, *Christliches Naturrecht in der pluralistischen Moderne*. Jacques Maritains Kritik der Allgemeinen Erklärung der Menschenrechte, Paderborn 2017.

Savigny, Friedrich Carl von, *Geschichte des Römischen Rechts im Mittelalter*, Heidelberg 1815–1831, 7 Bde.

Schaber, Peter, *Menschenwürde* (Grundwissen Philosophie), Stuttgart 2012.

Schaede, Stephan, *Würde – Eine ideengeschichtliche Annäherung aus theologischer Perspektive*, in: Bahr, Petra / Heinig, Hans Michael (Hg.), *Menschenwürde in der säkularen Verfassungsordnung*. Rechtswissenschaftliche und theologische Perspektiven (Religion und Aufklärung 12), Tübingen 2006, 7–69.

Schaltegger, Christoph u. a. (Hg.), *Napoleons reiche Beute*. Eine aktuelle Einordnung zur Bedeutung des gestohlenen Berner Staatsschatzes von 1798, Bern 2020.

Schambeck, Herbert / Widder, Helmut / Bergmann, Marcus (Hg.), *Dokumente zur Geschichte der Vereinigten Staaten von Amerika*, Berlin ²2007.

Schatz, Klaus, *Art. Ultramontanismus*, in: LThK³ 10, 360–362.

Schatz, Klaus, *Der päpstliche Primat*. Seine Geschichte von den Ursprüngen bis zur Gegenwart, Würzburg 1990.

Schenk, Arnfrid, *Imame made in Germany*. Endlich werden Prediger für deutsche Moscheen in Deutschland ausgebildet. Doch der Streit darüber, wer in den islamischen Gemeinden das Sagen hat, ist damit noch nicht vorbei, in: Die Zeit Nr. 24 vom 10. Juni 2021, 38–39.

Schennach, Martin P., *Gesetz und Herrschaft*. Die Entstehung des Gesetzgebungsstaates am Beispiel Tirols (Forschungen zur deutschen Rechtsgeschichte 28), Köln 2010.

Schieder, Rolf, *Religionspolitik – zur Karriere eines Begriffs*, in: Theologisches Feuilleton feinschwarz vom 22.3.2021, URL: https://www.feinschwarz.net/religionspolitik-zur-karriere-eines-begriffs/.

Schliesser, Benjamin, *Ehrgeiz – gegen den Strich gebürstet*, in: Magazin Bildungskirche 01/2024, 8–10, URL: https://www.bildungskirche.ch/magazin-012024-ehrgeizig.

Schilling, Heinz, *Die Konfessionalisierung von Kirche, Staat und Gesellschaft – Profil, Leistung, Defizite und Perspektiven eines geschichtswissenschaftlichen Paradigmas*, in: ders. / Reinhard, Wolfgang (Hg.), *Die katholische Konfessionalisierung*. Wissenschaftliches Symposium der Gesellschaft zur Herausgabe des Corpus Catholicorum und des Vereins für Reformationsgeschichte 1993 (Schriften des Vereins für Reformationsgeschichte 198), Gütersloh / Münster 1995, 1–49.

Schimmelpfennig, Bernhard, *«Mitbestimmung» in der Römischen Kirche unter Innocenz III.*, in: Chodorow, Stanley (Hg.), *Proceedings of the Eighth International Congress of Medieval Canon Law* (Monumenta Iuris Canonici, Ser. C: Subsidia 9), Vatikanstadt 1992, 455–470.

Schindler, Alfred, *Art. Afrika I*, in: TRE 1, 640–700.

Schindler, Alfred, *Art. Augustinus/Augustinismus I*, in: TRE 4, 645–698.

Schmahl, Stefanie, *Kinderrechtskonvention mit Zusatzprotokollen*. Handkommentar, Baden-Baden [2]2017.

Schmidinger, Heinrich, *Der Mensch ist Person*. Ein christliches Prinzip in theologischer und philosophischer Sicht, Innsbruck 1994.

Schmidinger, Heinrich, *Toleranz – auch eine Geschichte Europas*, Basel 2024.

Schmoeckel, Mathias, *Grundfragen des evangelischen Kirchenrechts*, Tübingen 2023.

Schmoeckel, Mathias, *Kanonisches Recht*. Geschichte und Inhalt des Corpus iuris canonici. Ein Studienbuch, München 2020.

Schnurrenberger, Severin, *Las Casas – Max Weber*. Ein rechtsphilosophischer Vergleich in vier Sätzen (Studien zu Religion, Philosophie und Recht 9), Baden-Baden 2025 (i. V.).

Schockenhoff, Eberhard, *Das umstrittene Gewissen*. Eine theologische Grundlegung, Mainz 1990.

Schoenenberger, Michael / Gmür, Heidi, *«Wir hatten das gleiche Problem wie die Muslime heute: Kann dies das Wort Gottes sein?»*. Bischof Charles Morerod spricht sich klar für die Religionsfreiheit aus – und gegen ein absolutes Burkaverbot, in: Sommergespräche der NZZ vom 5.8.2017, 14–15, URL: https://www.nzz.ch/schweiz/wir-hatten-das-gleiche-problem-wie-die-muslime-heute-kann-dies-das-wort-gottes-sein-ld.1309356.

Scholz, Heinrich, *Glaube und Unglaube in der Weltgeschichte*. Ein Kommentar zu Augustins De Civitate Dei. Mit einem Exkurs: Fruitio Dei, ein Beitrag der Theologie u. Mystik, Leipzig 1911.

Schott, Clausdieter, *Klöster und Leges – Zur Diskussion um die süddeutschen Stammesrechte*. Eine Replik, in: ZRG. Germ. Abt. 138 (2021) 238–259.

Schreiner, Klaus, *Art. Toleranz*, in: Brunner, Otto / Conze, Werner / Koselleck, Reinhart (Hg.), *Geschichtliche Grundbegriffe*. Historisches Lexikon zur politisch-sozialen Sprache in Deutschland, Bd. 6, Stuttgart 1990, 445–605.

Schreiner, Klaus, *Besprechungen*: Decker, Rainer, Die Päpste und die Hexen. Aus den geheimen Akten der Inquisition, Darmstadt 2003, in: StZ 8 (2005) 570–571.

Schreyvogl, Friedrich, *Thomas von Aquin*. Über die Herrschaft der Fürsten, m. einem Nachwort v. Ulrich Matz, Stuttgart 1971.

Schröter, Klaus, *Thomas Mann*, Hamburg [2]2017.

Schubert, Friedrich Hermann, *Volkssouveränität und heiliges Römisches Reich* (1970), in: Rausch, Heinz (Hg.), *Die geschichtlichen Grundlagen der modernen Volksvertretung*. Die Entwicklung von den mittelalterlichen Korporationen zu den modernen Parlamenten, Bd. 2: Reichsstände und Landstände (Wege der Forschung 469), Darmstadt 1974, 279–314.

Schüller, Thomas, *Die Barmherzigkeit als Prinzip der Rechtsapplikation in der Kirche im Dienste der salus animarum*. Ein kanonistischer Beitrag zu Methodenproblemen der Kirchenrechtstheorie, Würzburg 1993.

Schulte, Martin, Recht und Religion. *Zur Evolution von staatlichem und kirchlichem Recht* (Wissenschaftliche Abhandlungen und Reden zu Philosophie, Politik und Geistesgeschichte 97), Berlin 2020.

Schulthess, Peter / Imbach, Ruedi, *Die Philosophie im lateinischen Mittelalter*. Ein Handbuch mit einem bio-bibliographischen Repertorium, Zürich / Düsseldorf 1996.

Schüssler Fiorenza, Elisabeth, Zu Ihrem Gedächtnis … Eine feministisch-theologische Rekonstruktion der christlichen Ursprünge, München 1988 (O.-T.: *In Memory of Her*. A Feminist Theological Reconstruction of Christian Origins, New York 1985).

Scott, Richard, and twelve others, *Civil Compact* (August the 20th 1637) [= Providence Agreement], in: Evans, Charles, Oaths of Allegiance in Colonial New England, in: Proceedings of the American Antiquarian Society 31 (April 13–October 19, 1921) 377–438.

Seelmann, Kurt, *Die Lehre des Fernando Vázquez de Menchaca vom Dominium* (Annales Universitatis Saraviensis 89), Köln 1979 (zugl. Habil. Univ. Saarbrücken).

Seelmann, Kurt, *Die Ordnung der Praxis*, Neue Studien zur Spanischen Spätscholastik, Berlin / Boston 2001 (Reprint 2011).

Seelmann, Kurt, *Theologie und Jurisprudenz an der Schwelle zur Moderne*. Die Geburt des neuzeitlichen Naturrechts in der iberischen Spätscholastik (Würzburger Vorträge zur Rechtsphilosophie, Rechtstheorie und Rechtssoziologie 20), Baden-Baden 1997.

Seelmann, Kurt, *Thomas von Aquin am Schnittpunkt von Recht und Theologie*. Die Bedeutung der Thomas-Renaissance für die Moderne (Luzerner Hochschulreden 11), Luzern 2000.

Siedentop, Larry, *Die Erfindung des Individuums*. Der Liberalismus und die westliche Welt. Übers. v. Hainer Kober, Stuttgart ²2016 (O.-T.: *Inventing the Individual*. The Origins of Western Liberalism, London 2014).

Skinner, Quentin, *The Foundations of Modern Political Thought*, Cambridge 1978, 2 Bde.

Snell, Ludwig, *Handbuch des schweizerischen Staatsrechts*, Zürich 1837/1848, 2 Bde. und Nachträge.

Sohm, Rudolf, *Das altkatholische Kirchenrecht und das Dekret Gratians*, München 1908.

Sommeregger, Andreas, *Soft Power und Religion*. Der Heilige Stuhl in den internationalen Beziehungen, Wiesbaden 2011.

Spaemann, Robert, *Natürliche Existenz und politische Existenz bei Rousseau*, in: Böckenförde, Ernst-Wolfgang u. a. (Hg.), *Collegium Philosophicum*. Studien Joachim Ritter zum 60. Geburtstag, Basel 1965, 373–388.

Spagnesi, Enrico, *Irnerio, teologo: una riscoperta necessaria*, in: Studi medievali, Ser. III, 42 (2001) 325–379.

Speiche, Stephan, *Stolz auf die goldene Regel*. Larry Siedentop und die Herkunft des Liberalismus, Besprechung von Larry Siedentop, die Erfindung des Individuums, in: SZ vom 13.12.2015, URL: https://www.sueddeutsche.de/kultur/politische-philosophie-stolz-auf-die-goldene-regel-1.2780603?reduced=true.

Stein, Tine, *Himmlische Quellen und irdisches Recht*. Religiöse Voraussetzungen des freiheitlichen Verfassungsstaates, Frankfurt a. M. 2007.

Stein, Tine, *Religionsverfassungsrecht und die Universalität der Menschenrechte*. Möglichkeiten und Grenzen staatlicher Durchsetzbarkeit, in: Ley / Stein / Essen (Hg.), *Semper Reformanda*, 126–143.

Steinacker, Peter, *Absolutheitsanspruch und Toleranz*. Systematisch-Theologische Beiträge zur Begegnung der Religionen, Frankfurt a. M. 2006.

Steiner, Martin, *Jesus Christus und sein Judesein*. Antijudaismus, jüdische Jesusforschung und eine dialogische Christologie (Judentum und Christentum 31), Stuttgart 2025.

Stelling-Michaud, Sven, *L'Université de Bologne et la pénétration des droits romains et canoniques en Suisse aux XIIIe et XIVe siècles*, Genf 1955.

Stoffel, Oskar, *Das Recht der Laien in der Kirche nach dem neuen Codex*, in: Carlen, Louis (Hg.), *Das neue Kirchenrecht*. Seine Einführung in der Schweiz, Zürich 1984, 60–84.

Strauss, Leo, *Naturrecht und Geschichte*, übers. v. Horst Boog, Stuttgart 1977 (O.-T.: *Natural Right and History*, Chicago 1953).

Strzelecki, Jerzy, *The School of Salamanca saw this coming*, in: Mises Daily vom 26.8.2009, URL: https://mises.org/library/school-salamanca-saw-coming.

Studer, Basil, *Augustinus*. De Trinitate. Eine Einführung, Paderborn 2005.

Studer, Basil, *Dominus Salvator*. Studien zur Christologie und Exegese der Kirchenväter, Rom 1992.

Studer, Basil, *Gott und unsere Erlösung im Glauben der Alten Kirche*, Düsseldorf 1985, 27–126.

Studer, Basil, *Mysterium Caritatis*. Studien zur Exegese und zur Trinitätslehre in der Alten Kirche, Roma 1999.

Studer, Basil, *Schola christiana.* Die Theologie zwischen Nizäa (325) und Chalzedon (451), Paderborn 1998.

Stürner, Wolfgang, *Peccatum und Potestas.* Der Sündenfall und die Entstehung der herrscherlichen Gewalt im mittelalterlichen Staatsdenken, Sigmaringen 1987.

Stüssi, Marcel, *Models of Religious Freedom.* Switzerland, the United States, and Syria by Analytical, Methodological, and Eclectic Representation (Religions-Recht im Dialog 12), Münster 2012.

Stutz, Ulrich, *Die päpstliche Diplomatie unter Leo XIII.* Nach den Denkwürdigkeiten des Kardinals Domenico Ferrata, Abhandlungen der Preussischen Akademie der Wissenschaften Jahrgang 1925 (Philosophisch-Historische Klasse Nr. 3 u. Nr. 4), Berlin 1926.

Talmon, Jacob, *Die Ursprünge der totalitären Demokratie*, Köln 1961 (O.-T.: *The Origins of Totalitarian Democracy*, New York 1960).

Tedeschi, John, *Il giudice e l'eretico.* Studi sull'Inquisizione romana, Milano 1997.

Tedeschi, John, *The Roman Inquisition and Witchcraft.* An Early Seventeenth-Century «Instruction» on Correct Trial Procedure, in: Revue de l'histoire des religions 200 (1983) 163–188.

Thier, Andreas, *Harold Berman's «Law and Revolution».* A Necessary Challenge for Legal History Research, in: Rechtsgeschichte – Legal History Rg 21 (2013) 173–175, DOI: https://doi.org/10.12946/rg21/173-175.

Thier, Andreas, *Hierarchie und Autonomie.* Regelungstraditionen der Bischofsbestellung in der Geschichte des Wahlrechts bis 1140 (Studien zur europäischen Rechtsgeschichte 257 / Recht im ersten Jahrtausend 1), Frankfurt a. M. 2011.

Thier, Andreas, *Konfessionalität und Recht.* Historische Beobachtungen und konzeptionelle Überlegungen, in: Waldhoff, Christian (Hg.), *Recht und Konfession – Konfessionalität im Recht?*, Frankfurt a. M. 2016, 17–46.

Thornhill, Chris, *A Sociology of Constitutions.* Constitutions and State Legitimacy in Historical-Sociological Perspective, Cambridge 2013.

Tierney, Brian, *Medieval Poor Law.* A Sketch of Canonical Theory and Its Application in England, Berkley / Los Angeles 1959.

Tierney, Brian, *The Idea of Natural Rights.* Studies on Natural Rights, Natural Law and Church Law 1150–1625 (Emory University studies in law and religion 5), Scholars Press for Emory University 1997, Michigan / Cambridge 2001.

Tiwald, Markus, *Frühjudentum und beginnendes Christentum.* Gemeinsame Wurzeln und das Parting of the ways (Kohlhammer Studienbücher Theologie 5), Stuttgart 2022.

Tornic, Ana / Massüger, Nina, *Verfassungsräte in den Schweizer Kantonen – Bedeutung und Bedeutungswandel*, in: Roca, René / Auer, Andreas (Hg.), *Wege zur direkten Demokratie in den schweizerischen Kantonen* (Schriften zur Demokratieforschung 3), Zürich 2011, 53–78.

Tretera, Jiří Rajmund / Horák, Záboj (Hg.), *Spiritual Care in Public Institutions in Europe* (Kirche & Recht. Beihefte 3), Berlin 2019.

Troeltsch, Ernst, *Die Bedeutung des Protestantismus für die Entstehung der modernen Welt*, in: ders., Kritische Gesamtausgabe, Bd. 8: Schriften zur Bedeutung des Protestantismus für die moderne Welt (1906–1913), hg. v. Trutz Rendtorff in Zusammenarbeit m. Stefan Pautler, Berlin / New York 2001, 199–316.

Troianos, Spyros N., *Das Gesetz in der griechischen Patristik*, in: Sellert, Wolfgang (Hg.), *Das Gesetz in Spätantike und frühem Mittelalter*, Göttingen 1992, 47–62.

Tück, Jan-Heiner, *«Wandlung – die Urform der Wirklichkeit»*. Spuren einer eucharistischen Poetik im Werk Peter Handkes, in: ders. / Bieringer, Andreas (Hg.), *«Verwandeln allein durch Erzählen»*. Peter Handke im Spannungsfeld von Theologie und Literaturwissenschaft, Freiburg i. Br. 2014, 29–51.

Uertz, Rudolf, *Vom Gottesrecht zum Menschenrecht*. Das katholische Staatsdenken in Deutschland von der Französischen Revolution bis zum II. Vatikanischen Konzil (1789–1965), Paderborn 2005.

Unruh, Peter, *Reformation – Staat – Religion*. Zur Grundlegung und Aktualität der reformatorischen Unterscheidung von Geistlichem und Weltlichem, Tübingen 2017.

Valente, Michaela, *Contro l'Inquisizione*. Il dibattito europeo secc. XVI–XVIII, Torino 2009.

Ventimiglia, Giovanni, *Tod der Metaphysik?* Eine «Trauerrede», in: SKZ 31–32/2017, 400–402.

Ventimiglia, Giovanni, *Tommaso d'Aquino*, Brescia 2014.

Vogel, Adalbert, *Die Benediktiner-Colonie Neu-Engelberg in Conception im Staate Missouri, Nordamerika*, Brünn 1882.

Vögele, Wolfgang, *Menschenwürde zwischen Recht und Theologie*. Begründungen von Menschenrechten in der Perspektive öffentlicher Theologie (Öffentliche Theologie 14), Gütersloh 2000.

von Balthasar, Hans-Urs, *Pneuma und Institution*, Skizzen zur Theologie IV, Einsiedeln 1974.

Waelkens, Laurent, *Amne Adverso*. Roman Legal Heritage in European Culture, Leuven 2015 (O.-T.: *Civium causa*. Handboek Romeins recht, Leuven 2014).

Waelkens, Laurent, *The forum internum and its external Features in the legal history of Early Modern Times*, in: Germann, Michael / Decock, Wim (Hg.), *Das Gewissen in den Rechtslehren der protestantischen und katholischen Reformationen*, Leipzig 2017, 17–32.

Walter, Christian, *Einleitung*, in: Heinig / Walter (Hg.), *Staatskirchenrecht oder Religionsverfassungsrecht?*, 1–4.

Walter, Christian, *Religionsverfassungsrecht in vergleichender und internationaler Perspektive* (Ius Publicum 150), Tübingen 2006.

Walther, Hartmut G., *Die Konstruktion der juristischen Person durch die Kanonistik im 13. Jahrhundert*, in: Mensching, Günther (Hg.), *Selbstbewusstsein und Person im Mittelalter*. Symposium des Philosophischen Seminars der Universität Hannover vom 24.–26. Februar 2004, Würzburg 2005, 195–212.

Walzer, Michael, *Exodus und Revolution*, übers. v. Bernd Rullkötter, Frankfurt a. M. 1995.

Walzer, Michael, *In God's Shadow*. Politics in the Hebrew Bible, Yale 2012.

Walzer, Michael, *Interpretation and social criticism*, Harvard 1987 (dt.: *Kritik und Gemeinsinn*. Drei Wege der Gesellschaftskritik, Berlin 1990).

Weber, Marianne, *Max Weber*. Ein Lebensbild, Heidelberg 1950.

Weber, Max, *Wirtschaft und Gesellschaft*. Grundriss der verstehenden Soziologie, 5., revidierte Auflage mit textkritischen Erläuterungen, hg. v. Johannes Winckelmann, Studienausgabe, Tübingen [5]1976.

Weber, Quirin, *Korporatismus statt Sozialismus*. Die Idee der berufsständischen Ordnung im schweizerischen Katholizismus während der Zwischenkriegszeit (Religion – Politik – Gesellschaft in der Schweiz 3), Freiburg (Schweiz) 1989.

Weiler, Joseph H. H., *Ein christliches Europa*. Erkundungsgänge (Transformation), Salzburg 2004.

Wende, Peter, *Kommentar zu Otto von Bismarck*. Eröffnung des Kulturkampfes, in: ders. (Hg.), *Politische Reden* II. 1869–1914, unter Mitarbeit v. Inge Schlotzauer (Bibliothek der Geschichte und Politik 25 / Bibliothek deutscher Klassiker 59), Frankfurt a. M. 1990, 701–704.

Wenzel, Uwe Justus, *Tötet Religion?* Gottesglaube und Gewalt werden häufig reflexhaft miteinander assoziiert. Das ist nicht erkenntnisfördernd, in: NZZ vom 3.9.2016, 14.

Wesel, Uwe, *Geschichte des Rechts*. Von den Frühformen bis zur Gegenwart, München [3]2006.

Wiegelmann, Lucas, *Der Bericht über den Missbrauchsskandal McCarrick und das Versagen des Vatikans*. Vor Gott und der Kirche, in: Herder Korrespondenz 12/2020, 27–28.

Wiemeyer, Joachim, *Art. Zins*, in: LThK[3] 10, 1459–1461.

Wijlens, Myriam / Caldéron, Yeshica Marianne Umaña (Hg.), *Wellbeing of the Child*. Promotion – Protection – Rights (Law and Religion / ReligionsRecht im Dialog), Wien / Zürich (i. V.).

Wilhelm, Bruno, *Die Regel des hl. Benedikt und unsere Zeit*, in: Monat-Rosen des Schweizerischen Studentenvereins 73 (1928/29) 258–262.

Willems, Ulrich, *Religionspolitik in der Bundesrepublik Deutschland 1945–1999*. Die politische Regulierung der öffentlichen Stellung von Religion und Religionsgemeinschaften, in: ders. (Hg.), *Demokratie und Politik in der Bundesrepublik 1949–1999*, Wiesbaden 2001, 137–162.

Winkler, Heinrich August, *Geschichte des Westens*, Sonderausgabe, München 2016, 4 Bde.

Winkler, Heinrich August, *Der lange Weg nach Westen*. Deutsche Geschichte vom «Dritten Reich» bis zur Wiedervereinigung, München ^{5}2010, 2 Bde.

Winroth Anders, *The Making of Gratian's Decretum* (Cambridge studies in medieval life and thought, ser. 4, 49), Cambridge 2000.

Winroth, Anders, *Gratian and His Book*. How a Medieval Teacher Changed European Law and Religion, in: Oxford Journal of Law and Religion 10, 1 (Februar 2021) 1–15.

Winroth, Anders, *Roman Law in Gratian and the Panormia*, in: Brasington, Bruce C. / Cushing, Kathleen G. (Hg.), *Bishops, Texts and the Use of Canon Law around 1100*, Aldershot 2018, 183–190.

Winroth, Anders, *Where Gratian Slept*. The Life and Death of the Father of Canon Law, in: ZRG. Kan. Abt. 99 (2013) 105–128.

Witte, John Jr. / Alexander, Frank S. (Hg.), *Christianity and Human Rights*. An Introduction, Cambridge 2010.

Yavuzcan, Ismail H., *Muslimische Erwartungen an einen Religionsunterricht in Deutschland und ihre religionspädagogische Umsetzung*, in: Kämper, Burkhard / Pfeffer, Klaus (Hg.), *Religionsunterricht in der religiös pluralen Gesellschaft* (Essener Gespräche zum Thema Staat und Kirche 49), Münster 2016, 135–147.

Yuen, Marvin, *Benediktinisches Ordensrecht in Entwicklung und Gegenwart*. Darstellung und Vergleich mit dem Kommunalrecht (Münsterische Beiträge zur Rechtswissenschaft, N. F. 3), Baden-Baden 2010.

Zander, Hans Conrad, *Als die Religion noch nicht langweilig war*. Die Geschichte der Wüstenväter, Gütersloh 2011.

Ziegler, Konrat, *Art. Pontifex*, in: DKP 4, 1046–1048.

3 Weitere Publikationsformen

Wolf Biermann. Ein deutsches Leben. NZZ Standpunkte vom 11.2.2017, SRF 1, URL: https://www.youtube.com/watch?v=acy_2-lWLgE.

Heinrich August Winkler. Der Westen, mächtig und angreifbar. NZZ Standpunkte vom 26.4.2015, SRF 1, URL: https://www.youtube.com/watch?v=Q2x6bdDSRQM.

Die Berufung – Ihr Kampf für Gerechtigkeit, USA 2018. Regie: Leder, Mimi, Drehbuch: Stiepleman, Daniel (O.-T.: On the basis of sex).

Kennedy, John F., *The City upon a Hill Speech*, Address of President-Elect John F. Kennedy Delivered to a Joint Convention of the General Court of the Commonwealth of Massachusetts, The State House, Boston, 9.1.1961. Video und Transkription, URL: https://www.jfklibrary.org/learn/about-jfk/historic-speeches/the-city-upon-a-hill-speech.

Remus, Daniela, *Lachen in der Philosophie – Kann Humor der Erkenntnis helfen?* Podcast vom 1.5.2022, Bayern 2, Radiowissen, URL: https://www.br.de/mediathek/podcast/radiowissen/lachen-in-der-philosophie-kann-humor-der-erkenntnis-helfen/1816147.

Wie universell sind die Menschenrechte? Kontext vom Pfingstmontag, 24.5.2010, Radio SRF 2, URL: https://www.srf.ch/audio/kontext/wie-universell-sind-die-menschenrechte?id=ea12785b-164e-45df-98ca-9f8efaaee0b3#played.

Spotlight. Break the Story. Break the silence, USA 2015. Regie: Tom McCarthy, Drehbuch: Singer, Josh / McCarthy, Tom.

Die Wannseekonferenz, Deutschland 2022. Regie: Matti Geschonnek, Drehbuch: Vattrodt, Magnus / Mommertz, Paul.

Register

Bibelstellen

Texte des kirchlichen Lehramtes, Synoden und Konzilien und kirchliche Rechtsquellen

Rechtsquellen

Namen

Hersteller:
TVZ Theologischer Verlag Zürich AG
Schaffhauserstr. 316, CH-8050 Zürich
info@tvz-verlag.ch

Verantwortlicher in der EU gemäss GPSR:
Brockhaus Kommissionsgeschäft GmbH
Kreidlerstr. 9, D-70806 Kornwestheim
info@brocom.de

Weitere Informationen bezüglich Produktsicherheit finden Sie unter:
www.tvz-verlag.ch/produktsicherheit